▶本书提供授课用PPT及习题参考答案

税务会计

TAX ACCOUNTING

主　编：胡顺义
副主编：邵天营　付　强

中国市场出版社
China Market Press

图书在版编目（CIP）数据

税务会计/胡顺义主编. —北京：中国市场出版社，2012.11
ISBN 978-7-5092-0981-3

Ⅰ.①税… Ⅱ.①胡… Ⅲ.①税务会计 Ⅳ.①F234

中国版本图书馆 CIP 数据核字（2012）第 283535 号

书　　名：	税务会计
主　　编：	胡顺义　副主编：邵天营　付　强
责任编辑：	卢玉冬
出版发行：	中国市场出版社
地　　址：	北京市西城区月坛北小街 2 号院 3 号楼（100837）
电　　话：	编辑部（010）68012468　读者服务部（010）68022950
	发行部（010）68021338　68020340　68053489
	68024335　68033577　68033539
经　　销：	新华书店
印　　刷：	河北省高碑店市鑫宏源印刷包装有限公司
规　　格：	787×1 092 毫米　1/16　26.75 印张　620 千字
版　　本：	2012 年 12 月第 1 版
印　　次：	2012 年 12 月第 1 次印刷
书　　号：	ISBN 978-7-5092-0981-3
定　　价：	38.00 元

前 言

税收是政府财政收入的主要来源，是政府实现其职能的财力保障。作为组织财政收入的一种主要手段，其分配的对象是国民收入。税收分配是否合理，直接体现着政府与纳税人的利益分配关系。税务会计就是反映和监督这种分配关系依法实现的有力保证。

税务会计是从传统财务会计中分离出来的一门新兴专业会计。它既要进行会计核算又要严格遵守税收法律法规，是税法与会计高度的结合。税务会计是处理纳税人在经营活动中涉及的相关税款核算的专业会计。作为纳税义务人，既要依法履行纳税义务，又要充分享受税法给予的合法权益。不但要在生产经营活动中，通过财务会计核算财务状况和经营成果，同时还要按照国家税法的规定，通过税务会计核算缴纳的税款。税务会计与财务会计、管理会计共同构成企业会计学的三大支柱。

我国于2006年发布《企业会计准则》，自2007年1月1日起在我国上市公司和大中型企业实施，得到了国内、国际社会的普遍认可。为了规范小企业会计确认、计量和报告行为，促进小企业可持续发展，发挥小企业在国民经济和社会发展中的重要作用，2011年发布了《小企业会计准则》，自2013年1月1日起在小企业范围内施行。随着新企业所得税法的实施，增值税从生产型转化为消费型，我国的企业所得税、增值税、营业税和消费税制度发生了较大变化。税法和会计准则的最新发展对税务会计提出了新的挑战。

本书反映了会计准则和税制的最新变化，从税务会计的概念、框架入手，以增值税会计、所得税会计为重点，同时兼顾其他税会计，讲述各种税款的确认、计量以及纳税申报。为了培养具有实战能力的专业人才，本书除了主要阐述涉税会计处理外，还对税务筹划进行了介绍。

从写作方法上，将企业纳税和会计核算融为一体，并从企业会计的实际出发，通过大量的案例，阐释了企业税务处理的有关问题，包括各税种的纳税人、征税对象、征收范围、计税依据、计算方法、税收优惠、账务处理以及纳税申报，涵盖了增值税、消费税、营业税、城市维护建设税、关税、土地增值税、资源税、企业所得税、个人所得税、印花税、契税、车船税、车辆购置税、房产税、城镇土地使用税、烟叶税和耕地占用税等税种。

本书由胡顺义主编，邵天营、付强副主编。具体分工如下：胡顺义负责编写第一章、第九章、第十二章；邵天营负责编写第三章、第六章；付强负责编写第二章、第五章；朱继军负责编写第四章、第七章；姚和平负责编写第八章；陈国英负责编写第十章；李海洋负责编写第十一章。

在本书编写中，我们尽量做到理论与实务的融合，力求全面反映税务会计的发展和变化。本书以最新颁布实施的税收法律法规为依据，具有较强的实用性，所述内容通俗易懂、简明实用、可操作性强，既可作为高校会计、财务管理、审计、财政、税务等专业的教材以及相关专业的参考教材，亦可作为财会人员和税务人员学习有关涉税处理业务的参考用书。

本书以定稿日为止我国的税收、会计法律和法规为主要依据，由于我国财税制度处于不断改革和完善中，书中内容务必以最新财税政策为准。加之水平所限，书中不足在所难免，恳请广大读者和学界专家批评指正，以便我们进一步修改和完善。

教学课件与习题参考答案

本书配备有教学用 PPT 和习题参考答案，订购本教材的教师请与我社联系。敬请提供教师姓名、所在学校、联系电话等信息。

联系人：卢玉冬
电话：010-68012468
E-mail：ttflying@126.com

目录 CONTENTS

第一章　税务会计概论 …… 1
- 第一节　税务会计的演变 …… 1
- 第二节　税务会计的概念 …… 2
- 第三节　税务会计的特征 …… 3
- 第四节　税务会计的前提 …… 4
- 第五节　税务会计的原则 …… 5
- 第六节　税务会计的特点 …… 8
- 第七节　税务会计的模式 …… 10
- 第八节　税务会计的程序 …… 10
- 思考和练习题 …… 13

第二章　增值税会计 …… 14
- 第一节　增值税的基本内容 …… 14
- 第二节　增值税的纳税期限与纳税义务发生时间 …… 19
- 第三节　增值税的税收优惠 …… 20
- 第四节　增值税的计税依据 …… 24
- 第五节　增值税应纳税额的计算 …… 27
- 第六节　增值税的会计处理 …… 31
- 第七节　增值税的出口退税 …… 59
- 第八节　增值税的纳税申报 …… 64
- 思考和练习题 …… 76

第三章　消费税会计 …… 78
- 第一节　消费税的基本内容 …… 78
- 第二节　消费税的纳税义务发生时间与纳税期限 …… 84
- 第三节　消费税应纳税额的计算 …… 85
- 第四节　消费税的会计处理 …… 92
- 第五节　消费税的纳税申报 …… 104
- 思考和练习题 …… 106

第四章　营业税会计 …… 107
- 第一节　营业税的基本内容 …… 107
- 第二节　营业税的纳税义务发生时间与纳税期限 …… 115
- 第三节　营业税的税收优惠 …… 116

◎ 第四节　营业税应纳税额的计算 …………………………………… 120
◎ 第五节　营业税的会计处理 ……………………………………… 126
◎ 第六节　营业税的纳税申报 ……………………………………… 131
◎ 思考和练习题 …………………………………………………… 135

第五章　城市维护建设税和教育费附加会计 …………………………… 136
◎ 第一节　城市维护建设税的基本内容 …………………………… 136
◎ 第二节　城市维护建设税的税收优惠 …………………………… 137
◎ 第三节　城市维护建设税的计税依据与税率 …………………… 138
◎ 第四节　城市维护建设税应纳税额的计算与会计处理 ………… 139
◎ 第五节　教育费附加与地方教育附加 …………………………… 140
◎ 第六节　附加税费的纳税申报 …………………………………… 142
◎ 思考和练习题 …………………………………………………… 143

第六章　关税会计 ……………………………………………………… 145
◎ 第一节　关税的基本内容 ………………………………………… 145
◎ 第二节　关税的税收优惠 ………………………………………… 148
◎ 第三节　进出口货物关税税率的设置与适用 …………………… 152
◎ 第四节　进出口货物完税价格的确定 …………………………… 153
◎ 第五节　关税课税基础与应纳税额的计算 ……………………… 155
◎ 第六节　关税的会计处理 ………………………………………… 156
◎ 思考和练习题 …………………………………………………… 162

第七章　资源税会计 …………………………………………………… 164
◎ 第一节　资源税的基本内容 ……………………………………… 164
◎ 第二节　资源税纳税义务发生时间与纳税期限 ………………… 166
◎ 第三节　资源税的税收优惠 ……………………………………… 167
◎ 第四节　资源税应纳税额的计算 ………………………………… 168
◎ 第五节　资源税的会计处理与纳税申报 ………………………… 170
◎ 思考和练习题 …………………………………………………… 175

第八章　土地增值税会计 ……………………………………………… 176
◎ 第一节　土地增值税的基本内容 ………………………………… 176
◎ 第二节　土地增值税的税收优惠 ………………………………… 179
◎ 第三节　土地增值税的计税依据与税率 ………………………… 181
◎ 第四节　土地增值税应纳税额的计算 …………………………… 186
◎ 第五节　土地增值税的清算 ……………………………………… 188
◎ 第六节　土地增值税的会计处理 ………………………………… 192
◎ 第七节　土地增值税的纳税申报 ………………………………… 196
◎ 思考和练习题 …………………………………………………… 200

第九章　企业所得税会计 ……………………………………………… 202
◎ 第一节　企业所得税制度的基本内容 …………………………… 202

- ◎ 第二节 企业所得税的税收优惠 205
- ◎ 第三节 企业所得税应税所得的确定 210
- ◎ 第四节 资产的税务处理 231
- ◎ 第五节 企业所得税应纳税额的计算 236
- ◎ 第六节 所得税会计的性质与方法 239
- ◎ 第七节 企业所得税的会计处理 242
- ◎ 第八节 特殊业务的会计处理 259
- ◎ 第九节 企业重组的税务处理 269
- ◎ 第十节 企业所得税的纳税申报 274
- ◎ 思考和练习题 298

第十章 个人所得税会计 300

- ◎ 第一节 个人所得税的基本内容 300
- ◎ 第二节 个人所得税的税收优惠 307
- ◎ 第三节 个人所得税应纳税额的计算 310
- ◎ 第四节 个人所得税的会计处理 320
- ◎ 第五节 个人所得税的纳税申报 327
- ◎ 思考和练习题 330

第十一章 其他税种会计 332

- ◎ 第一节 印花税会计 332
- ◎ 第二节 房产税会计 339
- ◎ 第三节 城镇土地使用税会计 347
- ◎ 第四节 车船税会计 354
- ◎ 第五节 契税会计 363
- ◎ 第六节 车辆购置税会计 370
- ◎ 第七节 耕地占用税会计 379
- ◎ 第八节 烟叶税会计 384
- ◎ 思考和练习题 387

第十二章 税务筹划 388

- ◎ 第一节 税务筹划的概念 388
- ◎ 第二节 税务筹划的理论基础 390
- ◎ 第三节 税务筹划的特点 394
- ◎ 第四节 税务筹划的风险 395
- ◎ 第五节 税务筹划的分类 399
- ◎ 第六节 税务筹划的基本方法 401
- ◎ 第七节 税务筹划的运用 410
- ◎ 第八节 税务筹划的基本步骤 414
- ◎ 思考和练习题 415

参考文献 417

第一章
税务会计概论

第一节 税务会计的演变

税收是一个分配范畴,是国家凭借政治权力参与分配的过程。税收分配的主体是国家,对象是剩余产品,依据是政治权力。税收是一个历史范畴,是社会经济发展到一定历史阶段的产物。私有财产制度的存在和国家的产生,导致税收的产生。税收经历了简单型征税阶段、专制型征税阶段和立宪型征税阶段。以前税法赋予的权利和义务是单方向的,因此社会生活只需要税收会计,不需要税务会计,在资本主义以前的社会制度下不会产生税务会计。无论是古代的官厅会计还是近代的政府会计、现代的预算会计都不会产生税务会计,只有企业会计产生税务会计,税务会计在企业会计母体中孕育,就像管理会计孕育于成本会计中一样。

正如美国著名会计学家亨德里克森在其《会计理论》一书中写道:很多小企业的会计目的主要是为了编制所得税申报表,甚至不少企业若不是为了纳税根本不会记账。即使对于大公司来说,收益的纳税亦是会计师们的一个主要问题。在税务会计的产生和发展过程中,现代所得税法的诞生和不断完善对其影响最大;增值税的产生和不断完善,也对税务会计的发展起了重要的促进作用。

政府与投资人利益上的矛盾,导致税法目标和会计目标分离,由于政府征税是无偿的、强制的,要求收入稳定增长;投资人要求在保值的前提下实现税后利润最大化。会计与税法是统一还是分离,取决于政府与投资人之间经济利益的协调。大陆法系以法典为基础,法律条文完整,逻辑性强,会计规范法律化,政府强调法律对会计的干预,是典型的立法会计。执行有计划的市场经济,资本市场不发达,税法导向。代表国家有法国和德国。普通法系(判例法系),会计活动依公认会计原则进行,不完全受法律的约束,会计原则由民间职业团体制定,非立法会计。执行有调节的市场经济,资本市场发达,投资导向。代表国家有英国和美国。

随着会计理论的完善和普及,财务会计和税务会计在各国分离只是早晚的问题。税务会计作为会计学科的一个分支,在英美西方发达国家早已成型,它与财务会计、管理会计共同构成企业会计学的三大支柱,现代会计应当是以财务会计为核心,以管理会计和税务会计为左右两翼的企业会计体系,分别面向投资者、国家和管理者。

1994我国颁布《所得税会计处理暂行规定》，从此我国步入税务会计核算的起步阶段，对会计影响最大的莫过于税法，但税收（税法）处于强势，会计处于弱势，应是不争的事实。税务会计作为实质性工作并不一定独立存在，而是企业会计的一个特殊领域，是以财务会计为基础的。小企业不对外提供报告，而是两者融为一体，其会计可以称为税务会计；一般企业除了财务会计，为纳税需要还设置税务会计。小企业以税务会计为核心；上市公司以财务会计为核心。

市场经济的内在要求是建立税务会计的客观要求，"财税合一"的会计制度的历史局限在于会计信息严重失真，法制观念淡化，不能适应市场变化。"财税分离"会计制度是市场经济的内在要求，是政府职能转换，企业组织形式和经营方式改革的需要。税务会计与财务会计质的差异是建立税务会计的必要条件。会计制度与税收制度的深化改革是建立税务会计的现实条件。会计准则完善，使建立税务会计成为可能；税收制度完善，使建立税务会计成为现实。

第二节　税务会计的概念

税务会计是关于税收及其会计处理的方法体系。由于税务会计形成时间比较短，其制度及体系尚不完善，对税务会计的定义也有多种表述。

（1）日本税务会计专家武田昌辅认为，税务会计是计算法人税法中的应税所得而设立的会计，它不是制度会计，是以企业会计为依据，按税法的要求对既定的盈利进行加工、修正的会计。（《新编税务会计通论》日本，森山书店，1985）

（2）台湾陈建昭等人认为，税务会计为一种国内会计，而非国际共通性会计。税务会计即在企业会计理论结构上，以重叠之形态，再注入其特有之计算方法或会计理论，以达成的课税为目的之完整体系。（《税务会计》台北文笙书局，1994）

（3）美国税务会计专家吉特曼认为，税务会计主要是处理某项目何时被确认收入或费用账务问题的一种专业会计。

（4）盖地教授认为，税务会计是以国家现行税收法规为准绳，运用会计学的理论和方法，连续、系统、全面地对税款的形成、调整计算和缴纳，即企业涉税事项进行确认、计量、记录和报告的一门专业会计。（《税务会计与税务筹划》中国人民大学出版社，2007）

税务会计是进行税金核算、纳税申报和税务筹划的一种会计系统。税务会计是财务会计和管理会计的自然延伸，这种自然延伸的先决条件是税收法规的日益复杂化。在我国，由于各种原因，致使多数企业中的税务会计并未真正从财务会计和管理会计中延伸出来成为一个相对独立的会计系统。税务会计还只是财务会计的一部分。税务会计是一种国内会计，是适应纳税需要而产生的。

税务会计是以税法法律制度为准绳，以货币为计量单位，运用会计学的原理和方法，对纳税人应纳税款的形成、申报、缴纳进行反映和监督的一种管理活动，税务与会计结合而形成的一门交叉学科。由于税金可分为所得税、流转税、财产税、行为税等，税务会计也可相应地分为所得税会计、流转税会计和财产税会计等分支。

第三节 税务会计的特征

以纳税为目的，以税法为准绳，是税务会计区别其他会计的主要标志，服务于征纳双方，研究税务会计应从纳税人出发，但不能逾越税法。

一、税务会计的目标

即纳税人通过税务会计所要达到的目的。税务会计理论框架的研究应从目标入手，把目标作为出发点，以税务会计假设为条件，演绎推导出税务会计的原则、方法等内容。税务会计的目标具有双重性，从纳税人角度，税务会计的目标不是会计，而是收益。税务会计作为会计的一个分支，既要以国家税法为准绳，促使企业认真履行纳税义务，又要在不违反法律的前提下，追求企业纳税方面的最大经济效益。从征税人角度，税务会计要保证纳税人足额缴纳各种税金，因此其主要目标包括以下方面：

1. 依法纳税，履行纳税人义务

税务会计要正确进行与税款形成、计算、申报、缴纳有关的会计处理和调整计算，及时、准确地填报有关纳税报表，及时、足额缴纳各种税款，认真执行税务机关的审查意见。

2. 正确进行税务会计处理，协调与财务会计的关系

税务会计要以国家现行税法为准绳，又要按会计法规进行会计处理，还要在财务报告中正确披露有关税务会计信息。它与财务会计是相互补充、相互服务、相互依存的关系。两者作为企业会计的重要组成部分，只有相互配合、相互协调，才能完成各自的具体目标，并为企业共同的目标服务。

3. 合理选择纳税方案，科学进行税务筹划

税务会计同财务会计一样，也要为投资人、债权人、经营者服务，但税务会计同时要服从、服务于企业利润最大化的总目标。因此，税务会计应合理选择税负较轻的纳税方案，在企业经营的各个环节事先进行税负的测算并作出税负最轻的决策，事后进行税负分析等。这是税务会计的主要目标，也是纳税人权利的具体体现。

二、税务会计的基本职能

税务会计的基本职能是对纳税人应纳税款的形成、申报、缴纳进行反映和监督。税务会计要对纳税人的纳税义务及其缴纳情况进行记录、计算、汇总，并编制出纳税申报表；税务会计要对纳税人纳税义务及其缴纳情况进行控制、检查，并对违法行为加以纠正和制裁。这种反映和监督，只能在作为纳税人的企业单位里进行，并由纳税人的会计人员去实施。

三、税务会计的内容

税务会计的研究内容既是会计中的税务问题，也是税务中的会计问题。主要包括经营

收入的确认、成本费用的计算、经营成果的确定、税额的计算、税款解缴、罚金缴纳和税收减免等业务的会计处理。经营收入是企业单位在生产经营过程中销售商品或提供劳务所取得的各种收入，成本费用是企业单位在生产经营过程中为取得经营收入而发生的耗费，两者的差额即为经营成果。税务会计在收入确认与成本费用的计算上与财务会计有所不同。税务会计的核算对象包括营业收入、成本费用、营业利润、应税所得、税款申报与缴纳等等。

四、税务会计的任务

税务会计的任务是双方面的：既要以税法为标准，促使纳税人认真履行纳税义务；又要在税法允许的范围内，保护纳税人的合法利益。具体包括：按照国家税法规定核算纳税人各税种的税款；正确编制、报送会计报表和纳税申报表；进行纳税人税务活动的分析，保证正确执行税法，维护企业的利益。

五、税务会计的作用

税务会计有利于纳税人贯彻税法，保证财政收入，发挥税法作用；督促纳税人认真履行义务；促进企业正确处理分配关系；维护纳税人的合法权益，等等。

六、税务会计方法

方法是实现目标的工具，为完成税务会计报告和提供纳税人的税务活动信息，税务会计必须有一套自己的方法体系。这一方法体系包括：（1）纳税调整方法；（2）计算税金方法；（3）纳税筹划方法；（4）纳税报告方法。税务会计报告是税务会计信息的载体，表现为纳税申报表。税务会计报告的使用者，主要是两部分人：对外为税收机关，对内为管理当局。

第四节　税务会计的前提

税务会计以财务会计为基础，财务会计中的基本前提有些也适用于税务会计，如会计分期、货币计量等。但由于税务会计有自己的特点，其基本前提也应有特殊性。

一、纳税主体

纳税主体与财务会计的会计主体有密切联系，但不一定等同。会计主体是财务会计为之服务的特定单位或组织，会计处理的数据和提供的财务信息，被严格限制在一个特定的、独立的或相对独立的经营单位之内，典型的会计主体是企业。纳税主体必须是能够独立承担纳税义务的纳税人。在某些垂直管理的行业，如铁路、银行，由铁道部、各总行集中纳税，其基层单位是会计主体，但不是纳税主体。又如，对稿酬征纳个人所得税时，其纳税人（即稿酬收入者）并非会计主体，而作为扣缴义务人的出版社或杂志社则成为这一纳税事项的会计主体。纳税主体作为代扣（或代收、付）代缴义务人时，纳税人与负税人是分开的。作为税务会计的一项基本前提，应侧重从会计主体的角度来理解和应用纳税主体。

二、持续经营

持续经营的前提意味着企业个体将继续存在足够长的时间以实现其现在的承诺，如预期所得税在将来要继续缴纳。这是所得税税款递延、亏损前溯或后转以及暂时性差异能够存在并且能够使用纳税影响会计法进行所得税跨期摊配的基础所在。以折旧为例，它意味着在缺乏相反证据的时候，人们总是假定该企业将在足够长的时间内为转回暂时性的纳税利益而经营并获得收益。

三、货币时间价值

随着时间的推移，投入周转使用的资金价值将会发生增值，这种增值的能力或数额，就是货币的时间价值。这一基本前提已经成为税收立法、税收征管的基点，因此，各个税种都明确规定了纳税义务的确认原则、纳税期限、缴库期等。它深刻地揭示了纳税人进行税务筹划的目标之一——纳税最迟，也说明了所得税会计中采用纳税影响会计法进行纳税调整的必要性。

四、纳税会计期间

纳税会计期间亦称纳税年度，是指纳税人按照税法规定选定的纳税年度。我国的纳税会计期间是自公历1月1日起至12月31日止。纳税会计期间不等同于纳税期限，如增值税、消费税、营业税的纳税期限是日或月。如果纳税人在一个纳税年度的中间开业，或者由于改组、合并、破产关闭等原因，使该纳税年度的实际经营期限不足12个月的，应当以其实际经营期限为一个纳税年度。纳税人清算时，应当以清算期间作为一个纳税年度。各国纳税年度规定的具体起止时间有所不同，一般有日历年度、非日历年度、财政年度和营业年度。纳税人可在税法规定的范围内选择、确定，但必须符合税法规定的采用和改变纳税年度的办法，并且遵循税法所作的关于对不同企业组织形式、企业类型的各种限制性规定。

五、年度会计核算

年度会计核算是税务会计中最基本的前提，即税制是建立在年度会计核算的基础上，而不是建立在某一特定业务的基础上。课税只针对某一特定纳税期间内发生的全部事项的净结果，而不考虑当期事项在后续年度中的可能结果如何，后续事项将在其发生的年度内考虑。比如在"所得税跨期摊配"中应用递延法时，由于强调原始递延税款差异对税额的影响而不强调转回差异对税额的影响，因此，它与未来税率没有关联性。当暂时性差异以后转回时，按暂时性差异产生时递延的同一数额调整所得税费用，从而使税务会计数据具有更多的可稽核性，以揭示税款分配的影响额。

第五节 税务会计的原则

税务会计与财务会计密切相关，财务会计中的核算原则，大部分或基本上也都适用于税务会计。但又因税务会计与税法的特定联系，税收理论和立法中的实际支付能力原则、公平税负原则、程序优先于实体原则等，也会非常明显地影响税务会计。税务会计的特定原则可以归纳如下：

一、修正的应计制原则

收付实现制（亦称现金制）突出地反映了税务会计的重要原则——现金流动原则。该原则是确保纳税人有能力支付应纳税款而使政府获取财政收入的基础。但由于现金制不符合财务会计准则的规定，一般只适用于个人和不从事商品购销业务的中小企业的纳税申报。目前，大多数国家的税务当局都接受应计制原则。当它被用于税务会计时，与财务会计的应计制存在某些差异：第一，必须考虑支付能力，使纳税人在最有能力支付时支付税款；第二，确定性的需要，使收入和费用的实现具有确定性；第三，保护政府财政税收收入。例如，在收入的确认上，应计制的税务会计由于在一定程度上被支付能力原则所覆盖而包含着一定的收付实现制的方法，而在费用的扣除上，财务会计采用稳健性原则列入的某些估计、预计费用，在税务会计中是不被接受的，后者强调"该经济行为已经发生"的限制条件，从而起到保护政府税收收入的目的。在美国税制中，有一条著名的定律，即克拉尼斯基定律。其基本含义是：如果纳税人的财务会计方法致使收益立即得到确认，而费用永远得不到确认，税务当局可能会因所得税目的允许采用这种会计方法；如果纳税人的财务会计方法致使收益永远得不到确认，而费用立即得到确认，税务当局可能会因所得税目的不允许采用这种会计方法。由此可见，目前世界上大多数国家都采用修正的应计制原则。从理论上讲，税务会计应采用收付实现制，因为要考虑支付能力和确定性原则，但实践中，要保证财政收入，又必须采用应计制，只是税务会计的应计制与公认会计准则不尽相同，税务会计倾向于较早报告收入和较迟报告费用，而财务会计恰好相反。

二、与财务会计日常核算方法相一致原则

由于税务会计与财务会计的密切关系，税务会计一般应遵循各项财务会计准则。只有当某一事项按会计准则、制度在财务会计报告日确认以后，才能确认该事项按税法规定的应纳税款；依据会计准则、制度在财务会计报告日尚未确认的事项可能影响到当日已确认的其他事项的最终应纳税款。只有在根据会计准则、制度确认导致征税效应的事项之后，才能确认这些征税效应，这就是"与日常核算方法相一致"的原则。具体包括：

（1）对于已在财务报表中确认的全部事项的当期或递延税款，应确认为当期或递延所得税负债或资产；

（2）根据现行税法的规定计量某一事项的当期或递延应纳税款，以确定当期或未来年份应付或应退还的所得税金额；

（3）为确认和计量递延所得税负债或资产，不预期未来年份赚取的收益或发生的费用的应纳税款或已颁布税法或税率变更的未来执行情况。

三、划分营业收益与资本收益原则

这两种收益具有不同的来源和担负着不同的纳税责任，在税务会计中应严格区分。营

业收益是指企业通过其经常性的主要经营活动而获得的收入，其内容包括主营业务收入和其他业务收入两部分，其税额的课征标准一般按正常税率计征。资本收益是指在出售或交换税法规定的资本资产时所得的利益（如投资收益、出售或交换有价证券的收益等），一般包括纳税人除应收款项、存货、经营中使用的地产和应折旧资产、某些政府债券，以及除文学和其他艺术作品的版权以外的资产。资本收益的课税标准具有许多不同于营业收益的特殊规定。因此，为了正确地计算所得税负债和所得税费用，就应该有划分两种收益的原则和具体的划分标准。这一原则在美、英等国的所得税会计中有非常详尽的规定，我国在这方面有待明确。

四、配比原则

配比原则是指企业在进行会计核算时，某一特定时期的收入应当与取得该收入相关的成本、费用配比。税务会计的配比原则，是指企业在计算应税所得额时，收入与其成本、费用应当互相配比，同一会计期间内的各项收入和与其相关的成本、费用，应当在该会计期间内确认。

五、确定性原则

确定性原则用于所得税的税前扣除，凡税前扣除的费用，其金额必须是确定的。谨慎性原则较少运用。

六、税法优先原则

税务会计必须以现行税法为准绳，而税法可能会因国家的政治、经济的发展和需要有所变更，即有一定的时效性，所以税务会计必须坚持按现行税法处理的原则。

七、税款支付能力原则

税款支付能力与纳税能力有所不同。纳税能力是指纳税人应以合理的标准确定其计税基数。有同等计税基数的纳税人应负担同一税种的同等税款。因此，纳税能力体现的是合理负税原则。与企业的其他费用支出有所不同，税款支付全部对应现金的流出，因此，在考虑纳税能力的同时，更应该考虑税款的支付能力。税务会计在确认、计量和记录收入、收益、成本、费用时，应选择保证税款支付能力的会计方法。

八、接受税务机关的审计监督原则

税务机关有权监督检查纳税人的税务会计核算，纳税人有义务接受监督。税务会计是对纳税人应纳税款的核算和监督，而这种核算和监督活动主要是由纳税人内部的财务人员和有关领导的具体实施和管理来实现的。但税款的缴纳涉及纳税人的切身利益，难免在税务会计的核算过程中产生人为因素。因此，要完成税务会计核算和监督的任务，除纳税人的内部监管外，还必须实施外部管理，即税务机关依照国家税收法规对纳税人的经营核算行为进行监督管理，使纳税人对税款的核算行为更符合税收法规的要求，使税务会计核算的任务得以顺利实现。

第六节 税务会计的特点

税务会计的特点表现在以下方面：(1)法定性，表现为税务会计在核算和监督应纳税款的形成、计算和缴纳的过程中，必须以国家的税收法规为依据，做到依法计税、依法纳税、依法减免，这是税务会计区别于其他专业会计的一个重要特征。在财务会计核算中，企业可以根据其生产、经营及经济环境的实际需要适当选择会计处理方法。但税务会计必须在遵守国家现行税法的前提下选择。当财务会计准则、制度与现行税法的计税方法、计税范围等发生矛盾时，税务会计必须坚持纳税从税法，核算从准则。(2)广泛性，表现为税务会计的适用范围非常广泛。由于法定纳税人的广泛性，决定了税务会计的广泛性，它适用于国民经济中的工业、商品流通、交通运输、服务业、房地产、金融保险等各个行业。(3)统一性，由于税务会计是融各类会计和税收法规于一体的会计，税法的统一性决定了税务会计统一性的特点。也就是说，同一种税对不同纳税人的税务处理规定一般是相同的。(4)独立性，和其他会计相比较，税务会计具有其相对的独立性和特殊性，因为国家规定的征税依据与企业会计制度的规定是有一定差别的，其处理方法、计算口径不尽相同，所以，税务会计有一套自身独立的处理准则。如自产自用货物视同销售的有关规定、企业会计利润与应纳税所得额的差异及其调整等，都反映了税务会计核算方法与内容的相对独立性。

一、税务会计与财务会计

(1)目标不同。税务会计是向税务部门和管理者提供税务信息。财务会计是向管理者、投资者、债权人提供财务信息。财务会计目标的实现方式是提供财务报表。税务会计目标的实现方式是纳税申报。

(2)遵循的依据不同。会计准则讲求客观上公允，税法讲求足额及时缴税。财务会计的核算依据是会计准则。会计方法具有灵活性，会计准则具有弹性；而税务会计的核算依据是税法，按照税法规定计算所得税额并向税务部门申报，其会计处理具有强制性、客观性和统一性，一般不会出现模棱两可的情况，也不允许在计算口径和方法上有悖于税法规定。

(3)核算基础不同。税法强调支付能力和征收管理方便，采用混合制。财务会计以权责发生制为核算基础，使会计信息更加准确、相关和有用。税务会计主要以收付实现制为核算基础，比应收应付标准更加准确，既操作简便，又可防止纳税人偷税漏税行为。

(4)核算对象不同。财务会计核算的是企业全部的资金运动，其核算范围包括资金的投入、循环、周转、退出等过程；而税务会计核算的对象是税务资金运动，即从纳税人产生经营收入开始，到足额上缴税款为止的税务资金运动。对纳税人与税收无关的业务不予核算。税务会计核算所得；财务会计核算利润。

(5)原则不同。财务会计实行稳健原则，一般预计可能发生的损失和费用，而不预计可能的收入。而税务会计一般不对未来损失和费用进行预计，只有在客观上有证据表明已发生的情况下方可确认。

（6）会计要素不同。财务会计有六大要素，财务会计反映的内容就是围绕着这六要素进行的；税务会计的要素有四项，即应税收入、扣除费用、纳税所得和应纳税额，这里的应税收入、扣除费用和财务会计中的收入、费用不一定相同，在确认的范围、时间、计量标准和方法上都可能发生差异。

（7）程序不同。财务会计规范化的程序是"会计凭证—会计账簿—会计报表"的顺序。凭证、账簿和报表之间有密切的逻辑关系。税务会计原则上也可遵循这个程序，但没有规范化的要求，企业一般在期末借助于财务会计的数据资料，按照税法规定进行调整据以编制纳税申报表。

（8）受税法约束程度不同。财务会计按公认的会计准则和财务、会计制度规范纳税人的财务会计行为，处理纳税人的经济业务，当对某些业务的处理出现税法的规定与会计准则的规定不一致时，可以不必考虑税法的规定，直接依据真实、公允的原则核算；而税务会计要依据国家税法和会计准则规范纳税人的会计行为，必须严格按照税法处理经济业务，当会计准则与国家税法对某些业务处理的规定不一致时，必须按税法的规定进行调整。

税务会计根植于财务会计，是会计与税法共同发展的产物；财务会计是税务会计的前提、基础和依据，税务会计则是对财务会计记录的合理加工和必要补充；财务会计统揽税务会计，税务会计寓于财务会计之中。

总之，财务会计和税务会计既有一定的区别，也是相互联系的。财务会计与税务会计的差异是客观存在的，不必要求某一方削足适履去适合对方，而应该各自遵循自身的规律，在理论上不断创新，在方法上不断完善，使二者科学、健康地发展。

二、税务会计与管理会计

二者都需要规划和控制，税务会计（税务筹划）讲求合法性，提供的信息具有双向性，管理会计提供的信息无须对外公开。

三、税务会计与税收会计

对税务机关来说，税务会计是外部管理会计，核算税金的形成与申报，税收会计是内部管理会计，核算税金的征收与入库，税收资金运动依次经历税金的形成、缴纳（征收）、入库三个主要阶段，税务会计核算的终点正是税收会计核算的起点。

（1）会计主体不同。

（2）目标不同。税收会计：加强税收管理。税务会计：足额纳税和节税。

（3）核算对象。税收会计：核算税款的征收与入库。税务会计：核算税款的形成与缴纳。资金运动包括：资金投入—生产经营资金运动—税金形成—税金的征收—税金的入库—预算资金。资金运动依次表现为：财务会计的核算对象—税务会计的核算对象—税收会计的核算对象—预算会计的核算对象。

（4）会计体系。税收会计：预算会计体系。税务会计：企业会计体系。

（5）职能不同。税收会计：参与税收管理，保证税款安全。税务会计：贯彻税法，进行税务筹划。

第七节　税务会计的模式

会计模式受法律环境和税收制度的影响。法律环境分为大陆法系和英美法系，政府干预力度较大的称为立法会计，政府间接干预的称为非立法会计。税收制度包括以所得税为主体、以流转税为主体和所得税和流转税并重的制度。由于税制体系不同，税务会计也可划分为：以所得税为主体的税务会计、以流转税为主体的税务会计、所得税流转税并重的税务会计。税务会计的基本模式包括财税分离式、财税合一式和财税混合式。

（1）财税分离式。是英美税务会计模式，能提高会计质量，推动会计准则和税务会计的完善。缺点：调整复杂，否认税务会计对财务会计的依赖关系。

（2）财税合一式。是德法税务会计模式，简单但违背真实公允原则，削弱会计职能，认为差异不大无独立的必要，忽视二者的差异。

（3）财税混合式。是日荷税务会计模式，以企业为导向。抓住了税务会计的本质特征，合理界定税务会计对象范围，指明了税务会计对财务会计的依存关系。会计与税法各走各的路，走不通；保持一致，难以实现各自目标；适当分离，各自完算才是上策。

根据税制结构不同，税务会计一般有三种模式：以所得税为主体的税务会计、以流转税为主体的税务会计、流转税和所得税并重的税务会计。

在我国，由于20世纪70—80年代尚未形成现代税制的框架，不具备税务会计成长的沃土。但随着我国社会主义市场经济的逐步确立，会计改革和税制改革的不断深入，已为税务会计独立成科创建了客观条件并提出了内在要求。1994年前我国接近德法模式，1994年后的改革选择英美模式，然而我国是以流转税和所得税为主体的复合税制，2006年后执行财税混合式。

如果以税法为依据进行会计核算，会导致会计信息失真；如果以会计核算的收入和利润作为计算流转税和所得税的计税依据将会弱化税收的职能。财税适度分离，实践中尽量保持一致、避免调整，对会计与税法差异应坚持统一性与独立性原则。统一性原则，降低税收管理成本和税法遵从成本。对于企业财务、会计处理方法有规定，而税收法律、行政法规没有规定的，总体原则是按已有的财务会计规定处理，如借款费用的计算；对于会计无限制，税法有限制的最好和税法保持一致。独立性原则，只有会计处理和税务处理保持各自的独立性，才能保持会计信息的真实性和应纳税额的准确性。

在计算应纳税所得额时，企业财务、会计处理办法与税收法律、行政法规的规定不一致的，应当依照税收法律、行政法规的规定计算。核算规则：核算从准则；纳税从税法。

一般企业执行企业会计准则，企业会计准则与税法差异较大，是以投资为导向的会计，应设置税务会计；小企业执行小企业会计准则，小企业会计准则与税法差异较小，是以税法为导向的会计，其会计可以称为税务会计。

第八节　税务会计的程序

不同行业涉及的税种不同。加强行业税收管理，对解决税收征纳中存在的问题，规范抵扣。

(5) 本条第 (1) 项至第 (4) 项规定的货物的运输费用和销售免税货物的运输费用。

(6) 已抵扣进项税额的购进货物或应税劳务发生上述所列情况的，应将该项购进货物或应税劳务的进项税额从当期发生的进项税额中扣减，无法核定该项进项税额的，按当期实际成本计算应扣减的进项税额。

一般纳税人兼营免税项目或者非增值税应税劳务而无法划分不得抵扣的进项税额的，按下列公式计算不得抵扣的进项税额：

$$不得抵扣的进项税额 = 当月无法划分的全部进项税额 \times \frac{当月免税项目销售额、非增值税应税劳务营业额合计}{当月全部销售额、营业额合计}$$

已抵扣进项税额的购进货物或者应税劳务，发生增值税暂行条例第十条所列情形的（免税项目、非应税劳务除外），应将该项购进货物或者应税劳务的进项税额从当期发生的进项税额中扣减。无法确定该项进项税额的，按当期实际成本计算应扣减的进项税额。

3. 进货退出或折让的进项税额抵扣

纳税人因进货退出或折让而收回的增值税额，应从发生进货退出或折让当期的进项税额中扣减。

4. 一般纳税人进项税额申报抵扣时间的规定

(1) 增值税一般纳税人取得 2010 年 1 月 1 日以后开具的增值税专用发票、公路内河货物运输业统一发票和机动车销售统一发票，应在开具之日起 180 日内到税务机关办理认证，并在认证通过的次月申报期内，向主管税务机关申报抵扣进项税额。

(2) 实行海关进口增值税专用缴款书（以下简称海关缴款书）"先比对后抵扣"管理办法的增值税一般纳税人取得 2010 年 1 月 1 日以后开具的海关缴款书，应在开具之日起 180 日内向主管税务机关报送《海关完税凭证抵扣清单》（包括纸质资料和电子数据）申请稽核比对。未实行海关缴款书"先比对后抵扣"管理办法的增值税一般纳税人取得 2010 年 1 月 1 日以后开具的海关缴款书，应在开具之日起 180 日后的第一个纳税申报期结束以前，向主管税务机关申报抵扣进项税额。

(3) 增值税一般纳税人取得 2010 年 1 月 1 日以后开具的增值税专用发票、公路内河货物运输业统一发票、机动车销售统一发票以及海关缴款书，未在规定期限内到税务机关办理认证、申报抵扣或者申请稽核比对的，不得作为合法的增值税扣税凭证，不得计算进项税额抵扣。

(4) 增值税一般纳税人丢失已开具的增值税专用发票，应在规定期限内，按照《国家税务总局关于修订〈增值税专用发票使用规定〉的通知》（国税发〔2006〕156 号）第二十八条及相关规定办理。增值税一般纳税人丢失海关缴款书，应在规定期限内，凭报关地海关出具的相关已完税证明，向主管税务机关提出抵扣申请。主管税务机关受理申请后，应当进行审核，并将纳税人提供的海关缴款书电子数据纳入稽核系统进行比对。稽核比对无误后，方可允许计算进项税额抵扣。

三、小规模纳税人应纳税额的计算

小规模纳税人销售货物或应税劳务，实行简易办法计算应纳税额，即按销售额和规定

进项税额＝运费金额×扣除率

运输费用金额，是指运输费用结算单据上注明的运输费用（包括铁路临管线及铁路专线运输费用）、建设基金，不包括装卸费、保险费等其他杂费。

(6) 混合销售行为和兼营非应税劳务，按规定应征收增值税的，该混合销售行为所涉及的非应税劳务和兼营非应税劳务所用购进货物的进项税额，凡符合以下规定的，准予从销项税额中抵扣：①从销售方取得的增值税专用发票上注明的增值税额；②从海关取得的完税凭证上注明的增值税额。

(7) 对商业企业采取以物易物、以货抵债、以物投资方式交易的，收货单位可以凭以物易物、以货抵债、以物投资书面合同以及与之相符的增值税专用发票和运输费用普通发票，确定进项税额，报经税务征收机关批准予以抵扣。

(8) 税控收款机。增值税一般纳税人购置税控收款机所支付的增值税税额（以购进税控收款机取得的增值税专用发票上注明的增值税额为准），准予在该企业当期的增值税销项税额中抵扣。增值税小规模纳税人或营业税纳税人购置税控收款机，经主管税务机关审核批准后，可凭购进税控收款机取得的增值税专用发票，按照发票上注明的增值税税额，抵免当期应纳增值税或营业税税额，或者按照购进税控收款机取得的普通发票上注明的价款，依下列公式计算可抵免税额：

可抵免税额＝价款÷(1＋17％)×17％

当期应纳税额不足抵免的，未抵免部分可在下期继续抵免。

2. 不得从销项税额中抵扣的进项税额

纳税人购进货物或者应税劳务，未按规定保存增值税扣税凭证，或者增值税扣税凭证上未按规定注明增值税及其他有关事项的，进项税额不得从销项税额中抵扣。增值税扣税凭证，是指增值税专用发票、海关进口增值税专用缴款书、农产品收购发票和农产品销售发票以及运输费用结算单据。除此之外，以下项目也不准抵扣：

(1) 用于非增值税应税项目、免征增值税项目、集体福利或者个人消费的购进货物或者应税劳务。

所称购进货物，不包括既用于增值税应税项目（不含免征增值税项目）也用于非增值税应税项目、免税项目、集体福利或者个人消费的固定资产。其中固定资产，是指使用期限超过12个月的机器、机械、运输工具以及其他与生产经营有关的设备、工具、器具等。

所称个人消费包括纳税人的交际应酬消费。

所称非增值税应税项目，是指提供非增值税应税劳务、转让无形资产、销售不动产和不动产在建工程。其中不动产是指不能移动或者移动后会引起性质、形状改变的财产，包括建筑物、构筑物和其他土地附着物。纳税人新建、改建、扩建、修缮、装饰不动产，均属于不动产在建工程。

(2) 非正常损失的购进货物及相关的应税劳务。

非正常损失，是指因管理不善造成被盗、丢失、霉烂变质的损失。

(3) 非正常损失的在产品、产成品所耗用的购进货物或者应税劳务。

(4) 国务院财政、税务主管部门规定的纳税人自用消费品。

纳税人自用的应征消费税的摩托车、汽车、游艇，其进项税额不得从销项税额中后的余额。其计算公式为：

$$应纳税额 = 当期销项税额 - 当期进项税额$$

（二）简易计算方法

简易方法就是按照销售额和征收率的乘积计算应纳税额，并且不得抵扣进项税额。一般纳税人销售特定货物也可以按照简易方法计算其应纳税额。其计算公式为：

$$应纳税额 = 销售额 \times 征收率$$

二、一般纳税人应纳税额的计算

一般纳税人销售货物或者提供应税劳务，应纳税额为当期销项税额抵扣当期进项税额后的余额。如果当期销项税额小于当期进项税额，其不足抵扣的部分可以结转到下期继续抵扣。

（一）销项税额的计算

销项税额是指纳税人销售货物或者应税劳务，按照销售额和规定的税率向购买方收取的增值税额。其计算公式为：

$$销项税额 = 销售额 \times 税率$$

需要说明的是，这一计算公式是纳税人每一笔销售业务在计算销项税额时的公式，某一会计期的汇总销售税额，并不是由销售总额乘以税率计算的，而是根据各专用销售发票上的销项税额加计汇总而成。

（二）进项税额的计算

进项税额是指纳税人购进货物或接受应税劳务所支付或者负担的增值税额。这里包含两层含义：一是进项税额由购进方支付给销售方通过销售方缴纳；二是进项税额应在发票上注明，一般情况下不需购进方再进行计算，是销货方在销售时计算，登记在专用发票上的。但要注意的是，有些购进业务，除小规模纳税人不开增值税发票不予抵扣，税法对准予从销项税中抵扣和不允许抵扣的进项税额都作了具体的规定，纳税人必须严格遵守。

1. 准予从销项税额中抵扣的进项税额

（1）纳税人购进货物或应税劳务，从销货方取得的增值税专用发票上注明的增值税额。

（2）纳税人进口货物，从海关取得的完税凭证上注明的增值税额。

（3）混合销售行为和兼营非应税劳务，按规定应征收增值税的，符合抵扣条件的，准予从销项税额中抵扣。

（4）纳税人购进免税农产品，准予按买价的13％的扣除率进行抵扣。其计算公式为：

$$进项税额 = 买价 \times 扣除率$$

上式中的买价，包括纳税人购进农产品在农产品收购发票或者销售发票上注明的价款和按规定缴纳的烟叶税。

（5）纳税人外购货物（固定资产除外）所支付的运输费用，以及销售货物所支付的运输费用，按运费金额和7％的扣除率计算进项税额准予扣除。其计算公式为：

在本地区扩大增值税抵扣范围试点以前购进或者自制的固定资产，按照4%征收率减半征收增值税；销售自己使用过的在本地区扩大增值税抵扣范围试点以后购进或者自制的固定资产，按照适用税率征收增值税。本通知所称已使用过的固定资产，是指纳税人根据财务会计制度已经计提折旧的固定资产。

小规模纳税人（除其他个人外，下同）销售自己使用过的固定资产，减按2%征收率征收增值税。

$$应纳税额＝含税销售额÷(1+3\%)×2\%$$

小规模纳税人销售自己使用过的除固定资产以外的物品，应按3%的征收率征收增值税。纳税人销售旧货，按照简易办法依照4%征收率减半征收增值税。所称旧货，是指进入二次流通的具有部分使用价值的货物（含旧汽车、旧摩托车和旧游艇），但不包括自己使用过的物品。上述规定中所称的"纳税人销售旧货"，主要是指旧货经营单位。

（3）纳税人已抵扣进项税额的固定资产发生增值税暂行条例第十条（一）至（三）项所列情形的，应在当月按下列公式计算不得抵扣的进项税额：

$$不得抵扣的进项税额＝固定资产净值×适用税率$$

本通知所称固定资产净值，是指纳税人按照财务会计制度计提折旧后计算的固定资产净值。

（4）纳税人发生实施细则第四条规定的固定资产视同销售行为，对已使用过的固定资产无法确定销售额的，以固定资产净值为销售额。

二、小规模纳税人销售额的确定

小规模纳税人销售货物或应税劳务的销售额是计算应纳税额的依据，实行简易办法按规定的征收率征收。

（1）小规模纳税人的销售额不包括其应纳税额。

（2）小规模纳税人的销售额是指小规模纳税人销售货物或应税劳务向购买方收取的全部价款和价外费用。价外费用与一般纳税人销售额确定时的价外费用基本相同。小规模纳税人采用销售额和应纳税额合并定价的，按下列公式确定销售额：

$$销售额＝含税销售额÷(1+征收率)$$

（3）小规模纳税人因销售货物退回或者折让退还给购买方的销售额，应从发生销售货物退回或者折让当期的销售额中扣减。

（4）小规模纳税人销售货物或劳务的价格明显偏低且无正当理由的，由主管税务机关核定其销售额，核定的顺序与一般纳税人同类情况相似。

第五节　增值税应纳税额的计算

一、计算方法

（一）一般纳税人应纳税额的计算

一般纳税人销售货物或者提供应税劳务，应纳税额为当期销项税额抵扣当期进项税额从价定率征收消费税的货物为甲类卷烟、粮食白酒适用10%；小轿车适用8%；贵重首饰及珠宝玉石、摩托车、越野车适用6%；乙类卷烟、雪茄烟、烟丝、薯类白酒、其他酒、酒精、化妆品、护肤护发品、鞭炮、焰火、汽车轮胎、小客车适用5%；其他适用10%。

（九）进口货物销售额的确定

进口货物的销售额，按照组成计税价格计算确定。

纳税人进口货物，在报关进口后，由海关代征应纳税款，不得抵扣任何税额。计税额的依据是组成计税价格，其计算公式为：

$$组成计税价格 = 关税完税价格 + 关税 + 消费税$$

这里的关税完税价格，是指以海关审定的正常成交价格为基础的到岸价格，包括货价以及货物运抵我国境内输入关起卸前的包装费、运费、保险费、手续费等一切费用；关税是指海关征收的纳税人进口货物缴纳的关税；消费税是指纳税人进口货物中属于应纳消费税货物在报关进口时缴纳的消费税。

（十）外汇结算时销售额的确定

销售额以人民币计算。纳税人按人民币以外的货币结算销售额的，其销售额的人民币折合率可以选择销售额发生的当天或者当月1日的人民币汇率中间价。纳税人应在事先确定采用何种折合率，确定后1年内不得变更。

（十一）价格明显偏低时销售额的确定

纳税人有增值税暂行条例第七条所称价格明显偏低并无正当理由或者有增值税暂行条例实施细则第四条所列视同销售货物行为而无销售额者，按下列顺序确定销售额：

(1) 按纳税人最近时期同类货物的平均销售价格确定。

(2) 按其他纳税人最近时期同类货物的平均销售价格确定。

(3) 按组成计税价格确定。组成计税价格的公式为：

$$组成计税价格 = 成本 \times (1 + 成本利润率)$$

属于应征消费税的货物，其组成计税价格中应加计消费税额。

公式中的成本是指，销售自产货物的为实际生产成本，销售外购货物的为实际采购成本。公式中的成本利润率由国家税务总局确定。

（十二）关于固定资产的问题

(1) 自2009年1月1日起，增值税一般纳税人购进（包括接受捐赠、实物投资）或者自制（包括改扩建、安装）固定资产发生的进项税额，可凭增值税专用发票、海关进口增值税专用缴款书和运输费用结算单据从销项税额中抵扣。纳税人允许抵扣的固定资产进项税额，是指纳税人2009年1月1日以后（含1月1日，下同）实际发生，并取得2009年1月1日以后开具的增值税扣税凭证上注明的或者依据增值税扣税凭证计算的增值税税额。

(2) 自2009年1月1日起，纳税人销售自己使用过的固定资产（以下简称已使用过的固定资产），应区分不同情形征收增值税：

销售自己使用过的2009年1月1日以后购进或者自制的固定资产，按照适用税率征收增值税；2008年12月31日以前未纳入扩大增值税抵扣范围试点的纳税人，销售自己使用过的2008年12月31日以前购进或者自制的固定资产，按照4%征收率减半征收增值税；2008年12月31日以前已纳入扩大增值税抵扣范围试点的纳税人，销售自己使用过的退还给购货方全部或部分价款。这种方式实际为筹集资金，是以货物换取资金的使用价值，到期还本不付息的方法。

（四）以物易物销售时销售额的确定

纳税人采取以物易物方式销售的，以物易物双方都应作购销处理，以各自发出的货物核算销售额并计算销项税额，以各自收到的货物按规定核算购货额并计算进项税额。应注意的是：在以物易物活动中，应分别开具合法的票据，如收到的货物不能取得相应的增值税专用发票或其他合法票据的，不能抵扣进项税额。

以物易物是一种较为特殊的购销活动，是指购销双方不是以货币结算，而是以同等价款的货物相互结算，实现货物购销。

（五）销售退回或折让时销售额的确定

一般纳税人因销售货物退回或者折让而退还给购买方的增值税额，应从发生销售货物退回或者折让当期的销项税额中扣减；因购进货物退出或者折让而收回的增值税额，应从发生购进货物退出或者折让当期的进项税额中扣减。

一般纳税人销售货物或者应税劳务，开具增值税专用发票后，发生销售货物退回或者折让、开票有误等情形，应按国家税务总局的规定开具红字增值税专用发票。未按规定开具红字增值税专用发票的，增值税额不得从销项税额中扣减。

（六）收取包装物押金时销售额的确定

纳税人为销售货物而出租出借包装物收取的押金，单独记账核算的，时间在1年以内，又未过期的，不并入销售额征税。但对因逾期未收回包装物不再退还的押金，应按所包装货物的适用税率征收增值税。逾期，是指按合同约定实际逾期或以1年为期限，对收取1年以上的押金，无论是否退还均并入销售额征税。当然，在将包装物押金并入销售额征税时，需要先将该押金换算为不含税价，再并入销售额征税。对于个别包装物周转使用期限较长的，报经税务机关确定后，可适当放宽逾期期限。

另外，包装物押金不应混同于包装物租金，包装物租金在销货时作为价外费用并入销售额计算销项税额。

（七）以价款和税款合并收取时销售额的确定

一般纳税人销售货物或者应税劳务采用销售额和销项税额合并定价方法的，应按以下公式计算销售额：

$$销售额 = 含税销售额 \div (1 + 税率)$$

（八）视同销售货物行为销售额的确定

由于视同销售货物的行为大多不以现金的形式表现，不能直接反映出销售额，因此主管税务机关有权核定其销售额，并以核定的销售额作为计税的依据。其确定的顺序及方法如下：

（1）按纳税人当月同类货物的平均销售价格确定；
（2）按纳税人最近时期同类货物的平均销售价格确定；
（3）按组成计税价格确定。组成计税价格的公式为：

$$组成计税价格 = 成本 \times (1 + 成本利润率)$$

属于应征消费税的货物，其组成计税价格中还应加计消费税额。公式中的成本是指：销售自产货物的为实际生产成本，销售外购货物的为实际采购成本。成本利润率，属于应

第四节　增值税的计税依据

增值税计税依据为纳税人销售货物或者提供加工、修理修配劳务以及进口货物的销售额。

一、一般纳税人销售额的确定

销售额是指纳税人销售货物或应税劳务向购买方收取的全部价款和价外费用，但不包括收取的销项税额。价外费用包括价外向购买方收取的手续费、补贴、基金、集资费、返还利润、奖励费、违约金、滞纳金、延期付款利息、赔偿金、代收款项、代垫款项、包装费、包装物租金、储备费、优质费、运输装卸费以及其他各种性质的价外收费。但下列项目不包括在内：

(1) 受托加工应征消费税的消费品所代收代缴的消费税。

(2) 同时符合以下条件的代垫运费：

①承运部门的运输费用发票开具给购买方的；

②纳税人将该项发票转交给购货方的。

(3) 同时符合以下条件代为收取的政府性基金或者行政事业性收费：

①由国务院或者财政部批准设立的政府性基金，由国务院或者省级人民政府及其财政、价格主管部门批准设立的行政事业性收费；

②收取时开具省级以上财政部门印制的财政票据；

③所收款项全额上缴财政。

(4) 销售货物的同时代办保险等而向购买方收取的保险费，以及向购买方收取的代购买方缴纳的车辆购置税、车辆牌照费。

(一) 以折扣方式销售时销售额的确定

纳税人采取折扣方式销售货物，如果销售额和折扣额在同一张发票上分别注明的，可按折扣后的销售额征收增值税。

纳税人采取折扣方式销售货物，销售额和折扣额在同一张发票上分别注明是指销售额和折扣额在同一张发票上的"金额"栏分别注明的，可按折扣后的销售额征收增值税。未在同一张发票"金额"栏注明折扣额，而仅在发票的"备注"栏注明折扣额的，折扣额不得从销售额中减除。纳税人将自产、委托加工和购买的货物用于实物折扣的，应按增值税的视同销售货物的有关规定纳税。

(二) 以旧换新方式销售时销售额的确定

纳税人采取以旧换新方式销售货物，应按新货物的同期销售价格确定销售额，不扣减旧货物的收购价格，即按货物同期的销售价格计算销售额。以旧换新，是指纳税人在销售自己的货物时，有偿收回旧货物的行为。

(三) 以还本销售方式销售时销售额的确定

采用还本销售方式销售货物的，以实际收到的全部收入确定销售额，不得从销售额中减除还本支出。还本销售，是指纳税人在销售货物到一定的期限后，由销售方一次或分次

(1) 纳税人销售自己使用过的物品,按下列政策执行:

①一般纳税人销售自己使用过的属于条例第十条规定不得抵扣且未抵扣进项税额的固定资产,按简易办法依4%征收率减半征收增值税。

一般纳税人销售自己使用过的其他固定资产,按照《财政部 国家税务总局关于全国实施增值税转型改革若干问题的通知》(财税〔2008〕170号)第四条的规定执行。

一般纳税人销售自己使用过的除固定资产以外的物品,应当按照适用税率征收增值税。

②小规模纳税人销售自己使用过的固定资产,减按2%征收率征收增值税。

小规模纳税人销售自己使用过的除固定资产以外的物品,应按3%的征收率征收增值税。

(2) 纳税人销售旧货,按照简易办法依照4%征收率减半征收增值税。

所称旧货,是指进入二次流通的具有部分使用价值的货物(含旧汽车、旧摩托车和旧游艇),但不包括自己使用过的物品。

(3) 一般纳税人销售自产的下列货物,可选择按照简易办法依照6%征收率计算缴纳增值税:

①县级及县级以下小型水力发电单位生产的电力。小型水力发电单位,是指各类投资主体建设的装机容量为5万千瓦以下(含5万千瓦)的小型水力发电单位。

②建筑用和生产建筑材料所用的砂、土、石料。

③以自己采掘的砂、土、石料或其他矿物连续生产的砖、瓦、石灰(不含黏土实心砖、瓦)。

④用微生物、微生物代谢产物、动物毒素、人或动物的血液或组织制成的生物制品。

⑤自来水。

⑥商品混凝土(仅限于以水泥为原料生产的水泥混凝土)。

一般纳税人选择简易办法计算缴纳增值税后,36个月内不得变更。

(4) 一般纳税人销售货物属于下列情形之一的,暂按简易办法依照4%征收率计算缴纳增值税:

①寄售商店代销寄售物品(包括居民个人寄售的物品在内);

②典当业销售死当物品;

③经国务院或国务院授权机关批准的免税商店零售的免税品。

六、增值税起征点优惠政策

增值税的税收优惠除减免税、即征即退外,还包括起征点的税收优惠政策。增值税对个人销售额未达到起征点的,免税;超过起征点的,全额纳税。自2011年11月1日起,起征点具体规定为:

(1) 销售货物的起征点为月销售额5 000~20 000元;

(2) 销售应税劳务的起征点为月销售额5 000~20 000元;

(3) 每次纳税的起征点为每次(日)营业收入额300~500元。

省、自治区、直辖市财政厅(局)和国家税务局应在规定的幅度内,根据实际情况确定本地区适用的起征点,并报财政部、国家税务总局备案。

①人体血液的增值税适用税率为17%。

②属于增值税一般纳税人的单采血浆站销售非临床用人体血液,可以按照简易办法依照6%征收率计算应纳税额,但不得对外开具增值税专用发票;也可以按照销项税额抵扣进项税额的办法依照增值税适用税率计算应纳税额。

纳税人选择计算缴纳增值税的办法后,36个月内不得变更。

供应非临床用人体血液的纳税人系指单采血浆站,其经审批设立后可以采集非临床用的原料血浆并供应血液制品生产单位用于生产血液制品。

(4) 以下与残疾人有关的物品,免征增值税:

由残疾人组织直接进口供残疾人专用的物品;残疾人员个人提供加工和修理、修配劳务;专供残疾人员使用的假肢、轮椅、矫形器。

四、其他增值税税收优惠

1. 关于对成品油经销单位的税收政策

自2011年1月1日起,成品油经销单位发售加油卡、加油凭证销售成品油,在发售加油卡、加油凭证时,应按预收账款方法进行相关账务处理,不征收增值税。

2. 关于促进节能服务产业发展的税收政策

自2011年1月1日起,节能服务公司实施符合条件的合同能源管理项目,将项目中的增值税应税货物转让给用能企业,暂免征收增值税。

其中,符合条件是指同时满足以下条件:(1)节能服务公司实施合同能源管理项目相关技术应符合国家质量监督检验检疫总局和国家标准化管理委员会发布的《合同能源管理技术通则》规定的技术要求;(2)节能服务公司与用能企业签订节能效益分享型合同,其合同格式和内容,符合《合同法》和国家质量监督检验检疫总局和国家标准化管理委员会发布的《合同能源管理技术通则》等规定。

3. 关于融资性售后回租业务中承租方出售资产行为的税收政策

自2010年10月1日起,融资性售后回租业务中承租方出售资产的行为,不属于增值税征收范围,不征收增值税。

融资性售后回租业务,是指承租方以融资为目的将资产出售给经批准从事融资租赁业务的企业后,又将该项资产从该融资租赁企业租回的行为。融资性售后回租业务中承租方出售资产时,资产所有权以及与资产所有权有关的全部报酬和风险并未完全转移。

4. 对从事公用事业的纳税人收取的一次性费用的减免税政策

对从事热力、电力、燃气、自来水等公用事业的增值税纳税人收取的一次性费用,凡与货物的销售数量有直接关系的,征收增值税;凡与货物的销售数量无直接关系的,不征收增值税。

5. 代办保险费、车辆购置税、牌照费的征税问题

纳税人销售货物的同时代办保险而向购买方收取的保险费,以及从事汽车销售的纳税人向购买方收取的代购买方缴纳的车辆购置税、牌照费,不作为价外费用征收增值税。

五、关于部分货物适用简易办法征收增值税的政策

下列按简易办法征收增值税的优惠政策继续执行,不得抵扣进项税额。

一、增值税暂行条例规定的增值税税收优惠

增值税暂行条例第十五条规定，下列项目免征增值税：
(1) 农业生产者销售的自产农产品。农业，是指种植业、养殖业、林业、牧业、水产业；农业生产者，包括从事农业生产的单位和个人；农产品，是指初级农产品，具体范围由财政部、国家税务总局确定。
(2) 避孕药品和用具。
(3) 古旧图书。是指向社会收购的古书和旧书。
(4) 直接用于科学研究、科学试验和教学的进口仪器、设备。
(5) 外国政府、国际组织无偿援助的进口物资和设备。
(6) 由残疾人组织直接进口供残疾人专用的物品。
(7) 销售的自己使用过的物品。物品，是指游艇、摩托车、应征消费税的汽车以外的货物；自己使用过的物品，是指其他个人自己使用过的物品。

二、农产品、农业生产资料及饲料等的增值税政策

(1) 对农民专业合作社的增值税政策。
①对农民专业合作社销售本社成员生产的农业产品，视同农业生产者销售自产农业产品免征增值税。
②对农民专业合作社向本社成员销售的农膜、种子、种苗、化肥、农药、农机，免征增值税。
所称农民专业合作社，是指依照《中华人民共和国农民专业合作社法》规定设立和登记的农民专业合作社。
(2) 粮食企业经营粮食符合下列条件的，免征增值税：
国有粮食购销企业必须按顺价原则销售粮食，对承担粮食收储任务的国有粮食购销企业销售的粮食，军队用粮、救灾、救济粮、水库移民口粮，销售政府储备食用植物油，免征增值税；销售其他食用油，一律征收增值税。
(3) 制种企业在下列生产经营模式下生产销售种子，属于农业生产者销售自产农业产品，免征增值税：
①制种企业利用自有土地或承租土地，雇用农户或雇工进行种子繁育，再经烘干、脱粒、风筛等深加工后销售种子。
②制种企业提供亲本种子委托农户繁育并从农户手中收回，再经烘干、脱粒、风筛等深加工后销售种子。

三、与医疗卫生用品、机构有关的增值税政策

(1) 避孕药品和用具免征增值税。
(2) 对血站（由国务院或省级人民政府卫生行政部门批准的，从事采集、提供临床用血，不以营利为目的的公益性组织）供应给医疗机构的临床用血，免征增值税。
(3) 关于供应非临床用血：

纳税人以1个月或者1个季度为1个纳税期的，自期满之日起15日内申报纳税；以1日、3日、5日、10日或者15日为1个纳税期的，自期满之日起5日内预缴税款，于次月1日起15日内申报纳税并结清上月应纳税款。

扣缴义务人解缴税款的期限，依照前两款规定执行。纳税人进口货物，应当自海关填发海关进口增值税专用缴款书之日起15日内缴纳税款。

以1个季度为纳税期限的规定仅适用于小规模纳税人。小规模纳税人的具体纳税期限，由主管税务机关根据其应纳税额的大小分别核定。

二、增值税纳税义务发生时间

销售货物或者应税劳务，为收讫销售款项或者取得索取销售款项凭据的当天；先开具发票的，为开具发票的当天。进口货物，为报关进口的当天。增值税扣缴义务发生时间为纳税人增值税纳税义务发生的当天。收讫销售款项或者取得索取销售款项凭据的当天，按销售结算方式的不同，具体为：

（1）采取直接收款方式销售货物，不论货物是否发出，均为收到销售款或者取得索取销售款凭据的当天。

（2）采取托收承付和委托银行收款方式销售货物，为发出货物并办妥托收手续的当天。

（3）采取赊销和分期收款方式销售货物，为书面合同约定的收款日期的当天，无书面合同的或者书面合同没有约定收款日期的，为货物发出的当天。

（4）采取预收货款方式销售货物，为货物发出的当天，但生产销售生产工期超过12个月的大型机械设备、船舶、飞机等货物，为收到预收款或者书面合同约定的收款日期的当天。

（5）委托其他纳税人代销货物，为收到代销单位的代销清单或者收到全部或者部分货款的当天。未收到代销清单及货款的，为发出代销货物满180天的当天。

（6）销售应税劳务，为提供劳务同时收讫销售款或者取得索取销售款的凭据的当天。

（7）纳税人发生列视同销售货物行为，为货物移送的当天。

纳税人生产经营活动中采取直接收款方式销售货物，已将货物移送对方并暂估销售收入入账，但既未取得销售款或取得索取销售款凭据也未开具销售发票的，其增值税纳税义务发生时间为取得销售款或取得索取销售款凭据的当天；先开具发票的，为开具发票的当天。

第三节 增值税的税收优惠

增值税的税收优惠政策，是对某些纳税人和征税对象给予鼓励和照顾的一种特殊规定。它是对税收统一性和相对固定性所作的一种灵活补充。所谓税收统一性，是指在税法规定的范围内所有的纳税人和征税对象都应当按照税法规定的税率计算纳税；相对固定性，是指税法确定的税率已经发布，在一段时间内将保持不变。实行税收优惠政策，可以更好地贯彻执行国家的税收政策，更充分地发挥税收调节社会经济的作用。

增值税的优惠政策，是指对纳税人销售货物或劳务的应纳税额予以免征或减征。

成熟时可选择部分行业在全国范围进行试点。

2011年11月16日，财政部和国家税务总局发布经国务院同意的《营业税改征增值税试点方案》，同时印发了《交通运输业和部分现代服务业营业税改征增值税试点实施办法》、《交通运输业和部分现代服务业营业税改征增值税试点有关事项的规定》和《交通运输业和部分现代服务业营业税改征增值税试点过渡政策的规定》，明确从2012年1月1日起，在上海市交通运输业和部分现代服务业开展营业税改征增值税试点。

这次改革是继2009年全面实施增值税转型之后，货物劳务税收制度的又一次重大改革，也是一项重要的结构性减税措施。改革将有助于消除目前对货物和劳务分别征收增值税与营业税所产生的重复征税问题，通过优化税制结构和减轻税收负担，为深化产业分工和加快现代服务业发展提供良好的制度支持，有利于促进经济发展方式转变和经济结构调整。

改革试点的主要内容是，在现行增值税17%和13%两档税率的基础上，新增设11%和6%两档低税率，交通运输业适用11%的税率，研发和技术服务、文化创意、物流辅助和鉴证咨询等现代服务业适用6%的税率；试点纳税人原享受的技术转让等营业税减免税政策，调整为增值税免税或即征即退；现行增值税一般纳税人向试点纳税人购买服务，可抵扣进项税额；试点纳税人原适用的营业税差额征税政策，试点期间可以延续；原归属试点地区的营业税收入，改征增值税后仍归属试点地区。

五、专用发票防伪税控系统

增值税专用发票防伪税控系统由四部分组成：一是税务用金税卡和税控IC卡子系统；二是企业用金税卡和税控IC卡及专用发票发售子系统；三是专用发票认证和报税子系统；四是企业防伪开票子系统。目前，符合《增值税专用发票使用规定》中关于准许利用计算机开具专用发票条件，而且经常存在单笔销售额达10万元以上经济业务的企业，方可纳入防伪税控系统。被纳入系统后的企业，一律使用防伪税控系统开具专用发票，原手工专用发票和电脑专用发票不得再行使用。如未通过防伪税控系统向购货方开具专用发票的，属偷税行为，税务机关将依法予以处罚。企业需要向购货方开具红字发票的，必须在符合《增值税专用发票使用规定》中有关销货退回及索取折让开具红字发票规定的前提下，改用防伪税控系统开具负数发票，即在"合计"栏以负数表示，价税合计（大写）数前打印"负数"字样。经税务机关防伪系统认证无误的专用发票抵扣联，必须在符合增值税征收管理有关规定的条件下，企业方可作为扣税的凭证。对利用防伪税控系统开具的专用发票进行骗税的，税务机关有权停止其抵扣税款并依法予以处罚，对构成犯罪的，移送司法机关处理。

第二节　增值税的纳税期限与纳税义务发生时间

一、增值税的纳税期限

增值税的纳税期限分别为1日、3日、5日、10日、15日、1个月或者1个季度。纳税人的具体纳税期限，由主管税务机关根据纳税人应纳税额的大小分别核定；不能按照固定期限纳税的，可以按次纳税。

①音像制品，是指正式出版的录有内容的录音带、录像带、唱片、激光唱盘和激光视盘。

②电子出版物，是指以数字代码方式，使用计算机应用程序，将图文声像等内容信息编辑加工后存储在具有确定的物理形态的磁、光、电等介质上，通过内嵌在计算机、手机、电子阅读设备、电子显示设备、数字音/视频播放设备、电子游戏机、导航仪以及其他具有类似功能的设备上读取使用，具有交互功能，用以表达思想、普及知识和积累文化的大众传播媒体。

③干姜、姜黄，属于农业产品的范围，其增值税适用税率为13%。

干姜，是指将生姜经清洗、刨皮、切片、烘烤、晾晒、熏硫等工序加工后制成的产品。

姜黄，包括生姜黄，以及将生姜黄经去泥、清洗、蒸煮、晾晒、烤干、打磨等工序加工后制成的产品。

④二甲醚，是指化学分子式为CH_3OCH_3，常温常压下为具有轻微醚香味，易燃、无毒、无腐蚀性的气体。

⑤金属矿采选产品（包括黑色和有色金属矿以及有色金属焙烧矿采选产品）、非金属矿采选产品（包括非金属矿的矿石、矿砂、矿粉和煤炭）。但原油、人造原油、井矿盐仍按17%的税率征收增值税。

⑥经简单加工的粮食复制品。但限于以粮食为原料、经简单加工制作的生食品，如切面、饺子皮、米粉等，不包括挂面和以粮食为原料加工的速冻食品、副食品。

⑦橄榄油、核桃油按照食用植物油13%的税率征收增值税。

（3）对属于一般纳税人的自来水公司，销售自来水按简易办法依照6%征收率征收增值税，不得抵扣其购进自来水取得增值税扣税凭证上注明的增值税税款。

（4）部分货物适用简易办法征收增值税，采用低税率。

（三）小规模纳税人征收率及其适用范围

增值税暂行条例统一了小规模纳税人增值税征收率，规定小规模纳税人增值税征收率为3%，但不得抵扣进项税额。

（四）零税率及适用范围

零税率就是纳税人销售货物适用税率为零，并且允许其抵扣进项税额。即：适用零税率的纳税人不仅不需要缴纳本阶段原应交税额，而且可以抵扣已支付的以前环节增值税。

纳税人出口货物，一般都适用零税率。这些报关出口的货物，主要包括两类：一是报关出境货物；二是运往海关管理的保税工厂、保税仓库和保税区的货物。对于国务院另有规定的少数出口货物，包括纳税人出口原油、援外物资和国家禁止出口的货物（目前包括天然牛黄、麝香、铜及铜基合金、白金等）等，不适用零税率，应按照内销货物的规定征收增值税。

四、其他规定

国务院决定开展深化增值税制度改革试点。从2012年1月1日起，在部分地区和行业，逐步将目前征收营业税的行业改为征收增值税。在经济发达的上海，将先在该市的交通运输业和部分现代服务业等开展试点。2012年8月，又在北京等8省市开展试点。条件个体工商户聘用的员工为本单位或雇主提供应税劳务不包括在内。

（三）进口货物

进口货物是指纳税人进口的应税产品。报关进口入境的货物无论是进口后自用还是内销，均应于进口环节征收增值税。

（四）征税范围的其他规定

（1）特定货物销售。货物期货（包括商品期货和贵金属期货，在期货的实物交割环节计税）、银行销售金银的业务、典当业的死当物品销售业务和销售寄售物品的业务，均应缴纳增值税。

（2）销售废品、下脚料。对工业企业生产中的废品以及工业企业（含非工业企业）、商业企业的下脚料和废旧包装物等销售时，应一律按销售货物补缴增值税。

（3）供应或开采未经加工的天然水（如水库供应农业灌溉用水、工厂开采地下水用于生产），不征收增值税。

（4）邮政部门发行报刊，征收营业税，其他单位和个人发行报刊，征收增值税。

（5）行政收费。对国家管理部门行使其管理职能发放的执照、牌照和有关证书等取得的工本费收入不征收增值税。

（6）需要注意的其他情况。

①关于融资性售后回租业务中承租方出售资产行为。融资性售后回租业务中承租方出售资产的行为，不属于增值税和营业税征收范围，不征收增值税。

融资性售后回租业务，是指承租方以融资为目的将资产出售给经批准从事融资租赁业务的企业后，又将该项资产从该融资租赁企业租回的行为。融资性售后回租业务中承租方出售资产时，资产所有权以及与资产所有权有关的全部报酬和风险并未完全转移。

②关于资产重组。自2011年3月1日起，纳税人在资产重组过程中，通过合并、分立、出售、置换等方式，将全部或者部分实物资产以及与其相关联的债权、债务和劳动力一并转让给其他单位和个人，不属于增值税的征税范围，其中涉及的货物转让，不征收增值税。

三、税率与征收率

（一）基本税率及适用范围

纳税人销售应税货物或者进口货物，基本税率为17%。

纳税人提供加工、修理修配劳务（简称应税劳务），税率为17%。

（二）低税率及适用范围

（1）增值税暂行条例规定，纳税人销售或者进口下列货物，税率为13%：

①粮食、食用植物油；

②自来水、暖气、冷气、热水、煤气、石油液化气、天然气、沼气、居民用煤炭制品；

③图书、报纸、杂志；

④饲料、化肥、农药、农机、农膜；

⑤国务院规定的其他货物。

（2）政策性规定，以下部分货物适用增值税税率为13%：

2. 视同销售货物

视同销售货物是相对于销售货物而言的，是指那些提供货物的行为本身不符合增值税税法中销售货物所定义的"有偿转让货物所有权"条件，而增值税在征税时要视同销售货物征税的行为。

视同销售货物，主要包括以下行为：

（1）将货物交付其他单位或者个人代销；

（2）销售代销货物；

（3）设有两个以上机构并实行统一核算的纳税人，将货物从一个机构移送其他机构用于销售，但相关机构设在同一县（市）的除外；

（4）将自产或者委托加工的货物用于非增值税应税项目；

（5）将自产、委托加工的货物用于集体福利或者个人消费；

（6）将自产、委托加工或者购进的货物作为投资，提供给其他单位或者个体工商户；

（7）将自产、委托加工或者购买的货物分配给股东或者投资者；

（8）将自产、委托加工或者购进的货物无偿赠送其他单位或者个人。

上述行为视同销售征收增值税，一是为了保证增值税税款抵扣制度的实施，不致因发生上述行为而造成税款抵扣环节中断；二是避免因发生上述行为而造成货物销售税收负担不平衡，防止逃避纳税。

3. 混合销售行为中的销售货物

一项销售行为如果既涉及货物又涉及非增值税应税劳务，为混合销售行为。除条例实施细则第六条的规定外，从事货物的生产、批发或者零售的企业、企业性单位和个体工商户的混合销售行为，视为销售货物，应当缴纳增值税；其他单位和个人的混合销售行为，视为销售非增值税应税劳务，不缴纳增值税。

非增值税应税劳务，是指属于应缴营业税的交通运输业、建筑业、金融保险业、邮电通信业、文化体育业、娱乐业、服务业税目征收范围的劳务。

从事货物的生产、批发或零售的企业、企业性单位及个体工商户，包括以从事货物的生产、批发或者零售为主，并兼营非增值税应税劳务的单位和个体工商户在内。

纳税人的下列混合销售行为，应当分别核算货物的销售额和非增值税应税劳务的营业额，并根据其销售货物的销售额计算缴纳增值税，非增值税应税劳务的营业额不缴纳增值税；未分别核算的，由主管税务机关核定其货物的销售额：

（1）销售自产货物并同时提供建筑业劳务的行为；

（2）财政部、国家税务总局规定的其他情形。

4. 兼营非应税劳务

纳税人兼营非增值税应税项目的，应分别核算货物或者应税劳务和非增值税应税项目的营业额。未分别核算的，由主管税务机关核定货物或者应税劳务的销售额。

（二）在境内提供加工、修理修配劳务

加工是指受托加工货物，即委托方提供原料及主要材料，受托方按照委托方要求制造加工并收取加工费的业务。修理修配，是指受托对损伤和丧失功能的货物进行修复，使其恢复和原状和功能的业务。

无论提供加工还是修理修配劳务，均指有偿提供的加工、修理修配劳务。但是单位或

和小规模纳税人两类。一般都是以其经营规模及会计核算是否健全作为划分标准。我国也不例外，将增值税纳税人划分为小规模纳税人和一般纳税人。

分清一般纳税人与小规模纳税人界限，主要可以从以下几个方面进行判断：

1. 从年营业额判断

税法规定，从事货物生产或者提供应税劳务的纳税人，以及以从事货物生产或者提供应税劳务为主，并兼营货物批发或者零售的纳税人，年应征增值税销售额为50万元以上；其他纳税人，年应征增值税销售额为80万元以上。满足上述条件的为一般纳税人。

对新开业的纳税人和已开业但销售额未超过标准的小规模纳税人，也可以向主管税务机关申请资格认定。

（1）销售额，是指不包括应纳税款的销售额，即不含税销售额。

（2）以从事货物生产或提供应税劳务为主，并兼营货物的批发或零售的纳税人，指该类纳税人的全年应税销售额中货物或应税劳务的销售额超过50%，批发或零售货物的销售额不到50%。

2. 从企业是否满足必备的条件判断

（1）有固定的生产经营场所；

（2）能够按照国家统一的会计制度规定设置账簿，根据合法、有效凭证核算，能够提供准确税务资料。

3. 从企业的性质判断

按照税法的规定，下列纳税人不论其销售是否超过规定的标准，也不论其会计核算制度是否健全，均不得认定为增值税一般纳税人。

（1）个体工商户以外的其他个人。其他个人是指自然人。

（2）选择按照小规模纳税人纳税的非企业性单位。非企业性单位是指行政单位、事业单位、军事单位、社会团体和其他单位。

（3）选择按照小规模纳税人纳税的不经常发生应税行为的企业。不经常发生应税行为的企业，是指非增值税纳税人；不经常发生应税行为，是指其偶然发生增值税应税行为。

对上述小规模纳税人稽查时，应注意年应税销售额达不到一般纳税人所规定的标准，或虽已超过标准符合一般纳税人条件，但未申请办理一般纳税人认定手续的，错按一般纳税人计算纳税的情况。凡发现有错将小规模纳税人按一般纳税人计算纳税的，应及时予以纠正，造成少缴的增值税应如数进行追补。

二、征税范围

增值税的征税范围是指在我国境内销售货物或者提供加工、修理、修配劳务以及进口货物等。

（一）在境内销售货物

在中华人民共和国境内（简称境内）销售货物，是指所销售的货物的起运地或所在地在境内。

1. 销售货物

销售货物，是有偿提供了货物的所有权。"有偿"的标准是从购买方取得了货币、货物或其他经济利益。这里的销售限定了地域，只限在中国境内。

第二章 增值税会计

增值税是一个世界性的税种,是对纳税人生产经营的增值额征收的一种税。《中华人民共和国增值税暂行条例》(以下简称增值税暂行条例)规定:增值税是对在我国境内销售货物或提供加工、修理修配劳务以及进口货物的单位和个人,就其货物或劳动的增值额而征收的一种税。货物是指有形动产,包括电力、热力、气体;加工是指受托加工货物,即委托方提供原料及主要材料,受托方按照委托方的要求制造货物并收取加工费的业务;销售货物是指有偿转让货物的所有权,有偿,包括从购买方取得货币、货物或其他经济利益;提供加工、修理修配劳务是指有偿提供加工、修理修配劳务,但单位或个体工商户聘用的员工为本单位或雇主提供加工、修理修配劳务,不包括在内。

第一节 增值税的基本内容

一、纳税人

(一)增值税的纳税人

增值税的纳税人,包括在我国境内销售货物或者提供加工、修理修配劳务以及进口货物的单位和个人。具体为:

(1) 单位,是指企业、行政单位、事业单位、军事单位、社会团体及其他单位。

(2) 个人,是指个体工商户和其他个人。

(3) 外商投资企业和外国企业。凡从事货物销售、进口和提供应税劳务的,统一缴纳增值税,为增值税的纳税义务人。

(4) 承租人和承包人。单位租赁或者承包给其他单位或者个人经营的,以承租人或者承包人为纳税人。

(5) 扣缴义务人。境外的单位或者个人在境内提供应税劳务,在境内未设有经营机构的,以其境内代理人为扣缴义务人;在境内没有代理人的,以购买方为扣缴义务人。

(二)增值税纳税人的分类

为了便于增值税的征收管理并简化计税,不少国家都将增值税纳税人分为一般纳税人

(3) 报表审核。报税人员将以上报表按要求打印,由财务经理审核,交付董办秘书安排签章及盖印,即可向税务机关进行申报。

三、税款缴纳作业流程

税款申报之后,税务机关开具税款缴款书,付款核准后出纳员加盖银行预留印鉴,将缴款书送至开户银行(税款的缴纳须在 15 日前,遇节假日顺延),由银行进行转账处理,完成税款缴纳工作。

四、相关资料的存档

每月报税后,将有税务机关确认的增值税发票认证通知书、电子申报系统一系列报表、免抵退税汇总申报表、免抵退税供货报告、季度/年度企业所得税申报表、个人所得税申报表按每月一册装订归档。

思考和练习题

1. 税务会计与财务会计的区别有哪些?
2. 会计与税法的差异如何协调?
3. 工业企业涉及的税种有哪些?
4. 房地产开发企业涉及的税种有哪些?
5. 解释"财税合一"的会计模式。
6. 税务会计与税收会计的区别有哪些?
7. 会计与税法的计量属性有何不同?
8. 结合增值税阐述税务会计的确认、计量、记录和报告。

入电子报税系统，形成销项税额。

手工发票的录入：报税人员将开具的收购发票和取得的运输发票等其他进项发票在每月纳税申报完成前输入电子申报系统，作为当月的进项税额。将当月开具的普通销售发票录入电子报税系统。将本月的无票销售情况，录入电子申报系统，作为无票销售额。

生成电子申报数据及报表，完成进项税额及销项税额的基本采集工作后，按电子申报系统的要求填报增值税纳税申报表等一系列报表（报表载于系统中），生成电子数据向税务机关申报并打印相关纸质报表。

2. 免抵退税申报系统

报税人员根据政府统一格式的出口报关单（白单）录入免抵退税申报系统本期出口信息；根据已报关出口的报关单（黄单）、外汇核销单、出口发票录入本期单证信息，完成后形成申报盘并向税务机关预申报，税务机关将电子信息反馈至申报盘中再由企业读入该信息。读入预审反馈信息后，即可生成"免抵退"正式申报盘向税务机关进行正式申报，并打印相关报表。"免抵退税申报表"的数据应与"电子申报表"的数据核对，确保准确无误。

3. 个人所得税申报系统

录入公司员工基本资料。每月工资核算后，报税人员向工资核算员索取每月公司员工薪资情况表，导入系统，计算个人所得税额是否跟薪资表结果一致。

4. 地方税收纳税申报

根据总账人员提供的营业收入和本月申报国税的征税货物和劳务的销售额，录入纳税申报表。按照本月开具发票的金额录入纳税申报表。填写本月发票的领用存情况。

5. 企业所得税申报

每季终了后15日内申报本月经营利润。年度终了后4个月内，向国税局申报企业所得税汇算清缴的详细资料。

二、税款申报作业流程

抄报税完成后，企业就可以进行本月电子申报及免抵退申报。一般情况下销项税额与进项税额的差额就是本月应纳税额。如有出口销售则应计算出口退税。

(1) 国税申报时间是次月1—15日前申报上月税款。申报内容为：

①增值税纳税申报表及6个附表；

②资产负债表；

③利润表；

④免抵退税出口货物明细申报表；

⑤免抵退税出口货物单证收齐明细申报表；

⑥免抵退税汇总申报表；

⑦增值税专用发票认证结果清单；

⑧企业所得税申报表（每季度终了15日前申报）。

(2) 地税申报时间是次月1—15日前申报上月税款，申报内容为：

①××省地方税收纳税申报表及其5个附表；

②扣缴个人所得税汇总报告表和扣缴个人所得税明细报告表。

征纳行为，推进依法治税，公平税收负担，促进收入增长等都具有十分重要的意义。

工业企业涉及的税种有：增值税，城建税，企业所得税，个人所得税，房产税，城镇土地使用税，车船税，印花税，教育费附加，生产委托加工特定消费品的要缴纳消费税，有营业税应税行为的要缴纳营业税，开采应税资源要缴纳资源税，有偿转让国有土地使用权和地上的建筑物及其附着物要缴纳土地增值税。

商品流通企业涉及的税种有：增值税，城建税，企业所得税，个人所得税，房产税，城镇土地使用税，车船税，印花税，教育费附加，有营业税应税行为的要缴纳营业税，有偿转让国有土地使用权和地上的建筑物及其附着物要缴纳土地增值税。

交通运输、建筑安装、金融保险、邮电通讯、文化体育、娱乐业、服务业涉及的税种有：营业税，城建税，企业所得税，个人所得税，房产税，城镇土地使用税，车船税，印花税，教育费附加，有偿转让国有土地使用权和地上的建筑物及其附着物要缴纳土地增值税。娱乐业和广告业要缴纳文化事业建设费。

房地产开发涉及的税种有：营业税、城建税、企业所得税、个人所得税、土地增值税、房产税、城镇土地使用税、车船税、印花税、教育费附加。

此外企业发生特殊业务还涉及关税、车辆购置税、耕地占用税、契税、烟叶税等。

税务会计包括确认、计量、记录、报告四个环节。与财务会计相比，税务会计的确认条件、时间和内容不同；分别计量不同税种的计税基础；计量属性没有没有现值和可变现净值；不需要单独建立账簿记录；提供各种纳税申报表。税金的处理包括：一是资本化，计入资产的税金有耕地占用税、车辆购置税、契税、不能抵扣的增值税、烟叶税、进口关税。二是费用化，在营业税金及附加中列支的税费有消费税、营业税、资源税、土地增值税、城建税、教育费附加。在管理费用中列支的税金有房产税、土地使用税、车船税、印花税。企业所得税计入所得税费用。计入营业外支出的税金是与固定资产和无形资产处置相关的税金。三是既不资本化又不费用化，不计入成本费用的税金有增值税和个人所得税。

一、报税作业流程

1. 电子申报系统

发票认证：报税人员在每月30日或者31日前，审核从应付会计处取得的增值税进项发票（要求票面信息填写齐全、密码区打印在限定区域内、印章清晰完整、票面整洁无损），对不符合增值税发票要求的，退回采购员处，由采购员重新向供应商索取合格的增值税专用发票；对合格的增值税发票专用进行电脑扫描、核对，将扫描好的数据保存在3.5寸盘或U盘中，在30日或者31日拿到税务机关进行认证，税务机关将通过当期认证的信息反馈至提交的软盘中，当月认证完毕的进项发票必须在当月抵扣。将载有反馈信息的软盘读入电子申报系统，完成增值税进项发票的认证作业。并按税务机关的要求将已通过认证的发票按每本25份装订，以备查。

抄税：抄报税是将防伪开票系统开具发票的信息报送税务机关。报税人员每月1—10日前，在防伪开票系统中对上月开具的销项发票进行抄税处理，将上月开具增值税专用发票的信息读入金税卡中向税务机关申报，抄税完成后未向税务机关申报前不允许再开具发票。通过申报完成上月的抄税工作。完成抄税后，从防伪税控系统中把每月的销项发票导

【例 2-4】

甲企业 2010 年 10 月接受乙企业以自产 A 产品 50 万元的实物投资，乙企业开具专用发票。则甲企业账务处理为：

    借：库存商品——A 产品   500 000
        应交税费——应交增值税（进项税额）   85 000
        贷：实收资本   585 000

4. 企业接受捐赠货物

企业接受捐赠转入的货物，按照专用发票上注明的进项税额，借记"应交税费——应交增值税（进项税额）"科目，按照捐赠确认的价值，借记"原材料"等科目，按照货物的价值和增值税额，贷记"营业外收入"科目。

【例 2-5】

某制造企业接受一合资企业捐赠原材料一批，取得增值税专用发票，注明材料价值 50 000 元，进项税额 8 500 元，按该企业同种材料计算，计划成本 48 000 元。其会计分录为：

    借：原材料   48 000
        应交税费——应交增值税（进项税额）   8 500
        材料成本差异   2 000
        贷：营业外收入   58 500

5. 购进免税农产品

【例 2-6】

某食品加工企业，收购农产品一批，价款 100 000 元，用现金结算。材料已经入库，材料采用实际成本核算，其会计分录为：

    借：原材料   87 000
        应交税费——应交增值税（进项税额）   13 000
        贷：库存现金   100 000

6. 运输费用的进项税额

运输费用的扣除率为 7%，材料的运输费用计入材料成本，固定资产的运输费用计入固定资产成本，销售产品发生的运输费用计入销售费用。

【例 2-7】

某制造企业销售产品，以银行存款支付运输费用 5 000 元。其会计分录为：

    借：销售费用   4 650
        应交税费——应交增值税（进项税额）   350
        贷：银行存款   5 000

税款 17 000 元。材料已验收入库，计划成本为 98 000 元，款项均以银行转账支票付讫。则账务处理为：

(1) 支付货款时。

借：材料采购	100 000
应交税费——应交增值税（进项税额）	17 000
贷：银行存款	117 000

(2) 验收入库时。

借：原材料	98 000
材料成本差异	2 000
贷：材料采购	100 000

2. 企业接受应税劳务

企业接受加工、修理修配劳务，按照专用发票上注明的增值税额，借记"应交税费——应交增值税（进项税额）"科目，按照专用发票上记载的应计入加工、修理修配等货物成本的金额，借记"委托加工物资"等科目，按应付或实付的金额，贷记"应付账款"或"银行存款"等科目。

【例 2-3】

某机床设备厂委托外单位加工某种锻件 100 件。委托加工材料计划成本 80 000 元，实际成本 86 000 元，支付加工费 22 000 元、运费 500 元。加工方开具增值税专用发票注明进项税额 3 825 元。该加工件完工入库，计划成本 110 000 元。其账务处理为：

(1) 委托加工出库时。

借：委托加工物资——××锻件	86 000
贷：材料成本差异	6 000
原材料	80 000

(2) 支付加工费、运费。

借：委托加工物资	18 675
应交税费——应交增值税（进项税额）	3 825
贷：银行存款	22 500

(3) 委托加工材料入库。

借：原材料——××锻件	110 000
贷：委托加工物资——××锻件	104 675
材料成本差异	5 325

3. 企业接受投资转入的货物

企业接受投资转入的货物，并取得增值税专用发票。按照增值税专用发票上注明的增值税额，借记"应交税费——应交增值税（进项税额）"、借记"原材料"、"库存商品"等，按照货物价值和增值税的合计数，贷记"实收资本"等。

货物应冲销的进项税额,用红字登记。

"已交税金"专栏,记录企业已缴纳的增值税额。企业已缴纳的增值税额用蓝字登记;退回多交的增值税额用红字登记。

"销项税额"专栏,记录企业销售货物或提供应税劳务应收取的增值税额。企业销售货物或提供应税劳务应收取的销项税额,用蓝字登记;退回销售货物应冲销的销项税额,用红字登记。

"出口退税"专栏,记录企业出口适用零税率的货物,向海关办理报关出口手续后,凭出口报关单等有关凭证,向税务机关申报办理出口退税而收到退回的税款。出口货物退回的增值税额,用蓝字登记;出口货物办理退税后发生退货或者退关而补交已退的税款,用红字登记。

"进项税额转出"专栏,记录企业的购进货物、在产品、产成品等发生非正常损失以及其他原因而不应从销项税额中抵扣,按规定转出的进项税额。

"转出未交增值税"和"转出多交增值税"专栏,分别记录一般纳税人月终转出未交或多交的增值税。

一般纳税人在"应交税费"下设置"未交增值税"明细账,将多缴税金从"应交增值税"的借方余额中分离出来,使增值税的多缴、未缴、应纳、欠税、留抵等项目一目了然,为申报表的正确编制提供条件。

二、准予抵扣的进项税额的账务处理

1. 购进货物

企业采购货物,按专用发票上注明的增值税额,借记"应交税费——应交增值税(进项税额)"科目,按照发票上应计入采购成本的金额,借记"材料采购"或"原材料"、"制造费用"、"管理费用"等科目,贷记"应付账款"、"应付票据"、"银行存款"等目。

【例2-1】

某商业零售企业2月份购入甲商品一批,取得的专用发票上注明的价款100 000元,增值税款17 000元。商品已验收入库,商品含税售价140 400元,款项均以银行转账支票付讫。则账务处理为:

(1) 支付货款时。

借:商品采购	100 000
应交税费——应交增值税(进项税额)	17 000
贷:银行存款	117 000

(2) 商品验收入库时。

借:库存商品——甲商品	140 400
贷:商品采购	100 000
商品进销差价	40 400

【例2-2】

某工业企业2月份购入甲材料一批,取得的专用发票上注明的价款100 000元,增值的征收率计算应纳税额，不得抵扣进项税额，其计算公式为：

$$应纳税额＝销售额×征收率$$

四、进口货物应纳税额的计算

纳税人进口货物，按照组成计税价格和规定的税率计算应纳税额，不得抵扣任何税额。应纳税额的计算公式为：

$$应纳税额＝组成计税价格×税率$$
$$组成计税价格＝关税完税价格＋关税＋消费税$$
$$＝（关税完税价格＋关税）÷（1－消费税税率）$$

第六节　增值税的会计处理

增值税属于价外税，通过一道道环节的征税、退税，使得增值税最终由消费者来承担，而生产企业、商业企业在这一过程中只是起到了税负传递作用，并不负担增值税税款。企业发生的有关增值税业务实际上属于一种特殊的资金往来业务，购进货物所支付的增值税属于代垫款项，销售货物收取的增值属于代收款项，都需要在财务上进行单独核算，而两者之差体现为企业与国家的债权与债务关系。由于增值税一般纳税人与小规模纳税人在增值税计算方法上有差异，因此两者的会计处理也不相同。

一、一般纳税人的增值税会计科目设置

增值税一般纳税人在账务处理上具有两个主要特点：第一是在购进阶段，会计处理时实行价与税的分离，价与税分离的依据为增值税专用发票上注明的价款和增值税。属于价款部分，计入购入货物的成本；属于增值税额部分，计入进项税额。第二是在销售阶段，销售价格中不再含税，如果定价含税，应还原为不含税价格作为销售收入，向购买方收取的增值税作为销项税额。

为了核算企业应交增值税的发生、抵扣、进项转出、计提、缴纳、退还等情况，应在"应交税费"科目下设置"应交增值税"和"未交增值税"两个二级科目。需要进行增值税纳税调整的，还应设置"增值税检查调整"二级科目。"应交增值税"明细科目的借方发生额，反映企业购进货物或接受应税劳务支付的进项税额、实际已缴纳的增值税额等；贷方发生额，反映销售货物或提供应税劳务应缴纳的增值税额、出口货物退税、转出已支付或应分担的增值税等；期末借方余额反映企业尚未抵扣的增值税。

一般纳税人在"应交税费——应交增值税"明细账的借方设"进项税额"、"已交税金"、"转出未交增值税"等专栏；贷方设"销项税额"、"出口退税"、"进项税额转出"、"转出多交增值税"等专栏。

"进项税额"专栏，记录企业购入货物或接受应税劳务而支付的、准予从销项税额中抵扣的增值税额。企业购入货物或接受应税劳务支付的进项税额，用蓝字登记；退回所购

7. 进口货物的账务处理

企业进口货物，按海关提供的完税凭证上注明的增值税额，借记"应交税费——应交增值税（进项税额）"科目，按照进口货物应计入采购成本的金额，借记"材料采购"等科目，按照应付或实际支付的价款，贷记"应付账款"、"银行存款"等科目。一般货款用外币结算，税款用人民币缴纳。

【例2-8】

某工业企业，2010年10月进口材料一批，完税价格400 000美元，当日汇率1：7.00，用外币结算，关税税率20%，增值税税率17%，以上结算凭证全部取得。采用实际成本核算，则账务处理为：

(1) 支付货款。

  借：在途物资   2 800 000
    贷：银行存款——美元（美元400 000）   2 800 000

(2) 支付税款。

  关税 = 400 000 × 7 × 20% = 560 000（元）
  组成计税价格 = 2 800 000 + 560 000 = 3 360 000（元）
  增值税 = 3 360 000 × 17% = 571 200（元）

  借：在途物资   560 000
    应交税费——应交增值税（进项税额）   571 200
    贷：银行存款——人民币   1 131 200

8. 取得固定资产进项税额的账务处理

企业从外部取得的固定资产的价值，借记"固定资产"科目，按照专用发票上注明的进项税额，借记"应交税费——应交增值税（进项税额）"科目，按照货物的价值和增值税额，贷记"银行存款"、"实收资本"、"营业外收入"等科目。

【例2-9】

甲企业从国内乙企业采购一台机器设备交由生产部门使用，专用发票上注明的价款500 000元，增值税85 000元，为购进固定资产支付运输费用5 000元，取得发票。上述款项以银行存款支付。则账务处理为：

(1) 购进固定资产。

  借：固定资产   500 000
    应交税费——应交增值税（进项税额）   85 000
    贷：银行存款   585 000

(2) 支付的运输费用可抵扣增值税。

  可抵扣增值税 = 5 000 × 7% = 350（元）

  借：固定资产   4 650
    应交税费——应交增值税（进项税额）   350
    贷：银行存款   5 000

三、不得抵扣的进项税额的账务处理

购入时即确认为不予抵扣的进项税额,计入资产成本,如购入工程物资等;购入后反映进项税额,后来改变用途或发生非常损失不能抵扣,将进项税额转出。

(1) 用于非增值税应税项目、免征增值税项目、集体福利或者个人消费的购进货物或者应税劳务。纳税人新建、改建、扩建、修缮、装饰不动产,均属于不动产在建工程。注意区分动产在建工程和不动产在建工程。

【例 2-10】

甲企业1月份购进一批工程物质用于动产在建工程,专用发票上注明的价款 200 000 元,增值税 34 000 元,以银行承兑汇票支付。另外,甲企业5月份将购入作为存货核算的原材料成本 30 000 元,用于自建办公大楼。

(1) 企业购进用于自制固定资产的货物。

借:工程物资　　　　　　　　　　　　　　　　　　　　　　　　　200 000
　　应交税费——应交增值税(进项税额)　　　　　　　　　　　　 34 000
　　贷:应付票据　　　　　　　　　　　　　　　　　　　　　　　 234 000

(2) 企业将购入作为存货核算的原材料用于自建办公大楼。

借:在建工程　　　　　　　　　　　　　　　　　　　　　　　　　 35 100
　　贷:原材料　　　　　　　　　　　　　　　　　　　　　　　　　30 000
　　　　应交税费——应交增值税(进项税额转出)　　　　　　　　　 5 100

【例 2-11】

某公司为一般纳税人,当月发生如下业务:购进洗涤用品100袋用于发放职工福利,该洗涤用品不含税价格为每袋30元,增值税额510元;从小规模纳税人处购进原材料一批,价税合计10 000元,未取得增值税专用发票。则账务处理为:

(1) 购进货物用于职工福利,其进项税额不得抵扣。

借:应付职工薪酬——福利费　　　　　　　　　　　　　　　　　　3 510
　　贷:银行存款　　　　　　　　　　　　　　　　　　　　　　　　3 510

(2) 未取得增值税专用发票,其进项税额不得抵扣。

借:原材料　　　　　　　　　　　　　　　　　　　　　　　　　　10 000
　　贷:银行存款　　　　　　　　　　　　　　　　　　　　　　　 10 000

---

(2) 非正常损失的购进货物及相关的应税劳务。非正常损失,是指因管理不善造成被盗、丢失、霉烂变质的损失。不包括自然灾害损失。税法所称的非正常损失与会计所称的非常损失含义不一样。会计所称的非常损失是指由于自然灾害、意外事故造成的损失,强调的是自然灾害、意外事故这一不可抗力客观事实造成的损失,不包括税法所说的因管理不善造成货物被盗窃、发生霉烂变质等主观原因形成的损失。

【例 2-12】

某商业批发企业在财产清查中,发现短少商品价值 10 万元,经查明,该批商品为仓库保管员保管不善丢失。责成仓库保管员赔偿 2 万元,产生非正常损失 9.7 万元。经有关部门批准处理,编制会计分录如下:

(1) 待转处理时。

借:待处理财产损溢	117 000
贷:库存商品	100 000
应交税费——应交增值税(进项税额转出)	17 000

(2) 经有关部门批准处理。

借:管理费用	97 000
其他应收款	20 000
贷:待处理财产损溢	117 000

【例 2-13】

某机械制造厂发生火灾,烧毁材料价值 10 万元,保险公司同意赔偿 2 万元。经有关部门批准处理,会计分录如下:

(1) 待转处理时。

借:待处理财产损溢	100 000
贷:原材料	100 000

(2) 批准处理。

借:营业外支出——非常损失	20 000
其他应收款	80 000
贷:待处理财产损溢	100 000

(3) 非正常损失的在产品、产成品所耗用的购进货物或者应税劳务。

购进货物在购进过程中发生的非正常损失,其进项税额不得抵扣。应将损失货物的价值与相应的进项税额一并计入待处理财产损溢,即借记"待处理财产损溢——待处理流动资产损溢"科目,按实际入库材料的成本借记"原材料"科目,按实际入库材料应负担的增值税额,借记"应交税费——应交增值税(进项税额)"科目,按全部应付或实际支付的价款贷记"应付账款"、"银行存款"科目。

(4) 国务院财政、税务主管部门规定的纳税人自用消费品。纳税人自用的应征消费税的摩托车、汽车、游艇,其进项税额不得从销项税额中抵扣,全部计入固定资产。

(5) 不得抵扣进项税额货物的运输费用和销售免税货物的运输费用不能计算进项税额,全部计入成本费用。

(6) 进货退出或折让。纳税人因进货退出或折让而收回的增值税额,应从发生进货退出或折让当期的进项税额中扣减。企业购进货物发生退货时,购货方应区别下列两种情况进行具体处理:

①购货方未付货款也未作账务处理。在这种情况下,购货方只需将发票联和抵扣联退

还给销货方即可,既然购货方进货后还未作账务处理,退货时也无须进行账务处理。如果是部分退货,将发票联和抵扣联退还给销货方后,由销货方按实际数量重新开具增值税专用发票,购货方只要按实购数量、金额进行正常的购货账务处理即可。

②购货方已付货款,或者货款未付但已作账务处理。在这种情况下,发票联及抵扣联无法退还,购货方必须取得当地主管税务机关开具的"进货退出及索取折让证明单"送交销货方,作为销货方开具红字增值税专用发票的合法依据。购货方根据销货方转来的红字发票联、抵扣联,借记"应收账款"或"银行存款"账户,贷记"应交税费——应交增值税(进项税额)"(实际登账时,应以红字记入借方)、"在途材料"、"物资采购"等账户。

【例2-14】

永明公司2月份购进乙材料10 000千克,取得的增值税专用发票上注明价款500 000元,增值税款85 000元。材料已验收入库,并开出银行转账支票支付款项。

2月份支付货款,材料验收入库时,账务处理如下:

借:原材料——乙材料　　　　　　　　　　　　　　　　500 000
　　应交税费——应交增值税(进项税额)　　　　　　　 85 000
　　贷:银行存款　　　　　　　　　　　　　　　　　　585 000

3月份因上述材料存在质量问题退回部分材料,取得当地主管税务机关开具的"进货退出及索取折让证明单"送交销货方,退回价款10 000元,增值税款1 700元,已收到对方开具的红字增值税专用发票。其账务处理如下:

借:银行存款　　　　　　　　　　　　　　　　　　　　11 700
　　应交税费——应交增值税(进项税额)　　　　　　　　1 700
　　贷:原材料——乙材料　　　　　　　　　　　　　　 10 000

四、视同销售的账务处理

(1)代销商品——视同买断方式。

以视同买断方式代销商品,是指委托方和受托方签订合同或协议,委托方按合同或协议收取代销的货款,实际售价由受托方自定,实际售价与合同或协议价之间的差额归受托方所有。

第一种情况:如果委托方和受托方之间的协议标明,受托方在取得代销商品后,无论是否能够卖出、是否获利,均与委托方无关,在符合销售商品收入确认条件时,委托方应确认相关销售商品收入。

第二种情况:如果委托方和受托方之间的协议标明,受托方没有将商品售出可以退回给委托方,或受托方因代销商品出现亏损时可以要求委托方补偿,那么委托方在交付商品时不确认收入,受托方也不作购进商品处理;受托方将商品销售后,按实际售价确认销售收入,并向委托方开具代销清单;委托方收到代销清单时,再确认本企业的销售收入。

【例2-15】

2009年3月1日,甲公司与B企业签订代销协议,委托B企业销售乙商品300件,协议价为 200 元/件，该商品成本 140 元/件，增值税税率 17%。协议标明，将来受托方没有将商品售出时可以将商品退回给委托方。9 月 1 日，甲公司收到 B 企业开来的代销清单时开具增值税专用发票，发票上注明：售价 60 000 元，增值税 10 200 元。B 企业实际销售时开具的增值税专用发票上注明：售价 72 000 元，增值税 12 240 元。9 月 6 日，甲公司收到 B 企业按合同协议价支付的款项。

甲公司应编制会计分录如下：

① 3 月 1 日将乙商品交付 B 企业时：

借：发出商品——B 企业　　　　　　　　　　　　　　　　　42 000
　　贷：库存商品　　　　　　　　　　　　　　　　　　　　42 000

② 9 月 1 日收到代销清单时：

借：应收账款——B 企业　　　　　　　　　　　　　　　　　70 200
　　贷：主营业务收入　　　　　　　　　　　　　　　　　　60 000
　　　　应交税费——应交增值税（销项税额）　　　　　　　10 200

同时结转成本：

借：主营业务成本　　　　　　　　　　　　　　　　　　　　42 000
　　贷：发出商品——B 企业　　　　　　　　　　　　　　　42 000

③ 9 月 6 日收到货款时：

借：银行存款　　　　　　　　　　　　　　　　　　　　　　70 200
　　贷：应收账款——B 企业　　　　　　　　　　　　　　　70 200

B 企业应编制会计分录如下：

① 3 月 1 日收到乙商品时：

借：受托代销商品　　　　　　　　　　　　　　　　　　　　60 000
　　贷：受托代销商品款　　　　　　　　　　　　　　　　　60 000

② 实际销售时：

借：银行存款　　　　　　　　　　　　　　　　　　　　　　84 240
　　贷：主营业务收入　　　　　　　　　　　　　　　　　　72 000
　　　　应交税费——应交增值税（销项税额）　　　　　　　12 240

同时结转成本：

借：主营业务成本　　　　　　　　　　　　　　　　　　　　60 000
　　贷：受托代销商品　　　　　　　　　　　　　　　　　　60 000
借：受托代销商品款　　　　　　　　　　　　　　　　　　　60 000
　　贷：应付账款——甲公司　　　　　　　　　　　　　　　60 000

③ 9 月 6 日，按合同协议价将款项付给甲公司时。

借：应付账款——甲公司　　　　　　　　　　　　　　　　　60 000
　　应交税费——应交增值税（进项税额）　　　　　　　　　10 200
　　贷：银行存款　　　　　　　　　　　　　　　　　　　　70 200

(2) 代销商品——收取手续费方式。

在这种方式下，委托方在发出商品时通常不应确认销售商品收入。而应在收到受托方开出的代销清单时确认销售商品收入；受托方应在商品销售后，按合同或协议约定的方法计算确定的手续费确认收入。

【例2-16】

沿用上例的资料，并假定甲公司与B企业签订的代销协议规定：B企业应按每件200元的价格售给顾客，甲公司按售价的10%向B企业支付手续费。B企业实际销售时，向买方开具的增值税专用发票上注明乙商品售价60 000元，增值税10 200元。9月1日，甲公司收到B企业交来的代销清单，并向B企业开出一张金额相同的增值税专用发票。9月6日，甲公司收到B企业支付的商品代销款（已扣手续费）。

甲公司应编制如下会计分录：
① 3月1日将乙商品交付B企业时：
  借：发出商品——B企业   42 000
    贷：库存商品   42 000
② 9月1日收到代销清单，同时结转成本：
  借：应收账款——B企业   70 200
    贷：主营业务收入   60 000
      应交税费——应交增值税（销项税额）   10 200
  借：主营业务成本   42 000
    贷：发出商品（或委托代销商品）——B企业   42 000
③ 9月6日收到B企业汇来的货款净额64 200元时：
  借：销售费用——代销手续费   6 000
    贷：应收账款——B企业   6 000
  借：银行存款   64 200
    贷：应收账款——B企业   64 200

B企业应编制如下会计分录：
① 3月1日收到乙商品时：
  借：受托代销商品   60 000
    贷：受托代销商品款   60 000
② 实际销售乙商品时：
  借：银行存款   70 200
    贷：应付账款——甲公司   60 000
      应交税费——应交增值税（销项税额）   10 200
③ 收到增值税专用发票时：
  借：应交税费——应交增值税（进项税额）   10 200
    贷：应付账款——甲公司   10 200
  借：受托代销商品款   60 000
    贷：受托代销商品   60 000
④ 9月6日支付甲公司货款并计算代销手续费时：
  借：应付账款——甲公司   70 200

贷：银行存款		64 200
其他业务收入		6 000

(3) 设有两个以上机构并实行统一核算的纳税人，将货物从一个机构移送其他机构用于销售，但相关机构设在同一县（市）的除外。

【例 2-17】

某公司总机构购入货物 140 000 元，税款 23 800 元，价税合计 163 800 元，移送外地分公司进行销售，移送时：

借：分支机构往来	163 800
贷：主营业务收入	140 000
应交税费——应交增值税（销项税额）	23 800

分公司接到货物及专用发票后，作进货处理，会计分录为：

借：库存商品	140 000
应交税费——应交增值税（进项税额）	23 800
贷：总部往来	163 800

(4) 将自产或者委托加工的货物用于非增值税应税项目。

在移送时，按移送货物的成本和结算的增值税销项税额，借记"在建工程"科目，按货物成本贷记"库存商品"科目，按计算出的销项税额贷记"应交税费——应交增值税（销项税额）"科目。

【例 2-18】

某公司领用自产 A 产品一批，用于厂房改造，实际成本 120 000 元，不含税售价为 150 000 元，则该公司的账务处理为：

借：在建工程	145 500
贷：库存商品——A	120 000
应交税费——应交增值税（销项税额）	25 500

(5) 将自产、委托加工的货物用于集体福利或者个人消费。

在移送时，按移送货物的成本和结算的增值税销项税额，借记"应付职工薪酬"科目，按货物售价贷记"主营业务收入"科目，按计算出的销项税额贷记"应交税费——应交增值税（销项税额）"科目。

【例 2-19】

某公司领用 B 产品一批，用于职工福利，实际成本 40 000 元，含税售价为 58 500 元。则该公司的账务处理为：

借：应付职工薪酬——福利费	58 500
贷：主营业务收入	50 000

　　　　　应交税费——应交增值税（销项税额）　　　　　　　　　　　　　　8 500
　　　借：主营业务成本　　　　　　　　　　　　　　　　　　　　　　　40 000
　　　　　贷：库存商品　　　　　　　　　　　　　　　　　　　　　　　　40 000

（6）将自产、委托加工或者购进的货物作为投资，提供给其他单位或者个体工商户。

不构成控股合并业务的投资行为，类似于非货币性资产交换，根据会计准则的规定，在非货币性资产交换具有商业实质，并且换出资产和换入资产的公允价值能够可靠计量的情况下，会计上采用公允价值计量基础，此时，税法与会计准则均确认收入，无差异无须调整。在非货币性资产交换不具有商业实质，或者换出资产和换入资产的公允价值均不能够可靠计量的情况下，会计上采用账面计量基础，不确认收入，但按照税法规定应视同销售收入。构成控股合并业务的投资行为，属于"同一控制下的企业合并"时，应当按合并日被合并方所有者权益账面价值的份额作为长期股权投资的初始投资成本计量，只能按成本予以转账。属于"非同一控制下企业合并"应按照公允价值确认收入，同时结转相应成本。

【例2-20】

某机械厂将本厂生产的冲床设备一台投资给甲单位，该设备市场价120 000元。属于不构成控股合并业务的投资行为，采用公允价值计量，则账务处理为：

　　　计算销项税额＝120 000×17％＝20 400(元)

　　　借：长期股权投资　　　　　　　　　　　　　　　　　　　　　　　140 400
　　　　　贷：主营业务收入　　　　　　　　　　　　　　　　　　　　　120 000
　　　　　　　应交税费——应交增值税（销项税额）　　　　　　　　　　　20 400

（7）将自产、委托加工或者购买的货物分配给股东或者投资者。

纳税人将自产、委托加工或购买的货物分配给股东或投资者视同销售。在货物移送时，按核定的销售额与增值税销项税额的合计数，借记"应付股利"科目，按核定的销售额，贷记"主营业务收入"科目，按计算出的增值税销项税额，贷记"应交税费——应交增值税（销项税额）"科目。

【例2-21】

某股份公司董事会决定，以自产的甲产品作为利润分配给股东，甲产品实际成本为194 500元，不含税售价为245 000元。则账务处理为：

　　　计算销项税额＝245 000×17％＝41 650(元)

　　　借：应付股利　　　　　　　　　　　　　　　　　　　　　　　　　286 650
　　　　　贷：主营业务收入　　　　　　　　　　　　　　　　　　　　　245 000
　　　　　　　应交税费——应交增值税（销项税额）　　　　　　　　　　　41 650
　　　结转成本：
　　　借：主营业务成本　　　　　　　　　　　　　　　　　　　　　　　194 500
　　　　　贷：库存商品　　　　　　　　　　　　　　　　　　　　　　　194 500

（8）将自产、委托加工或者购进的货物无偿赠送其他单位或者个人。

【例 2-22】

某公司领用自产 A 产品一批，用于对外捐赠，实际成本 120 000 元，不含税售价为 150 000 元，则该公司的账务处理为：

按财税分离原则处理：

借：营业外支出	145 500
贷：库存商品——A	120 000
应交税费——应交增值税（销项税额）	25 500

按财税合一原则处理：

借：营业外支出	175 500
贷：主营业务收入	150 000
应交税费——应交增值税（销项税额）	25 500
借：主营业务成本	120 000
贷：库存商品	120 000

以上两种会计处理利润总额一致。但是，如果属于公益性捐赠，公益性支出总额为 17.55 万元，如果是非公益性捐赠，企业所得税纳税调增 17.55 万元。

五、销售业务的账务处理

1. 一般销售业务的账务处理

一般纳税人销售货物及提供应税劳务可以开具增值税专用发票，如果企业销售货物或提供劳务采用销售额和销项税额合并定价方法的，应将含税销售额换算为不含税的销售额，并按不含税的销售额计算销项税额。发生时，按照价税合计的金额，借记"应收账款"等科目，贷记"应交税费——应交增值税（销项税额）"、"主营业务收入"、"其他业务收入"等科目。发生的销货退回，作相反的会计分录。

【例 2-23】

某企业本月对外销售产品一批，应收取款项 1 059 600 元，其中，价款 880 000 元，税金 149 600 元，代垫运输费 30 000 元，则账务处理为：

借：应收账款	1 059 600
贷：主营业务收入	880 000
应交税费——应交增值税（销项税额）	149 600
银行存款	30 000

2. 销售商品涉及商业折扣、现金折扣、销售折让的处理

企业销售商品有时也会遇到现金折扣、商业折扣、销售折让等问题，应当分别不同情况进行处理。

（1）商业折扣，是指企业为促进商品销售而在商品标价上给予的价格扣除。企业销售

商品涉及商业折扣的，应当按照扣除商业折扣后的金额确定销售商品收入金额。

（2）现金折扣，是指债权人为鼓励债务人在规定的期限内付款而向债务人提供的债务扣除。企业销售商品涉及现金折扣的，应当按照扣除现金折扣前的金额确定销售商品收入金额。现金折扣在实际发生时计入财务费用。

【例2-24】

甲公司在2010年7月1日向乙公司销售一批商品，开出的增值税专用发票上注明的销售价款为20 000元，增值税额为3 400元。为及早收回货款，甲公司和乙公司约定的现金折扣条件为：2/10，1/20，n/30。假定计算现金折扣时不考虑增值税额。甲公司的账务处理如下：

（1）7月1日销售实现时，按销售总价确认收入：

　　借：应收账款　　　　　　　　　　　　　　　　　　　　　　　23 400
　　　　贷：主营业务收入　　　　　　　　　　　　　　　　　　　20 000
　　　　　　应交税费——应交增值税（销项税额）　　　　　　　　3 400

（2）如果乙公司在7月9日付清货款，则按销售总价20 000元的2%享受现金折扣400元，实际付款23 000元（23 400－400）。

　　借：银行存款　　　　　　　　　　　　　　　　　　　　　　　23 000
　　　　财务费用　　　　　　　　　　　　　　　　　　　　　　　　 400
　　　　贷：应收账款　　　　　　　　　　　　　　　　　　　　　23 400

（3）如果乙公司在7月18日付清货款，则按销售总价20 000元的1%享受现金折扣200元，实际付款23 200元（23 400－200）。

　　借：银行存款　　　　　　　　　　　　　　　　　　　　　　　23 200
　　　　财务费用　　　　　　　　　　　　　　　　　　　　　　　　 200
　　　　贷：应收账款　　　　　　　　　　　　　　　　　　　　　23 400

（4）如果乙公司在7月底才付清货款，则按全额付款。

　　借：银行存款　　　　　　　　　　　　　　　　　　　　　　　23 400
　　　　贷：应收账款　　　　　　　　　　　　　　　　　　　　　23 400

（3）销售折让，是指企业因售出商品的质量不合格等原因而在售价上给予的减让。对于销售折让，企业应分别不同情况进行处理：

①已确认收入的售出商品发生销售折让的，通常应当在发生时冲减当期销售商品收入；

②已确认收入的销售折让属于资产负债表日后事项的，应当按照有关资产负债表日后事项的相关规定进行处理。

【例2-25】

甲公司向乙公司销售一批商品，开出的增值税专用发票上注明的销售价款为800 000元，增值税额为136 000元。乙公司在验收过程中发现商品质量不合格，要求在价格上给予5%的折让。假定甲公司已确认销售收入，款项尚未收到，发生的销售折让允许扣减当期增值税额。甲公司账务处理如下：

(1) 销售实现时：
　　借：应收账款　　　　　　　　　　　　　　　　　　　　　　　936 000
　　　　贷：主营业务收入　　　　　　　　　　　　　　　　　　　　　800 000
　　　　　　应交税费——应交增值税（销项税额）　　　　　　　　　　136 000
(2) 发生销售折让时：
　　借：主营业务收入　　　　　　　　　　　　　　　　　　　　　　40 000
　　　　应交税费——应交增值税（销项税额）　　　　　　　　　　　　6 800
　　　　贷：应收账款　　　　　　　　　　　　　　　　　　　　　　　46 800
(3) 实际收到款项时：
　　借：银行存款　　　　　　　　　　　　　　　　　　　　　　　　889 200
　　　　贷：应收账款　　　　　　　　　　　　　　　　　　　　　　　889 200

(4) 销售退回，是指企业售出的商品由于质量、品种不符合要求等原因而发生的退货。对于销售退回，企业应分别不同情况进行会计处理：

①对于未确认收入的售出商品发生销售退回的，企业应按已记入"发出商品"账户的商品成本金额，借记"库存商品"账户，贷记"发出商品"账户。

②对于已确认收入的售出商品发生退回的，企业应在发生时冲减当期销售商品收入，同时冲减当期销售商品成本。如该项销售退回已发生现金折扣的，应同时调整相关财务费用的金额；如该项销售退回允许扣减增值税额的，应同时调整"应交税费——应交增值税（销项税额）"账户的相应金额。

③已确认收入的售出商品发生的销售退回属于资产负债表日后事项的，应当按照有关资产负债表日后事项的相关规定进行账务处理。

【例2-26】

甲公司在2010年12月18日向乙公司销售一批商品，开出的增值税专用发票上注明的销售价款为50 000元，增值税额为8 500元。该批商品成本为26 000元。为及早收回货款，甲公司和乙公司约定的现金折扣条件为：2/10，1/20，n/30。乙公司在2010年12月27日支付货款。2011年4月5日，该批商品因质量问题被乙公司退回，甲公司当日支付有关款项。假定计算现金折扣时不考虑增值税，销售退回不属于资产负债表日后事项。甲公司的账务处理如下：

①2010年12月18日销售实现时，按销售总价确认收入：
　　借：应收账款　　　　　　　　　　　　　　　　　　　　　　　　58 500
　　　　贷：主营业务收入　　　　　　　　　　　　　　　　　　　　　50 000
　　　　　　应交税费——应交增值税（销项税额）　　　　　　　　　　　8 500
　　借：主营业务成本　　　　　　　　　　　　　　　　　　　　　　26 000
　　　　贷：库存商品　　　　　　　　　　　　　　　　　　　　　　　26 000

②2010年12月27日收到货款时，按销售总价50 000元的2%享受现金折扣1 000元（50 000×2%），实际收款57 500元：
　　借：银行存款　　　　　　　　　　　　　　　　　　　　　　　　57 500

```
        财务费用                                                1 000
     贷：应收账款                                             58 500
③2011年4月5日发生销售退回时：
     借：主营业务收入                                          50 000
        应交税费——应交增值税（销项税额）                      8 500
     贷：银行存款                                              57 500
        财务费用                                                1 000
     借：库存商品                                              26 000
     贷：主营业务成本                                          26 000
```

3. 预收款方式销售商品

在预收款销售方式下，销售方直到收到最后一笔款项才将商品交付购货方，表明商品所有权上的主要风险和报酬只有在收到最后一笔款项时才转移给购货方，企业通常应在发出商品时确认收入，在此之前预收的货款应确认为预收账款。

【例2-27】

甲公司2012年3月20日与乙公司签订协议，采用预收款方式向乙公司销售一批商品。该批商品实际成本为700 000元。协议约定，该批商品销售价格为1 000 000元，增值税额为170 000元；乙公司应在协议签订时预付60%的货款（按销售价格计算），剩余货款于两个月后支付并交付商品。甲公司编制会计分录如下：

```
①3月20日收到60%货款时：
     借：银行存款                                             600 000
     贷：预收账款——乙公司                                    600 000
②两个月后收到剩余货款及增值税税额并交付商品时：
     借：预收账款——乙公司                                    600 000
        银行存款                                             570 000
     贷：主营业务收入                                       1 000 000
        应交税费——应交增值税（销项税额）                    170 000
同时结转成本：
     借：主营业务成本                                         700 000
     贷：库存商品                                             700 000
```

4. 分期收款销售商品

合同或协议价款的收取采用递延方式，实质上具有融资性质的，应当按照应收的合同或协议价款的公允价值（通常为合同或协议价款的现值）确定销售商品收入金额。应收的合同或协议价款与其公允价值之间的差额，应当在合同或协议期间内采用实际利率法进行摊销，计入当期损益（冲减财务费用）。如果是不具有融资性质的分期收款销售商品，应当按照应收的合同或协议价款确定销售商品收入金额。

【例2-28】

2010年1月1日,甲公司与乙公司签订一项购货合同,乙公司向甲公司销售商品——大型机器设备。合同约定,乙公司采用分期收款方式销售商品。该设备价款共计900万元,分6期平均支付,首期款项150万元于2010年1月1日支付,其余款项在2010—2015年的5年期间平均支付,每年的付款日期为当年12月31日。假定甲公司于收到货款时分别开出增值税专用发票,该大型设备成本为600万元。乙公司按照合同约定如期收到了款项。假定折现率为10%。乙公司账务处理如下:

(1) 销售收入的现值为:

$$150+150\times(P/A,10\%,5)=150+150\times3.7908=718.62(万元)$$

(2) 2010年1月1日。

借:长期应收款	9 000 000
贷:主营业务收入	7 186 200
未实现融资收益	1 813 800
借:银行存款	1 755 000
贷:长期应收款	1 500 000
应交税费——应交增值税(销项税额)	255 000
借:主营业务成本	6 000 000
贷:库存商品	6 000 000

(3) 2010年12月31日。

本期摊销金额=(长期应收款期初余额-未实现融资收益期初余额)×折现率

借:未实现融资收益 [(7 500 000-1 813 800)×10%]	568 600
贷:财务费用	568 600
借:银行存款	1 755 000
贷:长期应收款	1 500 000
应交税费——应交增值税(销项税额)	255 000

(4) 2011年12月31日。

未实现融资收益的分摊额=[(750-150)-(181.38-56.86)]×10%=47.55(万元)

借:未实现融资收益	475 500
贷:财务费用	475 500
借:银行存款	1 755 000
贷:长期应收款	1 500 000
应交税费——应交增值税(销项税额)	255 000

【例2-29】

2010年1月1日,甲公司与乙公司签订一项购货合同,乙公司向甲公司销售商品——大型机器设备。合同约定,乙公司采用分期收款方式销售商品。该设备价款共计900万元,分3个月平均支付,假定甲公司于收到货款时分别开出增值税专用发票,该大型设备成本为600万元。乙公司按照合同约定如期收到了款项。乙公司账务处理如下:

(1) 发出商品。

　　借:发出商品　　　　　　　　　　　　　　　　　　　　　　　6 000 000
　　　　贷:库存商品　　　　　　　　　　　　　　　　　　　　　　6 000 000

(2) 第一次收到货款。

　　借:银行存款　　　　　　　　　　　　　　　　　　　　　　　3 510 000
　　　　贷:主营业务收入　　　　　　　　　　　　　　　　　　　　3 000 000
　　　　　　应交税费——应交增值税(销项税额)　　　　　　　　　　510 000

(3) 第一次结转成本。

　　借:主营业务成本　　　　　　　　　　　　　　　　　　　　　2 000 000
　　　　贷:发出商品　　　　　　　　　　　　　　　　　　　　　　2 000 000

以后会计处理同上。

---

5. 买一送一

增值税暂行条例实施细则第四条规定,将自产、委托加工或购买的货物无偿赠送他人,按视同销售缴纳增值税。

【例 2-30】

某制造企业,决定购买一台微波炉送一台电磁炉,微波炉成本800元,售价1 000元,电磁炉成本140元,售价180元,则账务处理为:

(1) 确认收入时:

　　借:银行存款　　　　　　　　　　　　　　　　　　　　　　　1 170
　　　　贷:主营业务收入　　　　　　　　　　　　　　　　　　　　1 000
　　　　　　应交税费——应交增值税(销项税额)　　　　　　　　　　170

(2) 结转成本时:

　　借:主营业务成本　　　　　　　　　　　　　　　　　　　　　800
　　　　销售费用　　　　　　　　　　　　　　　　　　　　　　　140
　　　　贷:库存商品　　　　　　　　　　　　　　　　　　　　　　940

---

6. 平销行为

商业企业向供货方收取的与商品销售量、销售额无必然联系,且商业企业向供货方提供一定劳务的收入,如进场费、广告促销费、上架费、展示费、管理费等,不属于平销返利,不冲减当期增值税进项税金,应按营业税的适用税目税率征收营业税。

对商业企业向供货方收取的与商品销售量、销售额挂钩(如以一定比例、金额、数量计算)的各种返还收入,均应按照平销返利行为的有关规定冲减当期增值税进项税金,不征收营业税。商业企业向供货方收取的各种收入,一律不得开具增值税专用发票。

$$\text{应冲减的进项税额} = \text{当期取得的返还资金} \div \left(1 + \text{所购货物适用增值税税率}\right) \times \text{所购货物适用增值税税率}$$

【例2-31】

某生产企业向某商业企业销售家电80万元,增值税13.6万元,月末生产企业给商业企业46 800万元现金返利,则会计处理为:

(1) 生产企业销售

借:银行存款		936 000
贷:主营业务收入		800 000
应交税费——应交增值税(销项税额)		136 000

(2) 生产企业支付返利

借:主营业务收入		46 800
贷:银行存款		46 800

(3) 商业企业收到返利

借:银行存款		46 800
贷:主营业务成本		40 000
应交税费——应交增值税(进项税额转出)		6 800

7. 以旧换新

纳税人采取以旧换新方式销售货物,应按新货物的同期销售价格确定销售额,不扣减旧货物的收购价格,即按货物同期的销售价格计算销售额。以旧换新,是指纳税人在销售自己的货物时,有偿收回旧货物的行为。

【例2-32】

某手表专营店为一般纳税人,采取"以旧换新"方式销售某名牌金表,新表对外售价5 850元,旧表作价500元,即从消费者手中收取新旧差价款5 350元。

分析:以旧换新销售,是纳税人在销售过程中,折价收回同类旧货物,并以折价款部分冲减货物价款的一种销售方式。税法规定:纳税人采取以旧换新方式销售货物的(金银首饰除外),应按新货物的同期销售价格确定销售额。则增值税计税销售额为:

增值税计税销售额 = 5 850 ÷ (1 + 17%) = 5 000(元)

借:银行存款		5 350
原材料		500
贷:主营业务收入		5 000
应交税费——应交增值税(销项税额)		850

8. 以还本销售

【例2-33】

A企业生产销售甲产品,每件制造成本1 000元,市场上同类商品售价为1 500元/

件。2012年×月采用还本销售方式销售甲产品100件，售价为1800元/件，5年后全额一次还本。该销售以筹资为目的。

(1) 实现销售收入时，依据税法规定按实际售价计算

借：银行存款	210 600
贷：主营业务收入——甲产品	180 000
应交税费——应交增值税（销项税额）	30 600

(2) 结转销售成本

借：主营业务成本——甲产品	100 000
贷：库存商品——甲产品	100 000

(3) 每年预提还本支出

借：财务费用	36 000
贷：其他应付款	36 000

(4) 到期支付还本额

借：其他应付款	180 000
贷：银行存款	180 000

9. 以物易物

以物易物在会计上按非货币性资产交换来处理，涉及的问题包括换出资产收益确认与换入资产价值确认两方面。具有商业实质的交换确认收入，不具有商业实质的交换不确认收入。

【例2-34】

甲公司是增值税一般纳税人，2009年7月与乙公司签订合同，以其生产的甲产品交换乙公司生产乙产品，甲产品成本8万元，售价10万元，乙产品成本7万元，售价10万元，换入乙产品作为原材料。

甲公司账务处理如下：

借：原材料	100 000
应交税费——应交增值税（进项税额）	17 000
贷：主营业务收入	100 000
应交税费——应交增值税（销项税额）	17 000
借：主营业务成本	80 000
贷：库存商品	80 000

10. 提供应税劳务

【例2-35】

甲纺织品公司为乙公司加工40支棉纱，由乙公司提供原料，取得含税加工费收入4 680元。

甲公司账务处理如下：

```
    借：银行存款                                              4 680
        贷：其他业务收入                                      4 000
            应交税费——应交增值税（销项税额）                 680
```

11. 兼营行为的核算

即销售货物或应税劳务的销售额缴纳增值税，提供非应税劳务获得的收入缴纳营业税。

【例2-36】

增值税纳税人兴光综合商场，2月份销售商品总收入为1 200万元。同时，"休闲区"提供风味小吃餐饮服务实现经营收入10万元。

```
    借：银行存款                                         14 140 000
        贷：主营业务收入                                 12 000 000
            其他业务收入                                    100 000
            应交税费——应交增值税（销项税额）              2 040 000
```

12. 混合销售业务的核算

【例2-37】

某自行车厂向外地销售60辆电动自行车，每车辆不含税价格为2 200元，由本企业非独立核算车队负责运输，收取运输费2 340元，款已收妥。其账务处理如下：

```
    借：银行存款                                            156 780
        贷：主营业务收入                                    132 000
            其他业务收入                                      2 000
            应交税费——应交增值税（销项税额）                22 780
```

六、其他业务的账务处理

1. 包装物的核算

关于企业出租、出借包装物逾期未退回押金的"逾期"，会计上以超过合同约定期限为限，税法上以超过1年为限。包装物押金征税规定中的"逾期"以1年为期限，对收取1年以上的押金，无论是否退还，均并入销售额征税。个别包装物周转使用期限较长的，报经税务机关确定后，可适当放宽逾期期限。

税法规定，纳税人为销售货物而出租或出借包装物收取的押金，单独记账核算，且在规定的期限内（一般以1年为限）收回出租或出借的包装物，押金退还的，可不并入销售额，不征收增值税。纳税人收取的包装物押金逾期仍未退还的，或销售酒类产品（啤酒、黄酒除外）出租或出借包装物收取的押金，应按规定征收增值税。啤酒、黄酒从量计征消费税，与收取的包装物押金无关。对增值税一般纳税人向购买方收取的逾期包装物押金，应视为含税收入，在征税时换算成不含税收入并入销售额计征增值税，即将收取的逾期包装物押金先换算为不含税的收入,再并入应税销售额中按规定征税。

【例 2-38】

甲企业销售一批商品给乙企业,该商品增值税税率17%,甲企业同时出租包装物一批并收取押金5 850元,该批包装物成本3 000元。甲企业账务处理如下:

(1) 收取押金时

借:银行存款　　　　　　　　　　　　　　　　　　　　　　　　　5 850
　　贷:其他应付款———存入保证金　　　　　　　　　　　　　　　　　5 850

(2) 返还押金时

借:其他应付款———存入保证金　　　　　　　　　　　　　　　　　5 850
　　贷:银行存款　　　　　　　　　　　　　　　　　　　　　　　　　5 850

(3) 没收押金时

借:其他应付款　　　　　　　　　　　　　　　　　　　　　　　　　5 850
　　贷:其他业务收入　　　　　　　　　　　　　　　　　　　　　　　5 000
　　　　应交税费———应交增值税(销项税额)　　　　　　　　　　　　　 850

(4) 如果在包装物作价销售的同时另外加收押金,被没收时

借:其他应付款　　　　　　　　　　　　　　　　　　　　　　　　　5 850
　　贷:营业外收入　　　　　　　　　　　　　　　　　　　　　　　　5 000
　　　　应交税费———应交增值税(销项税额)　　　　　　　　　　　　　 850

(5) 如果按税率10%征消费税

借:营业税金及附加　　　　　　　　　　　　　　　　　　　　　　　　 500
　　贷:应交税费———应交消费税　　　　　　　　　　　　　　　　　　 500

(6) 如果对除啤酒、黄酒以外的酒类产品收取的包装物押金征税

借:其他应付款　　　　　　　　　　　　　　　　　　　　　　　　　1 350
　　贷:应交税费———应交消费税　　　　　　　　　　　　　　　　　　 500
　　　　　　　　———应交增值税(销项税额)　　　　　　　　　　　　　 850

2. 固定资产销项税额的账务处理

企业销售本企业已使用过的固定资产,如该项固定资产原取得时,其增值税进项税额已记入"应交税费——应交增值税(进项税额)"科目的,销售时计算确定的增值税销项税额,应借记"固定资产清理"科目,贷记"应交税费——应交增值税(销项税额)"科目。

企业销售本企业已使用过的固定资产,如该项固定资产原取得时,其增值税进项税额未记入"应交税费——应交增值税(进项税额)"科目的,销售时,应借记"固定资产清理"科目,贷记"应交税费——未交增值税"科目。

【例 2-39】

2011年购进的固定资产,价款500 000元,增值税85 000元,假设一年后甲企业将该机器设备转让给丙公司,取得转让收入351 000元(含税收入),该设备已计提折旧100 000元。

甲企业账务处理如下：
(1) 转入清理

借：固定资产清理　　　　　　　　　　　　　　　　　　　　　　400 000
　　累计折旧　　　　　　　　　　　　　　　　　　　　　　　　100 000
　　贷：固定资产　　　　　　　　　　　　　　　　　　　　　　　　　500 000

(2) 收到价款

借：银行存款　　　　　　　　　　　　　　　　　　　　　　　　351 000
　　贷：固定资产清理　　　　　　　　　　　　　　　　　　　　　　　300 000
　　　　应交税费——应交增值税（销项税额）　　　　　　　　　　　　51 000

(3) 结转损益

借：营业外支出　　　　　　　　　　　　　　　　　　　　　　　100 000
　　贷：固定资产清理　　　　　　　　　　　　　　　　　　　　　　　100 000

丙公司账务处理如下：

借：固定资产　　　　　　　　　　　　　　　　　　　　　　　　300 000
　　应交税费——应交增值税（进项税额）　　　　　　　　　　　　51 000
　　贷：银行存款　　　　　　　　　　　　　　　　　　　　　　　　　351 000

【例 2-40】

甲公司向丙公司出售一台使用过的未抵扣进项税额的固定资产，原值 300 000 元，累计折旧 180 000 元，取得转让收入 166 400 元（含税收入）。

甲公司账务处理如下：
(1) 转入清理

借：固定资产清理　　　　　　　　　　　　　　　　　　　　　　120 000
　　累计折旧　　　　　　　　　　　　　　　　　　　　　　　　180 000
　　贷：固定资产　　　　　　　　　　　　　　　　　　　　　　　　　300 000

(2) 取得收入

增值税＝166 400÷(1＋4%)×4%×50%＝3 200(元)

借：银行存款　　　　　　　　　　　　　　　　　　　　　　　　166 400
　　贷：固定资产清理　　　　　　　　　　　　　　　　　　　　　　　163 200
　　　　应交税费——未交增值税　　　　　　　　　　　　　　　　　　3 200

(3) 结转损益

借：固定资产清理　　　　　　　　　　　　　　　　　　　　　　43 200
　　贷：营业外收入　　　　　　　　　　　　　　　　　　　　　　　　43 200

丙公司账务处理：

借：固定资产　　　　　　　　　　　　　　　　　　　　　　　　166 400
　　贷：银行存款　　　　　　　　　　　　　　　　　　　　　　　　　166 400

假如该固定资产购买时已经抵扣进项税额，取得转让收入 117 000 元（含税收入），其他条件不变：

借：固定资产清理	120 000
累计折旧	180 000
贷：固定资产	300 000
借：银行存款	117 000
贷：固定资产清理	100 000
应交税费——应交增值税（销项税额）	17 000
借：营业外支出	20 000
贷：固定资产清理	20 000

3. 一般纳税人转出多交增值税和未交增值税的账务处理

缴纳增值税分两种情况：一种是正常缴纳，即本月增值税在下月15日前缴纳；另一种是预缴，如本月预缴，下月15日前结清。预缴增值税通过"应交税费——应交增值税（已交税金）"科目核算，正常缴纳增值税通过"应交税费——未交增值税"科目核算。

(1) 月份终了，企业应将当月发生的应交未交增值税额自"应交增值税"转入"未交增值税"，这样"应交增值税"明细账不出现贷方余额，会计分录为：

　　借：应交税费——应交增值税（转出未交增值税）
　　　　贷：应交税费——未交增值税

(2) 月份终了，企业将本月多交的增值税自"应交增值税"转入"未交增值税"，即：

　　借：应交税费——未交增值税
　　　　贷：应交税费——应交增值税（转出多交增值税）

(3) 当月缴纳本月实现的增值税时，借记"应交税费——应交增值税（已交税金）"，贷记"银行存款"。

(4) 当月上缴上月或以前月份实现的增值税时，如常见的申报期申报纳税、补缴以前月份欠税，借记"应交税费——未交增值税"，贷记"银行存款"。

(5) "应交税费——应交增值税"期末贷方没有余额，借方可能有余额，表示下月可留抵的进项税额。

(6) "应交税费——未交增值税"贷方余额表示应交的增值税，借方余额表示多交的增值税。

【例2-41】

假设甲公司2008年9月18日预交本月增值税100万元，则账务处理为：

借：应交税费——应交增值税（已交税金）	1 000 000
贷：银行存款	1 000 000

9月30日，已知本月销项税额为500万元，进项税额为385万元，则本月应交增值税115万元；因已预交100万元，下月初需交15万元，账务处理为：

借：应交税费——应交增值税（转出未交增值税）	150 000
贷：应交税费——未交增值税	150 000

10月15日前缴纳时：

借：应交税费——未交增值税	150 000

　　　　贷：银行存款　　　　　　　　　　　　　　　　　　　　　　　　　150 000

4. 增值税减免和返还的核算

收到即征即退、先征后退、先征后返还的增值税，借记"银行存款"账户，贷记"营业外收入"账户。企业享受增值税减免，借记"应交税费——应交增值税（减免税金）"账户，贷记"营业外收入"账户。直接减免增值税，不计提销项税额。

【例 2-42】

某企业为增值税一般纳税人，某月购进货物取得的增值税专用发票注明价款220 000元，增值税额 37 400 元，当月实现销售收入 350 000 元，销项税额 59 500 元。经企业申请，主管税务机关批准，该企业减半征收增值税 1 年。

（1）如果该企业享受免税优惠属于直接减免形式，则账务处理如下：

计算当月应纳增值税额并享受减免税

　　应纳税额＝(59 500－37 400)×50％＝11 050(元)

　　借：应交税费——应交增值税（已交税金）　　　　　　　　11 050
　　　　贷：银行存款　　　　　　　　　　　　　　　　　　　11 050
　　借：应交税费——应交增值税（减免税款）　　　　　　　　11 050
　　　　贷：营业外收入　　　　　　　　　　　　　　　　　　11 050

（2）假设该企业按规定享受先征后退办法进行减免，则账务处理如下：

计算缴纳当月应纳增值税额

　　应纳税额＝59 500－37 400＝22 100(元)

　　借：应交税费——应交增值税（已交税金）　　　　　　　　22 100
　　　　贷：银行存款　　　　　　　　　　　　　　　　　　　22 100

收到先征后退的增值税税款时

　　借：银行存款　　　　　　　　　　　　　　　　　　　　　11 050
　　　　贷：营业外收入　　　　　　　　　　　　　　　　　　11 050

5. 小规模纳税人的增值税会计处理

小规模纳税人在购进货物时，无论是否取得增值税专用发票，其支付的增值税额均不计入进项税额，这不同于一般纳税人的会计处理。小规模纳税人销售货物或者提供应税劳务时，一般情况下，只能开具普通发票，不能开具增值税专用发票。

小规模纳税人在购进货物时，无论是否取得增值税专用发票，其支付的增值税额均不计入进项税额，不得由销项税额抵扣，应计入购入货物的成本。按实际支付的全部金额，借记"在途物资"等科目，贷记"银行存款"、"应付账款"等科目。

小规模纳税人销售货物，按不含税销售价格记入"主营业务收入"贷方，按照简易办法计算的增值税额记入"应交税费——应交增值税"科目贷方，按照价税合计数记入"应收账款"、"银行存款"等科目借方。

小规模纳税人在上缴增值税时，借记"应交税费——应交增值税"科目，贷记"银行存款"科目。

【例2-43】

某工业企业被核定为小规模纳税人。本期购入原材料，按照增值税专用发票上记载的原材料价款为100 000元，支付的增值税额为17 000元，企业开出承兑的商业汇票，材料尚未到达。该企业本期销售产品，销售价格总额为82 400元（含税），假定符合收入确认条件，货款尚未收到。根据上述经济业务，企业应作如下会计处理：

(1) 购进货物时。

借：在途物资　　　　　　　　　　　　　　　　　　　　　　　117 000
　　贷：应付票据　　　　　　　　　　　　　　　　　　　　　117 000

(2) 销售货物时。

不含税价格＝82 400÷(1＋3%)＝80 000(元)

应交增值税＝80 000×3%＝2 400(元)

借：应收账款　　　　　　　　　　　　　　　　　　　　　　　82 400
　　贷：主营业务收入　　　　　　　　　　　　　　　　　　　80 000
　　　　应交税费——应交增值税　　　　　　　　　　　　　　2 400

6. 增值税检查调整

增值税检查调整通过"应交税费——增值税检查调整"进行账务处理。

【例2-44】

某企业位于某市市区，为增值税一般纳税人，2010年税务机关在对其上一年度纳税情况检查中发现：将自产的一批货物通过红十字会捐赠给灾区，价值120 000元，成本为85 000元，其账务处理为：借记"营业外支出"120 000元，贷记"库存商品"120 000元。假如纳税人实际捐赠额小于捐赠扣除限额，考虑城建税和教育费附加，指出上述处理对企业相关税费的影响，作出相应的调账分录。

(1) 借：以前年度损益调整　　　　　　　　　　　　　　　　　20 400
　　　　贷：应交税费——增值税检查调整　　　　　　　　　　20 400

(2) 借：库存商品　　　　　　　　　　　　　　　　　　　　　35 000
　　　　贷：以前年度损益调整　　　　　　　　　　　　　　　35 000

(3) 借：以前年度损益调整　　　　　　　　　　　　　　　　　2 040
　　　　贷：应交税费——应交城市维护建设税　　　　　　　　1 428
　　　　　　　　　　——应交教育费附加　　　　　　　　　　612

(35 000－20 400－2 040)×25%＝3 140(元)

(4) 借：以前年度损益调整　　　　　　　　　　　　　　　　　3 140
　　　　贷：应交税费——应交企业所得税　　　　　　　　　　3 140

七、工业企业会计核算

【例2-45】

某企业期初结存材料100千克,实际成本16 000元,本月购入100千克材料,实际成本为20 000元,已经入库,生产领用材料100千克。加权平均单位成本180元。无期初在产品,本月产品全部完工;期初库存产品100件,单位成本60元;本月生产发生工资费用5 000元,车间折旧费用2 000元,水费(税率6%)200元,电费(税率17%)800元,本月完工产品400件,单位成本65元。本月销售300件,售价70元,采用加权平均法计算发出产品成本。该企业账务处理如下:

(1) 材料购进

借:原材料		20 000
应交税费——应交增值税(进项税额)		3 400
贷:银行存款		23 400

(2) 材料发出

借:生产成本(100×180)		18 000
贷:原材料		18 000

(3) 计提折旧费用,结转制造费用

借:制造费用		2 000
贷:累计折旧		2 000
借:生产成本		2 000
贷:制造费用		2 000

(4) 水电费用和工资费用

借:生产成本		6 000
应交税费——应交增值税(进项税额)		148
贷:应付职工薪酬		5 000
银行存款		1 148

(5) 完工入库

借:库存商品		26 000
贷:生产成本		26 000

(6) 销售

借:银行存款		24 570
贷:主营业务收入		21 000
应交税费——应交增值税(销项税额)		3 570

(7) 结转成本

$300 \times (100 \times 60 + 400 \times 65) \div 500 = 300 \times 64 = 19\ 200$(元)

借:主营业务成本		19 200
贷:库存商品		19 200

八、商业企业会计核算

1. 零售企业会计核算

【例 2-46】

某商场实行售价金额核算法，库存商品按含税价格记录，含税售价与不含税进价的差额，在"商品进销差价"科目反映，商品进价 10 000 元，运费 100 元，含税销售价格 14 000 元。该商场为一般纳税人。假设商品进销差价率为 30%。

(1) 借：商品采购 10 000
　　　销售费用 93
　　　应交税费——应交增值税（进项税额） 1 707
　　贷：银行存款 11 800

(2) 借：库存商品 14 000
　　贷：商品采购 10 000
　　　　商品进销差价 4 000

(3) 借：银行存款 14 000
　　贷：主营业务收入 14 000

(4) 借：主营业务成本 14 000
　　贷：库存商品 14 000

(5) 14 000÷(1+17%)×17%＝2 034（元）
　借：主营业务收入 2 034
　　贷：应交税费——应交增值税（销项税额） 2 034

(6) 14 000×30%＝4 200（元）
　借：商品进销差价 4 200
　　贷：主营业务成本 4 200

---

2. 批发企业会计核算

【例 2-47】

某五金批发企业，增值税一般纳税人，月初结存 10 万元，本月购进商品 30 万元，本月销售商品 25 万元。毛利率为 20%。其账务处理如下：

(1) 购进
　借：库存商品（在途物资） 300 000
　　　应交税费——应交增值税（进项税额） 51 000
　　贷：银行存款 351 000

(2) 销售
　借：银行存款 292 500
　　贷：主营业务收入 250 000
　　　　应交税费——应交增值税（销项税额） 42 500

(3) 结转

25×(1−20%)=20（万元）

借：主营业务成本　　　　　　　　　　　　　　　　　　　　　200 000
　　贷：库存商品　　　　　　　　　　　　　　　　　　　　　　　　200 000

第七节　增值税的出口退税

（一）出口不免税也不退税

出口不免税是指对国家限制或禁止出口的某些货物的出口环节视同内销环节，征收增值税。出口不退税是指对这些货物的出口不退还其出口前所负担的税款。

这类货物在出口时，按照出口货物实现的销售收入和收取的增值税额，借记"应收账款"、"应收票据"、"银行存款"等科目；按实现的收入贷记"主营业务收入"、"其他业务收入"科目；按收取的增值税额，贷记"应交税费——应交增值税（销项税额）"科目。

（二）出口免税不退税

出口免税是指对货物在出口环节不征增值税（消费税）。出口不退税是指适用这个政策的出口货物因在前一道生产、销售环节或进口环节是免税的，所以出口时无须退税。

这类货物在购进时，应将相应的进项税额计入货物的采购成本，借记"材料采购"、"原材料"科目，贷记"应付账款"、"银行存款"科目；或在出口后按规定从进项税额中转出，借记"主营业务成本"科目，贷记"应交税费——应交增值税（进项税额转出）"科目；同时确认销售收入，借记"银行存款"科目，贷记"主营业务收入"科目。

（三）出口免税并退税

出口免税同上。出口退税是指对货物在出口前实际负担的增值税（消费税），按规定的退税率计算后予以退还。

（四）免抵退的计算及会计处理

免抵退税是指对生产企业的出口货物在生产销售环节实行免税，其进项税额先抵顶内销货物的销项税额，不足抵扣部分给予退税。具体地讲，实行免抵退税方法的"免"税，是指对生产企业自营出口或委托外贸企业代理出口的自产货物，免征本企业生产销售环节的增值税；"抵"税是指对生产企业自营出口或委托外贸企业代理出口的自产货物应予免征或退还的所耗用原材料、零部件等已纳税款抵顶内销货物的应纳税款；"退"税是指生产企业在一个法定期限内因应抵扣的税额而未抵顶完时，经主管退税的税务机关批准，对未抵顶完的税款部分予以退税。

(1) 当期应纳税额 = 内销货物销项税额 −（当期进项税额 − 不得免征和抵扣的税额）− 上期期末留抵税额

结果为负数时又称留抵税额，负数形成原因有两个：内销应纳税额小于应退税额；内销销项税额小于进项税额。

(2) 不得免征和抵扣税额＝离岸价×汇率×(征税率－退税率)－不得免征和抵扣税额抵减额

不得免征和抵扣税额抵减额＝免税购进材料×(征税率－退税率)

(3) 免抵退税额＝离岸价×汇率×出口退税率－免抵退税额抵减额

免抵退税额抵减额＝免税购进材料×出口退税率

如果没有免税购进材料，则不需计算不得免征和抵扣税额抵减额和免抵退税额抵减额。

(4) 当期应退税额是(1)和(3)比较取较小的。

当期应退税额比当期免抵退税额少时，存在出口抵减内销产品应纳税额。

当期免抵税额＝当期免抵退税额－当期应退税额

当期免抵税额即计算出口抵减内销产品应纳税额。

(5) 期末留抵税额(1)＜当期免抵退税额(3)时，当期应退税额＝当期期末留抵税额，账户结平，期末结转下期继续抵扣额为零。

(6) 期末留抵税额(1)＞当期免抵退税额(3)时，当期应退税额＝当期免抵退税额，当期免抵税额为零。则：

期末结转下期继续抵扣额＝期末留抵税额－当期应退税额

【例2-48】

某自营出口的生产企业增值税税率为17%，退税率为15%。本期购进原材料100件，不含税单价2 000元，进项税额为34 000元，生产产品100套，内销和出口不含税单价均为3 000元，本期出口20套共计60 000元。

(1) 如果本期内销货物10套共计30 000元。则内销很少，销项小于进项，无出口抵减。

不得免征和抵扣税额＝60 000×(17%－15%)＝1 200(元)

应纳税额＝5 100－(34 000－1 200)＝－27 700(元)(期末留抵税额)

免抵退税额＝60 000×15%＝9 000(元)

9 000＜27 700，应退税额＝9 000(元)

当期免抵税额＝当期免抵退税额－当期应退税额＝9 000－9 000＝0(元)

结转下期继续抵扣税额＝27 700－9 000＝18 700(元)

(2) 如果内销50套共计150 000元，则内销较少，内销纳税少，不足出口抵减。

不得免征和抵扣税额＝60 000×(17%－15%)＝1 200(元)

应纳税额＝25 500－(34 000－1 200)＝－7 300(元)(期末留抵税额)

免抵退税额＝60 000×15%＝9 000(元)

7 300＜9 000，应退税额＝7 300(元)

当期免抵税额＝当期免抵退税额－当期应退税额＝9 000－7 300＝1 700(元)

结转下期继续抵扣税额为0元。

(3) 如果内销80套共计240 000元，则内销较多，内销纳税多，出口抵减有余。

不得免征和抵扣税额＝60 000×(17%－15%)＝1 200（元）
应纳税额＝40 800－(34 000－1 200)＝8 000（元）
免抵退税额＝60 000×15%＝9 000（元）
应退税额＝0
当期免抵税额＝当期免抵退税额－当期应退税额＝9 000－0＝9 000（元）

结转下期继续抵扣税额为 0 元。

【例 2-49】

某自营出口的生产企业增值税税率为 17%，退税率为 15%。4 月购进原材料 100 万元，进项税额为 17 万元，货物已入库。本月内销货物 200 万元，销项税额为 34 万元，通过银行收付，本月出口销售款折合人民币 300 万元。已知上月末留抵税额为 2 万元。

不得免征和抵扣税额＝300×(17%－15%)＝6（万元）
应纳税额＝34－(17－6)－2＝21（万元）
免抵退税额＝300×15%＝45（万元）

(1) 借：原材料   1 000 000
        应交税费——应交增值税（进项税额）   170 000
      贷：银行存款   1 170 000
(2) 借：银行存款   2 340 000
      贷：主营业务收入   2 000 000
          应交税费——应交增值税（销项税额）   340 000
(3) 借：应收账款   3 000 000
      贷：主营业务收入   3 000 000
(4) 借：主营业务成本   60 000
      贷：应交税费——应交增值税（进项税额转出）   60 000
(5) 借：应交税费——应交增值税（出口抵减内销产品应纳税额） 450 000
      贷：应交税费——应交增值税（出口退税）   450 000
(6) 月末结转应交税费
    借：应交税费——应交增值税（转出未交增值税）   210 000
      贷：应交税费——未交增值税   210 000
(7) 下月上缴时
    借：应交税费——未交增值税   210 000
      贷：银行存款   210 000

【例 2-50】

某自营出口的生产企业增值税税率为 17%，退税率为 15%。4 月购进原材料 100 万元，进项税额为 17 万元，货物已入库。本月内销货物 50 万元，销项税额为 8.5 万元，通过银行收付，本月出口销售款折合人民币 300 万元。已知上月末留抵税额为 2 万元。

不得免征和抵扣税额＝300×(17％－15％)＝6（万元）
应纳税额＝8.5－(17－6)－2＝－4.5（万元）（期末留抵税额）
免抵退税额＝300×15％＝45（万元）
4.5＜45，应退税额＝4.5（万元）
当期免抵税额＝当期免抵退税额－当期应退税额＝45－4.5＝40.5（万元）

结转下期继续抵扣税额为0元。

(1) 借：原材料　　　　　　　　　　　　　　　　　　　　　　1 000 000
　　　　应交税费——应交增值税（进项税额）　　　　　　　　　170 000
　　　贷：银行存款　　　　　　　　　　　　　　　　　　　　　1 170 000
(2) 借：银行存款　　　　　　　　　　　　　　　　　　　　　　585 000
　　　贷：主营业务收入　　　　　　　　　　　　　　　　　　　500 000
　　　　　应交税费——应交增值税（销项税额）　　　　　　　　85 000
(3) 借：应收账款　　　　　　　　　　　　　　　　　　　　　　3 000 000
　　　贷：主营业务收入　　　　　　　　　　　　　　　　　　　3 000 000
(4) 借：主营业务成本　　　　　　　　　　　　　　　　　　　　60 000
　　　贷：应交税费——应交增值税（进项税额转出）　　　　　　60 000
(5) 借：其他应收款　　　　　　　　　　　　　　　　　　　　　45 000
　　　　应交税费——应交增值税（出口抵减内销产品应纳税额）　405 000
　　　贷：应交税费——应交增值税（出口退税）　　　　　　　　450 000
(6) 借：银行存款　　　　　　　　　　　　　　　　　　　　　　45 000
　　　贷：其他应收款　　　　　　　　　　　　　　　　　　　　45 000

【例2-51】

某自营出口生产企业增值税税率为17％，退税率为15％。4月购进原材料350万元，进项税额为59.5万元。内销50万元，销项税额为8.5万元；本月出口销售折合人民币300万元。已知上月末留抵税额为2万元。

当期不得免征和抵扣税额＝300×(17％－15％)＝6（万元）
应纳税额＝8.5－(59.5－6)－2＝－47（万元）
免抵退税额＝300×15％＝45（万元）
45万元＜47万元
当期应退税额＝45（万元），当期免抵税额＝0
结转下期继续抵扣税额＝47－45＝2（万元）

(1) 借：原材料　　　　　　　　　　　　　　　　　　　　　　3 500 000
　　　　应交税费——应交增值税（进项税额）　　　　　　　　　595 000
　　　贷：银行存款　　　　　　　　　　　　　　　　　　　　　4 095 000
(2) 借：银行存款　　　　　　　　　　　　　　　　　　　　　　585 000
　　　贷：主营业务收入　　　　　　　　　　　　　　　　　　　500 000

	应交税费——应交增值税（销项税额）	85 000
（3）借：应收账款		3 000 000
贷：主营业务收入		3 000 000
（4）借：主营业务成本		60 000
贷：应交税费——应交增值税（进项税额转出）		60 000
（5）借：其他应收款		450 000
贷：应交税费——应交增值税（出口退税）		450 000
（6）借：银行存款		450 000
贷：其他应收款		450 000

注意：出口退税不属于政府补助。

（五）"先征后退"的计算方法

外贸企业出口货物退还增值税应依据购进货物的增值税专用发票所注明的进项金额和出口货物对应的退税率计算。外贸企业应退税款的计算方法有两种：一是单票对应法；二是加权平均法。

【例 2-52】

兴隆外贸公司（具有进出口经营权）从某日用化妆品公司购进出口用护发品1 000箱，取得的增值税专用发票注明的价款为100万元，进项税额为17万元，货款已用银行存款支付。当月该批商品已全部出口，售价为每箱200美元（1∶6.15），申请退税的单证齐全。该护发品的消费税税率为8%，增值税退税率为9%。计算应退增值税和消费税并编制会计分录。

（1）购进时

借：商品采购	1 000 000
应交税费——应交增值税（进项税额）	170 000
贷：银行存款	1 170 000

（2）商品验收入库时

借：库存商品	1 000 000
贷：商品采购	1 000 000

（3）出口报关销售时

借：应收账款	1 230 000
贷：主营业务收入	1 230 000

（4）结转出口商品成本

借：主营业务成本	1 000 000
贷：库存商品	1 000 000

（5）申报出口退税时

本环节应退增值税额＝1 000 000×9%＝90 000（元）
转出增值税额＝170 000－90 000＝80 000（元）
本环节应退消费税额＝1 000 000×8%＝80 000（元）

(6) 应退增值税账务处理
　　借：其他应收款　　　　　　　　　　　　　　　　　　　　　　　90 000
　　　　贷：应交税费——应交增值税（出口退税）　　　　　　　　　　90 000
(7) 进项税额转出时
　　借：主营业务成本　　　　　　　　　　　　　　　　　　　　　　80 000
　　　　贷：应交税费——应交增值税（进项税额转出）　　　　　　　　80 000
(8) 收到增值税退税款时
　　借：银行存款　　　　　　　　　　　　　　　　　　　　　　　　90 000
　　　　贷：其他应收款　　　　　　　　　　　　　　　　　　　　　90 000
(9) 应退的消费税账务处理
　　借：其他应收款　　　　　　　　　　　　　　　　　　　　　　　80 000
　　　　贷：主营业务成本　　　　　　　　　　　　　　　　　　　　80 000
(10) 收到消费税税款时
　　借：银行存款　　　　　　　　　　　　　　　　　　　　　　　　80 000
　　　　贷：其他应收款　　　　　　　　　　　　　　　　　　　　　80 000

第八节　增值税的纳税申报

　　纳税申报是纳税程序的中心环节。它是纳税人在发生纳税义务后，按税务机关规定的内容和期限，向主管税务机关报以书面报表的形式写明有关纳税事项及应纳税款所履行的法定手续。纳税申报不仅是征纳双方核定应纳税额、开具纳税凭证的主要依据，也是税务机关研究经济信息、加强税源管理的重要手段。实行纳税申报制度，不仅可以促使纳税人增强依法纳税的自觉性，提高税款计算的正确性，而且有利于税务机关依法征收税款，查处财务违章，保证国家税收及时足额入库。纳税义务发生的时间，就是纳税人发生应税行为，应当承担纳税义务的起始时间。纳税期限，是指法律、行政法规规定的或税务机关依照法律、行政法规，规定纳税人据以计算应纳税额的期限。税款缴库期，是指纳税计算期满后，纳税人报缴税款的法定期限。在发生纳税义务后，纳税人、扣缴义务人必须按照法律、行政法规的规定或者税务机关依据法律、行政法规的规定确定的应纳或应缴税款的期限，到税务机关办理纳税申报。由此可以看出，申报期限有两种：一种是法律、行政法规明确规定的；另一种是税务机关按照法律行政法规的规定，结合纳税人生产经营的实际情况及其所应缴纳的税种等相关问题予以确定。

　　纳税人应按月进行纳税申报，申报期为次月 1 日起至 15 日止，遇最后一日为法定节假日的，顺延 1 日；在每月 1 日至 15 日内有连续 3 日以上法定休假日的，按休假日天数顺延。纳税人进行纳税申报必须实行电子信息采集。使用防伪税控系统开具增值税专用发票的纳税人必须在抄报税成功后，方可进行纳税申报。

　　纳税人不论有无销售额，均应按主管税务机关核定的纳税期限按期填报纳税申报表，并于次月 1 日起 15 日内，向当地税务机关申报。

一、案例分析

【例2-53】

一般纳税人发生业务如下:
(1) 月初上缴上月增值税 256 000 元。
(2) 本月购进铸铁价款 180 000 元,增值税 30 600 元,取得专用发票,以银行存款支付。购进铸铁价款 380 000 元,增值税 64 600 元,取得专用发票,未付款。
(3) 发生进货退出取得红字专用发票,收到款项存入银行,价款 210 000 元,增值税 35 700 元。
(4) 接受投资入股,公允价值 360 000 元,增值税 61 200 元,取得专用发票。
(5) 委托加工,支付加工费 18 000 元,增值税 3 060 元,支付运费 400 元,收回委托加工物资。
(6) 对外提供加工服务收取费用 11 000 元 (含税)
(7) 销售机床价款 2 760 000 元,增值税 469 200 元,存入银行。
(8) 销售退回开出红字发票,价款 198 000 元,增值税 33 660 元,以银行存款支付。
(9) 以生产的机床对外投资,计税价 260 000 元,成本 223 000 元。
(10) 月末结转未交增值税。加工厂为一般纳税人,按月缴纳增值税,相关发票已通过认证。

进项税额 = 30 600 + 64 600 − 35 700 + 61 200 + 3 060 + 28 = 123 788(元)
销项税额 = 1 598 + 469 200 − 33 660 + 44 200 = 481 338(元)
应纳税额 = 481 338 − 123 788 = 357 550(元)

【例2-54】

一般纳税人发生如下业务:
(1) 购进材料取得专用发票价款 20 000 元,增值税 3 400 元,运杂费 500 元,已入库。
(2) 购进材料取得普通发票金额 10 600 元,支付运输部门运费 400 元,已入库。
(3) 购进农产品取得普通发票金额 30 000 元,支付运输部门运费 1 000 元,已入库。
(4) 购进用于不动产的工程物资,取得专用发票价 10 000 元,增值税 1 700 元,已入库。
(5) 接受投资材料,取得专用发票价 50 000 元,增值税 8 500 元。
(6) 销售产品开出专用发票价 100 000 元,增值税 17 000 元。收取包装费 585 元。
(7) 向小规模纳税人销售开出普通发票金额 23 400 元,并收取运费 117 元。

(23 400 + 117) ÷ (1 + 17%) × 17% = 3 417 (元)

(8) 以自产产品换取设备开出专用发票价 200 000 元,增值税 34 000 元。
(9) 与消费者以旧换新,实收 50 000 元,旧货折价 8 500 元。

(50 000 + 8 500) ÷ (1 + 17%) × 17% = 8 500 (元)

(10) 收取押金 1 000 元；没收押金 585 元。

(11) 销售 2008 年购买的固定资产，设备原值 7 万元，售价 8.32 万元。

83 200÷(1+4‰)×2‰＝1 600（元）（不是进项也不是销项）

(12) 进口货物到岸价 1 万美元；汇率 1：7.6，关税 10％，取得完税凭证。

进口环节应交增值税＝10 000×7.6×(1+10％)×17％＝14 212（元）

(13) 支付加工费 50 000 元，增值税 8 500 元取得专用发票。

(14) 销售产品开出专用发票价 100 000 元，增值税 17 000 元。支付运输部门运费 1 000 元。

(15) 购买的货物改变用途，用于职工福利不含税进价 20 000 元。

进项税额转出＝20 000×17％＝3 400（元）

进项税额＝3 400+28+3 900+70+8 500+14 212+8 500+70-3 400＝35 280（元）

销项税额＝17 000+85+3 417+34 000+8 500+85+17 000＝80 087（元）

应纳税额＝80 087-35 280+1 600＝46 407（元）

进口纳税＝10 000×7.6×(1+10％)×17％＝14 212（元）

二、增值税纳税申报表

增值税纳税申报表如表 2—1 所示。

表 2-1　　　　　　　　增值税纳税申报表（适用于一般纳税人）

税款所属时间：自　　至　　　填表日期：年　月　日　　　　　　　金额单位：元至角分

纳税人识别号						所属行业：	
纳税人名称	（公章）	法定代表人姓名		注册地址		营业地址	
开户银行及账号		企业登记注册类型				电话号码	

	项　目	栏次	一般货物及劳务		即征即退货物及劳务	
			本月数	本年累计	本月数	本年累计
销售额	（一）按适用税率征税货物及劳务销售额	1				
	其中：应税货物销售额	2				
	应税劳务销售额	3				
	纳税检查调整的销售额	4				
	（二）按简易征收办法征税货物销售额	5				
	其中：纳税检查调整的销售额	6				
	（三）免、抵、退办法出口货物销售额	7			—	—
	（四）免税货物及劳务销售额	8			—	—
	其中：免税货物销售额	9				
	免税劳务销售额	10				

续表

税款计算	销项税额	11			
	进项税额	12			
	上期留抵税额	13	—	—	
	进项税额转出	14			
	免抵退货物应退税额	15	—	—	
	按适用税率计算的纳税检查应补缴税额	16			
	应抵扣税额合计	17＝12＋13－14－15＋16	—	—	
税款计算	实际抵扣税额	18（如17＜11，则为17，否则为11）			
	应纳税额	19＝11－18			
	期末留抵税额	20＝17－18	—	—	
	简易征收办法计算的应纳税额	21			
	按简易征收办法计算的纳税检查应补缴税额	22			
	应纳税额减征额	23			
	应纳税额合计	24＝19＋21－23			
税款缴纳	期初未缴税额（多缴为负数）	25			
	实收出口开具专用缴款书退税额	26	—	—	
	本期已缴税额	27＝28＋29＋30＋31			
	①分次预缴税额	28			
	②出口开具专用缴款书预缴税额	29	—	—	
	③本期缴纳上期应纳税额	30			
	④本期缴纳欠缴税额	31			
	期末未缴税额（多缴为负数）	32＝24＋25＋26－27			
	其中：欠缴税额（≥0）	33＝25＋26－27			
	本期应补（退）税额	34＝24－28－29			
	即征即退实际退税额	35	—		
	期初未缴查补税额	36			
	本期入库查补税额	37			
	期末未缴查补税额	38＝16＋22＋36－37			
授权声明	如果你已委托代理人申报，请填写以下资料：为代理一切税务事宜，现授权（地址）　　　为本纳税人的代理申报人，任何与本申报表有关的往来文件，都可寄予此人。授权人签字：	申报人声明	此纳税申报表是根据《中华人民共和国增值税暂行条例》的规定填报的，我相信它是真实的、可靠的、完整的。声明人签字：		

《增值税纳税申报表（适用于一般纳税人）》填表说明：

本申报表适用于增值税一般纳税人填报。增值税一般纳税人销售按简易办法缴纳增值税的货物，也使用本表。

(1)"税款所属时间"是指纳税人申报的增值税应纳税额的所属时间,应填写具体的起止年、月、日。

(2)"填表日期"指纳税人填写本表的具体日期。

(3)"纳税人识别号"栏,填写税务机关为纳税人确定的识别号,即:税务登记证号码。

(4)"所属行业"栏,按照国民经济行业分类与代码中的最细项(小类)进行填写(国民经济行业分类与代码附后)。

(5)"纳税人名称"栏,填写纳税人单位名称全称,不得填写简称。

(6)"法定代表人姓名"栏,填写纳税人法定代表人的姓名。

(7)"注册地址"栏,填写纳税人税务登记证所注明的详细地址。

(8)"营业地址"栏,填写纳税人营业地的详细地址。

(9)"开户银行及账号"栏,填写纳税人开户银行的名称和纳税人在该银行的结算账户号码。

(10)"企业登记注册类型"栏,按税务登记证填写。

(11)"电话号码"栏,填写纳税人注册地和经营地的电话号码。

(12)"一般货物及劳务"是指享受即征即退的货物及劳务以外的其他货物及劳务。

(13)"即征即退货物及劳务"是指纳税人按照税法规定享受即征即退税收优惠政策的货物及劳务。

(14)第1项"(一)按适用税率征税货物及劳务销售额"栏数据,填写纳税人本期按适用税率缴纳增值税的应税货物和应税劳务的销售额(销货退回的销售额用负数表示)。包括在财务上不作销售但按税法规定应缴纳增值税的视同销售货物和价外费用销售额,外贸企业作价销售进料加工复出口的货物,税务、财政、审计部门检查按适用税率计算调整的销售额。"一般货物及劳务"的"本月数"栏数据与"即征即退货物及劳务"的"本月数"栏数据之和,应等于附表一第7栏的"小计"中的"销售额"数。"本年累计"栏数据,应为年度内各月数之和。

(15)第2项"应税货物销售额"栏数据,填写纳税人本期按适用税率缴纳增值税的应税货物的销售额(销货退回的销售额用负数表示)。包括在财务上不作销售但按税法规定应缴纳增值税的视同销售货物和价外费用销售额,以及外贸企业作价销售进料加工复出口的货物。"一般货物及劳务"的"本月数"栏数据与"即征即退货物及劳务"的"本月数"栏数据之和,应等于附表一第5栏的"应税货物"中17%税率"销售额"与13%税率"销售额"的合计数。"本年累计"栏数据,应为年度内各月数之和。

(16)第3项"应税劳务销售额"栏数据,填写纳税人本期按适用税率缴纳增值税的应税劳务的销售额。"一般货物及劳务"的"本月数"栏数据与"即征即退货物及劳务"的"本月数"栏数据之和,应等于附表一第5栏的"应税劳务"中的"销售额"数。"本年累计"栏数据,应为年度内各月数之和。

(17)第4项"纳税检查调整的销售额"栏数据,填写纳税人本期因税务、财政、审计部门检查、并按适用税率计算调整的应税货物和应税劳务的销售额。但享受即征即退税收优惠政策的货物及劳务经税务稽查发现偷税的,不得填入"即征即退货物及劳务"部分,而应将本部分销售额在"一般货物及劳务"栏中反映。"一般货物及劳务"的

"本月数"栏数据与"即征即退货物及劳务"的"本月数"栏数据之和,应等于附表一第 6 栏的"小计"中的"销售额"数。"本年累计"栏数据,应为年度内各月数之和。

(18)第 5 项"按简易征收办法征税货物的销售额"栏数据,填写纳税人本期按简易征收办法征收增值税货物的销售额(销货退回的销售额用负数表示)。包括税务、财政、审计部门检查、并按按简易征收办法计算调整的销售额。"一般货物及劳务"的"本月数"栏数据与"即征即退货物及劳务"的"本月数"栏数据之和,应等于附表一第 14 栏的"小计"中的"销售额"数。"本年累计"栏数据,应为年度内各月数之和。

(19)第 6 项"其中:纳税检查调整的销售额"栏数据,填写纳税人本期因税务、财政、审计部门检查、并按简易征收办法计算调整的销售额,但享受即征即退税收优惠政策的货物及劳务经税务稽查发现偷税的,不得填入"即征即退货物及劳务"部分,而应将本部分销售额在"一般货物及劳务"栏中反映。"一般货物及劳务"的"本月数"栏数据与"即征即退货物及劳务"的"本月数"栏数据之和,应等于附表一第 13 栏的"小计"中的"销售额"数。"本年累计"栏数据,应为年度内各月数之和。

(20)第 7 项"免、抵、退办法出口货物销售额"栏数据,填写纳税人本期执行免、抵、退办法出口货物的销售额(销货退回的销售额用负数表示)。"本年累计"栏数据,应为年度内各月数之和。

(21)第 8 项"免税货物及劳务销售额"栏数据,填写纳税人本期按照税法规定直接免征增值税的货物及劳务的销售额及适用零税率的货物及劳务的销售额(销货退回的销售额用负数表示),但不包括适用免、抵、退办法出口货物的销售额。"一般货物及劳务"的"本月数"栏数据,应等于附表一第 18 栏的"小计"中的"销售额"数。"本年累计"栏数据,应为年度内各月数之和。

(22)第 9 项"免税货物销售额"栏数据,填写纳税人本期按照税法规定直接免征增值税货物的销售额及适用零税率货物的销售额(销货退回的销售额用负数表示),但不包括适用免、抵、退办法出口货物的销售额。"一般货物及劳务"的"本月数"栏数据,应等于附表一第 18 栏的"免税货物"中的"销售额"数。"本年累计"栏数据,应为年度内各月数之和。

(23)第 10 项"免税劳务销售额"栏数据,填写纳税人本期按照税法规定直接免征增值税劳务的销售额及适用零税率劳务的销售额(销货退回的销售额用负数表示)。"一般货物及劳务"的"本月数"栏数据,应等于附表一第 18 栏的"免税劳务"中的"销售额"数。"本年累计"栏数据,应为年度内各月数之和。

(24)第 11 项"销项税额"栏数据,填写纳税人本期按适用税率计征的销项税额。该数据应与"应交税费——应交增值税"明细科目贷方"销项税额"专栏本期发生数一致。"一般货物及劳务"的"本月数"栏数据与"即征即退货物及劳务"的"本月数"栏数据之和,应等于附表一第 7 栏的"小计"中的"销项税额"数。"本年累计"栏数据,应为年度内各月数之和。

(25)第 12 项"进项税额"栏数据,填写纳税人本期申报抵扣的进项税额。该数据应与"应交税费——应交增值税"明细科目借方"进项税额"专栏本期发生数一致。"一般货物及劳务"的"本月数"栏数据与"即征即退货物及劳务"的"本月数"栏数据之和,应等于附表二第 12 栏中的"税额"数。"本年累计"栏数据,应为年度内各月数之和。

(26) 第 13 项"上期留抵税额"栏数据,为纳税人前一申报期的"期末留抵税额"数,该数据应与"应交税费——应交增值税"明细科目借方月初余额一致。

(27) 第 14 项"进项税额转出"栏数据,填写纳税人已经抵扣但按税法规定应作进项税转出的进项税额总数,但不包括销售折扣、折让,销货退回等应负数冲减当期进项税额的数额。该数据应与"应交税费—应交增值税"明细科目贷方"进项税额转出"专栏本期发生数一致。"一般货物及劳务"的"本月数"栏数据与"即征即退货物及劳务"的"本月数"栏数据之和,应等于附表二第 13 栏中的"税额"数。"本年累计"栏数据,应为年度内各月数之和。

(28) 第 15 项"免、抵、退货物应退税额"栏数据,填写退税机关按照出口货物免、抵、退办法审批的应退税额。"本年累计"栏数据,应为年度内各月数之和。

(29) 第 16 项"按适用税率计算的纳税检查应补缴税额"栏数据,填写税务、财政、审计部门检查按适用税率计算的纳税检查应补缴税额。"本年累计"栏数据,应为年度内各月数之和。

(30) 第 17 项"应抵扣税额合计"栏数据,填写纳税人本期应抵扣进项税额的合计数。

(31) 第 18 项"实际抵扣税额"栏数据,填写纳税人本期实际抵扣的进项税额。"本年累计"栏数据,应为年度内各月数之和。

(32) 第 19 项"按适用税率计算的应纳税额"栏数据,填写纳税人本期按适用税率计算并应缴纳的增值税额。"本年累计"栏数据,应为年度内各月数之和。

(33) 第 20 项"期末留抵税额"栏数据,为纳税人在本期销项税额中尚未抵扣完,留待下期继续抵扣的进项税额。该数据应与"应交税费——应交增值税"明细科目借方月末余额一致。

(34) 第 21 项"按简易征收办法计算的应纳税额"栏数据,填写纳税人本期按简易征收办法计算并应缴纳的增值税额,但不包括按简易征收办法计算的纳税检查应补缴税额。"一般货物及劳务"的"本月数"栏数据与"即征即退货物及劳务"的"本月数"栏数据之和,应等于附表一第 12 栏的"小计"中的"应纳税额"数。"本年累计"栏数据,应为年度内各月数之和。

(35) 第 22 项"按简易征收办法计算的纳税检查应补缴税额"栏数据,填写纳税人本期因税务、财政、审计部门检查并按简易征收办法计算的纳税检查应补缴税额。"一般货物及劳务"的"本月数"栏数据与"即征即退货物及劳务"的"本月数"栏数据之和,应等于附表一第 13 栏的"小计"中的"应纳税额"数。"本年累计"栏数据,应为年度内各月数之和。

(36) 第 23 项"应纳税额减征额"栏数据,填写纳税人本期按照税法规定减征的增值税应纳税额。"本年累计"栏数据,应为年度内各月数之和。

(37) 第 24 项"应纳税额合计"栏数据,填写纳税人本期应缴增值税的合计数。"本年累计"栏数据,应为年度内各月数之和。

(38) 第 25 项"期初未缴税额(多缴为负数)"栏数据,为纳税人前一申报期的"期末未缴税额(多缴为负数)"。

(39) 第 26 项"实收出口开具专用缴款书退税额"栏数据,填写纳税人本期实际收到税务机关退回的，因开具《出口货物税收专用缴款书》而多缴的增值税款。该数据应根据"应交税费——未交增值税"明细科目贷方本期发生额中"收到税务机关退回的多缴增值税款"数据填列。"本年累计"栏数据，为年度内各月数之和。

（40）第 27 项"本期已缴税额"栏数据，是指纳税人本期实际缴纳的增值税额，但不包括本期入库的查补税款。"本年累计"栏数据，为年度内各月数之和。

（41）第 28 项"①分次预缴税额"栏数据，填写纳税人本期分次预缴的增值税额。

（42）第 29 项"②出口开具专用缴款书预缴税额"栏数据，填写纳税人本期销售出口货物而开具专用缴款书向主管税务机关预缴的增值税额。

（43）第 30 项"③本期缴纳上期应纳税额"栏数据，填写纳税人本期上缴上期应缴未缴的增值税款，包括缴纳上期按简易征收办法计提的应缴未缴的增值税额。"本年累计"栏数据，为年度内各月数之和。

（44）第 31 项"④本期缴纳欠缴税额"栏数据，填写纳税人本期实际缴纳的增值税欠税额，但不包括缴纳入库的查补增值税额。"本年累计"栏数据，为年度内各月数之和。

（45）第 32 项"期末未交税额（多缴为负数）"栏数据，为纳税人本期期末应缴未缴的增值税额，但不包括纳税检查应缴未缴的税额。"本年累计"栏与"本月数"栏数据相同。

（46）第 33 项"其中：欠缴税额（≥0）"栏数据，为纳税人按照税法规定已形成欠税的数额。

（47）第 34 项"本期应补（退）税额"栏数据，为纳税人本期应纳税额中应补缴或应退回的数额。

（48）第 35 项"即征即退实际退税额"栏数据，填写纳税人本期因符合增值税即征即退优惠政策规定，而实际收到的税务机关返还的增值税额。"本年累计"栏数据，为年度内各月数之和。

（49）第 36 项"期初未缴查补税额"栏数据，为纳税人前一申报期的"期末未缴查补税额"。该数据与本表第 25 项"期初未缴税额（多缴为负数）"栏数据之和，应与"应交税金——未交增值税"明细科目期初余额一致。"本年累计"栏数据应填写纳税人上年度末的"期末未缴查补税额"数。

（50）第 37 项"本期入库查补税额"栏数据，填写纳税人本期因税务、财政、审计部门检查而实际入库的增值税款，包括：①按适用税率计算并实际缴纳的查补增值税款；②按简易征收办法计算并实际缴纳的查补增值税款。"本年累计"栏数据，为年度内各月数之和。

（51）第 38 项"期末未缴查补税额"栏数据，为纳税人纳税检查本期期末应缴未缴的增值税额。该数据与本表第 32 项"期末未缴税额（多缴为负数）"栏数据之和，应与"应交税费——未交增值税"明细科目期初余额一致。"本年累计"栏与"本月数"栏数据相同。

三、增值税纳税申报表附列资料（表一）

增值税纳税申报表附列资料（表一）如表 2—2 所示。

表 2-2　　　　　　　　　　增值税纳税申报表附列资料（表一）
　　　　　　　　　　　　　　　　（本期销售情况明细）

税款所属时间：　年　月
纳税人名称（公章）：　　　　　　填表日期：　年　月　日　　　　金额单位：元至角分

一、按适用税率征收增值税货物及劳务的销售额和销项税额明细											
项目	栏次	应税货物					应税劳务			小计		
		17%税率			13%税率								
		份数	销售额	销项税额	份数	销售额	销项税额	份数	销售额	销项税额	份数	销售额	销项税额
防伪税控系统开具的增值税专用发票	1												
非防伪税控系统开具的增值税专用发票	2												
开具普通发票	3												
未开具发票	4			—			—			—			—
小计	5=1+2+3+4			—			—			—			—
纳税检查调整	6												
合计	7=5+6			—			—			—			—

二、简易征收办法征收增值税货物的销售额和应纳税额明细											
项目	栏次	6%征收率			4%征收率			3%征收率			小计		
		份数	销售额	应纳税额	份数	销售额	应纳税额	份数	销售额	应纳税额	份数	销售额	应纳税额
防伪税控系统开具的增值税专用发票	8												
非防伪税控系统开具的增值税专用发票	9												
开具普通发票	10												
未开具发票	11			—			—			—			—
小计	12=8+9+10+11												
纳税检查调整	13												
合计	14=12+13			—									

三、免征增值税货物及劳务销售额明细									
项目	栏次	免税货物			免税劳务			小计		
		份数	销售额	税额	份数	销售额	税额	份数	销售额	税额
防伪税控系统开具的增值税专用发票	15			—			—			—
开具普通发票	16			—			—			—
未开具发票	17			—			—			—
合计	18=15+16+17			—			—			—

四、增值税纳税申报表附列资料（表二）

增值税纳税申报表附列资料（表二）如表2—3所示。

表2-3 　　　　　　　　　增值税纳税申报表附列资料（表二）
　　　　　　　　　　　　　　　（本期进项税额明细）

税款所属时间：　年　月
纳税人名称：（公章）　　　　　填表日期：　年　月　日　　　　　金额单位：元至角分

一、申报抵扣的进项税额				
项目	栏次	份数	金额	税额
（一）认证相符的防伪税控增值税专用发票	1			
其中：本期认证相符且本期申报抵扣	2			
前期认证相符且本期申报抵扣	3			
（二）非防伪税控增值税专用发票及其他扣税凭证	4			
其中：海关完税凭证	5			
农产品收购凭证及普通发票	6			
废旧物资发票	7			
运输发票	8			
6%征收率	9			
4%征收率	10			
（三）期初已征税款	11	—	—	
当期申报抵扣进项税额合计	12			
二、进项税额转出额				
项目	栏次	税额		
本期进项税转出额	13			
其中：免税货物用	14			
非应税项目用	15			
非正常损失	16			
按简易征收办法征税货物用	17			
免抵退税办法出口货物不得抵扣进项税额	18			
纳税检查调减进项税额	19			
未经认证已抵扣的进项税额	20			
	21			
三、待抵扣进项税额				
项目	栏次	份数	金额	税额
（一）认证相符的防伪税控增值税专用发票	22	—	—	—
期初已认证相符但未申报抵扣	23			
本期认证相符且本期未申报抵扣	24			
期末已认证相符但未申报抵扣	25			
其中：按照税法规定不允许抵扣	26			
（二）非防伪税控增值税专用发票及其他扣税凭证	27			
其中：17%税率	28			
13%税率或扣除率	29			
10%扣除率	30			
7%扣除率	31			
6%征收率	32			
4%征收率	33			
	34			

续表

四、其他				
项目	栏次	份数	金额	税额
本期认证相符的全部防伪税控增值税专用发票	35			
期初已征税款挂账额	36	—	—	
期初已征税款余额	37	—	—	
代扣代缴税额	38	—	—	

注：第1栏＝第2栏＋第3栏＝第23栏＋第35栏－第25栏；第2栏＝第35栏－第24栏；第3栏＝第23栏＋第24栏－第25栏；第4栏等于第5至第10栏之和；第12栏＝第1栏＋第4栏＋第11栏；第13栏等于第14栏至第21栏之和；第27栏等于第28栏至第34栏之和。

增值税纳税申报表附列资料（表三）（防伪税控增值税专用发票申报抵扣明细）（略）。

增值税纳税申报表附列资料（表四）（防伪税控增值税专用发票存根联明细）（略）。

五、增值税纳税申报表（适用小规模纳税人）

增值税纳税申报表（适用小规模纳税人）如表2—4所示。

表2-4　　　　　增值税纳税申报表（适用小规模纳税人）

纳税人识别号：□□□□□□□□□□□□□□□□□□
纳税人名称（公章）：　　　　　　　　　　　　　　　　　金额单位：元（列至角分）
税款所属期：　　年　月　日至　　年　月　日　填表日期：　　年　月　日

	项目	栏次	本月数	本年累计
一、计税依据	（一）应征增值税货物及劳务不含税销售额	1		
	其中：税务机关代开的增值税专用发不含税销售额	2		
	税控器具开具的普通发票不含税销售额	3		
	（二）销售使用过的应税固定资产不含税销售额	4		
	其中：税控器具开具的普通发票不含税销售额	5		
	（三）免税货物及劳务销售额	6		
	其中：税控器具开具的普通发票销售额	7		
	（四）出口免税货物销售额	8		
	其中：税控器具开具的普通发票销售额	9		
二、税款计算	本期应纳税额	10		
	本期应纳税额减征额	11		
	应纳税额合计	12＝10－11		
	本期预缴税额	13		
	本期应补（退）税额	14＝12－13		
纳税人或代理人声明：此纳税申报表是根据国家税收法律的规定填报的，我确定它是真实的、可靠的、完整的。	如纳税人填报，由纳税人填写以下各栏：办税人员（签章）：财务负责人（签章）：法定代表人（签章）：联系电话： 如委托代理人填报，由代理人填写以下各栏：代理人名称：经办人（签章）：联系电话：代理人（公章）：			

受理人：　　　　　受理日期：　　年　月　日　　　　　　受理税务机关（签章）：

六、生产企业出口货物免、抵、退税申报表

生产企业出口货物免、低、退税申报表如表 2—5 所示。

表 2-5　　　　　　　　　生产企业出口货物免、抵、退税申报表

企业代码：		企业名称：		
纳税人识别号：		所属期：　　　　年　月		
项目	栏次	当期 (a)	本年 累计 (b)	与增值税纳税 申报表差额 (c)
当期免抵退出口货物销售额（美元）	1			—
当期免抵退出口货物销售额	2＝3＋4			
其中：单证不齐销售额	3			—
单证齐全销售额	4			—
前期出口货物当期收齐单证销售额	5		—	—
单证齐全出口货物销售额	6＝4＋5			—
不予免抵退出口货物销售额	7			
出口销售额乘征退税率之差	8			—
上期结转免抵退税不得免征和抵扣税额抵减额	9		—	—
免抵退税不得免征和抵扣税额抵减额	10			—
免抵退税不得免征和抵扣税额	11（如 8＞9＋10 则为 8－9－10，否则为 0）			
结转下期免抵退税不得免征和抵扣税额抵减额	12（如 9＋10＞8 则为 9＋10－8，否则为 0）		—	—
出口销售额乘退税率	13			—
上期结转免抵退税额抵减额	14		—	—
免抵退税额抵减额	15			—
免抵退税额	16（如 13＞14＋15 则为 13－14－15，否则为 0）			—
结转下期免抵退税额抵减额	17（如 14＋15＞13 则为 14＋15－13，否则为 0）		—	—
增值税纳税申报表期末留抵税额	18		—	
计算退税的期末留抵税额	19＝18－11c		—	—
当期应退税额	20（如 16＞19 则为 19，否则为 16）		—	—
当期免抵税额	21＝16－20		—	—
出口企业		退税部门		

思考和练习题

1. 分析增值税会计的代理观与费用观。
2. 比较纳税义务发生时间、纳税期限、申报期限、缴库期限。
3. 某企业为增值税一般纳税人，2012年8月，不动产在建工程领用材料实际成本60万元。动产在建工程领用材料实际成本50万元。不动产在建工程领用产品实际成本80万元，售价100万元；动产在建工程领用产品实际成本40万元，售价50万元。出售以前未抵扣进项税额的旧固定资产，收到104万元；出售以前抵扣进项税额的旧固定资产，收到23.4万元。上缴上月增值税30万元，预缴本月增值税20万元。编制有关会计分录。
4. 某企业月初结存材料的计划成本为50万元，差异期初借方余额1.93万元。本月5日用存款购入甲材料的价款为10万元，税款1.7万元，途中保险费1万元，材料尚未入库。本月10日甲材料验收入库，计划成本12万元。本月25日购入乙材料已经入库，但是结算凭证尚未收到。货款尚未支付，计划成本为3.5万元。本月生产领用材料计划成本30万元。编制有关会计分录。
5. 月初结存材料的实际成本为12万元，100千克，增值税税率17%。本月10日用存款购入材料的实际成本为52万元，400千克，已经入库。20日接受材料投资实际成本为56万元，500千克，已经入库。25日用存款购入材料的实际成本为24万元，200千克，尚未入库。生产领用材料的400千克。采用加权平均法计算，编制有关会计分录。
6. 藏龙公司出售一台使用过的未抵扣进项税额的固定资产，原值300 000元，累计折旧180 000元，取得转让收入166 400元（含税收入）。进行账务处理。
7. 甲、乙公司均为增值税一般纳税人，增值税税率均为17%。甲公司需要融资，于2008年7月1日将其生产的一批商品销售给乙公司，销售价格为500万元，销售商品成本为420万元。按照双方协议，甲公司一年后以560万元的价格将其购回。乙公司根据协议于2008年7月1日支付了购货款，甲公司于2009年6月30日以560万元购回该批商品。编制会计分录。
8. 某自营出口的生产企业为增值税一般纳税人，出口货物的征税率为17%，退税率为13%。2010年1月发生的有关经营业务为：购进原材料一批，取得增值税专用上注明的价款400万元，外购货物准予抵扣的进项税额68万元通过认证，上月末留抵税款48万元；本月内销货物不含税销售额500万元，收款200万元存入银行；本月出口货物的销售额折合人民币200万元。试计算该企业当期的"免、抵、退"税额并编制会计分录。
9. 企业购买化妆品用于职工福利，价款5 000元，增值税850元，运输费500元，全部款项用银行存款支付；福利部门领用生产用的材料，实际成本2 000元；福利部门领用企业生产的产品，成本800元，售价1 000元。编制有关会计分录。
10. 某企业材料发生非常损失，实际成本2 000元；库存商品发生非常损失，实际成本4 000元，其中所耗原材料成本为3 000元；在产品发生非常损失，实际成本1 500元，其中所耗原材料成本为1 000元。编制有关会计分录。
11. 某企业为增值税一般纳税人，按月纳税，上月未交增值税100万元，于本月月初缴纳。本期取得防伪税控专用发票，均在法定期限认证，进项税额200万元；购买固定资产取得税控专用发票，在法定期限认证，税额30万元；取得运费发票金额20万元，在法定期限认证。本期外购材料发生非常损失,负担税款 8 万元,外购材料用于非税项目,负担税款 2 万元。本期销售产品,开具税控专用发票,扣除作废一张,一张红字发票后,税额 300 万元;开具普通发票,合计金额 117 万元;销售产品提供运输劳务开具发票,收取运费 23.4 万元。要求填列增值税纳税申报表。

12. 某生产企业增值税税率 17%,退税率 13%。2010 年 1 月份发生下列业务:

(1) 本月购入材料甲 90 万元(增值税税率 17%),乙材料(增值税税率 13%)40 万元,已验收入库。

(2) 本月发生内销收入 80 万元。

(3) 本月发生出口销售收入(离岸价 FOB)80 万元。

(4) 上年结转本年留抵进项税额 0 万元,应上缴上月核算出税款 10 万元,对当月 80 万元出口销售收入,须计算本月出口货物不予免征和抵扣税额。

(5) 办理增值税纳税申报表时。

(6) 本月收齐去年 12 月出口货物单证,离岸价格 70 万元,并到退税机关进行申报。

(7) 月末处理。

(8) 下月收到退税机关审批的《生产企业出口货物免抵退税申报汇总表》。

要求:计算并进行账务处理。

第三章 消费税会计

消费税是对在中华人民共和国境内生产、委托加工和进口《中华人民共和国消费税暂行条例》（以下简称消费税暂行条例）规定的消费品的单位和个人，就其应税消费品的销售额或销售数量征收的一种税。消费税是对特定消费品、消费行为征收的一种流转税。与其他税种相比，消费税主要有以下特点。

（1）征收范围具有选择性。消费税只选择了一部分消费品和消费行为征收。主要包括：特殊消费品、奢侈品、高能耗产品、不可再生的稀缺资源消费品；一些税基宽广、消费普遍、征收消费税不会影响人民生活水平，具有一定财政意义的普通消费品。

（2）征收环节具有单一性。消费税只对消费品的生产、流通或消费的某一环节征收，避免重复征税。

（3）税率和税额的差别性。消费税的税率、税额根据征收对象的种类、档次以及价格和市场供求状况设计了高低不同的档次，充分体现了国家消费政策和产业政策。

（4）税负具有转嫁性。消费税是对特定的消费品和消费行为征收的一种间接税，无论在哪个环节征收，消费品中所含的消费税额都要转嫁到消费者身上，具有明显的转嫁性。

（5）征收方法具有灵活性。根据征税对象的不同，采用了不同的征收方法。如对价格差异大、供求矛盾突出、计量单位不规范的，采用比例税率从价计征；而对计量单位规范、供求基本平衡、价格差异不大的，采用从量计征；有的则采取从价定率和从量定额混合计算的方法。

第一节 消费税的基本内容

一、纳税义务人

在中华人民共和国境内生产、委托加工和进口消费税暂行条例规定的消费品的单位和个人，为消费税的纳税义务人。

单位是指国有企业、集体企业、私有企业、股份制企业、其他企业和行政单位、事业单位、军事单位、社会团体及其他单位。个人是指个体经营者及其他个人。

在中华人民共和国境内，是指生产、委托加工和进口属于应当征收消费税的消费品（以下简称应税消费品）的起运地或所在地在境内。具体说，消费税的纳税人有四种类型：

(1) 生产应税消费品的单位和个人，以生产并销售应税消费品的单位和个人为纳税人。

(2) 委托加工应税消费品的单位和个人，以受托单位和个人为代扣代缴义务人。

(3) 自产自用应税消费品的单位和个人，以生产并自用应税消费品的单位和个人为纳税人。

(4) 进口应税消费品的单位和个人，以进口应税消费品的报关单位和个人为纳税人。

二、征税范围

现行消费税征收的范围，是根据我国经济发展状况、产业政策、消费政策及人们消费水平和消费结构以及国家财政的需要，并借鉴了国外成功经验和通行惯例而确定的。条例共设置了14个税目，大体可划为五类。

第一类：特殊消费品。这些消费品若消费过度会危害人类健康、社会秩序和生态环境，如烟、酒、鞭炮、焰火等。

第二类：非生活必需的奢侈品。这类消费品系非生活所必需，生产原料又稀有昂贵，主要有金银首饰、珠宝玉石、化妆品等。

第三类：不可再生和替代的稀缺资源消费品，如汽油、柴油等。

第四类：高档且又高能耗的消费品，如小汽车、摩托车等。

第五类：税基宽广、消费普遍、征税后不影响居民基本生活并具有一定财政意义的消费品，如汽车轮胎。

三、税目、税率及税收优惠

(一) 税目

消费税的税目是按照消费税的征收范围的选择而设置的，共设置14个税目，采取列举法和概括法。

1. 烟

凡是以烟叶为原料加工生产的产品，不论使用何种辅料，均属于本税目的征收范围，包括卷烟（进口卷烟、白包卷烟、手工卷烟和未经国务院批准纳入计划的企业及个人生产的卷烟）、雪茄烟和烟丝。

关于卷烟的征收范围，按照以下规定办理：

(1) 纳税人销售的卷烟因价格放开经常发生上下浮动的，应以该牌号规格卷烟当月的加权平均销售价格确定征税类别和适用税率。但有以下情况之一者，不得列入加权平均计算：销售价格明显偏低而无正当理由的；无销售价格的。

在实际执行中，月初可按上月或者离销售当月最近月份的征税类别和适用税率预缴税款，月份终了再按实际销售价格确定征税类别和适用税率，并结算应纳税额。

(2) 卷烟由于安装过滤嘴，改变包装或其他原因提高售价后，应按新的销售价格确定征税类别和适用税率。

(3) 纳税人自产自用的卷烟应当按照纳税人生产的同牌号规格卷烟的销售价格确定征税类别和适用税率。没有同牌号卷烟销售价格的，一律依56%的最高税率征税。

(4) 委托加工的卷烟按照受托方同牌号规格卷烟的征税类别和适用税率征税。没有同牌号规格卷烟的,一律依56%的最高税率征税。

(5) 次品卷烟应按照同牌号规格正品卷烟的征税率征税。

(6) 属于进口卷烟、白包卷烟、手工卷烟以及未经国务院批准纳入计划的企业和个人生产的卷烟,不分类别一律依56%的税率征税。

2. 酒及酒精

酒是指酒精度在1度以上的各种酒类饮料。酒精是指用蒸馏或合成方法生产的酒精度在95度以上的无色透明液体。酒类包括粮食白酒、薯类白酒、黄酒、啤酒、果啤和其他酒。酒精包括各种工业酒精、医用酒精和食用酒精。

关于酒的征收范围,按照以下规定办理:

(1) 外购酒精生产的白酒,应按酒精所用原料确定白酒的适用税率。凡酒精原料无法确定的,一律按照粮食白酒的税率征收。

(2) 外购两种以上酒精生产的白酒,一律从高确定税率征收。

(3) 以外购白酒加浆降度,或外购散酒装瓶出售,以及外购白酒以曲香、香脂调香调味的白酒,按照外购白酒所用原料确定适用税率。凡白酒所用原料无法确定的,一律按照粮食白酒的税率征税。

(4) 以外购的不同品种白酒勾兑的白酒,一律按粮食白酒的税率征税。

(5) 对用粮食和薯类、糠麸等多种原料混合生产的白酒,以粮食白酒为酒基的配置酒、泡制酒,以白酒或酒精为酒基,凡酒基所用原料无法确定的配置酒、泡制酒,一律按照粮食白酒的税率征税。

(6) 对用薯类和粮食以外的其他原料混合生产的白酒,一律按照薯类白酒的税率征税。

(7) 对饮食业、商业、娱乐业举办的啤酒屋(啤酒坊)利用啤酒生产设备生产的啤酒,应当征收消费税。

(8) 对于以外购酒精为原料、经蒸馏脱水处理后生产的无水乙醇,属于本税目征收范围,应按规定征收消费税。

(9) 鉴于国家已经出台了调味品分类国家标准,按照国家标准调味料酒属于调味品,不属于配置酒和泡制酒,对调味料酒不再征收消费税。

调味料酒是指以白酒、黄酒或食用酒精为主要原料,添加食盐、植物香辛料等配制加工而成的,产品名称标注(在食品标签上标注)为调味料酒的液体调味品。

3. 化妆品

本税目征收范围包括各类美容、修饰类化妆品,高档护肤类化妆品和成套化妆品。

美容、修饰类化妆品是指香水、香水精、香粉、口红、指甲油、胭脂、眉笔、唇笔、蓝眼油、眼睫毛以及成套化妆品。

舞台、戏剧、影视演员化妆用的上妆油、卸装油、油彩,不属于本税目的征收范围。

高档护肤类化妆品征收范围另行制定。

4. 贵重首饰及珠宝玉石

本税目征收范围包括:凡以金、银、白金、宝石、珍珠、钻石、翡翠、珊瑚、玛瑙等高贵稀有物质以及其他金属、人造宝石等制作的各种纯金银首饰及镶嵌首饰和经采掘、打磨、加工的各种珠宝玉石。对出国人员免税商店销售的金银首饰征收消费税。

5. 鞭炮、焰火

本税目征收范围包括各种鞭炮、焰火。体育上用的发令纸、鞭炮药引线，不按本税目征收。

6. 成品油

本税目包括汽油、柴油、石脑油、溶剂油、航空煤油、润滑油、燃料油7个子目。

(1) 汽油。汽油是指用原油或其他原料加工生产的辛烷值不小于66的可用作汽油发动机燃料的各种轻质油。含铅汽油是指铅含量每升超过0.013克的汽油。汽油分为车用汽油和航空汽油。以汽油、汽油组分调和生产的甲醇汽油、乙醇汽油也属于本税目征收范围。

(2) 柴油。柴油是指用原油或其他原料加工生产的倾点或凝点在－50～30的可用作柴油发动机燃料的各种轻质油和以柴油组分为主、经调和精制可用作柴油发动机燃料的非标油。以柴油、柴油组分调和生产的生物柴油也属于本税目征收范围。

(3) 石脑油。石脑油又叫化工轻油，是以原油或其他原料加工生产的用于化工原料的轻质油。石脑油的征收范围包括除汽油、柴油、航空煤油、溶剂油以外的各种轻质油。非标汽油、重整生成油、拔头油、戊烷原料油、轻裂解料（减压柴油VGO和常压柴油AGO）、重裂解料、加氢裂化尾油、芳烃抽余油均属轻质油，属于石脑油征收范围。

(4) 溶剂油。溶剂油是用原油或其他原料加工生产的，用于涂料、油漆、食用油、印刷油墨、皮革、农药、橡胶、化妆品生产和机械清洗、胶粘行业的轻质油。

橡胶填充油、溶剂油原料，属于溶剂油征收范围。

(5) 航空煤油。航空煤油也叫喷气燃料，是用原油或其他原料加工生产的用作喷气发动机和喷气推进系统燃料的各种轻质油。

(6) 润滑油。润滑油是用原油或其他原料加工生产的用于内燃机、机械加工过程的润滑产品。润滑油分为矿物性润滑油、植物性润滑油、动物性润滑油和化工原料合成润滑油。

润滑油的征收范围包括矿物性润滑油、矿物性润滑油基础油、植物性润滑油、动物性润滑油和化工原料合成润滑油。以植物性、动物性和矿物性基础油（或矿物性润滑油）混合掺配而成的"混合性"润滑油，不论矿物性基础油（或矿物性润滑油）所占比例高低，均属润滑油的征收范围。

(7) 燃料油。燃料油也称重油、渣油，是用原油或其他原料加工生产的，主要用作电厂发电、锅炉用燃料、加热炉燃料、冶金和其他工业炉燃料。腊油、船用重油、常压重油、减压重油、180CTS燃料油、7号燃料油、糠醛油、工业燃料、4～6号燃料油等油品的主要用途是作为燃料燃烧，属于燃料油征收范围。

7. 小汽车

汽车是指由动力驱动，具有四个或四个以上车轮的非轨道承载的车辆。

本税目征收范围包括含驾驶员座位在内最多不超过9个座位（含）的，在设计和技术特性上用于载运乘客和货物的各类乘用车；含驾驶员座位在内的座位数在10～23座（含23座）的，在设计和技术特性上用于载运乘客和货物的各类中轻型商用客车。

用排气量小于1.5升（含）的乘用车底盘（车架）改装、改制的车辆属于乘用车征收范围。用排气量大于1.5升的乘用车底盘（车架）或用中轻型商用客车底盘（车架）改装、改制的车辆属于中轻型商用客车征收范围。

含驾驶员人数（额定载客）为区间值（如8～10人、17～26人）的小汽车，按其区间值下限人数确定征收范围。电动汽车不属于本税目征收范围。企业购进货车或厢式货车改装生产的商务车、卫星通讯车等专用汽车不属于消费税征税范围，不征收消费税。

8. 高尔夫球及球具

高尔夫球及球具是指从事高尔夫球运动所需的各种专用装备，包括高尔夫球、高尔夫球杆及高尔夫球包（袋）等。

高尔夫球是指重量不超过45.93克、直径不超过42.67毫米的高尔夫球运动比赛、练习用球；高尔夫球杆是指被设计用来打高尔夫球的工具，由杆头、杆身和握把三部分组成；高尔夫球包（袋）是指专用于盛装高尔夫球及球杆的包（袋）。

本税目征收范围包括高尔夫球、高尔夫球杆、高尔夫球包（袋）。高尔夫球杆的杆头、杆身和握把属于本税目的征收范围。

9. 汽车轮胎

汽车轮胎是指用于各种汽车、挂车、专用车和其他机动车上的内、外轮胎。不包括农用拖拉机、收割机、手扶拖拉机的专用轮胎。自2001年1月1日起，子午线轮胎免征消费税，翻新轮胎停止征收消费税。

10. 摩托车

本税目包括轻便摩托车和摩托车两种。对最大设计车速不超过50km/h，发动机气缸总工作容量不超过50ml的三轮摩托车不征收消费税。

11. 高档手表

高档手表是指销售价格（不含增值税）每只在10 000元（含）以上的各类手表。

本税目征收范围包括符合以上标准的各类手表。

12. 游艇

游艇是指长度大于8米小于90米，船体由玻璃钢、钢、铝合金、塑料等多种材料制作，可以在水上移动的水上浮载体。按照动力划分，游艇分为无动力艇、帆艇和机动艇。

本税目征收范围包括艇身长度大于8米（含）小于90米（含），内置发动机，可以在水上移动，一般为私人或团体购置，主要用于水上运动和休闲娱乐等非牟利活动的各类机动艇。

13. 木制一次性筷子

木制一次性筷子，又称卫生筷子，是指以木材为原料经过锯段、浸泡、旋切、刨切、烘干、筛选、打磨、倒角、包装等环节加工而成的各类一次性使用的筷子。

本税目征收范围包括各种规格的木制一次性筷子。未经打磨、倒角的木制一次性筷子属于本税目征税范围。

14. 实木地板

实木地板是指以木材为原料，经锯割、干燥、刨光、截断、开榫、涂漆等工序加工而成的块状或条状的地面装饰材料。实木地板按生产工艺不同，可分为独板（块）实木地板、实木指接地板、实木复合地板三类；按表面处理状态不同，可分为未涂饰地板（白坯板、素板）和漆饰地板两类。

本税目征收范围包括各类规格的实木地板、实木指接地板、实木复合地板及用于装饰墙壁、天棚的侧端面为榫、槽的实木装饰板。未经涂饰的素板属于本税目征税范围。

(二) 税率

消费税的税率设计采取比例税率和定额税率两种形式。对一些供求基本平衡、价格差异不大、计量单位规范的消费品，选择定额税率；对供求矛盾突出、价格差异较大、计量单位不规范的消费品，选择比例税率；对烟、粮食白酒、薯类白酒，实行定额税率和比例税率复合征收。消费税的具体税率（税额）如表3-1所示。

表 3-1　　　　　　　　　　　消费税税目税率表

税目	税率
一、烟（生产环节）	
1. 卷烟	
（1）甲类卷烟（每标准条调拨价≥70元）	56%加0.003元/支
（2）乙类卷烟（每标准条调拨价＜70元）	36%加0.003元/支
2. 雪茄烟	36%
3. 烟丝	30%
4. 烟（批发环节）	5%
二、酒及酒精	
1. 白酒	20%加0.5元/500克（或者500毫升）
2. 黄酒	240元/吨
3. 啤酒	
（1）甲类啤酒	250元/吨
（2）乙类啤酒	220元/吨
4. 其他酒	10%
5. 酒精	5%
三、化妆品	30%
四、贵重首饰及珠宝玉石	
1. 金银首饰、铂金首饰和钻石及钻石饰品	5%
2. 其他贵重首饰和珠宝玉石	10%
五、鞭炮、焰火	15%
六、成品油	
1. 汽油	
（1）含铅汽油	1.40元/升
（2）无铅汽油	1.00元/升
2. 柴油	0.80元/升
3. 航空煤油	0.80元/升
4. 石脑油	1.00元/升
5. 溶剂油	1.00元/升
6. 润滑油	1.00元/升
7. 燃料油	0.80元/升
七、汽车轮胎	3%

续表

税目	税率
八、摩托车	
1. 气缸容量（排气量，下同）在250毫升（含250毫升）以下的	3%
2. 气缸容量在250毫升以上的	10%
九、小汽车	
1. 乘用车	
（1）气缸容量（排气量，下同）在1.0升（含1.0升）以下的	1%
（2）气缸容量在1.0升以上至1.5升（含1.5升）的	3%
（3）气缸容量在1.5升以上至2.0升（含2.0升）的	5%
（4）气缸容量在2.0升以上至2.5升（含2.5升）的	9%
（5）气缸容量在2.5升以上至3.0升（含3.0升）的	12%
（6）气缸容量在3.0升以上至4.0升（含4.0升）的	25%
（7）气缸容量在4.0升以上的	40%
2. 中轻型商用客车	5%
十、高尔夫球及球具	10%
十一、高档手表	20%
十二、游艇	10%
十三、木制一次性筷子	5%
十四、实木地板	5%

第二节　消费税的纳税义务发生时间与纳税期限

一、消费税纳税义务发生时间

消费税纳税义务发生时间，根据消费税暂行条例的规定，分列如下：

（1）纳税人销售应税消费品的，按不同的销售结算方式分别为：

①采取赊销和分期收款结算方式的，为书面合同约定的收款日期的当天；书面合同没有约定收款日期或者无书面合同的，为发出应税消费品的当天。

②采取预收货款结算方式的，为发出应税消费品的当天。

③采取托收承付和委托银行收款方式的，为发出应税消费品并办妥托收手续的当天。

④采取其他结算方式的，为收讫销售款或者取得索取销售款凭据的当天。

（2）纳税人自产自用应税消费品的，为移送使用的当天。

（3）纳税人委托加工应税消费品的，为纳税人提货的当天。

（4）纳税人进口应税消费品的，为报关进口的当天。

二、消费税的纳税期限

消费税的纳税期限分别为1日、3日、5日、10日、15日、1个月或者1个季度。纳税人的具体纳税期限，由主管税务机关根据纳税人应纳税额的大小分别核定；不能按照固定期限纳税的，可以按次纳税。

纳税人以1个月或者1个季度为一个纳税期的,自期满之日起15日内申报纳税;以1日、3日、5日、10日或者15日为一个纳税期的,自期满之日起5日内预缴税款,于次月1日起15日内申报纳税并结清上月应纳税款。

纳税人进口应税消费品,应当自海关填发海关进口消费税专用缴款书之日起15日内缴纳税款。

纳税人生产的应税消费品,于纳税人销售时纳税。纳税人自产自用的应税消费品,用于连续生产应税消费品的,不纳税;用于其他方面的,于移送使用时纳税。

委托加工的应税消费品,除受托方为个人外,由受托方在向委托方交货时代收代缴税款。委托加工的应税消费品,委托方用于连续生产应税消费品的,所纳税款准予按规定抵扣。

进口的应税消费品,于报关进口时纳税。

第三节 消费税应纳税额的计算

一、应纳税额的计算方法

按照现行条例的基本规定,消费税应纳税额的计算分为从量定额、从价定率、从价定率和从量定额混合计算三类计算方法。

(一)从量定额计算方法

在从量定额计算方法下,应纳税额的计算取决于应税消费品的销售数量和单位税额两个因素。其计算公式为:

应纳税额=应税消费品的销售数量×定额税率

1. 销售数量的确定

销售数量,是指应税消费品的数量。具体为:

(1)销售应税消费品的,为应税消费品的销售数量;

(2)自产自用应税消费品的,为应税消费品的移送使用数量;

(3)委托加工应税消费品的,为纳税人收回的应税消费品数量;

(4)进口应税消费品的,为海关核定的应税消费品进口征税数量。

2. 计量单位的换算标准

消费税暂行条例和《财政部 国家税务总局关于调整和完善消费税政策的通知》规定,黄酒、啤酒以吨为税额单位;汽油、柴油以升为税额单位。为了规范不同产品的计量单位,准确计算应纳税额,规定了吨与升两个计量单位的换算标准为:

啤酒　　　　1吨=988升

黄酒　　　　1吨=962升

溶剂油　　　1吨=1 282升

汽油　　　　1吨=1 388升

润滑油　　　1吨=1 126升

柴油　　　1吨＝1 176升
燃料油　　1吨＝1 015升
石脑油　　1吨＝1 385升
航空煤油　1吨＝1 246升

（二）从价定率计算方法

在从价定率计算方法下，应纳税额取决于应税消费品的销售额和适用税率两个因素。其基本计算公式为：

$$应纳税额 = 应税消费品的销售额 \times 比例税率$$

1. 销售额的确定

销售额是指纳税人销售应税消费品向购买方收取的全部价款和价外费用。所谓价外费用，是指价外收取的基金、集资费、返还利润、补贴、违约金（延期付款利息）和手续费、包装费、储备费、优质费、运输装卸费、代收款项、代垫款项以及其他各种性质的价外收费，但下列款项不包括在内：承运部门的运费发票开具给购货方的，纳税人将该项发票转交给购货方的。其他价外费用，无论是否属于纳税人的收入，均应并入销售计算征税。

销售额的确定需注意下列问题：

（1）纳税人销售的应税消费品，以人民币以外的货币结算销售额的，其销售额的人民币折合率可以选择销售额发生的当天或者当月1日的人民币汇率中间价。纳税人应在事先确定采用何种折合率，确定后1年内不得变更。

（2）纳税人用于换取生产资料和消费资料，投资入股或抵偿债务等方面的应税消费品，应当以纳税人同类消费品最高售价作为计税依据计算消费税。

（3）纳税人将自产的应税消费品与外购或自产的非应税消费品组成套装销售的，以套装产品的销售额（不含增值税）为计税依据。

（4）金银首饰连同包装物销售的，无论包装是否单独计价，也无论会计上如何核算，均应并入金银首饰的销售额，计征消费税。

（5）来料加工的金银首饰，应按受托方销售同类金银首饰的销售价格确定计税依据征收消费税。没有同类金银首饰销售价格的，按照组成计税价格计纳税。

（6）纳税人采用以旧换新（含翻新改制）方式销售的金银首饰，应按实际收取的不含增值税的全部价款确定计税依据征收消费税。

2. 含增值税销售额的换算

销售额不包括向购买方收取的增值税款。如果纳税人应税消费品的销售额中未扣除增值税款或者因不得开具增值税专用发票而发生价款和增值税税款合并收取的，在计算消费税时，应当换算为不含增值税的销售额。其公式为：

$$应税消费品销售额 = 含增值税的销售额 \div (1 + 增值税税率或征收率)$$

3. 连同包装物销售的应税消费品消费税的缴纳

应税消费品连同包装物销售的，无论包装物是否单独计价以及在会计上如何核算，均应并入应税消费品的销售额缴纳消费税。

如果包装物不作价随同产品销售而是收取押金，此项押金则不应并入应税消费品的销售额中征税。但对因逾期未收回的包装物不再退还的或者已收取的时间超过 12 个月的押金，应并入应税消费品的销售额，按照应税消费品的适用税率缴纳消费税。

对既作价随同应税消费品销售，又另外收取押金的包装物的押金，凡纳税人在规定的期限内没有退还的，均应并入应税消费品的销售额，按照应税消费品的适用税率缴纳消费税。

4. 核定应税消费品计税价格的权限

纳税人应税消费品的计税价格明显偏低且无正当理由的，由主管税务机关核定其计税价格。应税消费品计税价格规定的权限如下：

（1）卷烟、白酒和小汽车的计税价格由国家税务总局核定，送财政部备案；

（2）其他应税消费品的计税价格由省、自治区和直辖市国家税务局核定；

（3）进口的应税消费品的计税价格由海关核定。

根据《税收征收管理法实施细则》第三十八条的规定，纳税人与关联企业之间的购销业务，不按照独立企业之间的业务往来作价的，税务机关可以按照下列方法调整其计税收入额或者所得额，核定其应纳税额：

（1）按照独立企业之间进行相同或者类似业务活动的价格；

（2）按照再销售给无关联关系的第三者的价格所取得的收入和利润水平；

（3）按照成本加合理的费用和利润；

（4）按照其他合理的方法。

对已检查出的酒类生产企业在检查年度内发生的利用关联企业关联交易行为规避消费税问题，各省、自治区、直辖市、计划单列市的国家税务局可根据本地区被查酒类生产企业与其关联企业间不同的核算方式，选择以上处理方法调整其酒类产品消费税计税收入额，核定应纳税额，补缴消费税。

白酒生产企业销售给销售单位的白酒，生产企业消费税计税价格低于销售单位对外销售价格（不含增值税，下同）70%以下的，税务机关应核定消费税最低计税价格。白酒消费税最低计税价格由白酒生产企业自行申报，税务机关核定。白酒生产企业销售给销售单位的白酒，生产企业消费税计税价格高于销售单位对外销售价格 70%（含 70%）以上的，税务机关暂不核定消费税最低计税价格。

白酒生产企业销售给销售单位的白酒，生产企业消费税计税价格低于销售单位对外销售价格 70%以下的，消费税最低计税价格由税务机关根据生产规模、白酒品牌、利润水平等情况在销售单位对外销售价格 50%～70%范围内自行核定。其中生产规模较大、利润水平较高的企业生产的需要核定消费税最低计税价格的白酒，税务机关核价幅度原则上应选择在销售单位对外销售价格 60%～70%范围内。

已核定最低计税价格的白酒，生产企业实际销售价格高于消费税最低计税价格的，按实际销售价格申报纳税；实际销售价格低于消费税最低计税价格的，按最低计税价格申报纳税。

（三）从价定率和从量定额混合计算方法

现行消费税的征税范围中，只有卷烟、粮食白酒、薯类白酒采用混合计算方法。其基本计算公式为：

$$应纳税额＝销售额×比例税率＋销售数量×定额税率$$

粮食白酒、薯类白酒从量定额计税依据为实际销售商品重量，如果实际销售商品是按体积标注计量单位的，应按 500 毫升为 1 斤换算，不得按酒度折算。

进口、委托加工、自产自用的卷烟、粮食白酒、薯类白酒从量定额计税依据分别为海关核定的进口征税数量、委托方收回数量、移送使用数量。

二、委托加工应税消费品应纳税额的计算

委托加工的应税消费品，是指由委托方提供原料和主要材料，受托方只收取加工费或代垫部分辅助材料加工的应税消费品。对于受托方提供原材料生产的应税消费品或者受托方先将原材料卖给委托方，然后再接受加工的应税消费品，不论纳税人在财务上是否作销售处理，都不得作为委托加工应税消费品，而应按销售自制应税消费品缴纳消费税。

委托加工的应税消费品，按照受托方的同类消费品的销售价格计算纳税；没有同类消费品销售价格的，按照组成计税价格计算纳税。

实行从价定率办法计算纳税的组成计税价格计算公式：

组成计税价格＝(材料成本＋加工费)÷(1－比例税率)

实行复合计税办法计算纳税的组成计税价格计算公式：

组成计税价格＝(材料成本＋加工费＋委托加工数量×定额税率)÷(1－比例税率)

委托加工应税消费品的纳税人，必须在委托加工合同上如实注明（或以其他方式提供）材料成本。凡未提供材料成本的，受托方所在地主管税务机关有权核定其材料成本。

三、自产自用应税消费品应纳税额的计算

纳税人自产自用的应税消费品，按照纳税人生产的同类消费品的销售价格计算纳税；没有同类消费品销售价格的，按照组成计税价格计算纳税。

实行从价定率办法计算纳税的组成计税价格计算公式：

组成计税价格＝(成本＋利润)÷(1－比例税率)

实行复合计税办法计算纳税的组成计税价格计算公式：

组成计税价格＝(成本＋利润＋自产自用数量×定额税率)÷(1－比例税率)

（1）纳税人自产自用的应税消费品，没有用于连续生产应税消费品的，按照纳税人生产的同类消费品的销售价格计算纳税。

消费税暂行条例第四条规定，纳税人自产自用的应税消费品，用于连续生产应税消费品的，不纳税；用于其他方面的，于移送使用时纳税。纳税人自用于连续生产应税消费品的，是指作为生产最终应税消费品的直接材料并构成最终产品实体的应税消费品。为了避免重复征税，消费税暂行条例规定，对纳税人自产的应税消费品，用于连续生产应税消费品的，最后形成本行业最终应税消费品时再对最终应税消费品征税。消费税暂行条例第七条第一款规定，纳税人自产自用的应税消费品，按照纳税人生产的同类消费品的销售价格计算纳税。

（2）同类消费品的销售价格，是指纳税人或者代收代缴义务人当月销售的同类消费品

的销售价格，如果当月同类消费品各期销售价格高低不同，应按销售数量加权平均计算。但销售的应税消费品有下列情况之一的，不得列入加权平均计算：销售价格明显偏低且无正当理由的；无销售价格的。

如果当月无销售或者当月未完结，应按照同类消费品上月或者最近月份的销售价格计算纳税。

（3）成本是指应税消费品的产品生产成本。

材料成本是指委托方所提供加工材料的实际成本。委托加工应税消费品的纳税人，必须在委托加工合同上如实注明（或者以其他方式提供）材料成本；凡未提供材料成本的，受托方主管税务机关有权核定其材料成本。

加工费是指受托方加工应税消费品向委托方所收取的全部费用（包括代垫辅助材料的实际成本）。

（4）利润是指根据应税消费品的全国平均成本利润率计算的利润。应税消费品全国平均成本核算利润率由国家税务总局确定。

国家税务总局规定的平均成本利润率如表3-2所示。

表3-2　　　　　　　　　应税消费品平均成本利润率明细表

应税消费品	平均成本利润率	应税消费品	平均成本利润率
甲类卷烟	10%	高档手表	20%
乙类卷烟	5%	游艇	10%
雪茄烟	5%	木质一次性筷子	5%
烟丝	5%	实用木地板	5%
粮食白酒	10%	乘用车	8%
薯类白酒	5%	中轻型商用客车	5%
其他酒	5%	鞭炮焰火	5%
酒精	5%	贵重首饰及珠宝玉石	6%
化妆品	5%	汽车轮胎	5%
高尔夫球及球具	10%	摩托车	6%

四、进口应税消费品应纳税额的计算

进口应税消费品其消费税的纳税义务人为进口或代理进口应税消费品的单位和个人。

进口应税消费品以进口商品总值为课税对象。这是因为，应税消费品报关进口后，还没有实现销售，不可能根据实际销售收入征税；如果以到岸价格为征税对象，就会使进口应税消费品与国内生产的同种应税消费品的征税依据不一致。所以，以进口商品总值为课税对象，可以使进口应税消费品与国内生产的同种应税消费品的征税依据一致，税负基本平衡，从而有利于防止盲目进口，保护国内经济的发展。

进口的应税消费品，按照组成计税价格计算纳税。

实行从价定率办法计算纳税的，组成计税价格计算公式为：

$$组成计税价格 = (关税完税价格 + 关税) \div (1 - 消费税比例税率)$$

实行复合计税办法计算纳税，组成计税价格计算公式为：

$$\text{组成计税价格} = \left(\text{关税完税价格} + \text{关税} + \text{进口数量} \times \text{消费税定额税率}\right) \div \left(1 - \text{消费税比例税率}\right)$$

关税完税价格,是指海关核定的关税计税价格。《中华人民共和国海关法》、《中华人民共和国进出口关税条例》等法律法规中详细规定了海关核定进口货物关税计税价格的方法。

自2004年3月1日起,进口卷烟消费税适用比例税率按以下办法确定:

(1)每标准条进口卷烟(200支)确定消费税适用比例税率的价格=(关税完税价格+关税+消费税定额税率)/(1-消费税税率)。其中,关税完税价格和关税为每标准条的关税完税价格及关税税额;消费税定额税率为每标准条(200支)0.6元(依据现行消费税定额税率折算而成);消费税税率固定为36%。

(2)每标准条进口卷烟(200支)确定消费税适用比例税率的价格≥70元人民币的,适用比例税率为56%;每标准条进口卷烟(200支)确定消费税适用比例税率的价格<70元人民币的,适用比例税率为36%。

五、出口应税消费品退(免)税的规定

税法规定,对纳税人出口应税消费品免征消费税,国务院另有规定的除外。出口应税消费品的免税办法,由国务院财政、税务主管部门规定。

(一)出口退税率的规定

计算出口应税消费品应退消费税的税率或单位税额,依据条例所附《消费税税目税率(税额)表》执行。这是退(免)消费税与退(免)增值税的一个重要区别。当出口的货物是应税消费品时,其退还增值税要按规定的退税率计算;其退还消费税则是按应税消费品所使用的消费税税率计算。企业应将不同消费税税率的出口应税消费品分开核算和申报,凡划分不清适用税率的,一律从低适用税率计算应退消费税税额。

(二)出口应税消费品退(免)税政策

出口应税消费品退(免)消费税在政策上分为以下三种情况。

1. 出口免税并退税

适用这个政策的是有出口经营权的外贸企业购进应税消费品直接出口,以及外贸企业委托其他外贸企业代理出口应税消费品。

这里需要重申的是,外贸企业只有受其他外贸企业委托,代理出口应税消费品才可办理退税;外贸企业受其他企业委托,代理出口应税消费品是不予退(免)税的。这与增值税的出口退免税政策规定一样。

2. 出口免税不退税

适用这个政策的是有出口经营权的生产性企业自营出口或生产企业委托外贸企业代理出口自产的应税消费品,依据其实际出口数量免征消费税,不予办理退还消费税。

免征消费税,是指对生产性企业按其实际出口数量免征生产环节的消费税。

不予办理退还消费税,是指因已免征生产环节的消费税,该应税消费品出口时已不含有消费税,所以也无需再办理退还消费税了。

这项政策规定与生产性企业自营出口或委托代理出口自产货物退免增值税的规定是不一样的。其政策区别的原因是,消费税仅在生产企业的生产环节征收,生产环节免税了,

出口的应税消费品就不含有消费税了;而增值税却在货物销售的各个环节征收,生产企业出口货物时,其已缴纳的增值税就应退还。

3. 出口不予免税退税

适用这个政策的是除生产企业、外贸企业外的其他企业,具体是指一般商贸企业。这类企业委托外贸企业代理出口应税消费品,一律不予退(免)税。

(三)出口应税消费品退税额的计算

从生产企业购进货物直接出口或受其他外贸企业委托代理出口应税消费品的应退消费税税款,分三种情况处理:

(1)属于从价定率计征消费税的应税消费品,应依照购进应税消费品取得的增值税专用发票上注明的销售价格计算应退消费税税款。计算公式为:

$$应退消费税税款 = 出口应税消费品销售额 \times 税率$$

上述公式中,出口应税消费品销售额不包含增值税。对含增值税的价格应换算为不含增值税的销售额。

(2)属于从量定额计征消费税的应税消费品,应依照购进应税消费品取得的增值税专用发票上注明的销售数量计算应退消费税税款。计算公式为:

$$应退消费税税款 = 出口应税消费品数量 \times 单位税额$$

(3)属于复合计税办法计征消费税的应税消费品,应依照购进应税消费品取得的增值税专用发票上注明的销售数量计算应退消费税税款。计算公式为:

$$应退消费税税款 = 出口应税消费品销售额 \times 税率 + 出口应税消费品数量 \times 单位税额$$

上述公式中,出口应税消费品销售额不包含增值税。对含增值税的价格应换算为不含增值税的销售额。

计算出口应税消费品应退消费税的税率或单位税额,依据消费税税目税率表执行。

(四)出口应税消费品办理退(免)税后的管理

出口的应税消费品办理退税后,发生退关或者国外退货进口时予以免税的,报关出口者必须及时向其所在地主管税务机关申报补缴已退的消费税税款。

纳税人直接出口的应税消费品办理免税后,发生退关或国外退货进口时已予以免税的,经所在地主管税务机关批准,可暂不办理补税,待其转为国内销售时,再向其主管税务机关申报补缴消费税。

另外,需要注意以下问题的处理:

1. 当期投入生产的原材料可抵扣的已纳消费税大于当期应纳消费税的不足抵扣部分的处理

对当期投入生产的原材料可抵扣的已纳消费税大于当期应纳消费税的情形,在目前消费税纳税申报表未增加上期留抵消费税填报栏目的情况下,采用按当期应纳消费税的数额申报抵扣,不足抵扣部分结转下一期申报抵扣的方式处理。

2. 纳税人兼营不同税率应税消费品的处理

兼营是指纳税人生产销售的应税消费品,不是单一经营某一税率的产品,而是经营多种不同税率的产品。纳税人在兼营不同税率应税消费品时，需要按不同的核算方式分别规定税务处理方法，以加强税务管理，避免因核算方式不同而出现税款流失的现象。

税法规定，纳税人兼营不同税率的应当缴纳消费税的消费品，应当分别核算不同税率应税消费品的销售额、销售数量。未分别核算销售额、销售数量，或者将不同税率的应税消费品组成成套消费品销售的，从高适用税率。

对既销售金银首饰，又销售非金银首饰的生产、经营单位，应将两类商品划分清楚，分别核算销售额。凡划分不清楚或不能分别核算的，在生产环节销售的，一律从高适用税率征收消费税；在零售环节销售的，一律按金银首饰征收消费税。金银首饰与其他产品组成成套消费品销售的，应按销售额全额征收消费税。

第四节 消费税的会计处理

缴纳消费税的企业，应在"应交税费"科目下，增设"应交消费税"明细科目。企业按规定应交的消费税记入贷方；实际缴纳或待扣的消费税记入借方；期末贷方余额，反映未交的消费税；借方余额表示企业多交的消费税。

一、企业销售生产应税消费品应纳消费税的核算

因消费税是价内税，企业销售应税消费品的售价包含消费税（但不包含增值税），所以，企业缴纳的消费税应记入"营业税金及附加"，由销售收入补偿。纳税人销售应税消费品，在销售确认时，按取得的销售收入和增值税额，借记"银行存款"、"应收账款"科目，贷记"主营业务收入"、"应交税费——应交增值税（销项税额）"科目；同时，结转成本并结算提取消费税金，借记"营业税金及附加"科目，贷记"应交税费——应交消费税"科目；按规定期限上缴税金时，借记"应交税费——应交消费税"科目，贷记"银行存款"科目；月末结转销售税金时，借记"本年利润"，贷记"营业税金及附加"科目。发生销货退回或退税时，作相反的分录。发生销货退回及退税时，作相反的会计分录。企业出口应税消费品，如按规定不予免税或退税的，应视同国内销售，按上述规定进行会计处理。其销售的会计处理与前述增值税的会计处理密切相关，也受销售方式、结算方式的影响，是在进行增值税会计处理的基础上，进行消费税的会计处理。

【例3-1】

某化妆品厂（一般纳税人）本月向A商场销售一批化妆品，开具的增值税专用发票上注明的销售额为100 000元、增值税额17 000元，价税合计117 000元。该批化妆品的实际成本为50 000元。化妆品已发出，月末尚未收到货款。化妆品适用的消费税税率为30%。

（1）企业根据开具的增值税专用发票编制会计分录

借：应收账款——A商场　　　　　　　　　　　　　　　　　117 000
　　贷：主营业务收入　　　　　　　　　　　　　　　　　　100 000

　　　　　应交税费——应交增值税（销项税额）　　　　　　　　　　　　　17 000
（2）月末，结转商品销售成本
　　借：主营业务成本　　　　　　　　　　　　　　　　　　　　　　50 000
　　　　贷：库存商品　　　　　　　　　　　　　　　　　　　　　　　50 000
（3）计提消费税＝100 000×30％＝30 000（元）
　　借：营业税金及附加　　　　　　　　　　　　　　　　　　　　　30 000
　　　　贷：应交税费——应交消费税　　　　　　　　　　　　　　　　30 000

【例 3-2】

某化妆品公司 2010 年 3 月初以分期收款方式发出一批商品，该批商品实际成本 200 000 元，不含税销售收入 500 000 元，合同约定对方于 6 月 30 日和 9 月 30 日等额付款。该化妆品消费税适用 30％税率。则该化妆品公司的账务处理如下：

（1）3 月份发出商品时
　　借：发出商品　　　　　　　　　　　　　　　　　　　　　　　200 000
　　　　贷：库存商品　　　　　　　　　　　　　　　　　　　　　　200 000
（2）6 月 30 日收到货款时
　　借：银行存款　　　　　　　　　　　　　　　　　　　　　　　292 500
　　　　贷：主营业务收入　　　　　　　　　　　　　　　　　　　　250 000
　　　　　　应交税费——应交增值税（销项税额）　　　　　　　　　　42 500
（3）计提应纳消费税
　　借：营业税金及附加　　　　　　　　　　　　　　　　　　　　　75 000
　　　　贷：应交税费——应交消费税　　　　　　　　　　　　　　　　75 000
（4）结转成本时
　　借：主营业务成本　　　　　　　　　　　　　　　　　　　　　100 000
　　　　贷：发出商品　　　　　　　　　　　　　　　　　　　　　　100 000
（5）缴纳消费税时
　　借：应交税费——应交消费税　　　　　　　　　　　　　　　　　75 000
　　　　贷：银行存款　　　　　　　　　　　　　　　　　　　　　　75 000
（6）9 月 30 日会计处理同上。

【例 3-3】

某企业 9 月份销售小轿车 15 辆，气缸容量为 2 200 毫升，出厂价 150 000 元/辆，价外收取有关费用每 11 000 元/辆。假定消费税税率 8％，有关的计算公式如下：

　　应纳消费税税额＝(150 000＋11 000)×8％×15＝193 200(元)
　　应纳增值税税额＝(150 000＋11 000)×17％×15＝410 550(元)

根据上述有关凭证和数据，作会计分录如下：
　　借：银行存款　　　　　　　　　　　　　　　　　　　　　　2 825 550

贷：主营业务收入	2 415 000
应交税费——应交增值税（销项税额）	410 550
借：营业税金及附加	193 200
贷：应交税费——应交消费税	193 200

上缴消费税时，作会计分录如下：

借：应交税费——应交消费税	193 200
贷：银行存款	193 200

【例 3-4】

某企业上月销售卷烟，现因质量问题退货，退回消费税 14 800 元。作会计分录如下：

借：营业税金及附加	14 800
贷：应交税费——应交消费税	14 800
借：银行存款	14 800
贷：应交税费——应交消费税	14 800

二、企业自产自用消费品应纳消费税的核算

（一）用于连续生产应税消费品的会计处理

纳税人自产自用的应税消费品用于连续生产应税消费品的，不缴纳消费税。

（二）用于其他方面的会计处理

纳税人自产自用的应税消费品用于其他方面的是指纳税人将自产自用应税消费品用于生产非应税消费品、在建工程、管理部门、非生产机构、提供劳务、馈赠、赞助、集资、广告、样品、职工福利、奖励等方面的应税消费品。企业应视同销售，按规定缴纳消费税，借记"生产成本"、"固定资产"、"在建工程"、"营业税金及附加"、"营业外支出"、"应付职工薪酬"等科目，贷记"应交税费——应交消费税"科目。

【例 3-5】

企业将生产的化妆品发放给职工作为福利，成本 8 万元，售价 10 万元，消费税税率为 30%。

借：应付职工薪酬	117 000
贷：主营业务收入	100 000
应交税费——应交增值税（销项税额）	17 000
借：主营业务成本	80 000
贷：库存商品	80 000
借：营业税金及附加	30 000
贷：应交税费——应交消费税	30 000

【例3-6】

某摩托车制造厂属一般纳税人,将2辆自产的摩托车交付企业自用。该摩托车单位成本每辆5 000元,不含增值税售价为每辆8 000元,适用的消费税税率为10%。

增值税销项税额=8 000×2×17%=2 720(元)
应纳消费税税额=8 000×2×10%=1 600(元)
摩托车成本=5 000×2=10 000(元)

企业应在摩托车移送使用时,编制会计分录:

借:固定资产——摩托车	14 320
贷:库存商品——摩托车	10 000
应交税费——应交增值税·(销项税额)	2 720
——应交消费税	1 600

【例3-7】

某酒厂(一般纳税人)将自制的保健酒以福利形式分给本厂职工。该保健酒的实际成本50 000元,按出厂单价(不含税)计算的售价金额为70 000元,适用的消费税税率为10%。

企业以自产产品发放给职工,在增值税上视同销售业务,应交增值税为:

增值税销项税额=70 000×17%=11 900(元)

企业以自产产品发放给职工,在消费税上属于自产自用业务,应交消费税为:

应纳消费税税额=70 000×10%=7 000(元)

借:应付职工薪酬	81 900
贷:主营业务收入	70 000
应交税费——应交增值税(销项税额)	11 900
借:主营业务成本	50 000
贷:库存商品	50 000
借:营业税金及附加	7 000
贷:应交税费——应交消费税	7 000

(三) 企业以生产的应税消费品作为投资的会计处理

企业以生产的应税消费品作为投资,应视同销售缴纳消费税。不构成控股合并业务的投资行为,类似于非货币性资产交换,采用公允价值计量的要反映损益,采用账面价值计量的不反映损益。构成控股合并业务的投资行为,属于同一控制下的,不反映损益,属于非同一控制下的,反映损益。

【例3-8】

某工业企业,将所生产的应税消费品用于对外投资,该产品的成本价为200 000元,计税价格为 300 000 元。该产品的增值税税率为 17%，消费税税率为 5%。编制有关会计分录如下：

应交增值税＝300 000×17%＝51 000（元）
应交消费税＝300 000×5%＝15 000（元）

借：长期股权投资　　　　　　　　　　　　　　　　　　　　351 000
　　贷：主营业务收入　　　　　　　　　　　　　　　　　　　300 000
　　　　应交税费——应交增值税（销项税额）　　　　　　　 51 000
借：营业税金及附加　　　　　　　　　　　　　　　　　　　 15 000
　　贷：应交税费——应交消费税　　　　　　　　　　　　　　15 000
借：主营业务成本　　　　　　　　　　　　　　　　　　　　200 000
　　贷：库存商品　　　　　　　　　　　　　　　　　　　　　200 000

（四）企业以生产的应税消费品换取生产资料、消费资料或抵偿债务的会计处理

企业以生产的应税消费品换取生产资料、消费资料或抵偿债务、支付代购手续费等，应视同销售行为，在会计上作销售处理。

以应税消费品换取生产资料和消费资料的，借记"在途物资"等，贷记"主营业务收入"；以应税消费品抵偿债务，按售价借记"应付账款"等，贷记"主营业务收入"；以应税消费品支付代购手续费，按售价借记"应付账款"、"在途物资"等，贷记"主营业务收入"。同时，按售价计算应交消费税，借记"营业税金及附加"，贷记"应交税费——应交消费税"，并结转销售成本。

【例3-9】

某白酒厂1月份用粮食白酒10吨抵偿债务58 500元。该粮食白酒每吨本月售价在4 800～5 200元之间浮动，平均销售价格5 000元/吨。计算应交消费税税额并作会计处理。

纳税人用于换取生产资料和消费资料，投资入股和抵偿债务等方面的应税消费品，应当以纳税人同类应税消费品的最高销售价格作为计税依据计算消费税。该粮食白酒的最高销售价格为5 200元/吨。计算应纳消费税税额并作会计分录如下：

5 000×10×17%＝8 500（元）
10×2 000×0.5＋5 200×10×25%＝23 000（元）

借：应付账款　　　　　　　　　　　　　　　　　　　　　　 58 500
　　贷：主营业务收入　　　　　　　　　　　　　　　　　　　50 000
　　　　应交税费——应交增值税（销）　　　　　　　　　　　 8 500
借：营业税金及附加　　　　　　　　　　　　　　　　　　　 23 000
　　贷：应交税费——应交消费税　　　　　　　　　　　　　　23 000

三、委托加工应税消费品应纳消费税的核算

委托加工应税消费品，由受托方代扣代缴消费税（除受托加工或翻新改制金银首饰按规定由受托方缴纳消费税外）。如果应税消费品收回后直接对外销售，委托方缴纳的消费税计入委托加工成本，该商品销售时不再缴纳消费税；如果应税消费品收回后用于连续生产应税消费品的，委托方缴纳的消费税按规定准予抵扣，记入"应交税费——应交消费税"账户的借方，待最终商品销售时再差额缴纳消费税。

【例3-10】

甲烟厂2012年5月3日委托M烟厂加工烟丝，两厂均为增值税一般纳税人。甲烟厂提供烟叶价值10 000元，5月9日M厂收取加工费4 000元，增值税680元，加工烟丝1吨，M厂没有同类烟丝的售价。按组成计税价格计算纳税。甲烟厂5月12日收回烟丝。烟丝收回后直接对外销售或连续加工成卷烟销售的会计分录如下：

情况一：甲厂烟丝收回后直接销售，售价为30 000元（不含税），开出增值税专用发票，取得货款。

(1) 5月3日发出材料时

借：委托加工物资　　　　　　　　　　　　　　　　　　　　　　10 000
　　贷：原材料　　　　　　　　　　　　　　　　　　　　　　　　　10 000

(2) 5月9日支付加工费时

借：委托加工物资　　　　　　　　　　　　　　　　　　　　　　　4 000
　　应交税费——应交增值税（进项税额）　　　　　　　　　　　　　680
　　贷：银行存款　　　　　　　　　　　　　　　　　　　　　　　　4 680

(3) 5月12日支付代扣代缴消费税时

消费税额＝(10 000＋4 000)÷(1－30％)×30％＝6 000(元)

借：委托加工物资　　　　　　　　　　　　　　　　　　　　　　　6 000
　　贷：银行存款　　　　　　　　　　　　　　　　　　　　　　　　6 000

(4) 收回烟丝入库待销售

借：库存商品——烟丝　　　　　　　　　　　　　　　　　　　　20 000
　　贷：委托加工物资　　　　　　　　　　　　　　　　　　　　　20 000

(5) 销售烟丝

借：银行存款　　　　　　　　　　　　　　　　　　　　　　　　35 100
　　贷：主营业务收入　　　　　　　　　　　　　　　　　　　　　30 000
　　　　应交税费——应交增值税（销项税额）　　　　　　　　　　　5 100

情况二：甲厂用委托加工收回的烟丝加工成卷烟对外销售。假设当月销售2个标准箱。当月销售额为50 000元（适用税率为56％），月初库存委托加工烟丝已纳消费税7 000元，期末库存委托加工应税烟丝已纳消费税3 000元。

(1) 发出材料、支付加工费的会计分录与情况一相同。

(2) 支付代收消费税时：

借：应交税费——待扣消费税　　　　　　　　　　　　　　　　　　6 000

```
        贷：银行存款                                                    6 000
    收回委托加工烟丝时：
        借：原材料——烟丝                                              14 000
            贷：委托加工物资                                            14 000
(3) 收回的烟丝加工成卷烟后销售：
    ①取得收入时
        借：银行存款                                                   58 500
            贷：主营业务收入                                            50 000
                应交税费——应交增值税（销项税额）                        8 500
    ②计算消费税时
        应纳消费税额＝150×2＋50 000×56％＝28 300(元)
        借：营业税金及附加                                             28 300
            贷：应交税费——应交消费税                                   28 300
    ③当月准予抵扣的消费税＝7 000＋6 000－3 000＝10 000（元）
(4) 下月初实际上缴消费税时：
        消费税额＝28 300－10 000＝18 300(元)
        借：应交税费——应交消费税                                      18 300
            贷：银行存款                                               18 300
```

四、包装物应纳消费税的核算

应税消费品连同包装销售的，无论包装物是否单独计价，均应并入应税消费品的销售额缴纳消费税。其应缴纳的消费税均记入"营业税金及附加"科目。随同产品销售且不单独计价的包装物，其收入随同所销售的产品一起记入"主营业务收入"科目；随同产品销售但单独计价的包装物，其收入记入"其他业务收入"科目。对出租、出借包装物收取的押金和包装物已作价随同应税消费品销售，又另外加收的押金，因逾期未收回包装物而没收的部分，也应并入应税消费品的销售额缴纳消费税。

（一）随同产品销售

【例3-11】

某酒厂异地销售粮食白酒，包装物单独计价，收取包装费700元（不含税）。计算应纳增值税和消费税税额并作会计分录如下：

```
        包装物应交的消费税税额＝700×20％＝140(元)
        包装物应交的增值税税额＝700×17％＝119(元)

        借：应收账款                                                     819
            贷：其他业务收入                                              700
                应交税费——应交增值税（销项税额）                          119
```

借：营业税金及附加　　　　　　　　　　　　　　　　　　　　　　　　140
　　贷：应交税费——应交消费税　　　　　　　　　　　　　　　　　　　140

（二）出租、出借包装物逾期未收回而没收的押金

因为没收的押金转为其他业务收入，这部分押金收入应缴纳的消费税也应相应记入营业税金及附加。

【例 3-12】

某企业销售化妆品，出借包装物收取押金 1 500 元，包装物逾期未还，没收押金。计算应纳增值税和消费税税额并作会计分录如下：

应纳增值税税额 = 1 500 ÷ (1 + 17%) × 17% = 217.95(元)
应纳消费税税额 = 1 500 ÷ (1 + 17%) × 30% = 384.62(元)

借：其他应付款　　　　　　　　　　　　　　　　　　　　　　　　1 500
　　贷：其他业务收入　　　　　　　　　　　　　　　　　　　　　1 282.05
　　　　应交税费——应交增值税　　　　　　　　　　　　　　　　　217.95
借：营业税金及附加　　　　　　　　　　　　　　　　　　　　　　　384.62
　　贷：应交税费——应交消费税　　　　　　　　　　　　　　　　　384.62

【例 3-13】

甲企业销售应税消费品（非酒类）收取押金 2 340 元，逾期一年未收回包装物，消费税适用税率 10%。涉税处理如下：

收取押金时
(1) 借：银行存款　　　　　　　　　　　　　　　　　　　　　　　2 340
　　　贷：其他应付款——存入保证金　　　　　　　　　　　　　　　2 340
(2) 逾期时
　　借：其他应付款——存入保证金　　　　　　　　　　　　　　　　2 340
　　　贷：其他业务收入　　　　　　　　　　　　　　　　　　　　　2 000
　　　　　应交税费——应交增值税（销项税额）　　　　　　　　　　　340
　　借：营业税金及附加　　　　　　　　　　　　　　　　　　　　　　200
　　　贷：应交税费——应交消费税　　　　　　　　　　　　　　　　　200

（三）包装物已作价随同产品销售，另外又加收押金，逾期未收回而没收的押金

为促使购货方将包装物退回，即使包装物已作价销售，也可以另外加收押金。若包装物逾期未收回，没收的押金应缴纳消费税，该项消费税可直接冲抵其他应付款，冲抵后的余额再转入营业外收入。

【例 3-14】

某企业销售化妆品一批，包装物不单独计价，在销售价款之外，另加收押金 936 元，

包装物逾期未收回。计算应纳消费税税额并作会计分录如下:

应交消费税税额=936÷(1+17%)×30%=240(元)

借: 其他应付款　　　　　　　　　　　　　　　　　　　　560
　　贷: 应交税费——应交消费税　　　　　　　　　　　　240
　　　　　　　　——应交增值税　　　　　　　　　　　　136
借: 其他应付款　　　　　　　　　　　　　　　　　　　　560
　　贷: 营业外收入　　　　　　　　　　　　　　　　　　560

(四) 酒类产品的特殊处理

《国家税务总局关于加强增值税征收管理若干问题的通知》(国税发〔1995〕192号)规定,从1995年6月1日起,对酒类产品生产企业销售除啤酒、黄酒以外的其他酒类产品而收取的包装物押金,无论押金是否返还与会计上如何核算,均应并入酒类产品当期销售额,依照酒类产品的适用税率计算纳税。因此应注意在没收其他酒类产品包装物的押金时,不再计缴增值税和消费税,因为在押金收取时就已经并入了酒类产品销售额计算缴纳增值税和消费税。而对销售啤酒、黄酒所收取的包装物押金单独记账核算的,不并入销售额征税,但对因逾期未收回包装物不再退还的押金,应按所包装货物的适用税率计算增值税(即与销售非酒类产品包装物押金的处理方法一致)。而对销售啤酒、黄酒所收取的押金,按一般押金的规定处理。很明显,对于非啤酒、黄酒类酒类产品销售,其账务处理比较特殊,应该在收取包装物押金时,将应缴纳的增值税和消费税记入"销售费用"账户核算。

一般消费品其押金逾期转收入时,计征消费税;啤酒、黄酒以外的其他酒类产品其押金在收取时计征消费税和增值税。啤酒、黄酒收取的包装物押金,无论是否逾期,都不缴消费税。原因是啤酒、黄酒是从量征税,而非从价征税;而对啤酒、黄酒收取的包装物押金,逾期一年时,要计征增值税,这一点与一般包装物押金相同。

【例3-15】

某酒厂为增值税一般纳税人,其粮食白酒的消费税税率为20%,2012年5月份销售白酒,取得包装物押金收入4 680元存入银行,并开具了收款收据。收取押金的相关会计处理如下:

①取得押金时

借: 银行存款　　　　　　　　　　　　　　　　　　　　4 680
　　贷: 其他应付款——包装物押金　　　　　　　　　　4 680

此时增值税销项和应纳消费税:

增值税销项=4 680÷(1+17%)×17%=680(元)
应缴纳消费税=4 680÷(1+17%)×20%=800(元)

借: 其他应付款　　　　　　　　　　　　　　　　　　　1 480
　　贷: 应交税费——应交增值税(销项税额)　　　　　　680
　　　　　　　　——应交消费税　　　　　　　　　　　800

② 如按期退还包装物押金，作收到押金时相反的会计处理

　　借：其他应付款——包装物押金　　　　　　　　　　　　3 200
　　　　销售费用　　　　　　　　　　　　　　　　　　　　1 480
　　　　贷：银行存款　　　　　　　　　　　　　　　　　　　　　4 680

③ 如逾期没收其押金，将其转入"其他业务收入"账户

　　借：其他应付款——包装物押金　　　　　　　　　　　　3 200
　　　　贷：其他业务收入　　　　　　　　　　　　　　　　　　　3 200

【例3-16】

乙企业2012年3月销售粮食白酒，不含税价20 000元，收取包装物押金2 340元，消费税适用税率20%，从量计征的消费税1 000元。

涉税处理如下：

① 2012年3月销售时

　　借：银行存款　　　　　　　　　　　　　　　　　　　　23 400
　　　　贷：主营业务收入　　　　　　　　　　　　　　　　　　　20 000
　　　　　　应交税费——应交增值税（销项税额）　　　　　　　　3 400
　　借：营业税金及附加（20 000×20%＋1 000）　　　　　　　5 000
　　　　贷：应交税费——应交消费税　　　　　　　　　　　　　　5 000

② 取得押金时

　　借：银行存款　　　　　　　　　　　　　　　　　　　　2 340
　　　　贷：其他应付款——存入保证金　　　　　　　　　　　　　2 340
　　借：营业税金及附加　　　　　　　　　　　　　　　　　　740
　　　　贷：应交税费——应交消费税　　　　　　　　　　　　　　400
　　　　　　　　　　——应交增值税　　　　　　　　　　　　　　340

③ 没收其押金时

　　借：其他应付款　　　　　　　　　　　　　　　　　　　2 340
　　　　贷：其他业务收入　　　　　　　　　　　　　　　　　　　2 340

五、免征出口应税消费品消费税的核算

消费税出口退税在政策上分为三种：有出口经营权的外贸企业购进后直接出口的应税消费品，以及外贸企业受其他外贸企业的委托代理出口的应税消费品，出口免税并退税；有出口经营权的生产性企业自营出口或生产企业委托外贸企业代理出口自产的应税消费品，依据实际出口的数量免征消费税，但不退税；除生产企业、外贸企业以外的其他企业出口的应税消费品，不免税也不退税。

生产性企业直接出口或通过外贸企业出口应税消费品的，按规定可以直接予以免税的，可不计算应交消费税。之后发生退货或退关的，也可以暂不办理补税，待其转为国内销售时，再申报缴纳消费税。

通过外贸企业出口应税消费品的，如按规定实行先征后退办法的，按下面方法进行处理：委托外贸企业代理出口的生产性企业，在计算消费税时，按应交消费税额借记"应收账款"科目，贷记"应交税费——应交消费税"科目；实际缴纳时，借记"应交税费——应交消费税"科目，贷记"银行存款"科目；收到外贸企业退回税金时，借记"银行存款"科目，贷记"应收账款"科目。发生退关、退货，补缴已退的消费税，作相反的会计分录。

生产企业将应税消费品销售给外贸企业，由外贸企业自营出口，其缴纳的消费税借记"营业税金及附加"科目，贷记"应交税费——应交消费税"科目。

自营出口的外贸企业，在物资报关出口后申请出口退税时，借记"其他应收款"科目，贷记"主营业务成本"科目。实际收到税务机关的退税款时，借记"银行存款"科目，贷记"其他应收款"科目。发生退关或退货而补交已退的消费税，作相反的会计分录。

【例 3-17】

腾飞进出口公司 2012 年 5 月报关出口啤酒 50 吨，每吨出口价折合人民币 1 500 元，已收到外方付款并申请出口退税，单位税额 220 元。6 月份，公司收到税务机关退还的消费税。账务处理如下：

① 5 月份申请出口退税时

借：其他应收款　　　　　　　　　　　　　　　　　　　　　　　　11 000
　　贷：主营业务成本　　　　　　　　　　　　　　　　　　　　　　11 000

② 6 月份收到出口退税款时

借：银行存款　　　　　　　　　　　　　　　　　　　　　　　　　11 000
　　贷：其他应收款　　　　　　　　　　　　　　　　　　　　　　　11 000

六、进口消费品的核算

进口应税消费品时，进口单位缴纳的消费税应计入应税消费品成本。按进口成本连同应纳消费税，借记"固定资产"、"在途物资"等账户；企业进口应税消费品，应当自海关填发税收缴款书的次日起 15 日内缴纳。由于进口货物在海关交税，与提货联系在一起，即交税后方能提货。为了简化核算，关税、消费税可以不通过"应交税费"账户，直接贷记"银行存款"账户。在特殊情况下，先提货后交税时，可以通过"应交税费"账户核算。

【例 3-18】

企业从国外购进化妆品一批，CIF 价为 40 000 美元，关税税率为 50%，增值税税率为 17%；假定当日汇率为 USD 1＝¥6.5。

组成计税价格＝(40 000＋40 000×50%)÷(1－30%)×6.5
　　　　　　＝557 143(元)

应纳消费税税额＝557 143×30%＝167 143(元)

应纳增值税税额＝557 143×17%＝94 714(元)

作会计分录如下：

借：在途物资　　　　　　　　　　　　　　　　　557 143
　　应交税费——应交增值税（进项税额）　　　　　94 714
　　贷：应付账款——美元（40 000×6.5）　　　　　　260 000
　　　　银行存款　　　　　　　　　　　　　　　　391 857

【例3-19】

某施工企业进口乘用车2辆，排量为3.0升，到岸价格500 000元，缴纳关税150 000元，消费税适用税率12%。则该企业账务处理如下。

进口汽车应纳消费税＝(500 000＋150 000)÷(1－12%)×12%
　　　　　　　　　＝88 636.36(元)

进口汽车应纳增值税＝(500 000＋150 000)÷(1－12%)×17%
　　　　　　　　　＝125 568.18(元)

会计分录：

借：固定资产　　　　　　　　　　　　　　　　　864 204.54
　　贷：银行存款　　　　　　　　　　　　　　　　864 204.54

七、零售批发业务消费税的账务处理

（1）金银首饰的零售业务是指将金银首饰销售给中国人民银行批准的金银首饰生产、加工、批发、零售单位以外的单位和个人的业务。金银首饰业务，消费税在零售环节缴纳。

企业销售金银首饰应交的消费税，借记"营业税金及附加"，贷记"应交税费——应交消费税"。金银首饰连同包装物一起销售的，无论包装物是否单独计价，均应并入金银首饰的销售额计缴消费税。企业受托代销金银首饰时，消费税由受托方负担，即受托方是消费税的纳税义务人。如果是以收取手续费的方式代销金银首饰，收取的手续费计入代购代销收入，根据销售价格计算应交消费税，相应冲减代购代销收入。不采用收取手续费方式代销的，通常是由双方签订首饰的协议价，委托方按协议价收取代销货款，受托方实际销售的货款与协议价之间的差额归己所有。在这种情况下，受托方缴纳消费税的账务处理与自购自销相同。

【例3-20】

某金银首饰商店是经过中国人民银行总行批准经营金银首饰的企业。8月份实现以下销售业务：销售给经中国人民银行总行批准的经营金银首饰单位金项链一批，销售额为2 648 000元；销售给未经中国人民银行总行批准的经营金银首饰单位金首饰一批，销售额为1 845 000元；门市零售金银首饰销售额3 415 800元；销售金银首饰连同包装物销售，其包装物金额为314 500元，未合并入金银首饰销售额；采取以旧换新方式销售金银首饰，换出金银首饰按同类品种销售价计算为 1 644 000 元，收回旧金银首饰作价 916 000 元，实收回金额为 728 000 元。

应纳税额＝(1 845 000＋3 415 800＋314 500＋728 000)÷1.17×5%＝269 371.80(元)

计提金银首饰消费税（不计算附加税）时：

借：营业税金及附加　　　　　　　　　　　　　　　　　　　269 371.8
　　贷：应交税费——应交消费税　　　　　　　　　　　　　269 371.8

✧✧✧✧✧✧✧✧✧✧✧✧✧✧✧✧✧✧✧✧✧✧✧✧✧✧✧✧✧✧✧✧✧✧✧✧✧✧

（2）对于烟草批发企业，根据《财政部 国家税务总局关于调整烟产品消费税政策的通知》（财税〔2009〕84 号）规定，按照批发卷烟的销售额（不含增值税）乘以 5% 的税率缴纳批发环节的消费税，批发企业在计算纳税时不得扣除已含的生产环节的消费税税款。在批发环节交一次税，是针对的最终批发环节。

八、减免和返回税金的账务处理

企业对法定直接减免的消费税、营业税，不作账务处理。对企业应收到的先征后退、先征税后返回的消费税，借记"其他应收款"，贷记"营业外收入"；实际收到时，借记"银行存款"，贷记"其他应收款"。

第五节　消费税的纳税申报

一、其他应税消费品消费税纳税申报表

其他应税消费品消费税纳税申报表如表 3—3 所示。

表 3-3　　　　　　　　其他应税消费品消费税纳税申报表

税款所述日期：　年　月　日至　年　月　日　　纳税人名称：

纳税人识别号：□□□□□□□□□□□□□□□□□□□□

填表日期：　年　月　日　　　　　　　　　　　　　金额单位：元

项目消费品名称	适用税率（%）	销售数量	销售额	应纳税额
合计	—	—	—	
本期准予抵减税额：		声明：此纳税申报表是根据国家税收法律的规定填报的。我确认它是真实的、可靠的、完整的。		
本期减免税额：		经办人： 财务负责人：		
期末未缴税额：		联系电话：		

续表

本期缴纳前期税额：	（如果你已经委托代理人申报，请填写）
本期预缴税额：	授权声明： 为代理一切税务事宜，现授权 （地址）
本期应补（退）税额：	为本单位的代理申报人，任何与本申报表有关的往来文件，都可寄予此人。
期末未缴税额：	授权人签章：

以下由税务机关填写：受理人：　受理日期：　年　月　日　受理税务机关：

二、填表说明

（1）本表限化妆品、贵重首饰及珠宝玉石、鞭炮焰火、汽车轮胎、摩托车、高尔夫球及球具、高档手表、游艇、木制一次性筷子、实木地板等消费税纳税人使用。

（2）本表"应税消费品名称"和"适用税率"按照以下内容填写：

化妆品：30%；贵重首饰及珠宝玉石：10%；金银首饰（铂金首饰、钻石及钻石饰品）：5%；鞭炮焰火：15%；汽车轮胎（除子午线轮胎外）：3%；汽车轮胎（限子午线轮胎）：3%（免税）；摩托车（排量＞250毫升）：10%；摩托车（排量≤250毫升）：3%；高尔夫球及球具：10%；高档手表：20%；游艇：10%；木制一次性筷子：5%；实木地板：5%。

（3）本表"销售数量"为《中华人民共和国消费税暂行条例》、《中华人民共和国消费税暂行条例实施细则》及其他法规、规章规定的当期应申报缴纳消费税的应税消费品销售（不含出口免税）数量。计量单位是：汽车轮胎为套；摩托车为辆；高档手表为只；游艇为艘；实木地板为平方米；木制一次性筷子为万双；化妆品、贵重首饰及珠宝玉石（含金银首饰、铂金首饰、钻石及钻石饰品）、鞭炮焰火、高尔夫球及球具按照纳税人实际使用的计量单位填写并在本栏中注明。

（4）本表"销售额"为《中华人民共和国消费税暂行条例》、《中华人民共和国消费税暂行条例实施细则》及其他法规、规章规定的当期应申报缴纳消费税的应税消费品销售（不含出口免税）收入。

（5）根据《中华人民共和国消费税暂行条例》的规定，本表"应纳税额"计算公式如下：

$$应纳税额 = 销售额 \times 适用税率$$

（6）本表"本期准予扣除税额"按本表附件一的本期准予扣除税款合计金额填写。

（7）本表"本期减（免）税额"不含出口退（免）税额。

（8）本表"期初未缴税额"填写本期期初累计应缴未缴的消费税额，多缴为负数。其数值等于上期"期末未缴税额"。

（9）本表"本期缴纳前期应纳税额"填写本期实际缴纳入库的前期消费税额。

（10）本表"本期预缴税额"填写纳税申报前已预先缴纳入库的本期消费税额。

（11）本表"本期应补（退）税额"计算公式如下，多缴为负数：

本期应补　　应纳税额　　本期准予　　本期减　　本期预
（退）税额＝（合计栏金额）－扣除税额－（免）税额－缴税额

(12) 本表"期末未缴税额"计算公式如下，多缴为负数：

期末未缴税额＝期初未缴税额＋本期应补(退)税额－本期缴纳前期应纳税额

(13) 本表为 A4 竖式，所有数字小数点后保留两位。一式二份，一份纳税人留存，一份税务机关留存。

思考和练习题

1. 甲公司本月初销售 A 产品一批，向购货方开具增值税专用发票，取得销售额 10 000 元、增值税额 1 700 元。另外，向购货方出租、出借包装物 10 个，每个收取押金 58.5 元，向购货方开具收款收据，共收取押金 585 元。销售金额、增值税额、押金等款项已收存银行。购销合同约定，出租、出借的包装物在 15 天内退回，否则没收押金。到本月下旬出租、出借的包装物已超过期限。编制有关会计分录。

2. 某企业发生下列业务：某烟草公司将烟叶委托甲烟草公司加工成烟丝，烟叶成本 1 万元。支付加工费 8 000 元，支付增值税和消费税（假设消费税率为 10%），烟丝收回。编制有关会计分录。

3. 某企业为了召开订货会，用本企业生产的甲类卷烟 60 条，招待用户，每条售价 100 元，成本 20 元，税率为 56%，应纳消费税 3 360 元，假定不考虑定额税，编制相关会计分录。

4. 甲公司本期销售 B 产品 100 件，包装物作价随同产品销售，产品和其包装物的不含税单价为 200 元，增值税税率 17%，产品销售额合计 20 000 元、增值税额 3 400 元，向购货方开具增值税专用发票。另外，为了促使购货人将包装物退回重用，向购货人收取包装物押金 1 755 元，并向购货人开具收款收据，货物款和押金已收存银行。按购销合同规定，包装物在 20 天内必须退回，否则没收其押金。到本期期末已超过 20 天的期限，甲公司仍未收到退回的包装物。编制有关会计分录。

5. 某酒厂为增值税一般纳税人，其粮食白酒的消费税税率为 20%，2012 年 10 月份销售白酒，取得包装物押金收入 1 170 元存入银行，并开具了收款收据。押金收取、退还、没收的相关会计处理。

6. 某企业销售自己生产的实木地板，价款 100 万元，成本 80 万元；将价款 30 万元、成本 24 万元的实木地板用于在建工程。消费税税率 5%。编制有关会计分录。

第四章 营业税会计

营业税法是指国家制定的用以调整营业税征收与缴纳之间权利及义务关系的法律规范。营业税具有以下特点：

（1）多环节全额课税。营业税按照商品流转环节征税，每经过一道环节、有一次营业行为、取得一次营业收入，就要以营业收入为计税依据征收一次税，具有多环节征税的特点。

（2）实行行业差别比例税率或幅度比例税率，税负较低。营业税实行普遍征收，现行营业税征税范围为增值税征税范围之外的所有经营业务，因而税率设计总体水平较低。但由于各种经营业务盈利水平高低不同，因此，在税负设计中，一般实行同一行业同一税率，不同行业不同税率。

（3）计算简便、便于征管。营业税对征税范围、征税对象、税率档次规定的界限清楚，税额计算简单明确，易于征纳。

第一节 营业税的基本内容

营业税是以在我国境内提供《中华人民共和国营业税暂行条例》（以下简称营业税暂行条例）规定的劳务、转让无形资产和销售不动产的行为为课税对象征收的一种税。营业税涉及国民经济中的众多行业，只要是在我国境内发生了这些应税行为、取得了营业收入，就必须依法缴纳营业税。

一、纳税义务人

（一）营业税纳税义务人的概念

在中华人民共和国境内提供营业税暂行条例规定的劳务、转让无形资产或者销售不动产的单位和个人，为营业税的纳税义务人。

所称单位，是指企业、行政单位、事业单位、军事单位、社会团体及其他单位。

所称个人，是指个体工商户和其他有经营行为的个人。

构成纳税"单位和个人"，必须同时具备以下三点：

(1) 提供条例规定的劳务、转让无形资产或者销售不动产必须发生在中华人民共和国境内。

(2) 必须是有偿或视同有偿提供营业税暂行条例规定的劳务、转让无形资产或不动产的所有权。有偿，包括取得货币、货物或其他经济利益。

(3) 提供的应税劳务、转让的无形资产或者销售的不动产必须属于营业税征税范围。

(二) 营业税纳税义务人的一些具体规定

(1) 单位以承包、承租、挂靠方式经营的，承包人、承租人、挂靠人（以下统称承包人）发生应税行为，承包人以发包人、出租人、被挂靠人（以下统称发包人）名义对外经营并由发包人承担相关法律责任的，以发包人为纳税人；否则以承包人为纳税人。

这里以发包人为纳税人必须同时满足以下两个条件：承包人以发包人名义对外经营；由发包人承担相关法律责任。如果不同时满足上述条件，则对外发生应税行为的纳税人为承包人；同时对发包人向承包人收取的款项应按照"服务业"税目征收营业税。

(2) 中央铁路运营业务的纳税人为铁道部，合资铁路运营业务的纳税人为合资铁路公司，地方铁路运营业务的纳税人为地方铁路管理机构，基建临管线运营业务的纳税人为基建临管线管理机构。

二、扣缴义务人

为了便于征收管理，防止税款流失，税法规定了营业税的扣缴义务人主要包括：

(1) 中华人民共和国境外的单位或者个人在境内提供营业税暂行条例规定的劳务、转让无形资产或者销售不动产，在境内未设有经营机构的，以其境内代理人为扣缴义务人；在境内没有代理人的，以受让方或者购买方为扣缴义务人。

(2) 国务院财政、税务主管部门规定的其他扣缴义务人。负有营业税纳税义务的单位为发生应税行为并收取货币、货物或者其他经济利益的单位，但不包括纳税单位依法不需要办理税务登记的内设机构。

三、征收范围

营业税的征税范围，包括在我国境内提供营业税暂行条例规定的劳务、转让无形资产和销售不动产三种经营行为。

(一) 提供条例规定的劳务

提供营业税暂行条例规定的劳务是指除加工、修理、修配以外的所有应纳营业税的劳务，但单位或者个体工商户聘用的员工为本单位或者雇主提供条例规定的劳务，不包括在内。提供条例规定的劳务包括交通运输业、建筑业、金融保险业、邮电通信业、文化体育业、娱乐业和服务业。

1. 交通运输业

交通运输，是指使用运输工具或人力、畜力将货物或旅客送达目的地，使其空间位置得到转移的业务活动。按其运输方式和运输工具的不同，又分为陆路运输、水陆运输、航空运输、管道运输、装卸搬运等,凡属运营业务以及与运营业务有关的各项劳务活动,均属本项目征税范围。

(1) 陆路运输,是指通过陆路(地上或地下)运送货物或旅客的运输业务,包括铁路运输、公路运输、缆车运输、索道运输及其他陆路运输。

(2) 水路运输,是指通过江、河、湖、川等天然、人工水道或海洋航道运送货物或旅客的运输业务。由于打捞与水路运输有着密切的关系,所以打捞比照水路运输的办法征税。

(3) 航空运输,是指通过空中航线运送货物或旅客的运输业务。与航空直接有关的通用航空业务、航空地面服务业务也比照航空运输业务征税。

通用航空业务,是指为专业工作提供飞行服务的业务,如航空摄影、航空测量、航空勘探、航空护林、航空吊挂飞播、航空降雨等。

航空地面服务业务,是指航空公司、飞机场、民航管理局、航站向在我国境内航行或在我国境内机场停留的境内外飞机或其他飞行器提供的导航等劳务性地面服务的业务。

(4) 管道运输,是指通过管道设施输送气体、液体、固体物资的运输业务。

(5) 装卸搬运,是指使用装卸搬运工具或人力、畜力将货物在运输工具之间、装卸现场之间或运输工具与装卸现场之间进行装卸和搬运的业务。例如,搬家业务是搬家公司利用运输工具或人力实现了空间位置的转移的业务,它具有装卸搬运的特征。因此,对搬家业务收入,应按"交通运输业"税目中的"装卸搬运"征收营业税。

2. 建筑业

建筑业,是指建筑、安装、修缮、装饰和其他工程作业。

(1) 建筑,是指新建、改建、扩建各种建筑物、构筑物的工程作业,包括与其相关联的各种设备支柱、操作平台的安装或装配工程作业以及各种炉窑和金属结构的工程作业在内。

(2) 安装,是指生产设备、动力设备、起重设备、运输设备、传动设备、医疗实验设备以及其他各种设备的装配安装工程作业以及与其相连的工作台、梯子、栏杆的装设工程作业和被安装设备的绝缘、防腐、保温、油漆等各种作业在内。

(3) 修缮,是指对建筑物、构筑物进行修补、加固、养护、改善,使其恢复原来的使用价值或延长其使用期限的工程作业。

(4) 装饰,是指对建筑物、构筑物进行修饰,使之美观或具有特定用途的工程作业。

(5) 其他工程作业,是指上述工程以外的工程作业,如代办电信工程、水利工程、疏浚、钻井(打井)工程、拆除建筑物或构筑物、平整工地、搭脚手架、爆破等工程。

(6) 管道煤气集资费(初装费)业务。管道煤气集资费(初装费),是用于管道煤气工程建设和技术改造,在报装环节一次性向用户收取的费用。

建筑业的营业额为承包建筑、修缮、安装、装饰和其他工程作业取得的营业收入额,即建筑安装企业向建筑单位收取的工程价款(即工程造价)及工程价款之外收取的各种费用。

（1）工程价款。工程价款由下列四项内容组成：根据实际完成的工程量和预算单价计算的直接费用；根据直接费数额和管理费收费标准计算的间接费；根据直接费、间接费和规定的标准计算的计划利润；根据直接费、间接费、计划利润，按国家规定的税（费）标准计算的营业税、城市维护建设税和教育费附加。用公式表示为：

工程价款＝直接费＋间接费＋计划利润＋税金

①直接费，指直接耗用在建筑工程和设备安装工程上的各种费用的总和。直接费由人工费、材料费、施工机械和其他直接费组成。

人工费，是指列入概预算定额的直接从事建筑安装工程施工的生产工人的基本工资、工资性的津贴及属于生产工人开支范围的各项费用。

材料费，是指列入概预算定额的材料、构配件、零件和产成品的用量以及周转材料的摊销按相应的预算列入的费用。

施工机械使用费，是指列入概预算定额的施工机械台班量按相应机构台班费定额计算的建筑安装工程施工机械使用费、施工机械安装费、拆迁及进出场费和定额所列的其他机械费。

其他直接费，是指概预算定额分项规定以外发生的费用。

②间接费，指耗用在建筑工程和设备安装工程上除直接费以外的费用总和，由施工单位管理费和其他间接费组成。

施工费，包括管理人员工资及工资附加费、劳动保护费、教育经费、办公费、差旅费、固定资产和行政工具使用费、利息以及其他费用。

其他间接费，包括临时设施费、劳动保险费和施工队伍迁移费等。

③计划利润，为适应招标竞争的需要，促进施工企业改善经营管理，施工企业现实行计划利润方法。利润率暂按工程直接费与间接费之和的百分比计算。企业实行计划利润后，不再计取技术装备费。

④税金，参照以上工程造价的具体内容，根据预算定额，通过逐一计算、审核，就可以确定建筑业营业税的计税营业额，进而确定应交税费。

（2）工程价款以外的费用，包括施工单位向建设单位收取的材料差价款、抢工费、全优工程奖和提前竣工奖等，应并入计税营业额，计征营业税。

（3）特殊规定。

①纳税人将建筑工程分包给其他单位的，以其取得的全部价款和价外费用扣除其支付给其他单位的分包款后的余额为营业额。

纳税人提供建筑业劳务（不含装饰劳务）的，其营业额应当包括工程所用原材料、设备及其他物资和动力价款在内，但不包括建设方提供的设备的价款。

②建筑安装企业自己建成属于本企业建筑物后，在计征营业税时，按以下原则处理：自建自用部分的建筑物不征建筑业的营业税；自建出租部分的建筑物不征建筑业的营业税，但对取得的租金收入应按"服务业——租赁业"税目计征营业税；自建出售部分的建筑物，除按出售面积取得的收入征收"销售不动产"营业税外，还要征收建筑环节的营业税，计征营业税时，按下列公式计算：

$$\frac{出售建筑物建筑业环节的计税价格}{} = \frac{自建建筑物的计税价格}{} \times \frac{出售建筑物面积}{} \div \frac{自建建筑物总面积}{}$$

应征建筑业环节的营业税＝出售建筑物建筑业环节的计税价格×3%

其中，自建建筑物的计税价格应以同类工程的价格为计税依据；没有同类工程价格的，按下列公式核定计税价格：

计税价格＝工程成本×(1＋成本利润率)÷(1－营业税税率)

上述公式中的成本利润率，由各省、自治区、直辖市人民政府所属税务机关确定。

③建筑安装企业承包工程建设，无论采取包工包料方式还是采取包工不包料方式，一律按包工包料方式以料工费全额征收营业税。其中，包工包料，是指建设单位不负责供应材料，而由建筑安装企业自行采购并进行施工的工程，这种承包方式取得的收入包括料、工、费的收入。包工不包料，是指由建设单位提供材料，建筑安装企业只负责施工的工程，这种承包方式的收入，没有材料部分，只有人工费收入。纳税人从事建筑、修缮、装饰工程作业，无论与对方如何结算，其营业额均应包括工程所用原材料及其他物资和动力的价款在内。

④纳税人从事安装工程作业，一般以安装工程的人工费及相应的收费为营业额，不包括设备的价值在内，但如果所安装设备的价值计入了安装工程产值的，其营业额应包括设备的价款在内。

3. 金融保险业

金融保险业，是指经营金融和保险的业务。

(1) 金融，是指经营货币资金融通活动的业务。包括贷款、融资租赁、金融商品转让、金融经纪业务和其他金融业务。

贷款，是将资金有偿贷与他人使用（包括以贴现、押汇方式）的业务。以货币资金投资但收取固定利润或保底利润的行为，也属于这里所称的贷款业务。按资金来源不同，贷款分为外汇转贷业务和一般贷款业务两种。外汇转贷业务是指金融企业直接向境外借入外汇资金，然后再贷给国内企业或其他单位、个人；各银行总行向境外借入外汇资金后，通过下属分支机构贷给境内单位或个人使用的，也属于外汇转贷业务。一般贷款业务指除外汇转贷以外的各种贷款。

融资租赁（也称金融租赁），是指经中国人民银行或商务部批准可从事融资租赁业务的单位所从事的具有融资租赁性质和所有权转移特点的设备租赁业务。

金融商品转让，是指转让外汇、有价证券或非货物期货的所有权的行为，包括股票转让、债券转让、外汇转让、其他金融商品转让。

金融经纪业务和其他金融业务，是指受托代他人经营金融活动的中间业务，如委托业务、代理业务、咨询业务等。

(2) 保险，是指通过契约形式集中保户的资金形成保险基金，用以补偿保户因自然灾害等意外事故造成的经济损失的一项经济业务。按保险的范围分为财产保险、人身保险、保证保险和责任保险等。有下列情形之一者，为在境内提供保险劳务：境内保险机构提供的保险劳务，但境内保险机构为出口货物提供保险除外；境外保险机构以在境内的物品为标的提供的保险劳务。

4. 邮电通信业

邮电通信业，是专门办理信息传递的业务活动，包括邮政、电信两大类。

（1）邮政，是指传递实物信息的业务，包括传递函件或包件、邮汇、报刊发行、邮务物品销售、邮政储蓄及其他邮政业务。

（2）电信，是指用各种电传设备传递语言的业务及相关的业务，包括有线电话、无线电话、寻呼电话、出租电话电路设备、代维修或出租广播电视、电视信息等业务。

邮政电信业务的征税范围是邮电部门及其他单位和个体经营者，从事邮电通信业务以及与邮政电信相关的业务所得的收入。

电信业务，包括基础电信业务和增值电信业务。基础电信业务是指提供公共网络基础设施、公共数据传送和基本语音通信服务的业务，具体包括固定网国内长途及本地电话业务、移动通信业务、卫星通信业务、互联网及其他数据传送业务、网络元素出租出售业务、电信设备及电路的出租业务、网络接入及网络托管业务，国际通信基础设施国际电信业务、无线寻呼业务和专售的基础电信业务。增值电信业务是指利用公共网络设施提供的电信与信息服务的业务，具体包括固定电话网增值电信业务、移动电话网增值电信业务、卫星网增值电信业务、互联网增值电信业务、其他数据传送网络增值电信业务等服务。

5. 文化体育业

文化体育业，是指经营文化和体育的业务活动，包括文化业和体育业。

（1）文化业，是指以演出或实物向人们提供各种文化艺术表演的活动。包括表演、播映和其他文化业。

（2）体育业，是指举办各种体育比赛和为体育比赛或体育活动提供场所的业务。

文化体育业的征税范围，是从事文化体育业的单位和个人所取得的营业收入。以租赁方式为文化活动、体育比赛提供场所，不按本税目征税。

6. 娱乐业

娱乐业，是指以娱乐设备或演技供人视、听、唱，以达到观赏、娱乐身心的业务。

娱乐业征税范围，包括经营歌厅、舞厅、卡拉OK歌舞厅、音乐茶座、台球、高尔夫球、保龄球、游艺场等娱乐场所以及为顾客进行娱乐活动提供服务的业务取得的营业收入。

7. 服务业

服务业，是指利用工具、场所、信息或技能为社会提供服务的业务活动。服务业征税范围广泛，包括代理业、旅店业、饮食业、旅游业、仓储业、广告业、租赁业、其他服务业。

代理业，是指代委托人办理委托事项的业务，包括代购代销货物、代办出口、介绍服务、其他代理服务。

旅店业，是指提供住宿服务的业务，包括旅社、宾馆、招待所、客店、饭店等提供住宿以及与住宿相关的服务业务。

饮食业，是指以同时提供饮食和饮食场所的方式为顾客提供饮食消费服务的业务，包括餐厅、餐馆、冷饮、热饮、风味小吃、承办筵席和一般饮食业务。

旅游业，是指为旅游者安排食宿、交通工具和提供导游服务的业务。

仓储业，是指利用仓库、场地代客贮放、保管货物的业务。

广告业，是指利用各种媒介如图书、报刊、广播、电视、路牌、电影等介绍商品、经营服务、文体节目或通告、声明事项所做的宣传提供条例规定的劳务服务的业务。

租赁业，是指在约定时间内将场地、房屋、物品、设备或设施租给承租人使用的业务（不包括融资租赁）。

其他服务业，是指除上述列举以外的沐浴、理发、印染、照相、美术、裱画、打字、誊写、设计、制图、化验、复印、录像、录音、勘探、测绘、计算、测试、打包、咨询以及其他服务等。

（二）转让无形资产

转让无形资产，是指转让无形资产的所有权和使用权的行为。无形资产是指不具有实物形态，但能带来经济利益的资产。转让无形资产的业务包括转让土地使用权、商标权、专利权、非专利技术、著作权、商誉等行为。

需要注意的是，土地使用者转让、抵押或置换土地，无论其是否取得了该土地的使用权属证书，无论其在转让、抵押或置换土地过程中是否与对方当事人办理了土地使用权属证书变更登记手续，只要土地使用者享有占有、使用、收益或处分该土地的权利，且有合同等证据表明其实质转让、抵押或置换了土地并取得了相应的经济利益，土地使用者及其对方当事人应当依照税法规定缴纳营业税。

（三）销售不动产

销售不动产，是指有偿转让不动产所有权的行为。不动产是指不能移动，移动后会引起性质和状态改变的财产，包括建筑物、构筑物及其他土地附着物。

（1）销售建筑物或构筑物，是指有偿转让建筑物、构筑物的所有权的行为。以转让有限产权或永久使用权方式销售建筑物、构筑物，视同销售建筑物、构筑物。

（2）销售其他土地附着物，是指有偿转让除建筑物、构筑物以外的附着于土地上的其他不动产的行为。

单位将不动产无偿赠与他人，视同销售不动产。

在销售不动产时，连同不动产土地使用权一并转让的行为，比照销售不动产征税。

四、营业税征收范围的一些特殊规定

在实际经济活动中，纳税人往往从事多种经营，可以同时是几个税种的纳税人，也可以是一个税种中涉及多个应税项目的纳税人。对于不同的经营行为，其征收范围的税务处理不同。

（一）混合销售行为

纳税人发生的销售行为，如果既涉及应税劳务又涉及货物，为混合销售行为。从事货物的生产、批发或零售的企业、企业性单位及个体工商户的混合销售行为，视为销售货物，不缴纳营业税；其他单位和个人的混合销售行为，视为提供应税劳务，应当缴纳营业税。

这里，混合销售行为只涉及营业税应税劳务和货物，不涉及转让无形资产和销售不动产税目。货物销售和应税劳务存在因果关系，一般情况下，货物销售是提供应税劳务的前提。

纳税人的下列混合销售行为,应当分别核算应税劳务的营业额和货物的销售额,其应税劳务的营业额缴纳营业税,货物销售额不缴纳营业税;未分别核算的,由主管税务机关核定其应税劳务的营业额:

(1) 提供建筑业劳务的同时销售自产货物的行为;
(2) 财政部、国家税务总局规定的其他情形。

这里需注意,首先,提供建筑业劳务的同时销售自产货物,而不是销售所有的货物,也就是说不包括外购货物;对提供建筑业劳务的同时销售外购货物的,仍然按照营业税暂行条例实施细则第六条的规定处理。其次,要了解自产货物的范围。

(二) 兼营应税劳务与货物或非应税劳务行为

纳税人兼营应税行为和货物或者非应税劳务的,应当分别核算应税行为的营业额和货物或者非应税劳务的销售额,其应税行为营业额缴纳营业税,货物或者非应税劳务销售额不缴纳营业税;未分别核算的,由主管税务机关核定其应税行为营业额。

这里,需要注意混合销售行为和兼营行为的区别:

(1) 涉及的范围不同。混合销售行为只涉及货物和应税劳务;而兼营行为不仅涉及货物和应税劳务,还涉及转让无形资产、销售不动产和非应税劳务。

(2) 行为确认不同。混合销售行为强调的是一项销售行为,这一项销售行为中涉及销售货物和应税劳务,并且销售货物和提供应税劳务之间有因果关系;而兼营行为是指纳税人经营范围中有应税行为、货物销售以及非应税劳务,这些行为往往不会同时发生,可能是两个或两个以上的经济行为。

(3) 接受方不同。混合销售行为强调的是纳税人销售货物的对象和提供应税劳务的对象是同一单位或者个人;而兼营行为则提供应税行为、销售货物、提供非应税劳务等行为不一定会是对同一个单位或者个人,往往是不同的购买者。

(4) 征税处理不同。一般情况下混合销售行为只征收一种税,或征增值税或征营业税;而兼营行为是分别征收营业税和增值税,即对应税行为征收营业税,对销售货物或者提供非应税劳务征收增值税。

(三) 纳税人有下列情形之一的,视同发生应税行为

(1) 单位或者个人将不动产或者土地使用权无偿赠送其他单位或者个人。对因为继承、遗嘱、离婚、抚养关系、直系亲属关系而发生的赠与不动产或者土地使用权行为,需要给予税收优惠的,报国务院同意后可给予免税。

适用范围仅限于无偿赠送不动产或者土地使用权行为,无偿提供应税劳务或者无偿转让除土地使用权外的其他无形资产不适用本条规定。如果是关联企业之间发生无偿提供应税劳务或者无偿转让除土地使用权外的其他无形资产,根据《税收征收管理法》第三十六条的规定,应当征收营业税。

(2) 单位或者个人自己新建(以下简称自建)建筑物后销售,其所发生的自建行为。单位或者个人自己新建建筑物,是指自己施工建设,不包括自己投资请其他施工企业建设。对自建行为征税,必须是其发生销售建筑物的时候。自己施工建造建筑物,一般分为自建自用和自建销售,如果自建自用,没有发生建筑物所有权的转移,则不征收销售不动产营业税,也不补征建筑业营业税。

(3) 财政部、国家税务总局规定的其他情形。

五、税目、税率

(一) 营业税税目

现行营业税,根据行业的性质和经营特点,共设置了 9 个税目,即交通运输业、建筑业、金融保险业、邮电通信业、文化体育业、娱乐业、服务业、转让无形资产、销售不动产。

(二) 营业税税率

营业税按照行业、类别的不同分别采用不同的比例税率,具体内容如表 4-1 所示。

表 4-1　　　　　　　　　　　营业税税目税率表

税目	征收范围	税率
交通运输业	陆路运输、水路运输、航空运输、管道运输、装卸搬运	3%
建筑业	建筑、安装、修缮、装饰及其他工程作业	3%
金融保险业	金融、保险	5%
邮电通信业	邮政业;通信业	3%
文化体育业	文化业;体育业	3%
娱乐业	歌厅、舞厅、卡拉 OK 歌舞厅、音乐茶座、网吧、高尔夫球、游艺、台球、保龄球	5%~20%
服务业	代理业、旅店业、饮食业、旅游业、仓储业、租赁业、广告业务及其他服务业	5%
转让无形资产	转让土地使用权、专利权、非专利技术、商标权、著作权、商誉	5%
销售不动产	销售建筑物及其土地附着物	5%

营业税的税目和税率依照《营业税税目税率表》执行,税目和税率的调整由国务院确定。

经营娱乐业的纳税人适用的是弹性税率,具体适用的税率由省、自治区、直辖市人民政府在规定的幅度内确定。

纳税人兼有不同税目应税行为的,应当分别核算不同税目的营业额、转让额、销售额(简称营业额);未分别核算营业额的,从高适用税率。

第二节　营业税的纳税义务发生时间与纳税期限

一、纳税义务发生时间

营业税纳税义务发生时间为纳税人提供应税劳务、转让无形资产或者销售不动产并收讫营业收入款项或者取得索取营业收入款项凭据的当天。国务院财政、税务主管部门另有规定的,从其规定。

营业税扣缴义务发生时间为纳税人营业税纳税义务发生的当天。

收讫营业收入款项,是指纳税人应税行为发生过程中或者完成后收取的款项。索取营业收入款项凭据的当天,为书面合同确定的付款日期的当天;未签订书面合同或者书面合同未确定付款日期的,为应税行为完成的当天。

纳税人转让土地使用权或者销售不动产,采取预收款方式的,其纳税义务发生时间为收到预收款的当天。

纳税人提供建筑业或者租赁业劳务,采取预收款方式的,其纳税义务发生时间为收到预收款的当天。将不动产或者土地使用权无偿赠送其他单位或者个人的,其纳税义务发生时间为不动产所有权、土地使用权转移的当天。单位或者个人自己新建建筑物后销售,自建行为的纳税义务发生时间为销售自建建筑物的纳税义务发生时间。

二、纳税期限

营业税的纳税期限分别为5日、10日、15日、1个月或者1个季度。纳税人的具体纳税期限,由主管税务机关根据纳税人应纳税额的大小分别核定;不能按照固定期限纳税的,可以按次纳税。

纳税人以1个月或者1个季度为一个纳税期的,自期满之日起15日内申报纳税;以5日、10日或者15日为一个纳税期的,自期满之日起5日内预缴税款,于次月1日起15日内申报纳税并结清上月应纳税款。

扣缴义务人解缴税款的期限,依照前两款的规定执行。

第三节 营业税的税收优惠

营业税的税收优惠主要包括法定减免、政策减免和起征点优惠政策。

一、法定减免

根据营业税暂行条例的规定,下列项目免征营业税:

(1) 托儿所、幼儿园、养老院、残疾人福利机构提供的育养服务、婚姻介绍、殡葬服务。这里是指托儿所、幼儿园提供的育养服务,养老院、残疾人福利机构提供的育养服务以及殡葬服务。

(2) 残疾人员个人提供的劳务。这是指残疾人员本人为社会提供的劳务。对残疾人雇用其他人提供劳务不适用此免税规定,而且仅就提供的劳务享受免征营业税。

(3) 医院、诊所和其他医疗机构提供的医疗服务。无论是营利性医疗机构,还是非营利性医疗机构,自2009年1月1日起一律免征营业税。

(4) 学校和其他教育机构提供的教育劳务,学生勤工俭学提供的劳务。

学校和其他教育机构提供的教育劳务。学校和其他教育机构,是指普通学校以及经地、市级以上人民政府或者同级政府的教育行政部门批准成立、国家承认其学员学历的各类学校。教育劳务,是指为按照规定招生计划录取的在籍学生提供、授予其国家承认学历证书并按规定标准收费的教育活动。

学生勤工俭学提供的劳务。免税主体是在校学生,免税范围限定为应税劳务。

(5) 农业机耕、排灌、病虫害防治、植物保护、农牧保险以及相关技术培训业务,家禽、牲畜、水生动物的配种和疾病防治。

农业机耕，是指在农业、林业、牧业中使用农业机械进行耕作（包括耕耘、种植、收割、脱粒、植物保护等）的业务。排灌，是指对农田进行灌溉或排涝的业务。病虫害防治，是指从事农业、林业、牧业、渔业的病虫害测报和防治的业务。农牧保险，是指为种植业、养殖业、牧业种植和饲养的动植物提供保险的业务。相关技术培训，是指与农业机耕、排灌、病虫害防治、植物保护业务相关以及为使农民获得农牧保险知识的技术培训业务。

家禽、牲畜、水生动物的配种和疾病防治业务的免税范围，包括与该项劳务有关的提供药品和医疗用具的业务。

（6）纪念馆、博物馆、文化馆、文物保护单位管理机构、美术馆、展览馆、书画院、图书馆举办文化活动的门票收入，宗教场所举办文化、宗教活动的门票收入。

所称纪念馆、博物馆、文化馆、文物保护单位管理机构、美术馆、展览馆、书画院、图书馆举办文化活动，是指这些单位在自己的场所举办的属于文化体育业税目征税范围的文化活动。门票收入，是指销售第一道门票的收入。

宗教场所举办文化、宗教活动的门票收入，是指寺院、宫观、清真寺和教堂举办文化、宗教活动销售门票的收入。

（7）境内保险机构为出口货物提供的保险产品。为出口货物提供的保险产品，包括出口货物保险和出口信用保险。

（8）营业税的免税、减税项目由国务院规定。除上面规定外，营业税的免税、减税项目由国务院规定。任何地区、部门均不得规定免税、减税项目。

纳税人兼营免税、减税项目的，应当分别核算免税、减税项目的营业额；未分别核算营业额的，不得免税、减税。

二、政策减免

（一）关于促进节能服务产业发展的有关政策

自2011年1月1日起，对符合条件的节能服务公司实施合同能源管理项目，取得的营业税应税收入，暂免征收营业税。

所称"符合条件"是指同时满足以下条件：

（1）节能服务公司实施合同能源管理项目相关技术应符合国家质量监督检验检疫总局和国家标准化管理委员会发布的《合同能源管理技术通则》规定的技术要求；

（2）节能服务公司与用能企业签订节能效益分享型合同，其合同格式和内容，符合《合同法》和国家质量监督检验检疫总局以及国家标准化管理委员会发布的《合同能源管理技术通则》等规定。

（二）关于个人住房转让的有关政策

自2011年1月28日起，个人将购买不足5年的住房对外销售的，全额征收营业税；个人将购买超过5年（含5年）的非普通住房对外销售的，按照其销售收入减去购买房屋的价款后的差额征收营业税；个人将购买超过5年（含5年）的普通住房对外销售的，免征营业税。上述普通住房和非普通住房的标准、办理免税的具体程序、购买房屋的时间、开具发票、差额征税扣除凭证、非购买形式取得住房行为及其他相关税收管理规定，按照《国务院办公厅转发建设部等部门关于做好稳定住房价格工作意见的通知》（国办发

〔2005〕26号)、《国家税务总局 财政部 建设部关于加强房地产税收管理的通知》(国税发〔2005〕89号)和《国家税务总局关于房地产税收政策执行中几个具体问题的通知》(国税发〔2005〕172号)的有关规定执行。

(三) 关于支持公共租赁住房建设和运营的有关政策

自2010年9月27日起,对经营公租房所取得的租金收入,免征营业税、房产税。公租房租金收入与其他住房经营收入应单独核算,未单独核算的,不得享受免征营业税、房产税优惠政策。

享受上述税收优惠政策的公租房,是指纳入省、自治区、直辖市、计划单列市人民政府及新疆生产建设兵团批准的公租房发展规划和年度计划,以及按照建保〔2010〕87号文件和市、县人民政府制定的具体管理办法进行管理的公租房。不同时符合上述条件的公租房,不得享受上述税收优惠政策。此项政策执行期限暂定3年。

(四) 关于支持文化企业发展的有关政策

(1) 自2009年1月1日至2013年12月31日,广播电影电视行政主管部门(包括中央、省、地市及县级)按照各自职能权限批准从事电影制片、发行、放映的电影集团公司(含成员企业)、电影制片厂及其他电影企业取得的销售电影拷贝收入、转让电影版权收入、电影发行收入以及在农村取得的电影放映收入免征增值税和营业税。

(2) 自2009年1月1日至2013年12月31日,文化企业在境外演出从境外取得的收入免征营业税。

(3) 为支持有线数字电视整体转换试点工作,推动有线数字电视的发展,自2010年1月1日起,3年内免征营业税。

(五) 关于个人金融商品买卖等的有关政策

(1) 对个人(包括个体工商户及其他个人,下同)从事外汇、有价证券、非货物期货和其他金融商品买卖业务取得的收入,暂免征收营业税。

(2) 个人无偿赠与不动产、土地使用权,属于下列情形之一的,暂免征收营业税:

①离婚财产分割;

②无偿赠与配偶、父母、子女、祖父母、外祖父母、孙子女、外孙子女、兄弟姐妹;

③无偿赠与对其承担直接抚养或者赡养义务的抚养人或者赡养人;

④房屋产权所有人死亡,依法取得房屋产权的法定继承人、遗嘱继承人或者受遗赠人。

(3) 对中华人民共和国境内(以下简称境内)单位或者个人在境外提供建筑业、文化体育业(除播映)劳务,暂免征收营业税。

(4) 境外单位或者个人在境外向境内单位或者个人提供的完全发生在境外的条例规定的劳务,不属于条例第一条所称在境内提供条例规定的劳务,不征收营业税。具体范围由财政部、国家税务总局规定。

根据上述原则,对境外单位或者个人在境外向境内单位或者个人提供的文化体育业(除播映)、娱乐业,服务业中的旅店业、饮食业、仓储业,以及其他服务业中的沐浴、理发、洗染、裱画、誊写、镌刻、复印、打包劳务,不征收营业税。

(5) 同时满足以下条件的行政事业性收费和政府性基金暂免征收营业税:

①由国务院或者财政部批准设立的政府性基金,由国务院或者省级人民政府及其财政、价格主管部门批准设立的行政事业性收费和政府性基金;

②收取时开具省级以上（含省级）财政部门统一印制或监制的财政票据；
③所收款项全额上缴财政。
凡不同时符合上述三个条件，且属于营业税征税范围的行政事业性收费或政府性基金应照章征收。

（六）其他税收优惠

1. 关于深圳前海国际航运保险业务的有关政策

自 2011 年 1 月 1 日起，对注册在深圳市的保险企业向注册在前海深港现代服务业合作区的企业提供国际航运保险业务取得的收入，免征营业税。

2. 关于融资性售后回租业务中承租方出售资产行为的有关政策

融资性售后回租业务，是指承租方以融资为目的将资产出售给经批准从事融资租赁业务的企业后，又将该项资产从该融资租赁企业租回的行为。融资性售后回租业务中承租方出售资产时，资产所有权以及与资产所有权有关的全部报酬和风险并未完全转移。

自 2010 年 10 月 1 日起，融资性售后回租业务中承租方出售资产的行为，不属于增值税和营业税征收范围，不征收增值税和营业税。

3. 关于海峡两岸空中直航的有关政策

自 2009 年 6 月 25 日起，对台湾航空公司从事海峡两岸空中直航业务在大陆取得的运输收入，免征营业税。

所称台湾航空公司，是指取得中国民用航空局颁发的"经营许可"或依据《海峡两岸空运协议》和《海峡两岸空运补充协议》规定，批准经营两岸旅客、货物和邮件不定期（包机）运输业务，且公司登记地址在台湾的航空公司。

4. 关于国际运输劳务的有关政策

自 2010 年 1 月 1 日起，对境内单位或者个人提供的国际运输劳务，免征营业税。

境内单位和个人承揽国际运输劳务后，转由其他单位或个人在境内载运旅客或者货物出境的，以其取得的全部价款和价外费用扣除其支付给其他单位或个人的运输费后的余额为营业额，计算缴纳营业税。

其中，国际运输劳务是指在境内载运旅客或者货物出境、在境外载运旅客或者货物入境、在境外发生载运旅客或者货物的行为。

5. 关于国际电信业务的有关政策

（1）单位或个人出租境外的属于不动产的电信网络资源（包括境外电路、海缆、卫星转发器等）取得的收入，不属于营业税征税范围，不征收营业税。

（2）境外单位或个人在境外向境内单位或个人提供的国际通信服务（包括国际间通话服务、移动电话国际漫游服务、移动电话国际互联网服务、国际间短信互通服务、国际间彩信互通服务），不属于营业税征税范围，不征收营业税。

三、营业税的起征点

纳税人营业额未达到起征点的，不征收营业税；纳税人达到起征点的，应按营业额全额计算应纳税款。自 2011 年 11 月 1 日起，营业税起征点调整为：按期纳税的，起征点为月营业额 5 000～20 000 元；按次纳税的，起征点为每次（日）营业额 300～500 元。

第四节 营业税应纳税额的计算

营业税的应纳税额,一般指提供营业税暂行条例规定的劳务的营业额、转让无形资产的转让额或者销售不动产的销售额。它是纳税人向对方收取的全部价款和价外费用。价外费用包括收取的手续费、补贴、基金、集资费、返还利润、奖励费、违约金、滞纳金、延期付款利息、赔偿金、代收款项、代垫款项、罚息及其他各种性质的价外收费。但不包括同时符合以下条件代为收取的政府性基金或者行政事业性收费:

(1) 由国务院或者省级政府批准设立的政府性基金,由国务院或者省级政府及其财政、价格主管部门批准设立的行政事业性收费;

(2) 收取时开具省级以上财政部门印制的财政票据;

(3) 所收款项全额上缴财政。

纳税人取得的营业额和应纳税额均以人民币计算。纳税人以人民币以外的货币结算营业额的,其营业额的人民币折合率可以选择营业额发生的当天或者当月1日的人民币汇率中间价。纳税人应当事先确定采用何种折合率,确定后1年内不得变更。

计算营业额要注意以下问题:

(1) 关于对"境内"的规定。所称在中华人民共和国境内(以下简称境内)提供营业税暂行条例规定的劳务、转让无形资产或者销售不动产,是指:

①提供或者接受条例规定劳务的单位或者个人在境内;

②所转让的无形资产(不含土地使用权)的接受单位或者个人在境内;

③所转让或者出租土地使用权的土地在境内;

④所销售或者出租的不动产在境内。

这里,提供了劳务境内外行为判定的原则,即:一是提供营业税暂行条例规定劳务的单位或者个人在境内,属于境内提供劳务。这里强调的是劳务提供方为境内的单位或者个人的,其提供的劳务无论是否发生在境内都属于境内提供劳务。二是接受营业税暂行条例规定劳务的单位或者个人在境内,属于境内提供劳务。这里强调的是劳务接受方在境内,无论其是否属于境内单位或者个人,只要其在境内接受劳务的;无论劳务提供方是否在境内提供劳务,只要接受劳务方在境内,都视为境内劳务。

(2) 纳税人提供营业税暂行条例规定的劳务、转让无形资产或者销售不动产必须是"有偿"的。所谓"有偿",是指取得货币、货物或者其他经济利益。

(3) 纳税人提供的应税劳务、转让无形资产、销售不动产价格明显偏低而无正当理由的,或者营业税暂行条例实施细则第五条所列视同发生应税行为而无营业额的,按下列顺序确定其营业额:

①按纳税人最近时期发生同类应税行为的平均价格核定;

②按其他纳税人最近时期发生同类应税行为的平均价格核定;

③按下列公式核定:

$$营业额 = 营业成本或者工程成本 \times (1+成本利润率) \div (1-营业税税率)$$

公式中的成本利润率,由省、自治区、直辖市税务局确定。

一、提供条例规定的劳务应纳税额的计算

(一)交通运输业应纳税额的计算

交通运输业的计税营业额是指客运收入、货运收入、装卸搬运收入及其他各种收入。具体是指:

(1)交通运输业的营业额应包括保险费收入和随同票价、货运价向客户收取的各种建设基金。

(2)运输企业从事联运业务的,以其实际取得的营业额为应纳税额。

(3)运输企业自中华人民共和国境内运输旅客或者货物出境,在境外改由其他运输企业承运乘客或者货物的,以全程运费减去付给该承运企业的运费后的余额为营业额。

计算公式为:

$$交通运输业应纳营业税额 = 交通运输业计税营业额 \times 3\%$$

(二)建筑业应纳税额的计算

除营业税暂行条例实施细则第七条规定外,纳税人提供建筑业劳务(不含装饰劳务)的,其营业额应当包括工程所用原材料、设备及其他物资和动力价款在内,但不包括建设方提供的设备的价款。

注意:工程中涉及的货物为纳税人外购的货物。如果工程中涉及的货物属于营业税暂行条例实施细则第七条列举的自产货物范畴的,则不适用此规定。

对工程所用原材料、其他物资和动力,无论是建设单位提供还是纳税人提供,均应并入营业额缴纳营业税。

对工程所用的设备,要区分是建设单位提供还是纳税人外购。如果是纳税人外购的,则并入营业额缴纳营业税;如果属于建设单位提供的,则不需要并入营业额。

计算公式为:

$$建筑业应纳营业税额 = 建筑业计税营业额 \times 3\%$$

(三)金融保险业应纳税额的计算

金融业的计税营业额是指贷款利息收入、融资租赁收益、金融商品转让收益、金融经纪业的手续费收入和其他金融业取得的收入。保险业的计税营业额是指利息收入、保费收入以及其他收入。具体是指:

(1)转贷业务以贷款利息减去借款利息后的余额为营业额。

(2)贷款业务以发放贷款所得利息收入的全额为计税营业额。

(3)金融机构(含银行和非银行金融机构)从事外汇、有价证券、期货等金融商品买卖业务,以卖出价减去买入价后的余额为营业额。所称外汇、有价证券、期货等金融商品买卖业务,是指纳税人从事的外汇、有价证券、非货物期货和其他金融商品买卖业务。

①外汇。外汇是国际贸易的产物,是国际贸易清偿的支付手段。目前我国外汇买卖业务的种类包括:A. 即期外汇买卖,是指交易双方按当天的外汇市场的即期汇率成交,并在交易日以后第二个工作日进行交割的外汇交易;B. 远期外汇买卖,是指买卖双方按外

汇合同约定的汇率,在约定的期限进行交割的外汇交易;C. 调期外汇买卖,进行两笔外汇买卖,一笔为即期,一笔为远期,金额相等,买卖货币方向对调;D. 期权外汇买卖,实际上是一种权利的买卖。

②有价证券。有价证券是指设定并证明持券人有取得一定财产权利的书面凭证。有价证券所代表的一定权利与记载该权利的书面凭证合二为一,权利人行使权利,原则上不得离开证券进行。

③非货物期货。期货分为货物期货和非货物期货。货物期货一般是指贵重金属期货(如铜),农副产品期货(如大豆)和能源期货(如原油)。非货物期货是指货物期货以外的期货,如股指期货、利率期货、外汇期货。对非货物期货买卖应当征收营业税。

④其他金融商品。其他金融商品是指除外汇、有价证券、期货以外的金融商品,主要包括金融衍生品。

(4) 融资租赁以其向承租者收取的全部价款和价外费用(包括残值)减去出租方承担的出租货物的实际成本后的余额,以直线法折算出本期的营业额。

计算方法为:

本期营业额=(应收取的全部价款和价外费用-实际成本)×本期天数÷总天数

以上所称出租货物的实际成本,包括由出租方承担的货物的购入价、关税、增值税、消费税、运杂费、安装费、保险费和贷款的利息(包括外汇借款和人民币借款利息)。

(5) 金融企业买卖金融商品(包括股票、债券、外汇及其他金融商品,下同),可在同一会计年度末,将不同纳税期出现的正差和负差按同一会计年度汇总的方式计算并缴纳营业税。如果汇总计算应缴的营业税税额小于本年已缴纳的营业税税额,可以向税务机关申请办理退税,但不得将一个会计年度内汇总后仍为负差的部分结转下一会计年度。

金融企业(包括银行和非银行金融机构,下同)从事股票、债券买卖业务以股票、债券的卖出价减去买入价后的余额为营业额。买入价依照财务会计制度规定,以股票、债券的购入价减去股票、债券持有期间取得的股票、债券红利收入的余额确定。

(6) 金融经纪业务和其他金融业务(中间业务)营业额为手续费(佣金)类的全部收入。金融企业从事受托收款业务,如代收电话费、水电煤气费、信息费、学杂费、寻呼费、社保统筹费、交通违章罚款、税款等,以全部收入减去支付给委托方价款后的余额为营业额。

(7) 保险业以收取的全部保费为营业额。保险业实行分保险的,初保业务以全部保费收入减去付给分保人的保费后的余额为营业额。

金融保险业应纳营业税额=金融保险业计税营业额×5%

(四) 邮电通信业应纳税额的计算

邮电通信业的计税营业额包括邮政业务的营业额、邮政储蓄业务的营业额和电信业务的营业额。

邮政业务的营业额是指函件、包件、汇费、出售各种邮务物品的收入、发行报刊的收入以及其他邮政业务的收入。

邮政储蓄业务的营业额是指邮局从事储蓄业务实际取得的营业额。包括储蓄业务的利差收入、储蓄异地存取汇费、电传费及查询费收入。

电信业务的营业额是指电报、电话、电传、电话机安装及出售电信物品等电信业务收入。

$$邮电通信业应纳营业税额＝邮电通信业计税营业额×3\%$$

（五）文化体育业应纳税额的计算

文化体育业的计税营业额为从事文化、体育业而取得的营业收入额。

单位或个人进行演出，以全部票价收入或者包场收入减去付给提供演出场所的单位、演出公司或者经纪人的费用后的余额为营业额。

经营游览场所的营业额为取得的门票收入。

$$文化体育业应纳营业税额＝文化体育业计税营业额×3\%$$

（六）旅游业应纳税额的计算

旅游业的营业额为纳税人提供各种旅游服务而取得的收入。

旅游企业组织旅游团在境内旅游的，以全部收费减去为旅游者支付给其他单位的食、宿、交通费后的余额为营业额。

旅游企业组织旅游团到中华人民共和国境外旅游，在境外改由其他旅游企业接团的，以全程旅游费减去付给该接团企业的旅游费后的余额为营业额。

$$旅游业应纳营业税额＝旅游业计税营业额×5\%$$

【例4-1】

某旅游公司组织100人旅游团去武汉旅游，每人收取旅游费800元，旅游中由公司支付每人房费140元，餐费160元，交通费130元，门票等费用70元。

应纳税营业额＝(800－140－160－130－70)×100＝300×100＝30 000(元)

应纳营业税额＝30 000×5%＝1 500(元)

（七）娱乐业应纳税额的计算

娱乐业的营业额为经营娱乐业收取的全部价款和价外费用，包括门票收费、台位费、点歌费、烟酒、饮料、茶水、鲜花、小吃等收费及经营娱乐业的其他各项收费。

$$娱乐业应纳营业税额＝娱乐业计税营业额×适用税率$$

【例4-2】

某市娱乐城2010年1月份歌厅收入50 000元，保龄球馆收入30 000元，餐饮部收入100 000元，计算该娱乐城当月应缴纳营业税。

50 000×20%＋30 000×5%＋100 000×5%＝16 500(元)

（八）服务业应纳税额的计算

服务业的计税营业额是指各种服务业的营业额，包括纳税人提供代理业、旅店业、饮食业、旅游业、仓储业、租赁业、广告业或其他服务业的应税劳务向对方收取的全部价款和价外费用。具体是指：

(1) 广告业的营业额为纳税人提供广告服务而取得的收入。

(2) 代理业的营业额为纳税人从事代理业务向委托方实际收取的报酬。

(3) 饮食业的营业额为纳税人提供饮食服务所收取的全部收入。

(4) 租赁业、仓储业等其他服务均为向客户收取的全额费用。

(5) 纳税人采用清包工形式提供的装饰劳务，按照其向客户实际收取的人工费、管理费和辅助材料费等收入（不含客户自行采购的材料价款和设备价款）确认计税营业额。以清包工形式提供的装饰劳务是指，工程所需的主要原材料和设备由客户自行采购，纳税人只向客户收取人工费、管理费及辅助材料费等费用的装饰劳务。

服务业应纳营业税额＝服务业计税营业额×5%

二、销售不动产、转让无形资产应纳税额的计算

（一）销售不动产应纳税额的计算

销售不动产业务的计税营业额是指纳税人销售不动产所取得的销售额，即向对方收取的全部价款及价外费用。

(1) 将不动产无偿赠与他人，视同销售不动产；

(2) 以不动产投资入股，参与受资方的利润分配，其不动产转让行为不征营业税，但该股权转让时，其股权转让额为计税营业额。

单位和个人销售或转让其购置的不动产或受让的土地使用权，以全部收入减去不动产或土地使用权的购置或受让原价后的余额为营业额。对销售自建建筑物，应按销售全额计算征收营业税。单位和个人销售或转让抵债所得的不动产、土地使用权的，以全部收入减去抵债时该项不动产或土地使用权作价后的余额为营业额。

销售不动产应纳营业税额＝销售不动产计税营业额×5%

【例4-3】

某房屋开发企业自建10栋住宅楼后出售，每栋楼造价为300万元，税务机关核定成本利润率为10%。出售时共取得价款5 000万元，则应纳营业税为：

①自建住宅应纳营业税

$300×(1+10\%)/(1-3\%)×3\%×10=102$（万元）

②出售住宅应纳营业税

$5\,000×5\%=250$（万元）

（二）转让无形资产应纳税额的计算

转让无形资产的计税营业额为转让无形资产所取得的全部收入，包括货币资金、实物和其他经济利益。

(1) 从事转让土地使用权、商标权、专利权、非专利技术、著作权和商誉等项目，以

取得的转让收入额为计税营业额。

(2) 以无形资产投资入股，参与受资方的利润分配且共同承担投资风险，其无形资产的转让行为不征营业税；但转让该股权时，其股权转让额应作为计税营业额计征营业税。

(3) 转让无形资产的同时发生的货物销售行为，按规定一并征收营业税。

$$转让无形资产应纳营业税额 = 转让无形资产计税营业额 \times 5\%$$

三、发生退款减除营业额时应纳税额的计算

纳税人的营业额计算缴纳营业税后因发生退款减除营业额的，应当退还已缴纳营业税税款或者从纳税人以后的应缴纳营业税税额中减除。

纳税人在经营过程中发生退款行为时，已征税的退款可以冲减应纳税额或者作退税处理。这里并不是所有退款行为都可以冲减应纳税额或者作退税处理，只有发生了应税行为撤销或者终止等情况而发生的退款，才能按上述规定处理。

四、在同一张发票上注明折扣时应纳税额的计算

纳税人发生应税行为，如果将价款与折扣额在同一张发票上注明的，以折扣后的价款为营业税；如果将折扣额另开发票的，不论其在财务上如何处理，均不得从营业额中扣除。

折扣与折让的区别：

(1) 销售折扣。销售折扣是指销货方根据购货方采购数量、货款支付时间及商品实际情况给予购货方的一种价格优惠。销售折扣分为商业折扣和现金折扣。商业折扣是指销货方为了促进销售，在商品价目单原定价格的基础上给予购货方的价格扣除。现金折扣是指销货方在采用赊销方式销售货物或提供劳务时，为了鼓励购货方及早偿还货款，按协议许诺给予购货方的一种债务扣除。

(2) 销售折让。销售折让是指销货方因售出货物的质量等原因给予购货方的一种价格减让。销售折让实质是原销售额的减少。折扣仅指商业折扣，对现金折扣和销售折让都不适用。折扣额能否扣除的关键在于是否与营业额在一张发票上反映，即如果将价款与折扣额在同一张发票上注明的，以折扣后的价款为营业额；如果将折扣额另开发票的，不论其在财务上如何处理，均不得从营业额中扣除。

特别需要注意，给予对方折扣或折让填写发票时，不得填写在备注栏中，否则按全额计算营业额缴纳税款。

另外，营业税暂行条例实施细则中明确了合法有效凭证的相关概念，即符合国务院税务主管部门有关规定的凭证（以下统称合法有效凭证）。具体是指：

(1) 支付给境内单位或者个人的款项，且该单位或者个人发生的行为属于营业税或者增值税征收范围的，以该单位或者个人开具的发票为合法有效凭证；

(2) 支付的行政事业性收费或者政府性基金，以开具的财政票据为合法有效凭证；

(3) 支付给境外单位或者个人的款项，以该单位或者个人的签收单据为合法有效凭证，税务机关对签收单据有疑义的，可以要求其提供境外公证机构的确认证明；

(4) 国家税务总局规定的其他合法有效凭证。

第五节 营业税的会计处理

一、提供应税劳务缴纳营业税的账务处理

应税劳务是指属于应缴营业税的交通运输业、建筑业、金融保险业、邮电通信业、文化体育业、娱乐业、服务业税目征收范围的劳务。企业应设置"应交税费——应交营业税"科目。计提营业税金，借记"营业税金及附加"科目，贷记"应交税费——应交营业税"科目；月末结转"营业税金及附加"账户余额时，借记"本年利润"科目，贷记"营业税金及附加"科目；企业缴纳营业税时，借记"应交税费——应交营业税"科目，贷记"银行存款"科目。

1. 交通运输业、邮电通信业、文化体育业、娱乐业、服务业

交通运输业、邮电通信业、文化体育业、娱乐业、服务业在取得应税收入时，借记"银行存款"、"应收账款"等科目，贷记"主营业务收入"、"其他业务收入"等科目。

企业提供劳务的种类很多，其交易结果有的能够可靠估计，有的不能可靠估计。交易结果能够可靠估计的劳务，有的一次（当日）就能完成，有的则需要经过一段时间才能完成，按持续的时间的长短不同，又可分为同一月份完成和跨月份完成。

（1）在同一会计期间内开始并完成的劳务，应在劳务完成时确认收入，确认的金额为合同或协议总金额，确认方法可参照商品销售收入的确认原则。

对于一次就能完成的劳务，企业应在提供劳务完成时按所确定的收入金额，借记"应收账款"、"银行存款"等科目，贷记"主营业务收入"等科目；对于发生的有关支出，借记"主营业务成本"等科目，贷记"银行存款"等科目。对于持续一段时间在同一会计期间内开始并完成的劳务，企业应在提供劳务完成时确认收入。有关支出确认为费用之前，企业可增设"劳务成本"科目予以归集，待确认为费用时，再借记"主营业务成本"科目，贷记"劳务成本"科目。

（2）劳务的开始和完成分属不同的会计期间，且在资产负债表日能对该项交易的结果作出可靠估计的，应按完工百分比法确认收入。

（3）企业在资产负债表日，不能可靠地估计所提供劳务的交易结果时，如果已经发生的劳务成本预计能够得到补偿，应按已收或预计能够收回的金额确认提供劳务收入，并结转已经发生的劳务成本；如果已经发生的劳务成本预计全部不能得到补偿，应将已经发生的成本确认为当期损益，不确认提供劳务收入。

2. 建筑业

建筑施工企业会计核算有所不同。设置"工程施工"、"机械作业"、"工程结算"账户。"工程施工"相当于生产企业的"生产成本"科目，主要核算各项成本及毛利，下面设置"合同成本"和"毛利"两个二级明细科目。"机械作业"科目主要是针对建筑企业单独的设备管理部门为各项目提供设备发生的费用及内部结算的台班费的核算。相当于

制造业的"辅助生产成本"科目。"工程结算"核算企业根据建造合同约定向业主办理结算的合计金额。有所属内部独立核算单位的企业,可以增设"拨付所属资金"科目;附属单位可以相应增设"上级拨入资金"科目。

建造合同,是指为建造一项或数项在设计、技术、功能、最终用途等方面密切相关的资产而订立的合同。建造合同分为固定造价合同和成本加成合同。在资产负债表日,建造合同的结果能够可靠估计的,应当根据完工百分比法确认合同收入和合同费用。建造合同的结果不能可靠估计的,应当分别下列情况处理:

(1) 合同成本能够收回的,合同收入根据能够收回的实际合同成本予以确认,合同成本在其发生的当期确认为合同费用。

(2) 合同成本不可能收回的,在发生时立即确认为合同费用,不确认合同收入。

3. 金融保险业

银行收到客户存入的款项,应按实际收到的金额,借记"存放中央银行款项"等科目,贷记"吸收存款(本金)"。资产负债表日,应按摊余成本和实际利率计算确定的存入资金的利息费用,借记"利息支出"科目,按合同利率计算确定的应付未付利息,贷记"应付利息"科目。发放贷款应按贷款的合同本金,借记"贷款(本金)",按实际支付的金额,贷记"吸收存款"、"存放中央银行款项"等科目。资产负债表日,应按贷款的合同本金和合同利率计算确定的应收未收利息,借记"应收利息"科目,按贷款的摊余成本和实际利率计算确定的利息收入,贷记"利息收入"科目。

应收未收利息超过核算期限90天或本金到期未收回可以减除。金融企业发放贷款后,凡在规定的应收未收利息核算期内发生的应收利息,均应按规定申报缴纳营业税;贷款应收利息自结息之日起,超过应收未收利息核算期限或贷款本金到期后尚未收回的,按照实际收到利息申报缴纳营业税。在90天贷款核算期内应该实行权责发生制,90天以上时采用收付实现制。

保险公司确认的原保险合同保费收入,借记"应收保费"、"预收保费"、"银行存款"、"库存现金"等科目,贷记保费收入。企业在确定支付赔付款项金额或实际发生理赔费用的当期,借记赔付支出,贷记"银行存款"、"库存现金"等科目。

二、销售不动产的账务处理

企业销售不动产,结转固定资产净值,借记"固定资产清理"科目,结转已提折旧,借记"累计折旧"科目,结转固定资产原价,贷记"固定资产"科目。按其收取的全部收入,借记"银行存款"科目,贷记"固定资产清理"科目。发生的固定资产清理费用,借记"固定资产清理"科目,贷记"银行存款"科目。按计算的营业税借记"固定资产清理"科目,贷记"应交税费"科目。销售不动产的净收益借记"固定资产清理"科目,贷记"营业外收入——处理固定资产净收益"科目;净损失转入借记"营业外支出——处理固定资产净损失"科目,贷记"固定资产清理"科目。

房地产开发企业根据管理要求,可以设置"开发成本"、"开发间接费用"、"开发产品"科目;"开发成本"相当于生产企业的"生产成本"科目。"开发间接费用"相当于生产企业的"制造费用"科目。"开发产品"相当于生产企业的"库存商品"科目。

三、转让无形资产的账务处理

出售无形资产时,应按实际收到的金额,借记"银行存款"等科目;按已摊销的累计摊销额,借记"累计摊销"科目;原已计提减值准备的,借记"无形资产减值准备"科目;按应支付的相关税费,贷记"应交税费"等科目;按其账面余额,贷记"无形资产"科目,按其差额,贷记"营业外收入——处置流动资产利得"科目或借记"营业外支出——处置非流动资产损失"科目。出租无形资产时,取得的租金收入,借记"银行存款"等科目,贷记"其他业务收入"等科目;摊销出租无形资产时,借记"其他业务成本"科目,贷记"累计摊销"科目。计算出租无形资产应交的营业税,借记"营业税金及附加"科目,贷记"应交税费——应交营业税"科目。

【例4-4】

某建筑公司签订一固定造价合同3 000万元。第一年年底,实际发生成本1 200万元,预计尚需发生成本800万元。第一年结算金额1 000万元,实际收到900万元。营业税金及附加合计3.36%。该建筑公司账务处理如下:

借:工程施工——合同成本	12 000 000
贷:原材料/应付职工薪酬/机械作业	12 000 000
借:应收账款	10 000 000
贷:工程结算	10 000 000
借:银行存款	9 000 000
贷:应收账款	9 000 000

完工程度=1 200÷2 000×100%=60%

税金=1 000×3%(1+7%+3%+2%)=33.6(万元)

借:应交税费	336 000
贷:银行存款	336 000
借:主营业务成本	12 000 000
工程施工——合同毛利	6 000 000
贷:主营业务收入	18 000 000
借:营业税金及附加(1 800×3.36%)	604 800
贷:应交税费	604 800

第二年完工,实际发生成本800万元。第二年结算金额2 000万元,实际收到2 100万元。

借:工程施工——合同成本	8 000 000
贷:原材料/应付职工薪酬/机械作业	8 000 000
借:应收账款	20 000 000
贷:工程结算	20 000 000
借:银行存款	21 000 000
贷:应收账款	21 000 000

营业税金及附加＝2 000×3‰(1＋7%＋3%＋2%)＝67.2(万元)

借：应交税费　　　　　　　　　　　　　　　　　　　　　672 000
　　贷：银行存款　　　　　　　　　　　　　　　　　　　　672 000
借：主营业务成本　　　　　　　　　　　　　　　　　　　8 000 000
　　工程施工——合同毛利　　　　　　　　　　　　　　　4 000 000
　　贷：主营业务收入　　　　　　　　　　　　　　　　　12 000 000
借：营业税金及附加（1 200×3.36%）　　　　　　　　　　　403 200
　　贷：应交税费　　　　　　　　　　　　　　　　　　　　403 200
借：工程结算　　　　　　　　　　　　　　　　　　　　　30 000 000
　　贷：工程施工——合同成本　　　　　　　　　　　　　20 000 000
　　　　　　　　——合同毛利　　　　　　　　　　　　　10 000 000

【例4-5】

某旅行社2012年7月共获得主营业务收入1 600 000元。企业的主营业务收入中，包括支付给其他单位的房费、餐费、交通、门票等代付费用420 000元。旅行社组织赴俄罗斯旅游团5个，共200人，每人收取费用2 000元，到俄罗斯后改由当地旅行社接团，共支付给接团社旅游费220 000元。将其拥有的一项无形资产使用权转让给某单位，共取得价款220 000元。该旅行社按税务机关核定以10日为一期纳税，以上月税款为基数预缴，月度终了后申报纳税。企业6月份营业税税款为45 000元。

（1）预缴营业税：企业于11日、21日、31日预缴1—10日、11—20日、21—31日企业应缴的营业税时，应分别作如下会计分录：

借：应交税费——应交营业税（45 000÷3）　　　　　　　　15 000
　　贷：银行存款　　　　　　　　　　　　　　　　　　　　15 000

（2）计算属于"服务业"税目营业收入应纳的营业税

营业额＝1 600 000－420 000－220 000＝960 000(元)
应纳税额＝960 000×5%＝48 000(元)

借：营业税金及附加　　　　　　　　　　　　　　　　　　48 000
　　贷：应交税费——应交营业税　　　　　　　　　　　　　48 000

（3）计算属于"转让无形资产"税目的应纳营业税

应纳税额＝220 000×5%＝11 000(元)

借：营业税金及附加　　　　　　　　　　　　　　　　　　11 000
　　贷：应交税费——应交营业税　　　　　　　　　　　　　11 000

【例4-6】

甲公司将某专利的所有权出售给乙公司，该专利的入账价值为80 000元，累计摊销6 000元，已计提的无形资产减值准备为10 000元，转让收入为100 000元，款项已存入银行。应交的营业税为 5 000 元。

甲公司编制会计分录：

借：银行存款	100 000
无形资产减值准备	10 000
累计摊销	6 000
贷：无形资产	80 000
应交税费——应交营业税	5 000
营业外收入——处置非流动资产利得	31 000

【例 4-7】

甲公司出售一座厂房，原始价值 3 000 000 元，已提折旧 500 000 元，该厂房已计提固定资产减值准备 100 000 元，支付清理费用 40 000 元，出售收入为 2 900 000 元，营业税税率为 5%。

甲公司编制会计分录：

(1) 注销固定资产原值和已提折旧

借：固定资产清理	2 500 000
累计折旧	500 000
贷：固定资产	3 000 000

(2) 结转固定资产减值准备

借：固定资产减值准备	100 000
贷：固定资产清理	100 000

(3) 支付清理费用

借：固定资产清理	40 000
贷：银行存款	40 000

(4) 收回出售价款

借：银行存款	2 900 000
贷：固定资产清理	2 900 000

(5) 计算应缴纳的营业税

借：固定资产清理（2 900 000×5%）	145 000
贷：应交税费——应交营业税	145 000

(6) 结转固定资产清理后的净收益

借：固定资产清理	315 000
贷：营业外收入	315 000

【例 4-8】

某房地产开发有限公司于 2008 年 1 月开发了"银河湾"项目，整个工程于 2008 年年底全部竣工决算并交付使用。在项目竣工前，预售开发产品取得收入 4 000 万元，项目竣工后，商品房全部售出取得收入 6 000 万元。房地产开发成本 2 400 万元，该公司营业税税率为5%，城市维护建设税税率为7%，教育费附加征收率为3%。

(1) 收到预收房款时

借：银行存款	40 000 000
贷：预收账款	40 000 000

(2) 预缴各项税费时

借：应交税费——应交营业税	2 000 000
——应交城市维护建设税	140 000
——教育费附加	60 000
贷：银行存款	2 200 000

(3) 实现收入办理结算时

借：预收账款	40 000 000
银行存款	20 000 000
贷：主营业务收入	60 000 000
借：主营业务成本	24 000 000
贷：开发产品	24 000 000

(4) 结算整个工程项目应缴纳营业税金及附加

整个工程项目应缴纳营业税金及附加 $=6\,000\times 5\%\times(1+7\%+3\%)$
$\qquad\qquad\qquad\qquad =330$（万元）

应补缴营业税 $=6\,000\times 5\%-200=100$（万元）

应补缴城市维护建设税 $=6\,000\times 5\%\times 7\%-14=7$（万元）

应补缴教育费附加 $=6\,000\times 5\%\times 3\%-6=3$（万元）

借：营业税金及附加	3 300 000
贷：应交税费——应交营业税	3 000 000
——应交城市维护建设税	210 000
——应交教育费附加	90 000

(5) 补缴各项税费时

借：应交税费——应交营业税	1 000 000
——应交城市维护建设税	70 000
——应交教育费附加	30 000
贷：银行存款	1 100 000

第六节 营业税的纳税申报

一、营业税纳税申报表

营业税纳税申报表如表4—2所示。

表 4-2　营业税纳税申报表（适用于查账征收的营业税纳税人）

税目	行次	营业额				应税减除项目金额	应税营业额	免税收入	税率(%)	本期税款计算			期初欠缴税额	期初前期多缴税额	本期已缴税额			本期应缴税额计算		
		应税收入	小计	前期多缴营业额冲减	事后审批减免	其他					小计	本期应纳税额	本期免(减)税额			小计	已缴本期应纳税额	本期已被扣缴税额	本期已缴欠缴税额	小计	本期期末应缴税额	本期期末欠缴税额
		1	2=3+4+5	3	4	5	6	7=1-6	8	9	10=11+12	11=7×9	12=8×9	13	14=2×9	15=16+17+18	16	17	18	19=20+21	20=11-14-16-17	21=13-18
交通运输业	1																					
建筑业	2																					
邮电通信业	3																					
服务业	4																					
娱乐业 5%税率	5																					
娱乐业 10%税率	6																					
娱乐业 20%税率	7																					
金融保险业	8																					
文化体育业	9																					
销售不动产	10																					
转让无形资产	11																					
	12																					
	13																					
合计	14																					
代扣代缴项目	15																					
	16																					
总计	17																					

二、营业税纳税申报表填表说明

（1）根据《中华人民共和国税收征收管理法》及其实施细则、《中华人民共和国营业税暂行条例》的有关规定，制定本表。

（2）本表适用于除经主管税务机关核准实行简易申报方式以外的所有营业税纳税人（以下简称纳税人）。

（3）本表"纳税人识别号"栏，填写税务机关为纳税人确定的识别号，即税务登记证号码。

（4）本表"电脑代码"栏，填写税务机关为纳税人确定的电脑编码。

（5）本表"纳税人名称"栏，填写纳税人单位名称全称，并加盖公章，不得填写简称。

（6）本表"税款所属时间"填写纳税人申报的营业税应纳税额的所属时间，应填写具体的起止年、月、日。

（7）本表"填表日期"填写纳税人填写本表的具体日期。

（8）本表"建筑业"行应按营业税纳税地点的规定，填报本期在本市缴纳营业税税款所应申报的事项。以下除特别指明外，本表"建筑业"行各栏目数据为《建筑业营业税纳税申报表》"本地提供建筑业应税劳务申报事项"中"合计"行各相应栏数据。

（9）本表"娱乐业"行应区分不同的娱乐业税率填报申报事项。

（10）本表"代扣代缴项目"行应填报纳税人本期按照现行规定因在本市发生代扣代缴行为所应申报的事项，分不同税率填报。

（11）本表所有栏次数据均不包括本期纳税人经税务机关、财政、审计部门检查发生的相关数据。

（12）纳税人自查发现的问题，如属于应税营业额计算错误、应税项目适用错误等而多缴的税款，通过退税申请受理解决，不在本表填列；如属于纳税人因未申报而补充申报的事项，仍利用此表，其所属时期应为纳税人自查发现问题的当期。

（13）本表第1栏"应税收入"填写纳税人本期因提供营业税应税劳务、转让无形资产或者销售不动产所取得的全部价款和价外费用（不包括免税收入），分营业税税目填报，本栏数据为各相应税目营业税纳税申报表中"应税收入"栏的"合计"数。纳税人提供营业税应税劳务、转让无形资产或者销售不动产发生退款或因财务会计核算办法改变冲减营业额时，不在本栏次调减。

（14）本表第2栏"小计"填写"前期多缴项目营业额"项下"营业额冲减"、"事后审批减免"、"其他"栏的合计数。

（15）本表第3栏"营业额冲减"填写纳税人本期由于发生退款或因财务会计核算办法改变而冲减的营业额。本栏数据为相应税目营业税纳税申报表中"营业额冲减"栏的"合计"数。

（16）本表第4栏"事后审批减免"填写纳税人前期已纳税的营业额中，由于减免税事后审批而多缴营业税的营业额。本栏数据为各相应税目营业税纳税申报表中"事后审批减免"栏的"合计"数。

（17）本表第5栏"其他"填写纳税人上期申报中，与未抵扣完的税款对应的营业额

(参见本说明第 32 条)。本栏数据为各相应税目营业税纳税申报表中"其他"栏的"合计"数。

（18）本表第 6 栏"应税减除项目金额"填写纳税人本期提供营业税应税劳务、转让无形资产或者销售不动产所取得的应税收入中按规定可减除的项目金额，分营业税税目填报，本栏数据为相应税目营业税纳税申报表中"应税减除项目金额"栏（或"应税减除项目金额"栏中"小计"项）的"合计"数。减除项目的扣除应实行与营业收入相匹配的原则，纳税人提供营业税应税劳务、转让无形资产或销售不动产的，凡应按差额征税的，除各税目另有特殊规定外，原则上以取得发票或合法有效原始凭证作为填列的依据。

本栏各行次数据填写时不得大于同行次的"应税收入"。本栏各行次数据等于《营业税营业额减除项目汇总表》中各相应税目"小计"行"本期实际减除金额"栏数据。

同时，为加强减除项目的管理，纳税人应按照营业税营业额减除项目明细表（以下简称"明细表"）的要求（交通运输业纳税人填报货物运输业营业额减除项目清单），逐项填报需减除的减除项目，并根据明细表（货物运输业营业额减除项目清单）将有关数据在营业税营业额减除项目汇总表中汇总填列。

（19）本表第 7 栏"应税营业额"填写本期应缴营业税的营业额。本栏数据等于同行次的"应税收入"减"应税减除项目金额"。本栏数据不得小于零。

（20）本表第 8 栏"免税收入"应填写纳税人本期提供营业税应税劳务、转让无形资产或者销售不动产所取得的应税收入中不需税务机关审批可直接免缴税款的应税收入或已经税务机关批准的免税项目应税收入，分营业税税目填报，本栏数据为相应税目营业税纳税申报表中"免税收入"栏的"合计"数。

（21）本表第 9 栏"税率%"填写与各税目对应的税率。

（22）本表第 10 栏本期税款计算项"小计"等于同行次"本期应纳税额"、"免（减）税额"的合计数。

（23）本表第 11 栏"本期应纳税额"等于同行次"应税营业额"乘"税率%"。

（24）本表第 12 栏"免（减）税额"等于同行次"免税收入"乘"税率%"。

（25）本表第 13 栏"期初欠缴税额"填写截至本期（不含本期），纳税人经过纳税申报或报告、批准延期缴纳、税务机关核定等确定应纳税额后，超过法律、行政法规规定或者税务机关依照法律、行政法规规定确定的税款缴纳期限未缴纳的税款，分营业税税目填报，本栏数据为相应税目营业税纳税申报表中"期初欠缴税额"栏的"合计"数。

（26）本表第 14 栏"前期多缴税额"等于同行次第 2 栏"小计"乘"税率%"。

（27）本表第 15 栏本期已缴税额项"小计"等于同行次"已缴本期应纳税额"、"本期已被扣缴税额"、"本期已缴欠缴税额"的合计数。

（28）本表第 16 栏"已缴本期应纳税额"填写纳税人已缴的本期应纳营业税税额。该栏数据为相应税目营业税纳税申报表中"已缴本期应纳税额"栏的"合计"数。

（29）本表第 17 栏"本期已被扣缴税额"填写纳税人本期发生纳税义务，按现行税法规定被扣缴义务人扣缴的营业税额。本栏数据为相应税目营业税纳税申报表中"本期已被扣缴税额"栏的"合计"数

（30）本表第 18 栏"本期已缴欠缴税额"，填写纳税人本期缴纳的前期欠税，包括本期缴纳的前期经过纳税申报或报告、批准延期缴纳、税务机关核定等确定应纳税额后，超

过法律、行政法规规定或者税务机关依照法律、行政法规规定确定的税款缴纳期限未缴纳的税款。该栏数据为相应税目营业税纳税申报表中"本期已缴欠缴税额"栏的"合计"数。

(31) 本表第19栏本期应缴税额计算项"小计"等于同行次"本期期末应缴税额"、"本期期末应缴欠缴税额"栏的合计数

(32) 本表第20栏"本期期末应缴税额",填写纳税人本期期末应缴纳的营业税税款;本栏数据等于同行次"本期应纳税额"减"前期多缴税额"减"已缴本期应纳税额"减"本期已被扣缴税额",即相应税目营业税纳税申报表中"本期期末应缴税额"栏的"合计"数;本栏各行次数据出现负数时,填写为零。

(33) 本表第21栏"本期期末应缴欠缴税额",填写纳税人本期期末应缴欠缴的营业税税款。本栏数据等于同行次"期初欠缴税额"减"本期已缴欠缴税额",即相应税目营业税纳税申报表中"本期期末应缴欠缴税额"栏的"合计"数;本栏数据也是下期申报表第13栏"期初欠缴税额"的填报数。

思考和练习题

1. 20×7年年底,A建筑公司与B公司签订了一项总金额为1 000万元的房屋建造固定造价合同。工程已于20×8年1月初开工,合同约定于20×9年10月份完工,预计工程总成本为800万元。截至20×8年12月31日,该项目已经发生的成本为500万元,预计完成该合同还将发生成本300万元,已开票结算工程价款320万元,实际收到300万元。编制有关会计分录。

2. 某银行分行一季度贷款利息收入1 920 000元,手续费收入160 000元。编制计提、上缴营业税的会计分录。

3. 某房地产公司本月销售商品房1 000万元,货款存入银行。成本400万元。编制有关会计分录。

4. 某企业出租一项无形资产,取得款项500 000元已存入银行,适用的营业税税率为5%。根据经济业务,编制有关会计分录。

5. 某企业因搬迁,将原有房屋、建筑物及土地附着物转让给另一企业,作价8 000 000元,该不动产的账面原值21 000 000元,已累计折旧14 000 000元,清理费支出14 000元。编制有关会计分录。

6. 乙建筑公司以包工不包料的方式承包甲公司的一项建筑工程,该公司取得的工程价款为1 358万元,另外,该工程耗用甲公司提供的建筑材料、动力款600万元,同时甲公司给予建筑公司提前竣工奖42万元。计算乙公司应缴纳的营业税。

第五章 城市维护建设税和教育费附加会计

城市维护建设税（简称"城建税"）属于特定目的税，是国家为加强城市的维护建设，扩大和稳定城市维护建设资金的来源而采取的一项税收措施，对我国城市的开发、建设、维护和改造以及加速城市维护建设事业的发展都起着重要的作用。

第一节 城市维护建设税的基本内容

城市维护建设税法，是指国家制定的用以调整城市维护建设税征收与缴纳权利及义务关系的法律规范。现行城市维护建设税的基本规范，是1985年2月8日国务院发布并于同年1月1日实施的《中华人民共和国城市维护建设税暂行条例》（以下简称城建税暂行条例）。

一、纳税义务人

城市维护建设税的纳税义务人，是指负有缴纳增值税、营业税、消费税（简称"三税"）义务的单位和个人，包括国有企业、集体企业、私营企业、股份制企业、其他企业和行政单位、事业单位、军事单位、社会团体、其他单位，以及个体工商户及其他个人。

自2010年12月1日起，对外商投资企业和外国企业缴纳的"三税"征收城市维护建设税。

需要指出的是，进口货物的单位和个人，其进口的货物缴纳增值税（和消费税），但不缴纳城建税。这主要是因为，该货物没有享受城市公用事业和市政设施的好处。

二、征收范围

城市维护建设税的征收范围，包括城市、县城、建制镇、工矿区。应根据行政区划作为划分标准。

对"三税"实行先征后返、先征后退、即征即退办法的，除另有规定外，对随"三税"附征的城市维护建设税和教育费附加，一律不予退（返）还。

对"三税"补罚时，城建税也要补罚，但"三税"的滞纳金和罚款不作城建税的计税依据。对于因减免税而需要进行"三税"退库的,城市维护建设税也可同时退库。

第二节 城市维护建设税的税收优惠

纳税人按规定享受增值税、消费税、营业税减免优惠的,同时减免其城市维护建设税。海关代征消费税、增值税的进口产品,免征城市维护建设税。经税务机关批准免征增值税、消费税和营业税的,同时免征城市维护建设税。

城市维护建设税的税收优惠主要是减免税。按照现行规定,城市维护建设税的减免税规定主要如下。

一、民政福利企业

民政福利企业符合免征营业税的,同时免征城市维护建设税,符合返还所征增值税条件的,在返还已征增值税的同时返还附征的城市维护建设税。

二、海关代征税款

海关代征税款免税。海关对进口产品征收增值税、消费税的时候,不征收城市维护建设税;对出口产品退还增值税、消费税的时候,不退还已经缴纳的城市维护建设税。"三税"先征后返、先征后退、即征即退的,不退还城建税。

三、国家重大水利工程建设基金

自2010年5月25日起,对国家重大水利工程建设基金免征城市维护建设税和教育费附加。

四、黄金交易所会员单位

黄金交易所会员单位通过黄金交易所销售标准黄金(持有黄金交易所开具的"黄金交易结算凭证"),未发生实物交割的,免征增值税;发生实物交割的,由税务机关按照实际成交价格代开增值税专用发票,并实行增值税即征即退的政策,同时免征城市维护建设税、教育费附加。

五、关于支持和促进就业的税收政策

(1)对持《就业失业登记证》人员从事个体经营(除建筑业、娱乐业以及销售不动产、转让土地使用权、广告业、房屋中介、桑拿、按摩、网吧、氧吧外)的,在3年内以每户每年8 000元为限额依次扣减其当年实际应缴纳的营业税、城市维护建设税、教育费附加和个人所得税。

纳税人年度应缴纳税款小于上述扣减限额的,以其实际缴纳的税款为限;大于上述扣减限额的,应以上述扣减限额为限。其中,持《就业失业登记证》或《高校毕业生自主创业证》人员是指:

① 在人力资源和社会保障部门公共就业服务机构登记失业半年以上的人员。

② 零就业家庭、享受城市居民最低生活保障家庭劳动年龄内的登记失业人员。

③ 毕业年度内高校毕业生。高校毕业生是指实施高等学历教育的普通高等学校、成人高等学校毕业的学生；毕业年度是指毕业所在自然年，即1月1日至12月31日。

（2）对商贸企业、服务型企业（除广告业、房屋中介、典当、桑拿、按摩、氧吧外）、劳动就业服务企业中的加工型企业和街道社区具有加工性质的小型企业实体，在新增加的岗位中，当年新招用持《就业失业登记证》（注明"企业吸纳税收政策"）人员，与其签订1年以上劳动合同并依法缴纳社会保险费的，在3年内按实际招用人数予以定额依次扣减营业税、城市维护建设税、教育费附加和企业所得税优惠。定额标准为每人每年4 000元，可上下浮动20%，由各省、自治区、直辖市人民政府根据本地区实际情况在此幅度内确定具体定额标准，并报财政部和国家税务总局备案。

按上述标准计算的税收扣减额，应在企业当年实际应缴纳的营业税、城市维护建设税、教育费附加和企业所得税税额中扣减；当年扣减不足的，不得结转下年使用。服务型企业是指从事现行营业税"服务业"税目规定经营活动的企业。

上述税收优惠政策的审批期限为2011年1月1日至2013年12月31日，以纳税人到税务机关办理减免税手续之日起作为优惠政策起始时间。税收优惠政策在2013年12月31日未执行到期的，可继续享受至3年期满为止。下岗失业人员再就业税收优惠政策在2010年12月31日未执行到期的，可继续享受至3年期满为止。

第三节　城市维护建设税的计税依据与税率

一、计税依据

按照现行税法规定，城市维护建设税应以纳税人实际缴纳的"三税"为计税依据，与"三税"同时缴纳。按照规定，城市维护建设税以"三税"为计税依据，指的是"三税"的实缴税额，并不包括企业因为没有按期纳税所应缴纳的滞纳金或因违反税法规定而应缴纳的罚款。

供货企业向出口企业和市县外贸企业销售出口产品时，以增值税当期销项税额抵扣进项税额后的余额，计算缴纳城市维护建设税。

但对出口产品退还增值税、消费税的，不退还已缴纳的城市维护建设税。

自2010年12月1日起，统一内外资企业及个人城市维护建设税和教育费附加的征收，对外商投资企业、外国企业及外籍个人征收城市维护建设税和教育费附加。对上述外资企业2010年12月1日之前发生纳税义务的"三税"，不征收城市维护建设税和教育费附加。

二、税率

城市维护建设税的税率，是指纳税人应缴纳的城建税税额与纳税人实际缴纳的"三税"税额之间的比率。按纳税人所在地的不同，对城市维护建设税设置了3档地区差别比例税率，即：

（1）纳税人所在地在市区的，税率为7%；

(2) 纳税人所在地在县城、镇的,税率为5%;
(3) 纳税人所在地不在市区、县城或镇的,税率为1%。

按照规定,企业缴纳城市维护建设税的适用税率,一律按其纳税所在地的规定税率执行。县政府设在城市市区的,县属企业按市区的规定税率征收。纳税人所在地为工矿区的,应根据行政区划分别按照7%、5%、1%的税率计算纳税。

城市维护建设税,以纳税人实际缴纳的消费税、增值税、营业税税额为计税依据,分别与消费税、增值税、营业税同时缴纳。

第四节 城市维护建设税应纳税额的计算与会计处理

一、城市维护建设税应纳税额的计算

城市维护建设税的应纳税额大小由纳税人实际缴纳的"三税"税额决定,计算公式为:

应纳税额=计税依据×适用税率
　　　　=(企业实际缴纳的增值税+消费税+营业税)×适用税率

【例5-1】

北京某市区一家企业2010年10月份实际缴纳增值税600 000元,消费税25 000元,营业税175 000元。计算该企业应纳的城市维护建设税。

应纳城市维护建设税=(增值税+消费税+营业税)×税率
　　　　　　　　　=(600 000+25 000+175 000)×7%=56 000(元)

由于城市维护建设税实行纳税人所在地差别比例税率,所以在计算应纳税额时,应特别注意根据纳税人所在地来确定适用税率。

二、城市维护建设税的会计处理

企业应当在"应交税费"科目下设置"应交城市维护建设税"明细账户,用来核算企业应交城市维护建设税的发生和缴纳情况。该账户的贷方,反映企业按税法规定计算出的应当缴纳的城市维护建设税,借方反映企业实际向税务机关缴纳的城市维护建设税,余额在贷方,反映企业应交而未交的城市维护建设税。

计算应缴纳的城市维护建设税时,借记"营业税金及附加"科目,贷记"应交税费——应交城市维护建设税"科目;实际缴纳税款时,借记"应交税费——应交城市维护建设税"科目,贷记"银行存款"科目。如果出售固定资产和无形资产,则城市维护建设税和营业税一道计入营业外收支。

【例5-2】

某企业2010年2月底计算出本月应缴纳增值税300 000元,营业税20 000元。该企业

地处市区，计算该企业应缴纳的城市维护建设税。3月初向税务机关申报缴纳。

(1) 计算本月应交城市维护建设税

应纳城市维护建设税＝(300 000＋20 000)×7％＝22 400(元)

(2) 会计分录

借：营业税金及附加　　　　　　　　　　　　　　　　　　　　22 400
　　贷：应交税费——应交城市维护建设税　　　　　　　　　　22 400

(3) 实际缴纳时

借：应交税费——应交城市维护建设税　　　　　　　　　　　　22 400
　　贷：银行存款　　　　　　　　　　　　　　　　　　　　　22 400

【例5-3】

某市区一家企业出售一项商标权，所得价款为1 200 000元，该商标权成本为3 000 000元，出售时已摊销金额为2 100 000元。该企业账务处理如下：

借：银行存款　　　　　　　　　　　　　　　　　　　　　　1 200 000
　　累计摊销　　　　　　　　　　　　　　　　　　　　　　2 100 000
　　贷：无形资产——商标权　　　　　　　　　　　　　　　3 000 000
　　　　应交税费——应交营业税　　　　　　　　　　　　　　60 000
　　　　　　　　——应交城市维护建设税　　　　　　　　　　4 200
　　　　　　　　——应交教育费附加　　　　　　　　　　　　1 800
　　　　营业外收入——处置非流动资产利得　　　　　　　　　234 000

第五节　教育费附加与地方教育附加

一、教育费附加

教育费附加是国家为扶持教育事业发展，计征用于教育的政府性基金。1986年，国务院颁布《征收教育费附加的暂行规定》（国发〔1986〕50号），从1986年7月起，以各单位和个人实际缴纳的增值税、营业税、消费税总额的2％计征。2005年国务院《关于修改〈征收教育费附加的暂行规定〉的决定》规定从2005年10起，教育费附加率提高为3％，分别与增值税、营业税、消费税同时缴纳。教育附加费作为专项收入，由教育部门统筹安排使用。此外，一些地方政府为发展地方教育事业，还根据教育法的规定，开征了地方教育附加。

（一）教育费附加

教育费附加是对缴纳增值税、消费税、营业税的单位和个人，以其实际缴纳的税额为计算依据征收的一种附加费。教育费附加分别与增值税、消费税和营业税税款同时缴纳。

（二）教育费附加的征收范围与计征依据

1. 教育费附加的征收范围

教育费附加的征收范围为税法规定征收增值税、消费税、营业税的单位和个人。

2. 教育费附加的计征依据

教育费附加以纳税人实际缴纳的增值税、消费税和营业税税额之和为计征依据。

（三）教育费附加计征比率

现行教育费附加征收比率为3%。

（四）教育费附加的计算与缴纳

1. 教育费附加的计算公式

$$应纳教育费附加＝实际缴纳增值税、消费税、营业税税额之和×征收比率$$

2. 教育费附加的缴纳

教育费附加，以各单位和个人实际缴纳的增值税、营业税、消费税的税额为计征依据，教育费附加率为3%，分别与增值税、营业税、消费税同时缴纳。教育费附加的征收管理，按照消费税、增值税、营业税的有关规定办理。

（五）教育费附加的减免规定

教育费附加的减免原则上比照"三税"的减免规定。如果税法规定"三税"减免，则教育费附加也相应地减免。

（六）教育费附加的会计处理

企业缴纳的教育费附加，通过"应交税费——应交教育费附加"科目核算。与城市维护建设税核算相同。

计提时：

　　借：营业税金及附加

　　　　贷：应交税费——应交教育费附加

上缴教育费附加时：

　　借：应交税费——应交教育费附加

　　　　贷：银行存款

【例 5-4】

某县城一生产企业为增值税一般纳税人。5月份进口原材料一批，向海关缴纳进口环节增值税10万元；当月在国内销售甲产品缴纳增值税30万元、消费税50万元，由于缴纳消费税时超过纳税期限，被罚滞纳金1万元；本期出口乙产品一批，按规定退回增值税5万元。则：

(1) 该企业本期应缴纳的城建税＝(30＋50)×5%＝4（万元）

(2) 该企业本期应缴纳的教育费附加＝(30＋50)×3%＝2.4（万元）

二、地方教育附加

地方教育附加是指各省、自治区、直辖市根据国家有关规定，为实施"科教兴省"战略，增加地方教育的资金投入，促进地方教育事业发展，开征的一项政府基金。

按照地方教育附加使用管理规定，在省行政区域内，凡缴纳增值税、消费税、营业税的单位和个人，都应按规定缴纳地方教育附加。

地方教育附加，以单位和个人实际缴纳的增值税、消费税、营业税的税额为计征依据。与增值税、消费税、营业税同时计算征收。

财政部规定，地方教育附加征收标准统一为单位和个人实际缴纳的增值税、营业税和消费税税额的2％。

地方教育附加＝（增值税＋消费税＋营业税）×2％

2011年7月1日发布的《国务院关于进一步加大财政教育投入的意见》要求，全面开征地方教育附加，各地区要加强收入征管，依法足额征收，不得随意减免。

企业缴纳的地方教育附加，核算方法与教育费附加相同。

教育费附加与地方教育附加的不同在于：

其一，从征收依据看，教育费附加是根据《征收教育费附加的暂行规定》征收，主要是为了扩大地方教育经费的资金来源，根据我国《教育法》的规定，收入主要用于实施义务教育。而地方教育附加，是地方政府根据《教育法》和财政部有关通知要求，结合本地实际可以决定开征的属于地方政府性基金，专款专用。如《广东省地方教育附加征收使用管理暂行办法》就明确规定，该收入专项用于包括义务教育均衡发展，普及高中阶段教育以及职业技术教育学校（含技工学校）扩大规模和改善办学条件等，并对不同时期教育改革发展的中心任务和重点工作予以优先安排和重点保障，实现公共教育均等化建设目标。

其二，从征收时间上看，教育费附加从1986年7月1日起全国统一征收；地方教育附加各地有的开征，有的没开征。直到2011年11月财政部公布《关于统一地方教育附加政策有关问题的通知》明确要求：尚未开征地方教育附加的省份，省级财政部门应按照《教育法》的规定，根据本地区实际情况尽快研究制定开征地方教育附加的方案。此后，广东、上海等未开征的省、市决定自2012年1月1日起开征地方教育附加。

其三，从征收率看，教育费附加征收率为3％，地方教育附加征收率为2％。《通知》规定，已经财政部审批且征收标准低于2％的省份，应将地方教育附加的征收标准调整为2％。

其四，从财政收入的角度看，各地征收的教育费附加收入不进入省级财政，但地方教育附加收入要按固定比例与省分成，30％为省级收入缴入省级国库，70％为市、县级收入缴入市、县级国库。

教育费附加与地方教育附加的相同之处：

其一，征收对象和标准，均是缴纳增值税、营业税、消费税的单位和个人（包括外商投资企业、外国企业及外籍个人），按实际缴纳三税的税额来征收。

其二，征缴管理、退费等业务一致，均由各级地方税务部门负责征收，实行随税同征同管。

第六节 附加税费的纳税申报

（1）城市维护建设税、教育费附加和地方教育附加等附加税费的纳税义务发生时间与纳税期限与增值税、消费税、营业税相同，分别与增值税、营业税、消费税同时缴纳。

（2）附加税（费）纳税申报表如表 5-1 所示。

表 5-1　　　　　　　　　　　附加税（费）纳税申报表

纳税人识别号 4 2 0 0 4 4 4 4 4 4 6 6 6 6 6

纳税人名称：（公章）　　　　　　　　　税款所属期限：自　年　月　日至　年　月　日

填表日期：　年　月　日　　　　　　　　　　　　　　金额单位：元（列至角分）

计税依据（计征依据）		计税金额	税率（征收率）	本期应纳税额	本期已缴税额	本期应补（退）税额
		1	2	3=1×2	4	5=3-4
城市维护建设税	增值税		7%			
	消费税		7%			
	营业税		7%			
	合计		……			
教育费附加	增值税		3%			
	消费税		3%			
	营业税		3%			
	合计		……			
地方教育附加	增值税		1%			
	消费税		1%			
	营业税		1%			
	合计		……			

纳税人或代理人声明：此纳税申报表是根据国家税收法律的规定填报的，我确信它是真实的、可靠的、完整的。	如纳税人填报，由纳税人填写以下各栏				
	经办人（签章）	会计主管（签章）	王芳	法定代表人（签章）	王海
	如委托代理人填报，由代理人填写以下各栏				
	代理人名称			代理人（公章）	
	经办人（签章）				
	联系电话				

思考和练习题

1. 哪些税金的纳税期限与增值税相同？

2. 某企业 3 月份销售应税货物缴纳增值税 34 万元、消费税 12 万元；出售房产缴纳营业税 10 万元、土地增值税 4 万元。已知该企业所在地使用的城市维护建设税税率为 7%。计算应交的城市维护建设税。

3. 某企业 1 月份缴纳增值税 17 万元、消费税 30 万元、所得税 13 万元。按 7% 的税率计算应交的城市维护建设税。

4. 某工业企业处于某市市区，2010 年 4 月份实际缴纳增值税 15 000 元，消费税 5 000 元。编制城建税计算与缴纳的会计分录。

5. 某批发企业（位于市区），2011 年 2 月份进口一批化妆品，到岸价格 28 000 元，关税税率为 50%。海关对进口产品代征增值税、消费税的，不征收城市维护建设税。但对出口产品退还增值税、消费税的，不退还已缴纳的城市维护建设税。编制有关会计分录。

6. 某市一生产企业为增值税一般纳税人。8月份进口原材料一批，向海关缴纳进口环节增值税17万元、关税5万元；当月在国内销售甲产品缴纳增值税30万元、消费税50万元，由于缴纳消费税时超过纳税期限，被罚滞纳金1万元；本期出口乙产品一批，按规定退回增值税10万元。计算应交的城市维护建设税和教育费附加。

第六章 关税会计

关税法是指国家制定的调整关税征收与缴纳权利义务关系的法律规范。我国现行关税法律规范以全国人民代表大会 2000 年 7 月修正颁布的《中华人民共和国海关法》为法律依据，以国务院 2003 年 11 月发布的《中华人民共和国进出口关税条例》（以下简称关税条例）等为基本法规，由负责关税政策制定和征收管理的主管部门依据基本法规拟定的管理办法和实施细则为主要内容。

第一节 关税的基本内容

一、关税的概念

关税是世界各国普遍征收的一个税种。是指一国海关对进出境的货物或者物品征收的一种税。国境是一个主权国家的领土范围，关境指一个国家的关税法自主实施的领域。在不存在自由贸易港和贸易区的情况下，国境和关境是一致的，商品货物进出国境就是进出关境。但是当存在自由贸易港、贸易区或关税同盟国家在成员国之间免征关税的情况下，国境与关境的范围就会不一致。

我国准许进出口的货物、进境物品，除法律、行政法规另有规定外，海关依照关税条例规定征收进出口关税。国务院制定了《中华人民共和国进出口税则》（以下简称《进出口税则》）、《中华人民共和国进境物品进口税税率表》（以下简称《进境物品进口税税率表》），规定关税的税目、税则号列和税率，作为关税条例的组成部分。

二、关税的种类

（一）按征税对象划分

关税按征税对象划分为进口关税、出口关税和过境关税。

进口关税，是对进口的货物或物品征收的一种关税。一般是在货物或物品进入我国国（关）境或由海关保税仓库转出，投放国内市场时征收。

出口关税，是对出口货物或物品征收的一种关税。目前，发达国家已不征收出口关税。一些发展中国家，为了限制本国某些产品或自然资源的出口，或为了保护本国生产和本国市场供应，以及为了增加财政收入等原因，继续征收出口关税。

过境关税，是对运经本国国（关）境的外国货物征收的一种关税。从目前的发展趋势来看，过境关税阻碍国际贸易的发展，趋于消失。

（二）按征税标准划分

关税按征税标准划分为从量税、从价税、复合税、选择税、滑动税、差价税。

从量税，是指以货物的计量单位（重量、长度、面积、容积、数量等）作为征税标准，以每一计量单位应纳的关税金额作为税率征收的关税。

从价税，是以货物的价格作为征税标准而征收的关税。

复合税，是指在税则的同一税目中，定有从价和从量两种税率，征税时采用两种税率计征税款。

选择税，是指在税则的同一税目中，定有从价和从量两种税率，征税时由海关选择其中一种计征。

滑动税，是指在税则中预先按产品的价格高低分档制定若干不同的税率，然后根据进出口商品价格的变动而增减进出口税率的一种关税。

差价税，又称差额税，其税率是按照进口货物价格低于国内市场同类货物价格的差额来确定的。差价税通常没有规定税率，多根据进口货物状况进行计征。

（三）按征税性质划分

关税按征税性质划分为普通关税、优惠关税和差别关税。

普通关税，亦称一般关税，是对与本国没有签署贸易或经济互惠等友好协定的国家原产的货物征收的非优惠性关税。

优惠关税，是对他国输入产品的全部或部分以低于普通关税税率的标准课征的关税，包括特定优惠关税、普遍优惠关税和最惠国待遇三种。

差别关税，多是对他国输入货物的全部或部分按比普通关税税率高的标准征收的关税，包括加重关税、反补贴关税、反倾销关税和报复关税等。

（四）按征收目的划分

关税按征收目的划分，可分为财政关税、保护关税和混合关税。

（1）财政关税。凡征收关税的主要目的是为增加财政收入的，为财政关税。

（2）保护关税。凡征收关税的主要目的是保护国内经济的，为保护关税。

（3）混合关税。既有财政性质又有保护性质的，为混合关税。

财政关税在各国历史上曾占有重要地位，占财政收入的较大比重。在现代，财政关税的地位大为削弱，但在某些发展中国家，关税仍占财政收入的重要地位。保护关税通过对进口商品征高关税，来保护国内新兴产业不受外来竞争的威胁，或扩大国内市场和国际市场的占有率。保护关税税率越高，越能达到保护目的，但易造成关税壁垒。因此，在实务中，实行混合关税的国家最多。

（五）按计税标准划分

关税按计税标准不同，分为从价关税、从量关税、复合关税和选择关税。

（1）从价关税。即以货物的价格为计征标准而计算征收的税。从价关税的优点是税负较为合理，关税收入随货物价格的升降而增减；其不足之处是完税价格必须严格审定，手续比较复杂。从价关税是关税征收的主要形式。

（2）从量关税。是以货物的计量单位（重量）数量、体积为计征标准而计算征收的一种关税。从量关税的优点是无须审定货物的价格、品质、规格，计税简便，对廉价进口商品有较强的抑制作用。其缺点是对同一税目的商品，在规格、质量、价格相差较大的情况下，按同一定额税率计征，税额不够合理，且在价格变动的情况下，税收的收入不能随之增减。

（3）复合关税。即对同一种进口货物采用从价、从量两种标准课征的一种关税。课征时，或以从价税为主，加征从量税；或以从量税为主，加征从价税。计征手续较为烦琐，但在价格波动时，可以减少对财政收入的影响。

（4）选择关税。即在税则中对同一税目规定从价和从量两种税率，在征税时可由海关选择其中一种计征。一般是选择税额较高的一种。选择的基本原则是，在价格上涨时，使用从价税；在价格下跌时，使用从量税。

（六）按国家和输入情况不同划分

关税按国家和输入情况不同分为优惠关税和差别关税。

（1）优惠关税。优惠关税指对特定国家输入的商品以低于普通关税税率征收的关税，以示友好。优惠关税又可分为特定优惠关税、普遍优惠关税、最惠国待遇三种。

①特定优惠关税（特惠关税）。指某一国家对另一国家或某些国家对另外一些国家的进口商品给予特定优惠关税待遇，其他国家不得享受的一种关税制度。特惠关税的优惠对象不受最惠国待遇原则制约，其他国家不得根据最惠国待遇原则要求享受这种优惠待遇。

②普遍优惠关税（普惠关税）。指发达国家对发展中国家或地区输入的商品，特别是制成品和半制成品，普遍给予优惠的关税制度。普惠关税有普遍性、非歧视性和非互惠性三项基本原则。

③最惠国待遇。指缔约国一方现在或将来给予任何第三国的一切优惠待遇，同样也适用于对方。最惠国待遇是国际贸易协定中的一项重要内容，适用范围很广。需要注意的是，优惠是相对于一般关税税率而言的，因此最惠国待遇往往不是最优惠税率，在最惠国待遇之外，还有更低的税率。

（2）差别关税。差别关税是指对特定国家输入的商品以高于一般关税税率征收的关税，以示报复、惩罚。差别关税又分加重关税、抵销关税、报复关税和反倾销关税。

①加重关税。指由于某种原因，对某国商品或某种商品的输入，加重征收关税。典型的加重关税有国籍加重税和间接输入货物加重税。

②抵销关税。又叫"补贴关税"、"反补贴关税"，是对在其本国接受各种出口补贴的进口外国货物，所附加征收的一种关税，是差别关税的重要形式之一。其目的在于防止外国商品凭借出口补贴而得到价格优势，与本国商品争夺本国市场。值得注意的是，目前各国所采用的出口退税，属于退还国内税，不属于接受补贴。

③报复关税。指针对于某一国家对本国出口商品的不公正、不平等待遇，对该国输入本国的商品加重征收的关税。

④反倾销关税。是对外国的倾销商品，在征收正常进口关税的同时，附加征收的一种关税。它是差别关税的又一重要形式。如果某国将产品以低于生产成本的价格向其他国家推销，就有可能构成倾销，进口国就可以对倾销产品征收数量不超过倾销差价的反倾

销税。

三、关税纳税人

关税的纳税人包括：贸易性进出口货物的纳税人是进出口货物的收货人、发货人，进出口货物的代理人、进境物品的所有人是关税的纳税义务人。

非贸易性进出货物的纳税人，是指进出境物品的所有人，包括该物品的所有人和推定为所有人的人。一般情况下，对于携带进境的物品，推定其携带为所有人；对分离运输的行李，推定相应的进出境旅客为所有人；对以邮递方式进境的物品，推定其收件人为所有人；以邮递或其他运输方式出境的物品，推定其寄件人或托运人为所有人。

从中国境外采购进口的原产于中国境内的货物，由采购人缴纳进口关税。

由外贸企业代理出口业务，以委托企业为纳税人、外贸企业为扣缴义务人。

进境物品的纳税人包括：携带物品进境的入境人员、进境邮递物品的收件人、其他方式进口物品的收件人。

四、关税征收对象

关税的征税对象是准许进出境的货物和物品。货物是指贸易性商品；物品指入境旅客随身携带的行李物品、个人邮递物品、各种运输工具上的服务人员携带进口的自用物品、馈赠物品以及其他方式进境的个人物品。这里所称的个人自用物品不包括汽车、摩托车及其配件、附件，对进口应税个人自用汽车、摩托车及其配件、附件，以及超过海关规定自用合理数量部分的应税物品应按货物进口计征进口关税。

进出口货物的具体征税范围由进出口税则详细列示。进出口税则是一国政府根据国家关税政策和经济政策，通过一定的立法程序制定公布实施的进出口货物和物品的税目税率表。进出口税则将所有的商品分为若干大类，各类下再设章、目、子目，具体界定征收范围，制定相应的税率。

第二节 关税的税收优惠

一、法定减免税

法定减免税是税法中明确列出的减税或免税。

（一）免征关税

按照《中华人民共和国海关法》和《中华人民共和国进出口条例》规定，下列货物、物品可以免征关税：

(1) 关税税额在人民币 50 元以下的一票货物。
(2) 无商业价值的广告品和货样。
(3) 国际组织、外国政府无偿赠送的物资。
(4) 在海关放行前损失的货物。
(5) 进出境运输工具装载的途中必需的燃料、物料和饮食用品。

因品质或者规格原因,出口货物自出口之日起 1 年内原状复运进境的,不征收进口关税;因品质或者规格原则,进口货物自进口之日起 1 年内原状复运出境的,不征收出口关税。

(二)暂免关税

在进境或者出境时纳税义务人向海关缴纳相当于应纳税款的保证金或者提供其他担保的,可以暂不缴纳关税,并应当自进境或者出境之日起 6 个月内复运出境或者复运进境;经纳税义务人申请,海关可以根据海关总署的规定延长复运出境或者复运进境的期限:

(1) 在展览会、交易会、会议及类似活动中展示或者使用的货物。

(2) 文化、体育交流活动中使用的表演、比赛用品。

(3) 进行新闻报道或者摄制电影、电视节目使用的仪器、设备及用品。

(4) 开展科研、教学、医疗活动使用的仪器、设备及用品。

(5) 在上述(1)~(4)项所列活动中使用的交通工具及特种车辆。

(6) 货样。

(7) 供安装、调试、检测设备时使用的仪器、工具。

(8) 盛装货物的容器。

(9) 其他用于非商业目的的货物。

因残损、短少、品质不良或者规格不符原因,由进出口货物的发货人、承运人或者保险公司免费补偿或者更换的相同货物,进出口时不征收关税。被免费更换的原进口货物不退运出境或者原出口货物不退运进境的,海关应当对原进出口货物重新按照规定征收关税。

(10) 有下列情形之一的进口货物,经海关查明属实,可以酌情减免关税:

①在境外运输途中或者在起卸时,遭受损坏或者损失的;

②起卸后海关放行前,因不可抗力遭受损坏或者损失的;

③海关查验时已经破漏、损坏或者腐烂,经证明不是保管不慎造成的。

(三)申请退税

有下列情形之一的,纳税义务人自缴纳税款之日起 1 年内,可以申请退还关税,并应当以书面形式向海关说明理由,提供原缴款凭证及相关资料:

(1) 已征进口关税的货物,因品质或者规格原因,原状退货复运出境的。

(2) 已征出口关税的货物,因品质或规格原因,原状退货复运进境,并已重新缴纳因出口而退还的国内环节有关税收的。

(3) 已征出口关税的货物,因故未装运出口,申报退关的。海关应当自受理退税申请之日起 30 日内查实并通知纳税义务人办理退还手续。纳税义务人应当自收到通知之日起 3 个月内办理退税手续。

(4) 为境外厂商加工、装配成品和为制造外销产品而进口的原材料、辅料、零件、部件、配套件和包装物料,海关按照实际加工出口成品数量免征进口关税;或者对进口料、件先征进口关税,再按照实际加工出口的成品数量予以退税。

(四)其他情况

我国缔结或者参加的国际条约规定减征、免征关税的货物、物品,海关按照规定予以减免关税。法律规定减征、免征的其他货物。

二、特定减免税

特定减免税是指在前述的法定减免税范围以外,由国务院或者国务院授权的机关(财政部、国家税务总局、海关总署等)颁布的减免优惠规定,又称为政策性减免税。

这类减免主要是针对特定地区、特定企业或者有特定用途的进出口货物,其优惠措施有较强的时效性。主要优惠规定包括:

(一)关于大型环保及资源综合利用设备等重大技术装备进口税收政策

自 2010 年 6 月 1 日起,对符合规定条件的国内企业为生产国家支持发展的大型环保和资源综合利用设备、应急柴油发电机组、机场行李自动分拣系统、重型模锻液压机而确有必要进口的部分关键零部件、原材料,免征关税和进口环节增值税。

(二)关于边境地区一般贸易和边境小额贸易出口货物以人民币结算准予退(免)税的税收政策

自 2010 年 3 月 1 日起,以一般贸易或边境小额贸易方式从陆地指定口岸出口到接壤毗邻国家的货物,并采取银行转账人民币结算方式的,可享受应退税额全额出口退税政策。外汇管理部门对上述货物出具出口收汇核销单。以人民币现金结算方式出口的货物,不享受出口退税政策。陆地指定口岸是指经国家有关部门批准的边境口岸。

边境省份出口企业出口上述准予退税的货物后,除按现行出口退(免)税规定,提供有关出口退(免)税凭证外,还应提供结算银行转账人民币结算的银行入账单,按月向税务机关申请办理退(免)税或免抵退税手续。结算银行转账人民币结算的银行入账单应与外汇管理部门出具的出口收汇核销单(出口退税专用)相匹配。

(三)关于文化企业发展的税收政策

(1)自 2009 年 1 月 1 日至 2013 年 12 月 31 日,出口图书、报纸、期刊、音像制品、电子出版物、电影和电视完成片,按规定享受增值税出口退税政策。

(2)为生产重点文化产品而进口国内不能生产的自用设备及配套件、备件等,按现行税收政策有关规定,免征进口关税。

文化企业是指从事新闻出版、广播影视和文化艺术的企业。

(四)关于科技重大专项进口税收政策

自 2010 年 7 月 15 日起,对承担《国家中长期科学和技术发展规划纲要(2006—2020 年)》中科技重大专项项目(课题)的企业和大专院校、科研院所等事业单位使用中央财政拨款、地方财政资金、单位自筹资金以及其他渠道获得的资金进口项目(课题)所需国内不能生产的关键设备(含软件工具及技术)、零部件、原材料,免征进口关税和进口环节增值税。

(五)关于残疾人专用品

为了支持残疾人康复工作,有利于残疾人专用品进口,《残疾人专用品免征进口税收暂行规定》规定,进口特定的残疾人专用品,免征进口关税;有关单位进口的国内不能生产的残疾人专用品,按隶属关系经民政部或者中国残疾人联合会批准,并报海关总署审核后,免征进口关税。

(六)关于扶贫、慈善性捐赠物资

对境外捐赠人无偿向受赠人捐赠的直接用于扶贫、慈善事业的物资,免征进口关税和进口环节增值税。其中,所称扶贫、慈善事业是指非营利性的扶贫济困、慈善救助等社会慈善和福利事业;所称境外捐赠人是指中华人民共和国境外的自然人、法人或者其他组织;所称受赠人是指经国务院主管部门依法批准成立的,以人道救助和发展扶贫、慈善事业为宗旨的社会团体和国务院有关部门和各省、自治区、直辖市人民政府。

(七) 关于保税区进出口货物

为了创造完善的投资、运营环境,开展为出口贸易服务的加工整理、包装、运输、仓储、商品展出和转口贸易,国家在境内设立了保税区。

从境外进入保税区的货物,其进口关税和进口环节税收,除法律、行政法规另有规定外,按照下列规定办理:

(1) 区内生产性的基础设施建设项目所需的机器、设备和其他基建物资,予以免税;

(2) 区内企业自用的生产、管理设备和自用合理数量的办公用品及其所需的维修零配件,生产用燃料,建设生产厂房、仓储设施所需的物资、设备,予以免税;

(3) 保税区行政管理机构自用合理数量的管理设备和办公用品及其所需的维修零配件,予以免税;

(4) 区内企业为加工出口产品所需的原材料、零部件、元器件、包装物件,予以免税。

(八) 关于进料加工

进料加工是指国内有外贸经营权的单位用外汇购买进口原料、材料、辅料、元器件、配套件和包装物料加工成品或成品后再返销出口的业务。来料加工贸易是指外商提供全部原材料、辅料、零部件、元器件、配套件和包装物料,必要时提供设备,由承接方加工单位按外商的要求进行加工装配,成品交外商销售,承接方收取工缴费,外商提供的作价设备价款,承接方用工缴费偿还的业务。来料加工贸易和进料加工这两种加工贸易的共同之处在于原材料和元器件来自国外,加工后成品也销往国外市场。但两者有本质上的区别:

进料加工贸易中,进口料件和出口成品是两笔独立的交易,进料加工的企业需自筹资金从国外购入料件,然后自行向国外市场销售,而来料加工贸易则进、出为一笔交易的两个方面,料件和成品的所有权均由委托方所有,承接方无须支付进口费用也不承担销售风险。两者相比,进料加工贸易的收益大于来料加工贸易,但风险也较大。进料加工贸易,企业有自主权,根据自身的技术、设备和生产能力,选择市场上所适销商品进料加工。而来料加工贸易,则由委托方控制生产的品种、数量和销售地区。

(九) 关于生产企业开展对外承包工程业务出口货物退(免)税

属于增值税一般纳税人的生产企业开展对外承包工程业务而出口的货物,凡属于现有税收政策规定的特准退税范围,且按规定在财务上作销售账务处理的,无论是自产货物还是非自产货物,均统一实行免、抵、退税办法;凡属于国家明确规定不予退(免)税的货物,按现行规定予以征税;不属于上述两类货物范围的,如生活用品等,实行免税办法。

(十) 关于出口加工区进出口货物

《中华人民共和国海关对出口加工区监管的暂行办法》(海关总署令第81号)规定,从境外进入加工区的货物,其进口关税和进口环节税,除法律、法规另有规定外,按照下列规定办理:

（1）区内生产性的基础设施建设项目所需的机器、设备和建设生产厂房、仓储设施所需的基建物资，予以免税；

（2）区内企业生产所需的机器、设备、模具及其维修用零配件，予以免税；

（3）区内企业为加工出口产品所需的原材料、零部件、元器件、包装物及消耗性材料，予以免税；

（4）区内企业和行政管理机构自用合理数量的办公用品，予以免税；

（5）除法律、法规另有规定外，区内企业加工的制成品及其在加工生产过程中产生的边角料、余料、残次品、废品等销往境外的，免征出口关税。

三、临时减免税

临时减免税是指在以上法定和特定这两类减免税以外的其他减免税，即由国务院根据《中华人民共和国海关法》对某个单位、某类商品、某个项目或某一批进出口货物的特殊情况，给予特别照顾，一案一批，专文下达。一般有单位、品种、期限、金额、数量的限制，不能比照执行。临时减免税要在进出口前由企业向当地海关申请，经当地海关审核后上报海关总署，由海关总署或海关总署会同财政部、国家税务总局审核，报国务院审批。这类减免具有很强的地域性和临时性。

第三节 进出口货物关税税率的设置与适用

一、关税税率的设置

进口关税设置最惠国税率、协定税率、特惠税率、普通税率、关税配额税率等税率。对进口货物在一定期限内可以实行暂定税率。

出口关税设置出口税率。对出口货物在一定期限内可以实行暂定税率。

二、关税税率的适用

1. 最惠国税率

原产于共同适用最惠国待遇条款的世界贸易组织成员的进口货物，原产于与中华人民共和国签订含有相互给予最惠国待遇条款的双边贸易协定的国家或者地区的进口货物，以及原产于中华人民共和国境内的进口货物，适用最惠国税率。

2. 协定税率

原产于与中华人民共和国签订含有关税优惠条款的区域性贸易协定的国家或者地区的进口货物，适用协定税率。

3. 特惠税率

原产于与中华人民共和国签订含有特殊关税优惠条款的贸易协定的国家或者地区的进口货物，适用特惠税率。

4. 普通税率

原产于关税条例中最惠国税率、协定税率和特定税率所列以外国家或者地区的进口货物,以及原产地不明的进口货物,适用普通税率。

5. 暂定税率

适用最惠国税率的进口货物有暂定税率的,应当适用暂定税率;适用协定税率、特惠税率的进口货物有暂定税率的,应当从低适用税率;适用普通税率的进口货物,不适用暂定税率。适用出口税率的出口货物有暂定税率的,应当适用暂定税率。

6. 关税配额税率

按照国家规定实行关税配额管理的进口货物,关税配额内的,适用关税配额税率。

7. 采取反倾销、反补贴、保障措施的税率

按照有关法律、行政法规的规定对进口货物采取反倾销、反补贴、保障措施的,其税率的适用按照《中华人民共和国反倾销条例》、《中华人民共和国反补贴条例》和《中华人民共和国保障措施条例》的有关规定执行。

8. 报复性关税税率

任何国家或者地区违反与中华人民共和国签订或者共同参加的贸易协定及相关协定,对中华人民共和国在贸易方面采取禁止、限制、加征关税或者其他影响正常贸易的措施的,对原产于该国家或者地区的进口货物可以征收报复性关税,适用报复性关税税率。

9. 关税税率的适用时间

进出口货物,应当适用海关接受该货物申报进口或者出口之日实施的税率。进口货物到达前,经海关核准先行申报的,应当适用装载该货物的运输工具申报进境之日实施的税率。

有下列情形之一,需缴纳税款的,应当适用海关接受申报办理纳税手续之日实施的税率:

(1) 保税货物经批准不复运出境的;
(2) 减免税货物经批准转让或者移作他用的;
(3) 暂准进境货物经批准不复运出境,以及暂准出境货物经批准不复运进境的;
(4) 租赁进口货物,分期缴纳税款的。

因纳税义务人违反规定需要追征税款的,应当适用该行为发生之日实施的税率;行为发生之日不能确定的,适用海关发现该行为之日实施的税率。

第四节 进出口货物完税价格的确定

一、进口货物的完税价格

进口货物的完税价格由海关以符合规定条件的成交价格以及该货物运抵中华人民共和国境内输入地点起卸前的运输及其相关费用、保险费为基础审查确定。

(一) 一般情况下进口货物的完税价格

1. 进口货物的成交价格

进口货物的成交价格,是指卖方向中华人民共和国境内销售该货物时买方为进口该货物向卖方实付、应付的,并按照关税条例规定调整后的价款总额,包括直接支付的价款和

间接支付的价款。

2. 进口货物的成交价格应符合的条件

(1) 对买方处置或者使用该货物不予限制，但法律、行政法规规定实施的限制、对货物转售地域的限制和对货物价格无实质性影响的限制除外；

(2) 该货物的成交价格没有因搭售或者其他因素的影响而无法确定；

(3) 卖方不得从买方直接或者间接获得因该货物进口后转售、处置或者使用而产生的任何收益，或者虽有收益但能够按照关税条例第十九条、第二十条的规定进行调整；

(4) 买卖双方没有特殊关系，或者虽有特殊关系但未对成交价格产生影响。

3. 允许计入货物完税价格的费用

进口货物的下列费用应当计入完税价格：

(1) 由买方负担的购货佣金以外的佣金和经纪费；

(2) 由买方负担的在审查确定完税价格时与该货物视为一体的容器的费用；

(3) 由买方负担的包装材料费用和包装劳务费用；

(4) 与该货物的生产和向中华人民共和国境内销售有关的，由买方以免费或者以低于成本的方式提供并可以按适当比例分摊的料件、工具、模具、消耗材料及类似货物的价款，以及在境外开发、设计等相关服务的费用；

(5) 作为该货物向中华人民共和国境内销售的条件，买方必须支付的、与该货物有关的特许权使用费；

(6) 卖方直接或者间接从买方获得的该货物进口后转售、处置或者使用的收益。

4. 不允许计入货物完税价格的费用

进口时在货物的价款中列明的下列税收、费用，不计入该货物的完税价格：

(1) 厂房、机械、设备等货物进口后进行建设、安装、装配、维修和技术服务的费用；

(2) 进口货物运抵境内输入地点起卸后的运输及其相关费用、保险费；

(3) 进口关税及国内税收。

5. 估定进口货物完税价格

对进口货物的成交价格经海关审查未能确定的，海关可以依次以下列价格为基础估定关税完税价格：

(1) 与该货物同时或者大约同时向中华人民共和国境内销售的相同货物的成交价格。

(2) 与该货物同时或者大约同时向中华人民共和国境内销售的类似货物的成交价格。

(3) 与该货物进口的同时或者大约同时，将该进口货物、相同或者类似进口货物在第一级销售环节销售给无特殊关系买方最大销售总量的单位价格，但应当扣除以下项目：

①同等级或者同种类货物在中华人民共和国境内第一级销售环节销售时通常的利润和一般费用以及通常支付的佣金；

②进口货物运抵境内输入地点起卸后的运输及其相关费用、保险费；

③进口关税及国内税收。

(4) 按照下列各项总和计算的价格：生产该货物所使用的料件成本和加工费用，向中华人民共和国境内销售同等级或者同种类货物通常的利润和一般费用，该货物运抵境内输入地点起卸前的运输及其相关费用、保险费。

（5）以合理方法估定的价格。

纳税义务人向海关提供有关资料后，可以提出申请，颠倒前款第（3）项和第（4）项的适用次序。

（二）特殊情况下进口货物的完税价格

（1）运往境外加工的货物，出境时已向海关报明，并在海关规定期限内复运进境的，应当以加工后的货物进境时到岸价格与原出境货物（包括相同、类似货物）在进境时的到岸价格之间的差额作为完税价格。

（2）对于运往境外修理的机械器具、运输工具或者其他货物，出境时已向海关报明并在海关规定期限内复运进境的，应当以审查确定的修理费和料件费作为完税价格。

（3）以租赁方式进口的货物，以海关审查确定的该货物的租金作为完税价格。

纳税义务人要求一次性缴纳税款的，纳税义务人可以选择按照关税条例规定估定完税价格，或者按照海关审查确定的租金总额作为完税价格。

二、出口货物的完税价格

（一）出口货物的完税价格

出口货物的完税价格，包括货物的成交价格、货物运至中华人民共和国境内输出地点装载前的运输及相关费用、保险费。

出口货物的成交价格，是指该货物出口时卖方为出口该货物应当向买方直接收取和间接收取的价款总额。

出口关税不计入完税价格。如果在其中包含了出口关税税额的，则应当予以扣除。计算公式为：

完税价格＝离岸价格÷（1＋出口税率）

（二）估定出口货物完税价格

对出口货物的成交价格经海关审查未能确定的，海关可以依次以下列价格为基础估定关税完税价格：

（1）与该货物同时或者大约同时向同一国家或者地区出口的相同货物的成交价格；

（2）与该货物同时或者大约同时向同一国家或者地区出口的类似货物的成交价格；

（3）按照下列各项总和计算的价格：境内生产相同或者类似货物的料件成本、加工费用，通常的利润和一般费用，境内发生的运输及其相关费用、保险费；

（4）以合理方法估定的价格。

按照关税条例规定计入或者不计入完税价格的成本、费用、税收，应当以客观、可量化的数据为依据。

第五节　关税课税基础与应纳税额的计算

一、关税的课税基础

关税的征税对象是进出我国国境或关境的贸易性货物和非贸易性物品。

关税的征收范围是通过关税税则的分类来具体化的。关税税则是由国家通过正式的立法程序制定公布实施的对进出口应税和免税商品加以系统分类的一览表。

关税税则包括四个方面的内容：实施税则的法令、商品归类的原则、税目的注释和税目税率表。即关税税则明确了关税的具体征收范围。

二、关税应纳税额的计算

进出口货物关税，以从价计征、从量计征或者国家规定的其他方式计征。

从价计征关税应纳税额的基本计算公式为：

应纳税额＝完税价格×关税税率

从量计征关税应纳税额的基本计算公式为：

应纳税额＝货物数量×单位税额

上述公式中，适用关税税率可从海关进出口税则和关税税则中查找。

第六节　关税的会计处理

进口货物的纳税义务人应当自运输工具申报进境之日起14日内，出口货物的纳税义务人除海关特准的外，应当在货物运抵海关监管区后、装货的24小时以前，向货物的进出境地海关申报。纳税义务人应当自海关填发税款缴款书之日起15日内向指定银行缴纳税款。纳税义务人未按期缴纳税款的，从滞纳税款之日起，按日加收滞纳税款万分之五的滞纳金。

企业应当在"应交税费"科目下设置"应交关税"，也可以分别设置"应交进口关税"和"应交出口关税"二个明细科目，分别用来核算企业发生的和实际缴纳的进出口关税，其贷方反映企业在进出口报关时经海关核准应缴纳的进出口关税，其借方反映企业实际缴纳的进出口关税，余额在贷方反映企业应缴而未缴的进出口关税。

一、进口关税的会计处理

（一）自营进口业务关税的会计处理

企业自营进口业务，按规定计算应缴纳的进口关税，借记"在途物资"科目，贷记"应交税费——应交进口关税"科目。实际交缴时，借记"应交税费——应交进口关税"科目，贷记"银行存款"科目。

【例6-1】

某外贸企业从国外自营进口商品一批，CIF价格折合人民币为400 000元，进口关税税率为40%，代征增值税税率17%，根据海关开出的专用缴款书，以银行转账支票付讫税款。计算应交关税和物资采购成本如下：

应交关税＝400 000×40%＝160 000(元)

物资采购成本＝400 000＋160 000＝560 000(元)

代征增值税＝560 000×17％＝95 200(元)

编制会计分录如下：
(1) 计提关税
　　借：在途物资　　　　　　　　　　　　　　　　　　560 000
　　　　贷：应交税费——进口关税　　　　　　　　　　　160 000
　　　　　　应付账款　　　　　　　　　　　　　　　　 400 000
(2) 支付关税和增值税
　　借：应交税费——进口关税　　　　　　　　　　　　160 000
　　　　贷：银行存款　　　　　　　　　　　　　　　　 160 000
　　借：应交税费——应交增值税（进项税额）　　　　　95 200
　　　　贷：银行存款　　　　　　　　　　　　　　　　 95 200
(3) 商品验收入库
　　借：库存商品　　　　　　　　　　　　　　　　　　560 000
　　　　贷：在途物资　　　　　　　　　　　　　　　　 560 000

(二) 代理进口业务关税的会计处理

代理进口业务，对企业来说，一般不垫付货款，多以收取手续费形式为委托方提供代理服务。因此，由于进口业务而应缴纳的关税均由委托方负担，企业即使向海关缴纳了关税，也只是代垫或代付，日后仍要从委托方收回。

【例6-2】

某单位委托某进出口公司进口商品一批，进口货款230万元已汇入进出口公司存款户。该进口商品我国口岸CIF价格为＄240 000，进口关税税率为20％，当日的外汇牌价为＄1＝¥6.68，代理手续费按货价2％收取，现该批商品已运达，向委托单位办理结算。

　　　　计算该批商品的人民币价格＝240 000×6.68＝1 603 200(元)
　　　　进口关税＝1 603 200×20％＝320 640(元)
　　　　增值税＝(1 603 200＋320 640)×17％＝327 052.8(元)
　　　　代理手续费＝1 603 200×2％＝32 064(元)

根据上述资料，计算该进出口公司接受委托单位货款及向委托单位收取关税、增值税和手续费等。编制会计分录如下：
(1) 收到委托单位划来进口货款时
　　借：银行存款　　　　　　　　　　　　　　　　　　2 300 000
　　　　贷：预收账款——××单位　　　　　　　　　　 2 300 000
(2) 对外付汇进口商品时
　　借：预收账款——××单位　　　　　　　　　　　　1 603 200
　　　　贷：银行存款　　　　　　　　　　　　　　　　 1 603 200
(3) 支付进口关税和增值税时
　　借：预收账款——××单位　　　　　　　　　　　　647 692.8

　　　　贷：应交税费——进口关税　　　　　　　　　　　　　　　　320 640
　　　　　　　　　　——应收增值税　　　　　　　　　　　　　327 052.8
　　　借：应交税费——进口关税　　　　　　　　　　　　　　　　320 640
　　　　　　　　　　——应收增值税　　　　　　　　　　　　　327 052.8
　　　　贷：银行存款　　　　　　　　　　　　　　　　　　　　　647 692.8
（4）将进口商品交付委托单位并收取手续费时
　　　借：预收账款——××单位　　　　　　　　　　　　　　　　32 064
　　　　贷：其他业务收入——手续费　　　　　　　　　　　　　　32 064
（5）将委托单位剩余的进口货款退回时
　　　借：预收账款——××单位　　　　　　　　　　　　　　　　17 043.2
　　　　贷：银行存款　　　　　　　　　　　　　　　　　　　　　17 043.2

二、出口关税的会计处理

（一）自营出口业务关税的会计处理

由于出口关税是对销售环节征收的税金，因此其核算应作为营业税金，通过"营业税金及附加"等科目进行。企业计算出应缴纳出口关税时，应借记"营业税金及附加"等科目，贷记"应交税费——应交出口关税"科目。实际缴纳出口关税时，借记"应交税费——应交出口关税"科目，贷记"银行存款"科目。

【例6-3】

某进出口公司自营出口商品一批，我国口岸FOB价格折合人民币为720 000元，出口关税税率为20%，根据海关开出的专用缴款书，以银行转账支票付讫税款。

出口关税 = 720 000 ÷ (1 + 20%) × 20% = 120 000（元）

编制会计分录如下：
　　　借：营业税金及附加　　　　　　　　　　　　　　　　　　　120 000
　　　　贷：应交税费——应交出口关税　　　　　　　　　　　　　120 000

（二）代理出口业务关税的会计处理

对于代理出口业务，外贸企业在计算应纳出口关税时，借记"应收账款"科目，贷记"应交税费——应交出口关税"科目；实际缴纳时，借记"应交税费——应交出口关税"科目，贷记"银行存款"科目。对于委托企业，收到外贸企业账单时，对于出口关税，借记"营业税金及附加"等科目，贷记"应付账款"等科目；实际支付时，借记"应付账款"科目，贷记"银行存款"等科目。

【例6-4】

某进出口公司代理某工厂出口一批商品。我国口岸FOB价折合人民币为360 000元，出口关税税率为20%，手续费为10 800元。

出口关税＝360 000÷(1＋20％)×20％＝60 000(元)

作会计分录如下：
计缴出口关税时：
  借：应收账款——××单位   60 000
    贷：应交税费——出口关税   60 000
缴纳出口关税时：
  借：应交税费——出口关税   60 000
    贷：银行存款   60 000
应收手续费时：
  借：应收账款——××单位   10 800
    贷：其他业务收入——手续费   10 800
收到委托单位付来的税款及手续费时：
  借：银行存款   70 800
    贷：应收账款——××单位   70 800

三、不设置"应交税费"科目核算

工业企业也可以不设置"应交税费"科目核算，工业企业通过外贸企业代理或直接从国外进口货物，按规定计算的应缴关税，应与价款及其他费用一并计入进口货物的成本，在会计核算上，借记"在途物资"、"原材料"或"在建工程"、"固定资产"，贷记"银行存款"。企业出口产品如果需要缴纳关税，支付时可直接计入销售税金，借记"营业税金及附加"科目，贷记"银行存款"科目。

【例6-5】

某工业企业进口A材料需144 000美元，当日的外汇牌价为1美元＝6元人民币，买入价为1美元＝6.1元人民币。该企业对外付汇进口A材料，应付进口关税40 000元，材料已验收入库。代征增值税税率17％。作会计分录如下：

(1) 购入现汇时
  借：银行存款——美元户 (144 000×6)   864 000
    财务费用   14 400
    贷：银行存款——人民币户   818 400

(2) 对外付汇，支付进口关税、增值税，计算进口A材料的采购成本

  A材料采购成本＝864 000＋40 000＝904 000(元)
  应支付增值税＝904 000×17％＝153 680(元)

  借：在途物资——A材料   904 000
    应交税费——应交增值税（进项税额）   153 680
    贷：银行存款——美元户   864 000
      ——人民币户   193 680

(3) 验收入库时
　　借：原材料——A材料　　　　　　　　　　　　　　　　　　　　904 000
　　　　贷：在途物资——A材料　　　　　　　　　　　　　　　　　　904 000

【例6-6】

某工业企业进口A材料需200 000美元，当日的汇率为1美元=6.62元人民币，当日买入价为1美元=6.64元人民币。该企业对外付汇进口材料，应付进口关税80 000元，材料已验收入库。代征增值税税率17%。作会计分录如下：

(1) 该工业企业购入现汇时
　　借：银行存款——美元户　　　　　　　　　　　　　　　　　　1 324 000
　　　　财务费用　　　　　　　　　　　　　　　　　　　　　　　　　4 000
　　　　贷：银行存款——人民币户　　　　　　　　　　　　　　　　1 328 000

(2) 对外付汇，支付进口关税、增值税，计算进口材料的采购成本时

　　材料采购成本=1 324 000+80 000=1 404 000（元）
　　应支付增值税=1 404 000×17%=238 680（元）

　　借：在途物资　　　　　　　　　　　　　　　　　　　　　　　1 404 000
　　　　应交税费——应交增值税（进项税额）　　　　　　　　　　　238 680
　　　　贷：银行存款——人民币　　　　　　　　　　　　　　　　　318 680
　　　　　　　　　　——美元币　　　　　　　　　　　　　　　　1 324 000

(3) 验收入库时
　　借：原材料——材料　　　　　　　　　　　　　　　　　　　　1 404 000
　　　　贷：在途物质——材料　　　　　　　　　　　　　　　　　　1 404 000

【例6-7】

某工业企业从香港进口原产地为韩国的某设备2台，成交价格CFR天津港120 000港元，保险费率为0.3%，该设备的关税税率为10%，代征增值税税率为17%，当日的外汇牌价为1港元=1.07元人民币。

　　港币折合为人民币=120 000×1.07=128 400（元）
　　CIF价格（完税价格）=128 400÷(1−0.3%)=128 786.36（元）
　　关税税额=128 786.36×10%=12 878.64（元）
　　增值税税额=(128 786.36+12 878.64)×17%=24 083.05（元）

编制会计分录如下：
　　借：固定资产　　　　　　　　　　　　　　　　　　　　　　　141 665
　　　　应交税费——应交增值税（进项税额）　　　　　　　　　　24 083.05
　　　　贷：银行存款　　　　　　　　　　　　　　　　　　　　　165 748.05

【例6-8】

某铁合金厂向日本出口一批铬铁,国内港口FOB价格折合人民币为5 600 000元,铬铁出口关税税率为40%,关税以支票付讫。计算出口关税税额如下:

出口关税税额=5 600 000÷(1+40%)×40%=1 600 000(元)

作会计分录如下:
借:营业税金及附加　　　　　　　　　　　　　　　　　　　　1 600 000
　　贷:银行存款　　　　　　　　　　　　　　　　　　　　　　　　　1 600 000

四、进口货物报关单

进口货物报关单是由进口商或其代理人(专业报关行)按照海关规定的格式和要求,根据进口货物的实际情况填写,用于向进口地海关进行申报的文件。进口报关单只有经过海关签章放行后,进口商才能够提取货物。同时,进口报关单还是进口商向国外支付货款时需要使用的重要凭证。

中华人民共和国海关进口货物报关单如表6-1所示。

表6-1　　　　　　　　　　中华人民共和国海关进口货物报关单

预录入编号:　　　　　　　　　　　　　　　　　海关编号:

进口口岸		备案号		进口日期		申报日期	
经营单位		运输方式		运输工具名称		提运单号	
收货单位		贸易方式		征免性质		征税比例	
许可证号		起运国(地区)		装货港		境内目的地	
批准文号		成交方式		运费		保费	杂费
合同协议书		件数		包装种类		毛重(公斤)	净重(公斤)
集装箱号		随附单据				用途	
标记唛码及备注							
项号	商品编号	商品名称、规格型号	数量及单位	原产国(地区)	单价	总价	币制　征免
税费征收情况							
录入员 录入单位		兹声明以上申报无讹并承担法律责任			海关审单批注及放行日期(签章)		
					审单　　　审价		
报关员　　海声BP机号		申报单位(签章)			征税　　　统计		
单位地址					查验　　　放行		
邮编　　　　电话			填制日期				

五、出口货物报关单

出口货物报关单是由海关总署规定的统一格式和填制规范，由出口企业或其代理人填制并向海关提交的申报货物状况的法律文书，是海关依法监管货物出口、征收关税及其他税费、编制海关统计以及处理其他海关业务的重要凭证。

中华人民共和国海关出口货物报关单如表6-2所示。

表6-2　　　　　　　　　　中华人民共和国海关出口货物报关单

预录入编号：　　　　　　　　　　　　　　　　　　海关编号：

出口口岸		备案号		出口日期		申报日期	
经营单位		运输方式		运输工具名称		提运单号	
发货单位		贸易方式		征免性质		结汇方式	
许可证号		运抵国（地区）		指运港		境内货源地	
批准文号		成交方式		运费		保费	杂费
合同协议号		件数		包装种类		毛重（公斤）	净重（公斤）
集装箱号				随附单据		生产厂家	
标记唛码及备注							
项号	商品编号	商品名称、规格型号	数量及单位	最终目的国（地区）	单价	总价	币制　征免
税费征收情况							
录入员 录入单位		兹声明以上申报无讹并承担法律责任			海关审单批注及放行日期（签章） 审单　　　审价			
报关员							
申报单位（签章）单位地址：					征税　　　统计			
邮编：　　　电话：　　　填制日期：					查验　　　放行			

思考和练习题

1. 试述外币折算的会计处理原则。

2. 有进出口经营权的某外贸公司，2008年10月经有关部门批准从境外进口小轿车30辆，每辆小轿车货价15万元，运抵我国海关前发生的运输费用、保险费用无法确定，经海关查实其他运输公司相同业务的运输费用占货价的比列为2%。向海关缴纳了相关税款，并取得了完税凭证。关税税率60%，增值税税率17%，消费税税率9%。计算小轿车在进口环节应缴纳的关税、增值税、消费税。

3. 某外贸企业从国外自营进口商品一批，CIF价格折合人民币为500 000元，进口关税税率为40%，代征增值税税率17%，根据海关开出的专用缴款书，以银行转账支票付讫税款。编制有关会计分录。

4. 某进出口公司自营出口商品一批，我国口岸FOB价格折合人民币为960 000元，出口关税税率为20%，根据海关开出的专用缴款书，以银行转账支票付讫税款。编制有关会计分录。

5. 某进出口公司受托进口商品一批，进口货款3 000 000元已汇入进出口公司存款户。该进口商品我国口岸CIF价格为345 600美元，进口关税税率为20%，当日的外汇牌价为1美元＝6元人民币，代理手续费按货价2%收取，现该批商品已运达，向委托单位办理结算。该进出口公司接受委托单位贷款及向委托单位收取关税、增值税和手续费等。编制有关会计分录。

6. 某进出口公司代理某工厂出口一批商品。我国口岸FOB价折合人民币为480 000元，出口关税税率为20%，手续费为14 400元。编制有关会计分录。

第七章 资源税会计

资源税是对自然资源征收的税种。资源税法是指国家制定的用以调整资源税征收与缴纳之间权利及义务关系的法律规范。资源税就是国家对国有资源,如我国宪法规定的城市土地、矿藏、水流、森林、山岭、草原、荒地、滩涂等,根据国家的需要,对使用某种自然资源的单位和个人,为取得应税资源的使用权而征收的一种税。自然资源的丰富与贫乏,开采条件的优劣,都会直接影响到企业盈利的多少,从而形成资源级差收入。国家通过征收资源税的办法把这部分差异收入收归国有,既促进了企业的公平竞争,又增加了国家财政收入。

第一节 资源税的基本内容

资源税是对在我国境内从事开采或者生产应税产品的单位和个人,因资源差异而形成的级差收入征收的一种税。资源税是以自然资源为征税对象的税种,其主要目的是调节资源级差收入,体现资源有偿开采,促进资源节约使用。

修改后的《中华人民共和国资源税暂行条例》(以下简称资源税暂行条例)自 2011 年 11 月 1 日起施行。

一、纳税义务人

资源税的纳税义务人是指在中华人民共和国领域及管辖海域开采资源税暂行条例规定的矿产品或者生产盐的单位和个人。单位是指国有企业、集体企业、私营企业、股份制企业、其他企业和行政单位、事业单位、军事单位、社会团体及其他单位;个人是指个体经营者和其他个人;其他单位和其他个人包括外商投资企业、外国企业及外籍人员。

收购未税矿产品的单位为资源税的扣缴义务人。规定资源税的扣缴义务人,主要是针对零星、分散、不定期开采的情况,为了加强管理,避免漏税,由扣缴义务人在收购矿产品时代扣代缴资源税。

收购未税矿产品的单位是指独立矿山、联合企业和其他单位。独立矿山是指只有采矿或只有采矿和选矿并实行独立核算、自负盈亏的单位,其生产的原矿和精矿主要用于对外销售。联合企业是指采矿、选矿、冶炼(或加工)连续生产的企业或采矿、冶炼(或加工）连续生产的企业，其采矿单位一般是该企业的二级或二级以下核算单位。其他单位也包括收购未税矿产品的个体户在内。

参与合作开采海洋石油资源的中国企业、外国企业，都应当依法纳税。自 2011 年 11 月 1 日起，中外合作开采海洋石油资源的中国企业和外国企业依法缴纳资源税，不再缴纳矿区使用费。对外合作开采陆上石油资源，应当依法纳税。自 2011 年 11 月 1 日起，中外合作开采陆上石油资源的企业依法缴纳资源税，不再缴纳矿区使用费。

二、征收范围

目前资源税开征的范围包括矿产品和盐。

1. 矿产品类

（1）原油：只包括开采的天然原油，不包括人造原油。

（2）天然气：指专门开采的天然气或与原油同时开采的天然气，暂不包括煤矿开采的天然气。

（3）煤炭：指原煤，不包括以原煤加工洗煤和选煤及其他煤炭制品。

（4）其他非金属原矿：指上述三种非金属矿和井矿盐以外的其他非金属原矿。

（5）黑色金属原矿：如铁、锰、铬原矿石。

（6）有色金属原矿：具体包括铜、铅、锌、铝、钨、锡、锑、镍、黄金和其他有色金属矿原矿石。

2. 盐类

（1）固体盐，包括：海盐原盐、湖盐原盐、井矿盐等。

（2）液体盐，指卤水。

在资源税的征收范围上，需要说明的有两点：一是盐税作为一个独立税种被取消后，纳入了资源税的征收范围，同时对盐征收一道增值税；二是金属和非金属矿产品及其深加工产品在实施新的增值税后，有些原有产品的税负比原来税负降低幅度要大，需要通过资源税收缴国库。

三、资源税的税率

资源税税目、税额包括 7 大类，在 7 个税目下面又设有若干个子目。现行资源税的税目及子目主要是根据资源税应税产品和纳税人开采资源的行业特点设置的。

1. 资源税税目、税率

资源税的税目、税率如表 7—1 所示。

表 7-1　　　　　　　　　资源税税目、税率

税　目		税率
一、原油		销售额的 5%～10%
二、天然气		销售额的 5%～10%
三、煤炭	焦煤	每吨 8～20 元
	其他煤炭	每吨 0.3～5 元
四、其他非金属矿原矿	普通非金属矿原矿	每吨或者每立方米 0.5～20 元
	贵重非金属矿原矿	每千克或者每克拉 0.5～20 元

续表

税　目		税率
五、黑色金属矿原矿		每吨 2～30 元
六、有色金属矿原矿	稀土矿	每吨 0.4～60 元
	其他有色金属矿原矿	每吨 0.4～30 元
七、盐	固体盐	每吨 10～60 元
	液体盐	每吨 2～10 元

纳税人具体适用的税率，在资源税暂行条例所附《资源税税目税率表》规定的税率幅度内，根据纳税人所开采或者生产应税产品的资源品位、开采条件等情况，由财政部商国务院有关部门确定；财政部未列举名称且未确定具体适用税率的其他非金属矿原矿和有色金属矿原矿，由省、自治区、直辖市人民政府根据实际情况确定，报财政部和国家税务总局备案。

2．扣缴义务人适用的税额

(1) 独立矿山、联合企业收购未税矿产品的单位，按照本单位应税产品税额标准，依据收购的数量代扣代缴资源税。

(2) 其他收购单位收购的未税矿产品，按税务机关核定的应税产品税额标准，依据收购的数量代扣代缴资源税。

对于划分资源等级的应税产品，其在《几个主要品种的矿山资源等级表》中未列举名称的纳税人适用的税额，由省、自治区、直辖市人民政府根据纳税人的资源状况，参照《资源税税目税额明细表》和《几个主要品种的矿山资源等级表》中确定的邻近矿山的税额标准，在 30％的浮动幅度内核定，并报财政部和国家税务总局备案。

第二节　资源税纳税义务发生时间与纳税期限

一、纳税义务发生时间

(1) 纳税人销售应税产品采取分期收款结算方式的，其纳税义务发生时间，为销售合同规定的收款日期的当天。

(2) 纳税人销售应税产品采取预收货款结算方式的，其纳税义务发生时间，为发出应税产品的当天。

(3) 纳税人销售应税产品采取其他结算方式的，其纳税义务发生时间，为收讫销售款或者取得索取销售款凭据的当天。

(4) 纳税人自产自用应税产品的纳税义务发生时间，为移送使用应税产品的当天。

(5) 扣缴义务人代扣代缴税款的纳税义务发生时间，为支付首笔货款或者开具应支付货款凭据的当天。

资源税的纳税人，都应当向应税产品的开采或者生产所在地主管税务机关缴纳税款。扣缴义务人代扣代缴的资源税，也应当向收购地主管税务机关缴纳。

二、纳税期限

资源税的纳税期限为 1 日、3 日、5 日、10 日、15 日或者 1 个月。纳税人的纳税期限由主管税务机关根据实际情况具体核定。不能按固定期限计算纳税的,可以按次计算纳税。

纳税人以 1 个月为 1 期纳税的,自期满之日起 10 日内申报纳税;以 1 日、3 日、5 日、10 日或者 15 日为 1 期纳税的,自期满之日起 5 日内预缴税款,于次月 1 日起 10 日内申报纳税并结清上月税款。

第三节 资源税的税收优惠

根据资源税暂行条例以及财政部、国家税务总局的若干规定,资源税项目的减税、免税和税额扣除的优惠政策如下。

一、税额扣除

纳税人以外购的液体盐加工固体盐,其加工固体盐所耗用的液体盐的已纳税额准予扣除。

二、减税、免税项目

(1) 加热修井原油免税。开采原油过程中,用于加热、修井的原油,免征资源税。

(2) 灾害事故减免。纳税人因意外事故、自然灾害等原因,遭受重大损失的,由所在省级人民政府酌情免征或减征资源税。

(3) 中外合作油田免税。中外合作油(气)田,按合同开采的原油、天然气应按实物征收矿区使用费,暂不征收资源税。

(4) 对利用废水制盐的天津塘沽盐场暂减按 10 元/吨征收应缴纳的资源税。

(5) 对地面抽采煤层气暂不征收资源税。煤层气是指赋存于煤层及其围岩中与煤炭资源伴生的非常规天然气,也称煤矿瓦斯。

(6) 为支持盐业的发展,自 2007 年 2 月 1 日起:

①北方海盐资源税暂减按每吨 15 元征收;

②南方海盐、湖盐、井矿盐资源税暂减按每吨 10 元征收;

③液体盐资源税暂减按每吨 2 元征收;

④通过提取地下天然卤水晒制的海盐和生产的井矿盐,其资源税适用税额标准暂维持不变,仍分别按每吨 20 元和 12 元征收。

(7) 国务院规定的其他减税、免税项目。

财政部、国家税务总局在新疆率先进行资源税改革,下发了《〈新疆原油天然气资源税改革若干问题的规定〉的通知》(以下简称《通知》)。《通知》规定了三类减免税项目:

①油田范围内运输稠油过程中用于加热的原油、天然气,免征资源税。

②稠油、高凝油和高含硫天然气资源税减征 40%。

③三次采油资源税减征 30%。

纳税人开采的原油、天然气,同时符合上述规定的减税情形的,纳税人只能选择其中一款执行,不能叠加适用。

《通知》取消了过去对原油开采过程中加热、修井用油免征资源税的规定,改为:纳税人开采的原油、天然气,自用于连续生产原油、天然气的,不缴纳资源税;自用于其他方面的,视同销售,依照规定计算缴纳资源税。

纳税人的减税、免税项目,应当单独核算销售额或者销售数量;未单独核算或者不能准确提供销售额或者销售数量的,不予减税或者免税。

第四节 资源税应纳税额的计算

资源税的应纳税额,按照从价定率或者从量定额的办法,分别以应税产品的销售额乘以纳税人具体适用的比例税率或者以应税产品的销售数量乘以纳税人具体适用的定额税率计算。

$$资源税应纳税额 = 应税产品销售额 \times 比例税率$$
$$= 应税产品销售数量 \times 定额税率$$

纳税人开采或者生产应税产品,自用于连续生产应税产品的,不缴纳资源税;自用于其他方面的,视同销售,依照条例规定缴纳资源税。

一、销售额

销售额为纳税人销售应税产品向购买方收取的全部价款和价外费用,但不包括收取的增值税销项税额。价外费用,包括价外向购买方收取的手续费、补贴、基金、集资费、返还利润、奖励费、违约金、滞纳金、延期付款利息、赔偿金、代收款项、代垫款项、包装费、包装物租金、储备费、优质费、运输装卸费以及其他各种性质的价外收费。

纳税人开采应税产品由其关联单位对外销售的,按其关联单位的销售额征收资源税。纳税人既有对外销售应税产品,又有将应税产品自用于除连续生产应税产品以外的其他方面的,则自用的这部分应税产品,按纳税人对外销售应税产品的平均价格计算销售额征收资源税。纳税人将其开采的应税产品直接出口的,按其离岸价格(不含增值税)计算销售额征收资源税。

二、课税数量

1. 确定资源税课税数量的基本办法

(1)纳税人开采或者生产应税产品销售的,以销售数量为课税数量。

(2)纳税人开采或者生产应税产品自用的,以自用(非生产用)数量为课税数量。

2. 特殊情况课税数量的确定

实际生产经营活动中,对特殊情况的课税数量采取以下办法:

(1)纳税人不能准确提供应税产品销售数量或移送使用数量的,以应税产品的产量或主管税务机关确定的折算比换算成的数量为课税数量。

(2)原油中的稠油、高凝油与稀油划分不清或不易划分的,一律按原油的数量课税。

(3) 对于连续加工前无法正确计算原煤移送使用量的煤炭,可按加工产品的综合回收率,将加工产品实际销量和自用量折算成原煤数量,以此作为课税数量。

(4) 金属和非金属矿产品原矿,因无法准确掌握纳税人移送使用原矿数量的,可将其精矿按选矿比折算成原矿数量,以此作为课税数量。

$$选矿比 = 精矿数量 \div 耗用原矿数量 \times 100\%$$

(5) 纳税人以自产的液体盐加工固体盐,按固体盐税额征税,以加工的固体盐数量为课税数量。纳税人以外购的液体盐加工成固体盐,其加工固体盐所耗用液体盐的已纳税额准予抵扣。

纳税人开采或者生产不同税目应税产品的,应当分别核算不同税目应税产品的销售额或者销售数量;未分别核算或者不能准确提供不同税目应税产品的销售额或者销售数量的,从高适用税率。

三、应纳税额的计算

【例7-1】

某铁矿山2012年10月销售铁矿石60 000吨,另外自用入选铁精矿的铁矿石原矿40 000吨,按规定该矿属于入选露天矿(重点矿山),资源等级是四等,适用15元/吨的单位税额。计算该铁矿本月应纳资源税税额。

根据规定,冶金矿山铁矿石资源税按规定税额标准的60%征收。所以:

$$应纳税额 = 课税数量 \times 单位税额 \times 60\%$$
$$= (60\ 000 + 40\ 000) \times 15 \times 60\% = 900\ 000(元)$$

【例7-2】

某铜矿山2012年5月销售铜矿石原矿40 000吨,移送入选精矿10 000吨,选矿比为20%,该矿山铜矿属于五等,按规定适用1.2元/吨单位税额。计算该矿山5月应纳资源税税额。

根据规定,对有色金属矿资源税应按全额征收。

(1) 外销铜矿石原矿的应纳税额:

$$应纳税额 = 课税数量 \times 单位税额 = 40\ 000 \times 1.2 = 48\ 000(元)$$

(2) 因无法准确掌握入选精矿石的原矿数量,按选矿比计算的应纳税额:

$$应纳税额 = 入选精矿 \div 选矿比 \times 单位税款$$
$$= 10\ 000 \div 20\% \times 1.2 = 60\ 000(元)$$

(3) 本月应纳税额:

$$应纳税额 = 48\ 000 + 60\ 000 = 108\ 000(元)$$

第五节　资源税的会计处理与纳税申报

纳税人进行资源税核算时，应通过"应交税费——应交资源税"科目核算。该科目贷方核算企业依法应缴纳的资源税；借方核算企业已经缴纳或者允许抵扣的资源税；贷方余额反映企业应缴而未缴的资源税税额。

一、销售应纳资源税产品的核算

企业计算出销售的应税产品应缴纳的资源税，借记"营业税金及附加"等科目，贷记"应交税费——应交资源税"科目；上缴资源税时，借记"应交税费——应交资源税"科目，贷记"银行存款"科目。

【例 7-3】

2012 年某油田 10 月份销售原油 80 000 000 元，资源税税率 10%。

(1) 计算应纳税额

应纳税额＝销售额×税率＝80 000 000×10%＝8 000 000（元）

借：营业税金及附加　　　　　　　　　　　　　　　　8 000 000
　　贷：应交税费——应交资源税　　　　　　　　　　　8 000 000

(2) 企业上缴资源税

借：应交税费——应交资源税　　　　　　　　　　　　8 000 000
　　贷：银行存款　　　　　　　　　　　　　　　　　　8 000 000

二、自产自用应征资源税产品的核算

企业计算出自产自用的应税产品应缴纳的资源税，借记"生产成本"、"制造费用"等科目，贷记"应交税费——应交资源税"科目；上缴资源税时，借记"应交税费——应交资源税"科目，贷记"银行存款"科目。

三、外购液体盐加工固体盐的核算

企业外购液体盐加工固体盐，在购入液体盐时，按所允许抵扣的资源税，借记"应交税费——应交资源税"科目，按外购价款扣除允许抵扣资源税后的数额，借记"在途物资"等科目，按应支付的全部价款，贷记"银行存款"、"应付账款"等科目；企业加工成固体盐后，在销售时，按计算出的销售固体盐应缴的资源税，借记"营业税金及附加"科目，贷记"应交税费——应交资源税"科目；将销售固体盐应纳资源税扣抵液体盐已纳资源税后的差额上缴时，借记"应交税费——应交资源税"科目，贷记"银行存款"科目。

【例 7-4】

某盐场 9 月份购进液体盐 2 000 吨，每吨含税价为 200 元，本月销售海盐原盐 15 000

吨，用原盐1 000吨加工精盐出售。月末计算应缴资源税并进行账务处理（液体盐单位税额3元/吨，海盐原盐单位税额10元/吨）。

(1) 购进液体盐时

已缴纳资源税＝2 000×3＝6 000(元)

借：在途物资	394 000
应交税费——应交资源税	6 000
贷：银行存款	400 000

(2) 销售海盐原盐时

应纳资源税＝课税数量×单位税额＝15 000×10＝150 000(元)

借：营业税金及附加	150 000
贷：应交税费——应交资源税	150 000

(3) 用原盐加工精盐时

应纳资源税＝课税数量×单位税额＝1 000×10＝10 000(元)

借：生产成本	10 000
贷：应交税费——应交资源税	10 000

月末应缴资源税＝150 000＋10 000－6 000＝154 000(元)

四、收购未税矿产品的核算

企业收购未税矿产品，按实际支付的收购款，借记"在途物资"等科目，贷记"银行存款"等科目，按代扣代缴的资源税，借记"在途物资"等科目，贷记"应交税费——应交资源税"科目；上缴资源税时，借记"应交税费——应交资源税"科目，贷记"银行存款"科目。

企业在购入液体盐时，所含的资源税可以在将液体盐加工成固体盐后，抵扣固体盐应缴纳的资源税。

【例7-5】

某矿产品加工厂收购未税零散的锡矿石200吨，每吨收购价格1 200元，每吨单位税额为10元。款项扣除应代扣代缴资源税已经支付，收购产品尚未验收入库。

(1) 按代扣代缴的资源税款入账

借：在途物资	242 000
贷：应交税费——应交资源税	2 000
银行存款	240 000

(2) 上缴代扣的资源税

借：应交税费——应交资源税	2 000
贷：银行存款	2 000

【例7-6】

某油田生产原油,资源税税率10%,10月份外销720 000元,自用60 000元,税务机关核定油田纳税期限为10天,按上月实际缴纳90 000元预缴。

企业按规定应分为3次预缴,每次应缴30 000元(90 000÷3)。

(1) 每次预缴时

借:应交税费——应交资源税　　　　　　　　　　　　　　　　30 000
　　贷:银行存款　　　　　　　　　　　　　　　　　　　　　　　30 000

(2) 月末结算时

①对外销售原油应纳税额72 000元

借:营业税金及附加　　　　　　　　　　　　　　　　　　　　72 000
　　贷:应交税费——应交资源税　　　　　　　　　　　　　　　　72 000

②自用原油应纳税额6 000元

借:生产成本　　　　　　　　　　　　　　　　　　　　　　　　6 000
　　贷:应交税费——应交资源税　　　　　　　　　　　　　　　　6 000

③月末收到多缴退税＝90 000－72 000－6 000＝12 000(元)

借:银行存款　　　　　　　　　　　　　　　　　　　　　　　　12 000
　　贷:应交税费——应交资源税　　　　　　　　　　　　　　　　12 000

【例7-7】

某煤矿10月份生产原煤80 000吨,其中对外直销60 000吨,销售自用原煤加工选煤20 000吨,折算率为1∶1.8,该煤矿原煤税额为2元/吨,税务机关核定该煤矿纳税期限为15天,按上月实际缴纳资源税140 000元的1/2预缴,月末清缴结算。

(1) 分别预缴时

借:应交税费——应交资源税　　　　　　　　　　　　　　　　70 000
　　贷:银行存款　　　　　　　　　　　　　　　　　　　　　　　70 000

(2) 月末清缴结算时

①对外销售原煤应纳税额＝60 000×2＝120 000(元)

借:营业税金及附加　　　　　　　　　　　　　　　　　　　　120 000
　　贷:应交税费——应交资源税　　　　　　　　　　　　　　　120 000

②加工选煤销售应纳税额＝20 000×1.8×2＝72 000(元)

借:营业税金及附加　　　　　　　　　　　　　　　　　　　　72 000
　　贷:应交税费——应交资源税　　　　　　　　　　　　　　　　72 000

③月末补缴税款＝120 000＋72 000－140 000＝52 000(元)

借:应交税费——应交资源税　　　　　　　　　　　　　　　　52 000
　　贷:银行存款　　　　　　　　　　　　　　　　　　　　　　　52 000

【例7-8】

某矿山联合企业2012年5月自产入选露天矿(二等)铁矿石560 000吨,分别于5月

6日、5月13日、5月20日、5月27日收购入选露天矿（二等）铁矿石32 000吨、40 000吨、30 000吨和38 000吨。该矿山铁矿石的单位税额为16元。该矿山以10日为纳税期限，按上月税额预缴，月终申报纳税并结清本月税款。4月份税款为10 800 000元。不考虑增值税。

(1) 5月6日，企业收购铁矿石，其应代扣的资源税税额为：

应纳税额＝32 000×16＝512 000(元)

按代扣的资源税税额，作如下会计分录：

借：在途物资	512 000
贷：应交税费——应交资源税	512 000

(2) 5月13日，企业应作如下会计分录：

借：在途物资	640 000
贷：应交税费——应交资源税	640 000

(3) 5月20日，企业应作如下会计分录：

借：在途物资	480 000
贷：应交税费——应交资源税	480 000

(4) 5月27日，作如下会计分录：

借：在途物资	608 000
贷：应交税费——应交资源税	608 000

(5) 企业按规定的纳税期限预缴1—10日、11—20日、21—31日应纳税款时，应分别作如下会计分录：

借：应交税费——应交资源税	3 600 000
贷：银行存款	3 600 000

(6) 月终，企业计算出自产入选露天矿应纳税额时，应作如下会计分录：

借：生产成本	8 960 000
贷：应交税费——应交资源税	8 960 000

(7) 企业于月度终了后，向税务机关申报纳税时，应补缴税款400 000元(11 200 000－10 800 000)。实际补缴时，应作如下会计分录：

借：应交税费——应交资源税	400 000
贷：银行存款	400 000

【例7-9】

某盐场2012年6月16日、28日分别购进液体盐20 000吨、30 000吨，每吨购进价格假定为200元。6月份对外销售南方海盐原盐80 000吨（包括自产和用液体液加工而成的）。另外企业用原盐60 000吨加工成精盐出售。该盐场按月缴纳资源税。不考虑增值税。

(1) 企业6月16日购进液体盐20 000吨时，应作如下会计分录：

借：在途物资	3 940 000
应交税费——应交资源税(20 000×3)	60 000
贷：银行存款(20 000×200)	4 000 000

(2) 6月28日，企业应作如下会计分录：

借：在途物资 5 910 000
　　应交税费——应交资源税 90 000
　　贷：银行存款 6 000 000

(3) 月终，计算出企业对外销售原盐应缴纳的资源税

应纳税额＝80 000×12＝960 000（元）

应作如下会计分录：

借：营业税金及附加 960 000
　　贷：应交税费——应交资源税 960 000

(4) 月终，计算出企业用来加工精盐的原盐所应纳的资源税

应纳税额＝60 000×12＝720 000（元）

应作如下会计分录：

借：生产成本 720 000
　　贷：应交税费——应交资源税 720 000

(5) 月度终了，企业按规定进行纳税申报时

应纳税额＝1 680 000－150 000（液体盐已纳税额）
　　　　＝1 530 000（元）

实际缴纳税款时，应作如下会计分录：

借：应交税费——应交资源税 1 530 000
　　贷：银行存款 1 530 000

五、资源税纳税申报

资源税纳税申报表如表7-2所示。

表7-2　　　　　　　　资源税纳税申报表

纳税代码（地税）：
税务登记证号：　　　　　税款所属日期：　至　　　　金额单位：人民币元（至角分）

纳税人名称		地址		开户银行		账号	
产品名称	销售数量（吨）	运用税目	运用税额（元/吨）	应纳税额（元）		备注	
纳税人声明：本表所填数据真实、完整，愿意承担法律责任				如委托代理填报，由代理人填写以下各栏			

会计主管 （签章）	办案人员 （签章）	纳税单位（人） （签章）	代理人名称		代理人（签章） 年 月 日
			代理人地址		
			经办人	电话	
以下由税务机关填写					
收到申报表日期		接收人	完税凭证号码		完税日期	

思考和练习题

1. 试比较定额税率和比例税率。
2. 资源税与增值税有什么关系？
3. 某冶金联合企业矿山 5 月份开采铁矿石 10 000 吨，销售 8 000 吨，每吨售价 3 390 元（含税价），资源税单位税额为每吨 14 元。计算该矿山当月应纳资源税和增值税。
4. 某盐厂 6 月份外购液体盐 100 吨，加工成固体盐，当月销售固体盐 80 吨。已知液体盐的单位税额为 10 元/吨，固体盐的单位税额为 30 元/吨。计算该盐厂当月应纳资源税。
5. 某企业购入液体盐 100 吨，价款 100 000 元，该液体盐资源税每吨 10 元；企业领用液体盐 50 吨，加工成固体盐 40 吨，月末全部售出，取得收入 80 000 元；固体盐资源税每吨 15 元。计算应纳资源税，不考虑增值税，编制有关会计分录。
6. 某油田 2012 年 12 月生产原油 3 000 吨，当月销售 2 800 吨，自用 200 吨。单价每吨 100 元，原油资源税税率 10%，本月预缴资源税 25 000 元。编制有关会计分录。

第八章 土地增值税会计

土地增值税是对土地使用权转让及出售建筑物时所产生的价格增值量征收的税种。土地增值税具有以下特点：

(1) 土地增值税在房地产的转让环节征收，实行按次征收。

(2) 以转让房地产取得的增值额为征税对象：转让房地产的收入减去税法规定准予扣除项目金额后的余额。

(3) 征税面比较广。凡在我国境内转让房地产并取得增值收入的单位和个人，除税法规定免税的外，均应按照税法规定缴纳土地增值税。

(4) 采用扣除法和评估法计算增值额。一般来说，以纳税人转让房地产取得的收入，减除法定扣除项目金额后的余额作为计税依据。对旧房及建筑物的转让，以及对纳税人转让房地产申报不实、成交价格偏低的，采用评估价格法确定增值额。

(5) 实行超率累进税率。土地增值税的税率是以转让房地产增值率的高低为依据，按累进原则设计的，实行分级计税。增值率高的税率高，多纳税；增值率低的税率低，少纳税。

(6) 土地增值税属于特定行为目的税。土地增值税是贯彻国家宏观调控政策而出台的一个税种。土地增值税的开征可以增加财政收入，加强国家对房地产开发、交易行为的宏观调控，抑制土地炒买炒卖，维护国家利益。

第一节 土地增值税的基本内容

一、纳税义务人

《中华人民共和国土地增值税暂行条例》（以下简称土地增值税暂行条例）规定，土地增值税的纳税义务人是为转让国有土地使用权、地上的建筑物及其附着物（以下简称转让房地产）并取得收入的单位和个人。包括各类企业单位、事业单位、国家机关、社会团体、个体经营者及其他组织。

根据《国务院关于外商投资企业和外国企业适用增值税、消费税、营业税等税收暂行条例的有关问题的通知》的规定，外商投资企业、外国企业、外籍个人、华侨、港澳台同胞等，只要有转让房地产行为并取得增值收入的，都是土地增值税的纳税义务人，都要按照土地增值税暂行条例的规定缴纳土地增值税。

二、征税范围

（一）征税范围的一般规定

土地增值税暂行条例及其实施细则规定，土地增值税的征税范围包括转让国有土地使用权、地上的建筑物及其附着物连同国有土地使用权一并转让而取得的增值性收入的行为。

（1）土地增值税只对转让国有土地使用权的行为课税，转让非国有土地和出让国有土地的行为均不征税。

所谓国有土地使用权，是指土地使用人根据国家法律、合同等规定，对国家所有的土地享有的使用权利。土地增值税只对企业、单位和个人等经济主体转让国有土地使用权的行为课税。对属于集体所有的土地，按现行规定须先由国家征用后才能转让。根据《中华人民共和国土地管理法》，国家为了公共利益，可以依照法律规定征用集体土地，依法被征用后的土地属于国家所有。未经国家征用的集体土地不得转让。自行转让集体土地是一种违法行为，应由有关部门依照相关法律来处理，而不应纳入土地增值税的征税范围。

国有土地出让是指国家以土地所有者的身份将土地使用权在一定年限内让与土地使用者，并由土地使用者向国家支付土地出让金的行为。由于土地使用权的出让方是国家，出让收入在性质上属于政府凭借所有权在土地一级市场上收取的租金，所以，政府出让土地的行为及取得的收入也不在土地增值税的征税之列。

（2）土地增值税既对转让土地使用权课税，也对转让地上建筑物和其他附着物的产权征税。

所谓地上建筑物，是指建于土地上的一切建筑物，包括地上地下的各种附属设施。如厂房、仓库、商店、医院、住宅、地下室、围墙、烟囱、电梯、中央空调、管道等。所谓附着物是指附着于土地上、不能移动，一经移动即遭损坏的种植物、养植物及其他物品。上述建筑物和附着物的所有者对自己的财产依法享有占有、使用、收益和处置的权利，即拥有排他性的全部产权。

税法规定，纳税人转让地上建筑物和其他附着物的产权转让，取得的增值性收入，也应计算缴纳土地增值税。换言之，纳入土地增值税课征范围的增值额，是纳税人转让房地产所取得的全部增值额，而非仅仅是土地使用权转让的收入。

（3）土地增值税只对有偿转让的房地产征税，对以继承、赠与等方式无偿转让的房地产，不予征税。

具体地，不征土地增值税的房地产赠与行为包括以下两种情况：

第一，房产所有人、土地使用权所有人将房屋产权、土地使用权赠与直系亲属或承担直接赡养义务人的行为。

第二，房产所有人、土地使用权所有人通过中国境内非营利的社会团体、国家机关将房屋产权、土地使用权赠与教育、民政和其他社会福利、公益事业的行为。

（二）特定情况的判定

根据以上三条判定标准，我们就可以对以下若干特定情况是否属于土地增值税的征税范围进行判定,详见表 8-1 所示。

表 8-1　　　　　　　　　　　　特定情况的判定

特定情况	是否纳入征税范围	说明
出售方式转让国有土地使用权（生地变熟地）	纳入	这种情况是指土地使用者通过出让方式向政府缴纳了土地出让金、有偿受让土地使用权后,仅对土地进行通水、通电、通路和平整地面等土地开发,不进行房产开发,即所谓的"将生地变熟地",然后直接将空地出售,这属于国有土地使用权的有偿转让
房地产开发	纳入	房地产开发通常指取得国有土地使用权后进行房屋开发建造后出售,在卖房的同时土地使用权也随之发生转让。因此房地产开发既发生了产权的转让又取得了收入,应纳入土地增值税的征收范围
存量房地产买卖	纳入	即旧屋出售。这种行为应当到有关部门办理房产产权和土地使用权的转移变更手续；原土地使用权属于无偿划拨的,还应到土地管理部门补缴土地出让金
房地产抵押	分情况而定	在抵押期间由于没有发生权属变更,不征收土地增值税；待抵押期满后,视该房地产是否转移占有而确定是否征收土地增值税。对于以房地产抵债而发生房地产权属转让的,应列入征税范围
房地产出租	不纳入	出租人虽取得收入,但没有发生房产产权、土地使用权的转让
房地产交换	纳入	交换房地产行为既发生了房产产权、土地使用权的转移,交换双方又取得了实物形态的收入,按照规定属于征收土地增值税的范围。但对个人之间互换自有居住用房地产的,经当地税务机关核实,可以免征土地增值税
以房地产进行投资、联营	分情况而定	如果投资、联营的一方以土地（房地产）作价入股进行投资或作为联营条件,暂免征收土地增值税。但对以房地产作价入股,凡所投资、联营的企业从事房地产开发的,或者房地产开发企业以其建造的商品房进行投资和联营的,或是投资、联营企业将上述房地产再转让,则属于征收土地增值税的范围
合作建房	分情况而定	对于一方出资金,另一方出地,双方合作建房,建成后按比例分房自用的,暂免征收土地增值税；建成后转让的,应征收土地增值税
企业兼并转让房地产	暂免征收	对被兼并企业将房地产转让到兼并企业中的,暂免征收土地增值税
房地产的代建房行为	不纳入	这种情况是指房地产开发公司代客户进行房地产的开发,开发完成后向客户收取代建收入的行为。对房地产开发公司而言,虽取得收入,但没有发生房地产权属的转移,其收入属于劳务收入性质,所以不属于土地增值税的征收范围
房地产的赠与	不纳入	虽发生了房地产的权属变更,但房产产权原所有人未取得任何收入。并且这里的赠与仅指赠与直系亲属或承担直接赡养义务人以及通过中国境内非营利的社会团体、国家机关将房屋产权、土地使用权赠与教育、民政和其他社会福利、公益事业的
房地产的继承	不纳入	虽发生了房地产的权属变更,但房产产权原所有人（被继承人）未取得任何收入
房地产的评估增值	不纳入	这种情况主要指国有企业在清产核资时对房地产进行重新评估而使其升值的情况。在这种情况下房地产虽然有增值,但其既没有发生房地产权属的转移,房产产权人、土地使用权人也没取得收入,所以不属于土地增值税的征收范围

续表

特定情况	是否纳入征税范围	说明
国家收回国有土地使用权，征用地上的建筑物及其附着物	免征	这种情况发生了房地产权属的变更，原房产所有人、土地使用权人也取得了一定的补偿金，但根据《土地增值税暂行条例》的有关规定，可以免征土地增值税
应国家需要而自行转让的	免征	因城市实施规划、国家建设的需要而搬迁，由纳税人自行转让原房地产的，土地增值税暂行条例实施细则规定免征土地增值税

第二节 土地增值税的税收优惠

一、对公共租赁住房建设和运营的税收优惠

对企事业单位、社会团体以及其他组织转让旧房作为公租房房源，且增值额未超过扣除项目金额20%的，免征土地增值税。

对企事业单位、社会团体以及其他组织转让旧房作为改造安置住房房源，且增值额未超过扣除项目金额20%的，免征土地增值税。

二、对建造普通标准住宅的税收优惠

土地增值税暂行条例第八条规定，纳税人建造普通标准住宅出售，增值额未超过扣除项目金额20%的，免征土地增值税；增值额超过扣除项目金额20%的，应就其全部增值额按规定计税。

普通标准住宅，是指按所在地一般民用住宅标准建造的居民用住宅。高级公寓、别墅、度假村等不属于普通标准住宅。普通标准住宅与其他住宅的具体划分界限的认定，一律按各省、自治区、直辖市人民政府根据《国务院办公厅转发建设部等部门关于做好稳定住房价格工作意见的通知》（国办发〔2005〕26号）制定并对社会公布的"中小套型、中低价位普通住房"的标准执行，并明确了普通标准住宅原则上应同时满足以下条件：

（1）住宅小区建筑容积率在1.0以上；
（2）单套建筑面积在120平方米以下；
（3）实际成交价格低于同级别土地上住房平均交易价格1.2倍以下。

对于纳税人既建普通标准住宅又搞其他房地产开发的，应分别核算增值额。不分别核算增值额或不准确核算增值额的，其建造的普通标准住宅不能使用这一免税规定。

三、对国家征用、收回的房地产的税收优惠

土地增值税暂行条例第八条规定，因国家建设需要依法征用、收回的房地产，免征土地增值税。

因国家建设需要依法征用、收回的房地产，是指因城市实施规划、国家建设的需要而被政府批准征用的房产或收回的土地使用权。因城市实施规划、国家建设的需要而搬迁，由

纳税人自行转让原房地产的，比照本规定免征土地增值税。符合上述免税规定的单位和个人，须向房地产所在地税务机关提出免税申请，经税务机关审核后，免予征收土地增值税。

（1）因"城市实施规划"而搬迁，是指因旧城改造或因企业污染、扰民（指产生过量废气、废水、废渣和噪声，使城市居民生活受到一定危害），而由政府或政府有关主管部门根据已审批通过的城市规划确定进行搬迁的情况。

（2）因"国家建设的需要"而搬迁，是指因实施国务院、省级人民政府、国务院有关部委批准的建设项目而进行搬迁的情况。

四、对个人转让房地产的税收优惠

个人之间互换自有居住用房地产的，经当地税务机关核实，可以免征土地增值税。

个人因工作调动或改善居住条件而转让原自用住房，经向税务机关申报核准，凡居住满5年或5年以上的，免予征收土地增值税；居住满3年未满5年的，减半征收土地增值税；居住未满3年的，按规定计征土地增值税。

税收政策对个人转让住房是否征收土地增值税，先要区分是消费性购买还是投资性购买。为了限制炒买炒卖房地产的行为，对投资性购买房地产的行为要征收土地增值税，而对消费性购买房地产则可以不征收土地增值税。税法按照居住年限来区分消费性购买或投资性购买，是否征收土地增值税以5年为限，居住满5年或5年以上的，免予征收土地增值税；居住满3年未满5年的，减半征收土地增值税。

五、关于以房地产进行投资或联营的征免税问题

以房地产进行投资联营的，投资联营的一方以土地（房地产）作价入股进行投资或作为联营条件，将房地产转让到所投资联营的企业中时，暂免征收土地增值税。对投资联营企业将上述房地产再转让的，应征收土地增值税。

对于以土地（房地产）作价入股进行投资或联营的，凡所投资、联营的企业从事房地产开发的，或者房地产开发企业以其建造的商品房进行投资和联营的，均不适用《财政部 国家税务总局关于土地增值税一些具体问题规定的通知》第一条暂免征收土地增值税的规定。

六、关于合作建房的征免税问题

对于一方出地，一方出资金，双方合作建房，建成后按比例分房自用的，暂免征收土地增值税；建成后转让的，应征收土地增值税。

七、关于企业兼并转让房地产的征免税问题

在企业兼并中，对被兼并企业将房地产转让到兼并企业中的，暂免征收土地增值税。

八、关于赠与房地产的征免税问题

房产所有人、土地使用权所有人将房屋产权、土地使用权赠与直系亲属或承担直接赡养义务人的，不征收土地增值税。

九、关于房产捐赠的征免税问题

房产所有人、土地使用权所有人通过中国境内非营利社会团体、国家机关将房屋产权、土地使用权赠与教育、民政和其他社会福利、公益事业的,不征收土地增值税。

第三节 土地增值税的计税依据与税率

一、计税依据

土地增值税以有偿转让房地产所得的土地增值额为计税的依据。转让房地产的增值额为纳税人转让房地产取得的收入扣减法定项目金额后的余额。

(一) 收入额的确定

纳税人转让房地产取得的应税收入应包括转让房地产的全部价款及有关经济利益。从收入的形式看,包括货币收入、实物收入和其他收入。

1. 货币收入

货币收入是指纳税人转让房地产而取得的现金、银行存款、支票、银行本票、汇票等各种信用票据和国库券、金融债券、企业债券、股票等有价证券。

2. 实物收入

实物收入是指纳税人转让房地产而取得的各种实物形态的收入,如钢材、房屋、土地等。实物收入的价值不太容易确定,一般要对这些实物形态的财产进行估价换算成货币收入。

3. 其他收入

其他收入是指纳税人转让房地产而取得的无形资产收入或具有财产价值的权利,如专利权、商标权、土地使用权、商誉权、专有技术使用权等。这类收入的价值需要进行专门的评估,在确定其价值后折算成货币收入。

此外,对于县级及县级以上人民政府要求房地产开发企业在售房时代收的各项费用,如果代收费用是计入房价中向购买方一并收取的,可作为转让房地产所取得的收入计税;如果代收费用未计入房价,而是在房价之外单独收取的,可以不作为转让房地产的收入。

对于代收费用作为转让收入计税的,在计算扣除项目金额时,可予以扣除,但不允许作为加计20%扣除的基数;对于代收费用未作为转让房地产的收入计税的,在计算增值额时不允许扣除代收费用。

纳税人有下列情形之一的,按照房地产评估价格计算征收:

(1) 隐瞒、虚报房地产成交价格的;
(2) 提供扣除项目金额不实的;
(3) 转让房地产的成交价格低于房地产评估价格,又无正当理由的。

(二) 扣除项目及其金额

扣除项目因房地产新建与否而略有不同,分为新建房地产的扣除项目和旧房及建筑物的扣除项目。新建房是指建成后未使用的房产。凡是已使用一定时间或达到一定磨损程度的房产均属旧房。使用时间和磨损程度标准可由各省、自治区、直辖市财政厅（局）和地方税务局具体规定。

1. 新建房地产的扣除项目

（1）取得土地使用权所支付金额。取得土地使用权所支付金额包括纳税人为取得土地使用权所支付的地价款和按国家统一规定缴纳的有关费用两部分。如果是以协议、招标、拍卖等出让方式取得土地使用权的，地价款为纳税人所支付的土地出让金；如果是以行政划拨方式取得土地使用权的，地价款为按照国家有关规定补缴的土地出让金；如果是以转让方式取得土地使用权的，地价款为向原土地使用权人实际支付的地价款。纳税人按国家统一规定缴纳的有关费用，是指纳税人在取得土地使用权过程中为办理有关手续，按国家统一规定缴纳的有关登记、过户手续费等。

（2）房地产开发成本。开发土地和新建房及配套设施（以下简称房增开发）的成本，是指纳税人房地产开发项目实际发生的成本，包括土地征用及拆迁补偿费、前期工程费、建筑安装工程费、基础设施费、公共配套设施费、开发间接费用等。

①土地征用及拆迁补偿费，包括土地征用费、耕地占用税、劳动力安置费及有关地上、地下附着物拆迁补偿的净支出、安置动迁用房支出等。

②前期工程费，包括规划、设计、项目可行性研究和水文、地质、勘察、测绘、"三通一平"等支出。

③建筑安装工程费，是指以出包方式支付给承包单位的建筑安装工程费，以自营方式发生的建筑安装工程费。

④基础设施费，包括开发小区内道路、供水、供电、供气、排污、排洪、通讯、照明、环卫、绿化等工程发生的支出。

⑤公共配套设施费，包括不能有偿转让的开发小区内公共配套设施发生的支出。

⑥开发间接费用，是指直接组织、管理开发项目发生的费用，包括工资、职工福利费、折旧费、修理费、办公费、水电费、劳动保护费、周转房摊销等。

（3）房地产开发费用。开发土地和新建房及配套设施的费用（以下简称房地产开发费用），是指与房地产开发项目有关的销售费用、管理费用、财务费用。

需要强调的是，开发费用在转让收入中扣除时，不是按实际发生的费用，而是按土地增值税暂行条例实施细则中规定的标准扣除。

土地增值税暂行条例实施细则第七条规定，财务费用中的利息支出，凡能够按转让房地产项目计算分摊并提供金融机构证明的，允许据实扣除，但最高不能超过按商业银行同类同期贷款利率计算的金额。其他房地产开发费用，按取得土地使用权所支付的金额和房地产开发成本计算的金额之和的5%以内计算扣除。凡不能按转让房地产项目计算分摊利息支出或不能提供金融机构证明的，房地产开发费用按取得土地使用权所支付的金额和房地产开发成本计算的金额之和的10%以内计算扣除。计算扣除的具体比例，由各省、自治区、直辖市人民政府规定。

从上述规定可以看出，扣除标准因利息支出的处理方法不同分为以下两种情况处理：

①如果纳税人能够按转让房地产项目计算分摊利息支出，并能提供金融机构贷款证明，则：

$$\text{房地产开发费用} = \text{利息} + \left(\text{取得土地使用权所支付的金额} + \text{房地产开发成本}\right) \times a\% \quad (a\% \leqslant 5\%)$$

利息最高不能超过按商业银行同类同期贷款利率计算的金额。计算扣除具体比例，由各省、自治区、直辖市人民政府规定。

财政部、国家税务总局还对扣除项目金额中利息支出的计算问题作了两点专门的规定：一是利息的上浮幅度按照国家的有关规定执行，超过上浮幅度的部分不允许扣除；二是对于超过贷款期限的利息部分和加罚的利息不允许扣除。

②如果纳税人不能按转让房地产项目计算分摊利息支出或不能提供金融机构贷款证明的，则：

$$\text{房地产开发费用} = \left(\text{取得土地使用权所支付的金额} + \text{房地产开发成本}\right) \times a\% \quad (a\% \leqslant 10\%)$$

注意：土地增值税清算时，已经计入房地产开发成本的利息支出，应调整至财务费用中计算扣除。

（4）转让房地产有关税金。与转让房地产有关的税金，是指在转让房地产时缴纳的营业税、城市维护建设税、印花税。因转让房地产缴纳的教育费附加，也可视同税金予以扣除。

但房地产开发企业按照有关规定，其在转让时缴纳的印花税因列入管理费用，不得在此再扣除。其他纳税人缴纳的印花税（按产权转移书据所载金额的0.5‰贴花）允许在此扣除。

（5）其他扣除项目。土地增值税暂行条例实施细则第七条规定，对从事房地产开发的纳税人可按取得土地使用权所支付的金额和房地产开发成本计算的金额之和，加计20%的扣除。即：

$$\text{加计扣除费用} = \left(\text{取得土地使用权所支付的金额} + \text{房地产开发成本}\right) \times 20\%$$

需要说明的是，本规定只适用于从事房地产开发的纳税人，非房地产开发企业不适用本规定，不可加计扣除费用。而且即使是从事房地产开发的纳税人，如果取得土地使用权后未进行任何开发与投入就转让，不允许扣除20%加计费用。

综上所述，新建房地产的扣除项目为：

$$\text{新建房地产的扣除项目金额} = \text{取得土地使用权所支付的金额} + \text{房地产开发成本} + \text{房地产开发费用} + \text{与转让房地产有关的税金} + \text{其他扣除项目}$$

【例8-1】

某房地产开发公司转让一幢新建写字楼取得收入30 000万元，该公司为取得土地使用权所支付的金额为5 000万元，房地产开发成本为7 000万元，其中利息支出2 000万元（含加罚利息100万元），能够按转让房地产项目分摊且有金融机构的证明；营业税税率5%，城建税税率7%，教育费附加3%，印花税税率0.5‰。开发费用1 000万元，确认计算土地增值税时该公司可扣除项目的金额。

可以扣除开发成本 = 7 000 − 2 000 = 5 000（万元）

可扣除的其他开发费用 = (5 000 + 5 000) × 5% = 500（万元）

税金＝30 000×5%×(1+7%+3%)＝1 650(万元)

加计扣除＝(5 000+5 000)×20%＝2 000(万元)

扣除项目金额＝5 000+5 000+(2 000-100)+500+1 650+2 000＝16 050(万元)

---

2. 旧房及建筑物的扣除项目

(1) 旧房及建筑物的评估价格。旧房是指已建成并办理房屋产权证或取得购房发票的房产以及虽未办理房屋产权证但已建成并交付使用的房产。转让旧房的扣除项目分三种情形。

①通过房地产评估机构确定旧房及建筑物评估价格的，扣除项目包括：旧房及建筑物的评估价格、取得土地使用权所支付的地价款、按国家统一规定缴纳的有关费用、在转让环节缴纳的税金以及旧房评估费用。

其中，旧房及建筑物的评估价格，是指在转让已使用的房屋和建筑物时，由政府批准设立的房地产评估机构评定的重置成本价乘以成新度折扣率后的价格。对取得土地使用权时未支付地价款或不能提供已支付的地价款凭据的，不允许扣除取得土地使用权所支付的金额。在转让环节缴纳的税金指转让时缴纳的营业税、城建税、印花税、教育费附加和地方教育附加。

重置成本是指对旧房及建筑物，按转让时的建材价格及人工费用计算，建造同样面积、同样层次、同样结构、同样建设标准的新房及建筑物所需花费的成本费用。成新度折扣率是指按旧房的新旧程度给予一定比例的折扣。

②不能取得评估价格，但能提供购房发票的，扣除项目包括：按经税务机关确认的发票所载金额每年加计5%计算的金额、与转让房地产有关的税金。

其中，每年的确定按购房发票所载日期起至售房发票开具之日止，每满12个月计1年；超过1年，未满12个月但超过6个月的，可以视同为1年。比如，29个月的为2年，31个月的为3年。对纳税人购房时缴纳的契税，凡能提供契税完税凭证的，准予作为"与转让房地产有关的税金"予以扣除，但不作为加计5%的基数。

③既没有评估价格，又不能提供购房发票的，实行核定征收。若纳税人是单位，则按转让收入的80%～95%作为扣除项目的金额；若纳税人是个人，按转让收入的1%～1.5%计征土地增值税。

(2) 取得土地使用权所支付的金额。与新建房地产的扣除项目中所指的"取得土地使用权所支付的金额"含义相同。需要明确的是，对取得土地使用权时未支付地价款或不能提供已支付的地价款凭据的，在计征土地增值税时不允许扣除。

(3) 税金。与新建房地产的扣除项目中所指的"转让房地产有关税金"含义相同。

所以，旧房及建筑物的扣除项目为：

$$\text{旧房及建筑物扣除项目} = \text{房屋及建筑物的评估价格}\left(\text{重置成本}\times\text{成新度折扣率}\right) + \text{取得土地使用权所支付的金额} + \text{税金}$$

【例8-2】

某企业转让一幢旧房，当时造价200万元，现在建造同样面积标准质量的房屋需要500万元，房子六成新，该企业取得转让收入700万元，支付有关税费50万元，补缴土地出让金200万元。计算：在确认应缴纳的土地增值税时，该公司可扣除项目的金额。

该项目应按照旧房及建筑物的扣除项目进行扣除：

旧房评估价＝500×60％＝300（万元）

扣除项目金额＝300＋50＋200＝550（万元）

二、税率

土地增值税实行4级超率累进税率。土地增值税超率累进税率表如8-2所示。

表8-2　　　　　　　　　　土地增值税4级超率累进税率

级数	增值额与扣除项目金额的比率（％）	税率（％）	速算扣除系数（％）	税额计算公式
1	增值额未超过扣除项目金额50％的部分	30％	0	增值额×30％
2	增值额超过扣除项目金额50％，未超过100％的部分	40％	5％	增值额×40％－扣除项目金额×5％
3	增值额超过扣除项目金额100％，未超过200％的部分	50％	15％	增值额×50％－扣除项目金额×15％
4	增值额超过扣除项目金额200％的部分	60％	35％	增值额×60％－扣除项目金额×35％

需要注意以下几个问题：

1. 关于未办理土地使用权证转让土地的税收政策

土地使用者转让、抵押或置换土地，无论其是否取得了该土地的使用权属证书，无论其在转让、抵押或置换土地过程中是否与对方当事人办理了土地使用权属证书变更登记手续，只要土地使用者享有占有、使用、收益或处分该土地的权利，且有合同等证据表明其实质转让、抵押或置换了土地并取得了相应的经济利益，土地使用者及其对方当事人应当依照税法规定缴纳营业税、土地增值税和契税等相关税收。

2. 关于评估费用在计算增值额时的扣除政策

纳税人转让旧房及建筑物时因计算纳税的需要而对房地产进行评估，其支付的评估费用允许在计算增值额时予以扣除。对纳税人隐瞒、虚报房地产成交价格等情形而按房地产评估价格计算征收土地增值税所发生的评估费用，不允许在计算土地增值税时扣除。

3. 关于已缴纳的契税在计税时的扣除政策

对于个人购入房地产再转让的，其在购入时已缴纳的契税，在旧房及建筑物的评估价中已包括了此项因素，在计征土地增值税时，不另作为"与转让房地产有关的税金"予以扣除。

4. 关于计算增值额时扣除已缴纳印花税的税收政策

房地产开发企业按照有关规定，其缴纳的印花税列入管理费用，已相应予以扣除。其他的土地增值税纳税义务人在计算土地增值税时，允许扣除在转让时缴纳的印花税。

第四节 土地增值税应纳税额的计算

一、应纳税额的计算方法

土地增值税的计算方法有两种：一是超率累进税率法，二是速算扣除法。

（一）超率累进税率法

土地增值税按照纳税人转让房地产所取得增值额和规定的税率计算征收。土地增值税的计算公式为：

$$应纳税额 = \sum(每级距的土地增值额 \times 适用税率)$$

（二）速算扣除法

在实际工作中，超率累进税率法计算比较烦琐，较少采用，一般可以采用速算扣除法计算。即计算土地增值税税额，可按增值额乘以适用税率减去扣除项目金额乘以速算扣除系数的简便方法计算。具体公式如下：

(1) 增值额未超过扣除项目金额 50% ：

$$土地增值税税额 = 增值额 \times 30\%$$

(2) 增值额超过扣除项目金额 50%，未超过 100% 的：

$$土地增值税税额 = 增值额 \times 40\% - 扣除项目金额 \times 5\%$$

(3) 增值额超过扣除项目金额 100%，未超过 200% 的：

$$土地增值税税额 = 增值额 \times 50\% - 扣除项目金额 \times 15\%$$

(4) 增值额超过扣除项目金额 200% ：

$$土地增值税税额 = 增值额 \times 60\% - 扣除项目金额 \times 35\%$$

公式中的 5%、15%、35% 为速算扣除系数。

二、应纳税额的计算举例

【例8-3】

某房地产开发公司 2012 年销售其新建商品房一幢，取得销售收入 1.2 亿元。该公司支付与商品房有关的土地使用费权及开发成本合计为 5 000 万元；该公司没有按房地产项目计算分摊银行借款利息；该商品房所在地规定计征土地增值税时房地产开发费用扣除比例为 10%；销售商品房缴纳有关税金 600 万元。计算该公司销售该商品房应缴纳的土地增值税。

扣除项目金额 = 5 000 + 5 000 × 10% + 600 + 5 000 × 20% = 7 100（万元）

增值额 = 12 000 - 7 100 = 4 900（万元）

增值额与扣除项目金额之比 = 4 900 ÷ 7 100 × 100% = 69%

增值额超过扣除项目金额50%,未超过100%,分别适用30%、40%两档税率。
各级次土地增值税税额:

增值额未超过扣除项目金额50%的增值额＝7 100×50%＝3 550(万元)
应纳土地增值税税额＝3 550×30%＝1 065(万元)
超过扣除项目金额50%,未超过100%的增值额＝4 900－7 100×50%＝1 350(万元)
则这部分增值额应纳的土地增值税税额＝1 350×40%＝540(万元)
土地增值税税额＝1 065＋540＝1 605(万元)

利用速算扣除法计算土地增值税应纳税额。计算如下:

扣除项目金额＝5 000＋5 000×10%＋6 000＋5 000×20%＝7 100(万元)
增值额＝12 000－7 100＝4 900(万元)
增值额与扣除项目金额之比＝4 900÷7 100×100%＝69%

增值额超过扣除项目金额50%,未超过100%:

土地增值税税额＝增值额×40%－扣除项目金额×5%
＝4 900×40%－7 100×5%＝1 605(万元)

【例8-4】

2012年10月,海天科技有限公司转让办公楼一幢,共取得转让收入8 000万元。营业税税率5%,城建税税率7%,教育费附加3%,印花税税率0.5‰。已知该单位为取得土地使用权而支付的地价款和有关费用为1 000万元,投入房地产开发成本为2 000万元,房地产开发费用中的利息支出为300万元(能够按转让房地产项目分摊且有金融机构的证明),但其中50万元的利息属于加罚利息。其他房地产开发费用的扣除比例为5%。

收入总额＝8 000(万元)

扣除项目金额为:

1 000＋2 000＋(300－50)＋(1 000＋2 000)×5%＋8 000×5%×(1＋7%＋3%)
＋8 000×0.5‰＝3 844(万元)
增值额＝8 000－3 844＝4 156(万元)

按照税法规定,这时适用的税率为50%,速算扣除系数为15%。

应纳税额＝4 156×50%－3 844×15%＝1 501.4(万元)

【例8-5】

某房地产开发公司开发一小区,于2006年1月签订房地产开发合同,并于2006年12月投入"三通一平"资金共100万元,第一幢房屋于2008年8月建成并于9月全部销售,取得售房款2 000万元,2009年1月31日销售第二幢房屋取得售房款6 000万元,2010年11月将最后一幢房屋销售出去取得售房款3 000万元。已知企业取得土地使用权支付的费用为1 000万元,三幢房屋的开发成本分别为800万元、3 000万元、1 000万元;三幢房屋销售时缴纳与销售房屋有关的税金分别为110万元、330万元和165万元,三幢房屋的建筑面积分别为20 000平方米、50 000平方米和30 000平方米。该公司利息支出不能准确按项目计算分摊,该地政府规定允许扣除的房地产开发费用为10%。计算2008年、2009年和2010年各年应缴纳的土地增值税。

  三幢房屋土地使用权及"三通一平"费用=100+1 000=1 100(万元)
  第一幢房屋应分摊=1 100×20 000/(20 000+50 000+30 000)=220(万元)
  第二幢房屋应分摊=1 100×50 000/(20 000+50 000+30 000)=550(万元)
  第三幢房屋应分摊=1 100×30 000/(20 000+50 000+30 000)=330(万元)

2008年销售第一幢房屋:

  扣除项目=220+800+110+(220+800)×10%+(220+800)×20%=1 436(万元)
  增值额=2 000−1 436=564(万元)
  增值率=564÷1 436×100%=39.28%<50%
  应纳土地增值税=564×30%=169.2(万元)

2009年销售第二幢房屋:

  扣除项目=550+3 000+330+(550+3 000)×10%+(550+3 000)×20%=4 945(万元)
  增值额=6 000−4 945=1 055
  增值率=1 055÷4 945×100%=21.33%<50%
  应纳土地增值税=1 055×30%=316.5(万元)

2010年销售第三幢房屋:

  扣除项目=330+1 000+165+(330+1 000)×10%+(330+1 000)×20%=1 894(万元)
  增值额=3 000−1 894=1 106
  增值率=1 106÷1 894×100%=58.39%>50%
  应纳土地增值税=1 106×40%−1 894×5%=347.7(万元)

第五节 土地增值税的清算

一、土地增值税预征

  纳税人在项目全部竣工结算前转让房地产取得的收入,由于涉及成本确定或其他原因而无法据以计算土地增值税的,可以预征土地增值税,待该项目全部竣工、办理结算后再进行清算,多退少补。具体办法由各省、自治区、直辖市地方税务局根据当地情况制定。
  《财政部 国家税务总局关于土地增值税若干问题的通知》(财税字〔2006〕21号)文件第三条规定:各地要进一步完善土地增值税预征办法,根据本地区房地产业增值水平和市场发展情况,区别普通住房、非普通住房和商用房等不同类型,科学合理地确定预征率,并适时调整。工程项目竣工结算后,应及时进行清算,多退少补。对未按预征规定期限预缴税款的,应根据《税收征收管理法》及其实施细则的有关规定,从限定的缴纳税款期限届满的次日起,加收滞纳金。

根据上述规定,各地方税务局对于房地产开发企业项目竣工结算前转让房地产取得的收入(包括预售收入)制定有具体的预征办法和预征率。

除保障性住房外,今后东部地区省份土地增值税预征率不得低于2%,中部和东北地区不得低于1.5%,西部地区不得低于1%。

二、土地增值税清算

(一) 清算项目和清算单位

(1)《土地增值税暂行条例实施细则》第八条规定:土地增值税以纳税人房地产成本核算的最基本的核算项目或核算对象为单位计算。

(2)《国家税务总局关于武汉宝安房地产开发有限公司缴纳土地增值税的批复》(国税函〔2003〕922号)进一步明确:房地产开发有限公司一次性购入的土地,分别转让土地的行为,应按最基本的核算项目,分次分别计征土地增值税。

(3)《国家税务总局关于房地产开发企业土地增值税清算管理有关问题的通知》(国税发〔2006〕187号)规定:土地增值税以国家有关部门审批的房地产开发项目为单位进行清算,对于分期开发的项目,以分期项目为单位清算。开发项目中同时包含普通住宅和非普通住宅的,应分别计算增值额。

(4)《土地增值税清算管理规程》(国税发〔2009〕91号文)第十七条规定:清算审核时,应审核房地产开发项目是否以国家有关部门审批、备案的项目为单位进行清算;对于分期开发的项目,是否以分期项目为单位清算;对不同类型房地产是否分别计算增值额、增值率,缴纳土地增值税等问题都进行了规定。

(二) 土地增值税的清算条件

(1) 纳税人应进行土地增值税清算的包括:

①房地产开发项目全部竣工、完成销售的;

②整体转让未竣工决算房地产开发项目的;

③直接转让土地使用权的。

(2) 主管税务机关可要求纳税人进行土地增值税清算的包括:

①已竣工验收的房地产开发项目,已转让的房地产建筑面积占整个项目可售建筑面积的比例在85%以上,或该比例虽未超过85%,但剩余的可售建筑面积已经出租或自用的。

上述85%的规定可用下列公示表示:

(已转让可售建筑面积+出租或自用可售建筑面积)÷总可售建筑面积≥85%

②取得销售(预售)许可证满三年仍未销售完毕的。

③纳税人申请注销税务登记但未办理土地增值税清算手续的。

④省税务机关规定的其他情况。

(三) 土地增值税清算时限

(1) 对于符合规定,应进行土地增值税清算的项目,纳税人应当在满足条件之日起90日内到主管税务机关办理清算手续。

（2）对于符合税务机关可要求纳税人进行土地增值税清算规定的项目，由主管税务机关确定是否进行清算；对于确定需要进行清算的项目，由主管税务机关下达清算通知，纳税人应当在收到清算通知之日起90日内办理清算手续。

（3）应进行土地增值税清算的纳税人或经主管税务机关确定需要进行清算的纳税人，在上述规定的期限内拒不清算或不提供清算资料的，主管税务机关可依据《税收征收管理法》有关规定处理。

（四）土地增值税清算准备资料

纳税人清算土地增值税时应提供的清算资料：

（1）房地产开发项目清算说明，主要内容应包括房地产开发项目立项、用地、开发、销售、关联方交易、融资、税款缴纳等基本情况及主管税务机关需要了解的其他情况。

（2）项目竣工决算报表、取得土地使用权所支付的地价款凭证、国有土地使用权出让合同、银行贷款利息结算通知单、项目工程合同结算单、商品房购销合同统计表、销售明细表、预售许可证等与转让房地产的收入、成本和费用有关的证明资料。主管税务机关需要相应项目记账凭证的，纳税人还应提供记账凭证复印件。

（3）纳税人委托税务中介机构审核鉴证的清算项目，还应报送中介机构出具的《土地增值税清算税款鉴证报告》。

主管税务机关收到纳税人清算资料后，对符合清算条件的项目，且报送的清算资料完备的，予以受理；对纳税人符合清算条件但报送的清算资料不全的，应要求纳税人在规定限期内补报，纳税人在规定的期限内补齐清算资料后，予以受理；对不符合清算条件的项目，不予受理。上述具体期限由各省、自治区、直辖市、计划单列市税务机关确定。主管税务机关已受理的清算申请，纳税人无正当理由不得撤销。

三、土地增值税清算时的收入确认

土地增值税清算时，已全额开具商品房销售发票的，按照发票所载金额确认收入；未开具发票或未全额开具发票的，以交易双方签订的销售合同所载的售房金额及其他收益确认收入。销售合同所载商品房面积与有关部门实际测量面积不一致，在清算前已发生补、退房款的，应在计算土地增值税时予以调整。

四、房地产开发企业未支付的质量保证金扣除项目金额的确定

房地产开发企业在工程竣工验收后，根据合同约定，扣留建筑安装施工企业一定比例的工程款，作为开发项目的质量保证金。在计算土地增值税时，建筑安装施工企业就质量保证金对房地产开发企业开具发票的，按发票所载金额予以扣除；未开具发票的，扣留的质保金不得计算扣除。

五、拆迁安置土地增值税的计算

（1）房地产企业用建造的本项目房地产安置回迁户的，安置用房视同销售处理，按《国家税务总局关于房地产开发企业土地增值税清算管理有关问题的通知》（国税发〔2006〕187号）第三条第（一）款规定确认收入，同时将此确认为房地产开发项目的拆

迁补偿费。房地产开发企业支付给回迁户的补差价款，计入拆迁补偿费；回迁户支付给房地产开发企业的补差价款，应抵减本项目拆迁补偿费。

（2）开发企业采取异地安置，异地安置的房屋属于自行开发建造的，房屋价值按国税发〔2006〕187号第三条第（一）款的规定计算，计入本项目的拆迁补偿费；异地安置的房屋属于购入的，以实际支付的购房支出计入拆迁补偿费。

（3）货币安置拆迁的，房地产开发企业凭合法有效凭据计入拆迁补偿费。

六、转让旧房准予扣除项目的加计问题

《财政部 国家税务总局关于土地增值税若干问题的通知》（财税〔2006〕21号）第二条第一款规定，纳税人转让旧房及建筑物，凡不能取得评估价格，但能提供购房发票的，经当地税务部门确认，土地增值税暂行条例第六条第（一）、（三）项规定的扣除项目的金额，可按发票所载金额并从购买年度起至转让年度止每年加计5%计算。计算扣除项目时，"每年"按购房发票所载日期起至售房发票开具之日止，每满12个月计1年；超过1年，未满12个月但超过6个月的，可以视同为1年。

七、清算补缴的土地增值税加收滞纳金问题

纳税人按规定预缴土地增值税后，清算补缴的土地增值税，在主管税务机关规定的期限内补缴的，不加收滞纳金。

八、开发土地和新建房及配套设施的成本

房地产开发成本是指纳税人开发房地产项目实际发生的成本。这些成本允许按实际发生数扣除。主要包括土地征用及拆迁补偿费、前期工程费、建筑安装工程费、基础设施费、公共配套设施费、开发间接费用等。其中：

（1）土地征用及拆迁补偿费。包括土地征用费、耕地占用税、劳动力安置费及有关地上、地下附着物拆迁补偿的净支出、安置动迁用房支出等。

（2）前期工程费。包括规划、设计、项目可行性研究、水文、地质、勘察、测绘等支出。

（3）建筑安装工程费。是指以出包方式支付给承包单位的建筑安装工程费，以自营方式发生的建筑工程安装费。

（4）基础设施费。包括开发小区内的道路、供水、供电、供气、排污、通讯、照明、环卫、绿化等工程发生的支出。

（5）公共配套设施费。包括不能有偿转让的开发小区内公共配套设施发生的支出。在稽查公共配套设施费时，要注意企业是否按规定时间调整预提费用的账户。由于房地产开发企业生产经营的特点，决定了房地产开发企业直接的成本结转期，以开发小区的建设周期为准。在此期间发生的成本结转，经过主管财政部门审查批准后，可能通过预提方式进行，待小区全部正式竣工结算时，调整预提费用。由于房地产开企业在开发进度的安排上，一般是先建住宅，后建配套工程。因而，对已出售的开发产品负担的配套设施的建设费用，无法按照配套设施的实际建设成本来进行成本结转和分摊。因此，房地产开发企业

可按未完配套设施概算为基数,计算出已出售住宅应负担的数额,以预提方式计入出售住宅成本。

(6) 开发间接费用,是指直接组织、管理开发项目所发生的费用,包括工资、职工福利费、折旧费、修理费、办公费、水电费、劳动保护费、周转房摊销等。

第六节 土地增值税的会计处理

土地增值税在"应交税费——应交土地增值税"明细账户下进行核算。该科目贷方核算企业依法应缴纳的土地增值税,借方核算企业已缴纳或允许抵扣的土地增值税;贷方余额反映企业应缴而未缴的土地增值税税额。房地产开发企业期房销售业务的会计处理为:由于企业销售商品不满足收入确认条件,当收到预售款时应确认为负债,等预售房屋竣工并交付给购买方时,再确认收入。即收到期房房款时,借记"银行存款"科目,贷记"预收账款"科目;房屋竣工并交付给购买方时,借记"预收账款"科目,贷记"主营业务收入"科目,同时结转开发产品成本,借记"主营业务成本"科目,贷记"开发产品"科目。

一、作为存货或投资性房地产的房地产的会计处理

企业在项目全部竣工结算前转让房地产取得的收入,按税法规定预交的土地增值税,借记"应交税费——应交土地增值税"科目,贷记"银行存款"等科目;待该房地产营业收入实现时,借记"营业税金及附加"等科目,贷记"应交税费——应交土地增值税"科目;该项目全部竣工、办理结算后进行清算,收到退回多交的土地增值税,借记"银行存款"等科目,贷记"应交税费——应交土地增值税"科目,补交的土地增值税作相反的会计分录。

【例 8-6】

甲房地产开发公司 2010 年转让写字楼,取得转让收入 4 500 万元,取得时支付土地使用权 1 000 万元,房地产开发成本 400 万元,该公司借款利息支出不能提供金融机构贷款证明。商品房所在地规定计征土地增值税时房地产费用扣除比例按国家规定允许的最高比例执行;该商品房转让的有关税金 120 万元。计算应缴纳的土地增值税,并作相应的会计分录。

(1) 计算应缴纳土地增值税

①扣除项目金额 = 1 000 + 400 + (1 000 + 400) × 10% + 120 + (1 000 + 400) × 20%
= 1 940(万元)

②增值额 = 4 500 − 1 940 = 2 560(万元)

③增值额与扣除项目金额之比 = 2 560 ÷ 1 940 × 100% = 132%

增值额超过扣除项目金额 100%,未超过 200%。

④应纳土地增值税 = 2 560 × 50% − 1 940 × 15% = 989(万元)

(2) 账务处理

借:营业税金及附加	9 890 000
贷:应交税费——应交土地增值税	9 890 000
借:应交税费——应交土地增值税	9 890 000

贷：银行存款　　　　　　　　　　　　　　　　　　　　　　9 890 000

◆◆◆

二、作为固定资产的房地产的会计处理

　　企业转让国有土地使用权连同地上已完工使用的建筑物与附着物时应，通过"固定资产清理"科目核算。

【例 8-7】

　　某企业转让国有土地使用权及厂房。该厂房购进时支付 200 万元，取得转让收入 600 万元，应交营业税 30 万元，应交城市维护建设税 2.1 万元，应交教育费附加 0.9 万元，其他税费忽略不计。转让时已计提折旧 20 万元。经房地产评估部门评定，现在建造同样面积、标准、质量的房屋需要 300 万元，厂房八成新。计算应缴纳的土地增值税并作出相关账务处理。

（1）计算应缴纳的土地增值税

①扣除项目金额＝300×80％＋30＋2.1＋0.9＝273（万元）

②增值额＝600－273＝327（万元）

③增值额与扣除项目金额之比＝327÷273×100％＝120％

增值额超过扣除项目金额 100％，未超过 200％。

④应纳土地增值税税额＝327×50％－273×15％＝122.55（万元）

（2）账务处理

①企业转让并清理房地产时。

　　借：固定资产清理　　　　　　　　　　　　　　　　　　　1 800 000
　　　　累计折旧　　　　　　　　　　　　　　　　　　　　　　 200 000
　　　贷：固定资产　　　　　　　　　　　　　　　　　　　　 2 000 000

②企业收到转让收入时。

　　借：银行存款　　　　　　　　　　　　　　　　　　　　　6 000 000
　　　贷：固定资产清理　　　　　　　　　　　　　　　　　　6 000 000

③计提营业税等相关税金时。

　　借：固定资产清理　　　　　　　　　　　　　　　　　　　　330 000
　　　贷：应交税费——应交营业税　　　　　　　　　　　　　　300 000
　　　　　　　　　——应交城市建设维护税　　　　　　　　　　 21 000
　　　　　　　　　——应交教育费附加　　　　　　　　　　　　　9 000

④企业计算应缴纳土地增值税时。

　　借：固定资产清理　　　　　　　　　　　　　　　　　　　1 225 500
　　　贷：应交税费——应交土地增值税　　　　　　　　　　　1 225 500

⑤实际上缴时。

　　借：应交税费——应交土地增值税　　　　　　　　　　　　1 225 500
　　　　　　　　——应交营业税　　　　　　　　　　　　　　　300 000
　　　　　　　　——应交城市建设维护税　　　　　　　　　　　 21 000
　　　　　　　　——应交教育费附加　　　　　　　　　　　　　 9 000

贷：银行存款 1 555 500
借：固定资产清理 2 644 500
  贷：营业外收入 2 644 500

【例8-8】

某房地产开发企业2012年1月将其开发的写字楼一幢出售，共取得收入3 800万元。企业为开发该项目支付土地出让金600万元，房地产开发本为1 400万元，专门为开发该项目支付的贷款利息120万元。转让该项目应当缴纳营业税、城市维护建设税、教育费附加共计210.9万元。当地政府规定，企业可以按土地使用权出让费、房地产开发成本之和的5%计算扣除其他房地产开发费用。税法规定，从事房地产开发的企业可以按土地出让费和房地产开发成本之和的20%加计扣除。则其应纳税额为：

扣除项目金额＝600＋1 400＋120＋210.9＋(600＋1 400)×5%＋(600＋1 400)×20%
＝600＋1 400＋120＋210.9＋100＋400＝2 830.9(万元)

增值额＝3 800－2 830.9＝969.1(万元)

增值额占扣除项目比例＝969.1÷2 830.9×100%＝34.23%

应纳税额＝969.1×30%＝290.73(万元)

企业应作如下会计分录：
借：营业税金及附加 2 907 300
  贷：应交税费——应交土地增值税 2 907 300
实际向税务机关缴纳土地增值税时作如下会计分录：
借：应交税费——应交土地增值税 2 907 300
  贷：银行存款 2 907 300

【例8-9】

某房地产开发企业开发某住宅小区，从2011年6月开始预售，2012年10月底全部销完，共取得销售收入18 600万元，为开发该小区企业共支出土地出让金2 700万元，开发成本5 600万元，实际缴纳营业税、城市建设维护税、教育费附加等957.9万元，当地政府规定可按土地出让费和开发成本的10%扣除房地产开发费用。

扣除项目＝2 700＋5 600＋957.9＋(2 700＋5 600)×10%＋(2 700＋5 600)×20%
＝11 747.9(万元)

增值额＝18 600－11 747.9＝6 852.1(万元)

增值额占扣除项目金额的比率＝6 852.1÷11 747.9×100%＝58%

应纳税额＝11 747.9×50%×30%＋(6 852.1－11 747.9×50%)×40%
＝1 762.185＋391.26
＝2 153.445(万元)

假定企业预缴土地增值税1 400万元，企业于预缴时作如下会计分录：

```
借：应交税费——应交土地增值税                                          14 000 000
    贷：银行存款                                                    14 000 000
企业按规定计算出实际应纳税额时作如下会计分录：
借：营业税金及附加                                                    21 534 450
    贷：应交税费——应交土地增值税                                        21 534 450
实际补交土地增值税时作如下会计分录：
借：应交税费——应交土地增值税（21 534 450－14 000 000）                    7 534 450
    贷：银行存款                                                     7 534 450
```

【例8-10】

C市M房地产开发企业，具有二级开发资质，2007年2月新开工建设S楼盘，该项目建设共60 000平方米。2007年5月10日取得预售许可证，M公司根据前期客户储备情况决定于5月16日开盘销售，开盘当日即热销70%，取得收入2亿元，截至10月30日房源全部销售完毕共取得预售收入3亿元。S项目于2008年12月20日竣工交房，该项目共发生开发成本2亿元。取得税务部门土地增值税清算报告，清算土地增值税款400万元。土地增值税预征比率为1%。

M公司2007年取得预售房款时的会计分录为：

```
借：银行存款                                                       300 000 000
    贷：预收账款——S项目                                              300 000 000
借：应交税费——应交营业税                                               15 000 000
            ——应交城建税                                            1 050 000
            ——应交教育费附加                                            450 000
            ——应交土地增值税                                          3 000 000
    贷：银行存款                                                    19 500 000
借：预收账款——S项目                                                  300 000 000
    贷：主营业务收入——S项目                                            300 000 000
借：主营业务成本——S项目                                                200 000 000
    贷：开发产品——S项目                                               200 000 000
借：营业税金及附加                                                    19 500 000
    贷：应交税费——应交营业税                                            15 000 000
            ——应交城建税                                            1 050 000
            ——应交教育费附加                                            450 000
            ——应交土地增值税                                          3 000 000
```

2008年12月30日，清算土地增值税款400万元，而预缴土地增值税为300万元，应补交土地增值税款100万元，会计分录为：

```
借：营业税金及附加——土地增值税                                          1 000 000
    贷：应交税费——应交土地增值税                                         1 000 000
借：应交税费——应交土地增值税                                            1 000 000
```

　　　　贷：银行存款　　　　　　　　　　　　　　　　　　　　　　　　　　1 000 000

　　根据《房地产开发经营业务企业所得税处理办法》（国税发〔2009〕31号）第九条规定：企业销售未完工开发产品取得的收入，应先按预计计税毛利率分季（或月）计算出预计毛利额，计入当期应纳税所得额。开发产品完工后，企业应及时结算其计税成本并计算此前销售收入的实际毛利额，同时将其实际毛利额与其对应的预计毛利额之间的差额，计入当年度企业本项目与其他项目合并计算的应纳税所得额。

　　2007年M公司预售业务毛利为6 000万元（30 000×20%），预交营业税及附加1 650万元，预交土地增值税300万元，预售业务应调增的应纳税所得额为4 050万元（6 000－1 650－300），会计分录为：

　　　　借：递延所得税资产　　　　　　　　　　　　　　　　　　　　　　　10 125 000
　　　　　　贷：所得税费用　　　　　　　　　　　　　　　　　　　　　　　10 125 000

　　递延所得税资产2008年转回。

第七节　土地增值税的纳税申报

　　土地增值税的纳税义务发生时间为纳税人取得房地产转让收入和取得预售房地产价款的当天。纳税人应当自转让房地产合同签订之日起七日内向房地产所在地主管税务机关办理纳税申报，并向税务机关提交房屋及建筑物产权、土地使用权证书、土地转让、房产买卖合同、房地产评估报告及其他与转让房地产有关的资料。纳税人因经常发生房地产转让而难以在每次让后申报的，经税务机关审核同意后，可以定期进行纳税申报，具体期限由税务机关根据情况确定。并在税务机关核定的期限内缴纳土地增值税。纳税人在项目全部竣工结算前转让房地产取得的收入，由于涉及成本确定或其他原因，而无法据以计算土地增值税的，可以预征土地增值税，待该项目全部竣工、办理结算后再进行清算，多退少补，具体办法由各省、自治区、直辖市地方税务局根据当地情况制定。

一、土地增值税纳税申报表（一）

　　土地增值税纳税申报表（一）如表8-3所示。

表8-3　　　　　　　　　土地增值税纳税申报表（一）
（从事房地产开发的纳税人适用）

税款所属时间：　年　月　日　　　填表日期：　年　月　日
纳税人编码：　　　　　　　　金额单位：人民币元　　　　　　　面积单位：平方米

纳税人名称		项目名称		项目地址	
业别		经济性质		纳税人地址	邮政编码
开户银行		银行账号		主管部门	电话
项目				行次	金额
一、转让房地产收入总额1=2+3				1	
其中	货币收入			2	
	实物收入及其他收入			3	

二、扣除项目金额合计 4＝5＋6＋13＋16＋20		4	
	1. 取得土地使用权所支付的金额	5	
	2. 房地产开发成本 6＝7＋8＋9＋10＋11＋12	6	
其中	土地征用及拆迁补偿费	7	
	前期工程费	8	
	建筑安装工程费	9	
	基础设施费	10	
	公共配套设施费	11	
	开发间接费用	12	
	3. 房地产开发费用 13＝14＋15	13	
其中	利息支出 interest	14	
	其他房地产开发费用	15	
	4. 与转让房地产有关的税金等 16＝17＋18＋19	16	
其中	营业税	17	
	城市维护建设税	18	
	教育费附加	19	
	5. 财政部规定的其他扣除项目	20	
三、增值额 21＝1－4		21	
四、增值额与扣除项目金额之比（％）22＝21÷4		22	
五、适用税率（％）		23	
六、速算扣除系数（％）		24	
七、应缴土地增值税税额 25＝21×23－4×24		25	
八、已缴土地增值税税额		26	
九、应补（退）土地增值税税额 27＝25－26		27	
授权代理人	（如果你已委托代理申报人，请填写下列资料）为代理一切税务事宜，现授权_____（地址）_____为本纳税人的代理申报人，任何与本报表有关的来往文件都可寄与此人。授权人签字：_____	声明	我声明：此纳税申报表是根据《中华人民共和国土地增值税暂行条例》及其《实施细则》的规定填报的。我确信它是真实的、可靠的、完整的。声明人签字：_____
纳税人签章	法人代表签章	经办人员（代理申报人）签章	备注

土地增值税纳税申报表（一）填表说明：

（一）适用范围

土地增值税纳税申报表（一）适用从事房地产开发并转让的土地增值税纳税人。其转让已经完成开发的房地产并取得转让收入，或者是预售正在开发的房地产并取得预售收入的，应按照税法和本表要求，根据税务机关确定的申报时间，定期向主管税务机关填报土地增值税纳税申报表（一），进行纳税申报。

（二）土地增值税纳税申报表（一）主要项目填表说明

1. 表头项目

（1）纳税人编码：按税务机关编排的代码填写。

（2）项目名称：填写纳税人所开发并转让的房地产开发项目全称。

（3）经济性质：按所有制性质或资本构成形式分为国有、集体、私营、个体、股份制、外商投资和外国企业等类型填写。

（4）业别：填写纳税人办理工商登记时所确定的主营行业类别。

（5）主管部门：按纳税人隶属的管理部门或总机构填写。外商投资企业不填。

（6）开户银行：填写纳税人开设银行账户的银行名称；如果纳税人在多个银行开户的，填写其主要经营账户的银行名称。

（7）银行账号：填写纳税人开设的银行账户的号码；如果纳税人拥有多个银行账户的，填写其主要经营账户的号码。

2. 表中项目

土地增值税纳税申报表（一）中各主要项目内容，应根据土地增值税的基本计税单位作为填报对象。纳税人如果在规定的申报期内转让二个或二个以上计税单位的房地产，对每个计税单位应分别填写一份申报表。

纳税人如果既从事普通标准住宅开发，又进行其他房地产开发的，应分别填写纳税申报表（一）。

（1）第1栏"转让房地产收入总额"，按纳税人在转让房地产开发项目所取得的全部收入额填写。

（2）第2栏"货币收入"，按纳税人转让房地产开发项目所取得的货币形态的收入额填写。

（3）第3栏"实物收入及其他收入"，按纳税人转让房地产开发项目所取得的实物形态的收入和无形资产等其他形式的收入额填写。

（4）第5栏"取得土地使用权所支付的金额"，按纳税人为取得该房地产开发项目所需要的土地使用权而实际支付（补交）的土地出让金（地价款）及按国家统一规定缴纳的有关费用的数额填写。

（5）第7栏至表第12栏，应根据《土地增值税暂行条例实施细则》规定的从事房地产开发所实际发生的各项开发成本的具体数额填写。要注意，如果有些房地产开发成本是属于整个房地产项目的，而该项目同时包含了两个或两个以上的计税单位的，要对该成本在各计税项目之间按一定比例进行分摊。

（6）第14栏"利息支出"，按纳税人进行房地产开发实际发生的利息支出中符合《土地增值税暂行条例实施细则》第七条（三）规定的数额填写。如果不单独计算利息支出的，则本栏数额填写为"0"。

（7）第15栏"其他房地产开发费用"，应根据《土地增值税暂行条例实施细则》第七条（三）的规定填写。

（8）第17栏至表第19栏，按纳税人转让房地产时所实际缴纳的税金数额填写。

（9）第20栏"财政部规定的其他扣除项目"，是指根据《土地增值税暂行条例》和《土地增值税暂行条例实施细则》等有关规定所确定的财政部规定的扣除项目的合计数。

（10）第25栏"适用税率"，应根据《土地增值税暂行条例》规定的四级超率累进税率，按所适用的最高一级税率填写；如果纳税人建造普通标准住宅出售，增值额未超过扣除项目金额20%的，本栏填写"0"。

（11）第26栏"速算扣除系数"，应根据《土地增值税暂行条例实施细则》第十条的规定找出相关速算扣除系数来填写。

(12) 第 28 栏 "已缴土地增值税税额",按纳税人已经缴纳的土地增值税的数额填写。

二、土地增值税纳税申报表(二)

土地增值税纳税申报表(二)如表 8-4 所示。

表 8-4　　　　　　　　　土地增值税纳税申报表(二)
（非从事房地产开发的纳税人适用）

税款所属时间:　年　月　日　　填表日期:　年　月　日
纳税人编码:　　　　　　　　　　　金额单位:人民币元　　面积单位:平方米

纳税人名称		项目名称		项目地址	
业别		经济性质		纳税人地址		邮政编码	
开户银行		银行账号		主管部门		电话	

项目	行次	金额
一、转让房地产收入总额 1=2+3	1	
其中　货币收入	2	
实物收入及其他收入	3	
二、扣除项目金额合计 4=5+6+9	4	
1. 取得土地使用权所支付的金额	5	
2. 旧房及建筑物的评估价格 6=7×8	6	
其中　旧房及建筑物的重置成本价	7	
成新度折扣率	8	
4. 与转让房地产有关的税金等 9=10+11+12+13	9	
其中　营业税	10	
城市维护建设税	11	
印花税	12	
教育费附加	13	
三、增值额 14=1−4	14	
四、增值额与扣除项目金额之比(%) 15=14÷4	15	
五、适用税率(%)	16	
六、速算扣除系数(%)	17	
七、应缴土地增值税税额 18=14×16−4×17	18	

授权代理人	(如果你已委托代理申报人,请填写下列资料) 为代理一切税务事宜,现授权_____(地址) _____为本纳税人的代理申报人,任何与本报表有关的来往文件都可寄与此人。 授权人签字:_____	声明	我声明:此纳税申报表是根据《中华人民共和国土地增值税暂行条例》及其《实施细则》的规定填报的。我确信它是真实的、可靠的、完整的。 声明人签字:_____
纳税人签章	法人代表签章	经办人员(代理申报人)签章	备注

土地增值税纳税申报表(二)填表说明:

(一)适用范围

土地增值税纳税申报表(二)适用于非从事房地产开发的纳税人。该纳税人应在签订房地产转让合同后的七日内,向房地产所在地主管税务机关填报土地增值税纳税申报表(二)。

(二) 土地增值税纳税申报表 (二) 主要项目填表说明

1. 表头项目

(1) 纳税人编码：按税务机关编排的代码填写。

(2) 项目名称：填写纳税人转让的房地产项目全称。

(3) 经济性质：按所有制性质或资本构成形式分为国有、集体、私营、个体、股份制、外商投资企业等类型填写。

(4) 业别：按纳税人的行业性质分为行政单位、事业单位、企业、个人等。

(5) 主管部门：按纳税人隶属的管理部门或总机构填写。外商投资企业不填。

2. 表中项目

土地增值税纳税申报表（二）的各主要项目内容，应根据纳税人转让的房地产项目作为填报对象。纳税人如果同时转让两个或两个以上房地产的，应分别填报。

(1) 第1栏"转让房地产收入总额"，按纳税人转让房地产所取得的全部收入额填写。

(2) 第2栏"货币收入"，按纳税人转让房地产所取得的货币形态的收入额填写。

(3) 第3栏"实物收入及其他收入"，按纳税人转让房地产所取得的实物形态的收入和无形资产等其他形式的收入额填写。

(4) 第5栏"取得土地使用权所支付的金额"，按纳税人为取得该转让房地产项目的土地使用权而实际支付（补交）的土地出让金（地价款）数额及按国家统一规定缴纳的有关费用填写。

(5) 第6栏"旧房及建筑物的评估价格"，是指根据《土地增值税暂行条例》和《土地增值税暂行条例实施细则》等有关规定，按重置成本法评估旧房及建筑物并经当地税务机关确认的评估价格的数额。本栏由第7栏与第8栏相乘得出。如果本栏数额能够直接根据评估报告填报，则本表第7、8栏可以不必再填报。

(6) 第7栏"旧房及建筑物的重置成本价"，是指按照《土地增值税暂行条例》和《土地增值税暂行条例实施细则》规定，由政府批准设立的房地产评估机构评定的重置成本价。

(7) 第8栏"成新度折扣率"，是指按照《土地增值税暂行条例》和《土地增值税暂行条例实施细则》规定，由政府批准设立的房地产评估机构评定的旧房及建筑物的新旧程度折扣率。

(8) 第10栏至表第13栏，按纳税人转让房地产时实际缴纳的有关税金的数额填写。

(9) 第16栏"适用税率"，应根据《土地增值税暂行条例》规定的四级超率累进税率，按所适用的最高一级税率填写。

(10) 第17栏"速算扣除系数"，应根据《土地增值税暂行条例实施细则》第十条的规定找出相关速算扣除系数填写。

思考和练习题

1. 土地增值税与营业税有何关系？

2. 某房地产开发公司建一栋住宅出售，取得销售收入1 600万元（城建税税率7%，教育费附加率3%）。建此住宅支付的地价款100万元，开发成本300万元，银行贷款利息支出无法准确分摊。该省政府规定的费用计提比例为10%。计算上述业务应缴纳的土地增值税。

3. 某市一房地产开发公司2010年开发一个项目，有关经营情况如下：该项目商品房全部销售，取得销售收入4 000万元，并签订了销售合同。签订土地购买合同，支付与该项目相关的土地使用权价款600万元，相关税费50万元。发生土地拆迁补偿费200万元，前期工程费100万元，支付工程价款750万元，基础设施及公共配套设施费150万元，开发间接费用60万元。发生销售费用100万元，财务费用60万元，管理费用80万元。该房地产开发公司不能按转让项目计算分摊利息，当地政府规定的开发费用扣除比例为10%。计算上述业务应缴纳的土地增值税。

4. 某房地产公司转让写字楼收入20 000万元，土地使用权支付金额为4 000万元，开发成本3 800万元，开发费用1 500万元（未超标利息1 000万元，当地其他开发费用扣除比例为5%），按规定支付了转让环节的营业税、城建税和教育费附加，印花税税率0.5‰。上年预征土地增值税600万元。计算清算时应补缴的土地增值税。

5. 某房地产公司建成一栋普通标准住宅，扣除项目金额为800万元，当地同类住宅的市场售价约1 000万元，假如销售定价1 000万元，增值率为25%，应纳土地增值税为60万元。假如不考虑其他因素，获利为1 000－800－60＝140（万元）。如何利用税收优惠进行税务筹划？

6. 假设甲房地产企业欲将开发完工的普通标准住宅1万平方米对外出售，扣除项目金额为3 000万元（不含营业税金及附加），该房地产企业适用的营业税税率为5%，城建税税率为7%，教育附加费率为3%，其他税费暂不考虑。现有两种销售方案：一是按照3 800元/平方米的价格出售；二是按照3 900元/平方米的价格出售。请比较哪种方案对该企业较为有利？

第九章 企业所得税会计

企业所得税是以企业取得的生产经营所得和其他所得为征税对象所征收的一种税。企业的生产经营所得和其他所得，包括来源于中国境内、境外的所得。它体现了国家与企业的分配关系，是国家参与企业利润分配并调节其收益水平的手段。

企业所得税具有以下特点：以纯所得为课税对象，税源的多少受企业经济效益影响，即企业的净所得的大小决定税源的多少。征税以量能负担为原则，即所得多、负担能力大的多征；所得少、负担能力小的少征；无所得、没有负担能力的不征。税法对税基的约束力强，即企业应当严格按照税法的规定计算纳税。实行按年计算分期预缴的征收办法，即企业应以全年的应纳税所得额为计税依据，实行按年计算、分期预缴、年终汇算清缴的办法。

第一节 企业所得税制度的基本内容

一、纳税义务人

（一）纳税义务人

《中华人民共和国企业所得税法》（以下简称企业所得税法）规定，在中华人民共和国境内，企业和其他取得收入的组织（以下统称企业）为企业所得税的纳税人，个人独资企业、合伙企业不属于企业所得税的纳税人。

所称个人独资企业、合伙企业，是指依照中国法律、行政法规成立的个人独资企业、合伙企业。

根据企业所得税法，企业分为居民企业和非居民企业。

1. 居民企业

居民企业，是指依法在中国境内成立，或者依照外国（地区）法律成立但实际管理机构在中国境内的企业。其中：

所称依法在中国境内成立的企业，包括依照中国法律、行政法规在中国境内成立的企业、事业单位、社会团体以及其他取得收入的组织。

所称依照外国（地区）法律成立的企业，包括依照外国（地区）法律成立的企业和其他取得收入的组织。

所称实际管理机构，是指对企业的生产经营、人员、账务、财产等实施实质性全面管理和控制的机构。

居民企业承担无限纳税义务，就其来源于中国境内、境外的所得缴纳企业所得税。所得，包括销售货物所得、提供劳务所得、转让财产所得、股息红利等权益性投资所得、利息所得、租金所得、特许权使用费所得、接受捐赠所得和其他所得。

2. 非居民企业

非居民企业，是指依照外国（地区）法律成立且实际管理机构不在中国境内，但在中国境内设立机构、场所的；或者在中国境内未设立机构、场所，但有来源于中国境内所得的企业。所称机构、场所，是指在中国境内从事生产经营活动的机构、场所。包括：

(1) 管理机构、营业机构、办事机构；
(2) 工厂、农场、开采自然资源的场所；
(3) 提供劳务的场所；
(4) 从事建筑、安装、装配、修理、勘探等工程作业的场所；
(5) 其他从事生产经营活动的机构、场所。

非居民企业委托营业代理人在中国境内从事生产经营活动的，包括委托单位和个人经常代其签订合同，或者储存、交付货物等，该营业代理人视为非居民企业在中国境内设立的机构、场所。

非居民企业在中国境内设立机构、场所的，应当就其所设机构、场所取得的来源于中国境内的所得，以及发生在中国境外但与其所设机构、场所有实际联系的所得，缴纳企业所得税。实际联系，是指非居民企业在中国境内设立的机构、场所拥有据以取得所得的股权、债权，以及拥有、管理、控制据以取得所得的财产等。

非居民企业在中国境内未设立机构、场所的，或者虽设立机构、场所但取得的所得与其所设机构、场所没有实际联系的，应当就其来源于中国境内的所得缴纳企业所得税。

(二) 扣缴义务人

(1) 对非居民企业取得的来源于中国境内的所得应缴纳的所得税，实行源泉扣缴，以支付人为扣缴义务人。税款由扣缴义务人在每次支付或者到期应支付时，从支付或者到期应支付的款项中扣缴。其中：

支付人，是指依照有关法律规定或者合同约定对非居民企业直接负有支付相关款项义务的单位或者个人。

支付，包括现金支付、汇拨支付、转账支付和权益兑价支付等货币支付和非货币支付。

到期应支付的款项，是指支付人按照权责发生制原则应当计入相关成本、费用的应付款项。

(2) 对非居民企业在中国境内取得工程作业和劳务所得应缴纳的所得税，税务机关可以指定工程价款或者劳务费的支付人为扣缴义务人。其中，可以指定扣缴义务人的情形包括：

①预计工程作业或者提供劳务期限不足一个纳税年度，且有证据表明不履行纳税义务的；

②没有办理税务登记或者临时税务登记，且未委托中国境内的代理人履行纳税义务的；

③未按照规定期限办理企业所得税纳税申报或者预缴申报的。

扣缴义务人，由县级以上税务机关指定，并同时告知扣缴义务人所扣税款的计算依据、计算方法、扣缴期限和扣缴方式。

(3) 上述应当扣缴的所得税，扣缴义务人未依法扣缴或者无法履行扣缴义务的，由纳税人在所得发生地缴纳。纳税人未依法缴纳的，税务机关可以从该纳税人在中国境内其他收入项目的支付人应付的款项中，追缴该纳税人的应纳税款。其中：

所得发生地，是指依照企业所得税法实施条例第七条规定的原则确定的所得发生地。在中国境内存在多处所得发生地的，由纳税人选择其中之一申报缴纳企业所得税。

该纳税人在中国境内其他收入，是指该纳税人在中国境内取得的其他各种来源的收入。

二、征税对象

(一) 征税对象的确定原则

企业所得税的征税对象是企业取得的生产经营所得和其他所得，但并不是任何一项所得都要征税。

(1) 必须是有合法来源的所得。

(2) 应纳税所得是扣除成本费用以后的纯收益。

(3) 企业的应纳税所得必须是实物或货币所得。

(4) 企业应纳税所得包括来源于中国境内、境外的所得。

来源于中国境内、境外的所得按以下原则确定：

①销售货物所得，按照交易活动发生地确定；

②提供劳务所得，按照劳务发生地确定；

③转让财产所得，不动产转让所得按照不动产所在地确定，动产转让所得按照转让动产的企业或者机构、场所所在地确定，权益性投资资产转让所得按照被投资企业所在地确定；

④股息红利等权益性投资所得，按照分配所得的企业所在地确定；

⑤利息所得、租金所得、特许权使用费所得，按照负担或者支付所得的企业或者机构、场所所在地确定；

⑥其他所得，由国务院财政、税务主管部门确定。

(二) 征税对象的具体内容

企业所得税的征税对象是指企业取得的生产经营所得、其他所得和清算所得。

其中，生产经营所得是指企业从事制造业、采掘业、交通运输、建筑安装、农业、渔业、水利业、商品流通、金融业、保险业、邮电通信业、服务业，以及国务院、财政税务部门确认的其他营利性事业取得的合法所得；还包括卫生、物资、供销、城市公用和其他行业的企业，以及一些社团组织、事业单位开展多种经营和有偿服务活动取得的合法经营所得。

其他所得是指纳税人取得的股息、利息、租金、转让各类资产收益、特许权使用费，以及纳税人盘盈固定资产、因债权人原因确实无法支付的应付款项、物资及现金溢余等取得的营业外收益。

从维护国家主权利益出发，对本国企业在国外取得的所得，应按照我国法律缴纳所得税。但对其在境外按该国税法已缴的税款允许抵免，避免双重征税。

此外，纳税人按照章程规定解散或破产，以及其他原因宣布终止时，其清算所得，也属于企业所得税的征税对象。所谓清算所得，是指纳税人清算时的全部资产或财产扣除各项清算费用、损失、负债、企业未分配利润、公益金和公积金后的余额超过实缴资本的部分。

三、税率

企业所得税的税率是指对纳税人应纳税所得额征税的比率，即企业应纳税额与应纳税所得额的比率。国家对纳税人征税多少以及纳税人的税收负担水平，均与税率的高低有直接关系。税率是企业所得税法的一项基本要素。

(1) 企业所得税实行 25% 的比例税率。

(2) 符合条件的小型微利企业，减按 20% 的税率征收企业所得税。但非居民企业不享受小型微利企业所得税优惠。小型微利企业，是指从事国家非限制和禁止行业，并符合下列条件的企业：①工业企业，年度应纳税所得额不超过 30 万元，从业人数不超过 100 人，资产总额不超过 3 000 万元；②其他企业，年度应纳税所得额不超过 30 万元，从业人数不超过 80 人，资产总额不超过 1 000 万元。

(3) 国家需要重点扶持的高新技术企业，减按 15% 的税率征收企业所得税。

国家需要重点扶持的高新技术企业，是指拥有核心自主知识产权，并同时符合下列条件的企业：①产品（服务）属于"国家重点支持的高新技术领域"规定的范围；②研究开发费用占销售收入的比例不低于规定比例；③高新技术产品（服务）收入占企业总收入的比例不低于规定比例；④科技人员占企业职工总数的比例不低于规定比例；⑤高新技术企业认定管理办法规定的其他条件。

(4) 非居民企业在中国境内未设立机构、场所的，或者虽设立机构、场所但取得的所得与其所设机构、场所没有实际联系的，就其来源于中国境内的所得缴纳企业所得税，适用税率为 20%。

第二节　企业所得税的税收优惠

企业所得税减免是国家为照顾某些特定地区、产业或企业发展，照顾纳税人的实际困难而制定的税收优惠政策。国家对重点扶持和鼓励发展的产业和项目，给予企业所得税优惠。税收优惠主要包括免税收入；减征、免征；加计扣除；固定资产加速折旧；税额抵免及减计收入等。

一、免税收入、不征税收入

（一）免税收入

收入总额中的下列收入为免税收入：

（1）国债利息收入，是指企业持有国务院财政部门发行的国债取得的利息收入。

（2）符合条件的居民企业之间的股息、红利等权益性投资收益，是指居民企业直接投资于其他居民企业取得的投资收益。

（3）在中国境内设立机构、场所的非居民企业从居民企业取得与该机构、场所有实际联系的股息、红利等权益性投资收益。股息、红利等权益性投资收益，不包括连续持有居民企业公开发行并上市流通的股票不足12个月取得的投资收益。

（4）符合条件的非营利组织的收入。符合条件的非营利组织的收入，不包括非营利组织从事营利性活动取得的收入，但国务院财政、税务主管部门另有规定的除外。

（二）不征税收入

收入总额中的下列收入为不征税收入：

（1）财政拨款。财政拨款是指各级人民政府对纳入预算管理的事业单位、社会团体等组织拨付的财政资金，但国务院和国务院财政、税务主管部门另有规定的除外。

（2）依法收取并纳入财政管理的行政事业性收费、政府性基金。行政事业性收费是指依照法律法规等有关规定，按照国务院规定程序批准，在实施社会公共管理以及在向公民、法人或者其他组织提供特定公共服务过程中，向特定对象收取并纳入财政管理的费用。政府性基金是指企业依照法律、行政法规等有关规定，代政府收取的具有专项用途的财政资金。

（3）国务院规定的其他不征税收入。国务院规定的其他不征税收入是指企业取得的，由国务院财政、税务主管部门规定专项用途并经国务院批准的财政性资金。

二、减征、免征

（一）从事农、林、牧、渔业项目的所得，免征或减征

（1）企业从事下列项目的所得，免征企业所得税：

①蔬菜、谷物、薯类、油料、豆类、棉花、麻类、糖料、水果、坚果的种植；②农作物新品种的选育；③中药材的种植；④林木的培育和种植；⑤牲畜、家禽的饲养；⑥林产品的采集；⑦灌溉、农产品初加工、兽医、农技推广、农机作业和维修等农、林、牧、渔服务业项目；⑧远洋捕捞。

（2）企业从事下列项目的所得，减半征收企业所得税：

①花卉、茶以及其他饮料作物和香料作物的种植；②海水养殖、内陆养殖。

企业从事国家限制和禁止发展的项目，不得享受企业所得税优惠。

（二）从事国家重点扶持的公共基础设施项目投资经营的所得

国家重点扶持的公共基础设施项目，是指《公共基础设施项目企业所得税优惠目录》规定的港口码头、机场、铁路、公路、电力、水利等项目。

企业从事国家重点扶持的公共基础设施项目的投资经营的所得，从项目取得第一笔生产经营收入所属纳税年度起，第1年至第3年免征企业所得税，第4年至第6年减半征收

企业所得税。企业承包经营、承包建设和内部自建自用以上项目，不得享受上述规定的企业所得税优惠。其中：

（1）第一笔生产经营收入，是指公共基础设施项目建成并投入运营（包括试运营）后所取得的第一笔主营业务收入。

（2）承包经营，是指与从事该项目经营的法人主体相独立的另一法人经营主体，通过承包该项目的经营管理而取得劳务性收益的经营活动。

（3）承包建设，是指与从事该项目经营的法人主体相独立的另一法人经营主体，通过承包该项目的工程建设而取得建筑劳务收益的经营活动。

（4）内部自建自用，是指项目的建设仅作为本企业主体经营业务的设施，满足本企业自身的生产经营活动需要，而不属于向他人提供公共服务业务的公共基础设施建设项目。

（三）从事符合条件的环境保护、节能节水项目的所得

符合条件的环境保护、节能节水项目，包括公共污水处理、公共垃圾处理、沼气综合开发利用、节能技术改造、海水淡化等，项目的具体条件和范围由国务院财政、税务主管部门商有关部门共同制定，报国务院批准后公布施行。

企业从事前款规定的符合条件的环境保护、节能节水项目的所得，从项目取得第一笔生产经营收入所属纳税年度起，第1年至第3年免征企业所得税，第4年至第6年减半征收企业所得税。

对国家重点扶持的公共基础设施项目、环境保护、节能节水项目享受减免税优惠的项目，在减免税期限内转让的，受让方自受让之日起，可以在剩余期限内享受规定的减免税优惠；减免税期限届满后转让的，受让方不得就该项目重复享受减免税优惠。

（四）符合条件的技术转让所得

符合条件的技术转让所得，是指一个纳税年度内，居民企业技术转让所得不超过500万元的部分，免征企业所得税；超过500万元的部分，减半征收企业所得税。

享受减免企业所得税优惠的技术转让应符合以下条件：

(1) 享受优惠的技术转让主体是企业所得税法规定的居民企业；

(2) 技术转让属于财政部、国家税务总局规定的范围；

(3) 境内技术转让经省级以上科技部门认定；

(4) 向境外转让技术经省级以上商务部门认定；

(5) 国务院税务主管部门规定的其他条件。

（五）非居民企业所得

非居民企业在中国境内未设立机构、场所的，或者虽设立机构、场所但取得的所得与其所设机构、场所没有实际联系的，应当就其来源于中国境内的所得减按10%的税率征收企业所得税。

其中，下列所得可以免征企业所得税：

(1) 外国政府向中国政府提供贷款取得的利息所得；

(2) 国际金融组织贷款给中国政府和居民企业取得的利息所得；

(3) 非居民企业在中国境内未设立机构、场所的，或者虽设立机构、场所但取得的所得与其所设机构、场所没有实际联系的，就其来源于中国境内的所得。

（六）民族自治地方的所得

民族自治地方的自治机关对本民族自治地方的企业应缴纳的企业所得税中属于地方分享的部分，可以决定减征或者免征。民族自治地方，是指依照《中华人民共和国民族区域自治法》的规定，实行民族区域自治的自治区、自治州、自治县。

对民族自治地方内国家限制和禁止行业的企业，不得减征或者免征企业所得税。自治州、自治县决定减征或者免征的，须报省、自治区、直辖市人民政府批准。

三、加计扣除

企业的下列支出，可以在计算应纳税所得额时加计扣除：

（1）开发新技术、新产品、新工艺发生的研究开发费用。研究开发费用的加计扣除，是指企业为开发新技术、新产品、新工艺发生的研究开发费用，未形成无形资产计入当期损益的，在按照规定实行100%扣除的基础上，按照研究开发费用的50%加计扣除；形成无形资产的，按照无形资产成本的150%摊销。

（2）安置残疾人员及国家鼓励安置的其他就业人员所支付的工资。企业安置残疾人员所支付的工资的加计扣除，是指企业安置残疾人员的，在按照支付给残疾职工工资据实扣除的基础上，按照支付给残疾职工工资的100%加计扣除。企业安置国家鼓励安置的其他就业人员所支付的工资的加计扣除办法，由国务院另行规定。

四、固定资产加速折旧

企业的固定资产由于技术进步等原因，确需加速折旧的，可缩短折旧年限或者采取加速折旧的方法。可以采取缩短折旧年限或者采取加速折旧的方法的固定资产，包括：

（1）由于技术进步，产品更新换代较快的固定资产；

（2）常年处于强震动、高腐蚀状态的固定资产。

采取缩短折旧年限方法的，最低折旧年限不得低于规定折旧年限的60%；采取加速折旧方法的，可以采取双倍余额递减法或者年数总和法。

五、税额抵免

企业购置用于环境保护、节能节水、安全生产等专用设备的投资额，可以按一定比例实行税额抵免。

税额抵免，是指企业购置并实际使用《环境保护专用设备企业所得税优惠目录》、《节能节水专用设备企业所得税优惠目录》和《安全生产专用设备企业所得税优惠目录》规定的环境保护、节能节水、安全生产等专用设备的，该专用设备的投资额的10%可以从企业当年的应纳税额中抵免；当年不足抵免的，可以在以后5个纳税年度结转抵免。

享受上述规定的企业所得税优惠的企业，应当实际购置并自身实际投入使用上述规定的专用设备；企业购置上述专用设备在5年内转让、出租的，应当停止享受企业所得税优惠，并补缴已经抵免的企业所得税税款。

六、减计收入

企业综合利用资源，生产符合国家产业政策规定的产品所取得的收入，可在计算应纳税所得额时减计收入。

减计收入，是指企业以《资源综合利用企业所得税优惠目录》规定的资源作为主要原材料，生产国家非限制和禁止并符合国家和行业相关标准的产品取得的收入，减按90％计入收入总额。

所称原材料占生产产品材料的比例不得低于《资源综合利用企业所得税优惠目录》规定的标准。

需要注意的是，企业同时从事适用不同企业所得税待遇的项目的，其优惠项目应当单独计算所得，并合理分摊企业的期间费用；没有单独计算的，不得享受企业所得税优惠。

七、抵扣所得税

创业投资企业从事国家需要重点扶持和鼓励的创业投资，可按投资额的一定比例抵扣应纳税所得额。其中：

（1）创业投资企业是指依照《创业投资企业管理暂行办法》和《外商投资创业投资企业管理规定》在境内设立的专门从事创业投资活动的企业或其他经济组织。

（2）抵扣应纳税所得额，是指创业投资企业采取股权投资方式投资于未上市的中小高新技术企业2年以上的，可以按照其投资额的70％在股权持有满2年的当年抵扣该创业投资企业的应纳税所得额；当年不足抵扣的，可以在以后纳税年度结转抵扣。

八、其他政策性税收优惠

（一）对小型微利企业继续执行税收优惠政策

自2011年1月1日至2011年12月31日，对年应纳税所得额低于3万元（含3万元）的小型微利企业，其所得减按50％计入应纳税所得额，按20％的税率缴纳企业所得税。

小型微利企业，是指符合企业所得税法及其实施条例以及相关税收政策规定的小型微利企业。国务院规定，小型微利企业减半征收企业所得税政策延长至2015年年底并扩大范围。

（二）关于安置残疾人员就业的税收政策

企业安置残疾人员的，在按照支付给残疾职工工资据实扣除的基础上，可以在计算应纳税所得额时按照支付给残疾职工工资的100％加计扣除。企业就支付给残疾职工的工资，在进行企业所得税预缴申报时，允许据实计算扣除；在年度终了进行企业所得税年度申报和汇算清缴时，再依照上述规定计算加计扣除。

（三）关于公益性捐赠税前扣除的税收政策

（1）企业通过公益性社会团体或者县级以上人民政府及其部门，用于公益事业的捐赠支出，在年度利润总额12％以内的部分，准予在计算应纳税所得额时扣除。年度利润总额，是指企业依照国家统一会计制度的规定计算的大于零的数额。

（2）个人通过社会团体、国家机关向公益事业的捐赠支出，按照现行税收法律、行政法规及相关政策规定准予在所得税税前扣除。

（四）关于融资性售后回租业务中承租方出售资产行为的税收政策

根据现行企业所得税法及有关收入确定规定，融资性售后回租业务中，承租人出售资产的行为，不确认销售收入，对融资性租赁的资产，仍按承租人出售前原账面价值作为计税基础计提折旧。租赁期间,承租人支付的属于融资利息的部分,作为企业财务费用在税前扣除。融资性售后回租业务是指承租方以融资为目的将资产出售给经批准从事融资租赁业务的企业后,又将该项资产从该融资租赁企业租回的行为。融资性售后回租业务中承租方出售资产时,资产所有权以及与资产所有权有关的全部报酬和风险并未完全转移。

此税收政策自 2010 年 10 月 1 日起施行。

(五)关于企业股权投资损失所得税处理的税收政策

企业对外进行权益性投资所发生的损失,在经确认的损失发生年度,作为企业损失在计算企业应纳税所得额时一次性扣除。

(六)关于查增应纳税所得额弥补以前年度亏损处理的税收政策

根据企业所得税法第五条"企业每一纳税年度的收入总额,减除不征税收入、免税收入、各项扣除以及允许弥补的以前年度亏损后的余额,为应纳税所得额"的规定,税务机关对企业以前年度纳税情况进行检查时调增的应纳税所得额,凡企业以前年度发生亏损、且该亏损属于企业所得税法规定允许弥补的,应允许调增的应纳税所得额弥补该亏损。弥补该亏损后仍有余额的,按照企业所得税法规定计算缴纳企业所得税。对检查调增的应纳税所得额应根据其情节,依照《税收征收管理法》有关规定进行处理或处罚。

此税收政策自 2010 年 12 月 1 日开始执行。

第三节 企业所得税应税所得的确定

在计算应纳税所得额时,企业财务、会计处理办法与税收法律、行政法规的规定不一致的,应当依照税收法律、行政法规的规定计算。

应纳税所得额的确定,分为居民企业和非居民企业。

居民企业每一纳税年度的收入总额,减除不征税收入、免税收入、各项扣除以及允许弥补的以前年度亏损后的余额,为应纳税所得额。

企业应纳税所得额的计算,以权责发生制为原则,属于当期的收入和费用,不论款项是否收付,均作为当期的收入和费用;不属于当期的收入和费用,即使款项已经在当期收付,均不作为当期的收入和费用。

亏损是指企业依照企业所得税法将每一纳税年度的收入总额减除不征税收入、免税收入和各项扣除后小于零的数额。

清算所得是指企业的全部资产可变现价值或者交易价格减除资产净值、清算费用以及相关税费等后的余额。

投资方企业从被清算企业分得的剩余资产,其中相当于从被清算企业累计未分配利润和累计盈余公积中应当分得的部分,应当确认为股息所得;剩余资产减除上述股息所得后的余额,超过或者低于投资成本的部分,应当确认为投资资产转让所得或者损失。

非居民企业在中国境内未设立机构、场所的,或者虽设立机构、场所但取得的所得与其所设机构、场所没有实际联系的,应当就其来源于中国境内的所得缴纳企业所得税。非居民企业按照下列方法计算其应纳税所得额:

(1)股息、红利等权益性投资收益和利息、租金、特许权使用费所得,以收入全额为应纳税所得额；

（2）转让财产所得，以收入全额减除财产净值后的余额为应纳税所得额；

（3）其他所得，参照前两项规定的方法计算应纳税所得额。

上述收入全额，是指非居民企业向支付人收取的全部价款和价外费用。

企业所得税法规定，企业每一纳税年度的收入总额，减除不征税收入、免税收入、各项扣除以及允许弥补的以前年度亏损后的余额，为应纳税所得额。

一、收入总额

企业以货币形式和非货币形式从各种来源取得的收入为收入总额。企业以非货币形式取得的收入，按照公允价值确定收入额。

（一）一般情况下收入的确定

收入包括：销售货物收入；提供劳务收入；转让财产收入；股息、红利收入；利息收入；租金收入；特许权使用费收入；接受捐赠收入；其他收入。

企业取得收入的货币形式，主要包括现金、存款、应收账款、应收票据、准备持有至到期的债券投资以及债务的豁免等；企业取得收入的非货币形式，主要包括存货、固定资产、生物资产、无形资产、股权投资、不准备持有至到期的债券投资、劳务以及有关权益等。

1. 销售货物收入

销售货物收入，是指企业销售商品、产品、原材料、包装物、低值易耗品以及其他存货取得的收入。

2. 提供劳务服务收入

提供劳务收入，是指企业从事建筑安装、修理修配、交通运输、仓储租赁、金融保险、邮电通信、咨询经纪、文化体育、科学研究、技术服务、教育培训、餐饮住宿、中介代理、卫生保健、社区服务、旅游、娱乐、加工以及其他劳务服务活动取得的收入。

3. 财产转让收入

转让财产收入，是指企业转让固定资产、生物资产、无形资产、股权、债权等财产取得的收入。

4. 股息、红利收入

股息、红利收入，是指企业因权益性投资从被投资方取得的收入。

股息、红利收入，除国务院财政、税务主管部门另有规定外，按照被投资方作出利润分配决定时间确认收入的实现。

5. 利息收入

利息收入，是指企业将资金提供他人使用但不构成权益性投资，或者因他人占用本企业资金取得的收入，包括存款利息、贷款利息、债券利息、欠款利息等收入。

利息收入按照合同约定的债务人应付利息的日期确认收入的实现。

6. 租金收入

租金收入，是指企业提供固定资产、包装物或者其他有形资产的使用权取得的收入。

租金收入按照合同约定的承租人应付租金的日期确认收入的实现。

7. 特许权使用费收入

特许权使用费收入，是指企业提供专利权、非专利技术、商标权、著作权以及其他特许权的使用权取得的收入。

特许权使用费收入按照合同约定的特许权使用人应付特许权使用费的日期确认收入的实现。

8. 接受捐赠收入

接受捐赠收入，是指企业接受的来自其他企业、组织或者个人无偿给予的货币性资产、非货币性资产。

接受捐赠收入在实际收到捐赠资产时确认收入的实现。

9. 其他收入

其他收入，是指企业取得的除上述 1~8 项收入外的其他收入，包括企业资产溢余收入、逾期未退包装物押金收入、确实无法偿付的应付款项、已作坏账损失处理后又收回的应收款项、债务重组收入、补贴收入、违约金收入、汇兑收益等。

（二）特殊情况下收入的确定

1. 分期确认收入

企业的下列生产经营业务，可以分期确认收入的实现：

（1）以分期收款方式销售货物的，按照合同约定的收款日期确认收入的实现；

（2）企业受托加工制造大型机械设备、船舶、飞机等，以及从事建筑、安装、装配工程业务或者提供劳务等，持续时间超过 12 个月的，按照纳税年度内完工进度或者完成的工作量确认收入的实现。

2. 以分成方式确认收入

采取产品分成方式取得收入的，按照企业分得产品的时间确认收入的实现，其收入额按照产品的公允价值确定。公允价值，是指按照市场价格确定的价值。

3. 非货币性资产交换的收入确定

企业发生非货币性资产交换，以及将货物、财产、劳务用于捐赠、偿债、赞助、集资、广告、样品、职工福利或者利润分配等用途的，应当视同销售货物、转让财产或者提供劳务，但国务院财政、税务主管部门另有规定的除外。

4. 企业发生的销售退回

只要购货方提供退货的适当证明，可冲销退货当期的销售收入。

二、准予扣除项目

（一）准予扣除的原则

企业在计算应纳税所得额时，准予扣除的基本原则如下。

1. 真实性原则

真实性原则是指企业所得税税前扣除的费用必须是真实发生的。纳税人必须提供证明真实性的足够和适当的凭据。

2. 合法性原则

合法性原则是指企业申报扣除的费用必须符合国家税法的有关规定。对于会计制度与税法不一致的地方，应以税法的口径对会计制度作出调整。

3. 合理性原则

合理性原则是指企业申报扣除的费用必须是企业生产、经营所必需的，且计算和分配方法应该符合一般的经营常规和会计惯例。

4. 相关性原则

相关性原则是指纳税人扣除费用的目的必须与取得应税收入相关。如企业为员工承担的个人所得税，应属于职工个人的支出，因此不允许在企业所得税前扣除。

5. 确定性原则

确定性原则是指企业的任何费用支出，其金额必须是确定的。

（二）准予扣除的项目

企业实际发生的与取得收入有关的、合理的支出，包括成本、费用、税金、损失和其他支出，准予在计算应纳税所得额时扣除。

（1）成本，是指企业在生产经营活动中发生的销售成本、销货成本、业务支出以及其他耗费。

（2）费用，是指企业在生产经营活动中发生的销售费用、管理费用和财务费用，已经计入成本的有关费用除外。

（3）税金，是指企业发生的除企业所得税和允许抵扣的增值税以外的各项税金及其附加。

（4）损失，是指企业在生产经营活动中发生的固定资产和存货的盘亏、毁损、报废损失，转让财产损失，呆账损失，坏账损失，自然灾害等不可抗力因素造成的损失以及其他损失。

企业发生的损失，减除责任人赔偿和保险赔款后的余额，按照国务院财政、税务主管部门的规定扣除。

企业已经作为损失处理的资产，在以后纳税年度全部收回或者部分收回时，应当计入当期收入。

（5）其他支出，是指除成本、费用、税金、损失外，企业在生产经营活动中发生的有关的、合理的支出。

上述企业发生的有关的支出，是指与取得收入直接相关的支出；合理的支出，是指符合生产经营活动常规，应当计入当期损益或者有关资产成本的必要和正常的支出。

另外，企业发生的支出应当区分收益性支出和资本性支出。收益性支出在发生当期直接扣除；资本性支出应当分期扣除或者计入有关资产成本，不得在发生当期直接扣除。

企业的不征税收入用于支出所形成的费用或者财产，不得扣除或者计算对应的折旧、摊销扣除。

准予扣除的项目包括：

（1）企业发生的合理的工资薪金支出，准予扣除。

工资薪金，是指企业每一纳税年度支付给在本企业任职或者受雇的员工的所有现金形式或者非现金形式的劳动报酬，包括基本工资、奖金、津贴、补贴、年终加薪、加班工资，以及与员工任职或者受雇有关的其他支出。

（2）企业依照国务院有关主管部门或者省级人民政府规定的范围和标准为职工缴纳的基本养老保险费、基本医疗保险费、失业保险费、工伤保险费、生育保险费等基本社会保险费和住房公积金，准予扣除。

①基本养老保险：不超过工资总额 20%；②基本医疗保险：不超过工资总额的 8%；③失业保险：不超过工资总额的 2%；④工伤保险：不超过上年度工资总额的 2%；⑤生育保险：不超过工资总额的 0.9%；⑥住房公积金：职工工资总额的 8%～10%。

企业为投资者或者职工支付的补充养老保险费、补充医疗保险费，在国务院财政、税务主管部门规定的范围和标准内，准予扣除。

（3）除企业依照国家有关规定为特殊工种职工支付的人身安全保险费和国务院财政、税务主管部门规定可以扣除的其他商业保险费外，企业为投资者或者职工支付的商业保险费，不得扣除。

（4）企业在生产经营活动中发生的合理的不需要资本化的借款费用，准予扣除。

企业为购置、建造固定资产、无形资产和经过 12 个月以上的建造才能达到预定可销售状态的存货发生借款的，在有关资产购置、建造期间发生的合理的借款费用，应当作为资本性支出计入有关资产的成本，并依照有关规定扣除。

（5）企业在生产经营活动中发生的下列利息支出，准予扣除：

非金融企业向金融企业借款的利息支出、金融企业的各项存款利息支出和同业拆借利息支出、企业经批准发行债券的利息支出；

非金融企业向非金融企业借款的利息支出，不超过按照金融企业同期同类贷款利率计算的数额的部分。

（6）企业在货币交易中，以及纳税年度终了时将人民币以外的货币性资产、负债按照期末即期人民币汇率中间价折算为人民币时产生的汇兑损失，除已经计入有关资产成本以及与向所有者进行利润分配相关的部分外，准予扣除。

（7）企业发生的职工福利费支出，不超过工资薪金总额 14% 的部分，准予扣除。

（8）企业拨缴的工会经费，不超过工资薪金总额 2% 的部分，准予扣除。

（9）除国务院财政、税务主管部门另有规定外，企业发生的职工教育经费支出，不超过工资薪金总额 2.5% 的部分，准予扣除；超过部分，准予在以后纳税年度结转扣除。

（10）企业发生的与生产经营活动有关的业务招待费支出，按照发生额的 60% 扣除，但最高不得超过当年销售（营业）收入的 5‰。

业务招待费，是指企业在经营管理等活动中用于接待应酬而支付的各种费用，主要包括业务洽谈、产品推销、对外联络、公关交往、会议接待、来宾接待等所发生的费用，例如招待饭费、招待用烟茶、交通费等。在税务执法实践中，招待费具体范围如下：企业生产经营需要而宴请或工作餐的开支；企业生产经营需要赠送纪念品的开支；企业生产经营需要而发生的旅游景点参观费和交通费及其他费用的开支；企业生产经营需要而发生的业务关系人员的差旅费开支。

税法规定，企业应将业务招待费与会议费严格区分，不得将业务招待费挤入会议费。纳税人发生的与其经营活动有关的差旅费、会议费，税务机关要求提供证明资料的，应能够提供证明其真实性的合法凭证，否则不得在税前扣除。会议费证明材料包括会议时间、地点、出席人员、内容、目的、费用标准、支付凭证等。在业务招待费用核算中要按规定的科目进行归集，如果将属于业务招待费性质的支出隐藏在其他科目中，则不允许税前扣除。

一般来讲，外购礼品用于赠送的，应作为业务招待费，但如果礼品是纳税人自行生产或经过委托加工，对企业的形象、产品有标记及宣传作用的，也可作为业务宣传费。同时，要严格区分给客户的回扣、贿赂等非法支出，对此不能作为业务招待费而应直接作纳税调整。业务招待费仅限于与企业生产经营活动有关的招待支出，与企业生产经营活动无关的职工福利、职工奖励、企业销售产品而产生的佣金以及支付给个人的劳务支出都不得列支招待费。

（11）企业发生的符合条件的广告费和业务宣传费支出，除国务院财政、税务主管部门另有规定外，不超过当年销售（营业）收入15%的部分，准予扣除；超过部分，准予在以后纳税年度结转扣除。

（12）企业依照法律、行政法规有关规定提取的用于环境保护、生态恢复等方面的专项资金，准予扣除。上述专项资金提取后改变用途的，不得扣除。

（13）企业参加财产保险，按照规定缴纳的保险费，准予扣除。

（14）企业使用或者销售存货，按照规定计算的存货成本，准予扣除。

（15）企业发生的合理的劳动保护支出，准予扣除。

（16）企业根据生产经营活动的需要租入固定资产支付的租赁费，如果是以经营租赁方式租入固定资产发生的租赁费支出，按照租赁期限均匀扣除；如果是以融资租赁方式租入固定资产发生的租赁费支出，按照规定构成融资租入固定资产价值的部分应当提取折旧费用，分期扣除。

（17）生产性生物资产按照直线法计算的折旧，准予扣除。

（18）无形资产按照直线法计算的摊销费用，准予扣除。外购商誉的支出，在企业整体转让或者清算时，准予扣除。

（19）企业发生的下列支出作为长期待摊费用，按照规定摊销的，准予扣除：已足额提取折旧的固定资产的改建支出；租入固定资产的改建支出；固定资产的大修理支出；其他应当作为长期待摊费用的支出。

（20）企业转让资产，该项资产的净值，准予扣除。

资产的净值，是指有关资产、财产的计税基础减除已经按照规定扣除的折旧、折耗、摊销、准备金等后的余额。

（21）非居民企业在中国境内设立的机构、场所，就其中国境外总机构发生的与该机构、场所生产经营有关的费用，能够提供总机构出具的费用汇集范围、定额、分配依据和方法等证明文件并合理分摊的，准予扣除。

（22）企业发生的公益性捐赠支出，在年度利润总额12%以内的部分，准予在计算应纳税所得额时扣除。

（23）自2010年12月5日起，金融企业按规定发放的贷款，属于未逾期贷款（含展期，下同），应根据先收利息后收本金的原则，按贷款合同确认的利率和结算利息的期限计算利息，并于债务人应付利息的日期确认收入的实现；属于逾期贷款，其逾期后发生的应收利息，应于实际收到的日期，或者虽未实际收到，但会计上确认为利息收入的日期，确认收入的实现。

金融企业已确认为利息收入的应收利息，逾期90天仍未收回，且会计上已冲减了当期利息收入的，准予抵扣当期应纳税所得额。

金融企业已冲减了利息收入的应收未收利息，以后年度收回时，应计入当期应纳税所得额计算纳税。

(24) 自 2011 年 1 月 1 日起，对电网企业输电铁塔和线路损失企业所得税税前扣除规定如下：

由于加大水电送出和增强电网抵御冰雪能力需要等原因，电网企业对原有输电线路进行改造，部分铁塔和线路拆除报废，形成部分固定资产损失。考虑到该部分资产已形成实质性损失，可以按照有关税收规定作为企业固定资产损失允许税前扣除。

上述部分固定资产损失，应按照该固定资产的总计税价格，计算每基铁塔和每公里线路的计税价格后，根据报废的铁塔数量和线路长度以及已计提折旧情况确定。

上述报废的部分固定资产，其中部分能够重新利用的，应合理计算价格，冲减当年度固定资产损失。

新投资建设的线路和铁塔，应单独作为固定资产，在投入使用后，按照税收的规定计提折旧。

三、不准予税前扣除项目

在计算应纳税所得额时，下列支出不得扣除：

(1) 企业之间支付的管理费、企业内营业机构之间支付的租金和特许权使用费，以及非银行企业内营业机构之间支付的利息。

(2) 向投资者支付的股息、红利等权益性投资收益款项。

(3) 企业所得税税款。

(4) 税收滞纳金。

(5) 罚金、罚款和被没收财物的损失。

(6) 企业所得税法第九条规定以外的捐赠支出。

(7) 赞助支出。赞助支出是指企业发生的与生产经营活动无关的各种非广告性质支出。

(8) 未经核定的准备金支出。未经核定的准备金支出是指不符合国务院财政、税务主管部门规定的各项资产减值准备、风险准备等准备金支出。

(9) 与取得收入无关的其他支出。

(10) 下列固定资产不得计算折旧扣除：房屋、建筑物以外未投入使用的固定资产；以经营租赁方式租入的固定资产；以融资租赁方式租出的固定资产；已足额提取折旧仍继续使用的固定资产；与经营活动无关的固定资产；单独估价作为固定资产入账的土地；其他不得计算折旧扣除的固定资产。固定资产是指企业为生产产品、提供劳务、出租或者经营管理而持有的、使用时间超过 12 个月的非货币性资产，包括房屋、建筑物、机器、机械、运输工具以及其他与生产经营活动有关的设备、器具、工具等。

(11) 下列无形资产不得计算摊销费用扣除：自行开发的支出已在计算应纳税所得额时扣除的无形资产；自创商誉；与经营活动无关的无形资产；其他不得计算摊销费用扣除的无形资产。无形资产，是指企业为生产产品、提供劳务、出租或者经营管理而持有的、没有实物形态的非货币性长期资产，包括专利权、商标权、著作权、土地使用权、非专利技术、商誉等。

(12) 企业对外投资期间，投资资产的成本不得扣除。

四、亏损弥补

企业纳税年度发生的亏损，准予向以后年度结转，用以后年度的所得弥补，但结转年限最长不得超过5年。企业所得税法第五条所称亏损，是指企业依照企业所得税法及其实施条例的规定将每一纳税年度的收入总额减除不征税收入、免税收入和各项扣除后小于零的数额。

五、特别纳税调整

企业所得税法及其实施条例专门规定了特别纳税调整条款，确立了我国企业所得税的反避税制度。特别纳税调整包括转让定价、预约定价、成本分摊、受控外国公司、资本弱化、一般反避税条款、资料提供以及纳税调整的加计利息等方面内容，是对关联交易税收处理和其他反避税措施的明确规定。

（1）企业与其关联方之间的业务往来，不符合独立交易原则而减少企业或者其关联方应纳税收入或者所得额的，税务机关有权按照合理方法调整。

企业与其关联方共同开发、受让无形资产，或者共同提供、接受劳务发生的成本，在计算应纳税所得额时应当按照独立交易原则进行分摊。其中：

①关联方，是指与企业有下列关联关系之一的企业、其他组织或者个人：在资金、经营、购销等方面存在直接或者间接的控制关系；直接或者间接地同为第三者控制；在利益上具有相关联的其他关系。

②关联交易，是指在中华人民共和国境内，企业和其他取得收入的组织与其关联方之间的业务往来属于关联交易。

③独立交易原则，是指没有关联关系的交易各方，按照公平成交价格和营业常规进行业务往来遵循的原则。独立交易原则是能否实施和如何实施特别纳税调整的重要依据。

④合理方法，包括：可比非受控价格法，是指按照没有关联关系的交易各方进行相同或者类似业务往来的价格进行定价的方法；再销售价格法，是指按照从关联方购进商品再销售给没有关联关系的交易方的价格，减除相同或者类似业务的销售毛利进行定价的方法；成本加成法，是指按照成本加合理的费用和利润进行定价的方法；交易净利润法，是指按照没有关联关系的交易各方进行相同或者类似业务往来取得的净利润水平确定利润的方法；利润分割法，是指将企业与其关联方的合并利润或者亏损在各方之间采用合理标准进行分配的方法；其他符合独立交易原则的方法。

企业可以依照企业所得税法的规定，按照独立交易原则与其关联方分摊共同发生的成本，达成成本分摊协议。企业与其关联方分摊成本时，应当按照成本与预期收益相配比的原则进行分摊，并在税务机关规定的期限内，按照税务机关的要求报送有关资料。企业与其关联方分摊成本时违反规定的，其自行分摊的成本不得在计算应纳税所得额时扣除。

这里，成本分摊是企业间共同开发、受让无形资产或者共同提供、接受劳务的一种主要经营模式，无论是关联方之间还是非关联方之间，一般都通过签订成本分摊协议分摊所发生的共同成本和分享所带来的收益。企业所得税法对这种经营模式予以了认可，但同时进行了规范和约束，规定企业不符合税法规定的分摊成本不得在计算应纳税所得额时扣除。

成本分摊协议是企业间签订的一种契约性协议，签约各方约定在研发、提供劳务过程中共摊研发成本、共担研发风险，并且合理分享研发、提供劳务所带来的收益。企业与其关联方共同开发、受让无形资产，或者共同提供、接受劳务时，应预先在各参与方之间达成协议，按照独立交易原则，采用合理方法分摊上述活动发生的成本。

(2) 企业可以向税务机关提出与其关联方之间业务往来的定价原则和计算方法，税务机关与企业协商、确认后，达成预约定价安排。

预约定价，是指企业与其关联方之间在有形财产的购销和使用、无形财产的转让和使用、提供劳务、融通资金等业务往来中，向税务机关申请预先约定符合独立交易原则的转让价格和计算方法，是税务机关和纳税人就其关联交易的价格和利润的确定方法、原则所达成的预先约定。

预约定价安排，是指企业就其未来年度关联交易的定价原则和计算方法，向税务机关提出申请，与税务机关按照独立交易原则协商、确认后达成的协议。

(3) 企业向税务机关报送年度企业所得税纳税申报表时，应当就其与关联方之间的业务往来，附送年度关联业务往来报告表。

①关联申报对象：实行查账征收的居民企业和在中国境内设立机构、场所并据实申报缴纳企业所得税的非居民企业。

②关联申报时间：年度终了后5个月内，与企业所得税汇算清缴工作作为一个整体同步进行。

③关联申报内容：中华人民共和国企业年度关联业务往来报告表，包括关联关系表、关联交易汇总表、购销表、劳务表、无形资产表、固定资产表、融通资金表、对外投资情况表和对外支付款项情况表。

④法律责任：对企业未按规定向税务机关报送企业年度关联业务往来报告表，责令限期改正，可处以2 000元以下的罚款，情节严重的，可处以2 000元以上10 000元以下的罚款。

⑤制约措施：如果企业未依法进行关联申报，税务机关不受理其提出的预约定价申请；税务机关将未按规定进行关联申报的企业作为选择的重点调查对象。

税务机关在进行关联业务调查时，企业及其关联方，以及与关联业务调查有关的其他企业，应当按照规定提供相关资料。相关资料主要包括：与关联业务往来有关的价格、费用的制定标准、计算方法和说明等同期资料；关联业务往来所涉及的财产、财产使用权、劳务等的再销售（转让）价格或者最终销售（转让）价格的相关资料；与关联业务调查有关的其他企业应当提供的与被调查企业可比的产品价格、定价方式以及利润水平等资料；其他与关联业务往来有关的资料。同期资料的内容，包括组织结构、生产经营情况、关联交易情况、可比性分析、转让定价方法的选择和使用等。

免予准备同期资料的情形有：年度发生的关联购销金额在2亿元人民币以下且其他关联交易金额在4 000万元人民币以下；关联交易属于预约定价安排的适用范围；外资股份低于50%且仅与境内关联方发生关联交易。

制约措施：税务机关不受理未按规定准备、保存和提供同期资料企业的预约定价安排申请，同时作为转让定价调查的重点选择对象。

与关联业务调查有关的其他企业,是指与被调查企业在生产经营内容和方式上相类似的企业。企业应当在税务机关规定的期限内提供与关联业务往来有关的价格、费用的制定标准、计算方法和说明等资料。关联方以及与关联业务调查有关的其他企业应当在税务机关与其约定的期限内提供相关资料。

(4) 企业不提供与其关联方之间业务往来资料,或者提供虚假、不完整资料,未能真实反映其关联业务往来情况的,税务机关有权依法核定其应纳税所得额。

核定企业的应纳税所得额时,一般采用下列方法:
①参照同类或者类似企业的利润率水平核定;
②按照企业成本加合理的费用和利润的方法核定;
③按照关联企业集团整体利润的合理比例核定;
④按照其他合理方法核定。

陈述申述:企业对税务机关按照规定的方法核定的应纳税所得额有异议的,应当提供相关证据,经税务机关认定后,调整核定的应纳税所得额。

(5) 由居民企业,或者由居民企业和中国居民控制的设立在实际税负明显低于企业所得税法规定25%税率水平的国家(地区)的企业,并非由于合理的经营需要而对利润不作分配或者减少分配的,上述利润中应归属于该居民企业的部分,应当计入该居民企业的当期收入。其中:

①中国居民,是指根据个人所得税法的规定,就其从中国境内、境外取得的所得在中国缴纳个人所得税的个人。

②控制,包括:居民企业或者中国居民直接或者间接单一持有外国企业10%以上有表决权股份,且由其共同持有该外国企业50%以上股份;居民企业,或者居民企业和中国居民持股比例没有达到上述规定的标准,但在股份、资金、经营、购销等方面对该外国企业构成实质控制。

③实际税负明显低于企业所得税法规定25%税率水平,是指低于企业所得税法规定税率的50%即12.5%的税率水平。

(6) 企业从其关联方接受的债权性投资与权益性投资的比例超过规定标准而发生的利息支出,不得在计算应纳税所得额时扣除。企业通过向关联方加大借款(债权性投资)而减少股份资本(权益性投资)比例的方式增加税前扣除,以达到减少纳税的目的,称为资本弱化。

①债权性投资的范围,包括直接或间接从关联方获得的,需要偿还本金和支付利息或利息性质的方式予以补偿的融资,其中间接获得特别包括关联方通过无关联第三方提供和无关联第三方提供但关联方担保且负有连带责任的债权性投资。

②权益性投资的范围,包括企业接受的不需要偿还本金和支付利息,投资人对企业净资产拥有所有权的投资,在企业资产负债表上一般为所列示的所有者权益金额,但有两种情况例外:当所有者权益小于实收资本(股本)与资本公积之和时,权益投资则为实收资本(股本)与资本公积之和;当实收资本(股本)与资本公积之和小于实收资本(股本)金额,权益投资则为实收资本(股本)金额。

③规定标准的内容,规定标准的量化值(标准关联债资比例)按行业确定,金融企业为5:1,其他企业为2:1。但是能够提供相关资料证明其符合独立交易原则的,或企业

实际税负不高于境内关联方的例外。

④不得扣除利息支出的计算：

$$\text{不得扣除利息支出} = \text{年度实际支付的全部关联方利息} \times \left(1 - \dfrac{\text{标准比例}}{\text{关联债资比例}}\right)$$

关联债资比例＝年度月平均关联债权投资之和÷年度月平均权益投资之和

月平均关联债权投资＝（关联债权投资月初账面余额＋月末账面余额）÷2

月平均权益投资＝（权益投资月初账面余额＋月末账面余额）÷2

(7) 企业实施其他不具有合理商业目的的安排而减少其应纳税收入或者所得额的，税务机关有权按照合理方法调整。

不具有合理商业目的，是指以减少、免除或者推迟缴纳税款为主要目的。

①税务机关启动一般反避税调查常见类型：滥用税收优惠、滥用税收协定、滥用公司组织形式、利用避税港避税和其他不具有合理商业目的的安排等。

②税务机关调整方式：遵循实质重于形式原则重新定性；取消税收利益以及否定避税实体的存在。

(8) 税务机关依照本章规定作出纳税调整，需要补征税款的，应当补征税款，并按照国务院规定加收利息。

①计息期间。自税款所属纳税年度的次年 6 月 1 日起至补缴（预缴）税款入库之日止。企业在税务机关作出特别纳税调整决定前预缴税款的，收到调整补税通知书后补缴税款时，按照应补缴税款所属年度的先后顺序确定已预缴税款的所属年度，以预缴入库日为截止日，分别计算应加收的利息额。

②计息利率。按税款所属纳税年度 12 月 31 日实行的与补税期间同期的中国人民银行人民币贷款基准利率加 5 个百分点，并按一年 365 天折算日利率。如果企业按规定提供相关资料的，计息利率按基准利率确定。

③税务处理。加收的利息不得在计算应纳税所得额时扣除。企业与其关联方之间的业务往来，不符合独立交易原则，或者企业实施其他不具有合理商业目的安排的，税务机关有权在该业务发生的纳税年度起 10 年内，进行纳税调整。

六、企业所得税关于收入确认

除企业所得税法及实施条例另有规定外，企业销售收入的确认，必须遵循权责发生制原则和实质重于形式原则。

(1) 企业销售商品同时满足下列条件的，应确认收入的实现：商品销售合同已经签订，企业已将商品所有权相关的主要风险和报酬转移给购货方；企业对已售出的商品既没有保留通常与所有权相联系的继续管理权，也没有实施有效控制；收入的金额能够可靠地计量；已发生或将发生的销售方的成本能够可靠地核算。

会计准则的收入确认条件强调"相关的经济利益很可能流入企业"。税法不要求。

(2) 符合上款收入确认条件，采取下列商品销售方式的，应按以下规定确认收入实现时间：

①销售商品采用托收承付方式的，在办妥托收手续时确认收入。

②销售商品采取预收款方式的,在发出商品时确认收入。

③销售商品需要安装和检验的,在购买方接受商品以及安装和检验完毕时确认收入。如果安装程序比较简单,可在发出商品时确认收入。

④销售商品采用支付手续费方式委托代销的,在收到代销清单时确认收入。

(3) 采用售后回购方式销售商品的,销售的商品按售价确认收入,回购的商品作为购进商品处理。有证据表明不符合销售收入确认条件的,如以销售商品方式进行融资,收到的款项应确认为负债,回购价格大于原售价的,差额应在回购期间确认为利息费用。

(4) 销售商品以旧换新的,销售商品应当按照销售商品收入确认条件确认收入,回收的商品作为购进商品处理。

(5) 企业为促进商品销售而在商品价格上给予的价格扣除属于商业折扣,商品销售涉及商业折扣的,应当按照扣除商业折扣后的金额确定销售商品收入金额。

债权人为鼓励债务人在规定的期限内付款而向债务人提供的债务扣除属于现金折扣,销售商品涉及现金折扣的,应当按扣除现金折扣前的金额确定销售商品收入金额,现金折扣在实际发生时作为财务费用扣除。

企业因售出商品的质量不合格等原因而在售价上给予的减让属于销售折让;企业因售出商品质量、品种不符合要求等原因而发生的退货属于销售退回。企业已经确认销售收入的售出商品发生销售折让和销售退回,应当在发生当期冲减当期销售商品收入。

以分期收款方式销售货物的收入确认以合同约定日期为准。企业受托加工制造大型机械设备、船舶、飞机等,以及从事建筑、安装、装配工程业务或者提供劳务等,持续时间超过12个月的,按照纳税年度内完工进度或者完成的工作量确认收入的实现。采取产品分成方式取得收入的,按照企业分得产品的时间确认收入的实现,其收入额按照产品的公允价值(市场价格)确定。

企业在各个纳税期末,提供劳务交易的结果能够可靠估计的,应采用完工进度(完工百分比)法确认提供劳务收入。

(1) 提供劳务交易的结果能够可靠估计,是指同时满足下列条件:收入的金额能够可靠地计量;交易的完工进度能够可靠地确定;交易中已发生和将发生的成本能够可靠地核算。

会计准则的收入确认条件强调"相关的经济利益很可能流入企业"。税法不要求。

(2) 企业提供劳务完工进度的确定,可选用下列方法:

①已完工作的测量;

②已提供劳务占劳务总量的比例;

③发生成本占总成本的比例。

(3) 企业应按照从接受劳务方已收或应收的合同或协议价款确定劳务收入总额,根据纳税期末提供劳务收入总额乘以完工进度扣除以前纳税年度累计已确认提供劳务收入后的金额,确认为当期劳务收入;同时,按照提供劳务估计总成本乘以完工进度扣除以前纳税期间累计已确认劳务成本后的金额,结转为当期劳务成本。

(4) 下列提供劳务满足收入确认条件的,应按规定确认收入:

①安装费。应根据安装完工进度确认收入。安装工作是商品销售附带条件的,安装费在确认商品销售实现时确认收入。

②宣传媒介的收费。应在相关的广告或商业行为出现于公众面前时确认收入。广告的制作费,应根据制作广告的完工进度确认收入。

③软件费。为特定客户开发软件的收费,应根据开发的完工进度确认收入。

④服务费。包含在商品售价内可区分的服务费,在提供服务的期间分期确认收入。

⑤艺术表演、招待宴会和其他特殊活动的收费。在相关活动发生时确认收入。收费涉及几项活动的,预收的款项应合理分配给每项活动,分别确认收入。

⑥会员费。申请入会或加入会员,只允许取得会籍,所有其他服务或商品都要另行收费的,在取得该会员费时确认收入。申请入会或加入会员后,会员在会员期内不再付费就可得到各种服务或商品,或者以低于非会员的价格销售商品或提供服务的,该会员费应在整个受益期内分期确认收入。

⑦特许权费。属于提供设备和其他有形资产的特许权费,在交付资产或转移资产所有权时确认收入;属于提供初始及后续服务的特许权费,在提供服务时确认收入。

⑧劳务费。长期为客户提供重复的劳务收取的劳务费,在相关劳务活动发生时确认收入。

企业以买一赠一等方式组合销售本企业商品的,不属于捐赠,应将总的销售金额按各项商品的公允价值的比例来分摊确认各项的销售收入。

会计准则与税法不同在于:

企业销售商品满足收入确认条件时,应当按照已收或应收合同或协议价款的公允价值确定销售商品收入金额。从购货方已收或应收的合同或协议价款,通常为公允价值。某些情况下,合同或协议明确规定销售商品需要延期收取价款,如分期收款销售商品,实质上具有融资性质的,应当按照应收的合同或协议价款的现值确定其公允价值。应收的合同或协议价款与其公允价值之间的差额,应当在合同或协议期间内,按照应收款项的摊余成本和实际利率计算确定的摊销金额,冲减财务费用。采用售后租回方式销售商品的,收到的款项应确认为负债;售价与资产账面价值之间的差额,应当采用合理的方法进行分摊,作为折旧费用或租金费用的调整。有确凿证据表明认定为经营租赁的售后租回交易是按照公允价值达成的,销售的商品按售价确认收入,并按账面价值结转成本。

七、企业资产损失所得税税前扣除

准予在企业所得税税前扣除的资产损失,是指企业在实际处置、转让上述资产过程中发生的合理损失(以下简称实际资产损失),以及企业虽未实际处置、转让上述资产,但符合《财政部 国家税务总局关于企业资产损失税前扣除政策的通知》(财税〔2009〕57号)和《国家税务总局关于发布〈企业资产损失所得税税前扣除管理办法〉的公告》(国家税务总局公告2011年第25号)规定条件计算确认的损失(以下简称法定资产损失)。

企业实际资产损失,应当在其实际发生且会计上已作损失处理的年度申报扣除;法定资产损失,应当在企业向主管税务机关提供证据资料证明该项资产已符合法定资产损失确认条件,且会计上已作损失处理的年度申报扣除。

企业发生的资产损失,应按规定的程序和要求向主管税务机关申报后方能在税前扣除。未经申报的损失,不得在税前扣除。

企业以前年度发生的资产损失未能在当年税前扣除的,可以按照国家税务总局公告

2011年第25号的规定,向税务机关说明并进行专项申报扣除。其中,属于实际资产损失,准予追补至该项损失发生年度扣除,其追补确认期限一般不得超过五年,但因计划经济体制转轨过程中遗留的资产损失、企业重组上市过程中因权属不清出现争议而未能及时扣除的资产损失、因承担国家政策性任务而形成的资产损失以及政策定性不明确而形成资产损失等特殊原因形成的资产损失,其追补确认期限经国家税务总局批准后可适当延长。属于法定资产损失,应在申报年度扣除。

企业因以前年度实际资产损失未在税前扣除而多缴的企业所得税税款,可在追补确认年度企业所得税应纳税款中予以抵扣,不足抵扣的,向以后年度递延抵扣。

企业实际资产损失发生年度扣除追补确认的损失后出现亏损的,应先调整资产损失发生年度的亏损额,再按弥补亏损的原则计算以后年度多缴的企业所得税税款,并按前款办法进行税务处理。

企业资产损失按其申报内容和要求的不同,分为清单申报和专项申报两种申报形式。其中,属于清单申报的资产损失,企业可按会计核算科目进行归类、汇总,然后再将汇总清单报送税务机关,有关会计核算资料和纳税资料留存备查;属于专项申报的资产损失,企业应逐项(或逐笔)报送申请报告,同时附送会计核算资料及其他相关的纳税资料。

企业在申报资产损失税前扣除过程中不符合上述要求的,税务机关应当要求其改正,企业拒绝改正的,税务机关有权不予受理。

企业资产损失相关的证据包括具有法律效力的外部证据和特定事项的企业内部证据。

具有法律效力的外部证据,是指司法机关、行政机关、专业技术鉴定部门等依法出具的与本企业资产损失相关的具有法律效力的书面文件。

特定事项的企业内部证据,是指会计核算制度健全、内部控制制度完善的企业,对各项资产发生毁损、报废、盘亏、死亡、变质等内部证明或承担责任的声明。

企业货币资产损失包括现金损失、银行存款损失和应收及预付款项损失等。

企业非货币资产损失包括存货损失、固定资产损失、无形资产损失、在建工程损失、生产性生物资产损失等。

企业投资损失包括债权性投资损失和股权(权益)性投资损失。

八、注册税务师涉税鉴证业务基本准则

涉税鉴证,是指鉴证人接受委托,凭借自身的税收专业能力和信誉,通过执行规定的程序,依照税法和相关标准,对被鉴证人的涉税事项作出评价和证明的活动。涉税鉴证业务包括纳税申报类鉴证、涉税审批类鉴证和其他涉税鉴证等三种类型。注册税务师及其所在的税务师事务所执行涉税鉴证业务,应当遵循以下原则:①合法原则。鉴证人的执业过程和鉴证结果应当符合法律规定,不得损害国家税收利益和其他相关主体的合法权益。②目的原则。鉴证人应当充分考虑鉴证结果的预期用途,合理规划和实施鉴证程序,保证鉴证结果符合约定的鉴证目的。③独立原则。鉴证人应当保持独立性,在被鉴证人和使用人之间保持中立,排除可能有损客观、公正鉴证的情形,并依照有关规定进行回避。④胜任原则。鉴证人应当审慎评价鉴证事项的业务要求和自身的专业能力,合理利用其他专家的工作,妥善处理超出自身专业能力的鉴证委托。⑤责任原则。鉴证人在执业中应当保持

负责态度,实施鉴证程序,控制执业风险,承担执业责任。依照法律规定和约定履行保密义务。

受托的涉税鉴证业务完成后,由项目负责人编制涉税鉴证业务报告。涉税鉴证业务报告完成内部复核程序后,由注册税务师签名和税务师事务所盖章后对外出具。注册税务师执行涉税鉴证业务,应当编制涉税鉴证业务工作底稿,保证底稿记录的完整性、真实性和逻辑性。

1. 企业所得税汇算清缴纳税申报鉴证报告正文样本

××××年度企业所得税汇算清缴纳税申报鉴证报告

××鉴字〔××〕××号

(委托人名称):

我们接受委托,对贵公司编制的××××年度企业所得税汇算清缴纳税申报表进行审核。贵公司的责任是及时提供企业所得税年度纳税申报表及与该项审核相关的证据资料,并保证其真实性、完整性。我们的责任是对企业所得税年度汇算清缴纳税申报所有重大事项的合法性、合规性和准确性发表鉴证意见。我们的审核依据是《中华人民共和国企业所得税法》及其实施条例等相关的法律、法规、规范性文件。在审核过程中,我们恪守独立、客观、公正的原则,按照《企业所得税汇算清缴纳税申报鉴证业务审核程序》的要求,实施了必要的审核程序。

贵公司××××年度利润总额××元。(如企业年度会计报表已经会计师事务所审计,则表述为:贵公司××××年度的会计报表经××会计师事务所审计,并出具了×××〔报告文号〕的审计报告,审计后的会计报表反映贵公司××××年度利润总额××元)

经审核,我们认为:贵公司××××年度纳税调整增加额××元,纳税调整减少额××元,纳税调整后所得××元,弥补以前年度亏损××元,应纳税所得额××元,应纳所得税额××元,减免所得税额××元,抵免所得税额××元,应纳税额××元,实际应纳所得税额××元,本年累计实际已预缴的所得税额××元,本年应补(退)的所得税额××元。

本鉴证报告仅供贵公司向主管税务机关办理企业所得税汇算清缴纳税申报时使用,不作其他用途。非法律、法规规定,鉴证报告的内容不得提供给其他单位或个人。

附件:
(1) 鉴证报告说明
(2) ××××年度企业所得税纳税申报表(已审)
(3) ××××年度会计报表
(4) 税务师事务所执业资格证书复印件

××税务师事务所(盖章)　　　　　　　中国注册税务师:(盖章)
地址:××　　　　　　　　　　　　　报告日期:××年××月××日

②销售商品采取预收款方式的,在发出商品时确认收入。

③销售商品需要安装和检验的,在购买方接受商品以及安装和检验完毕时确认收入。如果安装程序比较简单,可在发出商品时确认收入。

④销售商品采用支付手续费方式委托代销的,在收到代销清单时确认收入。

(3) 采用售后回购方式销售商品的,销售的商品按售价确认收入,回购的商品作为购进商品处理。有证据表明不符合销售收入确认条件的,如以销售商品方式进行融资,收到的款项应确认为负债,回购价格大于原售价的,差额应在回购期间确认为利息费用。

(4) 销售商品以旧换新的,销售商品应当按照销售商品收入确认条件确认收入,回收的商品作为购进商品处理。

(5) 企业为促进商品销售而在商品价格上给予的价格扣除属于商业折扣,商品销售涉及商业折扣的,应当按照扣除商业折扣后的金额确定销售商品收入金额。

债权人为鼓励债务人在规定的期限内付款而向债务人提供的债务扣除属于现金折扣,销售商品涉及现金折扣的,应当按扣除现金折扣前的金额确定销售商品收入金额,现金折扣在实际发生时作为财务费用扣除。

企业因售出商品的质量不合格等原因而在售价上给予的减让属于销售折让;企业因售出商品质量、品种不符合要求等原因而发生的退货属于销售退回。企业已经确认销售收入的售出商品发生销售折让和销售退回,应当在发生当期冲减当期销售商品收入。

以分期收款方式销售货物的收入确认以合同约定日期为准。企业受托加工制造大型机械设备、船舶、飞机等,以及从事建筑、安装、装配工程业务或者提供劳务等,持续时间超过12个月的,按照纳税年度内完工进度或者完成的工作量确认收入的实现。采取产品分成方式取得收入的,按照企业分得产品的时间确认收入的实现,其收入额按照产品的公允价值(市场价格)确定。

企业在各个纳税期末,提供劳务交易的结果能够可靠估计的,应采用完工进度(完工百分比)法确认提供劳务收入。

(1) 提供劳务交易的结果能够可靠估计,是指同时满足下列条件:收入的金额能够可靠地计量;交易的完工进度能够可靠地确定;交易中已发生和将发生的成本能够可靠地核算。

会计准则的收入确认条件强调"相关的经济利益很可能流入企业"。税法不要求。

(2) 企业提供劳务完工进度的确定,可选用下列方法:

①已完工作的测量;

②已提供劳务占劳务总量的比例;

③发生成本占总成本的比例。

(3) 企业应按照从接受劳务方已收或应收的合同或协议价款确定劳务收入总额,根据纳税期末提供劳务收入总额乘以完工进度扣除以前纳税年度累计已确认提供劳务收入后的金额,确认为当期劳务收入;同时,按照提供劳务估计总成本乘以完工进度扣除以前纳税期间累计已确认劳务成本后的金额,结转为当期劳务成本。

(4) 下列提供劳务满足收入确认条件的,应按规定确认收入:

①安装费。应根据安装完工进度确认收入。安装工作是商品销售附带条件的,安装费在确认商品销售实现时确认收入。

②宣传媒介的收费。应在相关的广告或商业行为出现于公众面前时确认收入。广告的制作费，应根据制作广告的完工进度确认收入。

③软件费。为特定客户开发软件的收费，应根据开发的完工进度确认收入。

④服务费。包含在商品售价内可区分的服务费，在提供服务的期间分期确认收入。

⑤艺术表演、招待宴会和其他特殊活动的收费。在相关活动发生时确认收入。收费涉及几项活动的，预收的款项应合理分配给每项活动，分别确认收入。

⑥会员费。申请入会或加入会员，只允许取得会籍，所有其他服务或商品都要另行收费的，在取得该会员费时确认收入。申请入会或加入会员后，会员在会员期内不再付费就可得到各种服务或商品，或者以低于非会员的价格销售商品或提供服务的，该会员费应在整个受益期内分期确认收入。

⑦特许权费。属于提供设备和其他有形资产的特许权费，在交付资产或转移资产所有权时确认收入；属于提供初始及后续服务的特许权费，在提供服务时确认收入。

⑧劳务费。长期为客户提供重复的劳务收取的劳务费，在相关劳务活动发生时确认收入。

企业以买一赠一等方式组合销售本企业商品的，不属于捐赠，应将总的销售金额按各项商品的公允价值的比例来分摊确认各项的销售收入。

会计准则与税法不同在于：

企业销售商品满足收入确认条件时，应当按照已收或应收合同或协议价款的公允价值确定销售商品收入金额。从购货方已收或应收的合同或协议价款，通常为公允价值。某些情况下，合同或协议明确规定销售商品需要延期收取价款，如分期收款销售商品，实质上具有融资性质的，应当按照应收的合同或协议价款的现值确定其公允价值。应收的合同或协议价款与其公允价值之间的差额，应当在合同或协议期间内，按照应收款项的摊余成本和实际利率计算确定的摊销金额，冲减财务费用。采用售后租回方式销售商品的，收到的款项应确认为负债；售价与资产账面价值之间的差额，应当采用合理的方法进行分摊，作为折旧费用或租金费用的调整。有确凿证据表明认定为经营租赁的售后租回交易是按照公允价值达成的，销售的商品按售价确认收入，并按账面价值结转成本。

七、企业资产损失所得税税前扣除

准予在企业所得税税前扣除的资产损失，是指企业在实际处置、转让上述资产过程中发生的合理损失（以下简称实际资产损失），以及企业虽未实际处置、转让上述资产，但符合《财政部 国家税务总局关于企业资产损失税前扣除政策的通知》（财税〔2009〕57号）和《国家税务总局关于发布〈企业资产损失所得税税前扣除管理办法〉的公告》（国家税务总局公告2011年第25号）规定条件计算确认的损失（以下简称法定资产损失）。

企业实际资产损失，应当在其实际发生且会计上已作损失处理的年度申报扣除；法定资产损失，应当在企业向主管税务机关提供证据资料证明该项资产已符合法定资产损失确认条件，且会计上已作损失处理的年度申报扣除。

企业发生的资产损失，应按规定的程序和要求向主管税务机关申报后方能在税前扣除。未经申报的损失，不得在税前扣除。

企业以前年度发生的资产损失未能在当年税前扣除的，可以按照国家税务总局公告

2. 企业资产损失所得税税前扣除鉴证报告范本

企业资产损失所得税税前扣除鉴证报告

业务约定书备案号：

事务所鉴证报告号：

_____：

  我们接受委托，对贵单位_____年度申报的资产损失所得税税前扣除事项进行鉴证，并出具鉴证报告。

  贵单位的责任是，及时提供与资产损失税前扣除申报事项有关的会计资料和纳税资料，并保证其真实、准确、完整和合法，确保贵单位填报的企业资产损失所得税税前扣除损失申报表符合《中华人民共和国税收征收管理法》及其实施细则、《中华人民共和国企业所得税法》及其实施条例、《企业资产损失所得税税前扣除管理办法》等税收法律、行政法规及规范性文件的要求，并如实纳税申报。

  我们的责任是，本着独立、客观、公正的原则，依据《中华人民共和国税收征收管理法》及其实施细则、《中华人民共和国企业所得税法》及其实施条例、《关于企业资产损失税前扣除政策的通知》、《企业资产损失所得税税前扣除管理办法》及其他有关政策、规定，按照《注册税务师管理暂行办法》、《注册税务师涉税鉴证业务基本准则》和《企业资产损失所得税税前扣除鉴证业务准则》等行业规范要求，对贵单位资产损失所得税税前扣除申报的真实性和合法性实施鉴证，并发表鉴证意见。

  在鉴证过程中，我们考虑了与企业资产损失所得税税前扣除相关的鉴证材料的证据资格和证明能力，对贵单位提供的会计资料及纳税资料等实施了包括确认权属、核对会计记录、审核涉税资料、现场勘查等必要的鉴证程序。我们相信，我们获取的鉴证证据是充分的、适当的，为发表鉴证意见提供了基础。现将鉴证结果报告如下：

  贵单位_____年度发生的资产损失_____元。经审核，我们认为贵单位符合税法规定的企业资产损失所得税税前扣除的金额为_____元；不符合税法规定的资产损失_____元。对于符合税法规定的企业资产损失所得税税前扣除的金额为_____元，可以在实际发生年度作为资产损失所得税税前扣除事项进行申报。部分数据摘录如下：

  （1）_____年度申请资产损失税前扣除金额为_____元，其中：清单申报资产损失税前扣除_____元，专项申报资产损失税前扣除_____元。

  （2）_____年度申请资产损失税前扣除金额为_____元，其中：清单申报资产损失税前扣除_____元，专项申报资产损失税前扣除_____元。

  本鉴证报告仅供贵单位（被鉴证人）向主管税务机关办理资产损失所得税税前扣除申报时使用，不作其他用途。因使用不当造成的后果，与执行本鉴证业务的税务师事务所及其注册税务师无关。

  注册税务师：（签名、盖章）项目负责人：（签名、盖章）

  所长：（签名、盖章）税务师事务所（盖章）

  电话：××地址：××日期：××年××月××日

  附送资料：

  （1）企业资产损失所得税税前扣除鉴证报告说明

(2) 企业资产损失所得税税前扣除损失申报表
(3) 税务师事务所执业证复印件

九、跨地区经营汇总纳税企业所得税征收管理

居民企业在中国境内跨地区（指跨省、自治区、直辖市和计划单列市，下同）设立不具有法人资格的营业机构、场所（以下称分支机构）的，该居民企业为汇总纳税企业（以下称企业），实行"统一计算、分级管理、就地预缴、汇总清算、财政调库"的企业所得税征收管理办法。

统一计算，是指企业总机构统一计算包括企业所属各个不具有法人资格的营业机构、场所在内的全部应纳税所得额、应纳税额。

分级管理，是指总机构、分支机构所在地的主管税务机关都有对当地机构进行企业所得税管理的责任，总机构和分支机构应分别接受机构所在地主管税务机关的管理。

就地预缴，是指总机构、分支机构应按照规定，分月或分季分别向所在地主管税务机关申报预缴企业所得税。

汇总清算，是指在年度终了后，总机构负责进行企业所得税的年度汇算清缴，统一计算企业的年度应纳所得税额，抵减总机构、分支机构当年已就地分期预缴的企业所得税款后，多退少补税款。

财政调库，是指财政部定期将缴入中央国库的跨地区总分机构企业所得税待分配收入，按照核定的系数调整至地方金库。

总机构和具有主体生产经营职能的二级分支机构，就地分期预缴企业所得税。二级分支机构及其下属机构均由二级分支机构集中就地预缴企业所得税；三级及以下分支机构不就地预缴企业所得税，其经营收入、职工工资和资产总额统一计入二级分支机构。

总机构和分支机构处于不同税率地区的，先由总机构统一计算全部应纳税所得额，然后依照《跨地区经营汇总纳税企业所得税征收管理暂行办法》第十九条规定的比例和第二十三条规定的三因素及其权重，计算划分不同税率地区机构的应纳税所得额后，再分别按总机构和分支机构所在地的适用税率计算应纳税额。

企业应根据当期实际利润额，按照规定的预缴分摊方法计算总机构和分支机构的企业所得税预缴额，分别由总机构和分支机构分月或者分季就地预缴。在规定期限内按实际利润额预缴有困难的，经总机构所在地主管税务机关认可，可以按照上一年度应纳税所得额的1/12或1/4，由总机构、分支机构就地预缴企业所得税。预缴方式一经确定，当年度不得变更。

总机构和分支机构应分期预缴的企业所得税，50%在各分支机构间分摊预缴，50%由总机构预缴。总机构预缴的部分，其中25%就地入库，25%预缴入中央国库，按照财预〔2008〕10号文件的有关规定进行分配。总机构应按照以前年度（1—6月份按上上年度，7—12月份按上年度）分支机构的经营收入、职工工资和资产总额三个因素计算各分支机构应分摊所得税款的比例，三因素的权重依次为 0.35, 0.35, 0.30。计算公式如下：

$$\text{某分支机构分摊比例} = 0.35 \times \left(\frac{\text{该分支机构营业收入}}{\text{各分支机构营业收入之和}}\right) + 0.35 \times \left(\frac{\text{该分支机构工资总额}}{\text{各分支机构工资总额之和}}\right) + 0.30 \times \left(\frac{\text{该分支机构资产总额}}{\text{各分支机构资产总额之和}}\right)$$

以上公式中分支机构仅指需要就地预缴的分支机构,该税款分摊比例按上述方法一经确定后,当年不作调整。

十、企业所得税汇算清缴

企业所得税法第五十四条规定,企业分月或者分季度预缴企业所得税时,应当按照月度或者季度的实际利润额预缴;按照月度或者季度的实际利润额预缴有困难的,可以按照上一纳税年度应纳税所得额的月度或者季度平均额预缴,或者按照经税务机关认可的其他方法预缴。预缴方法一经确定,该纳税年度内不得随意变更。关于实际利润额的确定,国家税务总局《关于填报企业所得税月季度预缴纳税申报表有关问题的通知》(国税函〔2008〕635号)规定,按会计制度核算的利润额减除以前年度待弥补亏损以及不征税收入、免税收入后的余额来确认。

企业所得税汇算清缴,是指纳税人自纳税年度终了之日起5个月内或实际经营终止之日起60日内,依照税收法律、法规、规章及其他有关企业所得税的规定,自行计算本纳税年度应纳税所得额和应纳所得税额,根据月度或季度预缴企业所得税的数额,确定该纳税年度应补或者应退税额,并填写企业所得税年度纳税申报表,向主管税务机关办理企业所得税年度纳税申报、提供税务机关要求提供的有关资料、结清全年企业所得税税款的行为。

凡在纳税年度内从事生产、经营(包括试生产、试经营),或在纳税年度中间终止经营活动的纳税人,无论是否在减税、免税期间,也无论盈利或亏损,均应按照企业所得税法及其实施条例和本办法的有关规定进行企业所得税汇算清缴。

实行核定定额征收企业所得税的纳税人,不进行汇算清缴。纳税人应当自纳税年度终了之日起5个月内,进行汇算清缴,结清应缴应退企业所得税税款。

纳税人在年度中间发生解散、破产、撤销等终止生产经营情形,需进行企业所得税清算的,应在清算前报告主管税务机关,并自实际经营终止之日起60日内进行汇算清缴,结清应缴应退企业所得税税款;纳税人有其他情形依法终止纳税义务的,应当自停止生产、经营之日起60日内,向主管税务机关办理当期企业所得税汇算清缴。企业依法清算时,应当以清算期间作为一个纳税年度。

企业在纳税年度内无论盈利或者亏损,都应当依照企业所得税法规定的期限,向税务机关报送预缴企业所得税纳税申报表、年度企业所得税纳税申报表、财务会计报告和税务机关规定应当报送的其他有关资料。

纳税人12月份或者第四季度的企业所得税预缴纳税申报,应在纳税年度终了后15日内完成,预缴申报后进行当年企业所得税汇算清缴。实行按月或按季预缴所得税的纳税人,其纳税年度最后一个预缴期的税款应于年度终了后15日内申报和预缴,不得推延至汇算清缴时一并缴纳。

纳税人在汇算清缴期内发现当年企业所得税申报有误的,可在汇算清缴期内重新办理企业所得税年度纳税申报。

纳税人在纳税年度内预缴企业所得税税款少于应缴企业所得税税款的，应在汇算清缴期内结清应补缴的企业所得税税款；预缴税款超过应纳税款的，主管税务机关应及时按有关规定办理退税，或者经纳税人同意后抵缴其下一年度应缴企业所得税税款。

实行跨地区经营汇总缴纳企业所得税的纳税人，由统一计算应纳税所得额和应纳所得税额的总机构，按照上述规定，在汇算清缴期内向所在地主管税务机关办理企业所得税年度纳税申报，进行汇算清缴。分支机构不进行汇算清缴，但应将分支机构的营业收支等情况在报总机构统一汇算清缴前报送分支机构所在地主管税务机关。总机构应将分支机构及其所属机构的营业收支纳入总机构汇算清缴等情况报送各分支机构所在地主管税务机关。

十一、企业清算的所得税处理

企业清算的所得税处理，是指企业在不再持续经营，发生结束自身业务、处置资产、偿还债务以及向所有者分配剩余财产等经济行为时，对清算所得、清算所得税、股息分配等事项的处理。

企业的全部资产可变现价值或交易价格，减除资产的计税基础、清算费用、相关税费，加上债务清偿损益等后的余额，为清算所得。企业应将整个清算期作为一个独立的纳税年度计算清算所得。企业清算时，应当以整个清算期间作为一个纳税年度，依法计算清算所得及其应纳所得税。企业应当自清算结束之日起15日内，向主管税务机关报送企业清算所得税纳税申报表，结清税款。企业全部资产的可变现价值或交易价格减除清算费用，职工的工资、社会保险费用和法定补偿金，结清清算所得税、以前年度欠税等税款，清偿企业债务，按规定计算可以向所有者分配的剩余资产。

被清算企业的股东分得的剩余资产的金额，其中相当于被清算企业累计未分配利润和累计盈余公积中按该股东所占股份比例计算的部分，应确认为股息所得；剩余资产减除股息所得后的余额，超过或低于股东投资成本的部分，应确认为股东的投资转让所得或损失。被清算企业的股东从被清算企业分得的资产应按可变现价值或实际交易价格确定计税基础。

十二、房地产开发经营业务企业所得税处理

开发产品销售收入的范围为销售开发产品过程中取得的全部价款，包括现金、现金等价物及其他经济利益。企业代有关部门、单位和企业收取的各种基金、费用和附加等，凡纳入开发产品价内或由企业开具发票的，应按规定全部确认为销售收入；未纳入开发产品价内并由企业之外的其他收取部门、单位开具发票的，可作为代收代缴款项进行管理。

企业销售未完工开发产品的计税毛利率由各省、自治区、直辖市国家税务局、地方税务局按下列规定进行确定：

（1）开发项目位于省、自治区、直辖市和计划单列市人民政府所在地城市城区和郊区的，不得低于15%。

（2）开发项目位于地及地级市城区及郊区的，不得低于10%。

（3）开发项目位于其他地区的，不得低于5%。

（4）属于经济适用房、限价房和危改房的，不得低于3%。

企业销售未完工开发产品取得的收入，应先按预计计税毛利率分季（或月）计算出预

计毛利额，计入当期应纳税所得额。开发产品完工后，企业应及时结算其计税成本并计算此前销售收入的实际毛利额，同时将其实际毛利额与其对应的预计毛利额之间的差额，计入当年度企业本项目与其他项目合并计算的应纳税所得额。

当期计税毛利额＝当期预售收入×预计计税毛利率

当期应纳税所得额＝当期毛利额－当期期间费用－当期已交税金及附加

当期应缴纳的所得税＝当期应纳税所得额×25%

在年度纳税申报时，企业须出具对该项开发产品实际毛利额与预计毛利额之间差异调整情况的报告以及税务机关需要的其他相关资料。

企业在开发区内建造的会所、物业管理场所、电站、热力站、水厂、文体场馆、幼儿园等配套设施，按以下规定进行处理：

（1）属于非营利性且产权属于全体业主的，或无偿赠与地方政府、公用事业单位的，可将其视为公共配套设施，其建造费用按公共配套设施费的有关规定进行处理。

（2）属于营利性的，或产权归企业所有的，或未明确产权归属的，或无偿赠与地方政府、公用事业单位以外其他单位的，应当单独核算其成本。除企业自用应按建造固定资产进行处理外，其他一律按建造开发产品进行处理。

企业在开发区内建造的邮电通信、学校、医疗设施应单独核算成本，其中，由企业与国家有关业务管理部门、单位合资建设，完工后有偿移交的，国家有关业务管理部门、单位给予的经济补偿可直接抵扣该项目的建造成本，抵扣后的差额应调整当期应纳税所得额。

开发产品计税成本支出包括：土地征用费及拆迁补偿费、前期工程费、建筑安装工程费、基础设施建设费、公共配套设施费、开发间接费。

除以下几项预提（应付）费用外，计税成本均应为实际发生的成本。

（1）出包工程未最终办理结算而未取得全额发票的，在证明资料充分的前提下，其发票不足金额可以预提，但最高不得超过合同总金额的10%。

（2）公共配套设施尚未建造或尚未完工的，可按预算造价合理预提建造费用。此类公共配套设施必须符合已在售房合同、协议或广告、模型中明确承诺建造且不可撤销，或按照法律法规规定必须配套建造的条件。

（3）应向政府上交但尚未上交的报批报建费用、物业完善费用可以按规定预提。物业完善费用是指按规定应由企业承担的物业管理基金、公建维修基金或其他专项基金。

企业单独建造的停车场所，应作为成本对象单独核算。利用地下基础设施形成的停车场所，作为公共配套设施进行处理。

企业在结算计税成本时其实际发生的支出应当取得但未取得合法凭据的，不得计入计税成本，待实际取得合法凭据时，再按规定计入计税成本。

实际发生广告宣传费未超过税法规定的限额，以前年度已经纳税调整增加的广告宣传费可以在当年度企业所得税税前扣除。业务招待费超过税法规定的限额，超过部分不允许在企业所得税税前扣除。

国税发〔2009〕31号文件就广告和业务宣传费、业务招待费的基数问题规定，房地产开发企业通过正式签订"房地产销售合同"或"房地产预售合同"所取得的收入，可作为广告和业务宣传费、业务招待费的计算基数。

企业于上年度预售时缴纳的营业税金及附加、土地增值税已在上年度企业所得税汇算清缴时扣除，下年度企业所得税缴纳时不应重复扣除。

企业上年度预售款已在上年度企业所得税汇算清缴时预计毛利额计算缴纳企业所得税，于下年度结转收入企业所得税缴纳时，应予纳税调整减少。

十三、企业所得税核定征收办法

税务机关应根据纳税人具体情况，对核定征收企业所得税的纳税人，核定应税所得率或者核定应纳所得税额。

采用应税所得率方式核定征收企业所得税的，应纳所得税额计算公式如下：

应纳所得税额＝应纳税所得额×适用税率

应纳税所得额＝应税收入额×应税所得率

或：　应纳税所得额＝成本(费用)支出额÷(1－应税所得率)×应税所得率

"应税收入额"等于收入总额减去不征税收入和免税收入后的余额。用公式表示为：

应税收入额＝收入总额－不征税收入－免税收入

纳税人实行核定应税所得率方式的，按下列规定申报纳税：

(1) 主管税务机关根据纳税人应纳税额的大小确定纳税人按月或者按季预缴，年终汇算清缴。预缴方法一经确定，一个纳税年度内不得改变。

(2) 纳税人应依照确定的应税所得率计算纳税期间实际应缴纳的税额，进行预缴。按实际数额预缴有困难的，经主管税务机关同意，可按上一年度应纳税额的1/12或1/4预缴，或者按经主管税务机关认可的其他方法预缴。

(3) 纳税人预缴税款或年终进行汇算清缴时，应按规定填写《中华人民共和国企业所得税月（季）度预缴纳税申报表（B类）》，在规定的纳税申报时限内报送主管税务机关。

纳税人实行核定应纳所得税额方式的，按下列规定申报纳税：

(1) 纳税人在应纳所得税额尚未确定之前，可暂按上年度应纳所得税额的1/12或1/4预缴，或者按经主管税务机关认可的其他方法，按月或按季分期预缴。

(2) 在应纳所得税额确定以后，减除当年已预缴的所得税额，余额按剩余月份或季度均分，以此确定以后各月或各季的应纳税额，由纳税人按月或按季填写《中华人民共和国企业所得税月（季）度预缴纳税申报表（B类）》，在规定的纳税申报期限内进行纳税申报。

(3) 纳税人年度终了后，在规定的时限内按照实际经营额或实际应纳税额向税务机关申报纳税。申报额超过核定经营额或应纳税额的，按申报额缴纳税款；申报额低于核定经营额或应纳税额的，按核定经营额或应纳税额缴纳税款。

十四、企业处置资产的所得税处理

企业所得税法实施条例第二十五条规定，企业发生非货币性资产交换，以及将货物、财产、劳务用于捐赠、偿债、赞助、集资、广告、样品、职工福利或者利润分配等用途的，应当视同销售货物、转让财产或者提供劳务，但国务院财政、税务主管部门另有规定的除外。

企业发生下列情形的处置资产，除将资产转移至境外以外，由于资产所有权属在形式和实质上均不发生改变，可作为内部处置资产，不视同销售确认收入，相关资产的计税基础延续计算。

（1）将资产用于生产、制造、加工另一产品；
（2）改变资产形状、结构或性能；
（3）改变资产用途（如，自建商品房转为自用或经营）；
（4）将资产在总机构及其分支机构之间转移；
（5）上述两种或两种以上情形的混合；
（6）其他不改变资产所有权属的用途。

企业将资产移送他人的下列情形，因资产所有权属已发生改变而不属于内部处置资产，应按规定视同销售确定收入。属于企业自制的资产，应按企业同类资产同期对外销售价格确定销售收入；属于外购的资产，可按购入时的价格确定销售收入。

（1）用于市场推广或销售；
（2）用于交际应酬；
（3）用于职工奖励或福利；
（4）用于股息分配；
（5）用于对外捐赠；
（6）其他改变资产所有权属的用途。

判定原则是"资产所有权属是否改变"，不改变的不视同销售；改变的视同销售。

第四节　资产的税务处理

企业的各项资产，包括固定资产、生物资产、无形资产、长期待摊费用、投资资产、存货等，以历史成本为计税基础。历史成本是指企业取得该项资产时实际发生的支出。

企业持有各项资产期间资产增值或者减值，除国务院财政、税务主管部门规定可以确认损益外，不得调整该资产的计税基础。

一、固定资产

（一）固定资产的确认

当固定资产同时满足下列条件时，才能予以确认：一是与该固定资产有关的经济利益很可能流入企业，能够带来应税收入；二是该固定资产的成本能够可靠计量。与固定资产有关的后续支出，符合固定资产改良扩建规定确认条件的，应当计入固定资产成本；不符合固定资产改扩建规定确认条件的，应当在发生时计入当期损益。

固定资产改扩建支出，是指企业为了扩大固定资产规模或提高固定资产性能而发生的支出。固定资产改扩建支出的确认条件为：发生的固定资产修理支出达到固定资产原值50%以上；经过修理后有关资产的使用寿命延长2年以上；经过修理后的固定资产增加或改变使用功能（用途）。

(二) 固定资产的计税基础

固定资产按照以下方法确定计税基础：

(1) 外购的固定资产，以购买价款和支付的相关税费以及直接归属于使该资产达到预定用途发生的其他支出为计税基础。

(2) 自行建造的固定资产，以竣工结算前发生的支出为计税基础。

(3) 融资租入的固定资产，以租赁合同约定的付款总额和承租人在签订租赁合同过程中发生的相关费用为计税基础。租赁合同未约定付款总额的，以该资产的公允价值和承租人在签订租赁合同过程中发生的相关费用为计税基础。

(4) 盘盈的固定资产，以同类固定资产的重置完全价值为计税基础。

(5) 通过捐赠、投资、非货币性资产交换、债务重组等方式取得的固定资产，以该资产的公允价值和支付的相关税费为计税基础。

(6) 改建的固定资产，除企业所得税法第十三条第（一）项和第（二）项规定的支出外，以改建过程中发生的改建支出增加计税基础。

(三) 固定资产的折旧

(1) 企业应当自固定资产投入使用月份的次月起计算折旧；停止使用的固定资产，应当自停止使用月份的次月起停止计算折旧。

企业应当根据固定资产的性质和使用情况，合理确定固定资产的预计净残值。固定资产的预计净残值一经确定，不得变更。

(2) 除国务院财政、税务主管部门另有规定外，固定资产计算折旧的最低年限为：

① 房屋、建筑物，为 20 年；

② 飞机、火车、轮船、机器、机械和其他生产设备，为 10 年；

③ 与生产经营活动有关的器具、工具、家具等，为 5 年；

④ 飞机、火车、轮船以外的运输工具，为 4 年；

⑤ 电子设备，为 3 年。

(3) 从事开采石油、天然气等矿产资源的企业，在开始商业性生产前发生的费用和有关固定资产的折耗、折旧方法，由国务院财政、税务主管部门另行规定。

二、生产性生物资产

生物资产是指有生命的动物和植物。生物资产分为消耗性生物资产、生产性生物资产和公益性生物资产。

消耗性生物资产，是指为出售而持有的或在将来收获为农产品的生物资产，包括生长中的大田作物、蔬菜、用材林以及存栏待售的牲畜等。

生产性生物资产，是指为产出农产品、提供劳务或出租等目的而持有的、使用寿命超过一个纳税年度，单位价值在规定标准以上的有形资产，包括经济林、薪炭林、产畜和役畜等。

公益性生物资产，是指以防护、环境保护为主要目的的生物资产，包括防风固沙林、水土保持林和水源涵养林等。

(一) 生产性生物资产的确认

生产性生物资产同时满足下列条件的，才能予以确认：一是企业因过去的交易或者事项而拥有或者控制该生物资产；二是与该生产性生物资产有关的经济利益或服务潜能很可能流入企业，能够带来应税收入；三是该生产性生物资产的成本能够可靠计量。

（二）生产性生物资产的计税基础

生产性生物资产按照以下方法确定计税基础：

（1）外购的生产性生物资产，以购买价款和支付的相关税费为计税基础。

（2）通过捐赠、投资、非货币性资产交换、债务重组等方式取得的生产性生物资产，以该资产的公允价值和支付的相关税费为计税基础。

（三）生产性生物资产的折旧

企业可以对确认的达到预定生产经营目的的生产性生物资产，按期计提折旧，并在税前扣除。

（1）企业应当自生产性生物资产投入使用月份的次月起计算折旧；停止使用的生产性生物资产，应当自停止使用月份的次月起停止计算折旧。

企业应当根据生产性生物资产的性质和使用情况，合理确定生产性生物资产的预计净残值。生产性生物资产的预计净残值一经确定，不得变更。

（2）生产性生物资产计算折旧的最低年限为：

①林木类生产性生物资产，为 10 年；

②畜类生产性生物资产，为 3 年。

三、无形资产

无形资产是指企业拥有或者控制的没有实物形态的可辨认非货币性资产。

（一）无形资产的确认

无形资产同时满足下列条件的，才能予以确认：符合无形资产的定义；与该资产相关的预计未来经济利益很可能流入企业，能够带来应税收入；该资产的成本能够可靠计量。

（二）无形资产的计税基础

无形资产按照以下方法确定计税基础：

（1）外购的无形资产，以购买价款和支付的相关税费以及直接归属于使该资产达到预定用途发生的其他支出为计税基础。

（2）自行开发的无形资产，以开发过程中该资产符合资本化条件后至达到预定用途前发生的支出为计税基础。

（3）通过捐赠、投资、非货币性资产交换、债务重组等方式取得的无形资产，以该资产的公允价值和支付的相关税费为计税基础。

（三）无形资产的摊销

无形资产的摊销年限不得低于 10 年。

作为投资或者受让的无形资产，有关法律规定或者合同约定了使用年限的，可以按照规定或者约定的使用年限分期摊销。

四、长期待摊费用

长期待摊费用是指企业已经支出，但摊销期限在一个纳税年度以上的各项费用，包括固定资产大修理支出、租入固定资产的改良支出、已足额提取折旧的固定资产的改建支出、企业的开办费等。应当由本期负担的借款利息、租金等，不得作为长期待摊费用处理。

(1) 对已足额提取折旧的固定资产的改建支出，按照固定资产预计尚可使用年限分期摊销。

(2) 对租入固定资产的改建支出，按照合同约定的剩余租赁期限分期摊销。

改建的固定资产延长使用年限的，除上述规定外，应当适当延长折旧年限。

(3) 对固定资产的大修理支出，按照固定资产尚可使用年限分期摊销。

固定资产的大修理支出，是指同时符合下列条件的支出：修理支出达到取得固定资产时的计税基础50%以上；修理后固定资产的使用年限延长2年以上。

(4) 企业开办费。

筹建期间不能计算为亏损年度。《国家税务总局关于企业所得税若干税务事项衔接问题的通知》（国税函〔2009〕98号）规定，对企业所得税法实施以前年度企业未摊销完的开办费，2008年度可以一次性扣除。企业所得税法中开（筹）办费未明确列作长期待摊费用，企业可以在开始经营之日的当年一次性扣除，也可以按照企业所得税法有关长期待摊费用的处理规定处理，但一经选定，不得改变。也就是说，开办费在开始经营之前不是税前扣除项目，税前扣除的扣除之期为开始经营之后日的当年，开始经营之前的年份不能税前扣除，只能进行归集。

《国家税务总局关于贯彻落实企业所得税法若干税收问题的通知》（国税函〔2010〕79号）明确，企业自开始生产经营的年度，为开始计算企业损益的年度。企业从事生产经营之前进行筹建活动期间发生的筹建费用支出，不得计算为当期的亏损，应按照国税函〔2009〕98号文件第九条规定执行。企业筹建期间不能计算为亏损年度。企业筹建期间也不用进行企业所得税汇算清缴。

开办费列支应把握适当范围：《企业所得税法》及其实施条例对开办费的开支范围尚无明确规定。结合相关财务规定，开办费的具体开支范围主要有以下方面：

①筹建机构的费用。筹建人员的工资、保险以及职工福利费等；筹建机构的办公费、差旅费（含市内交通费）、印刷费、咨询调查费、交际应酬费、通信费等；董事会费或者等同于董事会的机构会议费用。

②企业登记的费用：主要包括工商等政府机关登记费、政府机关注册的代理费、验资费、审计费、税务登记费、公证费、注册资本印花税等。

③人员培训费。职工在筹建期间外出学习培训的费用；专家进行技术指导和培训的劳务费及相关费用。

④企业筹建期间发生的资产的折旧、摊销、报废和毁损等。

⑤注册资本的费用。主要是指资金往来的手续费以及不计入固定资产和无形资产的汇兑损益和利息等。以外币汇入的注册资本因投资合同中规定的记账汇率和实际汇率不同产生的差额属于资本公积，不属于开办费。

⑥开工典礼费。

⑦中外合资经营企业、中外合作经营企业在其所签订的合资、合作协议，合同被批准之前，合资、合作各方为进行可行性研究而共同发生的费用，可准予列为企业的筹建费。除中外合资经营企业、中外合作经营企业外的其他企业，经投资人确认由企业负担的进行

可行性研究所发生的费用。

常见不得列入开办费范围的支出的有：第一，购建机器设备、建筑设施、各项无形资产等资本性支出。第二，根据合同、协议、章程的规定应由投资者自行负担的费用亦不准在开办费中列支。外商投资企业签订合同之前投资各方为筹建企业而发生的各项费用支出，应由支出各方自行负担。第三，投资方因投入资本自行筹措款项所支付的利息，不得计入开办费，应由出资方自行负担。第四，以外币现金存入银行而支付的手续费，该费用应由投资者负担。

（5）其他应当作为长期待摊费用的支出，自支出发生月份的次月起，分期摊销，摊销年限不得低于3年。

五、投资资产

投资资产是指企业对外进行权益性投资和债权性投资所形成的资产。

（1）权益性投资是指以购买被投资单位股票、股份、股权等类似形式进行的投资，投资企业拥有被投资单位的产权，是被投资单位的所有者之一，投资企业有权参与被投资单位的经营管理和利润分配。

（2）债权性投资主要指购买债券的投资，投资企业与被投资单位之间形成了一种债权与债务关系，双方以契约方式规定了还本付息的期限和金额，投资企业对被投资单位只有投资本金和利息的索偿权，没有参与被投资单位的经营管理权和利润分配权。

投资资产按照以下方法确定成本：

（1）通过支付现金方式取得的投资资产，以购买价款为成本。

（2）通过支付现金以外的方式取得的投资资产，以该资产的公允价值和支付的相关税费为成本。

六、存货

存货，是指企业持有以备出售的产品或者商品、处在生产过程中的在产品、在生产或者提供劳务过程中耗用的材料和物料等。

（一）存货的确认

存货同时满足下列条件的，才能予以确认：一是与该存货有关的经济利益很可能流入企业，能够带来应税收入；二是该存货的成本能够可靠计量。

（二）存货的计税基础

存货应当按照初始成本作为计税基础。存货成本包括采购成本、加工成本和其他成本。

（1）存货的采购成本，包括购买价款、相关税费、运输费、装卸费、保险费以及其他可归属于存货采购成本的费用。

（2）存货的加工成本，包括直接人工以及按照一定方法分配的制造费用。在同一生产过程中，同时生产两种或两种以上的产品，并且每种产品的加工成本不能直接区分的，其加工成本应当按照合理的方法在各种产品之间进行分配。

（3）存货的其他成本，是指除采购成本、加工成本以外的，使存货达到目前场所和状态所发生的其他支出。

(三) 存货的成本

存货按照以下方法确定成本：

(1) 通过支付现金方式取得的存货，以购买价款和支付的相关税费为成本。

(2) 通过支付现金以外的方式取得的存货，以该存货的公允价值和支付的相关税费为成本。

(3) 生产性生物资产收获的农产品，以产出或者采收过程中发生的材料费、人工费和分摊的间接费用等必要支出为成本。

企业使用或者销售的存货的成本计算方法，可以在先进先出法、加权平均法、个别计价法中选用一种。计价方法一经选用，不得随意变更。

下列费用应当在发生时确认为当期损益，不计入存货成本：非正常消耗的直接材料、直接人工和制造费用；仓储费用（不包括在生产过程中为达到下一个生产阶段所必需的费用）；不能归属于使存货达到目前场所和状态的其他支出。投资者投入存货的成本，应当按照投资合同或协议约定的价值确定，但合同或协议约定价值不公允的应进行纳税调整。

七、其他资产

除国务院财政、税务主管部门另有规定外，企业在重组过程中，应当在交易发生时确认有关资产的转让所得或者损失，相关资产应当按照交易价格重新确定计税基础。

第五节 企业所得税应纳税额的计算

企业应纳所得税额的计算期为每一个会计年度。企业在一个纳税年度中间开业，或由于合并、分立、关闭等原因，实际经营期不足 12 个月的，应以实际经营期为一个纳税年度。

企业的应纳税所得额乘以适用税率，减除依照企业所得税法关于税收优惠的规定减免和抵免的税额后的余额，为应纳税额。

应纳企业所得税额的计算公式为：

$$应纳税额 = 应纳税所得额 \times 适用税率 - 减免税额 - 抵免税额$$

公式中的减免税额和抵免税额，是指依照企业所得税法和国务院的税收优惠规定减征、免征和抵免的应纳税额。

一、一般应纳税额的计算

企业所得税实行分月或者分季预缴。分月或者分季预缴企业所得税时，应当按照月度或者季度的实际利润额预缴；按照月度或者季度的实际利润额预缴有困难的，可以按照上一纳税年度应纳税所得额的月度或者季度平均额预缴，或者按照经税务机关认可的其他方法预缴。预缴方法一经确定，该纳税年度内不得随意变更。

企业所得以人民币以外的货币计算的，预缴企业所得税时，应当按照月度或者季度最后一日的人民币汇率中间价，折合成人民币计算应纳税所得额。年度终了汇算清缴时，对已经按照月度或者季度预缴税款的,不再重新折合计算,只就该纳税年度内未缴纳企业所得税的部分,按照纳税年度最后一日的人民币汇率中间价,折合成人民币计算应纳税所得额。

经税务机关检查确认,企业少计或者多计前款规定的所得的,应当按照检查确认补税或者退税时的上一个月最后一日的人民币汇率中间价,将少计或者多计的所得折合成人民币计算应纳税所得额,再计算应补缴或者应退的税款。

二、有税额抵免的应纳税额的计算

(一)已在境外缴纳的所得税额,可以从其当期应纳税额中抵免

企业取得的下列所得已在境外缴纳的所得税额,可以从其当期应纳税额中抵免,抵免限额为该项所得依照企业所得税法规定计算的应纳税额;超过抵免限额的部分,可以在以后5个年度内,用每年度抵免限额抵免当年应抵税额后的余额进行抵补:

(1)居民企业来源于中国境外的应税所得;

(2)非居民企业在中国境内设立机构、场所,取得发生在中国境外但与该机构、场所有实际联系的应税所得。

其中,已在境外缴纳的所得税税额,是指企业来源于中国境外的所得依照中国境外税收法律以及相关规定应当缴纳并已经实际缴纳的企业所得税性质的税款。

抵免限额,是指企业来源于中国境外的所得,依照企业所得税法和实施条例的规定计算的应纳税额。除国务院财政、税务主管部门另有规定外,该抵免限额应当分国(地区)不分项计算。计算公式为:

$$\text{抵免限额} = \text{中国境内、境外所得依照税法计算的应纳税总额} \times \frac{\text{来源于某国(地区)的应纳税所得额}}{\text{中国境内、境外应纳税所得总额}}$$

5个年度,是指从企业取得的来源于中国境外的所得,已经在中国境外缴纳的企业所得税性质的税额超过抵免限额的当年的次年起连续5个纳税年度。抵免企业所得税税额时,应当提供中国境外税务机关出具的税款所属年度的有关纳税凭证。

(二)居民企业的可抵免境外所得税税额

居民企业从其直接或者间接控制的外国企业分得的来源于中国境外的股息、红利等权益性投资收益,外国企业在境外实际缴纳的所得税税额中属于该项所得负担的部分,可以作为该居民企业的可抵免境外所得税税额,在所规定的抵免限额内抵免。

其中,直接控制,是指居民企业直接持有外国企业20%以上股份。间接控制,是指居民企业以间接持股方式持有外国企业20%以上股份,具体认定办法由国务院财政、税务主管部门另行规定。企业在汇总计算缴纳企业所得税时,其境外营业机构的亏损不得抵减境内营业机构的盈利。

需要注意下述情况:

(1)企业应按照企业所得税法及实施条例、税收协定的规定,准确计算下列当期与抵免境外所得税有关的项目后,确定当期实际可抵免分国(地区)别的境外所得税税额和抵免限额:

①境内应纳税所得额和分国(地区)别的境外应纳税所得额;

②分国（地区）别的可抵免境外所得税税额；

③分国（地区）别的境外所得税的抵免限额。

企业不能准确计算实际可抵免分国（地区）别的境外所得税税额的，在相应国家（地区）缴纳的税收均不得在该企业当期应纳税额中抵免，也不得结转以后年度抵免。

（2）企业应就其按照企业所得税法实施条例第七条规定确定的中国境外税前所得，按以下规定计算境外应纳税所得额：

①居民企业在境外投资设立不具有独立纳税地位的分支机构，其来源于境外的所得，以境外收入总额扣除与取得境外收入有关的各项合理支出后的余额为应纳税所得额。

居民企业在境外设立不具有独立纳税地位的分支机构取得的各项境外所得，无论是否汇回中国境内，均应计入该企业所属纳税年度的境外应纳税所得额。

②居民企业应就其来源于境外的股息、红利等权益性投资收益，以及利息、租金、特许权使用费、转让财产等收入，扣除按照企业所得税法及实施条例等规定计算的与取得该项收入有关的各项合理支出后的余额为应纳税所得额。

来源于境外的股息、红利等权益性投资收益，应按被投资方作出利润分配决定的日期确认收入实现；来源于境外的利息、租金、特许权使用费、转让财产等收入，应按有关合同约定应付交易对价款的日期确认收入实现。

③非居民企业在境内设立机构、场所的，应就其发生在境外但与境内所设机构、场所有实际联系的各项应税所得，比照上述规定计算相应的应纳税所得额。

④在计算境外应纳税所得额时，企业为取得境内、外所得而在境内、境外发生的共同支出，与取得境外应税所得有关的、合理的部分，应在境内、境外［分国（地区）别，下同］应税所得之间，按照合理比例进行分摊后扣除。

⑤在汇总计算境外应纳税所得额时，企业在境外同一国家（地区）设立不具有独立纳税地位的分支机构，按照企业所得税法及实施条例的有关规定计算的亏损，不得抵减其境内或他国（地区）的应纳税所得额，但可以用同一国家（地区）其他项目或以后年度的所得按规定弥补。

（3）可抵免境外所得税税额，是指企业来源于中国境外的所得依照中国境外税收法律以及相关规定应当缴纳并已实际缴纳的企业所得税性质的税款。但不包括：

①按照境外所得税法律及相关规定属于错缴或错征的境外所得税税款；

②按照税收协定规定不应征收的境外所得税税款；

③因少缴或迟缴境外所得税而追加的利息、滞纳金或罚款；

④境外所得税纳税人或者其利害关系人从境外征税主体得到实际返还或补偿的境外所得税税款；

⑤按照我国企业所得税法及实施条例规定，已经免征我国企业所得税的境外所得负担的境外所得税税款；

⑥按照国务院财政、税务主管部门有关规定已经从企业境外应纳税所得额中扣除的境外所得税税款。

（4）居民企业从与我国政府订立税收协定（或安排）的国家（地区）取得的所得，按照该国（地区）税收法律享受了免税或减税待遇，且该免税或减税的数额按照税收协定规定应视同已缴税额在中国的应纳税额中抵免的，该免税或减税数额可作为企业实际缴纳的境外所得税额用于办理税收抵免。

（5）在计算实际应抵免的境外已缴纳和间接负担的所得税税额时，企业在境外一国（地区）当年缴纳和间接负担的符合规定的所得税税额低于所计算的该国（地区）抵免限额的，应以该项税额作为境外所得税抵免额从企业应纳税总额中据实抵免；超过抵免限额的，当年应以抵免限额作为境外所得税抵免额进行抵免，超过抵免限额的余额允许从次年起在连续5个纳税年度内，用每年度抵免限额抵免当年应抵税额后的余额进行抵补。

（6）采取简易办法对境外所得已纳税额计算抵免：

①企业从境外取得营业利润所得以及符合境外税额间接抵免条件的股息所得，虽有所得来源国（地区）政府机关核发的具有纳税性质的凭证或证明，但因客观原因无法真实、准确地确认应当缴纳并已经实际缴纳的境外所得税税额的，除就该所得直接缴纳及间接负担的税额在所得来源国（地区）的实际有效税率低于我国企业所得税法第四条第一款规定税率50%以上的外，可按境外应纳税所得额的12.5%作为抵免限额，企业按该国（地区）税务机关或政府机关核发具有纳税性质凭证或证明的金额，其不超过抵免限额的部分，准予抵免；超过的部分不得抵免。

②企业从境外取得营业利润所得以及符合境外税额间接抵免条件的股息所得，凡就该所得缴纳及间接负担的税额在所得来源国（地区）的法定税率且其实际有效税率明显高于我国的，可直接以按规定计算的境外应纳税所得额和我国企业所得税法规定的税率计算的抵免限额作为可抵免的已在境外实际缴纳的企业所得税税额。

（7）企业抵免境外所得税额后实际应纳所得税额的计算公式为：

$$\text{实际应纳所得税额} = \text{境内外所得应纳税总额} - \text{所得税减免、抵免优惠税额} - \text{境外所得税抵免额}$$

不具有独立纳税地位，是指根据企业设立地法律不具有独立法人地位或者按照税收协定规定不认定为对方国家（地区）的税收居民。

第六节 所得税会计的性质与方法

一、所得税会计的性质

在当今世界各国会计理论和实务中，对所得税的会计性质一直存在两种观点，即收益分配观和费用观。

收益分配观认为，向政府缴纳的各种税金，包括企业所得税，与向股东或投资者分配的股息或投资利润一样，具有分配企业收益的性质，只不过分配的对象是政府而已。收益分配观的会计理论依据是传统会计理论中的"企业主体理论"。这一理论认为，企业主体本身是独立于业主而存在的，因此，从企业主体的角度来看，企业取得的收益是企业自身的财产，只有股利或利润部分才代表企业主（股东或所有者）的收益，留存部分的收益则应视为企业自有的权益；而企业的收益则要由各种权益所有人，包括业主（股东或所在者）、债权人以及政府等共享，企业对务种权益所有人的支付行为，包括支付股息或利润、支付债务利息或各种租金,以及向政府缴纳的各种税金(包括所得税)等均属于企业收益的分配。

费用观的会计理论依据是传统会计理论中的"所有者理论"。这一理论认为,企业收入即为业主权益的增加,费用则为业主权益的减少,收入大于费用而形成的净收益,直接归企业主所有。按此观点,对企业收益的计量就是对企业业主权益的计量,即从企业业主的角度来计量企业的期间损益。企业债务的利息支出和向政府缴纳的各种税金(包括所得税)均被视为企业费用项目,只不过是由业主支付改为由企业代为支付而已。因此,根据"所有者理论",在决定业主的净收益之前,企业(公司)所得税应予扣除。

永久性差异是由于会计制度与税法对收益、费用和损失的确认标准不同而形成的,这种差异不会随着时间流逝而变化,也不会在以后期间转回。永久性差异对企业在未来期间计税没有影响,不产生递延所得税。包括:属于会计收益,但不属于应税收益的;不属于会计收益,但属于应税收益的;属于会计费用,但税法不允许作为费用或损失扣除;不属于会计费用,但税法允许扣除的。永久性差异主要有:国债利息;股权投资(成本法);减免税款;加计扣除(残疾人员加计扣除);超标利率;赞助支出、税收滞纳金、罚金、罚款和被没收的损失;超额捐赠;招待费超标;职工薪酬(职工福利、工会经费和社会保险超标)。

时间性差异是指企业一定时期的税前会计利润与纳税所得之间的差额。时间性差异发生于某一时期,但在以后的一期或若干期内可以转回。

暂时性差异指资产或负债的计税基础与其账面金额之间的差异。所有的时间性差异都是暂时性差异,而暂时性差异除包括时间性差异外,还包括非时间性差异。

二、所得税核算方法

所得税核算方法是指处理会计收益和应税收益之间差异的会计方法。

1. 应付税款法

应付税款法是将本期税前会计利润与应税所得之间的差异均在当期确认所得税费用。这种核算方法的特点是:本期所得税费用按照本期应税所得与适用的所得税税率计算的应交所得税,即本期从净利润中扣除的所得税费用等于本期应交的所得税。采用应付税款法核算时,需要设置两个科目:"所得税费用"科目,核算企业从本期损益中扣除的所得税费用;"应交税费——应交所得税"科目,核算企业应交的所得税。

上缴所得税时:
 借:应交税费——应交企业所得税
  贷:银行存款
按照所得额计算出应缴所得税时:
 借:所得税费用
  贷:应交税费——应交企业所得税
期末结转企业所得税时:
 借:本年利润
  贷:所得税费用

2. 纳税影响会计法

纳税影响会计法是指企业确认时间性差异对所得税的影响金额，将当期应交的所得税和时间性差异对所得税影响金额的合计，确认为当期所得税费用的方法。在这种方法下，时间性差异对所得税的影响金额递延和分配到以后各期，即将本期产生的时间性差异采取跨期分摊的办法。采用纳税影响会计法时，所得税被视为企业在获得收益时发生的一项费用，并应随同有关的收入和费用计入同一期间，以达到收入和费用的配比。时间性差异影响的所得税金额包括在利润表的所得税费用项目内以及资产负债表的递延税款余额中。

在具体运用纳税影响会计法核算时，有两种可供选择的方法，即递延法和债务法。

（1）采用递延法核算，在税率变动或开征新税时，不需要对原已确认的时间性差异的所得税影响金额进行调整，但是，在转回时间性差异的所得税影响金额时，应当按照原所得税税率计算转回。

（2）采用债务法核算，在税率变动或开征新税时，应当对原已确认的时间性差异的所得税影响金额进行调整，在转回时间性差异所得税影响金额时，应当按照现行所得税税率计算转回。

债务法按差异确认的基础不同，又可以分为资产负债表债务法和利润表债务法。

资产负债表债务法从资产负债观出发，认为每一项交易或事项发生后，应首先关注其对资产负债的影响，然后再根据资产负债的变化来确认收益（或损失）。所以资产负债表债务法认为，所得税会计的首要目的应是确认并计量由于会计和税法差异给企业未来经济利益流入或流出带来的影响，将所得税核算影响企业的资产和负债放在首位；而利润表债务法从收入费用观出发，认为首先应考虑交易或事项相关的收入和费用的直接确认，从收入和费用的直接配比来计量企业的收益。利润表债务法从收入和费用的会计确认标准与税法确认标准的差异出发，将税前会计利润与应税所得之间的差异划分为永久性差异与时间性差异；而资产负债表债务法从资产与负债的确认出发，采用暂时性差异取代了时间性差异。利润表债务法以时间性差异为依据，将时间性差异对未来所得税的影响看做对本期所得税费用的调整；而资产负债表法是从暂时性差异的本质出发，分析暂时性差异产生的原因以及对期末资产负债的影响。利润表债务法下，所得税计算公式为：当期所得税费用＝纳税所得×适用税率±递延税款；在资产负债表债务法下，暂时性差异所反映的是累计的差额，而非当期的差额，先根据暂时性差异计算出期初和期末的递延所得税负债（或资产），然后倒挤出本期所得税负债（或资产），其计算公式为：当期所得税费用＝本期应交所得税＋（期末递延所得税负债－期初递延所得税负债）－（期末递延所得税资产－期初递延所得税资产）。

小企业因业务简单，核算成本较低，会计信息质量要求不高，小企业会计准则要求采用应付税款法。我国上市公司和大中型国有企业执行企业会计准则，要求采用资产负债表债务法，以保证会计信息的质量。

应付税款法按照收付实现制的原则，要求所得税费用按税法计算，所得税费用等于本期应交税款。因而不存在跨期摊配问题。资产负债表债务法对所得税进行跨期摊配，体现权责发生制，被认为是一种科学合理的所得税会计方法。

第七节 企业所得税的会计处理

所得税会计是会计与税收规定之间的差异在所得税会计核算中的具体体现。我国企业会计准则规定，企业应采用资产负债表债务法核算所得税。按照我国企业会计准则的规定，所得税会计是从资产负债表出发，通过比较资产负债表上列示的资产、负债按照企业会计准则规定确定的账面价值与按照税法规定确定的计税基础，对于两者之间的差异分别应纳税暂时性差异与可抵扣暂时性差异，确认相关的递延所得税负债与递延所得税资产，并在此基础上确定每一会计期间利润表中的所得税费用。资产负债表债务法较为完全地体现了资产负债观，在所得税的会计核算方面贯彻了资产、负债的界定。从资产负债表角度考虑，资产的账面价值代表的是企业在持续持有及最终处置某项资产的一定期间内，该项资产为企业带来的未来经济利益；而其计税基础代表的是在这一期间内，就该项资产按照税法规定可以税前扣除的金额。

一、所得税会计核算的一般程序

采用资产负债表债务法核算所得税的情况下，企业一般应于每一资产负债表日进行所得税的核算。发生特殊交易或事项时，如企业合并，在确认因交易或事项取得的资产、负债时即应确认相关的所得税影响。

企业进行所得税核算一般应遵循以下程序：

（1）按照相关会计准则规定，确定资产负债表中除递延所得税资产和递延所得税负债以外的其他资产和负债项目的账面价值。其中资产、负债的账面价值，是指企业按照相关会计准则的规定进行核算后在资产负债表中列示的金额。

（2）按照准则中对于资产和负债计税基础的确定方法，以适用的税收法规为基础，确定资产负债表中有关资产、负债项目的计税基础。

（3）比较资产、负债的账面价值与其计税基础，对于两者之间存在差异的，分析其性质，除准则中规定的特殊情况外，分别应纳税暂时性差异与可抵扣暂时性差异并乘以所得税税率，确定资产负债表日递延所得税负债和递延所得税资产的应有金额，并与期初递延所得税负债和递延所得税资产的余额相比，确定当期应予进一步确认的递延所得税资产和递延所得税负债金额或应予转销的金额，作为构成利润表中所得税费用的其中一个组成部分递延所得税。

（4）按照适用的税法规定，计算确定当期应纳税所得额，将应纳税所得额与适用的所得税税率计算的结果确认为当期应交所得税，作为利润表中应予确认的所得税费用的另外一个组成部分，即当期所得税。

（5）确定利润表中的所得税费用。利润表中的所得税费用包括当期所得税和递延所得税两个部分，企业在计算确定了当期所得税和递延所得税后，两者之和（或之差），是利润表中的所得税费用。

二、资产负债的计税基础及暂时性差异

所得税会计的关键在于确定资产、负债的计税基础。在确定资产、负债的计税基础时,应严格遵循税收法规中对于资产的税务处理以及可税前扣除的费用的规定进行。

(一) 资产的计税基础及暂时性差异

资产的计税基础指企业收回资产账面价值过程中,计算应纳税所得额时按照税法规定可以自应税经济利益中抵扣的金额。资产计税基础代表将来计算所得可以税前扣除金额。资产账面价值代表将来计算利润可以扣除的金额。

$$资产暂时性差异 = 账面价值 - 计税基础$$
$$= 账面价值 - 未来可税前抵扣的金额$$

税法规定企业的各项资产,包括固定资产、生物资产、无形资产、长期待摊费用、投资资产、存货等,以历史成本为计税基础。历史成本,是指企业取得该项资产时实际发生的支出。企业持有各项资产期间资产增值或者减值,除国务院财政、税务主管部门规定可以确认损益外,不得调整该资产的计税基础。资产在初始确认时,其计税基础一般为取得成本,即企业为取得某项资产支付的成本在未来期间准予税前扣除。在资产持续持有的过程中,其计税基础是指资产的取得成本减去以前期间按照税法规定已经税前扣除的金额后的余额。

1. 固定资产

固定资产在后续计量时,因折旧方法、折旧年限与税法不同以及提取减值准备导致账面价值与计税基础出现差异。企业会计准则规定固定资产既可以按直线法计提折旧,也可以按照双倍余额递减法、年数总和法等计提折旧。税法规定固定资产除可以加速折旧的情况外(如由于技术进步产品更新换代较快的),基本上按照直线法计提的折旧允许扣除。另外,税法还规定每一类固定资产的最低折旧年限,而按照企业会计准则规定,会计处理时折旧年限是由企业按照固定资产能够为企业带来经济利益的期限估计确定的。因折旧年限的不同产生固定资产账面价值与计税基础之间的差异。

持有固定资产的期间内,在对固定资产计提了减值准备以后,因所计提的减值准备不允许税前扣除,其账面价值下降,但计税基础不会随资产减值准备的提取而发生变化,也会造成其账面价值与计税基础的差异。

2. 无形资产

对于内部研究开发形成的无形资产,企业会计准则规定,研究阶段的支出应当费用化计入当期损益,开发阶段符合资本化条件以后至达到预定用途前发生的支出应当资本化作为无形资产。对于研究开发费用的税前扣除,税法中规定企业为开发新技术、新产品、新工艺发生的研究开发费用,未形成无形资产计入当期损益的,在按照规定据实扣除的基础上,按照研究开发费用的 50% 加计扣除;形成无形资产的,按照无形资产成本 150% 计算每期摊销额。该无形资产的确认不是产生于企业合并,同时在确认时既不影响会计利润也不影响应纳税所得额,则按照企业会计准则的规定,不确认有关暂时性差异的所得税影响。

无形资产在后续计量时,会计与税收的差异主要产生于对无形资产是否需要摊销及无

形资产减值准备的提取。企业会计准则规定，对于使用寿命不确定的无形资产，不要求摊销，在期末进行减值测试。税法规定，企业取得的无形资产成本，应在一定期限内摊销，即税法没有界定使用寿命不确定的无形资产，除外购商誉外所有的无形资产成本均应在一定期间内摊销。对于使用寿命确定的无形资产在持有期间，因摊销期限的不同，会造成其账面价值与计税基础的差异。在对无形资产计提减值准备的情况下，因所计提的减值准备不允许税前扣除，也会造成其账面价值与计税基础的差异。

3. 公允价值计量的金融资产

交易性金融资产公允价值变动计入损益，采用公允价值计量的投资性房地产公允价值变动计入损益，可供出售金融资产公允价值变动计入权益。税法规定，企业以公允价值计量的金融资产以及投资性房地产等，持有期间公允价值的变动不计入应纳税所得额，在实际处置或结算时，处置取得的价款扣除其历史成本或以历史成本为基础确定的处置成本后的差额应计入处置或结算期间的应纳税所得额。按照该规定，以公允价值计量的金融资产在持有期间公允价值的波动在计税时不予考虑，有关金融资产在某一会计期末的计税基础为其取得成本。从而造成在公允价值变动的情况下，以公允价值计量的金融资产账面价值与计税基础之间的差异。采用成本模式计量的投资性房地产其账面价值与计税基础的确定类似固定资产或者无形资产。

4. 计提减值准备的资产

有关资产计提了减值准备以后，其账面价值会随之下降，而按照税法规定，资产的减值在转化为实质性损失之前，不允许税前扣除，从而造成资产的账面价值与其计税基础之间的差异。

5. 长期股权投资

企业持有的长期股权投资，按照会计准则规定可采用成本法或权益法进行核算。税法中对于投资资产的处理，要求按规定确定其成本后，在转让或处置投资资产时，其成本准予扣除。因此，税法对于长期股权投资并没有权益法的概念。长期股权投资取得以后，如果按照会计准则规定采用权益法核算，则一般情况下在持有过程中随着应享有被投资单位可辨认净资产公允价值份额的变化，其账面价值与计税基础会产生差异。对于采用权益法核算的长期股权投资，其账面价值与计税基础产生的有关暂时性差异是否应确认相关的所得税影响，应当考虑该项投资的持有意图。

如果企业拟长期持有该项投资，则因初始投资成本调整产生的暂时性差异预计未来期间不会转回，对未来期间没有所得税影响；因确认投资损益产生的暂时性差异，在未来期间逐期分回现金股利或利润时免税，也不存在对未来期间的所得税影响；因确认应享有被投资单位其他权益变动而产生的暂时性差异，在长期持有的情况下预计未来期间也不会转回。因此，在准备长期持有的情况下，对于采用权益法核算的长期股权投资账面价值与计税基础之间的差异一般不确认相关的所得税影响。

对于采用权益法核算的长期股权投资，在投资企业改变持有意图拟对外出售的情况下，按照税法规定，企业在转让或者处置投资资产时，投资资产的成本准予扣除。在持有意图由长期持有转变为拟近期出售的情况下，因长期股权投资的账面价值与计税基础不同产生的有关暂时性差异，均应确认相关的所得税影响。

（二）负债的计税基础及暂时性差异

负债的账面价值代表未来应支付的金额，负债的计税基础等于账面价值减未来期间税法规定可以抵扣的金额，即未来税法计算应纳税所得额时不可抵扣的金额。

$$负债暂时性差异 = 账面价值 - 计税基础$$
$$= 账面价值 - （账面价值 - 未来可税前列支的金额）$$
$$= 未来可税前列支的金额$$

一般情况下，负债的确认与偿还不会影响企业的损益，也不会影响其应纳税所得额，未来期间计算应纳税所得额时按照税法规定可予抵扣的金额为零，计税基础即为账面价值，如企业的短期借款、应付账款等。但是，某些情况下，负债的确认可能会影响企业的损益，进而影响不同期间的应纳税所得额，使得其计税基础与账面价值之间产生差额。

1. 预计负债

按照或有事项准则的规定，企业应将预计提供售后服务发生的支出在销售当期确认为费用，同时确认预计负债。税法规定，有关的支出应于发生时税前扣除，因此会产生可抵扣暂时性差异。某些情况下，因有些事项确认的预计负债，如果税法规定其支出无论是否实际发生均不允许税前扣除，即未来期间按照税法规定可予抵扣的金额为零，其账面价值与计税基础相同。

2. 预收账款

企业在收到客户预付的款项时，因不符合收入确认条件，会计上将其确认为负债。税法中对于收入的确认原则一般与会计规定相同，即会计上未确认收入时，计税时一般亦不计入应纳税所得额，该部分经济利益在未来期间计税时可予税前扣除的金额为零，计税基础等于账面价值。某些情况下，因不符合会计准则规定的收入确认条件未确认为收入的预收款项，按照税法规定应计入当期应纳税所得额时，有关预收账款的计税基础为零，即因其产生时已经计算缴纳所得税，未来期间可全额税前扣除。

3. 应付职工薪酬

工资、职工福利费、社会保险费、工会经费超标需要纳税调整，属于永久性差异。职工教育经费超标以及辞退福利会导致计税基础与账面价值之间产生差异，属于暂时性差异。

企业发生的合理的工资薪金支出，准予扣除。前款所称工资薪金，是指企业每一纳税年度支付给在本企业任职或者受雇的员工的所有现金形式或者非现金形式的劳动报酬，包括基本工资、奖金、津贴、补贴、年终加薪、加班工资，以及与员工任职或者受雇有关的其他支出。"合理工资薪金"，是指企业按照股东大会、董事会、薪酬委员会或相关管理机构制订的工资薪金制度规定实际发放给员工的工资薪金。税务机关在对工资薪金进行合理性确认时，可按以下原则掌握：(1) 企业制订了较为规范的员工工资薪金制度；(2) 企业所制订的工资薪金制度符合行业及地区水平；(3) 企业在一定时期所发放的工资薪金是相对固定的，工资薪金的调整是有序进行的；(4) 企业对实际发放的工资薪金，已依法履行了代扣代缴个人所得税义务；(5) 有关工资薪金的安排，不以减少或逃避税款为目的。

三、暂时性差异分类

资产、负债的账面价值与其计税基础不同，产生的差额称为暂时性差异。由于资产、负债的账面价值与其计税基础不同，产生了在未来收回资产或清偿负债的期间内，应纳税所得额增加或减少并导致未来期间应交所得税增加或减少的情况，形成企业的递延所得税资产和递延所得税负债。

一项资产的账面价值小于其计税基础，表明该项资产于未来期间产生的经济利益流入低于按照税法规定允许税前扣除的金额，产生可抵减未来期间应纳税所得额的因素，减少未来期间以应交所得税的方式流出企业的经济利益，从其产生时点来看，应确认为资产。反之，一项资产的账面价值大于其计税基础，两者之间的差额将会于未来期间产生应税金额，增加未来期间的应纳税所得额及应交所得税，对企业形成经济利益流出的义务，应确认为负债。对于企业的负债来说，其账面价值代表的是企业预计在未来期间清偿该项负债时的经济利益的流出；而其计税基础代表的是账面价值在扣除税法规定未来期间允许税前扣除的金额之后的差额。因负债的账面价值与其计税基础不同产生的差异实质上是税法规定就该项负债在未来期间可以税前扣除的金额。

一项负债的账面价值小于其计税基础，两者之间的差额将会于未来期间产生应税金额，增加未来期间的应纳税所得额及应交所得税，对企业形成经济利益流出的义务，应确认为负债。反之，一项负债的账面价值大于其计税基础的，表明该项负债于未来期间产生的经济利益流出高于按照税法规定允许税前扣除的金额，产生可抵减未来期间应纳税所得额的因素，减少未来期间以应交所得税的方式流出企业的经济利益，从其产生时点来看，应确认为资产。

根据暂时性差异对未来期间应纳税所得额的影响，分为应纳税暂时性差异和可抵扣暂时性差异。

（一）应纳税暂时性差异

应纳税暂时性差异，是指在确定未来收回资产或清偿负债期间的应纳税所得额时，将导致产生应税金额的暂时性差异，该差异在未来期间转回时，会增加转回期间的应纳税所得额，即在未来期间不考虑该事项影响的应纳税所得额的基础上，由于该暂时性差异的转回，会进一步增加转回期间的应纳税所得额和应交所得税金额。在应纳税暂时性差异产生当期，应当确认相关的递延所得税负债。

应纳税暂时性差异通常产生于以下情况：

（1）资产的账面价值大于其计税基础。一项资产的账面价值代表的是企业在持续使用或最终出售该项资产时将取得的经济利益的总额，而计税基础代表的是一项资产在未来期间可予税前扣除的金额。资产的账面价值大于其计税基础，该项资产未来期间产生的经济利益不能全部税前抵扣，两者之间的差额需要缴税，产生应纳税暂时性差异。

（2）负债的账面价值小于其计税基础。一项负债的账面价值为企业预计在未来期间清偿该项负债时的经济利益流出，而其计税基础代表的是账面价值在扣除税法规定未来期间允许税前扣除的金额之后的差额。因负债的账面价值与其计税基础不同产生的暂时性差异，本质上是税法规定就该项负债在未来期间可以税前扣除的金额（即与该项负债相关的费用支出在未来期间可予税前扣除的金额）。负债的账面价值小于其计税基础，则意味着就该项负债在未来期间可以税前抵扣的金额为负数，即应在未来期间应纳税所得额的基础上调增，增加应纳税所得额和应交所得税金额，产生应纳税暂时性差异。

【例9-1】

2008年12月20日,甲企业购入一台价值80 000元不需要安装的设备。该设备预计使用期限为4年,会计上采用直线法计提折旧,期末无残值。税法规定采用年数总和法计提折旧,期末无残值。

假设甲企业每年的利润总额均为100 000元,无其他纳税调整项目,企业适用所得税税率为25%。一般暂时性差异的所得税会计处理,通常情况下,如果存在应纳税暂时性差异或可抵扣暂时性差异,应当按照准则的规定确认递延所得税负债或递延所得税资产。

(1) 2009年。

会计上:

折旧=80 000÷4=20 000(元)
设备的账面价值=80 000-20 000=60 000(元)

税法上:

折旧=80 000×4÷(1+2+3+4)=32 000(元)
设备的计税基础=80 000-32 000=48 000(元)

设备的账面价值与计税基础之间的差额12 000元(60 000-48 000)为应纳税暂时性差异,应确认递延所得税负债3 000元(12 000×25%)。

应交企业所得税=[100 000-(32 000-20 000)]×25%=22 000(元)

借:所得税费用	25 000
贷:应交税费——应交所得税	22 000
递延所得税负债	3 000

(2) 2010年。

会计上:

计提折旧20 000元,设备的账面价值为40 000元。

税法上:

计提折旧=80 000×3÷(1+2+3+4)=24 000(元)
设备的计税基础=48 000-24 000=24 000(元)

设备的账面价值与计税基础之间的差额16 000元(40 000-24 000)为累计应确认的应纳税暂时性差异;年底应保留的递延所得税负债余额为4 000元(16 000×25%),年初余额为3 000元,应再确认递延所得税负债1 000元(4 000-3 000)。

应交企业所得税=[100 000-(24 000-20 000)]×25%=24 000(元)

借:所得税费用	25 000
贷:应交税费——应交所得税	24 000
递延所得税负债	1 000

(3) 2011年。

会计上:

计提折旧 20 000 元，设备的账面价值为 20 000 元。

税法上：

计提折旧 = 80 000×2÷(1+2+3+4) = 16 000(元)

设备的计税基础 = 24 000 - 16 000 = 8 000(元)

设备的账面价值与计税基础之间的差额 12 000 元（20 000 - 8 000）为累计应确认的应纳税暂时性差异，年底应保留的递延所得税负债余额为 3 000 元（12 000×25%），年初余额为 4 000 元，应转回递延所得税负债 1 000 元（4 000 - 3 000）。

应交企业所得税 = [100 000 + (20 000 - 16 000)]×25% = 26 000(元)

借：所得税费用	25 000
递延所得税负债	1 000
贷：应交税费——应交所得税	26 000

(4) 2012 年。

会计上：

计提折旧 20 000 元，设备的账面价值为 0。

税法上：

计提折旧 = 80 000×1÷(1+2+3+4) = 8 000(元)

设备的计税基础 = 8 000 - 8 000 = 0

设备的账面价值与计税基础之间的差额为 0，年底应保留的递延所得税负债余额为 0，年初余额为 3 000 元，应转回递延所得税负债 3 000 元。

应交企业所得税 = [100 000 + (20 000 - 8 000)]×25% = 28 000(元)

借：所得税费用	25 000
递延所得税负债	3 000
贷：应交税费——应交所得税	28 000

（二）可抵扣暂时性差异

可抵扣暂时性差异，是指在确定未来收回资产或清偿负债期间的应纳税所得额时，将导致产生可抵扣金额的暂时性差异。该差异在未来期间转回时会减少转回期间的应纳税所得额，减少未来期间的应交所得税。在可抵扣暂时性差异产生当期，应当确认相关的递延所得税资产。可抵扣暂时性差异一般产生于以下情况：

(1) 资产的账面价值小于其计税基础。从经济含义来看，资产在未来期间产生的经济利益少，按照税法规定允许税前扣除的金额多，则就账面价值与计税基础之间的差额，企业在未来期间可以减少应纳税所得额并减少应交所得税，产生可抵扣暂时性差异。

(2) 负债的账面价值大于其计税基础。负债产生的暂时性差异实质上是税法规定就该项负债可以在未来期间税前扣除的金额。一项负债的账面价值大于其计税基础，意味着未来期间按照税法规定与该项负债相关的全部或部分支出可以自未来应税经济利益中扣除，减少未来期间的应纳税所得额和应交所得税,产生可抵扣暂时性差异。

(三) 特殊项目产生的暂时性差异

某些交易或事项发生以后,因为不符合资产、负债确认条件而未体现为资产负债表中的资产、负债,但是税法规定能够确定其计税基础,也会产生暂时性差异。

(1) 未作为资产负债确认的项目产生的暂时性差异。比如广告费和业务宣传费支出,企业发生的符合条件的广告费和业务宣传费支出,除另有规定外,不超过当年销售收入15%的部分,准予扣除;超过部分准予在以后纳税年度结转扣除。该类费用在发生时按照会计准则规定即计入当期损益,不形成资产负债表中的资产,但按照税法规定可以确定其计税基础的,两者之间的差异也形成暂时性差异。

(2) 未弥补亏损及税款抵减。对于按照税法规定可以结转以后年度的未弥补亏损及税款抵减,在会计处理上,与可抵扣暂时性差异的处理相同,在符合条件的情况下,应确认与其相关的递延所得税资产。

四、递延所得税负债和递延所得税资产

企业在计算确定了应纳税暂时性差异与可抵扣暂时性差异后,应当按照所得税准则规定的原则,确认与应纳税暂时性差异相关的递延所得税负债以及与可抵扣暂时性差异相关的递延所得税资产。暂时性差异不一定确认递延所得税资产或递延所得税负债,应遵循会计准则的规定处理。

(一) 递延所得税负债的确认和计量

递延所得税负债产生于应纳税暂时性差异。因应纳税暂时性差异在转回期间将增加企业的应纳税所得额和应交所得税,导致企业经济利益的流出,在其发生当期,构成企业应支付税金的义务,应作为负债确认。

1. 递延所得税负债的确认

企业在确认因应纳税暂时性差异产生的递延所得税负债时,应遵循的原则为:除企业会计准则中明确规定可不确认递延所得税负债的情况以外,企业对于所有的应纳税暂时性差异均应确认相关的递延所得税负债。除直接计入所有者权益的交易或事项以及企业合并外,在确认递延所得税负债的同时,应增加利润表中的所得税费用。

确认应纳税暂时性差异产生的递延所得税负债时,交易或事项发生时影响到会计利润或应纳税所得额的,相关的所得税影响应作为利润表中所得税费用的组成部分;与直接计入所有者权益的交易或事项相关的,其所得税影响应减少所有者权益;与企业合并中取得资产、负债相关的,递延所得税影响应调整购买日应确认的商誉或是计入合并当期损益的金额。

需要说明的是,有些情况下,虽然资产、负债的账面价值与其计税基础不同,产生了应纳税暂时性差异,但出于各方面考虑,所得税准则中规定不确认相应的递延所得税负债。不确认递延所得税负债的特殊情况主要包括:初始确认的商誉的账面价值与计税基础不同所形成的应纳税暂时性差异;除企业合并以外的其他交易或事项,如果该项交易或事项发生时既不影响会计利润,也不影响应纳税所得额,则所产生的资产、负债的初始确认金额与其计税基础不同,形成的应纳税暂时性差异,不确认相应的递延所得税负债;与子公司、联营企业、合营企业投资等相关的应纳税暂时性差异,在满足有关条件(一是投资

企业能够控制暂时性差异转回的时间，二是该暂时性差异在可预见的未来很可能不会转回）时，无须确认相应的递延所得税负债。

2. 递延所得税负债的计量

对于递延所得税负债，在资产负债表日应以相关应纳税暂时性差异转回期间适用的所得税税率计量。在我国，除享受优惠政策的情况以外，企业适用的所得税税率在不同年度之间一般不会发生变化，企业在确认递延所得税负债时，可以现行适用税率为基础计算确定，递延所得税负债的确认不要求折现。

（二）递延所得税资产的确认和计量

递延所得税资产产生于可抵扣暂时性差异。因可抵扣暂时性差异在转回期间将减少企业的应纳税所得额和应交所得税，减少未来期间以应交所得税的方式流出企业的经济利益。因此在其发生当期，应作为资产确认。

1. 递延所得税资产的确认

资产、负债的账面价值与其计税基础不同产生的可抵扣暂时性差异，在估计未来期间能够取得足够的应纳税所得额用以利用该可抵扣暂时性差异时，应当以很可能取得用来抵扣可抵扣暂时性差异的应纳税所得额为限，确认相关的递延所得税资产。

同递延所得税负债的确认相同，有关交易或事项发生时，对税前会计利润或是应纳税所得额产生影响的，所确认的递延所得税资产应作为利润表中所得税费用的调整；有关的可抵扣暂时性差异产生于直接计入所有者权益的交易或事项的，确认的递延所得税资产也应计入所有者权益；企业合并中取得的有关资产、负债产生的可抵扣暂时性差异，其所得税影响应相应调整合并中确认的商誉或是应计入合并当期损益的金额。

在确认递延所得税资产时，应注意以下问题：其一，递延所得税资产的确认应以未来期间很可能取得的用来抵扣可抵扣暂时性差异的应纳税所得额为限；其二，与子公司、联营企业、合营企业投资等相关的可抵扣暂时性差异，在满足有关条件（一是暂时性差异在可预见的未来很可能不会转回，二是未来很可能获得用来抵扣可抵扣暂时性差异的应纳税所得额）时，应确认相应的递延所得税资产；其三，按照税法规定可以结转以后年度的未弥补亏损和税款抵减，应视同可抵扣暂时性差异处理。

需要说明的是，在某些情况下，如果企业发生的某项交易或事项不属于企业合并，并且交易发生时既不影响会计利润也不影响应纳税所得额，且该项交易中产生的资产、负债的初始确认金额与其计税基础不同，产生的可抵扣暂时性差异，所得税准则中规定在交易或事项发生时不确认相关的递延所得税资产。

2. 递延所得税资产的计量

递延所得税资产的计量主要包括适用税率的确定和递延所得税资产账面价值的复核。

（1）适用税率的确定。在确认递延所得税资产时，应当以预期收回该资产期间的适用所得税税率为基础计算确定。另外，无论相关的可抵扣暂时性差异转回期间如何，递延所得税资产均不要求折现。

（2）递延所得税资产账面价值的复核。企业在确认了递延所得税资产以后，资产负债表日，应当对递延所得税资产的账面价值进行复核。如果未来期间很可能无法取得足够的应纳税所得额用以利用可抵扣暂时性差异带来的利益，应当减记递延所得税资产的账面价值。减记的递延所得税资产，除原确认时计入所有者权益的递延所得税资产，其减记金额也应计入所有者权益外，其他的情况均应增加所得税费用。递延所得税资产的账面价值减记以后，以后期间根据新的环境和情况判断能够产生足够的应纳税所得额利用可抵扣暂时性差异，使得递延所得税资产包含的经济利益能够实现的，应相应恢复递延所得税资产的账面价值。

另外，无论是递延所得税资产还是递延所得税负债的计量，均应考虑资产负债表日企业预期收回资产或清偿负债方式的所得税影响，在计量递延所得税资产和递延所得税负债时，应当采用与收回资产或清偿债务的预期方式相一致的税率和计税基础。

五、所得税费用科目设置与核算

所得税会计的主要目的是为了确定当期应交所得税以及利润表中应确认的所得税费用。在按照资产负债表债务法核算所得税的情况下，利润表中的所得税费用包括当期所得税和递延所得税两部分。

（一）当期所得税

当期所得税是指企业按照税法规定计算确定的针对当期发生的交易和事项，应缴纳给税务部门的所得税金额，即当期应交所得税。当期所得税应以适用的税收法规为基础计算确定。

企业在确定当期所得税时，对于当期发生的交易或事项，会计处理与税收处理不同的，应在会计利润的基础上，按照适用税收法规的要求进行调整，计算出当期应纳税所得额，按照应纳税所得额与适用所得税税率计算确定当期应交所得税。

纳税调整包括一般纳税调整和特别纳税调整。一般纳税调整，是指在计算应纳税所得额时，如果企业财务、会计处理办法与税收制度规定不一致，应当依照税收法律、行政法规的规定计算纳税所作的税务调整，并据此重新调整计算纳税。特别纳税调整，是指税务机关出于实施反避税目的而对纳税人特定纳税事项所作的税务调整，包括针对纳税人转让定价、资本弱化、避税港避税及其他避税情况所进行的税务调整。调整是通过申报表来完成，是一种账外表内的工作。永久性差异一次调整完成，暂时性差异需两次以上调整。

税法将纳税调整项目分为"收入类项目"、"扣除类项目"、"资产类项目"、"准备金项目"、"房地产企业的预计利润"、"特别纳税调整"六个大类。

会计准则将纳税调整项目分为永久性差异和暂时性差异。

一般情况下，应纳税所得额可在会计利润的基础上，考虑会计与税收之间的差异，按照以下公式计算确定：

$$营业利润 = 营业收入 - 营业成本 - 营业税金及附加 - 销售费用 - 管理费用 - 财务费用 - 资产减值损失 + 公允价值变动收益(-公允价值变动损失) + 投资收益(-投资损失)$$

$$利润总额 = 营业利润 + 营业外收入 - 营业外支出$$

$$应纳税所得额 = 收入总额 - 不征税收入 - 免税收入 - 各项扣除 - 允许弥补的以前年度亏损$$

$$应纳税所得额 = 利润总额 \pm 纳税调整项目$$

$$应税所得 = 利润总额 \pm 永久性差异 \pm 暂时性差异的变化数$$

应纳税额＝应纳税所得额×适用税率－减免税额－抵免税额

（二）递延所得税

递延所得税是指按照企业会计准则规定当期应予确认的递延所得税资产和递延所得税负债的金额，即递延所得税资产及递延所得税负债的当期发生额，但不包括直接计入所有者权益的交易或事项及企业合并的所得税影响。用公式表示为：

$$递延所得税 = \left(\begin{array}{c}递延所得税\\负债的期末余额\end{array} - \begin{array}{c}递延所得税\\负债的期初余额\end{array}\right) - \left(\begin{array}{c}递延所得税\\资产的期末余额\end{array} - \begin{array}{c}递延所得税\\资产的期初余额\end{array}\right)$$

递延所得税账户余额＝暂时性差异余额×预期税率

需要注意的是，企业因确认递延所得税资产和递延所得税负债产生的递延所得税，一般应当计入所得税费用，但直接计入所有者权益的交易或事项及企业合并的所得税影响，不构成利润表中的递延所得税费用（或收益）。

（三）所得税费用

利润表中的所得税费用由当期所得税和递延所得税构成，即：

所得税费用＝当期所得税±递延所得税

净利润＝利润总额－所得税费用

计入当期损益的所得税费用或收益，不包括企业合并和直接在所有者权益中确认的交易或事项产生的所得税影响。与直接计入所有者权益的交易或者事项相关的当期所得税和递延所得税，应当计入所有者权益。

所得税费用应当在利润表中单独列示。

企业进行所得税会计核算时，应设置"递延所得税资产"、"递延所得税负债"、"所得税费用"等有关科目。

（1）"递延所得税资产"科目。该科目核算企业根据所得税会计准则确认的可抵扣暂时性差异产生的所得税资产。根据税法规定可用以后年度税前利润弥补的亏损及税款抵减产生的所得税资产，也应在本科目核算。

资产负债表日，企业根据所得税会计准则应予以确认的递延所得税资产，借记"递延所得税资产"科目，贷记"所得税费用——递延所得税费用"、"资本公积——其他资本公积"等科目。本期确认的递延所得税资产大于其账面余额的，应按其差额确认；本期确认的递延所得税资产小于其账面余额的，作相反的会计分录。

资产负债表日，预计未来期间很可能无法获得足够的应纳税所得额用以抵扣可抵扣暂时性差异的，应按原已确认的递延所得税资产中应减记的金额，借记"所得税费用——递延所得税费用"、"资本公积——其他资本公积"等科目，贷记"递延所得税资产"科目。

本科目期末借方余额，反映已确认的递延所得税资产的余额。

（2）"递延所得税负债"科目。该科目核算企业根据所得税会计准则确认的应纳税暂时性差异产生的所得税负债。

资产负债表日，企业根据所得税会计准则应予确认的递延所得税负债，借记"所得税费用——递延所得税费用"、"资本公积——其他资本公积"等科目，贷记"递延所得税负债"科目。本期确认的递延所得税负债大于其账面余额的,应按其差额确认;本期确认的递延所得税负债小于其账面余额的,作相反的会计分录。

本科目期末贷方余额,反映已确认的递延所得税负债的余额。

(3)"所得税费用"科目。该科目核算企业根据所得税会计准则确认的应从当期利润总额中扣除的所得税费用。本科目应当按照"当期所得税费用"、"递延所得税费用"进行明细核算。

资产负债表日,企业按照税法计算确定的当期应交所得税金额,借记"所得税费用——当期所得税费用"科目,贷记"应交税费——应交所得税"科目。

资产负债表日,根据所得税会计准则应予确认的递延所得税资产大于"递延所得税资产"科目余额的差额,借记"递延所得税资产"科目,贷记"所得税费用——递延所得税费用"科目、"资本公积——其他资本公积"等科目;应予确认的递延所得税资产小于"递延所得税资产"科目余额的差额,作相反的会计分录。企业应予确认的递延所得税负债的变动,应当比照上述原则调整本科目、"递延所得税负债"科目及有关科目。

期末,应将本科目的余额转入"本年利润"科目,结转后本科目应无余额。

六、所得税会计核算举例

【例9-2】

2009年某公司取得交易性金融资产100万元,年底公允价值为120万元,2010年以150万元出售,不考虑其他因素,假定连续两年利润总额为200万元,所得税税率为25%。

2009年:产生应纳税暂时性差异20万元,所得180万元,当期所得税45万元。

借:交易性金融资产	1 000 000
贷:银行存款	1 000 000
借:交易性金融资产	200 000
贷:公允价值变动损益	200 000
借:所得税费用	500 000
贷:递延所得税负债	50 000
应交税费——应交所得税	450 000

2010年:应纳税暂时性差异转回,所得220万元,当期所得税55万元。

借:银行存款	1 500 000
贷:交易性金融资产	1 200 000
投资收益	300 000
借:公允价值变动损益	200 000
贷:投资收益	200 000
借:所得税费用	500 000
递延所得税负债	50 000
贷:应交税费——应交所得税	550 000

【例9-3】

2009年某公司取得可供出售金融资产100万元，年底公允价值为120万元，2010年以150万元出售，不考虑其他因素，假定连续两年利润总额200万元，所得税税率25%。

2009年：产生应纳税暂时性差异20万元，利润等于所得，当期所得税50万元。

借：可供出售金融资产　　　　　　　　　　　　　　　　　　1 000 000
　　贷：银行存款　　　　　　　　　　　　　　　　　　　　　　1 000 000
借：可供出售金融资产　　　　　　　　　　　　　　　　　　　 200 000
　　贷：资本公积——其他资本公积　　　　　　　　　　　　　　 200 000
借：资本公积　　　　　　　　　　　　　　　　　　　　　　　　50 000
　　贷：递延所得税负债　　　　　　　　　　　　　　　　　　　 50 000

2010年：应纳税暂时性差异转回，利润等于所得，当期所得税50万元。

借：银行存款　　　　　　　　　　　　　　　　　　　　　　1 500 000
　　贷：可供出售金融资产　　　　　　　　　　　　　　　　　1 200 000
　　　　投资收益　　　　　　　　　　　　　　　　　　　　　 300 000
借：资本公积——其他资本公积　　　　　　　　　　　　　　　 200 000
　　贷：投资收益　　　　　　　　　　　　　　　　　　　　　　 200 000
借：递延所得税负债　　　　　　　　　　　　　　　　　　　　　50 000
　　贷：资本公积　　　　　　　　　　　　　　　　　　　　　　 50 000

【例9-4】

A公司发行面值为500万元、市价为2 000万元的股票，吸收合并B公司，B公司可辨认净资产公允价值1 600万元，账面价值1 520万元，其中固定资产计税基础1 020万元高于公允价值20万元（账面价值），存货计税基础800万元低于公允价值100万元（账面价值），应收账款300万元和应付账款600万元税法与会计一致，所得税税率为30%。该合并在会计上属于"非同合并"在税法上属于"特殊重组"。

递延所得税资产6万元，递延所得税负债30万元。

考虑所得税后可辨认净资产公允价值为1 576万元。

借：固定资产　　　　　　　　　　　　　　　　　　　　　　10 000 000
　　库存商品　　　　　　　　　　　　　　　　　　　　　　　9 000 000
　　应收账款　　　　　　　　　　　　　　　　　　　　　　　3 000 000
　　商誉　　　　　　　　　　　　　　　　　　　　　　　　　4 000 000
　　贷：应付账款　　　　　　　　　　　　　　　　　　　　　6 000 000
　　　　股本　　　　　　　　　　　　　　　　　　　　　　　5 000 000
　　　　资本公积　　　　　　　　　　　　　　　　　　　　 10 500 000
借：递延所得税资产　　　　　　　　　　　　　　　　　　　　 60 000
　　商誉　　　　　　　　　　　　　　　　　　　　　　　　　 240 000
　　贷：递延所得税负债　　　　　　　　　　　　　　　　　　　300 000

商誉的账面价值为 424 万元不是 400 万元，计税基础为 0，暂时性差异 424 万元。不确认商誉的递延所得税负债。

如果本题发行面值为 500 万元、市价为 1 500 万元的股票，合并成本 1 500 万元，则形成营业外收入 76 万元。

借：固定资产	10 000 000
库存商品	9 000 000
应收账款	3 000 000
贷：应付账款	6 000 000
股本	5 000 000
资本公积	10 000 000
营业外收入	1 000 000
借：递延所得税资产	60 000
营业外收入	240 000
贷：递延所得税负债	300 000

【例 9-5】

甲公司适用的企业所得税税率为 25%。甲公司申报 2010 年度企业所得税时，涉及以下事项：

(1) 2010 年，甲公司应收账款年初余额为 3 000 万元，坏账准备年初余额为零；应收账款年末余额为 24 000 万元，坏账准备年末余额为 2 000 万元。税法规定，企业计提的各项资产减值损失在未发生实质性损失前不允许税前扣除。

(2) 2010 年 9 月 5 日，甲公司以 2 400 万元购入某公司股票，作为可供出售金融资产处理。至 12 月 31 日，该股票尚未出售，公允价值为 2 600 万元。税法规定，资产在持有期间公允价值的变动不计税，在处置时一并计算应计入应纳税所得额的金额。

(3) 甲公司于 2008 年 1 月购入的对乙公司股权投资的初始投资成本为 2 800 万元，采用成本法核算。2010 年 10 月 3 日，甲公司从乙公司分得现金股利 200 万元，计入投资收益。至 12 月 31 日，该项投资未发生减值。甲公司、乙公司均为设在我国境内的居民企业。税法规定，我国境内居民企业之间取得的股息、红利免税。

(4) 2010 年，甲公司将业务宣传活动外包给其他单位，当年发生业务宣传费 4 800 万元，至年末尚未支付。甲公司当年实现销售收入 30 000 万元。税法规定，企业发生的业务宣传费支出，不超过当年销售收入 15% 的部分，准予税前扣除；超过部分，准予结转以后年度税前扣除。

(5) 其他相关资料：2009 年 12 月 31 日，甲公司存在可于 3 年内税前弥补的亏损 2 600 万元，甲公司对这部分未弥补亏损已确认递延所得税资产 650 万元。甲公司 2010 年实现利润总额 3 000 万元。

除上述各项外，甲公司会计处理与税务处理不存在其他差异。甲公司预计未来期间能够产生足够的应纳税所得额用于抵扣可抵扣暂时性差异，预计未来期间适用所得税税率不会发生变化。甲公司对上述交易或事项已按企业会计准则规定进行处理。

甲公司 2010 年 12 月 31 日应收账款账面价值 22 000 万元，计税基础 24 000 万元，可抵扣暂时性差异 2 000 万元；业务宣传形成的其他应付款账面价值 4 800 万元，计税基础 4 500 万元，可抵扣暂时性差异 300 万元；可供出售金融资产账面价值 2 600 万元，计税基础 2 400 万元，应纳税暂时性差异 200 万元。

$$\text{甲公司 2010 年的应纳税所得额} = 3\,000 + \text{计提坏账准备 2 000} - \text{分得现金股利 200} + \text{广告费 300} - \text{弥补的亏损 2 600}$$
$$= 2\,500 \text{（万元）}$$

递延所得税资产 = (2 000 + 300) × 25% − 650 = −75（万元）
递延所得税负债 = 200 × 25% = 50（万元）
递延所得税费用为 75 万元。

编制甲公司 2010 年与所得税相关的会计分录。

应交所得税 = 2 500 × 25% = 625（万元）

借：所得税费用		7 000 000
贷：应交税费——应交所得税		6 250 000
递延所得税资产		750 000
借：资本公积——其他资本公积		500 000
贷：递延所得税负债		500 000

【例 9-6】

假定甲公司 2010 年的应纳税所得额为 2 000 万元，2010 年资产负债表中：交易性金融资产账面价值 280 万元，计税基础 380 万元，可抵扣暂时性差异 100 万元；预计负债账面价值 60 万元，计税基础 0，可抵扣暂时性差异 60 万元。2009 年末递延所得税资产 75 万元。2009 年末递延所得税负债 15 万元。

则甲公司 2010 年 12 月 31 日应确认的所得税费用为：

(1) 2010 年当期应交所得税

应交所得税 = 2 000 × 25% = 500（万元）

(2) 2010 年递延所得税

2010 年末应确认递延所得税资产 = 160 × 25% = 40（万元）
2010 年末应确认递延所得税负债 = 0
2010 年递延所得税资产减少 = 40 − 75 = −35（万元）
2010 年递延所得税负债减少 = 15 − 0 = 15（万元）
递延所得税 = 35 − 15 = 20（万元）

(3) 2010 年利润表中应确认的所得税费用

所得税费用 = 500 + 20 = 520（万元）

2010 年确认所得税费用的会计处理为：

借：所得税费用		5 200 000
递延所得税负债		150 000
贷：应交税费——应交所得税		5 000 000
递延所得税资产		350 000

【例9-7】

B公司（所得税税率25%）2010年度会计利润1 000万元，企业按会计利润计提应交所得税250万元。2011年3月，委托C税务师事务所对所得税进行汇算清缴后的应纳税所得额为1 200万元。盈余公积提取比例10%。汇算调整事项如下：不得税前扣除的罚款、招待费超标、不合规票据支出250万元，调增应纳税所得额，属于永久性差异。权益法确认的投资收益100万元，调减应纳税所得额，属于应纳税暂时性差异。本期计提存货跌价准备50万元，调增应纳税所得额，属于可抵扣暂时性差异。B公司直接通过留存收益简化处理。

借：递延所得税资产（50万元×25%）	125 000
利润分配——未分配利润（62.5万元×90%）	562 500
盈余公积（62.5万元×10%）	62 500
贷：递延所得税负债（100万元×25%）	250 000
应交税费——应交所得税（200万元×25%）	500 000

【例9-8】

某企业2008年会计利润100万元，罚款3万元；营业收入1 000万元，发生招待费10万元；国债利息收入3万元；存货年初账面价值200万元，计税基础210万元，本年又计提跌价准备20万元，年末计税基础不变；固定资产原值100万元，年初会计累计折旧25万元，税法累计折旧40万元，本年会计计提折旧25万元，税法计提折旧30万元，年末账面价值50万元，税率25%，不考虑其他因素。

(1) 采用资产负债表债务法核算

借：递延所得税资产	50 000
贷：所得税费用	50 000
借：所得税费用	12 500
贷：递延所得税负债	12 500
借：所得税费用	300 000
贷：应交税费——应交所得税	300 000

或者编制复合分录：

借：所得税费用	262 500
递延所得税资产	50 000
贷：递延所得税负债	12 500
应交税费——应交所得税	300 000

(2) 如果采用应付税款法核算

借：所得税费用   300 000
    贷：应交税费——应交所得税   300 000

【例 9-9】

甲公司为上市公司，2007 年 1 月 1 日递延所得税资产（全部为存货项目计提的跌价准备）为 33 万元，递延所得税负债（全部为交易性金融资产项目的公允价值变动）为 16.5 万元，适用的所得税税率为 33%。自 2008 年 1 月 1 日起，该公司适用的所得税税率变更为 25%。该公司 2007 年利润总额为 5 000 万元，甲公司预计在未来期间有足够的应纳税所得额用于抵扣可抵扣暂时性差异。涉及所得税会计的交易或事项如下：

(1) 2007 年 1 月 1 日，以 1 043.27 万元自证券市场购入当日发行的一项 3 年期到期还本每年付息国债。该国债票面金额为 1 000 万元，票面年利率为 6%，年实际利率为 5%。甲公司将该国债作为持有至到期投资核算。

(2) 2007 年 1 月 1 日，以 2 000 万元自证券市场购入当日发行的一项 5 年期到期还本每年付息公司债券。该债券票面金额为 2 000 万元，票面年利率为 5%，年实际利率为 5%。甲公司将其作为持有至到期投资核算。

(3) 2006 年 11 月 23 日，甲公司购入一项管理用设备，支付购买价款等共计 1 500 万元。12 月 30 日，该设备经安装达到预定可使用状态。甲公司预计该设备使用年限为 5 年，预计净残值为零，采用年数总和法计提折旧。税法允许采用年限平均法计提折旧。该类固定资产的折旧年限为 5 年。假定甲公司该设备预计净残值符合税法规定。

(4) 2007 年 6 月 20 日，甲公司因违反税收规定被税务部门处以 10 万元罚款，罚款未支付。

(5) 2007 年 10 月 5 日，甲公司自证券市场购入某股票，支付价款 200 万元。甲公司将该股票作为可供出售金融资产核算。12 月 31 日，该股票的公允价值为 150 万元，该公司认为属于暂时性下跌。

(6) 2007 年 12 月 10 日，甲公司被乙公司提起诉讼，要求其未履行合同的造成的经济损失。12 月 31 日，该诉讼尚未审结。甲公司预计很可能支出的金额为 100 万元。

(7) 2007 年计提产品质量保证 160 万元，实际发生保修费用 80 万元。

(8) 2007 年未发生存货跌价准备的变动。未发生交易性金融资产项目的公允价值变动。

国债的投资收益＝1 043.27×5%＝52.16（万元）

应纳税所得额＝5 000－52.16＋200＋10＋100＋80＝5 337.84（万元）

应交所得税＝5 337.84×33%＝1 761.49（万元）

递延所得税资产年初为 33 万元，年末为 (200＋50＋100＋80＋33÷33%)×25%＝132.5（万元），132.5－33＝99.5（万元）；递延所得税负债年初为 16.5 万元，年末为 16.5÷33%×25%＝12.5（万元），12.5－16.5＝－4（万元）。

借：所得税费用   16 704 900
    递延所得税资产   995 000
    递延所得税负债   40 000

贷：应交税费——应交所得税	17 614 900
资本公积——其他资本公积（50万元×25%）	125 000

【例9-10】

某小企业执行小企业会计准则（所得税采用应付税款法核算），假定2012年实现会计利润总额为200万元，营业收入500万元，业务招待费7.5万元，业务宣传费30万元，罚款3万元；公益性捐款20万元。本年发生损失30万元（应收账款采用直接核销法），经主管税务机关审核后允许税前扣除。

500×5‰=2.5(万元)；7.5×60%=4.5(万元)；7.5-2.5=5(万元)
500×15%=75(万元)
200×12%=24(万元)
应交所得税=(200+5+3)×25%=52(万元)

借：所得税费用	520 000
贷：应交税费——应交所得税	520 000

第八节 特殊业务的会计处理

一、捐赠的处理

企业将自产、委托加工和外购的原材料、固定资产、无形资产、有价证券用于捐赠，应分解为按公允价值视同对外销售和捐赠两项业务进行所得税处理。

根据企业所得税法实施条例规定，企业将货物、财产、费用用于捐赠，应当视同销售或者提供劳务缴纳企业所得税。企业可选择的捐赠方式主要有两种，一是直接捐赠，即企业直接将财物捐赠给受赠人；二是间接捐赠，即企业通过公益性社会团体或者县级以上人民政府及其部门实施捐赠。按捐赠资产的类别，捐赠可分为货币性资产捐赠和非货币性资产捐赠。企业会计准则明确规定，公益性捐赠支出，在"营业外支出"科目核算。

公益性捐赠扣除限额＝利润总额×12%
实际捐赠支出总额＝营业外支出中列支的全部捐赠支出
捐赠支出纳税调整额＝实际捐赠支出总额－公益性捐赠扣除限额

如果纳税人实际捐赠额小于捐赠扣除限额，税前应按实际捐赠额扣除，无须纳税调整；如果实际捐赠额大于或等于捐赠扣除限额，税前按捐赠扣除限额扣除，超过部分不得扣除，超过部分即为纳税调整额。

企业接受捐赠的货币性资产，需并入当期的应纳税所得额，依法计算缴纳企业所得税。企业接受捐赠的非货币性资产，须按接受捐赠时资产的入账价值确认捐赠收入，并入当期应纳税所得额，依法计算缴纳企业所得税。企业取得的捐赠收入金额较大，并入一个纳税年度缴税确有困难的，经主管税务机关确认，可以在不超过5年的期间内均匀计入各年度的应纳税所得。企业接受捐赠的存货、固定资产、无形资产和投资等，在经营中使用或将来销售处置时，可按税法规定结转存货销售成本、投资转让成本或固定资产折旧、无形资产摊销额。企业会计准则将其归入"营业外收入"科目核算。

【例9-11】

2008年11月，甲公司将其生产的50台电脑通过当地教委捐赠给学校用于农村义务教育。已知该捐赠电脑的实际成本为1 800元/台，假设捐赠时该电脑按税法规定确定的公允价值为2 400元/台（不含税），该公司预计2008年实现会计利润100万元（假设无其他纳税调整事项），企业所得税税率为25%。

则账务处理为：

借：营业外支出——捐赠支出	140 400
贷：主营业务收入	120 000
应交税费——应交增值税（销项税额）	20 400

同时，

借：主营业务成本	90 000
贷：库存商品	90 000

对该笔捐赠业务，当年准予扣除的限额为12万元（100×12%），纳税调增2.04万元。若甲公司将其生产的50台电脑直接捐赠给学校，其他条件不变。按照税法规定，该捐赠属于非公益性捐赠，不予税前扣除。纳税调增14.04万元。

【例9-12】

假设某企业接受捐赠的原材料，对方开具了增值税专用发票，计税金额500万元，税额85万元，经税务机关审核确认，企业分5年平均将捐赠收入计入应纳税所得额中，则：

接受捐赠时：

借：原材料	5 000 000
应交税费——应交增值税（进项税额）	850 000
贷：营业外收入	5 850 000

第1年年末：

借：所得税费用	1 170 000
贷：递延所得税负债	1 170 000

第2年至第5年每年年末，分别为：

借：递延所得税负债	292 500
贷：所得税费用	292 500

二、视同销售的处理

企业所得税法实施条例第二十五条规定，企业发生非货币性资产交换，以及将货物、财产、劳务用于捐赠、偿债、赞助、集资、广告、样品、职工福利或者利润分配等用途的，应当视同销售货物、转让财产或者提供劳务，但国务院财政、税务主管部门另有规定的除外。

税收法规对企业非货币性资产交换要求按照公允价值转让资产进行处理，计算应纳税所得额。企业会计准则将非货币性资产交换分为两种，具有交易实质且公允价值能够确定的与税法无差异，不具有交易实质或公允价值不能够确定的不计算损益，要进行纳税调整。

【例9-13】

甲公司用产品与乙公司无形资产进行交换，产品成本80万元，售价100万元，含税公允价值117万元；无形资产账面原价200万元，累计摊销130万元，公允价值100万元。乙公司另支付补价17万元，营业税税率5%。非货币性资产交换采用公允价值计量，不需纳税调整。

甲公司的账务处理：

借：无形资产　　　　　　　　　　　　　　　　　　　　　1 000 000
　　银行存款　　　　　　　　　　　　　　　　　　　　　　170 000
　贷：主营业务收入　　　　　　　　　　　　　　　　　　　1 000 000
　　　应交税费——应交增值税（销项税额）　　　　　　　　170 000
借：主营业务成本　　　　　　　　　　　　　　　　　　　　800 000
　贷：库存商品　　　　　　　　　　　　　　　　　　　　　800 000

乙公司的账务处理：

借：库存商品　　　　　　　　　　　　　　　　　　　　　1 000 000
　　应交税费——应交增值税（进项税额）　　　　　　　　　170 000
　　累计摊销　　　　　　　　　　　　　　　　　　　　　1 300 000
　贷：无形资产　　　　　　　　　　　　　　　　　　　　　2 000 000
　　　应交税费——应交营业税　　　　　　　　　　　　　　50 000
　　　银行存款　　　　　　　　　　　　　　　　　　　　　170 000
　　　营业外收入　　　　　　　　　　　　　　　　　　　　250 000

三、资产减值的处理

企业会计准则规定，企业的应收款项、存货、长期股权投资、持有至到期投资、固定资产、无形资产、贷款等资产发生减值的，按应减记的金额，借记"资产减值损失"科目，贷记"坏账准备"、"存货跌价准备"、"长期股权投资减值准备"、"持有至到期投资减值准备"、"固定资产减值准备"、"无形资产减值准备"、"贷款损失准备"等科目。在建工程、工程物资、生产性生物资产、商誉、抵债资产、损余物资、采用成本模式计量的投资性房地产等资产发生减值的，应当设置相应的减值准备科目，比照上述规定进行处理。企业计提坏账准备、存货跌价准备、持有至到期投资减值准备、贷款损失准备等，相关资产的价值又得以恢复的，应在原已计提的减值准备金额内，按恢复增加的金额，借记"坏账准备"、"存货跌价准备"、"持有至到期投资减值准备"、"贷款损失准备"等科目，贷记"资产减值损失"科目。

税法规定，从 2008 年 1 月 1 日开始，企业计提的坏账准备不允许在企业所得税前扣除。企业应在损失实际发生时，经主管税务机关审核后允许税前扣除。2008 年以前已计提但未使用的坏账准备余额，应在发生坏账损失时冲减，不足部分允许当期税前扣除。

【例 9-14】

某企业年初坏账准备 10 万元。本年发生坏账 7 万元，经批准允许扣除；以前发生的坏账重新收回 3 万元，以前年度已获税前扣除；年末应收账款 300 万元；估计坏账损失比例为 4%；不存在坏账准备税法余额。当期计提坏账准备＝300×4%－(10－7＋3)＝12－6＝6（万元）。

借：坏账准备	70 000
贷：应收账款	70 000
借：应收账款	30 000
贷：坏账准备	30 000
借：银行存款	30 000
贷：应收账款	30 000
借：资产减值损失	60 000
贷：坏账准备	60 000
借：递延所得税资产	5 000
贷：所得税费用	5 000

纳税调整＝60 000－(70 000－30 000)＝20 000（元）

四、非现金资产对外投资

不构成控股合并业务的投资行为，类似于非货币性资产交换，根据会计准则的规定，在非货币性资产交换具有商业实质，并且换出资产和换入资产的公允价值能够可靠计量的情况下，会计上采用公允价值计量基础，此时，税法与会计准则均确认收入，无差异无须调整。在非货币性资产交换不具有商业实质，或者换出资产和换入资产的公允价值均不能够可靠计量的情况下，会计上采用账面计量基础，不确认收入，但按照税法规定应视同销售收入。构成控股合并业务的投资行为，属于"同一控制下的企业合并"时，应当按合并日被合并方所有者权益账面价值的份额作为长期股权投资的初始投资成本计量，只能按成本予以转账。属于"非同一控制下企业合并"应按照公允价值确认收入，同时结转相应成本。

五、预缴和汇算清缴

【例 9-15】

某公司适用的企业所得税税率为 25%，按季度申报预缴企业所得税，年终汇算清缴。递延所得税资产及递延所得税负债不存在期初余额。2009 年有关情况如下：

（1）第一季度实现会计利润总额为 90 万元，包括从市级财政部门取得的专项用途的财政性资金 3 万元（符合税法规定的不征税收入条件）、国债利息收入 2 万元。以前年度尚未弥补的亏损为 5 万元。被工商部门罚款 1 万元。第一季度预缴企业所得税时的应纳税所得额为 80 万元（90－3－2－5），应预缴企业所得税 20 万元（80×25%）。

①计提所得税时
借：所得税费用　　　　　　　　　　　　　　　　　　　　　　200 000
　　贷：应交税费——应交所得税　　　　　　　　　　　　　　　　200 000
②缴纳所得税时
借：应交税费——应交所得税　　　　　　　　　　　　　　　　200 000
　　贷：银行存款　　　　　　　　　　　　　　　　　　　　　　200 000
③结转所得税费用时
借：本年利润　　　　　　　　　　　　　　　　　　　　　　　200 000
　　贷：所得税费用　　　　　　　　　　　　　　　　　　　　　200 000

（2）第二季度实际累计利润为 100 万元，第三季度实际累计利润为－10 万元，第四季度实际累计利润为 65 万元。

第二季度应预缴企业所得税的应纳税所得额为 10 万元（100－3－2－5－80）。该公司第二季度应预缴企业所得税 2.5 万元（10×25%）。会计处理同上，金额为 2.5 万元。

第三季度由于应纳税所得额小于 0，不缴纳企业所得税，不作账务处理。

第四季度累计实现会计利润总额小于第二季度累计实现会计利润总额，不缴纳企业所得税，不作账务处理。假如第四季度累计实现会计利润总额大于以前季度累计实现会计利润总额，那么，第四季度就应当预缴企业所得税。

（3）年末 A 固定资产的账面价值为 30 万元，计税基础为 20 万元；B 固定资产的账面价值为 20 万元，计税基础为 26 万元（无其他暂时性差异）。业务招待费超支 2 万元。

A 固定资产由于账面价值大于计税基础，产生应纳税暂时性差异 10 万元（30－20），应确认与其相关的递延所得税负债 2.5 万元（10×25%）；B 固定资产由于账面价值小于计税基础，产生可抵扣暂时性差异 6 万元（26－20），应确认与其相关的递延所得税资产 1.5 万元（6×25%）。该公司已确认递延所得税 1 万元（2.5－1.5）。

（4）年终汇算清缴纳税调整后应纳税所得额为 64 万元（65－10＋6＋1＋2）。

2009 年度应缴纳企业所得税 16 万元（64×25%）。因在季度预缴中已缴纳 22.5 万元（20＋2.5），多预缴的 6.5 万元（22.5－16），应当申报退税或者抵顶下一年度应缴纳的税款。无论是退税还是抵顶下一年度应缴纳的税款，都应当作如下账务处理：

借：其他应收款——所得税退税款　　　　　　　　　　　　　65 000
　　贷：以前年度损益调整　　　　　　　　　　　　　　　　　65 000
收到退税款时
借：银行存款　　　　　　　　　　　　　　　　　　　　　　65 000
　　贷：其他应收款——所得税退税款　　　　　　　　　　　　65 000
抵顶下一年度应纳税款时
借：以前年度损益调整　　　　　　　　　　　　　　　　　　65 000
　　贷：其他应收款——所得税退税款　　　　　　　　　　　　65 000

六、房地产公司的所得税

企业销售未完工开发产品取得的收入，应先按预计计税毛利率分季（或月）计算出预计毛利额，计入当期应纳税所得额。开发产品完工后，企业应及时结算其计税成本并计算此前销售收入的实际毛利额，同时将其实际毛利额与其对应的预计毛利额之间的差额，计入当年度企业本项目与其他项目合并计算的应纳税所得额。

根据国税发〔2009〕31号文件规定，企业与客户签订房地产销售合同（包括预售合同），应为企业销售收入的实现。因此，房地产企业当年发生的预售收入可以作为招待费、广告费的依据，其发生的招待费、广告费按税法规定进行扣除。

【例9-16】

新成立的某房地产开发有限公司，2009年2月开发了"银河湾"项目，2009年预售商品房24 000万元，2010年预售商品房6 000万元。工程于2010年底完工，销售商品房2 400万元。该公司营业税税率为5%，城市维护建设税税率为7%，教育费附加征收率为3%。2009年利润总额—1 000万元，预计毛利额3 600万元（预计计税毛利率15%），预缴营业税金及附加1 320万元，预缴土地增值税480万元（预征率2%），业务宣传费超支400万元，招待费超支200万元。2010年，利润总额5 000万元，业务宣传费超支100万元，招待费超支100万元。结转完工开发产品成本30 000万元，结转销售商品房成本20 000万元。2011年，商品房全部销售。假定商品房总收入52 000万元，2011年预缴土地增值税392万元，该公司借款利息支出不能提供金融机构贷款证明。2011年进行土地增值税清算。

2009年：

(1) 收到预收房款时

借：银行存款　　　　　　　　　　　　　　　　　　　　　　240 000 000
　　贷：预收账款　　　　　　　　　　　　　　　　　　　　240 000 000

(2) 预缴各项税费时

借：应交税费——应交营业税　　　　　　　　　　　　　　　12 000 000
　　　　　　——应交城市维护建设税　　　　　　　　　　　　　840 000
　　　　　　——教育费附加　　　　　　　　　　　　　　　　　360 000
　　　　　　——土地增值税　　　　　　　　　　　　　　　　4 800 000
　　贷：银行存款　　　　　　　　　　　　　　　　　　　　 18 000 000

应交所得税＝（－1 000＋3 600＋400＋200－1 800）×25%＝350（万元）

借：所得税费用　　　　　　　　　　　　　　　　　　　　　　3 500 000
　　贷：应交税费——应交所得税　　　　　　　　　　　　　　3 500 000

预收账款形成可抵扣暂时性差异＝3 600－1 800＝1 800（万元）

2010年：

(1) 收到预收房款时

借：银行存款　　　　　　　　　　　　　　　　　　　　　　 60 000 000

（2）实现收入时
　　借：预收账款　　　　　　　　　　　　　　　　　300 000 000
　　　　银行存款　　　　　　　　　　　　　　　　　 24 000 000
　　　　　贷：主营业务收入　　　　　　　　　　　　324 000 000
　　借：开发产品　　　　　　　　　　　　　　　　　300 000 000
　　　　　贷：开发成本　　　　　　　　　　　　　　300 000 000
　　借：主营业务成本　　　　　　　　　　　　　　　200 000 000
　　　　　贷：开发产品　　　　　　　　　　　　　　200 000 000
　　借：应交税费——应交营业税　　　　　　　　　　 4 200 000
　　　　　　　　——应交城市维护建设税　　　　　　　 294 000
　　　　　　　　——教育费附加　　　　　　　　　　　 126 000
　　　　　　　　——土地增值税　　　　　　　　　　 1 680 000
　　　　　贷：银行存款　　　　　　　　　　　　　　 6 300 000
（3）计提营业税金及附加和土地增值税
　　借：营业税金及附加　　　　　　　　　　　　　　 24 300 000
　　　　　贷：应交税费——应交营业税　　　　　　　 16 200 000
　　　　　　　　　　　——应交城市维护建设税　　　 1 134 000
　　　　　　　　　　　——应交教育费附加　　　　　　 486 000
　　　　　　　　　　　——土地增值税　　　　　　　 6 480 000

应交所得税＝(5 000－3 600＋100＋100＋1 800)×25％＝850(万元)

　　借：所得税费用　　　　　　　　　　　　　　　　 8 500 000
　　　　　贷：应交税费——应交所得税　　　　　　　　8 500 000

预收账款形成的可抵扣暂时性差异转回。

2011年：

扣除项目金额＝30 000×(1＋10％＋20％)＋52 000×5％(1＋7％＋3％)
　　　　　　＝41 860(万元)

增值额＝52 000－41 860＝10 140(万元)

增值额与扣除项目金额之比＝10 140÷41 860×100％＝24％

应纳土地增值税＝10 140×30％＝3 042(万元)

补缴土地增值税＝3 042－648－392＝2 002(万元)

七、债务重组

税法规定，债务人应当将重组债务的计税成本与支付的现金的差额，确认为债务重组收益，计入企业当期的应纳税所得额。债权人应当将重组债权的计税成本与收到的现金的差额，确认为当期的债务重组损失。会计准则对于债务重组要求采用公允价值计价，不需要纳税调整。

【例9-17】

甲公司欠乙公司购货款35万元。由于甲公司发生财务困难，短期内不能支付已于2007年5月1日到期的货款。2007年7月1日，乙公司同意甲公司以其生产的产品偿还债务。该产品的公允价值为20万元，实际成本为12万元。甲公司为增值税一般纳税人，适用的增值税税率为17%。乙公司于2007年8月1日收到甲公司抵债的产品，并作为库存商品入库；乙公司对该项应收账款计提了5万元的坏账准备。

甲公司的账务处理为：

债务重组利得＝350 000－200 000－34 000＝116 000（元）

存货处置收益＝200 000－120 000＝80 000（元）

会计分录为：

借：应付账款	350 000
贷：主营业务收入	200 000
应交税费——应交增值税（销项税额）	34 000
营业外收入——债务重组利得	116 000
借：主营业务成本	120 000
贷：库存商品	120 000

乙公司的账务处理为：

债务重组损失＝350 000－200 000－34 000－50 000＝66 000（元）

会计分录为：

借：库存商品	200 000
应交税费——应交增值税（销项税额）	34 000
坏账准备	50 000
营业外支出——债务重组损失	66 000
贷：应收账款	350 000
借：所得税费用	12 500
贷：递延所得税资产	12 500

乙公司需要针对坏账准备进行纳税调减5万元。

八、或有事项

【例9-18】

A公司为彩电生产企业，2012年销售彩电100台，每台售价3 000元。A公司承诺对彩电保修三年。根据以往经验，发生的保修费一般为销售额的1%～2%。假定2011年"预计负债——产品质量保证"科目年末余额为10 000元。A公司2012年发生的维修费是4 000元。A公司因销售彩电而承担了现时义务，该义务的履行很可能导致经济利益流出A公司，且该义务的金额能够可靠地计量。为此，A公司应确认一项负债。会计分录如下：

(1) 发生维修费

 借：预计负债——产品质量保证 4 000
  贷：银行存款或原材料 4 000

(2) 确认产品质量保证负债金额

  100×3 000(1%+2%)÷2＝4 500(元)

 借：销售费用——产品质量保证 4 500
  贷：预计负债——产品质量保证 4 500
 借：递延所得税资产 125
  贷：所得税费用 125

乙公司需要针对预计负债进行纳税调增 500 元。

九、会计政策变更、估计变更和会计差错

企业会计准则对会计政策变更、会计估计变更和会计差错更正一般分别采用追溯调整法、未来适用法、追溯重述法。小企业对会计政策变更、会计估计变更和会计差错更正应当采用未来适用法进行会计处理。

当期差错更正方法有划线更正法、红字更正法、补充登记法、综合调整法。

企业应当采用追溯重述法更正重要的前期差错，确定前期差错累积影响数不切实可行的除外。追溯重述法是指在发现前期差错时，视同该项前期差错从未发生过，从而对财务报表相关项目进行更正的方法。追溯重述法涉及损益的调整通过"以前年度损益调整"核算。

对于不重要的前期差错，不需调整财务报表相关项目的期初数，但应调整发现当期与前期相同的相关项目。类似于当期差错，不需要通过"以前年度损益调整"账户核算。

"以前年度损益调整"科目核算企业本年度发生的调整以前年度损益的事项以及本年度发现的重要前期差错更正涉及调整以前年度损益的事项。企业在资产负债表日至财务报告批准报出日之间发生的需要调整报告年度损益的事项，也可以通过该科目核算。

企业调整增加以前年度利润或减少以前年度亏损，借记有关科目，贷记该科目；调整减少以前年度利润或增加以前年度亏损做相反的会计分录。由于以前年度损益调整增加的所得税费用，借记该科目，贷记"应交税费——应交所得税"等科目；由于以前年度损益调整减少的所得税费用做相反的会计分录。经上述调整后，应将"以前年度损益调整"科目的余额转入"利润分配——未分配利润"科目。"以前年度损益调整"科目如为贷方余额，借记该科目，贷记"利润分配——未分配利润"科目；如为借方余额做相反的会计分录。

【例 9-19】

B 公司在 2012 年 8 月发现，2011 年公司多记固定资产的折旧费用 150 000 元，所得税申报表中也多扣除折旧费用 150 000 元。假设 2011 年适用所得税税率为 25%，无其他纳税调整事项。公司按净利润的 10% 和 5% 提取法定盈余公积和任意盈余公积。

(1) 减提折旧

 借：累计折旧 150 000

贷：以前年度损益调整 150 000
(2) 调整应交所得税
借：以前年度损益调整（150 000×25%） 37 500
贷：应交税费——应交所得税 37 500
(3) 将"以前年度损益调整"科目余额转入利润分配
借：以前年度损益调整（150 000－37 500） 112 500
贷：利润分配——未分配利润 112 500
(4) 调整利润分配有关数字
借：利润分配——未分配利润（112 500×15%） 16 875
贷：盈余公积 16 875

十、资产负债表日后事项

资产负债表日后事项，是指资产负债表日至财务报告批准报出日之间发生的有利或不利事项。财务报告批准报出日，是指董事会或类似机构批准财务报告报出的日期。资产负债表日后事项包括资产负债表日后调整事项和资产负债表日后非调整事项。资产负债表日后调整事项，是指对资产负债表日已经存在的情况提供了新的或进一步证据的事项。资产负债表日后非调整事项，是指表明资产负债表日后发生的情况的事项。企业发生的资产负债表日后调整事项，应当调整资产负债表日的财务报表。企业发生的资产负债表日后非调整事项，不应当调整资产负债表日的财务报表。

资产负债表日后发生的调整事项，应当"视同"资产负债表所属期间发生的事项一样，作出相关账务处理，并对资产负债表日已经编制的财务报表进行调整。涉及损益的事项，通过"以前年度损益调整"科目核算；涉及利润分配调整的事项，直接在"利润分配——未分配利润"科目核算；不涉及损益及利润分配的事项，调整相关科目。所得有变化的需要调整应交税费，暂时性差异有变化的需要调整递延所得税。

【例9-20】

A公司2009年11月1日销售给丁公司产品一批，价款100万元，产品成本80万元，丁公司验收货物时发现不符合合同要求需要退货，A公司收到丁公司的通知后希望再与丁公司协商，因此A公司2009年12月31日仍确认了收入，将此应收账款117万元（含增值税）列入资产负债表应收账款项目，对此项应收账款于年末未计提坏账准备。A公司2010年2月10日收到丁公司退回的产品。发生于报告年度所得税汇算清缴之前。

(1) 调整销售收入
借：以前年度损益调整——主营业务收入 1 000 000
　　应交税费——应交增值税（销项税额） 170 000
贷：应收账款 1 170 000
(2) 调整销售成本
借：库存商品 800 000
贷：以前年度损益调整——主营业务成本 800 000

(3) 调整应缴纳的所得税 [(100 万元－80 万元)×25%]
借：应交税费——应交所得税 (100 万元－80 万元)×25%　　50 000
　　贷：以前年度损益调整——所得税　　　　　　　　　　　　　　50 000
(4) 将"以前年度损益调整"科目余额转入未分配利润
借：利润分配——未分配利润 (100 万元－80 万元－5 万元)　150 000
　　贷：以前年度损益调整　　　　　　　　　　　　　　　　　　　150 000
(5) 调整盈余公积
借：盈余公积　　　　　　　　　　　　　　　　　　　　　　　15 000
　　贷：利润分配——未分配利润　　　　　　　　　　　　　　　　15 000

第九节　企业重组的税务处理

一、企业重组

是指企业在日常经营活动以外发生的法律结构或经济结构重大改变的交易，包括企业法律形式改变、债务重组、股权收购、资产收购、合并、分立等。

(1) 企业法律形式改变，是指企业注册名称、住所以及企业组织形式等的简单改变，但符合《财政部 国家税务总局关于企业重组业务企业所得税处理若干问题的通知》(财税〔2009〕59 号) 规定其他重组的类型除外。

(2) 债务重组，是指在债务人发生财务困难的情况下，债权人按照其与债务人达成的书面协议或者法院裁定书，就其债务人的债务作出让步的事项。

(3) 股权收购，是指一家企业(以下称为收购企业)购买另一家企业(以下称为被收购企业)的股权，以实现对被收购企业控制的交易。收购企业支付对价的形式包括股权支付、非股权支付或两者的组合。

(4) 资产收购，是指一家企业(以下称为受让企业)购买另一家企业(以下称为转让企业)实质经营性资产的交易。受让企业支付对价的形式包括股权支付、非股权支付或两者的组合。

(5) 合并，是指一家或多家企业(以下称为被合并企业)将其全部资产和负债转让给另一家现存或新设企业(以下称为合并企业)，被合并企业股东换取合并企业的股权或非股权支付，实现两个或两个以上企业的依法合并。

(6) 分立，是指一家企业(以下称为被分立企业)将部分或全部资产分离转让给现存或新设的企业(以下称为分立企业)，被分立企业股东换取分立企业的股权或非股权支付，实现企业的依法分立。

二、股权支付

是指企业重组中购买、换取资产的一方支付的对价中，以本企业或其控股企业的股权、股份作为支付的形式；所称非股权支付，是指以本企业的现金、银行存款、应收款项、本企业或其控股企业股权和股份以外的有价证券、存货、固定资产、其他资产以及承担债务等作为支付的形式。

三、企业重组的税务处理

（1）企业重组的税务处理区分不同条件分别适用一般性税务处理规定和特殊性税务处理规定。

（2）企业重组，除符合本通知规定适用特殊性税务处理规定的外，按以下规定进行税务处理：

①企业由法人转变为个人独资企业、合伙企业等非法人组织，或将登记注册地转移至中华人民共和国境外（包括港澳台地区），应视同企业进行清算、分配，股东重新投资成立新企业。企业的全部资产以及股东投资的计税基础均应以公允价值为基础确定。

企业发生其他法律形式简单改变的，可直接变更税务登记，除另有规定外，有关企业所得税纳税事项（包括亏损结转、税收优惠等权益和义务）由变更后企业承继，但因住所发生变化而不符合税收优惠条件的除外。

②企业债务重组，相关交易应按以下规定处理：

A. 以非货币资产清偿债务，应当分解为转让相关非货币性资产、按非货币性资产公允价值清偿债务两项业务，确认相关资产的所得或损失。

B. 发生债权转股权的，应当分解为债务清偿和股权投资两项业务，确认有关债务清偿所得或损失。

C. 债务人应当按照支付的债务清偿额低于债务计税基础的差额，确认债务重组所得；债权人应当按照收到的债务清偿额低于债权计税基础的差额，确认债务重组损失。

D. 债务人的相关所得税纳税事项原则上保持不变。

③企业股权收购、资产收购重组交易，相关交易应按以下规定处理：

A. 被收购方应确认股权、资产转让所得或损失。

B. 收购方取得股权或资产的计税基础应以公允价值为基础确定。

C. 被收购企业的相关所得税事项原则上保持不变。

④企业合并，当事各方应按下列规定处理：

A. 合并企业应按公允价值确定接受被合并企业各项资产和负债的计税基础。

B. 被合并企业及其股东都应按清算进行所得税处理。

C. 被合并企业的亏损不得在合并企业结转弥补。

⑤企业分立，当事各方应按下列规定处理：

A. 被分立企业对分立出去资产应按公允价值确认资产转让所得或损失。

B. 分立企业应按公允价值确认接受资产的计税基础。

C. 被分立企业继续存在时，其股东取得的对价应视同被分立企业分配进行处理。

D. 被分立企业不再继续存在时，被分立企业及其股东都应按清算进行所得税处理。

E. 企业分立相关企业的亏损不得相互结转弥补。

（3）企业重组同时符合下列条件的，适用特殊性税务处理规定：

①具有合理的商业目的，且不以减少、免除或者推迟缴纳税款为主要目的。

②被收购、合并或分立部分的资产或股权比例符合本通知规定的比例。

③企业重组后的连续12个月内不改变重组资产原来的实质性经营活动。
④重组交易对价中涉及股权支付金额符合本通知规定比例。
⑤企业重组中取得股权支付的原主要股东,在重组后连续12个月内,不得转让所取得的股权。

(4) 企业重组符合本通知第五条规定条件的,交易各方对其交易中的股权支付部分,可以按以下规定进行特殊性税务处理:

①企业债务重组确认的应纳税所得额占该企业当年应纳税所得额50%以上,可以在5个纳税年度的期间内,均匀计入各年度的应纳税所得额。

企业发生债权转股权业务,对债务清偿和股权投资两项业务暂不确认有关债务清偿所得或损失,股权投资的计税基础以原债权的计税基础确定。企业的其他相关所得税事项保持不变。

②股权收购,收购企业购买的股权不低于被收购企业全部股权的75%,且收购企业在该股权收购发生时的股权支付金额不低于其交易支付总额的85%,可以选择按以下规定处理:

A. 被收购企业的股东取得收购企业股权的计税基础,以被收购股权的原有计税基础确定。

B. 收购企业取得被收购企业股权的计税基础,以被收购股权的原有计税基础确定。

C. 收购企业、被收购企业的原有各项资产和负债的计税基础和其他相关所得税事项保持不变。

③资产收购,受让企业收购的资产不低于转让企业全部资产的75%,且受让企业在该资产收购发生时的股权支付金额不低于其交易支付总额的85%,可以选择按以下规定处理:

A. 转让企业取得受让企业股权的计税基础,以被转让资产的原有计税基础确定。

B. 受让企业取得转让企业资产的计税基础,以被转让资产的原有计税基础确定。

④企业合并,企业股东在该企业合并发生时取得的股权支付金额不低于其交易支付总额的85%,以及同一控制下且不需要支付对价的企业合并,可以选择按以下规定处理:

A. 合并企业接受被合并企业资产和负债的计税基础,以被合并企业的原有计税基础确定。

B. 被合并企业合并前的相关所得税事项由合并企业承继。

C. 可由合并企业弥补的被合并企业亏损的限额=被合并企业净资产公允价值×截至合并业务发生当年年末国家发行的最长期限的国债利率。

D. 被合并企业股东取得合并企业股权的计税基础,以其原持有的被合并企业股权的计税基础确定。

⑤企业分立,被分立企业所有股东按原持股比例取得分立企业的股权,分立企业和被分立企业均不改变原来的实质经营活动,且被分立企业股东在该企业分立发生时取得的股权支付金额不低于其交易支付总额的85%,可以选择按以下规定处理:

A. 分立企业接受被分立企业资产和负债的计税基础,以被分立企业的原有计税基础确定。

B. 被分立企业已分立出去资产相应的所得税事项由分立企业承继。

C. 被分立企业未超过法定弥补期限的亏损额可按分立资产占全部资产的比例进行分配，由分立企业继续弥补。

D. 被分立企业的股东取得分立企业的股权（以下简称"新股"），如需部分或全部放弃原持有的被分立企业的股权（以下简称"旧股"），"新股"的计税基础应以放弃"旧股"的计税基础确定。如不需放弃"旧股"，则其取得"新股"的计税基础可从以下两种方法中选择确定：直接将"新股"的计税基础确定为零；或者以被分立企业分立出去的净资产占被分立企业全部净资产的比例先调减原持有的"旧股"的计税基础，再将调减的计税基础平均分配到"新股"上。

⑥重组交易各方按本条（一）至（五）项规定对交易中股权支付暂不确认有关资产的转让所得或损失的，其非股权支付仍应在交易当期确认相应的资产转让所得或损失，并调整相应资产的计税基础。

$$\text{非股权支付对应的资产转让所得或损失} = \left(\text{被转让资产的公允价值} - \text{被转让资产的计税基础}\right) \times \left(\text{非股权支付金额} \div \text{被转让资产的公允价值}\right)$$

（5）企业发生涉及中国境内与境外之间（包括港澳台地区）的股权和资产收购交易，除应符合本通知第五条规定的条件外，还应同时符合下列条件，才可选择适用特殊性税务处理规定：

①非居民企业向其100％直接控股的另一非居民企业转让其拥有的居民企业股权，没有因此造成以后该项股权转让所得预提税负担变化，且转让方非居民企业向主管税务机关书面承诺在3年（含3年）内不转让其拥有受让方非居民企业的股权；

②非居民企业向与其具有100％直接控股关系的居民企业转让其拥有的另一居民企业股权；

③居民企业以其拥有的资产或股权向其100％直接控股的非居民企业进行投资；

④财政部、国家税务总局核准的其他情形。

（6）本通知第七条第（三）项所指的居民企业以其拥有的资产或股权向其100％直接控股关系的非居民企业进行投资，其资产或股权转让收益如选择特殊性税务处理，可以在10个纳税年度内均匀计入各年度应纳税所得额。

（7）在企业吸收合并中，合并后的存续企业性质及适用税收优惠的条件未发生改变的，可以继续享受合并前该企业剩余期限的税收优惠，其优惠金额按存续企业合并前一年的应纳税所得额（亏损计为零）计算。

在企业存续分立中，分立后的存续企业性质及适用税收优惠的条件未发生改变的，可以继续享受分立前该企业剩余期限的税收优惠，其优惠金额按该企业分立前一年的应纳税所得额（亏损计为零）乘以分立后存续企业资产占分立前该企业全部资产的比例计算。

（8）企业在重组发生前后连续12个月内分步对其资产、股权进行交易，应根据实质重于形式原则将上述交易作为一项企业重组交易进行处理。

（9）企业发生符合本通知规定的特殊性重组条件并选择特殊性税务处理的，当事各方应在该重组业务完成当年企业所得税年度申报时，向主管税务机关提交书面备案资料，证明其符合各类特殊性重组规定的条件。企业未按规定书面备案的，一律不得按特殊重组业务进行税务处理。

（10）对企业在重组过程中涉及的需要特别处理的企业所得税事项，由国务院财政、税务主管部门另行规定。

【例9-21】

2007年3月11日，乙公司与丁公司达成合并协议，约定乙公司以一项专利技术和银行存款250万元向丁公司投资，占丁公司股份总额的60%。该专利技术的账面原价为9 800万元，已累计摊销680万元，公允价值为9 000万元。假定乙公司与丁公司在此之前不存在任何投资关系，不考虑其他相关税费，不符合特殊重组规定，乙公司的账务处理为：

借：长期股权投资——成本	92 500 000
累计摊销	680 0000
营业外支出	1 200 000
贷：无形资产	98 000 000
银行存款	2 500 000

假定属于同一控制下的企业合并，丁公司净资产账面价值16 000万元，乙公司的账务处理为：

借：长期股权投资——成本	9 600
累计摊销	6 800 000
贷：无形资产	98 000 000
银行存款	2 500 000
资本公积	2 300 000

【例9-22】

甲公司以其本企业20%股权（公允价值6 000万元）作为对价，收购乙公司持有的M公司80%的股权（账面价值1 000万元，计税基础1 000万元，公允价值6 000万元）。已知甲公司收购前的股本总额2 000万元。

甲公司应确认的股本金额为：$2\,000 \times 20\% \div (1-20\%) = 500$（万元）

甲公司会计处理：

借：长期股权投资——M公司	60 000 000
贷：实收资本——乙公司	5 000 000
资本公积——资本溢价	55 000 000

乙公司会计处理：

借：长期股权投资——甲公司	60 000 000
贷：长期股权投资——M公司	10 000 000
投资收益	50 000 000

符合特殊重组规定，乙公司暂不确认股权转让所得5 000万元，作纳税调减处理。乙公司取得甲公司的20%股权的计税基础为1 000万元。

【例9-23】

甲公司以其本企业20%股权（公允价值5000万元）作为对价，收购乙公司实质性经营性资产（固定资产），若收购资产占乙公司资产总额的90%。固定资产原值4800万元，累计折旧1800万元，公允价值5000万元，计税基础3000万元。已知甲公司收购前的股本总额2000万元。

甲公司应确认的股本金额为：$2000 \times 20\% \div (1-20\%) = 500$（万元）

甲公司会计处理：

　　借：固定资产　　　　　　　　　　　　　　　　　　　　　　50 000 000
　　　　贷：实收资本——乙公司　　　　　　　　　　　　　　　　　5 000 000
　　　　　　资本公积——资本溢价　　　　　　　　　　　　　　　45 000 000

乙公司会计处理：

　　借：长期股权投资——甲公司　　　　　　　　　　　　　　　50 000 000
　　　　累计折旧　　　　　　　　　　　　　　　　　　　　　　18 000 000
　　　　贷：固定资产　　　　　　　　　　　　　　　　　　　　48 000 000
　　　　　　营业外收入　　　　　　　　　　　　　　　　　　　20 000 000

符合特殊重组规定，乙公司暂不确认资产转让所得2000万元，作纳税调减处理。乙公司取得甲公司的20%股权的计税基础为3000万元。

第十节　企业所得税的纳税申报

一、案例分析

【例9-24】

扬子江食品有限公司，所得税汇算清缴。

1. 主营业务收入68 000 000元，出租包装物收入52 000元，处置固定资产净收益75 000元，出售无形资产收益200 000元，接受材料捐赠价税585 000元，金融债券收入48 000元，国债收入25 000元，境外投资占25%股权，分回税后利润200 000元，税前利润250 000元。

2. 主营业务成本43 000 000元，包装物出租成本36 000元，营业税金及附加336 000元，管理费用3 200 000元，其中招待费430 000元。销售费用2 800 000元，其中广告费用1 900 000元，财务费用987 000元，利息支出超150 000元，罚款支出85 000元，红十字捐款145 000元。计提存货跌价准备100 000元。会计和税法相比固定资产多提折旧80 000元。

3. 工资总额5 800 000元，职工福利822 000元，职工教育经费145 000元，工会经费116 000元。1—12月预缴所得税4 250 000元，营业利润＝68 000 000＋52 000－43 000 000－36 000－336 000－2 800 000－3 200 000－987 000－100 000＋273 000＝17 866 000（元），利

润总额＝17 866 000＋(75 000＋200 000＋585 000)－(85 000＋145 000)＝18 496 000（元）。

纳税调整：招待费超标 172 000 元，职工福利超标 10 000 元，广告费不超标，利息超标 150 000 元，罚款 85 000 元，捐赠不超标，折旧 80 000 元，跌价准备 100 000 元，境外所得调减 200 000 元，免税 25 000 元。

纳税调整增加额＝172 000＋10 000＋150 000＋85 000＋100 000＋80 000
＝597 000(元)

纳税调整减少额＝200 000＋25 000＝225 000(元)

调整后的所得＝18 496 000＋597 000－225 000＝18 868 000(元)

境内外所得应纳税额＝18 868 000×25％＋62 500－50 000＝4 729 500(元)

预缴所得税＝4 250 000(元)

本年应补的所得税额＝479 500(元)

【例 9-25】

某企业从事家电生产销售兼租赁业务，2008 年有关生产经营情况如下：

(1) 取得产品销售净利润 4 800 万元，取得租金收入 300 万元，取得国债利息收入 14 万元，营业外收入 60 万元；

(2) 发生的销售成本 3 200 万元，与租金收入有关的费用支出 220 万元；

(3) 缴纳的税金合计 141 万元，其中增值税 36 万元，其他税费 105 万元；

(4) 4 月 1 日向银行借款 500 万元用于建造厂房，借款期限为一年，当年向银行支付了 3 个季度的借款利息 22.5 万元，该厂房于 12 月 31 日完工结算并投入使用；

(5) 发生管理费用 350 万元，其中含支付的业务招待费 30 万元，支付给上级主管部门的管理费 20 万元，技术开发费 60 万元（研发失败）；

(6) 发生销售费用 700 万元，其中广告费和业务宣传费 500 万元；

(7) 发生营业外支出 30 万元，其中含直接向某灾区的捐款 10 万元；

(8) 从境外分支机构取得税后收益 45 万元，已在境外缴纳企业所得税 10 万元；

(9) 2008 年一至 3 季度已预缴企业所得税 90 万元；

根据上述资料，进行汇算清缴。

(1) 企业会计利润＝4 800＋300＋14＋45＋60－3 200－220－700－350－105－30＝614（万元）。

增值税金 36 万元不能计入营业税金及附加，不允许在计算利润时扣除；建造厂房支付借款利息 22.5 万元应进行资本化处理，不能计入财务费用，不得在计算利润时扣除。

(2) 计算管理费用应调整的应纳税所得额：

业务招待费扣除限额 1＝(4 800＋300)×0.5％＝25.5（万元）；业务招待费扣除额 2＝30×60％＝18（万元）；纳税调增所得额＝30－18＝12（万元）；支付给上级主管部门的管理费 20 万元不能税前扣除，纳税调增 20 万元。技术开发费用允许加计扣除 50％，纳税调减 30 万元（60×50％）合计应调增的应税所得额＝12＋20－30＝2（万元）。

(3) 广告费和业务宣传费扣除限额＝(4 800＋300)×15％＝765（万元）；实际发生的广告费和业务宣传费未超标，无须纳税调整。

(4) 国债利息收入 14 万元免税,纳税调减 14 万元。

(5) 直接向某灾区捐款 10 万元不允许税前扣除,纳税调增 10 万元。

(6) 境外投资收益首先调减,然后单独计算境外所得应补税额:(45+10)×25%=13.75(万元);境外补税 13.75-10=3.75(万元)。

(7) 境内应纳税所得额=614+12+20+10-30-14-45=567(万元)。

(8) 境内所得应纳税额=567×25%=141.75(万元)。

(9) 汇算清缴应纳税额=141.75+3.75-90=55.5(万元)。

【例 9-26】

鸿兴公司为生产企业,是甲企业的全资子公司,鸿兴公司 2009 年 2 月委托某税务师事务所对其 2008 年度所得税纳税情况进行审查。经审查发现,该企业 2008 年度共实现会计利润 120 万元,已按 25%的税率预缴企业所得税 30 万元。在审查中发现如下业务:

1. 审查"主营业务收入"明细账贷方发生额。1 月 1 日,该企业与购买方签订分期收款销售 A 设备合同一份,合同约定的收款总金额为 80 万元,分 4 年于每年年底等额收取。按会计准则规定,以商品现值确认收入 70 万元。结合"主营业务成本"明细账,借方发生额中反映 1 月 1 日分期收款销售 A 设备一套结转设备成本 50 万元。进一步审查"财务费用"明细账,贷方发生额中反映 12 月 31 日结转当年 1 月 1 日分期收款销售 A 设备未实现融资收益 2.5 万元。

2. 审查"销售费用"明细账。5 月 2 日,预提本年度销售 B 产品的保修费用 21 万元。合同约定的保修期限为 3 年。

3. 审查"财务费用"明细账。12 月 31 日支付给关联方甲企业 500 万元债券 2008 年度利息 50 万元。甲企业在鸿兴公司的股本为 100 万元,同期同类贷款利率为 7%。

4. 审查"以前年度损益调整"明细账。2008 年 6 月 30 日,企业盘盈固定资产一台,重置完全价值 100 万元,七成新。会计处理为:

  借:固定资产   1 000 000
   贷:累计折旧   300 000
     以前年度损益调整   700 000
  借:以前年度损益调整   700 000
   贷:利润分配——未分配利润   700 000

5. 审查"在建工程"明细账。2008 年 6 月 25 日,在建工程领用本企业 B 产品一批,成本价 80 万元,同类货物的售价 100 万元。该产品的增值税税率为 17%。会计处理为:

  借:在建工程   970 000
   贷:库存商品——B 产品   800 000
     应交税费——应交增值税(销项税额) 170 000

对鸿兴公司的所得税纳税事项进行分析:

1. 采取分期收款方式销售货物的,应当按合同约定的应付款日期确认收入。因此,当期应当确认计税收入=80÷4=20(万元),会计上确认收入 70 万元,应当作纳税调减的金额=70-20=50(万元)。主营业务成本的调整采取分期收款方式销售货物的成本,应当按合同约定确认收入的时间分期结转。因此,当期应当结转的计税成本=50÷4=12.5(万元),会计上结转成本为50万元,应当作纳税调增的金额=50-12.5=37.5(万元)。财务费用中未实现融资收益在当期冲减财务费用的金额应当作纳税调减2.5万元。

2. 预提的保修费用不得税前扣除,应当作纳税调增21万元。

3. 企业从关联方取得的债权性投资占权益性投资的比例不得超过2倍,超过部分的利息,不管是否超过同期同类贷款利率,一律不得扣除。鸿兴公司从甲企业取得的债权性投资占权益性投资的比例=500÷100=5,大于2倍的比例限制;鸿兴公司准予扣除的债券利息限额=100×2×7%=14(万元);应当作纳税调增的利息支出=50-14=36(万元)。

4. 企业盘盈的固定资产应当作为盘盈年度的"营业外收入"缴纳企业所得税,但会计上2008年度利润总额中不包括70万元盘盈收益,应当作纳税调增70万元。

5. 企业在建工程领用本企业的产品,由于所有权没有发生转移,不需要缴纳企业所得税。因此,不需要进行纳税调整。

6. 应补缴企业所得税的计算:

(1) 纳税调增金额=37.5+21+36+70=164.5(万元)

(2) 纳税调减金额=50+2.5=52.5(万元)

(3) 应纳税所得额=120+164.5-52.5=232(万元)

(4) 应补企业所得税=232×25%-30=28(万元)

二、企业所得税月(季)度预缴纳税申报表(A类)

企业所得税月(季)度预缴纳税申报表(A类)如表9-1所示。

表9-1　　　　中华人民共和国企业所得税月(季)度预缴纳税申报表(A类)

税款所属期间:　年　月　日至　年　月　日
纳税人识别号:□□□□□□□□□□□□□□□
纳税人名称:　　　　　　　　　　　　　　金额单位:人民币元(列至角分)

行次	项 目	本期金额	累计金额
1	一、按照实际利润额预缴		
2	营业收入		
3	营业成本		
4	利润总额		
5	加:特定业务计算的应纳税所得额		
6	减:不征税收入		
7	免税收入		
8	弥补以前年度亏损		
9	实际利润额(4行+5行-6行-7行-8行)		
10	税率(25%)		

续表

行次	项 目	本期金额	累计金额
11	应纳所得税额		
12	减：减免所得税额		
13	减：实际已预缴所得税额	—	
14	减：特定业务预缴（征）所得税额		
15	应补（退）所得税额（11行－12行－13行－14行）	—	
16	减：以前年度多缴在本期抵缴所得税额		
17	本期实际应补（退）所得税额	—	
18	二、按照上一纳税年度应纳税所得额平均额预缴		
19	上一纳税年度应纳税所得额	—	
20	本月（季）应纳税所得额（19行×1/4或1/12）		
21	税率（25%）		
22	本月（季）应纳所得税额（20行×21行）		
23	三、按照税务机关确定的其他方法预缴		
24	本月（季）确定预缴的所得税额		
25	总分机构纳税人		
26	总机构	总机构应分摊所得税额（15行或22行或24行×总机构应分摊预缴比例）		
27		财政集中分配所得税额		
28		分支机构应分摊所得税额（15行或22行或24行×分支机构应分摊比例）		
29		其中：总机构独立生产经营部门应分摊所得税额		
30		总机构已撤销分支机构应分摊所得税额		
31	分支机构	分配比例		
32		分配所得税额		

谨声明：此纳税申报表是根据《中华人民共和国企业所得税法》、《中华人民共和国企业所得税法实施条例》和国家有关税收规定填报的，是真实的、可靠的、完整的。

法定代表人（签字）： 年 月 日

纳税人公章： 会计主管： 填表日期： 年 月 日	代理申报中介机构公章： 经办人： 经办人执业证件号码： 代理申报日期： 年 月 日	主管税务机关受理专用章： 受理人： 受理日期： 年 月 日

1. 本表适用于实行查账征收企业所得税的居民纳税人在月（季）度预缴企业所得税时使用。

2. 表头项目

(1)"税款所属期间"：为税款所属期月（季）度第一日至所属期月（季）度最后一日。

年度中间开业的，"税款所属期间"为当月（季）开始经营之日至所属月（季）度的最后一日。次月（季）度起按正常情况填报。

(2)"纳税人识别号"：填报税务机关核发的税务登记证号码（15位）。

(3)"纳税人名称"：填报税务机关核发的税务登记证纳税人全称。

3. 各列的填报

(1) 第1行"按照实际利润额预缴"的纳税人，第2行至第17行的"本期金额"列，数据为所属月（季）度第一日至最后一日；"累计金额"列，数据为纳税人所属年度1月1日至所属月（季）度最后一日的累计数。

(2) 第18行"按照上一纳税年度应纳税所得额平均额预缴"的纳税人，第19行至第22行的"本期金额"列，数据为所属月（季）度第一日至最后一日；"累计金额"列，数据为纳税人所属年度1月1日至所属月（季）度最后一日的累计数。

(3) 第23行"按照税务机关确定的其他方法预缴"的纳税人，第24行的"本期金额"列，数据为所属月（季）度第一日至最后一日；"累计金额"列，数据为纳税人所属年度1月1日至所属月（季）度最后一日的累计数。

4. 各行的填报

(1) 第1行至第24行，纳税人根据其预缴申报方式分别填报。实行"按照实际利润额预缴"的纳税人填报第2行至第17行；实行"按照上一纳税年度应纳税所得额平均额预缴"的纳税人填报第19行至第22行；实行"按照税务机关确定的其他方法预缴"的纳税人填报第24行。

(2) 第25行至第32行，由实行跨地区经营汇总计算缴纳企业所得税（以下简称汇总纳税）纳税人填报。汇总纳税纳税人的总机构在填报第1行至第24行的基础上，填报第26行至第30行；汇总纳税纳税人的分支机构填报第28行、第31行、第32行。

5. 具体项目填报说明

(1) 第2行"营业收入"：填报按照企业会计制度、企业会计准则等国家会计规定核算的营业收入。

(2) 第3行"营业成本"：填报按照企业会计制度、企业会计准则等国家会计规定核算的营业成本。

(3) 第4行"利润总额"：填报按照企业会计制度、企业会计准则等国家会计规定核算的利润总额。

(4) 第5行"特定业务计算的应纳税所得额"：填报按照税收规定的特定业务计算的应纳税所得额。从事房地产开发业务的纳税人，本期取得销售未完工开发产品收入按照税收规定的预计计税毛利率计算的预计毛利额填入此行。

(5) 第6行"不征税收入"：填报计入利润总额但属于税收规定不征税的财政拨款、依法收取并纳入财政管理的行政事业性收费以及政府性基金和国务院规定的其他不征税收入。

(6) 第7行"免税收入":填报计入利润总额但属于税收规定免税的收入或收益。

(7) 第8行"弥补以前年度亏损":填报按照税收规定可在企业所得税前弥补的以前年度尚未弥补的亏损额。

(8) 第9行"实际利润额":根据相关行次计算填报。第9行=第4行+第5行-第6行-第7行-第8行。

(9) 第10行"税率(25%)":填报企业所得税法规定的25%税率。

(10) 第11行"应纳所得税额":根据相关行次计算填报。第11行=第9行×第10行,且第11行≥0。当汇总纳税纳税人总机构和分支机构适用不同税率时,第11行≠第9行×第10行。

(11) 第12行"减免所得税额":填报按照税收规定当期实际享受的减免所得税额。第12行≤第11行。

(12) 第13行"实际已预缴所得税额":填报累计已预缴的企业所得税额,"本期金额"列不填。

(13) 第14行"特定业务预缴(征)所得税额":填报按照税收规定的特定业务已预缴(征)的所得税额,建筑企业总机构直接管理的项目部,按规定向项目所在地主管税务机关预缴的企业所得税填入此行。

(14) 第15行"应补(退)所得税额":根据相关行次计算填报。第15行=11行-12行-13行-14行,且第15行≤0时,填0,"本期金额"列不填。

(15) 第16行"以前年度多缴在本期抵缴所得税额":填报以前年度多缴的企业所得税税款尚未办理退税,并在本纳税年度抵缴的所得税额。

(16) 第17行"本期实际应补(退)所得税额":根据相关行次计算填报。第17行=15行-16行,且第17行≤0时,填0,"本期金额"列不填。

(17) 第19行"上一纳税年度应纳税所得额":填报上一纳税年度申报的应纳税所得额。"本期金额"列不填。

(18) 第20行"本月(季)应纳税所得额":根据相关行次计算填报。

按月度预缴纳税人:第20行=第19行×1/12

按季度预缴纳税人:第20行=第19行×1/4

(19) 第21行"税率(25%)":填报企业所得税法规定的25%税率。

(20) 第22行"本月(季)应纳所得税额":根据相关行次计算填报。第22行=第20行×第21行。

(21) 第24行"本月(季)确定预缴所得税额":填报税务机关认定的应纳税所得额计算出的本月(季)度应缴纳所得税额。

(22) 第26行"总机构应分摊所得税额":汇总纳税纳税人总机构,以本表(第1行至第24行)本月(季)度预缴所得税额为基数,按总机构应分摊的预缴比例计算出的本期预缴所得税额填报,并按预缴方式不同分别计算:

① "按实际利润额预缴"的汇总纳税纳税人总机构:

第15行×总机构应分摊预缴比例

② "按照上一纳税年度应纳税所得额的平均额预缴"的汇总纳税纳税人总机构:

第 22 行×总机构应分摊预缴比例

③"按照税务机关确定的其他方法预缴"的汇总纳税纳税人总机构：

第 24 行×总机构应分摊预缴比例

第 26 行计算公式中的"总机构应分摊预缴比例"：跨地区经营的汇总纳税纳税人，总机构应分摊的预缴比例填报 25%；省内经营的汇总纳税纳税人，总机构应分摊的预缴比例按各省规定执行填报。

(23) 第 27 行"财政集中分配所得税额"：汇总纳税纳税人的总机构，以本表（第 1 行至第 24 行）本月（季）度预缴所得税额为基数，按财政集中分配的预缴比例计算出的本期预缴所得税额填报，并按预缴方式不同分别计算：

①"按实际利润额预缴"的汇总纳税纳税人总机构：

第 15 行×财政集中分配预缴比例

②"按照上一纳税年度应纳税所得额的平均额预缴"的汇总纳税纳税人总机构：

第 22 行×财政集中分配预缴比例

③"按照税务机关确定的其他方法预缴"的汇总纳税纳税人总机构：

第 24 行×财政集中分配预缴比例

跨地区经营的汇总纳税纳税人，中央财政集中分配的预缴比例填报 25%；省内经营的汇总纳税纳税人，财政集中分配的预缴比例按各省规定执行填报。

(24) 第 28 行"分支机构应分摊所得税额"：汇总纳税纳税人总机构，以本表（第 1 行至第 24 行）本月（季）度预缴所得税额为基数，按分支机构应分摊的预缴比例计算出的本期预缴所得税额填报，并按不同预缴方式分别计算：

①"按实际利润额预缴"的汇总纳税纳税人总机构：

第 15 行×分支机构应分摊预缴比例

②"按照上一纳税年度应纳税所得额平均额预缴"的汇总纳税纳税人总机构：

第 22 行×分支机构应分摊预缴比例

③"按照税务机关确定的其他方法预缴"的汇总纳税纳税人总机构：

第 24 行×分支机构应分摊预缴比例

第 28 行计算公式中"分支机构应分摊预缴比例"：跨地区经营的汇总纳税纳税人，分支机构应分摊的预缴比例填报 50%；省内经营的汇总纳税纳税人，分支机构应分摊的预缴比例按各省规定执行填报。

分支机构根据《中华人民共和国企业所得税汇总纳税分支机构所得税分配表》中的"分支机构分摊所得税额"填写本行。

(25) 第 29 行"总机构独立生产经营部门应分摊所得税额"：填报汇总纳税纳税人总机构设立的具有独立生产经营职能、按规定视同分支机构的部门所应分摊的本期预缴所得税额。

(26) 第 30 行"总机构已撤销分支机构应分摊所得税额"：填报汇总纳税纳税人撤销的分支机构，当年剩余期限内应分摊的、由总机构预缴的所得税额。

(27) 第 31 行"分配比例"：填报汇总纳税纳税人分支机构依据《中华人民共和国企业所得税汇总纳税分支机构所得税分配表》中确定的分配比例。

(28) 第 32 行"分配所得税额"：填报汇总纳税纳税人分支机构按分配比例计算应预

缴的所得税额。第32行＝第28行×第31行。

三、企业所得税月（季）度和年度纳税申报表（B类）

企业所得税月（季）度和年度纳税申报表（B类）如表9-2所示。

表9-2　　中华人民共和国企业所得税月（季）度和年度纳税申报表（B类）

税款所属期间：　年　月　日至　年　月　日
纳税人识别号：□□□□□□□□□□□□□□□
纳税人名称：　　　　　　　　　　　　　　　　　　　　　金额单位：人民币元（列至角分）

项　目			行次	累计金额
一、以下由按应税所得率计算应纳所得税额的企业填报				
应纳税所得额的计算	按收入总额核定应纳税所得额	收入总额	1	
		减：不征税收入	2	
		免税收入	3	
		应税收入额（1－2－3）	4	
		税务机关核定的应税所得率（%）	5	
		应纳税所得额（4×5）	6	
	按成本费用核定应纳税所得额	成本费用总额	7	
		税务机关核定的应税所得率（%）	8	
		应纳税所得额[7÷(1-8)×8]	9	
应纳所得税额的计算		税率（25%）	10	
		应纳所得税额（6×10或9×10）	11	
应补（退）所得税额的计算		已预缴所得税额	12	
		应补（退）所得税额（11－12）	13	
二、以下由税务机关核定应纳所得税额的企业填报				
税务机关核定应纳所得税额			14	

谨声明：此纳税申报表是根据《中华人民共和国企业所得税法》、《中华人民共和国企业所得税法实施条例》和国家有关税收规定填报的，是真实的、可靠的、完整的。

法定代表人（签字）：　　　　　　年　月　日

纳税人公章：	代理申报中介机构公章：	主管税务机关受理专用章：
会计主管：	经办人：	受理人：
	经办人执业证件号码：	
填表日期：　年　月　日	代理申报日期：　年　月　日	受理日期：　年　月　日

1. 本表为实行核定征收企业所得税的纳税人在月（季）度申报缴纳企业所得税时使用

2. 表头项目

(1) "税款所属期间"：为税款所属期月（季）度第一日至所属期月（季）度最后一日。

年度中间开业的，"税款所属期间"为当月（季）开始经营之日至所属月（季）度的最后一日。次月（季）度起按正常情况填报。

(2) "纳税人识别号"：填报税务机关核发的税务登记证件号码（15位）。

(3) "纳税人名称"：填报税务机关核发的税务登记证件中的纳税人全称。

3. 具体项目填报说明

(1) 第1行"收入总额"：填写本年度累计取得的各项收入金额。

(2) 第2行"不征税收入"：填报纳税人计入收入总额但属于税收规定不征税的财政拨款、依法收取并纳入财政管理的行政事业性收费以及政府性基金和国务院规定的其他不征税收入。

(3) 第3行"免税收入"：填报纳税人计入利润总额但属于税收规定免税的收入或收益。

(4) 第4行"应税收入额"：根据相关行计算填报。第4行＝第1－2－3行

(5) 第5行"税务机关核定的应税所得率"：填报税务机关核定的应税所得率。

(6) 第6行"应纳税所得额"：根据相关行计算填报。第6行＝第4×5行。

(7) 第7行"成本费用总额"：填写本年度累计发生的各项成本费用金额。

(8) 第8行"税务机关核定的应税所得率"：填报税务机关核定的应税所得率。

(9) 第9行"应纳税所得额"：根据相关行计算填报。第9行＝第7÷(1－8行)×8行。

(10) 第10行"税率"：填写企业所得税法规定的25%税率。

(11) 第11行"应纳所得税额"

①按照收入总额核定应纳税所得额的纳税人，第11行＝第6×10行

②按照成本费用核定应纳税所得额的纳税人，第11行＝第9×10行

(12) 第12行"已预缴所得税额"：填报当年累计已预缴的企业所得税额。

(13) 第13行"应补（退）所得税额"：根据相关行计算填报。第13行＝第11－12行。当第13行≤0时，本行填0。

(14) 第14行"税务机关核定应纳所得税额"：填报税务机关核定的本期应当缴纳的税额。

四、企业所得税年度纳税申报表（A类）

企业所得税年度纳税申报表（A类）如表9-3所示。

表 9-3　　　　中华人民共和国企业所得税年度纳税申报表（A 类）

税款所属期间：　　年　月　日至　　年　月　日
纳税人识别号：□□□□□□□□□□□□□□□
纳税人名称：　　　　　　　　　　　　　　　　　　　金额单位：人民币元（列至角分）

类别	行次	项目	金额
利润总额计算	1	一、营业收入（填附表一）	
	2	减：营业成本（填附表二）	
	3	营业税金及附加	
	4	销售费用（填附表二）	
	5	管理费用（填附表二）	
	6	财务费用（填附表二）	
	7	资产减值损失	
	8	加：公允价值变动收益	
	9	投资收益	
	10	二、营业利润	
	11	加：营业外收入（填附表一）	
	12	减：营业外支出（填附表二）	
	13	三、利润总额（10＋11－12）	
应纳税所得额计算	14	加：纳税调整增加额（填附表三）	
	15	减：纳税调整减少额（填附表三）	
	16	其中：不征税收入	
	17	免税收入	
	18	减计收入	
	19	减、免项目所得	
	20	加计扣除	
	21	抵扣应纳税所得额	
	22	加：境外应税所得弥补境内亏损	
	23	纳税调整后所得（13＋14－15＋22）	
	24	减：弥补以前年度亏损（填附表四）	
	25	应纳税所得额（23－24）	
应纳税额计算	26	税率（25%）	
	27	应纳所得税额（25×26）	
	28	减：减免所得税额（填附表五）	
	29	减：抵免所得税额（填附表五）	
	30	应纳税额（27－28－29）	
	31	加：境外所得应纳所得税额（填附表六）	
	32	减：境外所得抵免所得税额（填附表六）	
	33	实际应纳所得税额（30＋31－32）	
	34	减：本年累计实际已预缴的所得税额	
	35	其中：汇总纳税的总机构分摊预缴的税额	
	36	汇总纳税的总机构财政调库预缴的税额	
	37	汇总纳税的总机构所属分支机构分摊的预缴税额	
	38	合并纳税（母子体制）成员企业就地预缴比例	
	39	合并纳税企业就地预缴的所得税额	
	40	本年应补（退）的所得税额（33－34）	

续表

类别	行次	项 目	金额
附列资料	41	以前年度多缴的所得税额在本年抵减额	
	42	以前年度应缴未缴在本年入库所得税额	

纳税人公章：	代理申报中介机构公章：	主管税务机关受理专用章：
经办人：	经办人及执业证件号码：	受理人：
申报日期：　　年　月　日	代理申报日期：　　年　月　日	受理日期：　　年　月　日

填报说明：

（一）适用范围

本表适用于实行查账征收的企业所得税居民纳税人填报。

（二）填报依据及内容

根据《中华人民共和国企业所得税法》及其实施条例的规定计算填报，并依据企业会计制度、企业会计准则等企业的《利润表》以及纳税申报表相关附表的数据填报。

（三）有关项目填报说明

1. 表头项目

"税款所属期间"：正常经营的纳税人，填报公历当年1月1日至12月31日；纳税人年度中间开业的，填报实际生产经营之日的当月1日至同年12月31日；纳税人年度中间发生合并、分立、破产、停业等情况的，填报公历当年1月1日至实际停业或法院裁定并宣告破产之日的当月月末；纳税人年度中间开业且年度中间又发生合并、分立、破产、停业等情况的，填报实际生产经营之日的当月1日至实际停业或法院裁定并宣告破产之日的当月月末。"纳税人识别号"：填报税务机关统一核发的税务登记证号码。"纳税人名称"：填报税务登记证所载纳税人的全称。

2. 表体项目

本表是在企业会计利润总额的基础上，加减纳税调整额后计算出"纳税调整后所得"（应纳税所得额）。会计与税法的差异（包括收入类、扣除类、资产类等一次性和暂时性差异）通过纳税调整明细表（附表三）集中体现。本表包括利润总额的计算、应纳税所得额的计算、应纳税额的计算和附列资料四个部分。

（1）"利润总额的计算"中的项目，适用《企业会计准则》的企业，其数据直接取自《利润表》；实行《企业会计制度》、《小企业会计制度》等会计制度的企业，其《利润表》中项目与本表不一致的部分，应当按照本表要求对《利润表》中的项目进行调整后填报。

该部分的收入、成本费用明细项目，适用《企业会计准则》、《企业会计制度》或《小企业会计制度》的纳税人，通过附表一（1）《收入明细表》和附表二（1）《成本费用明细表》反映；适用《企业会计准则》、《金融企业会计制度》的纳税人填报附表一（2）《金融企业收入明细表》、附表二（2）《金融企业成本费用明细表》的相应栏次；适用《事业单位会计准则》、《民间非营利组织会计制度》的事业单位、社会团体、民办非企业单位、非营利组织，填报附表一（3）《事业单位、社会团体、民办非企业单位收入项目明细表》和附表一（3）《事业单位、社会团体、民办非企业单位支出项目明细表》。

(2)"应纳税所得额的计算"和"应纳税额的计算"中的项目,除根据主表逻辑关系计算出的指标外,其余数据来自附表。

(3)"附列资料"包括用于税源统计分析的上年度税款在本年入库金额。

3. 行次说明

(1)第1行"营业收入":填报纳税人主要经营业务和其他业务所确认的收入总额。本项目应根据"主营业务收入"和"其他业务收入"科目的发生额分析填列。一般企业通过附表一(1)《收入明细表》计算填列;金融企业通过附表一(2)《金融企业收入明细表》计算填列;事业单位、社会团体、民办非企业单位、非营利组织应填报附一(3)《事业单位、社会团体、民办非企业单位收入明细表》的"收入总额",包括按税法规定的不征税收入。

(2)第2行"营业成本"项目,填报纳税人经营主要业务和其他业务发生的实际成本总额。本项目应根据"主营业务成本"和"其他业务成本"科目的发生额分析填列。一般企业通过附表二(1)《成本费用明细表》计算填列;金融企业通过附表二(2)《金融企业成本费用明细表》计算填列;事业单位、社会团体、民办非企业单位、非营利组织应按填报附表一(3)《事业单位、社会团体、民办非企业单位收入明细表》和附表二(3)《事业单位、社会团体、民办非企业单位支出明细表》分析填报。

(3)第3行"营业税金及附加":填报纳税人经营业务应负担的营业税、消费税、城市维护建设税、资源税、土地增值税和教育费附加等。本项目应根据"营业税金及附加"科目的发生额分析填列。

(4)第4行"销售费用":填报纳税人在销售商品过程中发生的包装费、广告费等费用和为销售本企业商品而专设的销售机构的职工薪酬、业务费等经营费用。本项目应根据"销售费用"科目的发生额分析填列。

(5)第5行"管理费用":填报纳税人为组织和管理生产经营发生的管理费用。本项目应根据"管理费用"科目的发生额分析填列。

(6)第6行"财务费用":填报纳税人为筹集生产经营所需资金等而发生的筹资费用。本项目应根据"财务费用"科目的发生额分析填列。

(7)第7行"资产减值损失":填报纳税人各项资产发生的减值损失。本项目应根据"资产减值损失"科目的发生额分析填列。

(8)第8行"公允价值变动收益":填报纳税人按照相关会计准则规定应当计入当期损益的资产或负债公允价值变动收益,如交易性金融资产当期公允价值的变动额。本项目应根据"公允价值变动损益"科目的发生额分析填列,如为损失,本项目以"一"号填列。

(9)第9行"投资收益":填报纳税人以各种方式对外投资所取得的收益。本行应根据"投资收益"科目的发生额分析填列,如为损失,用"一"号填列。企业持有的交易性金融资产处置和出让时,处置收益部分应当自"公允价值变动损益"项目转出,列入本行,包括境外投资应纳税所得额。

(10)第10行"营业利润":填报纳税人当期的营业利润。根据上述行次计算填列。

(11)第11行"营业外收入":填报纳税人发生的与其经营活动无直接关系的各项收入。除事业单位、社会团体、民办非企业单位外,其他企业通过附表一(1)《收入明细表》相关行次计算填报;金融企业通过附表一(2)《金融企业收入明细表》相关行次计算填报。

(12)第12行"营业外支出":填报纳税人发生的与其经营活动无直接关系的各项支出。一般企业通过附表二(1)《成本费用明细表》相关行次计算填报;金融企业通过附表二(2)《金融企业成本费用明细表》相关行次计算填报。

(13)第13行"利润总额":填报纳税人当期的利润总额。根据上述行次计算填列。金额等于第10+11-12行。

(14)第14行"纳税调整增加额":填报纳税人未计入利润总额的应税收入项目、税收不允许扣除的支出项目、超出税收规定扣除标准的支出金额,以及资产类应纳税调整的项目,包括房地产开发企业按本期预售收入计算的预计利润等。纳税人根据附表三《纳税调整项目明细表》"调增金额"列下计算填报。

(15)第15行"纳税调整减少额":填报纳税人已计入利润总额,但税收规定可以暂不确认为应税收入的项目,以及在以前年度进行了纳税调增,根据税收规定从以前年度结转过来在本期扣除的项目金额。包括不征税收入、免税收入、减计收入以及房地产开发企业已转销售收入的预售收入按规定计算的预计利润等。纳税人根据附表三《纳税调整项目明细表》"调减金额"列下计算填报。

(16)第16行"其中:不征税收入":填报纳税人计入营业收入或营业外收入中的属于税收规定的财政拨款、依法收取并纳入财政管理的行政事业性收费、政府性基金、以及国务院规定的其他不征税收入。

(17)第17行"其中:免税收入":填报纳税人已并入利润总额中核算的符合税收规定免税条件的收入或收益,包括,国债利息收入;符合条件的居民企业之间的股息、红利等权益性投资收益;在中国境内设立机构、场所的非居民企业从居民企业取得与该机构、场所有实际联系的股息、红利等权益性投资收益;符合条件的非营利组织的收入。本行应根据"主营业务收入"、"其他业务收入"和"投资净收益"科目的发生额分析填列。

(18)第18行"其中:减计收入":填报纳税人以《资源综合利用企业所得税优惠目录》规定的资源作为主要原材料,生产销售国家非限制和禁止并符合国家和行业相关标准的产品按10%的规定比例减计的收入。

(19)第19行"其中:减、免税项目所得":填报纳税人按照税收规定应单独核算的减征、免征项目的所得额。

(20)第20行"其中:加计扣除":填报纳税人当年实际发生的开发新技术、新产品、新工艺发生的研究开发费用,以及安置残疾人员和国家鼓励安置的其他就业人员所支付的工资。符合税收规定条件的,计算应纳税所得额按一定比例的加计扣除金额。

(21)第21行"其中:抵扣应纳税所得额":填报创业投资企业采取股权投资方式投资于未上市的中小高新技术企业2年以上的,可以按照其投资额的70%在股权持有满2年的当年抵扣该创业投资企业的应纳税所得额;当年不足抵扣的,可以在以后纳税年度结转抵扣。

(22)第22行"加:境外应税所得弥补境内亏损":依据《境外所得计征企业所得税暂行管理办法》的规定,纳税人在计算缴纳企业所得税时,其境外营业机构的盈利可以弥补境内营业机构的亏损。即当"利润总额",加"纳税调整增加额"减"纳税调整减少额"

为负数时，该行填报企业境外应税所得用于弥补境内亏损的部分，最大不得超过企业当年的全部境外应税所得；如为正数时，如以前年度无亏损亏损额，本行填零；如以前年度有亏损额，取应弥补以前年度亏损额的最大值，最大不得超过企业当年的全部境外应税所得。

（23）第23行"纳税调整后所得"：填报纳税人当期经过调整后的应纳税所得额。金额等于本表第13+14－15+22行。当本行为负数时，即为可结转以后年度弥补的亏损额（当年可弥补的所得额）；如为正数时，应继续计算应纳税所得额。

（24）第24行"弥补以前年度亏损"：填报纳税人按税收规定可在税前弥补的以前年度亏损额。金额等于附表四《企业所得税弥补亏损明细表》第6行第10列。但不得超过本表第23行"纳税调整后所得"。

（25）第25行"应纳税所得额"：金额等于本表第23－24行。本行不得为负数，本表第23行或者依上述顺序计算结果为负数，本行金额填零。

（26）第26行"税率"：填报税法规定的税率25%。

（27）第27行"应纳所得税额"：金额等于本表第25×26行。

（28）第28行"减免所得税额"：填列纳税人按税收规定实际减免的企业所得税额。包括小型微利企业、国家需要重点扶持的高新技术企业、享受减免税优惠过渡政策的企业，其实际执行税率与法定税率的差额，以及经税务机关审批或备案的其他减免税优惠。金额等于附表五《税收优惠明细表》第33行。

（29）第29行"抵免所得税额"：填列纳税人购置用于环境保护、节能节水、安全生产等专用设备的投资额，其设备投资额的10%可以从企业当年的应纳税额中抵免；当年不足抵免的，可以在以后5个纳税年度结转抵免。金额等于附表五《税收优惠明细表》第40行。

（30）第30行"应纳税额"：填报纳税人当期的应纳所得税额，根据上述有关的行次计算填列。金额等于本表第27－28－29行。

（31）第31行"境外所得应纳所得税额"：填报纳税人来源于中国境外的应纳税所得额（如分得的所得为税后利润应还原计算），按税法规定的税率（居民企业25%）计算的应纳所得税额。金额等于附表六《境外所得税抵免计算明细表》第10列合计数。

（32）第32行"境外所得抵免所得税额"：填报纳税人来源于中国境外的所得，依照税法规定计算的应纳所得税额，即抵免限额。

企业已在境外缴纳的所得税额，小于抵免限额的，"境外所得抵免所得税额"按其在境外实际缴纳的所得税额填列；大于抵免限额的，按抵免限额填列，超过抵免限额的部分，可以在以后五个年度内，用每年度抵免限额抵免当年应抵税额后的余额进行抵补。

可用境外所得弥补境内亏损的纳税人，其境外所得应纳税额公式中"境外应纳税所得额"项目和境外所得税税款扣除限额公式中"来源于某外国的所得"项目，为境外所得，不含弥补境内亏损部分。

（33）第33行"实际应纳所得税额"：填报纳税人当期的实际应纳所得税额。金额等于本表第30+31－32行。

（34）第34行"本年累计实际已预缴的所得税额"：填报纳税人按照税收规定本年已在月（季）累计预缴的所得税额。

(35) 第 35 行 "其中：汇总纳税的总机构分摊预缴的税额"：填报汇总纳税的总机构 1 至 12 月份（或 1 至 4 季度）分摊的在当地入库预缴税额。附报《中华人民共和国汇总纳税分支机构分配表》。

(36) 第 36 行 "其中：汇总纳税的总机构财政调库预缴的税额"：填报汇总纳税的总机构 1 至 12 月份（或 1 至 4 季度）分摊的缴入财政调节入库的预缴税额。附报《中华人民共和国汇总纳税分支机构分配表》。

(37) 第 37 行 "其中：汇总纳税的总机构所属分支机构分摊的预缴税额"：填报分支机构就地分摊预缴的税额。附报《中华人民共和国汇总纳税分支机构分配表》。

(38) 第 38 行 "合并纳税（母子体制）成员企业就地预缴比例"：填报经国务院批准的实行合并纳税（母子体制）的成员企业按规定就地预缴的比例。

(39) 第 39 行 "合并纳税企业就地预缴的所得税额"：填报合并纳税的成员企业就地应预缴的所得税额"。根据 "实际应纳税额" 和 "预缴比例" 计算填列。金额等于本表第 33×38 行。

(40) 第 40 行 "本年应补（退）的所得税额"：填报纳税人当期应补（退）的所得税额。金额等于本表第 33－34 行。

(41) 第 41 行 "以前年度多缴的所得税在本年抵减额"：填报纳税人以前年度汇算清缴多缴的税款尚未办理退税的金额，且在本年抵缴的金额。

(42) 第 42 行 "上年度应缴未缴在本年入库所得额"：填报纳税人以前年度损益调整税款、上一年度第四季度或第 12 月份预缴税款和汇算清缴的税款，在本年入库金额。

所得税那声申报由 1 个主表、11 个附表组成。

附表一（1）《收入明细表》

附表一（2）《金融企业收入明细表》

附表一（3）《事业单位、社会团体、民办非企业单位收入明细表》

附表二（1）《成本费用明细表》

附表二（2）《金融企业成本费用明细表》

附表二（3）《事业单位、社会团体、民办非企业单位支出明细表》

附表三《纳税调整项目明细表》

附表四《税前弥补亏损明细表》

附表五《税收优惠明细表》

附表六《境外所得税抵免计算明细表》

附表七《以公允价值计量资产纳税调整表》

附表八《广告费和业务宣传费跨年度纳税调整表》

附表九《资产折旧、摊销纳税调整表》

附表十《资产减值准备项目调整明细表》

附表十一《长期股权投资所得（损失）明细表》

五、纳税调整项目明细表

纳税调整项目明细表如表 9-4 所示。

表 9-4　　　　　　　　　　　　　　纳税调整项目明细表

填报时间：　　年　月　日　　　　　　　　　金额单位：元（列至角分）

行次	项目	账载金额	税收金额	调增金额	调减金额
		1	2	3	4
1	一、收入类调整项目	＊	＊		
2	1. 视同销售收入（填写附表一）	＊	＊		＊
3	2. 接受捐赠收入		＊		＊
4	3. 不符合税收规定的销售折扣和折让				＊
5	4. 未按权责发生制原则确认的收入				
6	5. 按权益法核算长期股权投资对初始投资成本调整确认收益	＊	＊	＊	
7	6. 按权益法核算的长期股权投资持有期间的投资损益		＊	＊	
8	7. 特殊重组				
9	8. 一般重组				
10	9. 公允价值变动净收益（填写附表七）	＊			
11	10. 确认为递延收益的政府补助				
12	11. 境外应税所得（填写附表六）	＊	＊	＊	
13	12. 不允许扣除的境外投资损失	＊	＊		＊
14	13. 不征税收入（填附表一[3]）	＊	＊	＊	
15	14. 免税收入（填附表五）	＊	＊	＊	
16	15. 减计收入（填附表五）	＊	＊	＊	
17	16. 减、免税项目所得（填附表五）	＊	＊	＊	
18	17. 抵扣应纳税所得额（填附表五）	＊	＊	＊	
19	18. 其他				
20	二、扣除类调整项目	＊			
21	1. 视同销售成本（填写附表二）	＊	＊		
22	2. 工资薪金支出				
23	3. 职工福利费支出				
24	4. 职工教育经费支出				
25	5. 工会经费支出				
26	6. 业务招待费支出				＊
27	7. 广告费和业务宣传费支出（填写附表八）	＊	＊		
28	8. 捐赠支出				＊
29	9. 利息支出				
30	10. 住房公积金				＊
31	11. 罚金、罚款和被没收财物的损失			＊	＊

续表

行次	项目	账载金额	税收金额	调增金额	调减金额
		1	2	3	4
32	12. 税收滞纳金		*		*
33	13. 赞助支出		*		*
34	14. 各类基本社会保障性缴款				
35	15. 补充养老保险、补充医疗保险				
36	16. 与未实现融资收益相关在当期确认的财务费用				
37	17. 与取得收入无关的支出		*		*
38	18. 不征税收入用于支出所形成的费用		*		*
39	19. 加计扣除（填附表五）	*	*	*	
40	20. 其他				
41	三、资产类调整项目	*	*		
42	1. 财产损失				
43	2. 固定资产折旧（填写附表九）	*	*		
44	3. 生产性生物资产折旧（填写附表九）	*	*		
45	4. 长期待摊费用的摊销（填写附表九）	*	*		
46	5. 无形资产摊销（填写附表九）	*	*		
47	6. 投资转让、处置所得（填写附表十一）	*	*		
48	7. 油气勘探投资（填写附表九）				
49	8. 油气开发投资（填写附表九）				
50	9. 其他				
51	四、准备金调整项目（填写附表十）	*	*		
52	五、房地产企业预售收入计算的预计利润	*	*		
53	六、特别纳税调整应税所得	*	*		*
54	七、其他	*	*		
55	合计	*	*		

经办人（签章）： 法定代表人（签章）：

注：1. 标有 * 的行次为执行新会计准则的企业填列，标有 # 的行次为除执行新会计准则以外的企业填列。
2. 没有标注的行次，无论执行何种会计核算办法，有差异就填报相应行次，填 * 号不可填列。
3. 有二级附表的项目只填调增、调减金额，账载金额、税收金额不再填写。

（一）适用范围

本表适用于实行查账征收的企业所得税居民纳税人填报。

（二）填报依据和内容

根据《中华人民共和国企业所得税法》第二十一条规定："在计算应纳税所得额时，企业财务、会计处理办法与税收法律、行政法规的规定不一致的，应当依照税收法律、行政法规的规定计算。"填报纳税人按照会计制度核算与税收规定不一致的，应进行纳税调整增加、减少项目的金额。

（三）有关项目填报说明

本表纳税调整项目按照"收入类项目"、"扣除类项目"、"资产类调整项目"、"准备金调整项目"、"房地产企业预售收入计算的预计利润"、"其他"六个大项分类填报汇总，并计算出纳税"调增金额"和"调减金额"的合计数。

数据栏分别设置"账载金额"、"税收金额"、"调增金额"、"调减金额"四个栏次。"账载金额"是指纳税人在计算主表"利润总额"时，按照会计核算计入利润总额的项目金额。"税收金额"是指纳税人在计算主表"应纳税所得额"时，按照税收规定计入应纳税所得额的项目金额。

"收入类调整项目"："税收金额"扣减"账载金额"后的余额为正，填报在"调增金额"，余额如为负数，填报在"调减金额"。其中第4行"3. 不符合税收规定的销售折扣和折让"除外，按"扣除类调整项目"的规则处理。

"扣除类调整项目"、"资产类调整项目"："账载金额"扣减"税收金额"后的余额为正，填报在"调增金额"，余额如为负数，将其绝对值填报在"调减金额"。

"其他"填报其他项目的"调增金额"、"调减金额"。

采用按分摊比例计算支出项目方式的事业单位、社会团体、民办非企业单位纳税人，"调增金额"、"调减金额"须按分摊比例后的金额填报。

本表打＊号的栏次均不填报。

1. 收入类调整项目

（1）第1行"一、收入类调整项目"：填报收入类调整项目第2行至第19行的合计数。第1列"账载金额"、第2列"税收金额"不填报。

（2）第2行"1. 视同销售收入"：填报会计上不作为销售核算，而在税收上应作应税收入缴纳企业所得税的收入。①事业单位、社会团体、民办非企业单位分析填报第3列"调增金额"。②金融企业第3列"调增金额"取自附表一（2）《金融企业收入明细表》第38行。③其他企业第3列"调增金额"取自附表一（1）《收入明细表》第13行。④第1列"账载金额"、第2列"税收金额"和第4列"调减金额"不填。

（3）第3行"2. 接受捐赠收入"：第2列"税收金额"填报执行企业会计制度的纳税人接受捐赠纳入资本公积核算应进行纳税调整的收入。第3列"调增金额"等于第2列"税收金额"。第1列"账载金额"和第4列"调减金额"不填。

（4）第4行"3. 不符合税收规定的销售折扣和折让"：填报不符合税收规定的销售折扣和折让应进行纳税调整的金额。第1列"账载金额"填报纳税人销售货物给购货方的销售折扣和折让金额。第2列"税收金额"填报按照税收规定可以税前扣除的销售折扣和折让。第3列"调增金额"填报第1列与第2列的差额。第4列"调减金额"不填。

（5）第5行"4. 未按权责发生制原则确认的收入"：填报会计上按照权责发生制原则确认收入，计税时按照收付实现制确认的收入，如分期收款销售商品销售收入的确认、税收规定按收付实现制确认的收入、持续时间超过12个月的收入的确认、利息收入的确认、租金收入的确认等企业财务会计处理办法与税收规定不一致应进行纳税调整产生的时间性差异的项目数据。

第 1 列 "账载金额" 填报会计核算确认的收入；第 2 列 "税收金额" 填报按税收规定确认的应纳税收入或可抵减收入；第 3 列 "调增金额" 填报按会计核算与税收规定确认的应纳税暂时性差异；第 4 列 "调减金额" 填报按会计核算与税收规定确认的可抵减暂时性差异。

（6）第 6 行 "5. 按权益法核算长期股权投资对初始投资成本调整确认收益"：第 4 列 "调减金额" 取自附表十一《股权投资所得（损失）明细表》第 5 列 "权益法核算对初始投资成本调整产生的收益" 的 "合计" 行的绝对值。第 1 列 "账载金额"、第 2 列 "税收金额" 和第 3 列 "调增金额" 不填。

（7）第 7 行 "6. 按权益法核算的长期股权投资持有期间的投资损益"：第 3 列 "调增金额"、第 4 列 "调减金额" 根据附表十一《股权投资所得（损失）明细表》分析填列。第 1 列 "账载金额" 和第 2 列 "税收金额" 不填。

（8）第 8 行 "7. 特殊重组"：填报非同一控制下的企业合并、免税改组产生的企业财务会计处理与税收规定不一致应进行纳税调整的金额。

第 1 列 "账载金额" 填报会计核算的账面金额；第 2 列 "税收金额" 填报税收规定的收入金额；第 3 列 "调增金额" 填报按照税收规定应纳税调整增加的金额；第 4 列 "调减金额" 填报按照税收规定应纳税调整减少的金额。

（9）第 9 行 "8. 一般重组"：填报同一控制下的企业合并产生的企业财务会计处理办法与税收规定不一致应进行纳税调整的数据。

第 1 列 "账载金额" 填报会计核算的账面金额；第 2 列 "税收金额" 填报税收规定的收入金额；第 3 列 "调增金额" 填报按照税收规定应纳税调整增加的金额；第 4 列 "调减金额" 填报按照税收规定应纳税调整减少的金额。

（10）第 10 行 "9. 公允价值变动净收益"：第 3 列 "调增金额" 或第 4 列 "调减金额" 取自附表七《以公允价值计量资产纳税调整表》第 10 行 "合计" 第 5 列 "纳税调整额（纳税调减以 "一" 表示）"。附表七第 5 列 "纳税调整额" 第 10 行 "合计" 数为正数时，附表三第 10 行 "公允价值变动净收益" 第 3 列 "调增金额" 取自附表七第 10 行第 5 列；为负数时，附表三第 10 行第 4 列 "调减金额" 取自附表七第 10 行第 5 列的负数的绝对值。第 1 列 "账载金额"、第 2 列 "税收金额" 不填。

（11）第 11 行 "10. 确认为递延收益的政府补助"：填报纳税人收到不属于税收规定的不征税收入、免税收入以外的其他政府补助，会计上计入递延收益，税收规定应计入应纳税所得额征收企业所得税而产生的差异应进行纳税调整的数据。

第 1 列 "账载金额" 填报会计核算的账面金额；第 2 列 "税收金额" 填报税收规定的收入金额；第 3 列 "调增金额" 填报按照税收规定应纳税调整增加的金额；第 4 列 "调减金额" 填报按照税收规定应纳税调整减少的金额。

（12）第 12 行 "11. 境外应税所得"：第 4 列 "调减金额" 取自附表六《境外所得税抵扣计算明细表》第 2 列 "境外所得" 合计行。第 1 列 "账载金额"、第 2 列 "税收金额" 和第 3 列 "调增金额" 不填。

（13）第 13 行 "12. 不允许扣除的境外投资损失"：第 3 列 "调增金额" 填报境外投资除合并、撤销、依法清算外形成的损失。第 1 列 "账载金额"、第 2 列 "税收金额" 和第 4 列 "调减金额" 不填。

(14) 第14行"13. 不征税收入":第4列"调减金额"取自附表一(3)《事业单位、社会团体、民办非企业单位收入项目明细表》第12行"不征税收入总额"。第1列"账载金额"、第2列"税收金额"和第3列"调增金额"不填。

(15) 第15行"14. 免税收入":第4列"调减金额"取自附表五《税收优惠明细表》第1行"免税收入"金额栏数据。第1列"账载金额"、第2列"税收金额"和第3列"调增金额"不填。

(16) 第16行"15. 减计收入":第4列"调减金额"取自附表五《税收优惠明细表》第6行"减计收入"金额栏数据。第1列"账载金额"、第2列"税收金额"和第3列"调增金额"不填。

(17) 第17行"16. 减、免税项目所得":第4列"调减金额"取自附表五《税收优惠明细表》第14行"减免所得额合计"金额栏数据。第1列"账载金额"、第2列"税收金额"和第3列"调增金额"不填。

(18) 第18行"17. 抵扣应纳税所得额":第4列"调减金额"取自附表五《税收优惠明细表》第39行"创业投资企业抵扣应纳税所得额"金额栏数据。第1列"账载金额"、第2列"税收金额"和第3列"调增金额"不填。

(19) 第19行"18. 其他"填报会计与税收有差异需要纳税调整的其他收入类项目金额。

2. 扣除类调整项目

(1) 第20行"二、扣除类调整项目":填报扣除类调整项目第21行至第40行的合计数。第1列"账载金额"、第2列"税收金额"不填报。

(2) 第21行"1. 视同销售成本":第2列"税收金额"填报视同销售收入相对应的成本费用。①事业单位、社会团体、民办非企业单位分析填报第4列"调减金额"。②金融企业第4列"调减金额"取自附表二(2)《金融企业成本费用明细表》第41行。③一般企业第4列"调减金额"取自附表二(1)《成本费用明细表》第12行。④第1列"账载金额"、第2列"税收金额"和第3列"调增金额"不填。

(3) 第22行"2. 工资薪金支出":第1列"账载金额"填报企业计入"应付职工薪酬"和直接计入成本费用的职工工资、奖金、津贴和补贴;第2列"税收金额"填报税收允许扣除的工资薪金额,对工效挂钩企业需对当年实际发放的职工薪酬中应计入当年的部分予以填报,对非工效挂钩企业即为账载金额,本数据作为计算职工福利费、职工教育经费、工会经费的基数;第3列"调增金额"、第4列"调减金额"需分析填列。

(4) 第23行"3. 职工福利费支出":第1列"账载金额"填报企业计入"应付职工薪酬"和直接计入成本费用的职工福利费;第2列"税收金额"填报税收规定允许扣除的职工福利费,金额小于等于第22行"工资薪金支出"第2列"税收金额"×14%;如本行第1列≥第2列,第1列减去第2列的差额填入本行第3列"调增金额",如本行第1列<第2列,则第3列不填;第4列"调减金额"填报继续执行"工效挂钩"的企业按规定应纳税调减的金额等。

(5) 第24行"4. 职工教育经费支出":第1列"账载金额"填报企业计入"应付职工薪酬"和直接计入成本费用的职工教育经费;第2列"税收金额"填报税收规定允许扣除的职工教育经费,金额小于等于第22行"工资薪金支出"第2列"税收金额"×

2.5%，或国务院财政、税务主管部门另有规定的金额；如本行第 1 列≥第 2 列，第 1 列减去第 2 列的差额填入本行第 3 列"调增金额"，如本行第 1 列＜第 2 列，则第 3 列不填；第 4 列"调减金额"填报继续执行"工效挂钩"的企业按规定应纳税调减的金额等。

（6）第 25 行"5. 工会经费支出"：第 1 列"账载金额"填报企业计入"应付职工薪酬"和直接计入成本费用的工会经费；第 2 列"税收金额"填报税收规定允许扣除的工会经费，金额等于第 22 行"工资薪金支出"第 2 列"税收金额"×2%减去没有工会专用凭据列支的工会经费后的余额，如本行第 1 列≥第 2 列，第 1 列减去第 2 列的差额填入本行第 3 列"调增金额"，如本行第 1 列＜第 2 列，则第 3 列不填；第 4 列"调减金额"填报继续执行工效挂钩的企业按规定应纳税调减的金额等。

（7）第 26 行"6. 业务招待费支出"：第 1 列"账载金额"填报企业发生的业务招待费；第 2 列"税收金额"经比较后填列，即比较"本行第 1 列×60%"与"附表一（1）《收入明细表》第 1 行×5‰"或"附表一（2）《金融企业收入明细表》第（1+38）行×5‰"或"主表第 1 行×5‰"两数，孰小者填入本行第 2 列；如本行第 1 列≥第 2 列，本行第 1 列减去第 2 列的余额填入本行第 3 列"调增金额"；第 4 列"调减金额"不填。

（8）第 27 行"7. 广告费与业务宣传费支出"：第 3 列"调增金额"取自附表八《广告费和业务宣传费跨年度纳税调整表》第 7 行"本年广告费和业务宣传费支出纳税调整额"，第 4 列"调减金额"取自附表八《广告费和业务宣传费跨年度纳税调整表》第 10 行"本年扣除的以前年度结转额"。第 1 列"账载金额"和第 2 列"税收金额"不填。

（9）第 28 行"8. 捐赠支出"：第 1 列"账载金额"填报企业实际发生的所有捐赠。第 2 列"税收金额"填报按税收规定可以税前扣除的捐赠限额；如本行第 1 列≥第 2 列，第 1 列减去第 2 列的差额填入本行第 3 列"调增金额"，如本行第 1 列＜第 2 列，则第 3 列不填；第 4 列"调减金额"不填。

（10）第 29 行"9. 利息支出"：第 1 列"账载金额"填报企业向非金融企业借款计入财务费用的利息支出；第 2 列"税收金额"填报企业向非金融企业借款按照金融企业同期同类贷款利率计算的数额的部分；其中，纳税人从关联方取得的借款，符合税收规定债权性投资和权益性投资比例的，再根据金融企业同期同类贷款利率计算填报；如本行第 1 列≥第 2 列，第 1 列减去第 2 列的差额填入本行第 3 列"调增金额"，如本行第 1 列＜第 2 列，第 2 列减去第 1 列的差额填入本行第 4 列"调减金额"。

（11）第 30 行"10. 住房公积金"：第 1 列"账载金额"填报本纳税年度实际发生的住房公积金；第 2 列"税收金额"填报按税收规定允许税前扣除的住房公积金；如本行第 1 列≥第 2 列，第 1 列减去第 2 列的差额填入本行第 3 列"调增金额"，如本行第 1 列＜第 2 列，则第 3 列不填；第 4 列"调减金额"不填。

（12）第 31 行"11. 罚金、罚款和被没收财物的损失"：第 1 列"账载金额"填报本纳税年度实际发生的罚金、罚款和被罚没财物的损失，不包括纳税人按照经济合同规定支付的违约金（包括银行罚息）、罚款和诉讼费；第 3 列"调增金额"等于第 1 列；第 2 列"税收金额"和第 4 列"调减金额"不填。

（13）第 32 行"12. 税收滞纳金"：第 1 列"账载金额"填报本纳税年度实际发生的税收滞纳金。第 3 列"调增金额"等于第 1 列；第 2 列"税收金额"和第 4 列"调减金额"不填。

(14) 第33行"13. 赞助支出":第1列"账载金额"填报本纳税年度实际发生,且不符合税收规定的公益性捐赠范围的捐赠,包括直接向受赠人的捐赠、各种赞助支出。第3列"调增金额"等于第1列;第2列"税收金额"和第4列"调减金额"不填。

广告性的赞助支出按广告费和业务宣传费的规定处理,在第27行"广告费与业务宣传费支出"中填报。

(15) 第34行"14. 各类基本社会保障性缴款":第1列"账载金额"填报本纳税年度实际发生的各类基本社会保障性缴款,包括基本医疗保险费、基本养老保险费、失业保险费、工伤保险费和生育保险费;第2列"税收金额"填报按税收规定允许扣除的金额;本行第1列≥第2列,第1列减去第2列的差额填入本行第3列"调增金额",如本行第1列<第2列,则第3列不填;第4列"调减金额"填报会计核算中未列入当期费用,按税收规定允许当期扣除的金额。

(16) 第35行"15. 补充养老保险、补充医疗保险":第1列"账载金额"填报本纳税年度实际发生的补充性质的社会保障性缴款;第2列"税收金额"填报按税收规定允许扣除的金额;如本行第1列≥第2列,第1列减去第2列的差额填入本行第3列"调增金额",如本行第1列<第2列,则第3列不填;第4列"调减金额"填报会计核算中未列入当期费用,按税收规定允许当期扣除的金额。

(17) 第36行"16. 与未实现融资收益相关在当期确认的财务费用":第1列"账载金额"填报纳税人采取分期收款销售商品时,按会计准则规定应收的合同或协议价款与其公允价值之间的差额,分期摊销冲减财务费用的金额。第4列"调减金额"和第3列"调增金额"需分析填列。

(18) 第37行"17. 与取得收入无关的支出":第1列"账载金额"填报本纳税年度实际发生与取得收入无关的支出;第3列"调增金额"等于第1列;第2列"税收金额"和第4列"调减金额"不填。

(19) 第38行"18. 不征税收入用于支出所形成的费用":第1列"账载金额"填报本年度实际发生的与不征税收入相关的支出;第3列"调增金额"等于第1列;第2列"税收金额"和第4列"调减金额"不填。

(20) 第39行"19. 加计扣除":第4列"调减金额"取自附表五《税收优惠明细表》第9行"加计扣除额合计"金额栏数据。第1列"账载金额"、第2列"税收金额"和第3列"调增金额"不填。

(21) 第40行"20. 其他"填报会计与税收有差异需要纳税调整的其他扣除类项目金额,如分期收款销售方式下应结转的存货成本、一般重组和特殊重组的相关扣除项目调整。

3. 资产类调整项目

(1) 第41行"三、资产类调整项目":填报资产类调整项目第42行至第48行的合计数。第1列"账载金额"、第2列"税收金额"不填报。

(2) 第42行"1. 财产损失":第1列"账载金额"填报本纳税年度实际发生的需报税务机关审批的财产损失金额,以及固定资产、无形资产转让、处置所得(损失)和金融资产转让、处置所得等损失金额;第2列"税收金额"填报税务机关审批的本纳税年度财产损失金额,以及按照税收规定计算的固定资产、无形资产转让、处置所得(损失)和金融资产转让、处置所得等损失金额,长期股权投资除外;如本行第1列≥第2列,第1列减去第2列的差额填入本行第3列"调增金额";如本行第1列<第2列,第1列减去第2列的差额的绝对值填入第4列"调减金额"。

(3) 第43行"2. 固定资产折旧":第3列"调增金额"填报附表九《资产折旧、摊销纳税调整明细表》第1行"固定资产"第7列"纳税调整额"的正数;第4列"调减金额"填报附表九《资产折旧、摊销纳税调整明细表》第1行"固定资产"第7列"纳税调整额"负数的绝对值。第1列"账载金额"、第2列"税收金额"不填。

(4) 第44行"3. 生产性生物资产折旧":第3列"调增金额"填报附表九《资产折旧、摊销纳税调整明细表》第7行"生产性生物资产"第7列"纳税调整额"的正数;第4列"调减金额"填报附表九《资产折旧、摊销纳税调整明细表》第7行"生产性生物资产"第7列"纳税调整额"的负数的绝对值。第1列"账载金额"、第2列"税收金额"不填。

(5) 第45行"4. 长期待摊费用":第3列"调增金额"填报附表九《资产折旧、摊销纳税调整明细表》第10行"长期待摊费用"第7列"纳税调整额"的正数;第4列"调减金额"填报附表九《资产折旧、摊销纳税调整明细表》第10行"长期待摊费用"第7列"纳税调整额"的负数的绝对值。第1列"账载金额"、第2列"税收金额"不填。

(6) 第46行"5. 无形资产摊销":第3列"调增金额"填报附表九《资产折旧、摊销纳税调整明细表》第15行"无形资产"第7列"纳税调整额"的正数;第4列"调减金额"填报附表九《资产折旧、摊销纳税调整明细表》第15行"无形资产"第7列"纳税调整额"的负数的绝对值。第1列"账载金额"、第2列"税收金额"不填。

(7) 第47行"6. 投资转让、处置所得":第3列"调增金额"和第4列"调减金额"需分析附表十一《股权投资所得(损失)明细表》后填列。第1列"账载金额"、第2列"税收金额"不填。

(8) 第48行"7. 油气勘探投资":第3列填报附表九《资产折旧、摊销纳税调整明细表》第16行"油气勘探投资"第7列"纳税调整额"的正数;第4列"调减金额"填报附表九《资产折旧、摊销纳税调整明细表》第16行"油气勘探投资"第7列"纳税调整额"负数的绝对值。第1列"账载金额"、第2列"税收金额"不填。

(9) 第49行"油气开发投资":第3列填报附表九《资产折旧、摊销纳税调整明细表》第17行"油气开发投资"第7列"纳税调整额"的正数;第4列"调减金额"填报附表九《资产折旧、摊销纳税调整明细表》第17行"油气开发投资"第7列"纳税调整额"负数的绝对值。第1列"账载金额"、第2列"税收金额"不填。

(10) 第50行"7. 其他"填报会计与税收有差异需要纳税调整的其他资产类项目金额。

4. 准备金调整项目

第51行"四、准备金调整项目":第3列"调增金额"填报附表十《资产减值准备项目调整明细表》第16行"合计"第5列"纳税调整额"的正数;第4列"调减金额"填报附表十《资产减值准备项目调整明细表》第16行"合计"第5列"纳税调整额"的负数的绝对值。第1列"账载金额"、第2列"税收金额"不填。

5. 房地产企业预售收入计算的预计利润

第52行"五、房地产企业预售收入计算的预计利润":第3列"调增金额"填报从事房地产业务的纳税人本期取得的预售收入,按照税收规定的预计利润率计算的预计利润;第4列"调减金额"填报本期将预售收入转为销售收入,其结转的预售收入已按税收规定的预计利润率计算的预计利润转回数。第1列"账载金额"、第2列"税收金额"不填。

6. 特别纳税调整应税所得

第53行"六、特别纳税调整应税所得":第3列"调增金额"填报纳税人按特别纳税调整规定,自行调增的当年应税所得。第1列"账载金额"、第2列"税收金额"、第4列"调减金额"不填。

7. 其他

第54行"六、其他":其他会计与税收存在差异的项目,第1列"账载金额"、第2列"税收金额"不填报。

思考和练习题

1. 企业会计准则与小企业会计准则有何不同?
2. 会计与税法的差异有哪些?
3. 与递延所得税对应的会计科目有哪些?
4. 某企业将成本为80万元,售价为100万元的产品对外捐赠,分析反映收入与不反映收入对利润有无影响;如果公益性捐赠限额为96万元,计算纳税调整金额。
5. 某企业将成本为80万元,售价为100万元的产品用于不动产在建工程,分析会计准则、增值税、所得税各自立场。
6. 假定甲企业适用的所得税税率为25%,20×8年利润总额为750万元,期初递延所得税资产和负债为零。该企业当年会计与税收之间差异包括以下事项:(1)国债利息收入50万元;(2)税款滞纳金60万元;(3)交易性金融资产公允价值增加60万元;(4)提取存货跌价准备200万元;(5)因售后服务预计负债100万元。编制确认所得税费用的会计分录。
7. 20×7年12月,甲公司购进一台生产用设备,原值1000万元,预计使用年限为5年(税法规定不短于5年),预计净残值为50万元,采用平均年限法计提折旧。20×9年末,公司发现该设备发生减值,预计可收回金额为350万元,剩余使用年限为2年,预计净残值不变。确认递延所得税,编制连续5年的会计分录。
8. 某工业企业为居民企业,20×8年全年取得产品销售收入5600万元,发生产品销售成本4000万元;其他业务收入800万元,其他业务成本660万元;取得直接投资其他居民企业的权益性收益34万元;取得购买国债的利息收入6万元;缴纳非增值税销售税金及附加300万元;发生管理费用750万元,其中研究费用为60万元、业务招待费用82万元;发生财务费用200万元;销售费用10万元;取得营业外收入100万元,发生营业外支出250万元(其中公益捐赠38万元)。本年取得的交易性金融资产公允价值上升50万元;年初应收账款100万元,年末应收账款300万元,坏账率10%,本年计提坏账准备20万元,计算应缴纳企业所得税。
9. A公司利润总额100万元,本年罚款支出11万元,招待费超标20万元,固定资产年初账面价值15万元,计税基础12万元,本年会计折旧5万元,税法折旧6万元。企业所得税税率25%。分别采用资产负债表债务法和应付税款法编制计算所得税费用的分录。

10. 新华纺织厂为居民企业,固定资产原值为600万元,其中在用机器设备为300万元,生产用房300万元(固定资产不考虑残值)。假定20×8年度该企业有关资料如下:(1)企业的产品销售收入900万元;(2)企业的利润总额175万元,其中:销售利润170万元,国库券利息收入5万元,全年预缴所得税42.5万元;(3)成本费用中列支的工资总额为290万元,拨缴的职工工会经费和支出的职工福利费、职工教育经费共计65.15万元;(4)发生业务招待费22万元;(5)本期因排污处理不当,被环保部门罚款3万元;(6)通过公益社会团体捐赠给希望工程基金会8万元、贫困山区希望小学6元;(7)企业对600万元固定资产按10%的折旧率计提了折旧。(8)计提坏账准备20万元。要求:结合纳税申报表,计算20×8年度应缴纳的企业所得税税额。

11. 某企业位于某市市区,为增值税一般纳税人,2010年税务机关对其上一年度纳税情况检查中发现:将自产的一批货物直接捐赠给职工子弟学校,价值120 000元,成本为85 000元,其会计处理为:借记"营业外支出"120 000元,贷记"库存商品"120 000元。指出上述处理对企业相关税费的影响,作出相应的调账分录。

12. 某工业企业期初在产品100件,其成本构成为:材料费用5 000元,工资费用2 000元,其他费用1 000元,本月投产500件,生产领用材料费用16 000元。本月生产发生工资费用7 000元,车间折旧费用4 000元,产品负担的水电费用1 000元,采用约当产量法计算产品成本,材料系开始一次性投入,本月完工产品400件,期末在产品200件,在产品完工率50%。计算完工产品总成本和单位成本。

第十章 个人所得税会计

个人所得税是对个人（自然人）取得的各项应税所得征收的一种税。我国现行个人所得税的基本规范是由中华人民共和国第十届全国人民代表大会常务委员会第三十一次会议于2007年12月29日通过的、2011年6月30日修正的《中华人民共和国个人所得税法》（以下简称个人所得税法）。

第一节 个人所得税的基本内容

一、纳税义务人

个人所得税的纳税义务人包括：
(1) 中国公民；
(2) 个体工商户；
(3) 在中国有所得的外籍人员（包括无国籍人员）和香港、澳门、台湾同胞。

需要注意的是，我国税法根据国际惯例采用住所和时间两个标准，把纳税人分为居民和非居民两类。居民纳税人承担无限纳税义务，其所取得的应纳税所得，无论是来源于中国境内还是来源于中国境外任何地方，都要在中国缴纳个人所得税；非居民纳税人承担有限纳税义务，仅就其来源于中国境内的所得，向中国缴纳个人所得税。对于非居民纳税义务人，由于只就其来源于中国境内的所得征税，因此判断其所得来源就成为确定该项所得是否应该征收个人所得税的重要依据。所得来源地判断既应该反映经济活动的实质，又要遵循方便税务机关实行有效征管的原则。

上述纳税义务人依据住所和居住时间两个标准，区分为居民和非居民，分别承担不同的纳税义务。

（一）居民纳税义务人

居民纳税义务人负有无限纳税义务。其所取得的应纳税所得，无论是来源于中国境内还是中国境外任何地方，都要在中国缴纳个人所得税。根据税法规定，居民纳税义务人是指在中国境内有住所，或者无住所而在中国境内居住满1年的个人。个人所得税的居民纳税义务人包括以下两类：

其一，在中国境内定居的中国公民和外国侨民。但不包括虽具有中国国籍却并没有在中国大陆定居，而是侨居海外的华侨和居住在香港、澳门、台湾的同胞。

其二，从公历1月1日起至12月31日止，居住在中国境内的外国人、海外侨胞和香港、澳门、台湾同胞。这些人如果在一个纳税年度内，一次离境不超过30日，或者多次离境累计不超过90日的，仍应被视为全年在中国境内居住，从而判定为居民纳税义务人。

现行税法中关于"中国境内"的概念，是指中国大陆地区，目前还不包括香港、澳门和台湾地区。

对境内居住的天数和境内实际工作期间，以下述规定为准：

(1) 判定纳税义务及计算在中国境内居住的天数。对在中国境内无住所的个人，需要计算确定其在中国境内居住天数，以便依照税法和协定或安排的规定判定其在华负有何种纳税义务时，均应以该个人实际在华逗留天数计算。上述个人入境、离境、往返或多次往返境内外的当日，均按一天计算其在华实际逗留天数。

(2) 对个人入、离境当日及计算在中国境内实际工作期间。对在中国境内、境外机构同时担任职务或在境外机构任职的境内无住所个人，在按《国家税务总局关于在中国境内无住所的个人计算缴纳个人所得税若干具体问题的通知》（国税函发〔1995〕125号）第一条的规定计算其境内工作期间时，对其入境、离境、往返或多次往返境内外的当日，均按半天计算为在华实际工作天数。

(二) 非居民纳税义务人

非居民纳税义务人，是指不符合居民纳税义务人判定标准（条件）的纳税义务人。非居民纳税义务人承担有限纳税义务，即仅就其来源于中国境内的所得，缴纳个人所得税。税法规定，非居民纳税义务人是"在中国境内无住所又不居住或者无住所而在境内居住不满1年的个人"。因此，在现实生活中，非居民纳税义务人实际上是在一个纳税年度中，没有在中国境内居住，或者在中国境内居住不满1年的外籍人员、华侨或香港、澳门、台湾同胞。

个人独资企业和合伙企业投资者也是个人所得税的纳税义务人。

(三) 关于华侨身份的界定

华侨是指定居在国外的中国公民。定居，是指中国公民已取得住在国长期或者永久居留权，并已在住在国连续居留两年，两年内累计居留不少于18个月。中国公民虽未取得住在国长期或者永久居留权，但已取得住在国连续5年以上（含5年）合法居留资格，5年内在住在国累计居留不少于30个月，视为华侨。

中国公民出国留学（包括公派和自费）在外学习期间，或因公务出国（包括外派劳务人员）在外工作期间，均不视为华侨。

二、所得来源地的确定

(一) 所得来源地的规定

所得来源地判断既应该反映经济活动的实质，又要遵循方便税务机关实行有效征管的原则，具体规定如下：

(1) 工资、薪金所得，以纳税人任职、受雇的公司、企业、事业单位、机关、团体、部队、学校等单位的所在地，作为所得来源地。

(2) 生产、经营所得，以生产、经营活动实现地，作为所得来源地。

(3) 劳务报酬所得，以纳税人实际提供劳务的地点，作为所得来源地。

(4) 不动产转让所得，以不动产坐落地作为所得来源地；动产转让所得，以实现转让的地点为所得来源地。

(5) 财产租赁所得，以被租赁财产的使用地作为所得来源地。

(6) 利息、股息、红利所得，以支付利息、股息、红利的企业、机构、组织的所在地作为所得来源地。

(7) 特许权使用费所得，以特许权的使用地作为所得来源地。

(二) 来源于中国境内的所得

所得来源地与所得支付地并不是同一概念，两者可能一致，也可能不一致。根据上述原则和方法，来源于中国境内的所得包括：

(1) 在中国境内的公司、企业、事业单位、机关、社会团体、部队、学校等单位或经济组织中任职、受雇而取得的工资、薪金所得。

(2) 在中国境内提供各种劳务而取得的劳务报酬所得。

(3) 在中国境内从事生产、经营活动而取得的所得。

(4) 个人出租的财产，被承租人在中国境内使用而取得的财产租赁所得。

(5) 转让中国境内的房屋、建筑物、土地使用权，以及在中国境内转让其他财产而取得的财产转让所得。

(6) 提供在中国境内使用的专利权、专有技术、商标权、著作权，以及其他各种特许权利而取得的特许权使用费所得。

(7) 因持有中国的各种债券、股票、股权而从中国境内的公司、企业或其他经济组织以及个人取得的利息、股息、红利所得。

(8) 在中国境内参加各种竞赛活动取得名次的奖金所得；参加中国境内有关部门和单位组织的有奖活动而取得的中奖所得；购买中国境内有关部门和单位发行的彩票取得的中彩所得。

(9) 在中国境内以图书、报刊方式出版、发表作品取得的稿酬所得。

三、应税所得项目的确定

下列各项个人所得，为应纳个人所得税的应税所得项目。

(一) 工资、薪金所得

工资、薪金所得，是指个人因任职或者受雇而取得的工资、薪金、奖金、年终加薪、劳动分红、津贴、补贴以及与任职或者受雇有关的其他所得。

需要注意以下几点：

(1) 一般来说，工资、薪金所得属于非独立个人劳动所得。所谓非独立个人劳动，是指个人所从事的是由他人指定、安排并接受管理的劳动，工作或服务于公司、工厂、行政、事业单位的人员（私营企业主除外）均为非独立劳动者。

(2) 年终加薪、劳动分红不分种类和取得情况，一律按工资、薪金所得课税。津贴、补贴则有例外：

①独生子女补贴。

②执行公务员工资制度未纳入基本工资总额的补贴、津贴差额和家属成员的副食品补贴。

③托儿补助费。

④差旅费津贴、误餐补助。误餐补助是指按照财政部规定，个人因公在城区、郊区工作，不能在工作单位或返回就餐的，根据实际误餐顿数，按规定的标准领取的误餐费。单位以误餐补助名义发给职工的补助、津贴不能包括在内。

⑤远洋运输船员的伙食费津贴。

(3) 在企业减员增效和行政事业单位、社会团体机构改革过程中，实行内部退养的工人在其办理内部退养手续后至法定离退休年龄之间，从原任职单位取得的工资、薪金，不属于离退休工资，应按"工资、薪金所得"项目计征个人所得税。

(4) 出租汽车经营单位对出租车驾驶员采取单车承包或承租方式运营，出租车驾驶员从事客货营运取得的收入，按"工资、薪金所得"征税。

(5) 离退休人员除按规定领取离退休工资或养老金外，另从原任职单位取得的各类补贴、奖金、实物，应在减除费用扣除标准后，按"工资、薪金所得"应税项目缴纳个人所得税。

(6) 高级专家延长离休退休期间取得的工资薪金所得，按以下规定执行：

对高级专家从其劳动人事关系所在单位取得的，单位按国家有关规定向职工统一发放的工资、薪金、奖金、津贴、补贴等收入，视同离休、退休工资，免征个人所得税。

前述收入以外各种名目的津贴、补贴等收入，以及高级专家从其劳动人事关系所在单位之外的其他地方取得的培训费、讲课费、顾问费、稿酬等各种收入，依法计征个人所得税。

所称延长离休退休年龄的高级专家，是指享受国家发放的政府特殊津贴的专家、学者，中国科学院、中国工程院院士。

(二) 个体工商户的生产、经营所得

个体工商户的生产、经营所得是指：个体工商户从事工业、手工业、建筑业、交通运输业、商业、饮食业、服务业、修理业以及其他行业生产、经营取得的所得；个人经政府有关部门批准，取得执照，从事办学、医疗、咨询以及其他有偿服务活动取得的所得；上述个体工商户和个人取得的与生产、经营有关的各项应纳税所得；其他个人从事个体工商业生产、经营取得的所得。

(三) 对企事业单位的承包经营、承租经营所得

对企事业单位的承包经营、承租经营所得，是指个人承包经营、承租经营以及转包、转租取得的所得，包括个人按月或者按次取得的工资、薪金性质的所得。

按经营方式、所得分配方式的不同，该项目可分为以下两种类型：

(1) 承包、承租人未取得企业经营成果的所有权，仅按合同规定取得一定报酬的，其所得应按"工资、薪金所得"征税。

(2) 承包、承租人按合同规定在向发包方、出租方缴纳一定费用后，经营成果归承包、承租人所有的，则该承包、承租所得按照"对企业、事业单位的承包经营、承租经营所得"项目征税。

(四) 劳务报酬所得

劳务报酬所得,是指个人独立从事各种非雇佣的劳务所取得的所得。内容包括设计、装潢、安装、制图、化验、测试、医疗、法律、会计、咨询、讲学、新闻、广播、翻译、审稿、书画、雕刻、影视、录音、录像、演出、表演、广告、展览、技术服务、介绍服务、经纪服务、代办服务和其他劳务。

在实际生活中,区别一项所得是属于工资、薪金所得还是劳务报酬所得的关键在于:工资、薪金所得属于非独立个人的劳动活动,即在机关、学校、部队、企业、事业单位及其他组织中任职、受雇而得到的报酬;而劳务报酬所得则是个人独立从事各种技艺、提供各项劳务取得的报酬。

(五) 稿酬所得

稿酬所得,是指个人因其作品以图书、报刊形式出版、发表而取得的报酬。作者去世后,财产继承人取得的遗作稿酬,亦按此项目征收个人所得税。

(六) 特许权使用费所得

特许权使用费所得,是指个人提供专利权、商标权、著作权、非专利技术以及其他特许权的使用权取得的所得。提供著作权的使用权取得的所得,不包括稿酬所得。

专利权,是由国家专利主管机关依法授予专利申请人或其权利继授人在一定期间内实施其发明创造的专利权。

商标权,是商标注册人享有的商标专利权。

著作权,是作者依法对文学、艺术和科学作品享有的专利权。

个人提供或转让商标权、著作权、专有技术或技术秘密、技术诀窍取得的所得,应当依法缴纳个人所得税。

(七) 利息、股息、红利所得

利息、股息、红利所得,是指个人拥有债权、股权而取得的利息、股息、红利所得。

除个人独资企业、合伙企业以外的其他企业的个人投资者,以企业资金为本人、家庭成员及其相关人员支付与企业生产经营无关的消费性支出及购买汽车、住房等财产性支出,视为企业对个人投资者的红利分配,依照"股息、红利所得"项目计征个人所得税。企业的上述支出不允许在所得税前扣除。

纳税年度内个人投资者从其投资企业(个人独资企业、合伙企业除外)借款,在该纳税年度终了后既不归还又未用于企业生产经营的,其未归还的借款可视为企业对个人投资者的红利分配,依照"股息、红利所得"项目计征个人所得税。

(八) 财产租赁所得

财产租赁所得,是指个人出租建筑物、土地使用权、机器设备、车船以及其他财产取得的所得。

个人取得的财产转租收入,属于"财产租赁所得"的征税范围,由财产转租人缴纳个人所得税。在确认纳税义务人时,应以产权凭证为依据;对无产权凭证的,由主管税务机关根据实际情况确定。产权所有人死亡,在未办理产权继承手续期间,该财产出租而有租金收入的,以领取租金的个人为纳税义务人。

(九) 财产转让所得

财产转让所得，是指个人转让有价证券、股权、建筑物、土地使用权、机器设备、车船以及其他财产取得的所得。

个人的书画作品、古玩等公开拍卖取得的收入，也按"财产转让所得"项目征税。

个人股权转让过程中，转让方个人因受让方个人未按规定期限支付价款而取得的违约金收入，属于因财产转让而产生的收入。转让方个人取得的该违约金应并入财产转让收入，按照"财产转让所得"项目计算缴纳个人所得税。

(十) 偶然所得

偶然所得，是指个人得奖、中奖、中彩以及其他偶然性质的所得。偶然所得应缴纳的个人所得税款，一律由发奖单位或机构代扣代缴。

个人取得单张有奖发票奖金所得不超过800元（含800元）的，暂免征收个人所得税；个人取得单张有奖发票奖金所得超过800元的，应全额按照税法规定的"偶然所得"税目征收个人所得税。

(十一) 经国务院财政部门确定征税的其他所得

除上述列举的各项个人应税所得外，其他确有必要征税的个人所得，由国务院财政部门确定。个人取得的所得，难以界定应纳税所得项目的，由主管税务机关确定。

四、税率

个人所得税的税率按所得项目不同分别确定。

(一) 工资、薪金所得

工资、薪金所得，自2011年9月1日起适用7级超额累进税率，税率为3%～45%，工资、薪金所得适用税率表如表10-1所示。

表10-1　　　　　　　　　　工资、薪金所得适用税率表

级数	全月应纳税所得额 （含税级距）	全月应纳税所得额 （不含税级距）	税率%	速算扣除数（元）
一	不超过1 500元的	不超过1 455元的	3	0
二	超过1 500元至4 500元的部分	超过1 455元至4 155元的部分	10	105
三	超过4 500元至9 000元的部分	超过4 155元至7 755元的部分	20	555
四	超过9 000元至35 000元的部分	超过7 755元至27 255元的部分	25	1 005
五	超过35 000元至55 000元的部分	超过27 255元至41 255元的部分	30	2 755
六	超过55 000元至80 000元的部分	超过41 255元至57 505元的部分	35	5 505
七	超过80 000元的部分	超过57 505元的部分	45	13 505

注：1. 本表所列含税级距与不含税级距，均为按照税法规定减除有关费用后的所得额。
　　2. 含税级距适用于由纳税人负担税款的工资、薪金所得；不含税级距适用于由他人（单位）代付税款的工资、薪金所得。

(二) 个体工商户的生产、经营所得和对企事业单位的承包经营、承租经营所得

个体工商户的生产、经营所得和对企事业单位的承包经营、承租经营所得，适用5%～35%的超额累进税率，如表10-2所示。

表 10-2　个体工商户的生产、经营所得和对企事业单位的承包经营、承租经营所得适用表

级数	全年应纳税所得额		税率（%）	速算扣除数
	含税级距	不含税级距		
1	不超过 15 000 元的	不超过 14 250 元的	5	0
2	超过 15 000 元至 30 000 元的部分	超过 14 250 元至 27 750 元的部分	10	750
3	超过 30 000 元至 60 000 元的部分	超过 27 750 元至 51 750 元的部分	20	3 750
4	超过 60 000 元至 100 000 元的部分	超过 51 750 元至 79 750 元的部分	30	9 750
5	超过 100 000 元的部分	超过 79 750 元的部分	35	14 750

注：1. 本表所列含税级距与不含税级距，均为按照税法规定以每一纳税年度的收入总额减除成本、费用以及损失后的所得额。

2. 含税级距适用于个体工商户的生产、经营所得和由纳税人负担税款的对企事业单位的承包经营、承租经营所得；不含税级距适用于由他人（单位）代付税款的对企事业单位的承包经营、承租经营所得。

个人独资企业和合伙企业的生产经营所得，也适用 5%~35% 的五级超额累进税率。

（三）稿酬所得

稿酬所得，适用比例税率，税率为 20%，并按应纳税额减征 30%。所以，其实际税率为 14%。

（四）劳务报酬所得

劳务报酬所得，适用比例税率，税率为 20%。

根据《个人所得税法实施条例》（以下简称条例）规定，"劳务报酬所得一次收入畸高"，是指个人一次取得劳务报酬，其应纳税所得额超过 20 000 元。对应纳税所得额超过 20 000~50 000 元的部分，依照税法规定计算应纳税额后再按照应纳税额加征五成；超过 50 000 元的部分，加征十成。因此，劳务报酬所得实际上适用 20%、30%、40% 的三级超额累进税率，如表 10-3 所示。

表 10-3　　　　　　　　劳动报酬所得适用表

级数	每次应纳税所得额	税率（%）	速算扣除数
1	不超过 20 000 元的部分	20	0
2	超过 20 000~50 000 元的部分	30	2 000
3	超过 50 000 元的部分	40	7 000

注：1. 表中的含税级距与不含税级距，均为按照税法规定减除有关费用后的每次应纳税所得额。

2. 含税级距适用于由纳税人负担税款报酬所得；不含税级距适用于由他人（单位）代付税款的劳务报酬所得。

3. 应交个人所得税的计税公式：

应纳税额 = 应纳税所得额 × 适用税率 − 速算扣除数

4. 劳务报酬所得按次计算纳税，每次收入额不超过 4 000 元的，减除费用 800 元，收入额超过 4 000 元的，减除 20% 的费用，余额为应纳税所得额。

（五）特许权使用费所得，股息、红利所得，财产租赁所得，财产转让所得，偶然所得和其他所得

特许权使用费所得，股息、红利所得，财产租赁所得，财产转让所得，偶然所得和其他所得，适用比例税率，税率为 20%。出租居民住房适用 10% 的税率。

利息所得，自 2008 年 10 月 9 日起，暂免征收个人所得税。

第二节 个人所得税的税收优惠

一、法定减免税

（一）法定免税情形

依照税法的规定，下列各项个人所得，免纳个人所得税：

（1）省级人民政府、国务院部委和中国人民解放军军以上单位，以及外国组织颁发的科学、教育、技术、文化、卫生、体育、环境保护等方面的奖金。

（2）国债和国家发行的金融债券利息。这里所说的国债利息，是指个人持有中华人民共和国财政部发行的债券而取得的利息所得；所说的国家发行的金融债券利息，是指个人持有经国务院批准发行的金融债券而取得的利息所得。

（3）按照国家统一规定发给的补贴、津贴。这里所说的补贴、津贴是指按照国务院规定发给的政府特殊津贴、院士津贴、资深院士津贴，以及国务院规定免纳个人所得税的其他补贴、津贴。

（4）福利费、抚恤金、救济金。这里所说的福利费，是指根据国家有关规定，从企业、事业单位、国家机关、社会团体提留的福利费或者工会经费中支付给个人的生活补助费；所说的救济金，是指国家民政部门支付给个人的生活困难补助费。

（5）保险赔款。是指发生各种灾害事故后，从保险公司取得的赔偿款项。

（6）军人的转业费、复员费。是指按照中国人民解放军有关规定的标准，在转业或者复员时领取的转业费、复员费。

（7）按照国家统一规定发给干部、职工的安家费、退职费、退休工资、离休工资、离休生活补助费。

（8）依照我国有关法律规定应予免税的各国驻华使馆、领事馆的外交代表、领事官员和其他人员的所得。这是指依照《中华人民共和国外交特权与豁免条例》和《中华人民共和国领事特权与豁免条例》规定免税的所得。

（9）中国政府参加的国际公约以及签订的协议中规定免税的所得。

（10）经国务院财政部门批准免税的所得。

（二）法定减税情形

依照税法规定，有下列情形之一的，经批准可以减征个人所得税：

（1）残疾、孤老人员和烈属的所得；

（2）因严重自然灾害造成重大损失的；

（3）其他经国务院财政部门批准减税的。

个人所得税减征的幅度和期限，由省、自治区、直辖市人民政府规定。

二、政策减免

（一）暂免征、减征收个人所得税的所得项目

（1）个人举报、协查各种违法、犯罪行为而获得的奖金。

(2) 个人办理代扣代缴税款手续，按规定取得的扣缴手续费。

(3) 生育妇女按照县级以上人民政府根据国家有关规定制定的生育保险办法，取得的生育津贴、生育医疗费或其他属于生育保险性质的津贴、补贴，免征个人所得税。

(二) 关于企业"三险一金"的税收政策

(1) 企事业单位按照国家或省（自治区、直辖市）人民政府规定的缴费比例或办法实际缴付的基本养老保险费、基本医疗保险费和失业保险费，免征个人所得税。

(2) 个人实际领（支）取原提存的基本养老保险金、基本医疗保险金、失业保险金和住房公积金时，免征个人所得税。

(三) 职工福利费

职工福利费，是指根据国家有关规定，从企业、事业单位、国家机关、社会团体提留的福利费或者工会经费中支付给个人的生活补助费。生活补助费是指由于某些特定事件或原因而给纳税人或其家庭的正常生活造成一定困难，其任职单位按国家规定从提留的福利费或者工会经费中向其支付的临时性生活困难补助。

下列收入不属于免税的福利费范围，应当并入纳税人的工资、薪金收入计征个人所得税：

(1) 从超出国家规定的比例或基数计提的福利费、工会经费中支付给个人的各种补贴、补助；

(2) 从福利费和工会经费中支付给本单位职工的人人有份的补贴、补助；

(3) 单位为个人购买汽车、住房、电子计算机等不属于临时性生活困难补助性质的支出。

救济金是指国家民政部门支付给个人的生活困难补助费。

企业为职工提供的交通、住房、通讯待遇，已经实行货币化改革的，按月、按标准发放或支付的住房补贴、交通补贴或者车改补贴、通讯补贴，应当纳入职工工资总额，不再纳入职工福利费管理；尚未实行货币化改革的，企业发生的相关支出作为职工福利费管理，但根据国家有关企业住房制度改革政策的统一规定，不得再为职工购建住房。

企业给职工发放的节日补助、未统一供餐而按月发放的午餐费补贴，应当纳入工资总额管理。这些补贴要和职工工资收入合并在一起，再计算个人所得税。

职工福利是企业对职工劳动补偿的辅助形式，企业应当参照历史一般水平合理控制职工福利费在职工总收入的比重。企业职工福利一般应以货币形式为主。对以本企业产品和服务作为职工福利的，企业要严格控制。国家出资的电信、电力、交通、热力、供水、燃气等企业，将本企业产品和服务作为职工福利的，应当按商业化原则实行公平交易，不得直接供职工及其亲属免费或者低价使用。

单位以现金方式给出差人员发放交通费、餐费补贴应征收个人所得税，但如果单位是根据国家有关一定标准，凭出差人员实际发生的交通费、餐费发票作为公司费用予以报销，可以不作为个人所得征收个人所得税。对于通讯费补贴，如果所在省市地方税务局报经省级人民政府批准后，规定了通讯费免税标准的，可以不征收个人所得税。在未规定通讯费免税标准的情况下，单位发放此项津贴，应予以征收个人所得税。

对个人因公在城区、郊区工作，不能在工作单位或返回就餐，确实需要在外就餐，根据实际误餐顿数，按合理的标准领取的误餐费不征税；对一些单位以误餐补助名义发给职工的补贴、津贴，应当并入当月工资、薪金所得计征个人所得税。

根据个人所得税法规定按照国家统一规定发给干部、职工的安家费、退职费、退休工资、离休工资、离休生活补助费，暂免征收个人所得税。如不符合规定或以"安家费"名义向员工发放收入，应作为工资薪金所得由发放单位代扣代缴个人所得税。

对于与用人单位解除劳动关系而取得的一次性补偿收入，其收入在当地上年职工平均工资3倍数额以内的部分，免征个人所得税；超过的部分，要按照规定计算缴纳个人所得税。

对"双薪"所得，多发的一个月工资应单独作为一个月计税。原则上不允许再扣除费用，应全额作为所得计税。但如纳税人双薪当月的工资不足扣除标准的，应将两项所得合并减除扣除标准的余额作为所得额计税。

按照现行个人所得税法和有关政策规定，单位替职工缴纳补充医疗保险，应与当月工资收入合并缴纳个人所得税。目前，暂不能比照企业年金（补充养老保险）的方法缴纳个人所得税。

据现行个人所得税政策，个人因与用人单位解除劳动关系而取得的一次性补偿收入，其收入在当地上年职工平均工资3倍数额以内的部分，免征个人所得税；超过的部分，要按照规定征个人所得税。

根据个人所得税法的规定原则，对于发给个人的福利，不论是现金还是实物，均应缴纳个人所得税，"但目前我们对于集体享受的、不可分割的、非现金方式的福利，原则上不征收个人所得税"。一些单位给员工建设的篮球场、游泳池、娱乐休闲室，都算是一种员工福利，员工有使用权，但是没有所有权，也不以现金方式发放，这类福利不在个人所得税征收的范围之内。

财税〔2011〕50号文件规定了企事业单位在促销展业过程中赠送礼品不征个人所得税的情形。具体如下：①企业通过价格折扣、折让方式向个人销售商品（产品）和提供服务；②企业在向个人销售商品（产品）和提供服务的同时给予赠品，如通信企业对个人购买手机赠话费、入网费，或者购话费赠手机等；③企业对累积消费达到一定额度的个人按消费积分反馈礼品。除上述规定情形外，其他赠送礼品的情形，均需要扣缴个人所得税。

（四）关于个人独资企业和合伙企业投资者取得种植业、养殖业、饲养业和捕捞业所得的税收政策

对个人独资企业和合伙企业从事种植业、养殖业、饲养业和捕捞业（以下简称"四业"），其投资者取得的"四业"所得暂不征收个人所得税。

（五）关于拆迁补偿款的税收政策

对被拆迁人按照国家有关城镇房屋拆迁管理办法规定的标准取得的拆迁补偿款，免征个人所得税。

（六）关于见义勇为奖励款的税收政策

对乡、镇（含乡、镇）以上人民政府或经县（含县）以上人民政府主管部门批准成立的有机构、有章程的见义勇为基金或者类似性质组织，奖励见义勇为者的奖金或奖品，经主管税务机关批准，免征个人所得税。

第三节　个人所得税应纳税额的计算

个人所得税应纳税额是根据各项应税项目的应纳税所得额，依照税法规定的适用税率和费用扣除标准所计算出来的。

一、应纳税所得额的规定

由于个人所得税的应税项目不同，并且取得某项所得所需费用也不相同，所以，计算个人应纳税所得额，需按不同应税项目分项计算。以某项应税项目的收入额减去税法规定的该项费用减除标准后的余额，为该项应纳税所得额。

(一) 费用减除标准

（1）工资、薪金所得，以每月收入额减除费用3 500元后的余额，为应纳税所得额。

（2）个体工商户的生产、经营所得，以每一纳税年度的收入总额，减除成本、费用以及损失后的余额，为应纳税所得额。成本、费用，是指纳税义务人从事生产、经营所发生的各项直接支出和分配计入成本的间接费用以及销售费用、管理费用、财务费用；所说的损失，是指纳税义务人在生产、经营过程中发生的各项营业外支出。

个人独资企业的投资者以全部生产经营所得为应纳税所得额；合伙企业的投资者按照合伙企业的全部生产经营所得和合伙协议约定的分配比例，确定应纳税所得额，合伙协议没有约定分配比例的，以全部生产经营所得和合伙人数量平均计算每个投资者的应纳税所得额。

上述所称生产经营所得，包括企业分配给投资者个人的所得和企业当年留存的所得（利润）。

（3）个体工商户业主、个人独资企业和合伙企业投资者本人的费用扣除标准为每月3 500元。

（4）对企事业单位的承包经营、承租经营所得，以每一纳税年度的收入总额，减除必要费用后的余额，为应纳税所得额。这里的收入总额，是指纳税义务人按照承包经营、承租经营合同规定分得的经营利润和工资、薪金性质的所得；减除必要费用，是指按月减除3 500元。

（5）劳务报酬所得、稿酬所得、特许权使用费所得、财产租赁所得，每次收入不超过4 000元的，减除费用800元；4 000元以上的，减除20%的费用，其余额为应纳税所得额。

（6）财产转让所得，以转让财产的收入额减除财产原值和合理费用后的余额，为应纳税所得额。财产原值是指：

①有价证券，为买入价以及买入时按照规定缴纳的有关费用；

②建筑物，为建造费或者购进价格以及其他有关费用；

③土地使用权，为取得土地使用权所支付的金额、开发土地的费用以及其他有关费用；

④机器设备、车船，为购进价格、运输费、安装费以及其他有关费用；

⑤其他财产,参照以上方法确定。

纳税义务人未提供完整、准确的财产原值凭证,不能正确计算财产原值的,由主管税务机关核定其财产原值。

(7) 股息、红利所得,偶然所得和其他所得,以每次收入额为应纳税所得额。

(二) 附加减除费用适用的范围和标准

按照税法的规定,对在中国境内无住所而在中国境内取得工资、薪金所得的纳税义务人,和在中国境内有住所而在中国境外取得工资、薪金所得的纳税义务人,可以根据其平均收入水平、生活水平以及汇率变化情况确定附加减除费用,附加减除费用适用的范围和标准由国务院规定。国务院在发布的条例中,对附加减除费用适用的范围和标准作了具体规定。

(1) 附加减除费用适用的范围包括:

①在中国境内的外商投资企业和外国企业中工作取得工资、薪金所得的外籍人员;

②应聘在中国境内的企事业单位、社会团体、国家机构中工作取得工资、薪金所得的外籍专家;

③在中国境内有住所而在中国境外任职或者受雇取得工资、薪金所得的个人;

④财政部确定的取得工资、薪金所得的其他人员。

(2) 附加减除费用标准。上述适用范围内的人员每月工资、薪金所得的减除费用,是指每月在减除3 500元费用的基础上,再减除1 300元的费用。

(3) 华侨和香港、澳门、台湾同胞参照上述附加减除费用标准执行。

(4) 在外商投资企业、外国企业、外国驻华机构工作的中方人员取得的工资、薪金收入,凡由雇佣单位和派遣单位分别支付的,采取由一方减除费用的方法。即由雇佣单位在支付工资、薪金时,按税法规定减除费用,派遣单位支付的工资、薪金不得再减除费用,以支付金额为应纳税所得额。

(三) 每次收入的确定

税法对纳税义务人取得的劳务报酬所得,稿酬所得,特许权使用费所得,股息、红利所得,财产租赁所得,偶然所得和其他所得等七项所得,都明确应该按次计算征税。

每次收入是指:

(1) 劳务报酬所得,根据不同劳务项目的特点,分别规定为:

①只有一次性收入的,以取得该项收入为一次。

②属于同一事项连续取得收入的,以1个月内取得的收入为一次。

(2) 稿酬所得,以每次出版、发表取得的收入为一次。具体可细分为:

①同一作品再版取得的所得,应视为另一次稿酬所得计征个人所得税。

②同一作品先在报刊上连载,然后再出版;或先出版,再在报刊上连载的,应视为两次稿酬所得征税。即连载作为一次,出版作为另一次。

③同一作品在报刊上连载取得收入时,以连载完成后取得的所有收入合并为一次,计征个人所得税。

④同一作品在出版和发表时,以预付稿酬和分次支付稿酬等形式取得的稿酬收入,应合并计算为一次。

⑤同一作品出版、发表后,因添加印数而追加稿酬的,应与以前出版、发表时取得的

稿酬合并计算为一次，计征个人所得税。

（3）特许权使用费所得，以某项使用权的一次转让所取得的收入为一次。一个纳税义务人，可能不仅拥有一项特许权利，每一项特许权的使用权也可能不止一次地向他人提供。因此，对特许权使用费所得的"次"的界定，明确为每一项使用权的每次转让所取得的收入为一次。如果该次转让取得的收入是分笔支付的，则应将各笔收入所取得的收入为一次。如果该次转让取得的收入是分笔支付的，则应将各笔收入相加为次的收入，计征个人所得税。

（4）财产租赁所得，以1个月内取得的收入为一次。

（5）股息、红利所得，以支付股息、红利时取得的收入为一次。

（6）偶然所得，以每次取得该项收入为一次。

（7）其他所得，以每次收入为一次。

需要注意的是，两个或者两个以上的个人共同取得同一项收入的，应当对每个人取得的收入分别按照税法规定减除费用后计算纳税。

二、工资、薪金所得应纳税额的计算

工资、薪金所得应纳税额的计算公式为：

$$应纳税额＝应纳税所得额\times 适用税率-速算扣除数$$

需要注意以下几个问题：

1. 特定行业职工的工资、薪金所得的计税问题

对采掘业、远洋运输业、远洋捕捞业等因季节、产量等因素取得工资、薪金收入出现较大波动的实际情况，根据税法规定可按月预缴，年终终了后30日内，合并其全年工资、薪金所得，计算出1个月的平均值，并实际计算缴纳个人所得税，多退少补。

2. 对试行年薪制企业经营者取得的工资、薪金所得的计税问题

对试行年薪制的企业经营者取得的工资、薪金所得应纳的税款，实行按年计算、分月预缴的方式计征，即企业经营者按月领取的基本收入，应在减除3 500元后，按适用税率计算应纳税款并预缴，待年度终了领取收益分红后，将全年合计数除以12，并计算实际应纳的税款。

3. 失业保险费（金）的计税问题

（1）城镇企业事业单位及其职工个人按照《失业保险条例》规定的比例实际缴付的失业保险费，免予征收个人所得税；超过条例规定比例缴付的部分，计入职工个人当期的工资、薪金收入，依法缴纳个人所得税。

（2）符合《失业保险条例》规定条件的失业人员领取的失业保险金，免征个人所得税。

4. 个人取得退职费收入的计税问题

（1）个人按《国务院关于工人退休、退职的暂行办法》规定领取的退职费，免征个人所得税。

（2）个人取得的不符合上述规定的退职费收入，应视为工资、薪金性质的所得计算个人所得税。

(3) 退职人员一次取得较高退职费收入的，可视为其一次性取得数月工资、薪金收入，并以原每月工资、薪金收入总额为标准，划分为若干月份的工资、薪金收入后，计算个人所得税的应纳税所得额及税额。但按上述方法超过了6个月工资、薪金收入的，应按6个月平均划分计算。

(4) 个人退职后6个月内又再次任职、受雇的，对个人已缴纳个人所得税的退职费收入，不再与再次任职、受雇取得的工资、薪金所得合并计算补缴个人所得税。

5. 雇主为雇员负担个人所得税的计税问题

(1) 雇主全额为其雇员负担税款的处理。

对于雇主全额为其雇员负担税款的，直接按国税发〔1994〕089号文件中第十四条规定的公式，将雇员取得的不含税收入换算成应纳税所得额后，计算企业应代为缴纳的个人所得税税款。

$$应纳税所得额 = (不含税收入 - 费用扣除标准 - 速算扣除数) \div (1 - 适用税率) \quad 式(1)$$

$$应纳税额 = 应纳税所得额 \times 适用税率 - 速算扣除数 \quad 式(2)$$

式(1)中的税率，是指不含税所得按不含税级距对应的税率；式(2)中的税率，是指应纳税所得按含税级距对应的税率。

(2) 雇主为其雇员负担部分税款的处理。

①雇主为其雇员定额负担税款的，应将雇员取得的工资、薪金所得换算成应纳税所得额后，计算征收个人所得税。工资薪金收入换算成应纳税所得额的计算公式为：

$$应纳税所得额 = 雇员取得的工资 + 雇主代雇员负担的税款 - 费用扣除标准$$

②雇主为其雇员负担一定比例的工资应纳的税款或者负担一定比例的实际应纳税款的，应将国税发〔1994〕089号文件第十四条规定的不含税收入额计算应纳税所得额的公式中"不含税收入额"替换为"未含雇主负担的税款的收入额"，同时将速算扣除数和税率两项分别乘以上述的"负担比例"，按此调整后的公式，以其未含雇主负担税款的收入额换算成应纳税所得额，并计算应纳税款。即：

$$应纳税所得额 = (未含雇主负担税款的收入额 - 费用扣除标准 - 速算扣除数 \times 负担比例) \div (1 - 税率 \times 负担比例)$$

$$应纳税额 = 应纳税所得额 \times 适用税率 - 速算扣除数$$

(3) 雇主为其雇员负担超过原居住国的税款的税务处理。

有些外商投资企业和外国企业在华的机构场所，为其受派到中国境内工作的雇员负担超过原居住国的税款。例如，雇员在华应纳税额中相当于按其在原居住国税法计算的应纳税额部分（以下称原居住国税额），仍由雇员负担并由雇主在支付雇员工资时从工资中扣除，代为缴税；若按中国税法计算的税款超过雇员原居住国税额的，超过部分另外由其雇主负担。对此类情况，应按下列原则处理：

将雇员取得的不含税工资（即扣除了原居住国税额的工资），按国税发〔1994〕089号文件第十四条规定的公式，换算成应纳税所得额，计算征收个人所得税；如果计算出的应纳税所得额小于按该雇员的实际工资、薪金收入（即未扣除原居住国税额的工资）计算的应纳税所得额的,应按其雇员的实际工资薪金收入计算征收个人所得税。

(4) 国家税务总局公告 2011 年第 28 号文件规定,雇主为雇员负担的个人所得税,应属于个人工资、薪金的一部分。凡单独作为企业管理费列支的,在计算企业所得税时不得税前扣除。

三、个体工商户生产、经营所得应纳税额的计算

个体工商户的生产、经营所得应纳税额的计算公式为:

应纳税额＝应纳税所得额×适用税率－速算扣除数

或 ＝(全年收入总额－成本、费用以及损失)×适用税率－速算扣除数

需要注意,个体工商户生产、经营取得的所得,在计算应纳税额时,规定了准予扣除的项目和标准,以及不准予扣除的支出。包括:

1. 准予扣除的项目和标准

(1) 个体户在生产经营过程中的借款利息支出,未超过按中国人民银行规定的同类、同期贷款利率计算的数额部分,准予扣除。

(2) 个体户发生的与生产经营有关的修理费用,可据实扣除。修理发生不均衡或数额较大的,应分期扣除。

(3) 个体户发生的与生产经营有关的财产保险、运输保险以及从业人员的养老、医疗及其他保险费用支出,按国家规定的标准计算扣除。

(4) 个体户按规定缴纳的消费税、营业税、城市维护建设税、资源税、土地使用税、土地增值税、房产税、车船税、印花税、耕地占用税以及教育费附加准予扣除。

(5) 个体户在生产经营过程中租入固定资产而支付的费用,分别按以下规定处理:以融资租赁方式租入固定资产而发生的租赁费,应计入固定资产价值,不得直接扣除。以经营租赁方式租入固定资产的租赁费,可据实扣除。

(6) 个体户的年度经营亏损,经申报主管税务机关审核后,允许用下一年度的经营所得弥补,下一年度所得不足弥补的,允许逐年延续弥补,但不得超过 5 年。

(7) 个体户在生产经营过程中发生与家庭生活混用的费用,由主管税务机关核定分摊比例,据此计算确定属于生产、经营过程中发生的费用,准予扣除。

(8) 自 2011 年 9 月 1 日起,个体工商户、个人独资企业和合伙企业向其从业人员实际支付的合理的工资、薪金支出,允许在税前据实扣除,投资者的费用扣除标准为 3 500 元/月;上述企业拨缴的工会经费,发生的职工福利费、职工教育经费支出分别在工资薪金总额 2%、14%、2.5% 的标准内据实扣除;上述企业每一纳税年度发生的广告费和业务宣传费用不超过当年销售(营业)收入 15% 的部分,可据实扣除,超过部分,准予在以后纳税年度结转扣除;每一纳税年度发生的与其生产经营业务直接相关的业务招待费支出,按照发生额的 60% 扣除,但最高不得超过当年销售(营业)收入的 5‰。

2. 不得扣除的支出

以下支出不得扣除:资本性支出;对外投资支出;被罚没的财物、支付的罚款;缴纳的个人所得税、固定资产调节税以及税收的滞纳金、罚金和罚款;各种赞助支出;自然灾害或者意外事故损失有赔偿的部分;分配给投资者的股利;用于个人和家庭的支出;与生

产经营无关的其他支出；国家税务总局规定的不准扣除的其他支出。

3. 个人独资企业和合伙企业生产经营所得其个人所得税应纳税额的计算

(1) 查账征税。凡实行查账征税办法的，生产经营所得按照《个体工商户个人所得税计税办法（试行）》的规定确定。但下列项目的扣除依照以下规定执行：

①投资者的扣除标准，由各省、自治区、直辖市地方税务局参照个人所得税法"工资、薪金所得"项目的费用扣除标准确定。投资者的工资不得在税前扣除。

②企业从业人员的工资支出按标准在税前扣除，具体标准由各省、自治区、直辖市地方税务局参照企业所得税计税工资标准确定。

③投资者及其家庭发生的生活费用不允许在税前扣除。

④企业生产经营和投资者及其家庭生活共用的固定资产，难以划分的，由主管税务机关根据企业的生产经营类型、规模等具体情况，核定准予在税前扣除的折旧费用的数额或比例。

⑤企业实际发生的工会经费、职工福利费、职工教育经费分别在其计税工资总额的2%、14%、2.5%的标准内据实扣除。

⑥企业每一纳税年度发生的广告和业务宣传费不超过当年销售（营业）收入2%的部分，可据实扣除；超过部分可无限期向以后的纳税年度结转。

⑦企业每一纳税年度发生的与其生产经营业务直接相关的业务招待费，在以下规定比例范围内，可据实扣除：全年销售（营业）收入净额在1 500万元及其以下的，不超过全年销售（营业）收入净额的5‰；全年销售（营业）收入净额超过1 500万元的，不超过该部分的3‰。

⑧企业计提的各种准备金不得扣除。

⑨投资者兴办两个或两个以上企业，并且企业性质全部是独资的，年底终了后，汇算清缴时，应纳税款的计算按以下方法进行：汇总其投资兴办的所有企业的经营所得作为应纳税所得额，以此确定适用税率，计算出全年经营所得的应纳税额；再根据每个企业的经营所得占所有企业经营所得的比例，分别计算出每个企业的应纳税额和应补缴税额。

计算公式如下：

$$应纳税所得额 = \sum 各个企业的经营所得$$

$$应纳税额 = 应纳税所得额 \times 税率 - 速算扣除数$$

$$本企业应纳税额 = 应纳税额 \times 本企业的经营所得 \div \sum 各企业的经营所得$$

$$本企业应补缴的税额 = 本企业应纳税额 - 本企业预缴的税额$$

(2) 核定征收。核定征收方式，包括定额征收、核定应税所得率征收以及其他合理的征收方式。

实行核定应税所得率征收方式的，应纳所得税额的计算公式如下：

$$应纳所得税额 = 应纳税所得额 \times 适用税率$$

$$应纳税所得额 = 收入总额 \times 应税所得率$$

或

$$\qquad = 成本费用支出额 \div (1 - 应税所得率) \times 应税所得率$$

企业经营多业的，无论其经营项目是否单独核算，均应根据其主营项目确定其适用的所得税率。

实行核定征税的投资者，不能享受个人所得税的优惠政策。

实行查税征税方式的个人独资企业和合伙企业改为核定征税方式后，在查账征税方式下认定的年度经营亏损未弥补完的部分，不得再继续弥补。

四、对企事业单位的承包经营、承租经营所得应纳税额的计算

对企事业单位的承包经营、承租经营所得，其个人所得税应纳税额的计算公式为：

$$应纳税额 = 应纳税所得额 \times 适用税率 - 速算扣除数$$

需要注意以下几个问题：

（1）对企业、事业单位承包经营、承租经营以每一纳税年度收入总额减除必要费用后的余额为应纳税所得额。收入总额，是指纳税人按承包经营、承租经营合同规定分得的承包或承租的利润以及在承包、承租期限内按月或者按次取得的工资、薪金性质所得，减除必要的费用是指每月减除3 500元。

（2）对企事业单位的承包经营、承租经营所得适用的速算扣除数，同个体工商户的生产、经营所得适用的速算扣除数。

（3）承包人、承租人对企业经营成果不拥有所有权，仅按合同规定取得一定所得的，其所得按"工资、薪金所得"项目征税。

（4）承包人、承租人按合同规定只向发包方、出租方缴纳一定费用后，经营成果归其所有的，按承包经营、承租经营项目征税。

（5）承包经营、承租经营所得，按年计算，如果在一个纳税年度内，承包经营、承租经营期限不满12个月的，以实际承包期、承租期为一个纳税年度。

（6）纳税人在1年内分次取得承包经营、承租经营所得的，应分次预缴税款、年终汇算清缴，多退少补。

五、劳务报酬所得应纳税额的计算

对劳务报酬所得，其个人所得税应纳税额的计算公式为：

(1) 每次收入不足4 000元的。

$$应纳税额 = 应纳税所得额 \times 适用税率$$
或
$$= (每次收入额 - 800) \times 20\%$$

(2) 每次收入在4 000元以上的。

$$应纳税额 = 应纳税所得额 \times 适用税率$$
$$= 每次收入额 \times (1 - 20\%) \times 20\%$$

(3) 每次收入的应纳税所得额超过20 000元的。

$$应纳税额 = 应纳税所得额 \times 适用税率 - 速算扣除数$$
或
$$= 每次收入额 \times (1 - 20\%) \times 适用税率 - 速算扣除数$$

(4) 不含税劳务报酬收入的适用税率如表10-4所示。

表 10-4　　　　　　　　　不含税劳务报酬收入适用税率表

级数	不含税劳务报酬收入额	税率（％）	速算扣除数（元）	换算系数（％）
1	未超过 3 360 元的部分	20	0	无
2	超过 3 360 元～21 000 元的部分	20	0	84
3	超过 21 000 元～49 500 元的部分	30	2 000	76
4	超过 49 500 元的部分	40	7 000	68

需要注意以下问题：

第一，劳动报酬，凡属于一次性收入的，以取得该项收入为一次；凡属于同一项目连续性收入的，以一个月内取得的收入加在一起为一次。

第二，纳税人兼有不同的劳务报酬所得，应分别减除费用，分别计算个人所得税。

六、稿酬所得应纳税额的计算

稿酬所得应纳税额的计算公式为：

（1）每次收入不足 4 000 元的。

$$应纳税额 = 应纳税所得额 \times 适用税率 \times (1-30\%)$$
$$= (每次收入额 - 800) \times 20\% \times (1-30\%)$$

（2）每次收入在 4 000 元以上的。

$$应纳税额 = 应纳税所得额 \times 适用税率 \times (1-30\%)$$
$$= 每次收入额 \times (1-20\%) \times 20\% \times (1-30\%)$$

需要注意的是，稿酬所得，以每次出版、发表取得收入为一次。出版单位预付或分次支付稿酬或加印该作品支付稿酬，均应合并一次计算。

七、特许权使用费所得应纳税额的计算

特许权使用费所得应纳税额的计算公式为：

（1）每次收入不足 4 000 元的。

$$应纳税额 = 应纳税所得额 \times 适用税率$$
$$= (每次收入额 - 800) \times 20\%$$

（2）每次收入在 4 000 元以上的。

$$应纳税额 = 应纳税所得额 \times 适用税率$$
$$= 每次收入额 \times (1-20\%) \times 20\%$$

八、股息、红利所得应纳税额的计算

股息、红利所得应纳税额的计算公式为：

$$应纳税额 = 应纳税所得额 \times 适用税率 = 每次收入额 \times 20\%$$

需要注意以下几个问题：

(1) 股息、红利所得以取得的收入为一次；偶然所得，以取得该项收入为一次。

(2) 股份制企业在分配股息、红利时，以股票形式向股东个人支付应得的股息、红利，应以派发红股的股票票面金额为收入额。

(3) 个人购买社会福利有奖募捐奖券，一次中奖不超过 10 000 元的，免征个人所得税。

九、财产租赁所得应纳税额的计算

1. 应纳税所得额

财产租赁所得一般是以个人每次取得的收入，定额或定率减除规定费用后的余额为应纳税所得额。每次收入不超过 4 000 元，定额减除费用 800 元；每次收入在 4 000 元以上，定率减除 20% 的费用。财产租赁所得以 1 个月内取得的收入为一次。

在确定财产租赁的应纳税所得额时，纳税人在出租财产的过程中缴纳的税金和教育费附加，可持完税（缴款）凭证，从其财产租赁收入中扣除。准予扣除的项目除了规定费用和有关税费外，还要能够提供有效、准确凭证，证明由纳税人负担的该出租财产实际开支的修缮费用。允许扣除的修缮费用，以每次 800 元为限；一次扣除不完的，准予在下一次继续扣除，直到扣完为止。

个人出租财产取得的财产租赁收入，在计算缴纳个人所得税时，应依次扣除以下费用：财产租赁过程中缴纳的税费；由纳税人负担的该出租财产实际开支的修缮费用；税法规定的费用扣除标准。

应纳税所得额的计算公式为：

(1) 每次（月）收入不超过 4 000 元的。

$$应纳税所得额＝每次（月）收入额－准予扣除项目－修缮费用（800 元为限）－800$$

(2) 每次（月）收入超过 4 000 元的。

$$应纳税所得额＝[每次（月）收入额－准予扣除项目－修缮费用（800 元为限)]×(1－20\%)$$

2. 应纳税额的计算方法

财产租赁所得适用 20% 的比例税率。但对个人按市场价格出租的居民住房取得的所得，暂减按 10% 的税率征收个人所得税。其应纳税额的计算公式为：

$$应纳税额＝应纳税所得额×适用税率$$

在实际征税过程中，有时会出现财产租赁所得的纳税人不明确的情况。对此，在确定财产租赁所得纳税人时，应以产权凭证为依据。无产权凭证的，由主管税务机关根据实际情况确定纳税人。如果产权所有人死亡，在未办理产权继承手续期间，该财产出租且有租金收入的，以领取租金收入的个人为纳税人。

十、财产转让所得应纳税额的计算

财产转让所得应纳税额的计算公式为：

应纳税额＝应纳税所得额×适用税率
　　　　＝（收入总额－财产原值－合理税费）×20%

个人通过拍卖市场取得的房屋拍卖收入在计征个人所得税时，其房屋原值应按照纳税人提供的合法、完整、准确的凭证予以扣除；不能提供完整、准确的房屋原值凭证，不能正确计算房屋原值和应纳税额的，统一按转让收入全额的3%计算缴纳个人所得税。

需要注意的是，纳税人未提供完整、准确的原值凭证，不能正确计算原值的，由主管税务机关核定原值。

十一、境外所得的税额扣除

税法规定，纳税义务人从中国境外取得的所得，准予其在应纳税额中扣除已在境外缴纳的个人所得税税额。但扣除额不得超过该纳税义务人境外所得依照我国税法规定计算的应纳税额。

纳税义务人在中国境外一国（地区）实际已经缴纳的个人所得税税额，低于依照规定方法计算出的该国（地区）扣除限额的，可以其应纳税额中全部减除境外缴纳的个人所得税税额，并补缴差额部分的税款；高于减除限额的，只能抵扣相当于减除限额的在境外缴纳的个人所得税税额，其超过减除限额的部分不得在本纳税年度减除，但是可以在以后纳税年度的该国（地区）扣除限额的余额中补减，补减期限最长不得超过5年。

十二、应纳税额计算中的特殊问题

1. 关于捐赠的有关政策

有关捐赠的规定包括全额扣除和限额扣除，一般捐赠额的扣除以不超过纳税人申报应纳税所得额30%为限。准予在计算个人所得税时税前扣除。

2. 关于住房公积金的有关政策

单位和个人分别在不超过职工本人上一年度月平均工资12%的幅度内，其实际缴存的住房公积金，允许在个人应纳税所得额中扣除。单位和职工个人缴存住房公积金的月平均工资不得超过职工工作地所在设区城市上一年度职工月平均工资的3倍，具体标准按照各地有关规定执行。单位和个人超过上述规定比例和标准缴付的住房公积金，应将超过部分并入个人当期的工资、薪金收入，计征个人所得税。

3. 对个人因解除劳动合同取得经济补偿金的征税方法

根据《财政部 国家税务总局关于个人与用人单位解除劳动关系取得的一次性补偿收入免征个人所得税问题的通知》和《国家税务总局关于国有企业职工因解除劳动合同取得一次性补偿收入征免个人所得税问题的通知》精神，对个人因解除劳动合同取得的经济补偿金，按以下规定处理：

（1）企业依照国家有关法律规定宣告破产，企业职工从该破产企业取得的一次性安置费收入，免征个人所得税。

（2）个人因与用人单位解除劳动关系而取得的一次性补偿收入（包括用人单位发放的经济补偿金、生活补助费和其他补助费用），其收入在当地上年职工工资3倍数额以内的部分，免征个人所得税；超过3倍数额部分的一次性补偿收入，可视为一次取得数月的工资、薪金收入，允许在一定期限内平均计算。方法为：以超过3倍数额部分的一次性补偿收入，除以个人在本企业的工作年限数（超过12年的按12年计算），以其商数作为个人的月工资、薪金收入，按照税法规定计算缴纳个人所得税。个人在解除劳动合同后再次任职、受雇的，已纳税的一次性补偿收入不与再次任职、受雇的工资薪金所得合并计算补缴个人所得税。

（3）个人领取一次性补偿收入时，按照国家和地方政府规定的比例实际缴纳的住房公积金、医疗保险金、基本养老保险金、失业保险费，可以在计征其一次性补偿收入的个人所得税时予以扣除。

4. 企业为股东个人购买汽车个人所得税的征税方法

（1）企业为股东购买车辆并将车辆所有权办到股东个人名下，其实质为企业对股东进行了红利性质的实物分配，应按照"股息、红利所得"项目征收个人所得税。考虑到该股东个人名义下的车辆同时也为企业经营使用的实际情况，允许合理减除部分所得；减除的具体数额由主管税务机关根据车辆的实际使用情况合理确定。

（2）根据相关规定，上述企业为个人股东购买的车辆，不属于企业的资产，不得在企业所得税前扣除折旧。

5. 关于个人独资企业和合伙企业对外投资分回股息、红利的征税问题

个人独资企业和合伙企业对外投资分回的股息、红利，不并入企业的收入，而应单独作为投资者个人取得的股息、红利所得，按"股息、红利所得"应税项目计算缴纳个人所得税。以合伙企业名义对外投资分回股息、红利的，应分别确定各投资者的股息、红利所得，分别按"股息、红利所得"应税项目计算缴纳个人所得税。

6. 企业以免费培训班、研讨会、工作考察等形式提供个人营销业绩奖励的个人所得税政策

根据税法的规定，对上述奖励，应根据所发生费用全额计入营销人员应税所得，依法征收个人所得税，并由提供上述费用的企业代扣代缴。其中，对本企业雇员享受的奖励，应与当期的工资薪金合并，按照"工资、薪金所得"项目征收个人所得税；对其他人员享受的奖励，应作为当期的劳务收入，按照"劳务报酬所得"项目征收个人所得税。

7. 关于个人取得公务交通、通讯补贴收入的征税问题

个人因公务用车和通讯制度改革而取得的公务用车、通讯补贴收入，扣除一定标准的公务费用后，按照"工资、薪金所得"项目计征个人所得税。按月发放的，并入当月工资、薪金所得计征个人所得税；不按月发放的，分解到所属月份并与该月份工资、薪金所得合并后计征个人所得税。

8. 个人兼职取得的收入征收个人所得税的问题

个人兼职取得的收入，应按照"劳务报酬所得"应税项目计征个人所得税。

第四节 个人所得税的会计处理

一、概述

个人所得税的核算方法取决于纳税办法。个人所得税的纳税办法包括自行申报纳税和

代扣代缴两种，对采用自行申报纳税的个人所得税的纳税人，除实行查账征收的个体工商户外，一般不需要进行会计核算。所以本节只介绍个人所得税代扣代缴的会计处理。

代扣代缴，是指按照税法规定，有扣缴义务的单位和个人向个人支付应纳税所得时，应计算应纳税额，从其所得中扣出并缴入国库，同时向税务机关报送扣缴个人所得税报告表。对扣缴义务人，按照所扣缴的税款，付给2%的手续费。

实际工作中，一般在"应交税费——代扣代缴个人所得税"明细账户进行核算。代扣时，借记"应付职工薪酬"账户，贷记"应交税费——代扣代缴个人所得税"账户；实际代缴税款时，借记"应交税费——代扣代缴个人所得税"账户，贷记"银行存款"账户。

二、具体账务处理

（一）工资、薪金所得应纳税款的计算

【例10-1】

某商场经理张某2011年9月份工资性收入5 765元，合同约定企业为其负担个人所得税。该商场职工李某同月取得工资性收入5 000元，合同约定个人负担个人所得税。计算该公司应代扣代缴的个人所得税款。

张某应纳税所得额 = (5 765 − 3 500 − 105) ÷ (1 − 10%) = 2 400(元)
李某应纳税所得额 = 5 000 − 3 500 = 1 500(元)
应纳税额 = (2 400 × 10% − 105) + (1 500 × 3%) = 180(元)

账务处理：

借：应付职工薪酬	180
贷：应交税费——应交个人所得税	180

【例10-2】

企业100名职工，其中80名生产人员，20名总部管理人员，自产产品成本800元，售价1 000元发放给职工。外购单价为1 000元电器发给职工，增值税税率17%。企业为10个高层管理人员每人提供轿车一台免费使用，每辆每月折旧为500元。企业为管理人员租赁住房使用，每月租金为500元。

非货币性福利应缴纳个人所得税。

1. 企业以其自产产品发放给职工作为福利。

借：生产成本	93 600
管理费用	23 400
贷：应付职工薪酬	117 000
借：应付职工薪酬	117 000
贷：主营业务收入	100 000
应交税费——应交增值税（销项税额）	17 000
借：主营业务成本	80 000
贷：库存商品	80 000

2. 企业以其自产产品发放给职工作为福利

　　借：生产成本　　　　　　　　　　　　　　　　　　　　　　　93 600
　　　　管理费用　　　　　　　　　　　　　　　　　　　　　　　23 400
　　　　贷：应付职工薪酬　　　　　　　　　　　　　　　　　　　117 000
　　借：应付职工薪酬　　　　　　　　　　　　　　　　　　　　　117 000
　　　　贷：银行存款　　　　　　　　　　　　　　　　　　　　　117 000

3. 将拥有房屋无偿向职工提供住房使用

　　借：管理费用　　　　　　　　　　　　　　　　　　　　　　　5 000
　　　　贷：应付职工薪酬　　　　　　　　　　　　　　　　　　　5 000
　　借：应付职工薪酬　　　　　　　　　　　　　　　　　　　　　5 000
　　　　贷：累计折旧　　　　　　　　　　　　　　　　　　　　　5 000

4. 租赁住房等资产提供给职工无偿使用

　　借：管理费用　　　　　　　　　　　　　　　　　　　　　　　500
　　　　贷：应付职工薪酬　　　　　　　　　　　　　　　　　　　500
　　借：应付职工薪酬　　　　　　　　　　　　　　　　　　　　　500
　　　　贷：银行存款　　　　　　　　　　　　　　　　　　　　　500

【例 10-3】

企业月工资 300 万元，生产人员、管理人员、销售人员各 100 万元，职工人数为 500 人。假定每人工资 6 000 元（与缴费基数相等），保险与公积金企业负担比例为 30%，个人负担 20%；工会经费为 2%，职工教育经费为 2.5%，支付食堂补贴 0.5 万元，本月代扣个人所得 1.95 万元。编制分配工资、计提五险一金两费、工资结算、上缴保险费和公积金、上缴税金、全额支付工会经费和职教经费的会计分录。

(1) 分配工资费用

　　借：生产成本/管理费用/销售费用　　　　　　　　　　　　　　3 000 000
　　　　贷：应付职工薪酬——工资　　　　　　　　　　　　　　　3 000 000

(2) 计提企业负担的五险一金

　　借：生产成本/管理费用/销售费用　　　　　　　　　　　　　　900 000
　　　　贷：应付职工薪酬——保险公积　　　　　　　　　　　　　900 000

(3) 计提工会经费和职工教育经费

　　借：生产成本/管理费用/销售费用　　　　　　　　　　　　　　60 000
　　　　贷：应付职工薪酬——工会经费　　　　　　　　　　　　　60 000
　　借：生产成本/管理费用/销售费用　　　　　　　　　　　　　　75 000
　　　　贷：应付职工薪酬——教育经费　　　　　　　　　　　　　75 000

(4) 支付职工福利费

　　借：应付职工薪酬——职工福利　　　　　　　　　　　　　　　5 000
　　　　贷：银行存款　　　　　　　　　　　　　　　　　　　　　5 000

(5) 计提职工福利费

借：生产成本/管理费用/销售费用　　　　　　　　　　　　　5 000
　　贷：应付职工薪酬——职工福利　　　　　　　　　　　　　　5 000
(6) 借：应付职工薪酬——工资　　　　　　　　　　　　　　2 400 000
　　贷：银行存款　　　　　　　　　　　　　　　　　　　　2 380 500
　　　　应交税费——个人所得税（6 000－1 200－3 500）×3％×500　　19 500
(7) 借：应付职工薪酬——保险公积（企业）　　　　　　　　　900 000
　　　　应付职工薪酬——工资（个人负担保险）　　　　　　　600 000
　　　　应交税费——个人所得税　　　　　　　　　　　　　　　19 500
　　贷：银行存款　　　　　　　　　　　　　　　　　　　　1 519 500
(8) 借：应付职工薪酬——工会经费职工教育经费　　　　　　　135 000
　　贷：银行存款　　　　　　　　　　　　　　　　　　　　　135 000

　　按国家规定，每个职工每年可以享受一次年终奖分摊计算个人所得税。计算方法：将纳税人当月内取得的全年一次性奖金，除以12个月，按其商数对应的个人所得税税率确定适用税率和速算扣除数。如果纳税人当月取得工资收入低于税法规定的费用扣除额（3 500元），应将全年一次性奖金减除"员工当月工资薪金所得与费用扣除额的差额"后的余额，按上述办法确定全年一次性奖金的适用税率和速算扣除数。即：如果当月工资高于3 500元，就直接将奖金除以12后确定适用税率和速算扣除数；如果当月工资低于3 500元，应将一次性奖金收入与当月工资合并扣除3 500元后，再确定适用税率和速算扣除数。

【例10-4】

　　张某在2011年12月取得年终一次性奖金14 400元，当月工资、薪金所得扣除三险一金后为5 750元，直接将一次性奖金额除以12，余额为1 200，适用税率为3％，速算扣除数为0。

　　　　全年奖金应纳税额＝14 400×3％＝432（元）
　　　　当月工资的应纳税额＝（5 750－3 500）×10％－105＝120（元）
　　　　当月合计应纳税额＝432＋120＝552（元）

　　李某2011年12月同样取得年终一次性14 400元，当月工资、薪金扣除三险一金后为3 455元。费用扣除额3 500元与工资、薪金的差额为45元（3 500－3 455），奖金减去这个差额后的余额为14 355元，14 355除以12等于1 196元，对照税率表，适用税率为3％，速算扣除数为0。

　　　　当月合计应纳税额＝[14 400－（3 500－3 455）]×3％＝430.65（元）

（二）个人独资企业个人所得税的会计处理

【例10-5】

　　某个体工商户，每月预缴个人所得税5 000元，年终汇算清缴，确定应缴个人所得税80 000元。

预缴所得税时：
　　借：应交税费——应交个人所得税　　　　　　　　　　　　　　5 000
　　　贷：银行存款　　　　　　　　　　　　　　　　　　　　　　　5 000
汇算清缴时：
　　借：留存收益　　　　　　　　　　　　　　　　　　　　　　　80 000
　　　贷：应交税费——应交个人所得税　　　　　　　　　　　　　80 000
补缴所得税时：
　　借：应交税费——应交个人所得税　　　　　　　　　　　　　20 000
　　　贷：银行存款　　　　　　　　　　　　　　　　　　　　　　20 000

（三）对企业、事业单位承包经营、承租经营所得应纳税款的计算

承包经营和承租经营形式多样，收入方式也比较灵活，但归结起来有两种形式：一是纳税人按照承包或承租合同的规定，从发包或包租单位分得的经营利润，应由承包承租人自行申报纳税；二是承包人、承租人在经营期限内，按月或者按次取得的工资，类似工资所得的会计处理。

承包经营、租赁经营所得税款的计算，同工资、薪金所得的计算一样，应先将纳税人取得的不含税收入核算为应纳税所得，然后再计算其应纳税额。计算公式为：

$$应纳税额 = 应纳税所得额 \times 适用税率 - 速算扣除数$$
$$= （纳税年度收入总额 - 必要费用）\times 适用税率 - 速算扣除数$$

【例 10-6】

张某2011年年初与某事业单位签订承包合同经营招待所，期限为3年，规定每年从承包经营利润中上交承包费20%。招待所当年实现经营利润100 000元。

（1）计算应缴纳的个人所得税

$$应纳税所得额 = 承包经营利润 - 上交费用 - 每月必要费用扣除$$
$$= 100\,000 - 100\,000 \times 20\% - 3\,500 \times 12$$
$$= 38\,000（元）$$

（2）应纳税额 = 应纳税所得额 × 适用税率 - 速算扣除数
$$= 38\,000 \times 30\% - 3\,750 = 3\,850（元）$$

【例 10-7】

某公司经理2012年年初承包本企业，协议工资采取与经济效益挂钩的办法，每月取得固定工资收入5 000元，年终兑现效益工资90 000元。计算其每月预缴的个人所得税及全年应缴纳的个人所得税。

每月预缴个人所得税 = (5 000 - 3 500) × 3% = 45(元)
平均月收入 = (5 000 × 12 + 90 000) ÷ 12 = 12 500(元)
全年应纳税额 = [(12 500 - 3 500) × 20% - 555] × 12 = 14 940(元)

年终补缴税款＝14 940－45×12＝14 400(元)

账务处理：
(1) 每月的账务处理

借：管理费用　　　　　　　　　　　　　　　　　　　　　　　　5 000
　　贷：应付职工薪酬　　　　　　　　　　　　　　　　　　　　　　5 000
借：应付职工薪酬　　　　　　　　　　　　　　　　　　　　　　　5 000
　　贷：银行存款　　　　　　　　　　　　　　　　　　　　　　　　4 955
　　　　应交税费——应交个人所得税　　　　　　　　　　　　　　　　45
借：应交税费——应交个人所得税　　　　　　　　　　　　　　　　　45
　　贷：银行存款　　　　　　　　　　　　　　　　　　　　　　　　　45

(2) 年终的账务处理

借：管理费用　　　　　　　　　　　　　　　　　　　　　　　　90 000
　　贷：应付职工薪酬　　　　　　　　　　　　　　　　　　　　　90 000
借：应付职工薪酬　　　　　　　　　　　　　　　　　　　　　　 90 000
　　贷：银行存款　　　　　　　　　　　　　　　　　　　　　　　75 600
　　　　应交税费——应交个人所得税　　　　　　　　　　　　　　14 400
借：应交税费——应交个人所得税　　　　　　　　　　　　　　　14 400
　　贷：银行存款　　　　　　　　　　　　　　　　　　　　　　　14 400

(四) 劳务报酬所得、特许权使用费所得、财产租赁所得应纳税额的账务处理

企业支付给个人的劳务报酬、特许权使用费、财产租赁所得，由支付单位在向纳税人支付时代扣代缴个人所得税，并计入该企业的有关期间费用，即企业在支付上述各项所得时，借记"管理费用"、"销售费用"等科目，贷记"应交税费"和"库存现金"科目。

【例 10-8】

甲公司安排某演员进行商业演出，该演员取得一次性收入 40 000 元。计算应代扣代缴个人所得税。

(1) 计算应纳税额

应纳税所得额＝40 000×(1－20%)＝32 000(元)
应纳所得税额＝32 000×30%－2 000＝7 600(元)

(2) 账务处理

借：管理费用　　　　　　　　　　　　　　　　　　　　　　　　40 000
　　贷：库存现金　　　　　　　　　　　　　　　　　　　　　　　32 400
　　　　应交税费——应交个人所得税　　　　　　　　　　　　　　7 600
借：应交税费——应交个人所得税　　　　　　　　　　　　　　　7 600
　　贷：银行存款　　　　　　　　　　　　　　　　　　　　　　　7 600

（五）稿酬所得应纳税额的计算

税法规定，稿酬所得，以每次出版、发表取得的收入为一次。个人每次以图书、报刊方式出版、发表同一作品，不论出版单位预付还是分次支付稿酬，或者加印该作品再得稿酬，均应合并一次计算纳税。如果个人在两处或两处以上出版、发表或再版同一作品而取得稿酬所得，则可分次计算纳税。另外，同一作品在报刊分次连载，应将每次连续取得的稿酬合并计算一次；连载后又出书的，出书所得可视为另一次所得。

稿酬所得，每次收入不超过 4 000 元的，定额减除费用 800 元，每次收入超过 4 000 元的，定率减除 20% 的费用，其余额为应纳税所得额。并在计算出应纳税所得额后，减征 30% 的税款。

【例 10-9】

某科研人员在某出版社出版一部专著，获稿酬 30 000 元，计算出版社代扣的个人所得税款。

（1）计算应纳税额

应纳税所得额 = 30 000 × (1 − 20%) = 24 000（元）

应纳税额 = 24 000 × 20% × (1 − 30%) = 3 360（元）

（2）账务处理

借：生产成本	30 000
贷：应交税费——应交个人所得税	3 360
库存现金	26 640
借：应交税费——应交个人所得税	3 360
贷：银行存款	3 360

（六）转让财产所得应纳税款的账务处理

企业向个人购买财产属于企业购置固定资产项目，其支付的税金作为固定资产的购置成本。即在购买个人财产时，按支付的全部价款，借记"固定资产"科目；按应扣缴的个人所得税，贷记"应交税费"，按应支付的全部价款减去个人所得税税款后的余额，贷记"库存现金"科目。

【例 10-10】

某居民将私房转让，房屋面积为 200 平方米，转让给某企业做销售门市部，转让收入 320 000 元；该房产原值为 100 000 元，发生修缮费 10 000 元，转让过程中发生其他费用 2 000 元。计算企业应代扣代缴的税额。

应纳税所得额 = 320 000 − 100 000 − 10 000 − 2 000 = 208 000（元）

应纳税额 = 208 000 × 20% = 41 600（元）

借：固定资产	320 000
贷：应交税费——应交个人所得税	41 600
库存现金	278 400

（七）利息、股息、红利所得

对个人投资者从上市公司取得的股息红利所得，暂减按 50% 计入个人应纳税所得额，依照现行税法规定计征个人所得税。股份制企业在分配股息、红利时，以股票形式向股东个人支付应得的股息、红利（即派发红股），应以派发红股的股票票面金额为收入额，按利息、股息、红利项目计征个人所得税。股份制企业用资本公积金转增股本不属于股息、红利性质的分配，对个人取得的转增股本数额，不作为个人所得，不征收个人所得税。股份制企业用盈余公积金派发红股属于股息、红利性质的分配，对个人取得的红股数额，应作为个人所得征税。

1. 未计提利息费用
   借：财务费用
     贷：应交税费——应交个人所得税
       银行存款
2. 计提利息费用
   借：应付利息——应交个人所得税
     贷：应交税费——应交个人所得税
       银行存款
3. 计提分红
   借：利润分配
     贷：应付股利
4. 计提红利所得的个人所得税（按分红的 20% 从红利中扣，代扣代缴）
   借：应付股利——应交个人所得税
     贷：应交税费——应交个人所得税
5. 申报缴纳时
   借：应交税费——应交个人所得税
     贷：银行存款

（八）代扣代缴手续费的账务处理

《关于印发〈个人所得税代扣代缴暂行办法〉的通知》（国税发〔1995〕065 号）第十七条规定，对扣缴义务人按照所扣缴的税款，付给 2% 的手续费。扣缴义务人可将其用于代扣代缴费用开支和奖励代扣代缴工作做得较好的办税人员。因此，在收到该笔款项时，可以先将其挂在"其他应付款"科目，领导审批后，再做相应的账务处理。

第五节　个人所得税的纳税申报

个人所得税扣缴义务人每月所扣的税款，自行申报纳税人每月应纳的税款，应当在次月 15 日内缴入国库，并向税务机关报送纳税申报表。工资、薪金所得应纳的税款，按月计征，由扣缴义务人或者纳税义务人在次月 15 日内缴入国库，并向税务机关报送纳税申报表。特定行业的工资、薪金所得应纳的税款，可以实行按年计算、分月预缴的方式计征，具体办法由国务院规定。个体工商户的生产、经营所得应纳的税款，按年计算，分月预缴,由纳税义务人在次月 15 日内预缴,年度终了后 3 个月内汇算清缴,多退少补。

一、扣缴个人所得税报告表

扣缴个人所得税报告表如表 10-5 所示。

表 10-5 扣缴个人所得税报告表

扣缴义务人编码:□□□□□□□□□□□□□□□

扣缴义务人名称(公章):　　　　金额单位:元(列至角分)　　　　填表日期:　年　月　日

序号	纳税人姓名	身份证照类型	身份证照号码	国籍	所得项目	所得期间	收入额	免税收入额	允许扣除的税费	费用扣除标准	准予扣除的捐赠额	应纳税所得额	税率%	速算扣除数	应扣税额	已扣税额	备注
1	2	3	4	5	6	7	8	9	10	11	12	13	14	15	16	17	18
		合计										—	—	—			
扣缴义务人声明	我声明:此扣缴报告表是根据国家税收法律、法规的规定填报的,我确定它是真实的、可靠的、完整的。 　　　　　　　　　　　　　　　　　　声明人签字:																

会计主管签字:　　　　　　负责人签字:　　　　　　扣缴单位(或法定代表人)(签章):

受理人(签章):　　　　受理日期:　年　月　日　　　　受理税务机关(章):

扣缴个人所得税报告表填表说明:

(1) 本表根据《中华人民共和国税收征收管理法》(以下简称征管法)及其实施细则、《中华人民共和国个人所得税法》(以下简称税法)及其实施条例制定。

(2) 本表适用于扣缴义务人申报扣缴的所得税额。扣缴义务人必须区分纳税人、所得项目逐人逐项明细填写本表。

(3) 扣缴义务人不能按规定期限报送本表时,应当在规定的报送期限内提出申请,经当地税务机关批准,可以适当延长期限。

(4) 扣缴义务人未按规定期限向税务机关报送本表的,依照征管法第六十二条的规定,予以处罚。

(5) 填写本表要用中文,也可用中、外两种文字填写。

(6) 表头项目的填写说明如下:

①扣缴义务人编码:填写税务机关为扣缴义务人确定的税务识别号。

②扣缴义务人名称:填写扣缴义务人单位名称全称并加盖公章,不得填写简称。

③填表日期:是指扣缴义务人填制本表的具体日期。

(7) 本表各栏的填写如下:

①纳税人姓名:纳税义务人如在中国境内无住所,其姓名应当用中文和外文两种文字填写。

②身份证照类型:填写纳税人的有效证件(身份证、户口簿、护照、回乡证等)名称。

③所得项目:按照税法规定项目填写。同一纳税义务人有多项所得时,应分别填写。

④所得期间:填写扣缴义务人支付所得的时间。

⑤收入额:如支付外币的,应折算成人民币。外币折合人民币时,如为美元、日元和港币,应当按照缴款上一月最后一日中国人民银行公布的人民币基准汇价折算;如为美元、日元和港币以外的其他外币的,应当按照缴款上一月最后一日中国银行公布的人民币外汇汇率中的现钞买入价折算。

⑥免税收入额:指按照国家规定,单位为个人缴付和个人缴付的基本养老保险费、基本医疗保险费、失业保险费、住房公积金,按照国务院规定发给的政府特殊津贴、院士津贴、资深院士津贴和其他经国务院批准免税的补贴、津贴等按照税法及其实施条例和国家有关政策规定免于纳税的所得。

此栏只适用于工资薪金所得项目,其他所得项目不得填列。

⑦允许扣除的税费:只适用劳务报酬所得、特许权使用费所得、财产租赁所得和财产转让所得项目。

- 劳务报酬所得允许扣除的税费是指劳务发生过程中实际缴纳的税费;
- 特许权使用费允许扣除的税费是指提供特许权过程中发生的中介费和相关税费;
- 适用财产租赁所得时,允许扣除的税费是指修缮费和出租财产过程中发生的相关税费;
- 适用财产转让所得时,允许扣除的税费是指财产原值和转让财产过程中发生的合理税费。

⑧除法律法规另有规定的外,准予扣除的捐赠额不得超过应纳税所得额的30%。

⑨已扣税额:是指扣缴义务人当期实际扣缴的个人所得税税款及减免税额。

⑩扣缴非本单位职工的税款,须在备注栏反映。

⑪表间关系:

应纳税额＝应纳税所得额×税率－速算扣除数

$$应纳税所得额 = \frac{收入额}{(人民币合计)} - \frac{免税}{收入额} - \frac{允许扣除}{的税费} - \frac{费用扣除}{标准} - \frac{准予扣除}{的捐赠额}$$

注：全年一次性奖金等特殊政策的应纳税所得额计算除外。

$$\text{收入额（人民币合计）} = \text{收入额（人民币）} + \text{收入额（外币折合人民币）}$$

⑫声明人：填写扣缴义务人名称。

（8）本表为 A4 横式。

二、查账征收个体工商户所得税年度申报表

查账征收个体工商户所得税年度申报表如表 10-6 所示。

表 10-6　　　　　　　　　查账征收个体工商户所得税年度申报表

纳税年度（月份）：自　　至　　　　填表日期：　年　月　日

纳税人身份证件类型及号码：　　　　　　　　　　　　　　　　金额单位：人民币元

业主姓名			地址			
户名						
业别		开始生产经营日期	银行账号		邮编	电话
项目			金额			
应纳税所得额的计算	1. 全年［本月（次）］收入额					
	2. 成本					
	3. 费用					
	4. 损失					
	5. 全年（本月）应纳税所得额［1−(2＋3＋4)］					
应纳个人所得税额的计算	6. 税率					
	7. 速算扣除数					
	8. 应纳所得税额（5×6−7）					
	9. 减免税额					
	10. 实际应纳税额（8−9）					
	11. 全年预缴税额					
	12. 应补（退）所得税额（10−11）					
授权代理人	（如果你已委托代理人，请填写下列资料）为代理一切税务事宜，现授权_____（地址）_____为本人代理申报人任何与本申报表有关的来往文件都可寄与此人 授权人签字_____		声明	我声明，此纳税申报表是根据《中华人民共和国个人所得税法》的规定填报的，我确信它是真实的、可靠的、完整的。 声明人签字_____		

思考和练习题

1. 个人所得税法界定的工薪与会计准则中的职工薪酬有何区别？

2. 某食品厂（增值税一般纳税人），将本企业生产的月饼作为福利发给职工（生产人员80人，管理人员20人），该批月饼对外售价（不含税）40 000元，成本价20 000元，编制会计分录。

3. 2010年，北京某公司高级管理人员李明年收入600 000元，每月收入10 000元，年终奖为480 000元，如何进行纳税筹划？

4. 中国公民李某2011年在我国境内1—12月每月的绩效工资为3 000元，12月31日又一次性领取年终奖金（兑现绩效工资）18 500元。计算该笔奖金应缴纳的个人所得税。

5. 职工王某工资5 000元（与缴费基数相同）；企业负担的五险一金比例为30%，个人负担比例为10%，工会经费和职工教育经费共计4.5%，职工福利3.5%。计算应缴纳的个人所得税和实发工资。

6. 张某2011年承包某服装厂，根据承包协议规定，服装厂工商登记更改为个体工商户，全年上交承包费10万元。2011年服装厂取得收入46.96万元，允许扣除的成本、费用、税金等31万元，其中含张某每月领取的工资3 600元。计算2011年张某应缴纳个人所得税。

第十一章 其他税种会计

第一节 印花税会计

印花税,是对经济活动的经济交往中书立、使用、领受具有法律效力的凭证的单位和个人征收的一种税。因采用在应税凭证上粘贴印花税票(简称贴花)的方式完成纳税义务而得名。印花税票由国家税务局监制,票面金额以人民币为单位。印花税以书立、领受应税凭证的行为为征税对象,属于行为税性质。与其他税种相比,印花税具有以下特点:

(1) 兼有凭证税和行为税的性质。印花税是对单位和个人书立、领受的应税凭证征收的一种税,具有凭证税的性质,同时经济凭证必然反映经济行为,也就具有行为税的性质。

(2) 征收面广。印花税征税范围广泛,涉及了商品经济活动中的各个方面,从交易活动中的合同、单据、契约到确定纳税人权利义务的权利许可证;从生产经营活动的会计账册,到群众生活中财产转让的书据,既不局限于生产领域,也不局限于纳税人有无收益,只要书立、领受了凭证,就必须履行纳税义务。

(3) 税负较轻。与其他税种比,印花税的税率较低,税额明显低于其他税种。

(4) 由纳税人自行完税,不退税、不抵用。印花税由纳税人自行计提、自行购买印花税票、自行贴花的办法完成纳税义务。纳税人多贴或多缴的印花税不予退税,也不允许抵用。

(5) 轻税重罚。由于印花税税负很轻而且又由纳税人自行完税,因此纳税人若不按规定履行纳税义务,就要重罚。《中华人民共和国印花税暂行条例》(以下简称印花税暂行条例)规定,纳税人在应纳凭证上未贴或少贴印花税票的,除补贴外,还要处以补贴金额3~5倍的罚款;纳税人没有按规定注销印花税票的,处以未注销税票金额1~3倍的罚款;纳税人将用过的税票重用的,处以重用金额5倍或者2 000元以上10 000元以下的罚款。

一、印花税的基本内容

(一) 纳税义务人

凡在中国境内书立、领受、使用应税凭证的单位和个人均为印花税纳税义务人。单位和个人是指国内各类企业、事业单位、机关、团体、部队以及中外合资企业、合作企业、外资企业、外国企业和其他经济组织及其在华机构的单位和个人。上述单位和个人，根据书立、使用、领受应税凭证不同，印花税纳税人可以分为立合同人、立据人、立账簿人、领受人和使用人五类。

(1) 立合同人。即合同的当事人。这里所说的当事人，是指对凭证有直接权利义务关系的单位和个人，不包括担保人、证人、鉴定人。

(2) 立据人。即产权转移书据当事人。如果立据人未贴印花或少贴印花，书据的持有人应负责补贴印花。所立书据以合同方式签订的，应由持有书据的各方分别按全额贴花。

(3) 立账簿人。具体是指设立并使用营业账簿的单位和个人。营业账簿，是指单位或者个人记载生产经营活动的财务会计核算账簿。

(4) 领受人。具体是指领取或接受并持有该项凭证的单位和个人。领受权利、许可证照的，以领受人为纳税人。

(5) 使用人。在国外书立、领受应税凭证，但在国内使用的，以使用人为纳税人。

需要强调的是，对上述应税凭证，凡有两方或两方以上当事人共同书立的，其当事人各方都是印花税的纳税人，应分别就其所持凭证的计税金额履行纳税义务。

在代理经济业务中，由代理人代办经济业务的，则当事人的代理人具有代理纳税义务，代理纳税人与纳税人负有同等税收法律的义务和责任。

对在国外书立、领受而在国内使用的应税凭证，使用人为纳税义务人。

对政府部门发给的权利许可证照，领受人为纳税义务人。

(二) 征税范围

根据印花税暂行条例及实施细则规定，凡是在中华人民共和国境内书立、领受和在中国境外书立，但在中国境内具有法律效力，受中国法律保护的应税凭证，均属于印花税的征税范围。印花税征税范围采取列举法，对列举的凭证征收，没有列举的不征收。征收范围包括以下五类。

1. 经济合同

包括购销、加工承揽、建设工程承包、财产租赁、货物运输、仓储保管、借款、财产保险、技术合同或者具有合同性质的凭证。

具有合同性质的凭证，是指具有合同效力的协议、契约、合约、单据、确认书及其他各种名称的凭证。

建设工程承包合同，是指建设工程勘察设计合同和建筑安装工程承包合同，包括总包合同、分包合同和转包合同。

在确定经济合同的范围时，应注意以下问题：

(1) 未按期兑现合同，也应贴花。

(2) 同时书立合同和开立单据时，只就合同贴花；凡不书立合同，只开立单据，以单据作为合同使用的，应就单据贴花。

2. 产权转移书据

包括财产所有权、版权、商标专用权、专利权、专利技术使用权等转移所书立的书据。

产权转移书据，是指单位和个人产权的买卖、继承、赠与、交换、分割等所立的书据。

3. 营业账簿

包括单位和个人生产经营活动中所使用的各种账册,即记载资金的账簿和其他账簿。

资金账簿,是指反映生产经营单位"实收资本"和"资本公积"金额增减变化的账簿。

其他账簿,是指反映除资金资产以外的其他生产经营活动内容的账簿,即除资金账簿以外的归属于财务会计体系的生产经营用账册。

4. 权利许可证照

指政府部门发给的工商营业执照、土地使用证、房屋产权证、商标注册证、专利证等。

5. 经财政部门确定征收的其他凭证

由于目前同一性质的凭证名称各异,不够统一,故各类凭证不论以何种样式或名称书立,只要其性质属于印花税暂行条例列举范围内的凭证,均应照章纳税。

为适应经济形势发展变化的需要,完善税制,国家税务总局对印花税的有关政策作出了明确规定:

(1) 对纳税人以电子形式签订的各类应税凭证按规定征收印花税。

(2) 对发电厂与电网之间、电网与电网之间(国家电网公司系统、南方电网公司系统内部各级电网互供电量除外)签订的购售电合同按购销合同征收印花税。

电网与用户之间签订的供用电合同不属于印花税列举征税的凭证,不征收印花税。

(3) 对土地使用权出让合同、土地使用权转让合同按产权转移书据征收印花税。

(4) 对商品房销售合同按照产权转移书据征收印花税。

二、印花税的税收优惠

(一) 法定凭证免税

下列凭证,免征印花税:

(1) 已经缴纳印花税的凭证的副本或者抄本,免征印花税,但是视同正本使用者除外。

(2) 财产所有人将财产赠给政府、抚养孤老伤残人员的社会福利单位、学校所立的书据,免征印花税。

(3) 经财政部批准免税的其他凭证。

(二) 免税额

应纳税额不足一角的,免征印花税。

(三) 特定凭证免税

下列凭证,免征印花税:

(1) 国家指定的收购部门与村民委员会、农民个人书立的农副产品收购合同,免征印花税。

(2) 各银行按照国家金融政策发放的无息、贴息贷款及由商业银行按照规定由财政部门或中国人民银行给予贴息的贷款项目所签订的贷款合同,免征印花税。

(3) 外国政府或者国际金融组织向我国政府及国家金融机构提供的优惠贷款所书立的合同(指由外国政府或者国际金融组织提供资金,具有援助性质的优惠贷款项目所签订的政府间协议），免征印花税。

（四）特定情形免税

有下列情形之一的，免征印花税：

（1）对铁路、公路、航运、水路承运快件行李、包裹开具的托运单据，暂免贴花。

（2）对商店、门市部的零星加工修理业务开具的修理单，不贴印花。

（3）对房地产管理部门与个人订立的租房合同，凡用于生活居住的，暂免贴花；用于生产经营的，按规定贴花。

（4）对企业车间、门市部、仓库设置的不属于会计核算范围，或虽属会计核算范围，但不记载金额的登记簿、统计簿、台账等，不贴印花。

（5）实行差额预算管理的单位，不记载经营业务的账簿不贴花。

（6）对在供需经济活动中使用电话、计算机联网订货，没有开具书面凭证的，暂不贴花。

（7）对微利、亏损企业不能减免印花税。但是，对微利、亏损企业记载资金的账簿，第一次贴花数额较大，难以承担的，经当地税务机关批准，可允许在三年内分次贴足印花。

（8）为了支持城乡储蓄事业的发展，对银行、城乡信用社开展储蓄业务设置的储蓄分户卡账，暂免印花，对其他账簿应按照规定贴花。

三、印花税的计税依据与税率

（一）印花税的计税依据

印花税分为从价计税和从量计税两种。

1. 从价计征计税依据的确定

（1）各类经济合同，以合同上所载金额为计税依据。

（2）产权转移书据，以书据所载的金额为计税依据。

（3）记载资金的营业账簿，以实收资本和资本公积的合计金额为计税依据。

2. 从量计征计税依据的确定

实行从量计征的其他营业账簿的权利、许可证照等，以计税数量为计税依据。

（二）印花税税率

印花税各税目分别适用比例税率和定额税率。

1. 一般规定

印花税的税率采取比例税率和定额税率两种。适用比率税率的有各类经济合同性质的凭证、记载金额的账簿、产权转移书据等。比例税率有五档，即 $0.03‰$、$0.05‰$、$0.3‰$、$0.5‰$、$1‰$，分别适用于：（1）财产保险合同；（2）借款合同；（3）购销、建筑安装工程承包及技术合同等；（4）加工承揽、建设工程设计、货物运输合同、产权转移书据及记载金额账簿；（5）财产租赁、仓储保管合同。

印花税定额税率每件5元，适用于记载金额（"实收资本"与"资本公积"两项合计金额）以外的其他营业账簿、权利许可证照等。

在确定适用税率时，如果发生载有一个经济事项的应税凭证，但可以同时适用两个或两个以上税率，且属于同一笔金额的，应按其中较高税率计算纳税，而不是分别按两种税率贴花。

印花税的税目税率,如表11-1所示。

表11-1　　　　　　　　　　印花税税目、税率表

税目	范围	税率	纳税义务人	说明
1. 购销合同	包括供应、预购、采购、购销结合及协作、调剂、补偿、易货等合同	按购销金额万分之三贴花	立合同人	
2. 加工承揽合同	包括加工、定作、修缮、修理、印刷、广告、测绘、测试等合同	按加工或承揽收入万分之五贴花	立合同人	
3. 建设工程勘察设计合同	包括勘察、设计合同	按收取费用万分之五贴花	立合同人	
4. 建筑安装工程承包合同	包括建筑、安装工程承包合同	按承包金额万分之三贴花	立合同人	
5. 财产租赁合同	包括租赁房屋、船舶、飞机、机动车辆、机械、器具、设备等	按租赁金额千分之一贴花。税额不足一元的按一元贴花	立合同人	
6. 货物运输合同	包括民用航空、铁路运输、海上运输、内河运输、公路运输和联运合同	按运输费用万分之五贴花	立合同人	单据作为合同使用的,按合同贴花
7. 仓储保管合同	包括仓储、保管合同	按仓储保管费用千分之一贴花	立合同人	仓单或栈单作为合同使用的,按合同贴花
8. 借款合同	银行及其他金融组织和借款人(不包括银行同业拆借)所签订的借款合同	按借款金额万分之零点五贴花	立合同人	单据作为合同使用的,按合同贴花
9. 财产保险合同	包括财产、责任、保证、信用等保险合同	按投保金额万分之零点三贴花	立合同人	单据作为合同使用的,按合同贴花
10. 技术合同	包括技术开发、转让、咨询、服务等合同	按所载金额万分之三贴花	立合同人	
11. 产权转移书据	包括财产所有权和版权、商标专用权、专利权、专有技术使用权等转移书据	按所载金额万分之五贴花	立据人	
12. 营业账簿	生产经营用账册	记载资金的账簿,按固定资产原值与自有流动资金总额万分之五贴花;其他账簿按件贴花五元	立账簿人	
13. 权利许可证照	包括政府部门发给的房屋产权证、工商营业执照、商标注册证、专利证、土地使用证	按件贴花五元	领受人	

2. 特殊规定

(1) 加工承揽合同。

由受托方提供原材料的加工、定做合同，凡在合同中分别记载加工费金额和原材料金额的，应分别按"加工承揽合同"和"购销合同"计税贴花。若合同中未分别记载，则应就全部金额按加工承揽合同计税贴花。对由受托方提供辅助材料的，无论加工费和辅助材料金额是否分别记载，均以二者的合计数，按加工承揽合同计税贴花。

(2) 建筑安装工程承包合同。

施工单位将自己承包的建设项目分包或者转包给其他施工单位所签订的分包合同或者转包合同，应按新的分包或者转包合同所载金额计税贴花。

(3) 对非货币性交易业务签订的合同。

商品购销合同中，采用非货币性交易进行商品交易签订的合同是反映既购又销双重经济行为的合同，对此应按合同所载的购、销合计金额贴花，合同未列明金额的，应按合同所载购、销数量依照国家牌价或市场价格计算应纳税额。

(4) 借款合同。

凡一项信贷业务既签订借款合同又一次或分次填开借据的，只以借款合同所记载金额为计税依据；凡只填开借据并作合同使用的，应以借据所载金额为计税依据。

借贷双方签订的流动资金周转性借款合同，以其规定的限额计税依据，在签订时一次贴花；在限额内随借随还不签订新合同的，不再另贴印花。

对抵押借款合同，以按借款合同贴花；在借款方无力偿还借款而将抵押财产转让给贷款方时，应按产权转移书据贴花。

融资租赁合同，以合同所载租金总额，暂按借款合同计税贴花。

在基本建设借款中，如按年度借款计划分年签订借款合同，在最后一年按总概算签订借款总合同，且总合同的借款金额包括各分合同的借款金额，应按分合同分别贴花；最后签订的总合同，只就借款总额扣除分合同借款金额后的余额计税贴花。

四、印花税应纳税额的计算

1. 实行从价定率办法计税的应税凭证

    应纳税额＝应税凭证所载金额×适用税率

2. 实行从量定额办法计税的应税凭证

    应纳税额＝应税凭证件数×单位税额

【例 11-1】

某企业 2011 年 10 月开业，领受工商营业执照、房屋产权证、土地使用证各 1 件。与投资企业签订转移专用技术使用权书据 1 份，金额 50 万元。当月签订产品购销合同 5 份，总金额为 100 万元。签订租用库房合同 1 份，月租金 2 万元。签订借款合同 1 份，金额 80 万元。企业"实收资本"150 万元，其他各类营业账簿 15 本。2011 年 12 月"实收资本"账户余额 200 万元。

(1) 企业领受权利、许可证照应纳税额＝3×5＝15（元）

(2) 企业产权转移书据应纳税额＝500 000×0.5‰＝250（元）

(3) 企业购销合同应纳税额＝1 000 000×0.3‰＝300（元）

(4) 企业租赁合同应纳税额＝20 000×1‰＝20（元）

(5) 企业借款合同应纳税额＝800 000×0.05‰＝40（元）

(6) 企业"实收资本"账簿应纳税额＝1 500 000×0.5‰＝750（元）

(7) 企业增加"实收资本"应纳税额＝500 000×0.5‰＝250（元）

(8) 企业营业账簿应纳税额＝15×5＝75（元）

合计应纳税额＝15＋250＋300＋20＋40＋750＋250＋75＝1 700（元）

五、印花税的会计处理

印花税实行由纳税人根据规定自行计算应纳税额，购买并一次贴足印花税票（以下简称贴花）的缴纳办法。企业缴纳印花税，一般都是自行计算、购买、注销，不会形成税款债务；因此，不通过"应交税费"账户核算，直接在"管理费用"中列支。即企业在缴纳印花税时，作会计分录，借记"管理费用"，贷记"银行存款"。如果一次购买印花税和一次缴纳税额较大时，需分期摊入成本。为简化贴花手续，应纳税额较大或者贴花次数频繁的，纳税人可向税务机关提出申请，采取以缴款书代替贴花或者按期汇总缴纳的办法。需要强调的是，根据印花税相关纳税办法的规定，一张凭证的应纳税额超过500元的，应向当地税务机关申请填写缴款书或完税凭证。将其中一联粘贴在凭证上或由税务机关在凭证上加注完税标记代替贴花。这种情况下印花税可以通过"应交税费"账户核算。

【例11-2】

某企业于2010年9月开业，领受工商营业执照、房屋产权证、土地使用证、商标注册证各一份。实收资本200万元。除记载资金的账簿外，还设有6本营业账簿。计算应纳的印花税并作会计分录。

(1) 领受权利许可证照应缴纳的印花税＝5×4＝20（元）

(2) 设置账簿应缴纳的印花税＝2 000 000×0.5‰＋6×5＝1 030（元）

应纳税额＝20＋1 030＝1 050（元）

缴纳印花税时：

借：管理费用　　　　　　　　　　　　　　　　　　　　　　　　　　1 050

　　贷：银行存款　　　　　　　　　　　　　　　　　　　　　　　　1 050

六、印花税的纳税申报

（一）纳税义务发生时间

印花税应当在书立或领受时贴花。具体是指在合同签订时、账簿启用时和证照领受时贴花。

（二）纳税地点

印花税一般实行就地纳税。

（三）纳税期限

印花税应税凭证应在书立、领受时即行贴花完税，不得延至凭证生效日期贴花。同一种类应纳印花税凭证若需要频繁贴花的，纳税人可向当地税务机关申请近期汇总缴纳印花税，经税务机关核准发给许可证后，按税务机关确定的限期（最长不超过1个月）汇总计算纳税。

（四）缴纳方法

根据税额大小，应税项目纳税次数多少以及税源控管的需要，印花税分别采用自行贴花、汇贴汇缴和委托代征三种缴纳方法。

印花税年度纳税申报表如标 11-2 所示。

表 11-2　　　　　　　　　印花税年度纳税申报表

税款所属日期：　　　　　　　　年　月　日 — 月　日　　　　　　　单位：元（列至角分）

税务计算机代码		单位名称（公章）		联系电话	
税目	份数	计税金额	税率	已纳税额	
购销合同			0.3‰		
加工承揽合同			0.5‰		
建设工程勘察设计合同			0.5‰		
建筑安装工程承包合同			0.3‰		
财产租赁合同			1‰		
货物运输合同			0.5‰		
仓储保管合同			1‰		
借款合同			0.05‰		
财产保险合同			1‰		
技术合同			0.3‰		
产权转移书据			0.5‰		
账簿	资金账簿		0.5‰		
	其他账簿	件	5元		
权利许可证照		件	5元		
其他					
合计					

填表日期：　年　月　日　　　　　　　办税人员（签章）：　　　　　　财务负责人（签章）：

注：表中应填写已完税的各印花税应税凭证份数、所载计税的金额、已完税的税额。大额缴款、贴花完税均应填写本表。

第二节　房产税会计

一、房产税的概述

房产税是以房屋为征税对象，以房屋的计税余值或租金收入为计税依据，向房屋产权所有人征收的一种财产税。

现行房产税是在原计划经济体制和财产所有结构的框架内恢复征收的，一方面继承了过去城市房地产税的传统做法，同时又考虑了我国新旧体制转换过程中的某些特殊情况，因此，具有自身的特点。房产税属于财产税中的个别财产税，按征税对象的范围不同，财产税可以分为一般财产税与个别财产税。一般财产税也称"综合财产税"，是对纳税人拥有的各类财产实行综合课征的税收。个别财产税也称"单项财产税"，是对纳税人拥有的土地、房屋、资本和其他财产分别课征的税收。房产税属于个别财产税，其征税对象只是房屋。限于征税范围内的经营性房屋，房产税在城市、县城、建制镇和工矿区范围内征收，不涉及农村。农村的房屋，大部分是农民居住用房，为了不增加农村负担，对坐落在农村的房屋没有纳入征税范围。另外，对某些拥有房屋，但自身没有纳税能力的单位，如国家拨付行政经费、事业经费和国防经费的单位自用的房屋、居民个人居住用房屋，税法也通过免税的方式将这类房屋排除在征税范围之外。区别房屋的经营使用方式规定不同的计税依据，拥有房屋的单位和个人，既可以将房屋用于经营自用，又以把房屋用于出租、出典。房产税根据纳税人经营形式不同，对前一类房屋按房产计税余值征收，对后一类房屋按租金收入计税。

房产税收入是地方财政收入的一个主要来源，可以调节财富分配，有利于加强房产管理，配合城市住房制度改革。

二、征税范围、纳税人和税率

所谓房产，是以房屋形态表现的财产。房屋则是指有屋面和围护结构（有墙或两边有柱），能够遮风避雨，可供人们在其中生产、工作、学习、娱乐、居住或储藏物资的场所。至于那些独立于房屋之外的建筑物，如围墙、烟囱、水塔、变电塔、油池油柜、酒窖菜窖、酒精池、糖蜜池、室外游泳池、玻璃暖房、砖瓦石灰窑以及各种油气罐等，则不属于房产。

（一）征税范围

《中华人民共和国房产税暂行条例》（以下简称房产税暂行条例）规定，房产税在城市、县城、建制镇和工矿区征收。其中：城市是指经国务院批准设立的市。城市的征税范围为市区、郊区和市辖县县城，不包括农村。县城是指县人民政府所在地。建制镇是指经省、自治区、直辖市人民政府批准设立的建制镇。建制镇的征税范围为镇人民政府所在地，不包括所辖的行政村。工矿区是指工商业比较发达、人口比较集中，符合国务院规定的建制镇标准，但尚未设立镇建制的大中型工矿企业所在地。开征房产税的工矿区须经省、自治区、直辖市人民政府批准。

（二）纳税人

房产税以在征税范围内的房屋产权所有人为纳税人。其中：

（1）产权属国家所有的，由经营管理单位纳税；产权属集体和个人所有的，由集体单位和个人纳税。

（2）产权出典的，由承典人纳税。所谓产权出典，是指产权所有人将房屋、生产资料等的产权在一定期限内典当给他人使用，而取得资金的一种融资业务，这种业务大多发生于出典人急需用款，但又想保留产权问赎权的情况。承典人向出典人交付一定的典价之后，在质典期内即获抵押物品的支配权并可转典。产权的典价一般要低于卖价。出典在规定期间内须归还典价的本金和利息，方可赎回出典房屋的产权，由于在房屋出典期间产权所有人已无权支配房屋，因此税法规定对房屋具有支配权的承典人为纳税人。

产权所有人、承典人不在房屋所在地的由房产代管人或使用人纳税。

产权未确定及租典纠纷未解决的，亦由房产代管人或者使用人纳税。所谓租典纠纷，是指产权所有人在房产出典和租赁关系上、与承典人、租赁人发生各种争议，特别是权利和义务的争议悬而未决的。对租典纠纷尚未解决的房产，规定由代管人或使用人为纳税人，主要目的在于加强征收管理，保证房产税及时入库。

无租使用其他房产的问题。纳税单位和个人无租使用房产管理部门、免税单位及纳税单位的房产，应由使用人代为缴纳房产税。

自2009年1月1日起，外商投资企业、外国企业和外国人经营的房产按照房产税暂行条例及有关规定征收房产税，1951年8月颁布的《城市房地产税暂行条例》同时废止。以人民币以外的货币为记账本位币的外资企业及外籍个人在缴纳房产税时，均应将其根据记账本位币计算的税款按照缴款上月最后一日的人民币汇率中间价折合成人民币。

（三）税率

房产税采用比例税率，其计税依据分为两种，依据房产计税余值计税的税率为1.2%；依据房产租金收入计税的，税率为12%。从2001年1月1日起，对个人居住用房出租仍用于居住的，其应缴纳的房产税暂减按4%的税率征收。2008年3月1日起，对个人出租住房，不区分用途，按4%的税率征收房产税，对企事业单位、社会团体以及其他组织按市场价格向个人出租用于居住的住房，减按4%的税率征收房产税。

三、计税依据和应纳税额的计算

（一）计税依据

房产税计税办法分为按房产余值计税和按租金收入计税两种。

1. 对经营自用的房屋，以房产的计税余值作为计税依据

所谓计税余值，是指依照税法规定按房产原值一次减除10%～30%的损耗价值以后的余额。其中：房产原值是指纳税人按照会计制度规定，在"固定资产"科目中记载的房屋原价。因此，凡按会计制度规定在账簿中记载有房屋原价的，应以房屋原价按规定减除一定比例后的房产余值计征房产税；没有记载房屋原价的，按照上述原则，并参照同类房屋，确定房产原值，按规定计征房产税。

房产原值应包括与房屋不可分割的各种附属设备或一般不单独计算价值的配套设施。主要有：暖气、卫生、通风、照明、煤气等设备；各种管线如蒸汽、压缩空气、石油、给水排水等管道及电力、电信、电缆导线；电梯、升降机、过道、明台等。属于房屋附属设备的水管、下水道、暖气管、煤气管等应从最近的探视井或三通管起，计算原值；电灯网、照明线从进线盒联结管起，计算原值。

为了维持和增加房屋的使用功能或使房屋满足设计要求，凡以房屋为载体，不可随意移动的附属设备和配套设施，如给排水、采暖、消防、中央空调、电气及智能化楼宇设备等，无论在会计核算中是否单独记账与核算，都应计入房产原值，计征房产税。

纳税人对原有房屋进行改建、扩建的，要相应增加房屋的原值。

对于更换房屋附属设备和配套设施的，在将其价值计入房产原值时，可扣减原来相应设备和设施的价值；对附属设备和配套设施中易损坏，需要经常更换的零配件，更新后不

再计入房产原值,原零配件的原值也不扣除。

2006年1月1日起,凡在房产税征收范围内的具备房屋功能的地下建筑,包括与地上房屋相连的地下建筑以及完全建在地面以下的建筑、地下人防设施等,均应当依照有关规定征收房产税。

对出租房产,租赁双方签订的租赁合同约定有免收租金期限的,免收租金期间由产权所有人按照房产原值缴纳房产税。

对按照房产原值计税的房产,无论会计上如何核算,房产原值均应包含地价,包括为取得土地使用权支付的价款、开发土地发生的成本费用等。容积率低于0.5的,按房产建筑面积的2倍计算土地面积并据此确定计入房产原值的地价。

产权出典的房产,承典人依照房产余值缴纳房产税。

对于与地上房屋相连的地下建筑,如房屋的地下室、地下停车场、商场的地下部分等,应将地下部分与地上房屋视为一个整体,按照地上房屋建筑的有关规定计征房产税。

在确定计税余值时,房产原值的具体减除比例,由省、自治区、直辖市人民政府在税法规定的减除幅度内自行确定。这样规定,既有利于各地区根据本地情况,因地制宜地确定计税余值;又有利于平衡各地税收负担,简化计算手续,提高征管效率。

如果纳税人未按会计制度规定记载原值,在计征房产税时,应按规定调整房产原值;对房产原值明显不合理的,应重新予以评估;对没有房产原值的,应由房屋所在地的税务机关参考同类房屋的价值核定。在原值确定后,再根据当地所适用的扣除比例,计算确定房产余值。对于扣除比例,一定要按由省、自治区、直辖市人民政府确定的比例执行。

对于出租的房屋,以租金收入为计税依据。房屋的租金收入,是房屋产权所有人出租房屋使用权所取得的报酬,包括货币收入和实物收入。对以劳务或其他形式作为报酬抵付房租收入的,应根据当地同类房屋的租金水平,确定租金标准,依率计征。

如果纳税人对个人出租房屋的租金收入申报不实或申报数与同一地段同类房屋的租金收入相比明确不合理,税务部门可以按照《税收征收管理法》的有关规定,采取科学合理的方法核定其应纳税款。具体办法由各级地方税务机关结合当地实际情况制定。

对投资联营的房产,在计征房产税时应予以区别对待。对于以房产投资联营,投资者参与投资利润分红,共担风险的,按房产的计税余值作为计税依据计征房产税;对以房产投资,收取固定收入,不承担联营风险的,实际是以联营名义取得房产租金,应根据房产税暂行条例的有关规定,由出租方按租金收入计算缴纳房产税。

对融资租赁房屋的情况,由于租赁费包括购进房屋的价款、手续费、借款利息等,与一般房屋出租的"租金"内涵不同,且租赁期满后,在承租方偿还最后一笔租赁费时,房屋产权一般都转移到承租方,实际上是一种变相的分期付款购买固定资产的形式,因此在计征房产税时应以房产余值计算征收。融资租赁的房产,由承租人自融资租赁合同约定开始日的次月起依照房产余值缴纳房产税。合同未约定开始日的,由承租人自合同签订的次月起依照房产余值缴纳房产税。

居民住宅区内业主共有的经营性房产的计税依据。对居民住宅区内业主共有的经营性房产,由实际经营(包括向营和出租)的代管人或使用人缴纳房产税。其中自营的,依照房产原值减除10%~30%后的余值计征,没有房产原值或不能将共有住房划分开的,由房产所在地地方税务机关参照同类房产核定房产原值;出租的,依照租金计征。

（二）应纳税额的计算

（1）地上建筑物房产税应纳税额的计算公式为：

$$应纳税额 = 房产计税余值（或租金收入）\times 适用税率$$

其中： $房产计税余值 = 房产原值 \times (1 - 原值减除比例)$

（2）地下建筑物房产税应纳税额的计算公式为：

工业用途房产，以房屋原价的 50%～60% 作为房产计税余值。

$$应纳税额 = 应税房产原值 \times (1 - 原值减除比例) \times 1.2\%$$

商业和其他用途房产，以房屋原价的 70%～80% 作为房产计税余值。

$$应纳税额 = 应税房产原值 \times (1 - 原值减除比例) \times 1.2\%$$

房屋原价折算为应税房产原值的具体比例，由各省、自治区、直辖市和计划单列市财政和地方税务部门在上述幅度内自行确定。

出租的地下建筑，按照出租地上房屋建筑的有关规定计算征收房产税。

【例 11-3】

某省一企业 2008 年度自有房屋 10 栋，其中 8 栋用于经营生产，房产原值 1 000 万元，不包括冷暖通风设备 60 万元；2 栋房屋租给某公司作经营用房，年租金收入 50 万元。试计算该企业当年应纳的房产税（注：该省规定按房产原值一次扣除 20% 后的余值计税）。

自用房产应纳税额 = [(1 000+60) × (1－20%)] × 1.2% = 10.176（万元）

租金收入应纳税额 = 50 × 12% = 6（万元）

全年应纳房产税额 = 10.176 + 6 = 16.176（万元）

四、减免税优惠

依据房产税暂行条例及有关规定，下列房产免征房产税：

1. 国家机关、人民团体、军队自用的房产

"人民团体"是指经国务院授权的政府部门批准设立或登记备案的各种社会团体。如从事广泛群众性社会活动的团体，从事文学艺术、美术、音乐、戏剧的文艺工作团体，从事某种专门学术研究团体，从事社会公益事业的社会公益团体，等等。

"自用的房产"是指这些单位本身的办公用房和公务用房。

2. 国家财政部门拨付事业经费单位自用的房产

事业单位自用的房产，是指这些单位本身的业务用房。

实行差额预算管理的事业单位，虽然有一定的收入，但收入不够本身经费开支的部分，还要由国家财政部门拨付经费补助。因此，实行差额预算管理的事业单位，也属于是由国家财政部门拨付事业经费的单位，对其本身自用的房产免征房产税。

由国家财政部门拨付事业经费的单位，经费来源实行自收自支后，应征收房产税。但为了鼓励事业单位经济独立，由国家财政部门拨付事业经费的单位，1990 年以前经费来源实行自收自支后，从事业单位经费实行自收自支的年度起免征房产税 3 年。1990 年 1 月

1日后,对经费来源实行自收自支的事业单位,不再享受3年免税照顾,应照章征收房产税。

3. 宗教寺庙、公园、名胜古迹自用的房产

宗教寺庙自用的房产,是指举行宗教仪式等的房屋和宗教人员使用的生活用房屋。

公园、名胜古迹自用的房产,是指供公共参观游览的房屋及其管理单位的办公用房屋。公园、名胜古迹中附设的营业单位,如影剧院、饮食部、茶社、照相馆等所使用的房产及出租的房产应征收房产税。

对国家机关、人民团体、军队,国家财政部门拨付事业经费的单位,以及宗教寺庙、公园、名胜古迹自用的房产免征房产税,主要是考虑到这些单位的经费来源由国家财政部门拨款,本身没有纳税能力。至于这些单位非自用的房产,如出租或作营业用的,因为已有收入来源和纳税能力,所以应按照规定征收房产税。

4. 个人拥有的非营业用的房产

对个人所有的非营业用房产给予免税,这主要是为了照顾我国城镇居民住房的实际状况,鼓励个人建房、购房、改善居住条件,配合城市住房制度的改革。但是,对个人所有的营业用房或出租等非自用的房产,应按照规定征收房产税。

5. 经财政部批准免税的其他房产

根据《关于房产税若干具体问题的解释和暂行规定》,下列房产可免征房产税:企业办的各类学校、医院、托儿所、幼儿园自用的房产,可以比照国家财政部门拨付事业经费的单位自用的房产,免征房产税。

经有关部门鉴定,对毁损不堪居住的房屋和危险房屋,在停止使用后,可免征房产税。

自2004年8月1日起,对军队空余房产租赁收入暂免征收房产税,此前已征税款不予退还,未征税款不再补征。暂免征收房产税的军队空余房产,在出租时必须悬挂《军队房地产租赁许可证》,以备查验。

凡是在基建工地为基建工地服务的各种工棚、材料棚、休息棚和办公室、食堂、茶炉房、汽车房等临时性房屋,不论是施工企业自行建造还是基建单位出资建造,交施工企业使用的,在施工期间,一律免征房产税。但是,如果在基建工程结束以后,施工企业将这种临时性房屋交还或者估价转让给基建单位的,应当从基建单位接收的次月起,依照规定征收房产税。

自2004年7月1日起,纳税人因房屋大修导致连续停用半年以上的,在房屋大修期间免征房产税,免征税额由纳税人在申报缴纳房产税时自行计算扣除,并在申报表附表或备注栏中作相应说明。

纳税人房屋大修停用半年以上需要免征房产税的,应在房屋大修前向主管税务机关报送相关的证明材料,包括大修房屋的名称、坐落地点、产权证编号、房产原值、用途、房屋大修的原因、大修合同及大修的起止时间等信息和资料,以备税务机关查验。具体报送材料由各省、自治区、直辖市和计划单列市地方税务局确定,并告知房产税的纳税人。

税务机关应对报告大修的房屋加强跟踪管理和检查,如发现虚假情况,按《税收征收管理法》的有关规定处理。

纳税单位与免税单位共同使用的房屋，按各自使用的部分划分，分别征收或免征房产税。

老年服务机构自用的房产暂免征收房产税。老年服务机构是指专门为老年人提供生活照料、文化、护理、健身等多方面服务的福利性、非营利性的机构，主要包括：老年社会福利院、敬老院（养老院）、老年服务中心、老年公寓（含老年护理院、康复中心、托老所）等。

从2001年月1日起，对按政府规定价格出租的公有住房和廉租住房，包括企业和自收自支事业单位向职工出租的单位自有住房，房管部门向居民出租的公有住房，落实私房政策中带户发还产权并以政府规定租金标准向居民出租的私有住房等，暂免征收房产税。

对邮政部门坐落在城市、县城、建制镇、工矿区范围内的房产，应当依法征收房产税；对坐落在城市、县城、建制镇、工矿区范围以外、尚在县邮政局内核算的房产，在单位财务账中划分清楚的，从2001年1月1日起不再征收房产税。

对房地产开发企业建造的商品房，在出售前不征收房产税。但对出售前房地产开发企业已使用或出租、出借的商品房应按规定征收房产税。

铁道部所属铁路运输企业自用的房产，继续免征房产税。地方铁路运输企业自用的房产，应缴纳的房产税比照铁道部所属铁路运输企业的政策执行。

对行使国家行政管理职能的中国人民银行总行（含国家外汇管理局）所属分支机构自用的房产，免征房产税。

对其他专业银行等金融机构（包括信托投资公司、城乡信用合作社，以及经中国人民银行批准设立的其他金融组织）和保险公司的房产，均应按规定征收房产税。

天然林保护工程有关房产免税。2011年1月1日至2020年12月31日，对天然林资源保护工程的房产继续免征房产税。

对经营公租房所取得的租金收入，免征房产税。公租房租金收入与其他住房经营收入应单独核算，未单独核算的不得享受免征房产税优惠政策。

五、房产税的会计处理

房产税的核算应设置"应交税费——应交房产税"和"管理费用——房产税"账户进行核算。企业计提应缴纳的房产税时，借记"管理费用——房产税"，贷记"应交税费——应交房产税"；实际缴纳房产税时，借记"应交税费——应交房产税"，贷记"银行存款"。从租计征的房产税可以通过"营业税金及附加"账户核算。

财税〔2010〕121号文件规定，对按照房产原值计税的房产，无论会计上如何核算，房产原值均应包含地价，包括为取得土地使用权支付的价款、开发土地发生的成本费用等。宗地容积率低于0.5的，按房产建筑面积的2倍计算土地面积并据此确定计入房产原值的地价。

【例11-4】

某建筑公司自有办公楼一栋，原值150万元。2010年1月1日，将其中一间办公室租给另一公司作为办公用，面积占整个面积的10%，年租金5万元，该地规定允许按房产原值一次扣除30%后的余值缴纳房产税，则该公司2010年应缴纳的房产税计算如下：

(1) 按房产原值应计缴的房产税

房产原值＝150×(1－10%)＝135(万元)

应纳房产税＝135×(1－30%)×1.2%＝1.134(万元)

(2) 按租金计缴的房产税＝5×12%＝0.6(万元)

合计应纳房产税＝1.134＋0.6＝1.734(万元)。

每月末应计提房产税额＝17 340÷12＝1 445(元)

计提时，作分录：

借：管理费用——税金	1 445
贷：应交税费——应交房产税	1 445

实际缴纳房产税时，作分录：

借：应交税费——应交房产税	1 445
贷：银行存款	1 445

六、征收管理

(一) 纳税义务发生时间

将原有房产用于生产经营的，从生产经营之月起，计征房产税。自建的房屋用于生产经营的，建成之日的次月起，计征房产税。

委托施工企业建设的房屋，从办理验收手续之日的次月起，计征房产税。对于在办理验收手续前已使用或出租、出借的新建房屋，应从使用或出租、出借的当起按规定计征房产税。购置新建商品房房屋交付使用之次月起计征房产税。购置存量房，办理房屋权属转移、变更登记手续，房地产权属登记机关签发房屋权属证书之次月起计征房产税。出租、出借房产，自交付出租、出借房产之次月起计征房产税。

房地产开发企业自用、出租、出借本企业建造的商品房，自房屋使用或交付之次月起计征房产税。

(二) 纳税期限

房产税实行按年征收，分期缴纳。纳税期限由省、自治区、直辖市人民政府规定。各地一般按季或半年征收。

(三) 纳税申报

房产税的纳税申报，是房屋产权所有人或纳税人缴纳房产税必须履行的法定手续。纳税义务人应根据税法要求，将现有房屋的坐落地点、结构、面积、原值、出租收入等情况，据实向当地税务机关办理纳税申报，并按规定纳税。如果纳税人住址发生变更、产权发生转移，以及出现新建、改建、扩建、拆除房屋等情况；而引起房产原值发生变化或者租金收入变化的，都要按规定及时向税务机关办理变更登记，以便税务机关及时掌握纳税人的房产变动情况。

(四) 纳税地点

房产税在房产所在地缴纳。房产不在同一地方的应按房产的坐落地点分别向房产所在地的税务机关缴纳。

(五) 房产税纳税申报表

房产税纳税申报表如表 11-3 所示。

表 11-3　　　　　　　　　　房产税纳税申报表

税款所属时期：　　　　　　　　　　　　　　　　　　　金额单位：元（列至角分）

纳税人代码						微机代码					
纳税人名称											
座落地点			建筑面积				房屋结构				
纳税项目	上期申报房产原值（评估）	本期增减	本期实际房产原值	其中			扣除率	计税依据	适用税率	应纳税额	批准减免	应补退税额
				从价计税的房产原值	从租计税的房产原值	税法规定的免税房产原值						
1	2	3	4=2+3	5=4-6-7	6=4-5-7	7	8	9=5-5×8（从租写租金收入）	10	11=9×10	12	13=11-12
合计												

纳税人声明	授权人声明	代理人声明
本纳税申报表是按照国家税法和税务机关规定填报的，我确信是真实的，合法的。如有虚假，愿负法律责任。	我单位（公司）现授权_____为本纳税人的代理申报人，其法定代表人_____电话_____，任何与申报有关的往来文件都可寄与此代理机构。	本纳税申报表是按照国家税法和税务机关有规定填报的，我确信是真实、合法的。如有不实，我愿承担法律责任。
	委托代理合同号码：	
法定代表人（业主）签名：　　年　月　日	授权人（法定代表人）签名：　　年　月　日	法定代表人签名：代理人盖章：　　年　月　日
受理申报日期　年　月　日	审核申报日期　年　月　日	录入日期　年　月　日
受理人：	审核人：	录入人：

填表日期：　　年　月　日

第三节　城镇土地使用税会计

城镇土地使用税法是国家制定的调整城镇土地税征收与缴纳权利及义务关系的法律规范。现行城镇土地使用税法的基本规范，是 2006 年 12 月 31 日国务院修改并颁布的。

一、城镇土地使用税基本原理

城镇土地使用税是以国有土地为征税对象,对拥有土地使用权的单位和个人征收的一种税。

开征城镇土地使用税,有利于通过经济手段,加强对土地的管理,变土地的无偿使用为有偿使用,促进合理、节约使用土地,提高土地使用效益;有利于适当调节不同地区、不同地段之间的级差收入,促进企业加强经济核算,理顺国家与土地使用者之间的分配关系。

城镇土地使用税具有以下特点:

(1) 征税对象是国有土地。我国宪法明确规定,城镇土地的所有权归国家,单位和个人对占用的土地只有使用权而无所有权。国家既可以凭借财产权力对土地使用人获取的收益进行分配,又可以凭借政治权力对土地使用者进行征税。开征城镇土地使用税,实质上是运用国家政治权力,将纳税人获取的本应属于国家的土地收益集中到国家手中。

(2) 征税范围广。现行城镇土地使用税对在我国境内使用土地的单位和个人征收,征税范围较广。

(3) 实行差别幅度税额。为了有利于体现国家政策,城镇土地使用税实行差别幅度税额。对不同城镇适用不同税额,对同一城镇的不同地段,根据市政建设状况和经济繁荣程度也确定不同的负担水平。

二、纳税义务人与征税范围

(一) 纳税义务人

在城市、县城、建制镇、工矿区范围内使用土地的单位和个人,为城镇土地使用税(以下简称土地使用税)的纳税人。

所称单位,包括国有企业、集体企业、股份制企业、外商投资企业、外国企业以及其他企业和事业单位、社会团体、国家机关、军队以及其他单位;所称个人,包括个体工商户以及其他个人。

城镇土地使用税的纳税人通常包括以下几类:

(1) 拥有土地使用权的单位和个人。

(2) 拥有土地使用权的单位和个人不在土地所在地的,其土地的实际使用人和代管人为纳税人。

(3) 土地使用权未确定或权属纠纷未解决的,实际使用人为纳税人。

(4) 土地使用权共有的,共有各方都是纳税人,由共有各方分别纳税。

几个人或几个单位共同拥有一块地的使用权,这块土地的城镇土地使用税的纳税人应是对这块土地拥有使用权的每一个人或每一个单位。他们应以其实际使用的土地面积占总面积的比例,分别计算缴纳地他税。

(二) 征税范围

城镇土地使用税的征税范围,包括在城市、县城、建制镇和工矿区内的国家所有和集体所有的土地。

上述城市、县城、建制镇和工矿区分别按以下标准确认:

城市是指经国务院批准设立的市。县城是指县人民政府所在地。建制镇是指经省、自治区、直辖市人民政府批准设立的建制镇。工矿区指工商业比较发达，人口比较集中，符合务规定的建制镇标准，但尚未设立建制镇的大中型工矿企业所在地，工矿区须经省、自治区、直辖市人民政府批准。

上述城镇土地使用税的征税范围中，城市的土地包括市区和郊区的土地，县城的土地是指县人民政府所作地的城镇的土地，建制镇的土地是指镇人民政府所在地的土地。

建立在城市、县城、建制镇和工矿区以外的工矿企业不需缴纳城镇土地使用税。另外，自2009年起，公园、名胜古迹内的索道公司经营用地，应按规定缴纳城镇土地使用税。

三、税率、计税依据和应纳税额的计算

（一）税率

城镇土地使用税采用定额税率，即采用有幅度的差别税额，按大、中、小城市和县城、建制镇、工矿区分别规定每平方土地使用税年应纳税额。具体标准如下：

大城市1.5～30元；中等城市1.2～24元；小城市0.9～18元；县城、建制镇、工矿区0.6～12元。

大、中、小城市以公安部门登记在册的非农业户口人数为依据，按照国务院颁布的《城市规划条例》中规定的标准划分。人口在50万以上者为大城市；人口在20万至50万之间者为中等城市；人口在20万以下者为小城市。

各省、自治区、直辖市人民政府可根据市政建设情况和经济繁荣程度在规定税额幅度内，确定所辖地的适税额幅度。经济落后地区土地使用税的适税额标准可适当降低，但降低额不得超过上述规定最低税额的30%。经济发达地区的适用税额标准可以适当提高，但须报财政部批准。

土地使用税规定幅度税额主要考虑到我国各地区存在着悬殊的土地级差收益，同一地区内不同地段的市政建设情况和经济繁荣程度也有较大的差别，把土地使用税税额定为幅度税额，拉开档次，且每个幅度税额的差距规定为20倍。这样，各地政府在划分本辖区不同地段的等级，确定适用税额时，有选择余地，便于具体操作。幅度税额还可以调节不同地区、不同地段之间的土地级差收益，尽可能地平衡税负。

（二）计税依据

城镇土地使用税以纳税人实际占用的土地面积为计税依据，土地面积计量标准为平方米，即税务机关根据纳税人实际的土地面积，按照规定的税额计算应纳税额，向纳税人征收土地使用税。

纳税人实际占用的土地面积按下列办法确定：由省、自治区、直辖市人民政府确定的单位组织测定土地面积的，以测定的面积为准。尚未组织测量但纳税人持有政府部门核发的土地使用证书的，以证书确认的土地面积为准。尚未核发土地使证书的，应由纳税人申报土地面积，据以纳税，待核发土地使用证以后再作调整。

（三）应纳税额的计算方法

城镇土地使用税的应纳税额可以通过纳税人实际占用的土地面积乘以该土地所在地段的适用税额求得。其计算公式为：

全年应纳税额＝实际占用应税土地面积(平方米)×适用税额

【例 11-5】

设在某城市的一家企业使用土地面积为 1 000 平方米，经税务机关核定，该土地为应税土地，每平方米年税额为 4 元。请计算其全年应纳的土地使用税额。

年应纳土地使用税额＝10 000×4＝40 000(元)

四、税收优惠

(一) 法定免缴土地使用税的优惠

(1) 国家机关、人民团体、军队用的土地。

这部分土地是指这些单位本身的办公用地和公务用地，如国家机关、人民团体的办公楼用地，军队的训练场用地等。

(2) 由国家财政部门拨付事业经费的单位自用的土地。

这部分土地是指这些单位本身的业务用地，如学校的教学楼、操场、食堂等占用的土地。

(3) 宗教寺庙、公园、名胜古迹的土地。

宗教寺庙自用的土地，是指举行宗教仪式等的用地和寺庙内的宗教人员生活用地。

公园、名胜古迹自用的土地，是指供公共参观游览的用地及其管理单位的办公用地。

以上单位的生产、经营用地和其他用地，不属于免税范围，应按规定缴纳土地使用税，如公园、名胜古迹中附设的营业单位、影剧院、饮食部、茶社、照相馆等使用的土地。

(4) 市政街道、广场、绿化地带等公共用地。

(5) 直接用于农、林、牧、渔业的生产用地。

这部分土地是指直接从事于种植养殖、饲养的专业用地，不包括农副产品加工场地和生活办公用地。

(6) 经批准开山填海整治的土地和改造的废弃土地，从使用的月份起免缴土地使用税 5 年至 10 年。具体免税期限由各省、自治区、直辖市地方税务局在《城镇土地使用税暂行条例》规定的期限内行确定。

(7) 对非营利性医疗机构、疾病控制机构和妇幼保健机构等卫生机构的土地，免征城镇土地使用税。

(8) 企业办的学校、医院、托儿所、幼儿园用地能与企业其他用地明确区分的，免征城镇土地使用税。

(9) 免税单位无偿使用纳税单位的土地(如公安、海关等单位使用铁路、民航等单位的土地)，免征城镇土地使用税。纳税单位无偿免税单位的土地，纳税单位应照章缴纳城镇土地使，纳税单位与免税单位共同使用、共有使用权土地上的多层建筑，对纳税单位可按其占用的建筑面积占建筑总面积的比例计征城镇土地使税。

(10) 对行使国家行政管理职能的中国人民银行总行(含国家外汇管理局)所属分支机构自用的土地，免征城镇土地使税。

（11）为了体现国家的产业政策，支持重点产业的发展，对石油、电力、煤炭等能源用地，民用港口、铁路等交通用地和水利设施用地，三线调整企业、盐业、采石场、邮电等一些特殊用地划分了征免税界限和给予政策性减免税照顾。

（二）省、自治区、直辖市地方税务局确定减免土地使用税的优惠

（1）个人所有的居住房屋及院落用地。

（2）房产管理部门在应房租调整改革前经租的居民住房用地。

（3）免税单位职工家属的宿舍用地。

（4）民政部门举办的安置残疾人占一定比例的福利工厂用地。

（5）集体和个人办的各类学校、医院、托儿所、幼儿园用地。

（6）对基建项目在建期间使用的土地，原则上应照章征收城镇土地使税。但对有些基建项目，特别是国家产业政策扶持发展的大型基建项目，其占地面积大，建设周期长，在建期间又没有经营收入，为照顾其实际情况，对纳税人纳税确有困难的，可由各省、自治区、直辖市地方税务局报据具体情况予以免征或减征土地使用税。

（7）城镇内的集贸市场（农贸市场）用地，按规定应征收城镇土地使用税。为了促进集贸市场的发展及照顾各地的不同情况，各省、自治区、直辖市地方税务局可根据计提情况自行确定对集贸市场用地征收或者免城镇土地使用税。

（8）房地产开发公司建造商品房的用地，原则上应按规定计征城镇土地使用税。但在商品房出售之前纳税确有困难的，其用地是否给予缓征或减征、免征照顾，可由各省、自治区、直辖市地方税务局根据从严的原则结合具体情况确定。

（9）原房管部门代管的私房，落实政策后，有些私房产权已归还给房主，但由于各种原因，房屋仍由原住户居住，并且住户仍是按照房管部门在房租调整改革之前确定的租金标准向房主缴纳租金。对这类房屋用地，房主缴纳土地使用税确有困难的，可由各省、自治区、直辖市地方税务局根据实际情况，给予定期减征或免征城镇土地使税的照顾。

（10）对于各类危险品仓库、厂房所需的防火、防爆、防毒等安全防范用地，可由各省、自治区、直辖市地方税务局确定，暂免征收城镇土地使用税。

（11）企业搬迁后原场地不使用的、企业范围内荒山等尚未利用的土地，免征城镇土地使税，免征税额由企业在申报缴纳城镇土地使税时自行计算扣除，并在申报表附表或备注栏中作相应说明。

（12）经贸仓库、冷库均属于征税范围，因此不宜一律免征城镇土地使用税。对纳税确有困难的企业，可根据《城镇土地使用税暂行条例》第七条的规定，向企业所在地的地方税务机关提出减免税申请，由省、自治区、直辖市地方税务局审核后，报国家税务总局批准，享受减免城镇土地使用税的照顾。

（13）对房产管理部门在房租调整改革前经租的居民住房用地，考虑到在房租调整改革前，房产管理部门经租居民住房收取的租金标准一般较低，许多地方纳税确有困难的实际情况而确定的一项临时性照顾措施。

（14）考虑到中国物资储运总公司所属物资储运企业的经营状况，对中国物资储运总公司所属的物资储运企业的露天货场、库区道路、铁路专用线等非建筑用地征免城镇土地使用税问题，可由省、自治区、直辖市地方税务局按照下述原则处理：对经营情况好有负税能力的企业，应恢复征收城镇土地使用税；对经营情况差纳税有困难的企业，可给予适

当减免照顾。

（15）向居民供热并向居民收取采暖费的供热企业暂免征收土地使用税。

五、土地使用税的会计处理

企业缴纳的土地使用税应通过"应交税费——应交土地使用税"科目核算。该科目贷方反映企业应缴的土地使用税；借方反映企业已经缴纳的土地使用税；余额在贷方，表示应缴而未缴的土地使用税。

【例 11-6】

北国工程公司地处城区，土地使用证记载企业实际占用土地 3 000 平方米。该公司当地人民政府规定土地使用税单位税额为每年每平方米 5 元。该企业应纳城镇土地使用税税额为：

年应纳税额＝3 000×5＝15 000（元）

月应纳税额＝15 000÷12＝1 250（元）

在具体进行会计处理时，企业应当于1—6月末分别作如下会计分录：

借：管理费用　　　　　　　　　　　　　　　　　　　　　　　1 250
　　贷：应交税费——应交土地使用税　　　　　　　　　　　　　　1 250

假如当地税务机关确定城镇土地使用税纳税期限为半年。企业开出支票，缴纳上半年应纳城镇土地使用税税款 7 500 元（1 250×6）。根据实际缴纳的税款作如下会计分录：

借：应交税费——应交土地使用税　　　　　　　　　　　　　　　7 500
　　贷：银行存款　　　　　　　　　　　　　　　　　　　　　　　7 500

假定当地税务机关确定城镇土地使用税纳税期限为一个季度。企业开出支票，缴纳一季度企业应纳土地使用税税额 3 750 元（1 250×3）。企业应当作会计分录为：

借：应交税费——应交土地使用税　　　　　　　　　　　　　　　3 750
　　贷：银行存款　　　　　　　　　　　　　　　　　　　　　　　3 750

六、征收管理

（一）纳税期限

城镇土地使用税实行按年计算，分期缴纳的征收办法，具体纳税期限由省、自治区、直辖市人民政府确定。

（二）纳税义务发生时间

（1）购置新建商品房，自房屋交付使用之次月起计征城镇土地使用税。

（2）购置存量房，自办理房屋权属转移、变更登记手续，房地产权属登记机关签发房屋权属证书之次月起计征城镇土地使用税。

（3）出租、出借房产，自交付出租、出借房产之次月起计征城镇土地使用税。

（4）以出让或转让方式有偿取得土地使用权的，应由受让方从合同约定交付土地时间的次月起缴纳城镇土地使用税，合同未规定交付土地时间的，由受让方从合同签订的次月起缴纳城镇土地使用税。

（5）纳税人新征用的耕地，自批准征用之日起满1年开始缴纳城镇土地使用税。

（6）纳税人新征用的非耕地，自批准征用次月起缴纳城镇土地使用税。

2009年1月1日起，纳税人因土地的权利发生变化而依法终止城镇土地使用税纳税义务的，其应纳税款的计算应截止到土地权利发生变化的当月末。

（三）纳税地点和征收机构

城镇土地使用税在土地所在地缴纳，由土地所在地的税务机关征收。土地管理机关应当向土地所在地的税务机关提供土地使用权属资料。

纳税人使用的土地不属于同一省、自治区、直辖市管辖的，由纳税人分别向土地所在地的税务机关缴纳土地使用税；在同一省、自治区、直辖市管辖范围内，纳税人跨地区使用的土地，其纳税地点由各省、自治区、直辖市地方税务局确定。

城镇土地使用税由土地所在地的地方税务机关征收，其收入纳入地方财政预算管理。城镇土地使用税征收工作涉及面广、政策性较强，税务机关负责征收的同时，还必须注意加强同国土管理、测绘等有关部门的联系，及时取得土地的权属资料，沟通情况，共同协作把征收管理工作做好。

（四）纳税申报

城镇土地使税纳税申报表如表11-4所示。

表11-4　　　　　　　　　城镇土地使用税纳税申报表

税款所属期：　　至　　　　　　　　　　　　　　　　　　金额单位：元（列至角分）

纳税人代码				微机代码					
纳税人名称									
土地等级	上期占地面积	本期增减	本期实际占地面积	法定免税面积	应税面积	适用税额	应缴税额	批准减免额	本期应补（退）税额
1	2	3	4＝2+3	5	6＝4-5	7	8＝6×7	9	10＝8-9
合计									

续表

合计纳税人声明	授权人声明	代理人声明
本纳税申报表是按照国家税法和税务机关规定填报的,我确信是真实的,合法的。如有虚假,愿负法律责任。 法定代表人（业主）签名： 　　　　年　月　日	我单位（公司）现授权_____为本纳税人的代理申报人,其法定代表人_____电话_____,任何与申报有关的往来文件都可寄与此代理机构。 委托代理合同号码： 授权人（法定代表人）签名： 　　　　年　月　日	本纳税申报表是按照国家税法和税务机关有规定填报的,我确信是真实、合法的。如有不实,我愿承担法律责任。 法定代表人签名： 代理人盖章： 　　　　年　月　日
受理申报日期　年　月　日	审核申报日期　年　月　日	录入日期　年　月　日
受理人：	审核人：	录入人：

填表日期：　年　月　日

注：1. 本表适用于中国境内城镇土地使用税纳税人填报。
2. 微机代码是纳税人在办理税务登记时由主管税务机关确定的纳税人简码。
3. 座落地点：土地管理部门以核发土地证的,应根据土地证填写。
4. 土地等级按照纳税人占用的土地所在地、县、市人民政府划分的土地等级填写。
5. 本期实际占用土地面积＝上期占地面积＋本期增减数

第四节　车船税会计

车船税是我国按照规定的计税依据和年税额标准计算征收的一种财产税。车船税法是国家制定的用以调整车船税征收与缴纳之间权利及义务关系的法律规范。车船税的作用主要体现在：为地方政府筹集财政资金；有利于车船的管理与合理配置；有利于调节财富差异。新的《中华人民共和国车船税法》（以下简称车船税法）已由全国人大常委会于 2011 年 2 月 25 日通过，自 2012 年 1 月 1 日起施行。

一、车船税制度的基本内容

车船税是对在我境内拥有并使用车船的单位和个人，按照其拥有车船的种类、吨位和规定的税额计算征收的一种税。征收车船税，可以促使纳税人提高车船使用效益，督促纳税人合理利用车船；可以通过税收手段开辟财源、集中财力，缓解发展交通运输事业资金短缺的矛盾；可以借此加强对车船的管理。

（一）纳税义务人

车船税是就使用的车船征税，不使用的车船不征税。因此，原则上车船使用人为纳税义务人。即车船税的纳税义务人，是指在中华人民共和国境内属于车船税法所附《车船税税目税额表》规定的车辆、船舶（以下简称车船）的所有人或者管理人，即在我国境内拥有车船的单位和个人。单位是指行政机关、事业单位、社会团体以及各类企业。个人是指我国境内的居民和外籍个人。

车船管理人是指对车船具有管理使用权、不具有所有权的单位。通常情况下，车船的所有人与车船的管理人是一致的。但在实践中，经常会出现车船的所有权与管理权分离的情形,如国家机关拥有所使用车船的管理使用权,其所有权属于国家所有。因此,就出现了车船的所有人与车船的管理人不一致的情况。如果让抽象意义上的国家作为车船的所有人缴纳车船税,在实践中是无法操作的。所以,车船税法也将车船管理人规定为车船税的纳税人。

通常情况下,拥有并且使用车船的单位和个人同属一人,纳税义务人既是车船的使用人,又是车船的拥有人。如有租赁关系,拥有人与使用人不一致时,则应由租赁双方商妥由何方为纳税义务人;租赁双方未商定的,由使用人纳税。

(二) 扣缴义务人

从事机动车第三者责任强制保险业务的保险机构为机动车车船税的扣缴义务人,应当在收取保险费时依法代收车船税。保险机构在代收车船税时,应当在机动车交通事故责任强制保险(以下简称交强险)的保险单以及保费发票上注明已收税款的信息和减免税信息,作为代收税款凭证。

负责船舶登记、检验的船舶管理部门或者船舶检验机构为船舶车船税的扣缴义务人,应当在登记、检验时依法代收车船税,并出具代收税款凭证。

(三) 征税范围

车船税的征税范围是《车船税税目税额表》中所规定的车辆和船舶。应税车船可分为应税车辆和应税船舶两大类。

1. 应税车辆

应税车辆就是机动车辆。机动车辆是指以动力装置驱动或者牵引,上路行驶的供人员乘用或者用于运送物品以及进行工程专项作业的轮式车辆,如乘人汽车、电车、载货汽车和摩托车等。拖拉机和非机动车辆不属于应税车辆范围。

2. 应税船舶

应税船舶包括机动船舶和非机动船舶。机动船舶是指自身安装动力装置,依靠外力驱动的船舶,如客货轮船、游艇、气垫船、拖船和机帆船。非机动船舶是指自身没有动力装置,依靠外力(人力或者其他力量)驱动的船舶,如驳船、木船、帆船、舢板及各种人力驾驶船。机动船舶均属征税范围,非机动船舶中只有驳船属于征税范围。非机动驳船是指在船舶管理部门登记为驳船的非机动船。

车船税按年申报,分月计算,一次性缴纳。纳税年度为公历1月1日至12月31日。购置的新车船,购置当年的应纳税额自纳税义务发生的当月起按月计算。应纳税额为年应纳税额除以12再乘以应纳税月份数。

机动车车船税扣缴义务人在代收车船税时,应当在机动车交通事故责任强制保险的保险单以及保费发票上注明已收税款的信息,作为代收税款凭证。

二、车船税的税收优惠

(一) 法定减免

(1) 捕捞、养殖渔船。是指在渔业船舶管理部门登记为捕捞船或者养殖船的渔业船舶。不包括在渔业船舶管理部门登记为捕捞船或者养殖船以外类型的渔业船舶。

(2) 军队、武警专用的车船。是指按照规定在军队、武警车船管理部门登记,并领取军用牌照、武警牌照的车船。

(3) 警用车船。是指公安机关、国家安全机关、监狱、劳动教养管理机关和人民法院、人民检察院领取警用牌照的车辆和执行警务的专用船舶。

(4) 依照法律规定应当予以免税的外国驻华使领馆、国际组织驻华代表机构及其有关人员的车船。

(二) 特定减免

(1) 对尚未在车辆管理部门办理登记、属于应减免税的新购置车辆，车辆所有人或管理人可提出减免税申请，并提供机构或个人身份证明文件和车辆权属证明文件以及地方税务机关要求的其他相关资料。经税务机关审验符合车船税减免条件的，税务机关可为纳税人出具该纳税年度的减免税证明，以方便纳税人购买交强险。

(2) 在企业内部行驶、不领取行驶执照，也不上公路行驶的车辆。

(三) 其他税收优惠

(1) 对节约能源、使用新能源的车船减征或者免征车船税。节约能源、使用新能源的车辆包括纯电动汽车、燃料电池汽车和混合动力汽车。纯电动汽车、燃料电池汽车和插电式混合动力汽车免征车船税，其他混合动力汽车按照同类车辆适用税额减半征税。

(2) 对受严重自然灾害影响纳税困难以及有其他特殊原因确需减税、免税的，减征或者免征。

(3) 省、自治区、直辖市人民政府根据当地实际情况，可以对公共交通车船以及农村居民拥有并主要在农村地区使用的摩托车、三轮汽车和低速载货汽车定期减征或者免征车船税。

三、车船税的计税依据与税率

(一) 计税依据

(1) 发动机汽缸容量（排气量）。核定载客人数9人（含）以下的乘用车按"发动机汽缸容量（排气量）"分为1.0升（含）以下、1.0升以上至1.6升（含）、1.6升以上至2.0升（含）、2.0升以上至2.5升（含）、2.5升以上至3.0升（含）、3.0升以上至4.0升（含）、4.0升以上等7档进行计税。

从理论上讲，车船税作为财产税，计税依据理论上应当是评估价值，但乘用车数量庞大且分散于千家万户，难以进行价值评估。据统计分析，乘用车的排气量与其价值总体上存在着显著的正相关关系，即排气量越大，销售价格越高；从征管角度看，按排气量征税简便易行；在计税依据方面，排气量是替代价值或评估值的最佳选择。因此，车船税法将排气量作为乘用车计税依据。

(2) 辆。核定载客人数9人以上的商用客车、电车以及摩托车仍然按"辆"计税。

(3) 整备质量。商用货车（包括半挂牵引车、三轮汽车和低速载货汽车等）、挂车、其他车辆（专业作业车、轮式专用机械车，不包括拖拉机）按"整备质量每吨"计税，也就是按自重每吨计税。所谓整备质量，是指汽车按出厂技术条件装备完整（如备胎、工具等安装齐备），各种油水添满后的重量，是指汽车的干质量加上冷却液和燃料（不少于油箱容量的90%）及备用车轮和随车附件的总质量。汽车的整备质量即一辆汽车的自重或者空车重量。这里要区别汽车的整备质量、干质量和总质量三个概念。干质量是指仅装备有车身、全部电气设备和车辆正常行驶所需要的完整车辆的质量；汽车总质量是指汽车装备齐全，并按规定装满客（包括驾驶员）、货时的重量。

(4) 净吨位。机动船舶（包括拖船、非机动驳船）仍按"净吨位每吨"计税。

(5) 长度。游艇按照"艇身长度每米"计税。

游艇不同于一般船舶，一般将净吨位、发动机功率、实际价值和长度作为游艇的计税依据。从净吨位看，由于制造游艇的材料多数由玻璃钢、铝合金等高级材料组成，此类材料具有重量轻的特点，净吨位与其价值关联性较低。从发动机功率看，同一长度的游艇可以根据个性化需要，选择不同功率的发动机，发动机功率大小与其价值也没有必然的正相关关系。从实际价值看，确定游艇的实际价值与确定车辆的实际价值存在同样的困难，在现行征管条件下难以按价格计征。基于此，大多数国家都将长度作为游艇的计税依据，主要考虑是游艇长度与其价值关联性较高，且直观易于测量，从长远考虑，也可较好地避免其他计税依据可能导致的征管漏洞。

(二) 税额和税率

车船税适用定额税率。定额税率计算简便，适宜于从量计征的税种。车船税法规定对应税车辆实行有幅度的定额税率，即对各类车辆分别规定一个最低到最高的年税额，车辆的具体适用税额由省、自治区、直辖市人民政府依照车船税法所附《车船税税目税额表》规定的税额幅度和国务院的规定确定。船舶的具体适用税额由国务院在车船税法所附《车船税税目税额表》规定的税额幅度内确定。具体税目、税额如表 11-5 所示。

表 11-5　　　　　　　　　　　车船税税目、税额表

税目		计税单位	年基准税额	备注
乘用车 [按发动机汽缸容量（排气量）分档]	1.0 升（含）以下的	每辆	60～360 元	核定载客人数 9 人（含）以下
	1.0 升以上至 1.6 升（含）的	每辆	300～540 元	核定载客人数 9 人（含）以下
	1.6 升以上至 2.0 升（含）的	每辆	360～660 元	核定载客人数 9 人（含）以下
	2.0 升以上至 2.5 升（含）的	每辆	660～1 200 元	核定载客人数 9 人（含）以下
	3.0 升以上至 4.0 升（含）的	每辆	2 400～3 600 元	核定载客人数 9 人（含）以下
	4.0 升以上的	每辆	3 600～5 400 元	核定载客人数 9 人（含）以下
商用车	客车	每辆	480～1 440 元	核定载客人数 9 人以上，包括电车
	货车	整备质量每吨	16～120 元	包括半挂牵引车、三轮汽车和低速载货汽车等
挂车		整备质量每吨	按照货车税额的 50%计算	
其他车辆	专用作业车	整备质量每吨	16～120 元	不包括拖拉机
	轮式专用机械车	整备质量每吨	16～120 元	
摩托车		每辆	36～180 元	
船舶	机动船舶	净吨位每吨	3～6 元	拖船、非机动驳船分别按照机动船舶税额的 50%计算
	游艇	艇身长度每米	600～2 000 元	

国务院常务会议通过的《中华人民共和国车船税法实施条例》规定，由于车船税具体金额最后还要地方自行确定，因此条例中对地方制定相关金额时提出要综合考虑本地区车辆保有情况和税负状况，并再次确认乘用车应当依排气量从小到大递增税额；客车按照核定载客人数20人以下和20人（含）以上两档划分，递增税额。

机动船舶具体适用税额为：(1) 净吨位不超过200吨的，每吨3元；(2) 净吨位超过200吨但不超过2 000吨的，每吨4元；(3) 净吨位超过2 000吨但不超过10 000吨的，每吨5元；(4) 净吨位超过10 000吨的，每吨6元。拖船按照发动机功率每1千瓦折合净吨位0.67吨计算征收车船税。游艇具体适用税额为：(1) 艇身长度不超过10米的，每米600元；(2) 艇身长度超过10米但不超过18米的，每米900元；(3) 艇身长度超过18米但不超过30米的，每米1 300元；(4) 艇身长度超过30米的，每米2 000元；(5) 辅助动力帆艇，每米600元。

四、车船税应纳税额的计算

（一）车船税应纳税额的计算公式

根据车船税计税依据的不同，将其应纳税额的计算公式分别列示如下。

1. 乘用车应纳车船税

$$\text{乘用车年应纳税额} = \text{按排气量统计的乘用车数量} \times \text{乘用车排气量所对应的年基准税额}$$

2. 商用客车、摩托车应纳车船税

$$\text{商用客车、摩托车应纳税额} = \text{应税车辆的数量} \times \text{适用的年基准税额}$$

3. 商用货车、挂车、其他车辆应纳车船税

$$\text{商用货车、专用作业车、轮式专用机械车应纳税额} = \text{应税车辆的整备质量（吨）} \times \text{适用的年基准税额}$$

$$\text{挂车应纳税额} = \text{挂车整备质量（吨）} \times \text{货车适用的年基准税额} \times 50\%$$

4. 机动船舶应纳车船税

$$\text{机动船舶应纳税额} = \text{机动船舶的净吨位（吨）} \times \text{适用的年基准税额}$$

$$\text{拖船、非机动驳船应纳税额} = \text{拖船、非机动驳船的净吨位（吨）} \times \text{机动船舶适用的年基准税额} \times 50\%$$

5. 游艇应纳车船税

$$\text{游艇应纳税额} = \text{游艇艇身长度（米）} \times \text{适用的年基准税额}$$

6. 购置新车船应纳车船税

购置的新车船，购置当年的应纳税额自纳税义务发生的当月起按月计算。

$$\text{购置新车船应纳税额} = (\text{车船适用的年基准税额}/12) \times \text{应纳税月份数}$$

（二）计算车船税应纳税额的注意事项

(1) 车辆整备质量尾数不超过0.5吨的，按照0.5吨计算；超过0.5吨的，按照1吨

计算。整备质量不超过1吨的车辆，按照1吨计算。

（2）船舶净吨位尾数不超过0.5吨的不予计算，超过0.5吨的，按照1吨计算。净吨位不超过1吨的船舶，按照1吨计算。

（3）拖船按照发动机功率每2马力折合净吨位1吨计算征收车船税。

（4）车船税法所涉及的排气量、整备质量、核定载客人数、净吨位、马力、艇身长度，以车船管理部门核发的车船登记证书或者行驶证相应项目所载数据为准。依法不需要办理登记、依法应当登记而未办理登记或者不能提供车船登记证书、行驶证的，以车船出厂合格证明或者进口凭证相应项目标注的技术参数、所载数据为准；不能提供车船出厂合格证明或者进口凭证的，由主管税务机关参照国家相关标准核定，没有国家相关标准的参照同类车船核定。

（5）对于"机动车行驶证"上未注明整备质量参数的，按总质量减去核定载质量的差额作为计税吨位，或由纳税人提供能确认车辆整备质量的相关资料。对于"机动车行驶证"上未记载相关参数，纳税人又不能提供相关资料的，应指引纳税人到车辆管理部门补登相关数据。纳税人不补登相关数据的，由税务机关根据"机动车行驶证"记载的数据核定征收。

【例11-7】

某交通运输企业拥有整备质量10吨的载货汽车50辆、载客15人的客车20辆，其中载货汽车有5辆为企业厂内行驶车辆，不领取行驶执照，也不上公路行驶。计算该企业应缴纳的车船税（该企业适用税额：载货汽车年纳税额每吨100元，载客汽车年纳税额每辆480元）。

应纳税额=(50−5)×10×100+20×480=54 600（元）

【例11-8】

某海上运输公司拥有机动船舶30艘，其中净吨位为1 000吨的15艘，净吨位为2 500吨的10艘，净吨位为12 000吨的5艘。上述三类船舶的税额分别为4元/吨、5元/吨和6元/吨。计算该公司应缴纳的车船税。

按净吨位计算机动船的年应纳税额为：

应纳税额=15×1 000×4+10×2 500×5+5×12 000×6=545 000（元）

（三）对特殊情况的说明

（1）纳税人在首次购买机动车交通事故责任强制保险时缴纳车船税或者自行申报缴纳车船税的，应当提供购车发票及反映排气量、整备质量、核定载客人数等与纳税相关的信息及其相应凭证。

（2）所有权或管理权发生变更的处理。在一个纳税年度内，已经缴纳车船税的车船变更所有权或管理权的，地方税务机关对原车船所有人或管理人不予办理退税手续，对现车船所有人或管理人也不再征收当年度的税款；未缴纳车船税的车船变更所有权或管理权的，由现车船所有人或管理人缴纳该纳税年度的车船税。

(3) 关于未在车辆管理部门登记的新购置车辆办理减免税手续问题。为优化办税程序，做好纳税服务，对尚未在车辆管理部门办理登记、属于应减免税的新购置车辆，车辆所有人或管理人可提出减免税申请，并提供机构或个人身份证明文件和车辆权属证明文件以及地方税务机关要求的其他相关资料。经税务机关审验符合车船税减免条件的，税务机关可为纳税人出具该纳税年度的减免税证明，以方便纳税人购买交强险。

新购置应予减免税的车辆所有人或管理人在购买交强险时已缴纳车船税的，在办理车辆登记手续后可向税务机关提出减免税申请，经税务机关审验符合车船税减免税条件的，税务机关应退还纳税人多缴的税款。

(4) 发生车船被盗、报废、灭失的处理。在一个纳税年度内，已完税的车船被盗抢、报废、灭失的，纳税人可以凭有关管理机关出具的证明和完税证明，向纳税所在地的主管税务机关申请退还自被盗抢、报废、灭失月份起至该纳税年度终了期间的税款。已办理退税的被盗抢车船，失而复得的，纳税人应当从公安机关出具相关证明的当月起计算缴纳车船税。

在一个纳税年度内，纳税人在非车辆登记地由保险机构代收代缴机动车车船税，且能够提供合法有效完税证明的，纳税人不再向车辆登记地的地方税务机关缴纳车船税。

(5) 保险机构代收代缴车船税时，遇到下列特殊情况时车船税的计算：

①购买短期交强险的车辆。对于境外机动车临时入境、机动车临时上道路行驶、机动车距规定的报废期限不足 1 年而购买短期交强险的车辆，保单中"当年应缴"项目的计算公式为：

$$当年应缴＝计税单位×年单位税额×应纳税月份数/12$$

其中：应纳税月份数为交强险有效期起始日期的当月至截止日期当月的月份数。

②已向税务机关缴税的车辆或税务机关已批准减免税的车辆。对于已向税务机关缴税或税务机关已经批准免税的车辆，保单中"当年应缴"项目应为 0；对于税务机关已批准减税的机动车，保单中"当年应缴"项目应根据减税前的应纳税额扣除依据减税证明中注明的减税幅度计算的减税额确定，计算公式为：

$$减税车辆应纳税额＝减税前应纳税额×(1－减税幅度)$$

五、车船税的会计处理

车船税的纳税义务发生时间，为车船管理部门核发的车船登记证书或者行驶证书所记载日期的当月。纳税人未按照规定到车船管理部门办理应税车船登记手续的，以车船购置发票所载开具时间的当月作为车船税的纳税义务发生时间。对未办理车船登记手续且无法提供车船购置发票的，由主管地方税务机关核定纳税义务发生时间。

从事机动车第三者责任强制保险业务的保险机构为机动车车船税的扣缴义务人，应当在收取保险费时依法代收车船税，并出具代收税款凭证。没有扣缴义务人的，纳税人应当向主管税务机关自行申报缴纳车船税。

车船税按年申报，分月计算，一次性缴纳。纳税年度为公历 1 月 1 日至 12 月 31 日。车船税纳税义务发生时间为取得车船所有权或者管理权的当月。车船税按年申报缴纳。具体申报纳税期限由省、自治区、直辖市人民政府规定。车辆所有人或者管理人在申请办理车辆相关登记、定期检验手续时,应当向公安机关交通管理部门提交依法纳税或者免税证明。公安机关交通管理部门核查后办理相关手续。车船税由地方税务机关负责征收。

为了核算车船税的应交及已交等情况,应在"应交税费"科目下设置"应交车船税"明细科目,贷方登记按规定计算应缴纳的车船税,借方登记已缴纳的车船税,期末贷方余额为尚未缴纳的车船税。按规定,车船税按年征收,分期缴纳。具体纳税期限由省、自治区、直辖市人民政府确定。企业按规定计提应缴纳的车船税时,借记"管理费用——车船税"科目,贷记"应交税费——应交车船税"科目。企业在缴纳税款时,借记"应交税费——应交车船税"科目,贷记"银行存款"科目。

【例 11-9】

某海洋运输公司1月份拥有机动船100艘。其中,净吨位200吨的船舶10艘,净吨位1 000吨的船舶10艘,净吨位4 000吨的船舶40艘,净吨位12 000吨的船舶40艘。10 000马力拖船10艘。当地规定按季缴纳车船税,净吨位200吨船舶,净吨位每吨3元;净吨位1 000吨船舶,净吨位每吨4元;净吨位4 000吨船舶,净吨位每吨5元;净吨位12 000吨船舶,净吨位每吨6元;10 000马力拖船,每2马力折合净吨位1吨,并按每吨5元计税。

(1) 计算该公司全年应纳车船税税额

$$年应纳税额 = 200 \times 10 \times 3 + 1\,000 \times 10 \times 4 + 4\,000 \times 40 \times 5 + 12\,000 \times 40 \times 6$$
$$+ 10\,000/2 \times 10 \times 5 \times 50\%$$
$$= 3\,851\,000(元)$$

(2) 计算1月份应纳车船税税额

$$应纳税额 = 3\,851\,000 \div 12 = 320\,916.67(元)$$

(3) 账务处理

1月末、2月末、3月末作同样账务处理。

借:管理费用 320 916.67
　　贷:应交税费——应交车船使用税 320 916.67

1季度终了,企业按规定缴纳本季度应纳税额。

借:应交税费——应交车船税 962 750
　　贷:银行存款 962 750

【例 11-10】

某游艇俱乐部拥有游艇及辅助动力帆船35艘。其中,艇身长度8米的游艇5艘;艇身长度15米的游艇10艘;艇身长度28米的游艇18艘;艇身长度超过50米的游艇2艘。上述游艇及动力帆船的税额分别为:每米600元;每米900元;每米1 300元;每米1 800元。则年应纳税额为:

$$年应纳税额 = 5 \times 8 \times 600 + 10 \times 15 \times 900 + 18 \times 28 \times 1\,300 + 2 \times 50 \times 1\,800$$
$$= 994\,200(元)$$

六、船舶吨税

自中华人民共和国境外港口进入境内港口的船舶（以下称应税船舶），应当依照《中华人民共和国船舶吨税暂行条例》缴纳船舶吨税（以下简称吨税）。《中华人民共和国船舶吨税暂行条例》自2012年1月1日起施行。

中华人民共和国籍的应税船舶，船籍国（地区）与中华人民共和国签订含有相互给予船舶税费最惠国待遇条款的条约或者协定的应税船舶，适用优惠税率。其他应税船舶，适用普通税率。

吨税按照船舶净吨位和吨税执照期限征收。吨税的应纳税额按照船舶净吨位乘以适用税率计算。吨税由海关负责征收。海关征收吨税应当制发缴款凭证。吨税纳税义务发生时间为应税船舶进入港口的当日。应税船舶在吨税执照期满后尚未离开港口的，应当申领新的吨税执照，自上一次执照期满的次日起续缴吨税。

应税船舶负责人应当自海关填发吨税缴款凭证之日起15日内向指定银行缴清税款。未按期缴清税款的，自滞纳税款之日起，按日加收滞纳税款0.5‰的滞纳金。

七、车船税的纳税申报

车船税纳税申报表如表11-6所示。

表11-6　　　　　　　　车船税纳税申报表

纳税人识别号：☐☐☐☐☐☐☐☐☐☐☐☐☐☐☐
税务管理代码：☐☐☐☐☐☐☐☐

填表日期：　年　月　日　　　　　　　　　　金额单位：元

税目		数量	单位税额	应征税额	减免税额	应补税额
载客汽车	小型（9座以下）					
	中型（10～19座）					
	大型（20座以上）					
	微型客车					
载货汽车						
三轮汽车低速货车						
摩托车						
船舶	小于或等于200吨					
	201吨至2 000吨					
	2 001吨至10 000吨					
	10 001吨及其以上					
合计						

会计主管（签章）	纳税人（章）	代理人名称		代理人（章）
		纳税人识别号		
		代理经办人		
以下由税务机关填写				
受理申报日期		受理人		

注：本表一式三份，纳税人一份，主管税务机关二份。

第五节　契税会计

契税是以所有权发生转移变动的不动产为征税对象,向产权承受人征收的一种财产税。征收契税既有利于通过法律形式保护纳税人的合法权益,使产权转移有合法的依据,以及避免或减少产权纠纷,又有利于调控房地产市场,规范市场交易行为,并可以增加财政收入,为地方经济建设积累资金。

契税除了具有强制性、固定性、无偿性外,还有其独特之处:
(1) 契税是由土地、房屋权属转移承受人缴纳的行为税。
(2) 契税是对土地、房屋权属转移行为征收,转移一次,征收一次。
(3) 从全国范围来讲,采用了幅度比例税率,从地方来讲,采用了单一的比例税率。
(4) 根据土地、房屋权属转移的不同方式,确立计税依据。

一、契税的基本内容

契税法是国家制定的用以调整契税征收与缴纳之间权力及义务关系的法律规范。现行契税是1997年7月7日重新颁布的《中华人民共和国契税暂行条例》(以下简称契税暂行条例),于1997年10月1日起实施。

(一) 契税的纳税义务人

契税的纳税义务人是境内转移土地、房屋权属,承受的单位和个人。境内是指在中华人民共和国实际税收行政管辖范围内;土地、房屋权属是指土地使用权和房屋所有权;单位是指企业单位、事业单位、国家机关、军事单位和社会团体以及其他组织;个人是指个体经营者及其他个人,包括中国公民和外籍人员。

(二) 征税范围

契税的征税范围为境内转移土地、房屋权属。具体包括以下内容:

1. 国有土地使用权出让

国有土地使用权出让是指土地使用者向国家交付土地使用权出让费用,国家将国有土地使用权在一定年限内让与土地使用者的行为。

2. 土地使用权转让

土地使用权转让包括出售、赠与和交换,不包括农村集体土地承包经营权的转移;土地使用权的转让是指土地使用者以出售、赠与、交换或者其他方式将土地使用权转移给其他单位和个人的行为。土地使用权的转让不包括农村集体土地承包经营权的转移。

3. 房屋买卖

房屋买卖即以货币为媒介,出卖者向购买者过渡房产所有权的交易行为。以下几种特殊情况,视为买卖房屋:

(1) 以房产抵债或实物交换房屋。经当地政府和有关部门批准,以房抵债和实物交换房屋,均视同房屋买卖,应由产权承受人,按房屋现值缴纳契税。

(2) 以房产作投资或作股权转让。这种交易业务属房屋产权转移,应根据国家房地产管理的有关规定,办理房屋产权交易和产权变更登记手续,视同房屋买卖,由产权承受方按契税税率计算缴纳契税。

(3) 买房拆料或翻建新房。

4. 房屋赠与

房屋赠与是指房屋产权所有人将房屋无偿转让给他人所有。其中，将自己的房屋转交给他人的法人和自然人，称作房屋赠与人；接受他人房屋的法人和自然人，称为受赠人。房屋赠与的前提必须是产权无纠纷，赠与人和受赠人双方自愿。

由于房屋是不动产，价值较大，故法律要求赠与房屋应有书面合同，并到房地产管理机关或农村基层政权机关办理登记过户手续，才能生效。如果房屋赠与行为涉及涉外关系，还需公证处证明和外事部门认证，才能生效。

5. 房屋交换

房屋交换是指房屋所有者之间互相交换房屋的行为。

6. 承受国有土地使用权支付的土地出让金

对承受国有土地使用权支付的土地出让金，要计征契税。不得以减免土地出让金而减免契税。下述情况需特别注意：

(1) 以补偿征地款方式取得的房产，征收契税。这是因为土地被征用后，征地单位用所建房产产权以补偿征地款的方式转移给被征单位或者个人。这种房地产转移方式，实质上是被征地单位或个人以征地款购买房产的行为，应依法缴纳契税。

(2) 购买经济适用住房、安居房，应照章缴纳契税。

(3) 私立学校、医院不属于国家机关、事业单位、社会团体、军事单位的教学、医疗设施，不在免税范围之内，应照章缴纳契税。

(4) 城镇居民委托代建房屋。城镇居民通过与房屋开发商签订"双包代建"合同，由开发商承办规划许可证、准建证、土地使用证等手续，并由委托方按地价与房价之和向开发商付款取得房屋所有权，实质上是一种以预付款方式购买商品房的行为，应照章征收契税。

如果房屋建造前土地使用权归建成后房屋所有权用户，属承包建房性质，不视同房屋买卖，不存在房屋买卖问题。

(5) 集资建商品房。房地产公司为满足个人购房需要，以预收售房款的方式，"集资"建商品房，属房屋买卖行为，应照章缴纳契税。

对经当地政府有关部门批准的行政、企事业单位，以预收售房款的方式，"集资"建房，其房屋产权属于出资者个人所有的，属房屋买卖行为，应照章缴纳契税。

行政、企事业单位向有当地正式城镇户口的本单位职工"集资"建房，按房改政策规定卖给职工，该职工又是第一次购买公有住房，且在规定住房标准面积以内的，免征契税。

(6) 法院拍卖的房屋，没收非法所得后进行拍卖的房屋。法院拍卖的房屋、没收非法所得后进行拍卖的房屋，因房屋所有权已发生转移，属房屋买卖性质，应照章缴纳契税。

二、契税的税收优惠

契税的税收优惠主要包括一般规定及特殊规定。

(一) 一般规定

(1) 国家机关、事业单位、社会团体、军事单位承受土地、房屋用于办公、教学、医疗、科研和军事设施的,免征契税。其中,用于办公的是指:办公室(楼)、附属的职工食堂、职工浴室、库房和其他直接用于办公的土地、房屋;用于教学的是指:教室(教学楼)、图书馆、实验室、操场和其他直接用于教学的土地、房屋;用于医疗的是指:门诊部、住院部和其他直接用于医疗的土地、房屋;用于科研的是指:科学试验场所、资料馆(室)和其他直接用于科研的土地、房屋;用于军事设施的是指:地上和地下的军事指挥作战工程;军用的机场、港口、码头;军用的库房、营区、训练场、试验场;军用的通信、导航、观测台站;其他直接用于军事设施的土地、房屋。

事业单位承受土地、房屋免征契税应同时具备两个条件:一是纳税人必须是按《事业单位财务规则》进行财务核算的事业单位;二是所承受的土地、房屋必须用于办公、教学、医疗、科研项目。监狱管理部门是对犯罪人员执行刑罚的机关,其所承担的公务有一定特殊性,除干警办公外,监舍也是执行公务的必备条件。因此,对监狱管理部门承受土地、房屋直接用于监狱建设,视同国家机关的办公用房建设,免征契税。

(2) 城镇职工按规定第一次购买公有住房的,免征契税。

(3) 因遭受自然灾害、战争等不可抗力损失住房而重新购买住房的,给予减征或免征。

(4) 财政部规定的其他减征、免征契税的项目。

(二) 特殊规定

(1) 关于房地产交易环节的税收政策。对个人购买 90 平方米及以下普通住房,且该住房属于家庭唯一住房的,减按 1% 税率征收契税。超过 90 平方米的普通住房,且该住房属于家庭唯一住房的,按照 1.5% 税率征收契税。个人购买的普通住房,凡不符合上述规定的,不得享受优惠政策,一律按 3% 税率征收契税。

(2) 关于公共租赁住房建设和运营的税收政策。对公租房经营管理单位购买住房作为公租房,免征契税。公租房,是指纳入省、自治区、直辖市、计划单列市人民政府及新疆生产建设兵团批准的公租房发展规划和年度计划,以及按照建保〔2010〕87 号文件和市、县人民政府制定的具体管理办法进行管理的公租房。不同时符合上述条件的公租房不得享受上述税收优惠政策。上述税收政策自 2010 年 9 月 27 日起执行,执行期限暂定 3 年。

(3) 关于城市和国有工矿棚户区改造项目的税收政策。

①对经营管理单位回购已分配的改造安置住房继续作为改造安置房源的,免征契税。

②个人首次购买 90 平方米以下改造安置住房,可按 1% 的税率计征契税;购买超过 90 平方米,但符合普通住房标准的改造安置住房,按法定税率减半计征契税。

③个人取得的拆迁补偿款及因拆迁重新购置安置住房,可按有关规定享受个人所得税和契税减免。

上述税收政策自 2010 年 1 月 1 日起执行。

(4) 土地、房屋被县级以上人民政府征用(占用)后,重新承受土地、房屋权属,其成交价格没有超出土地、房屋补偿费、安置补助费的,免征契税;超出土地、房屋补偿费、安置补助费的部分,纳税确有困难的,给予减征或免征。

(5) 纳税人承受荒山、荒沟、荒丘、荒滩土地使用权,用于农、林、牧、渔业生产的，免征契税。

（6）土地配套费。土地配套费征收契税。根据契税暂行条例规定，国有土地使用权出让按成交价格作为计税依据。成交价格是指土地、房屋权属转移合同确定的价格，包括承受者应支付的货币、实物、无形资产或者其他经济利益支出。因此，土地配套费属于契税计税依据的范围，应征收契税。

（7）继承土地、房屋权属。法定继承人继承土地、房屋权属，不征契税；非法定继承人应征收契税。

（8）以房地产抵债。以房地产抵债征收契税。以房地产抵债发生了土地使用权、房屋所有权的转移，按政策规定，必须到当地土地管理部门和房产管理部门办理土地使用权、房屋所有权变更登记手续，所以，应视同房屋买卖和土地使用权转让征收契税。

（9）无效产权转移行为。对经法院判决的无效产权转移行为不征收契税。法院判决撤销房屋所有权证后，已纳契税款应予退还。

（10）经外交部确定，依照我国有关法律规定以及我国缔结或参加的双边和多边条约或协定，应当予以免税的外国驻华使馆、领事馆、联合国驻华机构及其外交代表、领事官员和其他外交人员承受土地、房屋权属。

三、契税的计税依据与税率

（一）计税依据

契税的计税依据为不动产的价格。房屋买卖的契税计税价格为房屋买卖合同的总价款，买卖装修的房屋，装修费用包括在内。

由于土地、房屋产权转移方式不同，定价方法不同，因而具体计税依据应视不同情况而定。

（1）国有土地使用权出让、土地使用权出售、房屋买卖，为成交价格。成交价格是指土地、房屋权属转移合同确定的价格，包括承受者应交付的货币、实物、无形资产或者其他经济利益。对通过"招、拍、挂"程序承受国有土地使用权的，应按照土地成交总价款计征契税，其中的土地前期开发成本不得扣除。

（2）土地使用权赠与、房屋赠与，由征收机关参照土地使用权出售、房屋买卖的市场价格核定。

（3）土地使用权交换、房屋交换，为所交换的土地使用权、房屋的价格的差额。就是说，交换价格相等时，免征契税；交换价格不相等时，由多交付货币、实物、无形资产或者其他经济利益的一方缴纳契税。

（4）对纳税人因改变土地用途而签订土地使用权出让合同变更协议或者重新签订土地使用权出让合同的，应征收契税。计税依据为因改变土地用途应补缴的土地收益金及应补缴政府的其他费用。

（5）土地使用者将土地使用权及所附建筑物、构筑物等（包括在建的房屋、其他建筑物、构筑物和其他附着物）转让给他人的，应按照转让的总价款计征契税。

（6）以划拨方式取得土地使用权，经批准转让房地产时，由房地产转让者补缴契税。计税依据为补缴的土地使用权出让费用或者土地收益。

（7）房屋附属设施征收契税的依据。

①采取分期付款方式购买房屋附属设施土地使用权、房屋所有权的,应按合同规定的总价款计征契税。

②承受的房屋附属设施权属如为单独计价的,按照当地确定的适用税率征收契税;如与房屋统一计价的,适用与房屋相同的契税税率。

需要注意的是,土地使用者转让、抵押或置换土地,无论其是否取得了该土地的使用权属证书,无论其在转让、抵押或置换土地过程中是否与对方当事人办理了土地使用权属证书变更登记手续,只要土地使用者享有占有、使用、收益或处分该土地的权利,且有合同等证据表明其实质转让、抵押或置换了土地并取得了相应的经济利益,土地使用者及其对方当事人应当依照税法规定缴纳营业税、土地增值税和契税等相关税收。

(二) 契税的税率

契税税率实行3%～5%的幅度税率。实行幅度税率是考虑到我国经济发展的不平衡,各地经济差别较大的实际情况。契税的适用税率,由省、自治区、直辖市人民政府在前款规定的幅度内按照本地区的实际情况确定,并报财政部和国家税务总局备案。

四、契税应纳税额的计算

契税采用比例税率。计算公式为:

$$应纳税额 = 计税依据 \times 税率$$

【例 11-11】

某企业破产清算时,其房地产评估价值为 4 000 万元,其中以价值 3 000 万元的房地产抵偿债务,将价值 1 000 万元的房地产进行拍卖,拍卖收入 1 200 万元。债权人获得房地产后,与他人进行房屋交换,取得额外补偿 500 万元。则:

(1) 债权人承受破产企业土地、房屋权属以抵偿债务的免征契税。

拍卖房地产的,承受方应纳契税税额 = 1 200 × 3% = 36(万元)

(2) 房屋交换中,由支付补价的一方按价差计算缴纳契税,应纳契税税额:

$$应纳税额 = 500 \times 3\% = 15(万元)$$
$$应纳契税合计 = 36 + 15 = 51(万元)$$

五、契税的会计处理

契税的纳税义务发生时间,为纳税人签订土地、房屋权属转移合同的当天,或者纳税人取得其他具有土地、房屋权属转移合同性质凭证的当天。纳税人应当自纳税义务发生之日起 10 日内,向土地、房屋所在地的契税征收机关办理纳税申报,并在契税征收机关核定的期限内缴纳税款。契税征收机关为土地、房屋所在地的财政机关或者地方税务机关。具体征收机关由省、自治区、直辖市人民政府确定。土地管理部门、房产管理部门应当向契税征收机关提供有关资料,并协助契税征收机关依法征收契税。

契税应纳税款,通过"应交税费——应交契税"账户进行核算。该账户的借方发生额,反映实际已纳的税款;其贷方发生额,反映应缴纳的契税;期末余额在贷方,反映应缴未缴的契税。

(一) 企业取得房产所有权

按规定计算应纳契税税额时，应借记"固定资产"、"在建工程"等科目，贷记"应交税费——应交契税"科目。实际缴纳契税时，借记"应交税费——应交契税"科目，贷记"银行存款"等科目。

【例11-12】

某企业接受捐赠房产一栋，房屋按市场售价为500万元。计算该企业应缴纳的契税。

(1) 接受捐赠

应纳税额＝500×5%＝25(万元)

借：固定资产	250 000
贷：应交税费——应交契税	250 000

(2) 实际缴纳契税

借：应交税费——应交契税	250 000
贷：银行存款	250 000

【例11-13】

甲公司将其拥有的一栋写字楼与乙公司拥有的一座商厦相交换，双方协议规定由甲公司企业补付现金800万元，契税税率为5%，计算应纳税额。

(1) 甲企业应缴纳契税

应纳税额＝800×5%＝40(万元)

借：固定资产	400 000
贷：应交税费——应交契税	400 000

(2) 实际缴纳契税时

借：应交税费——应交契税	400 000
贷：银行存款	400 000

(二) 企业取得土地使用权

对于企业取得的土地使用权，应作为无形资产入账。相应地，为取得该项土地使用权而缴纳的契税，也应当计入无形资产价值。

【例11-14】

某企业收到投资者以土地使用权作价1 200万元投入企业作为资本。以土地使用权作价投资，应视同土地使用权转让并缴纳契税。假设当地契税税率为5%，则：

(1) 该企业应缴纳契税

应纳税额＝1 200×5%＝60(万元)

借：无形资产	600 000

　　　　贷：应交税费——应交契税　　　　　　　　　　　　　　　　　　　　600 000
　（2）实际缴纳契税时：
　　　　借：应交税费——应交契税　　　　　　　　　　　　　　　　　　　　600 000
　　　　贷：银行存款　　　　　　　　　　　　　　　　　　　　　　　　　　600 000

六、契税的纳税申报

（一）纳税义务发生时间

契税的纳税环节是纳税人签订土地、房屋权属转移合同的当天，或者纳税人取得其他具有土地、房屋权属转移合同性质凭证的当天。

（二）纳税地点

契税实行属地征收管理。纳税人发生契税纳税义务时，应向土地、房屋所在地的税务征收机关申报纳税。

（三）纳税期限

纳税人应当自纳税义务发生之日起 10 日内，向土地、房屋所在地的税收征收机关办理纳税申报，并在税收征收机关核定的期限内缴纳税款。

契税纳税申报表如表 11-7 所示。

表 11-7　　　　　　　　　　　　契税纳税申报表

填表日期：　　年　月　日　　　　　　　　　　　　　　　　　　　　单位：元、平方米

承受方	名称		识别号	
	地址		联系电话	
转让方	名称		识别号	
	地址		联系电话	
土地、房屋权属转移	合同签订时间			
	土地、房屋地址			
	权属转移类别			
	权属转移面积			平方米
	成交价格			元
适用税率				
计征税额				元
减免税额				元
应纳税额				元
纳税人员签章		经办人员签章		

填表说明

（1）本表依据《中华人民共和国税收征收管理法》、《中华人民共和国契税暂行条例》设计制定。

(2) 本表适用于在中国境内承受土地、房屋权属的单位和个人。纳税人应当在签订土地、房屋权属转移合同或者取得其他具有土地、房屋权属转移合同性质凭证后 10 日内，向土地、房屋所在地契税征收机关填报契税纳税申报表，申报纳税。

(3) 本表各栏的填写说明如下：

①承受方及转让方名称：承受方、转让方是单位的，应按照人事部门批准或者工商部门注册登记的全称填写；承受方、转让方是个人的，则填写本人姓名。

②承受方、转让方识别号：承受方、转让方是单位的，填写税务登记号；没有税务登记号的，填写组织机构代码。承受方、转让方是个人的，填写个人身份证号或护照号。

③合同签订时间：指承受方签订土地、房屋转移合同的当日，或其取得其他具有土地、房屋转移合同性质凭证的当日。

④权属转移类别：（土地）出让、买卖、赠与、交换、作价入股等行为。

⑤成交价格：土地、房屋权属转移合同确定的价格（包括承受者应交付的货币、实物、无形资产或者其他经济利益，折算成人民币金额）填写。计税价格，是指由征收机关按照《中华人民共和国契税暂行条例》第四条确定的成交价格、差价或者核定价格。

⑥计征税额＝计税价格×税率，应纳税额＝计征税额－减免税额。

第六节　车辆购置税会计

一、车辆购置税概述

（一）车辆购置税概念

车辆购置税，是对在中国境内购置规定车辆的单位和个人征收的一种税，它由车辆购置附加费演变而来。现行车辆购置税法的基本规范，是从 2001 年 1 月 1 日起实施的《中华人民共和国车辆购置税暂行条例》。就其性质而言，车辆购置税属于直接税的范畴。

（二）车辆购置税特点

车辆购置税作为一种特殊税，除具有税收的共同特点外，还有其自身独立的特点：

第一，征收范围单一。车辆购置税以购置的特定车辆为课税对象，而不是对所有的财产或消费财产征税，范围窄，是一种特种财产。

第二，征收环节单一。车辆购置税实行一次性课征制，它不是在生产、经营和消费的每个环节征收，而只是在退出流通领域进入消费领域的特定环节一次征收。

第三，征税具有目的。车辆购置税为中央税，它取之于应税车辆，用之于交通建设，其征税具有专门用途，可作为中央财政的经常性预算科目，由中央财政根据国家交通建设投资计划，统筹安排。这种特定目的的税收，可以保证国家财政支出需要，既有利于统筹合理地安排资金，又有利于保证特定事业和建设支出的需要。

第四，价外征收，不转嫁税负。也就是说，征收车辆购置税的商品价格中不含车辆购置税税额，车辆购置税是附加在价格之外的，且税收的缴纳者即为最终的税收负担者，税负没有转嫁性。

开征车辆购置税有利于合理筹集资金，积累国家财政收入，促进交通基础设施建设事业的健康发展；有利于规范政府行为，理顺税费关系，深化和完善财税制度改革；有利于调节收入差别，缓解社会分配不公的矛盾；有利于配合打击走私，保护民族工业，维护国家权益。

二、纳税义务人

车辆购置税的纳税义务人是指在中华人民共和国境内购置应税车辆的单位和个人。这一表述，界定了车辆购置税的应税行为、征税区域和纳税人的范围等方面的内容。

（一）车辆购置税应税行为

车辆购置税的应税行为是指在中华人民共和国境内购置应税车辆的行为。具体来讲这种应税行为包括以下几种情况：

（1）购买使用行为。包括购买使用国产应税车辆和购买使用进口应税车辆。当纳税人购置应税车辆时，就发生了应税行为，就要依法纳税。

（2）进口使用行为。指直接进口使用应税车辆的行为。

（3）受赠使用行为。受赠是指接受他人馈赠。对馈赠人而言，在发生财产所有权转移后，应税行为一同转移，不再是纳税人；而作为受赠人在接受使用（包括接受免税车辆）后，就发生了应税行为，就要承担纳税义务。

（4）自产自用行为。自产自用是指纳税人将自己生产的应税车辆作为最终消费品用于自己消费使用，其消费行为已构成了应税行为。

（5）获奖使用行为。包括从各种奖励形式中取得并使用应税车辆的行为。

（6）其他使用行为。指除上述以外其他方式取得并使用应税车辆的行为，如拍卖、抵债、走私、罚没等方式取得并自用的应税车辆。

（二）车辆购置税征税区域

征税区域是指一个国家全面实施统一的税收法规的境域。我国车辆购置税的适用区域在"中华人民共和国境内"，只要在中华人民共和国境内发生了车辆购置税的应税行为，都要征收车辆购置税。

"在中华人民共和国境内"，是指应税车辆的购置或使用地在中华人民共和国境内。购置应税车辆的行为发生地在中华人民共和国境内的，都属于车辆购置税的征税区域。应税车辆的购置地与应税行为的发生地是一致的。

（三）车辆购置税纳税义务人的具体范围

车辆购置税纳税义务人的范围包括"单位和个人"，具体为：

"单位"是指国有企业、集体企业、私营企业、股份制企业、外商投资企业、外国企业以及其他企业，事业单位、社会团体、国家机关、部队以及其他单位。

"个人"是指个体工商业户及其他个人。泛指具有民事权利能力，依法享有民事权利，承担民事义务的自然人，包括中华人民共和国公民和外国公民。

三、征税对象和征税范围

（一）车辆购置税的征税对象

车辆购置税以列举产品（商品）为征税对象。所谓"列举产品"，即指《车辆购置税暂行条例》规定的应税车辆。

(二) 车辆购置税的征税范围

车辆购置税的征收范围包括汽车、摩托车、电车、挂车、农用运输车。具体范围按车辆购置税征收范围表执行。如表 11-8 所示。

表 11-8　　　　　　　　　　　车辆购置税征收范围表

应税车辆	具体范围	注释
汽车	各类汽车	
摩托车	轻便摩托车	最高设计时速不大于 50km/h，发动机汽缸总排量不大于 50cm³ 的两个或者三个车轮的机动车
	二轮摩托车	最高设计车速大于 50km/h，或者发动机汽缸总排量大于 50cm³ 的两个车轮的机动车
	三轮摩托车	最高设计车速大于 50km/h，或者发动机汽缸总排量大于 50cm³，空车重量不大于 400kg 的三个车轮的机动车
电车	无轨电车	以电能为动力、由专用输电缆线供电的轮式公共车辆
	有轨电车	以电能为动力、在轨道上行驶的公共车辆
挂车	挂车	无动力设备、独立承载、由牵引车辆牵引行驶的车辆
	半挂车	无动力设备，与牵引车辆共同承载，由牵引车辆牵引行驶的车辆
农用运输车	三轮农用运输车	柴油发动机、功率不大于 7.4kw、载重量不大于 500kg、最高车速不大于 40km/h 的三个车轮的机动车
	四轮农用运输车	柴油发动机、功率不大于 28kw、载重量不大于 1 500kg、最高车速不大于 50km/h 的四个车轮的机动车

为了体现税法的统一性、固定性、强制性和严肃性特征，车辆购置税征收范围的调整，由国务院决定，其他任何部门、单位和个人只能认真执行政策规定，无权擅自扩大或缩小车辆购置税的征税范围。

四、税率与计税依据

(一) 车辆购置税的税率

我国车辆购置税实行统一比例税率，税率为 10%。

(二) 车辆购置税的计税依据

车辆购置税以应税车辆为征税对象，考虑到我国车辆市场供求的矛盾，价格差异变化，计量单位不规范以及征收车辆购置附加费时的做法，实行从价定率、价外征收的方法计算应纳税额，应税车辆的价格即计税价格就成为车辆购置税的计税依据。但是，由于应税车辆购置的来源不同，应税行为的发生不同，计税价格的组成也不一样，因此，车辆购置税计税依据的构成也就不同。

车辆购置税的计税依据和应纳税款应以人民币计算。纳税人以外汇结算应税车辆价款的，按照申报纳税之日中国人民银行公布的人民币基准汇价折合成人民币计算应纳税额。

1. 购买自用应税车辆计税依据的确定

纳税人购买自用的应税车辆以计税价格为计税依据。计税价格的组成为纳税人购买应税车辆而支付给销售者的全部价款和价外费用（不包括增值税税款）。换句话说，计税价格是由销货方销售应税车辆向购买者收取的、除增值税税款以外的全部价款和价外费用组成的。这里的"购买自用的应税车辆"，包括购买自用的国产应税车辆和购买自用的进口应税车辆,如从国内汽车市场、汽车贸易公司购买自用的进口应税车辆等。

"价外费用"是指销售方价外向购买方收取的基金、集资费、返还利润、补贴、违约金(延期付款利息)和手续费、包装费、储存费、优质费、运输装卸费、保管费、代收款项、代垫款项以及其他各种性质的价外收费。

由于纳税人购买自用的应税车辆是按不含增值税的计税价格征收车辆购置税的,因此,当纳税人购车发票的价格未扣除增值税税款,或者因不得开具机动车辆销售统一发票(或开具其他普通票据)而发生价款与增值税税款合并收取的,在确定车辆购置税计税依据时,应将其换算为不含增值税的销售价格。其换算公式为:

计税价格=含增值税的销售价格÷(1+增值税税率或征收率)

主管税务机关在计征车辆购置税确定计税依据时,计算车辆不含增值税价格的方法:

不含税价=(全部价款+价外费用)÷(1+增值税税率或征收率)

2. 进口自用应税车辆计税依据的确定

纳税人进口自用的应税车辆以组成计税价格为计税依据。计税价格的计算公式为:

计税价格=关税完税价格+关税+消费税

这里的"进口自用的应税车辆",是指纳税人直接从境外进口或委托代理进口自用的应税车辆,即非贸易方式进口自用的应税车辆。

式中,关税完税价格是指海关核定的关税计税价格;关税是指由海关课征的进口车辆的关税。计算公式为:

应纳关税=关税完税价格×关税税率

式中,消费税是指进口车辆应由海关代征的消费税。计算公式为:

应纳消费税=组成计税价格×消费税税率

组成计税价格=(关税完税价格+关税)÷(1-消费税税率)

进口自用应税车辆的计税价格,应根据纳税人提供的、经海关审查确认的有关完税证明资料确定。

3. 其他自用应税车辆计税依据的确定

按现行政策规定,纳税人自产、受赠、获奖和以其他方式取得并自用的应税车辆的计税价格,按购置该型号车辆的价格确认,不能取得购置价格的,由主管税务机关参照国家税务总局规定的相同类型应税车辆的最低计税价格核定。

4. 以最低计税价格为计税依据的确定

现行政策规定:纳税人购买自用或者进口自用应税车辆,申报的计税价格低于同类型应税车辆的最低计税价格,又无正当理由的,按照最低计税价格征收车辆购置税。这就是说,纳税人购买和进口自用的应税车辆,首先应分别按前述计税价格或组成计税价格计税,当申报的计税价格偏低,又提不出正当理由的,应以最低计税价格为计税依据,按照核定的最低计税价格征税。最低计税价格由国家税务总局制定。最低计税价格是指国家税务总局依据车辆生产企业提供的车辆价格信息并参照市场平均交易价格核定的车辆购置税计税价格。

五、税收优惠

我国车辆购置税实行法定减免税。减税免税范围的具体规定是：
（1）外国驻华使馆、领事馆和国际组织驻华机构及其外交人员自用车辆免税；
（2）中国人民解放军和中国人民武装警察部队列入军队武器装备订货计划的车辆免税；
（3）设有固定装置的非运输车辆免税；
（4）防汛部门和森林消防等部门购置的由指定厂家生产的指定型号的用于指挥、检查、调度、报汛（警）、联络的专用车辆；
（5）回国服务的留学人员用现汇购买 1 辆个人自用国产小汽车；
（6）长期来华定居专家进口的 1 辆自用小汽车；
（7）2004 年 10 月 1 日起，对三轮农用运输车免征车辆购置税；
（8）有国务院规定予以免税或者减税的其他情形的，按照规定免税或者减税。

六、应纳税额的计算

车辆购置税实行从价定率的办法计算应纳税额，应纳税额的计算公式为：

$$应纳税额 = 计税价格 \times 税率$$

由于应税车辆购置来源、应税行为发生以及计税价格组成不同，车辆购置税应纳税额的计算方法也有区别。

（一）购买自用国产应税车辆应纳税额的计算

纳税人购买自用的应税车辆，其计税价格由纳税人支付给销售者的全部价款（不包括增值税税款）和价外费用组成。

【例 11-15】

张某 2011 年 12 月 8 日，从上海大众汽车有限公司购买一辆桑塔纳轿车供自己使用，支付含增值税车价款 106 000 元，另支付代收临时牌照费 150 元，代收保险费 352 元，支付购买工具件和零配件价款 2 035 元，车辆装饰费 250 元。支付的各项价费款均由上海大众汽车有限公司开具"机动车销售统一发票"和有关票据。计算车辆购置税应纳税额。

购买者随购买车辆支付的工具件和零部件价款应作为购车价款的一部分，并入计税价格征收车辆购置税，以防止纳税人采取"化整为零"方式侵蚀税基。支付的车辆装饰费，应作价外费用并入计税价格中计税。代收款项应区别征税。凡使用代收单位（受托方）票据收取的款项，应视作代收单位价外收费，购买者支付的价费款，应并入计税价格一并征税；凡使用委托方票据收取，受托方只履行代收义务和收取代收手续费的款项，应按其他税收政策规定征税。销售单位开给购买者的各种发票金额中包含增值税税款，计算应纳车辆购置税时，应换算为不含增值税税额的计税价格。车辆购置税税额计算：

$$计税价格 = (106\ 000 + 150 + 352 + 2\ 035 + 250) \div (1 + 17\%) = 92\ 980.34(元)$$
$$应纳税额 = 92\ 980.34 \times 10\% = 9\ 298.03(元)$$

【例 11-16】

某环保局于 2011 年 12 月 19 日，从江南汽车贸易中心（增值税一般纳税人）购买日本本田公司生产的轿车一辆。该环保局按江南汽车贸易中心开具的"机动车销售统一发票"金额支付价款 371 000 元，江南汽车贸易中心开展一条龙销售服务，代环保局办理车辆上牌等事宜，并向环保局开票收取新车登记费、上牌办证费、代办手续费、仓储保管费、送车费等共计 36 000 元。计算应纳车辆购置税税额。

企业在代理过程中按规定支付给有关部门的费用，企业已作经营性支出列支核算。因此，按现行税法规定，均应作价外收入计算征税。

$$应纳税额 = (371\,000 + 36\,000) \div (1 + 17\%) \times 10\% = 347\,863.25 \times 10\%$$
$$= 34\,786.32(元)$$

（二）购买自用进口应税车辆应纳税额的计算

纳税人进口自用的应税车辆以组成计税价格为计税依据。计税价格的计算公式为：

$$计税价格 = 关税完税价格 + 关税 + 消费税$$

【例 11-17】

某外贸进出口公司 2011 年 11 月 12 日，从国外进口 10 辆宝马小轿车，汽缸容量为 1 800 毫升。该公司报关进口这批小轿车时，经报关地口岸海关对有关报关资料的审查，确定关税计税价格为 198 000 元/辆（人民币），海关按关税政策规定课征关税 217 800 元/辆，并按消费税、增值税有关规定分别代征进口消费税 21 884 元/辆，增值税 74 406 元/辆。由于业务工作的需要，该公司将两辆小轿车用于本单位使用。试根据纳税人提供的有关报关进口资料和经海关审查确认的有关完税证明资料，计算应纳的车辆购置税税额。

纳税人进口自用的应税车辆，应按组成计税价格计算应纳税额。纳税人应如实提供有关报关和完税证明资料，主管税务机关应按海关审查确认的有关进口车辆的完税证明资料组成计税价格计算应纳税额。车辆购置税税额计算：

$$组成计税价格 = 关税完税价格 + 关税 + 消费税 = 198\,000 + 217\,800 + 21\,884$$
$$= 437\,684(元)$$

$$应纳税额 = 自用数量 \times 组成计税价格 \times 税率 = 2 \times 437\,684 \times 10\% = 87\,536.8(元)$$

（三）其他自用应税车辆应纳税额的计算

纳税人自产自用、受赠使用、获奖使用和以其他方式取得并自用应税车辆的，凡不能取得该型车辆的购置价格，或者低于最低计税价格的，以国家税务总局核定的最低计税价格为计税依据计算征收车辆购置税。

【例 11-18】

某客车制造厂将自产的一辆 19 座三湘牌客车，用于本厂后勤生活服务，该厂在办理车辆上牌落籍前，出具该车的发票注明金额为 44 300 元，并按此金额向主管税务机关申报纳税。经审核，国家税务总局对该车同类型车辆核定的最低计税价格为 47 000 元。该厂对作价问题不能提供正当理由。计算该车应纳的车辆购置税。

分析过程：纳税人自产自用应税车辆的发票价格是44 300元，低于最低计税价格47 000元，又无正当理由，主管税务机关应按全国统一核定的同类型应税车辆最低计税价格确定征税。车辆购置税税额计算如下：

$$应纳税额 = 47\,000 \times 10\% = 4\,700(元)$$

七、车辆购置税的会计处理

企业缴纳的车辆购置税应当作为所购置车辆的成本。由于车辆购置税是一次性缴纳，因此它可以不通过"应交税费"账户进行核算。汽车购买的价格和车辆购置税、机动车登记证书工本费、手续费，还有为车辆上牌照发生的照相费、上牌费计入固定资产价值。交通强制保险、一般机动车辆保险计入管理费用。

【例 11-19】

某建筑施工企业4月12日开出转账支票一张，从某汽车市场购入小汽车一辆，价款175 500元（含增值税）。按照规定，纳税人购买自用的应税车辆的计税价格，为纳税人购买车辆而支付给销售者的全部价款和价外费用，不包括增值税税款。则计税价格为：

$$计税价格 = 175\,500 \div (1 + 17\%) = 150\,000(元)$$
$$应纳税额 = 150\,000 \times 10\% = 15\,000(元)$$

借：固定资产	190 500
贷：银行存款	190 500

【例 11-20】

某企业2012年购入载货汽车一辆，专用发票注明价款20万元，增值税34 000元，车辆购置税税率10%，编制会计分录。

借：固定资产	220 000
应交税费——应交增值税（进项税额）	34 000
贷：银行存款	254 000

八、申报与缴纳

根据《车辆购置税征收管理办法》（2006年1月1日开始施行），车辆购置税的征收规定如下：

（一）车辆购置税的纳税申报

车辆购置税实行一车一申报制度。

纳税人办理纳税申报时应如实填写《车辆购置税纳税申报表》（以下简称纳税申报表），同时提供以下资料的原件和复印件，原件经车购办审核后退还纳税人，复印件和

《机动车销售统一发票》的报税联由主管税务机关留存:
（1）车主身份证明;
（2）车辆价格证明;
（3）车辆合格证明;
（4）税务机关要求提供的其他资料。

（二）车辆购置税的纳税环节

车辆购置税是对应税车辆的购置行为课征,征税环节选择在使用环节（即最终消费环节）。具体而言,纳税人应当在向公安机关等车辆管理机构办理车辆登记注册手续前,缴纳车辆购置税。即车辆购置税是在应税车辆上牌登记注册前的使用环节征收。车辆购置税选择单一环节,实行一次课征制度,购置已征车辆购置税的车辆,不再征收车辆购置税。但减税、免税条件消失的车辆,即减税、免税车辆因转让、改制后改变了原减、免税前提条件的,就不再属于免税、减税范围,应按规定缴纳车辆购置税。

（三）车辆购置税的纳税地点

纳税人购置应税车辆,应当向车辆登记注册地的主管税务机关申报纳税;购置不需办理车辆登记注册手续的应税车辆,应当向纳税人所在地的主管税务机关申报纳税。车辆登记注册地是指车辆的上牌落籍地或落户地。

（四）车辆购置税纳税期限

车辆购置税由国家税务局征收。车辆购置税税款应当一次缴清。纳税人应当在向公安机关车辆管理机构办理车辆登记注册前,缴纳车辆购置税。

纳税人购买自用的应税车辆,自购买之日起60日内申报纳税;进口自用的应税车辆,应当自进口之日起60日内申报纳税;自产、受赠、获奖和以其他方式取得并自用应税车辆的,应当自取得之日起60日内申报纳税。

车辆购置税税款于纳税人办理纳税申报时一次缴清。

这里的"购买之日"是指纳税人购车发票上注明的销售日期。"进口之日"是指纳税人报关进口的当天。

（五）车辆购置税的缴税管理

我国税法规定的纳税人缴纳税款的方法很多,诸如自报核缴、查账征收、查定征收、查验征收、集中征收、定期定额征收,代征、代扣、代收等。

车辆购置税缴纳税款的方法主要有以下几种:

自报核缴。即由纳税人自行计算应纳税额、自行填写纳税申报表有关资料,向主管税务机关申报,经税务机关审核后开具完税凭证,由纳税人持完税凭证向当地金库或金库经收处缴纳税款。这种缴纳方法可以避免错漏现象,适用于各种纳税人的缴纳。

集中征收缴纳。包括两种情况:一是由纳税人集中向税务机关统一申报纳税。它适用于实行集中购置应税车辆的军队、武警系统的缴纳和经批准实行代理制经销商的缴纳。二是由税务机关集中报缴税款。即纳税人向实行集中征收的主管税务机关申报缴纳税款,税务机关开具完税凭证后,由税务机关填写汇总缴款书,将税款集中缴入金库或金库经收处。它适用于税源分散、税额较少,税务部门实行集中征收管理地区（如县、市级）的缴纳。

代征、代扣、代收。即扣缴义务人按税法规定代扣代缴、代收代缴税款,税务机关委托征收单位代征税款的征收方式。它适用于税务机关委托征收或纳税人依法受托征收税款,目前税务机关委托交通部门稽征机构代征车辆购置税,就属于这种征收方式。

车辆购置税纳税申报表如表 11-9 所示。

表 11-9 车辆购置税纳税申报表

填表日期: 年 月 日 行业代码: 注册类型代码: 纳税人名称: 金额单位:元

纳税人证件名称			证件号码		
联系电话			邮政编码		地址
车辆基本情况					
车辆类别		1. 汽车、2. 摩托车、3. 电车、4. 挂车、5. 农用运输车			
生产企业名称			机动车销售统一发票(或有效凭证)价格		
厂牌型号			关税完税价格		
发动机号码			关税		
车辆识别代号(车架号码)			消费税		
购置日期			免(减)税条件		
申报计税价格	计税价格	税率	免税、减税额		应纳税额
1	2	3	4=2×3		5=1×3 或 2×3
		10%			
申报人声明			授权声明		
此纳税申报表是根据《中华人民共和国车辆购置税暂行条例》的规定填报的,我相信它是真实的、可靠的、完整的。 声明人签字:			如果你已委托代理人申报,请填写以下资料:为代理一切税务事宜,现授权( ),地址( )为本纳税人的代理申报人,任何与本申报表有关的往来文件,都可寄予此人。 授权人签字:		
纳税人签名或盖章	如委托代理人的,代理人应填写以下各栏				
	代理人名称				代理人(章)
	地址				
	经办人				
	电话				
接收人:		接收日期:		主管税务机关(章):	

《车辆购置税纳税申报表》填表说明

(1) 本表由车辆购置税纳税人(或代理人)在办理纳税申报时填写。

(2) "纳税人名称"栏,填写车主名称。

(3) "纳税人证件名称"栏,单位车辆填写组织机构代码证书;个人车辆填写居民身份证或其他身份证明名称。

(4) "证件号码"栏,填写组织机构代码证书、居民身份证及其他身份证件的号码。

(5) "车辆类别"栏,在表中所列项目中划√。

(6)"生产企业名称"栏,国产车辆填写国内生产企业名称,进口车辆填写国外生产企业名称。

(7)"厂牌型号"、"发动机号码"、"车辆识别代号(车架号码)"栏,分别填写车辆整车出厂合格证或《中华人民共和国海关货物进口证明书》或《中华人民共和国海关监管车辆进(出)境领(销)牌照通知书》或《没收走私汽车、摩托车证明书》中注明的产品型号、车辆识别代号(VIN,车架号码)。

(8)"购置日期"栏,填写机动车销售统一发票(或有效凭证)上注明的日期。

(9)"机动车销售统一发票(或有效凭证)价格"栏,填写机动车销售统一发票(或有效凭证)上注明的价费合计金额。

(10)"免(减)税条件"栏,按下列项目选择字母填写:A. 外国驻华使馆、领事馆和国际组织驻华机构及其外交人员自用的车辆;B. 中国人民解放军和中国人民武装警察部队列入军队武器装备订货计划的车辆;C. 设有固定装置的非运输车辆;D. 在外留学人员(含港、澳)回国服务的,购买的国产汽车;E. 来华定居专家进口自用或境内购置的汽车;F. 其他免税、减税车辆。

(11)下列栏次由进口自用车辆的纳税人填写。

①"关税完税价格"栏,填写《海关关税专用缴款书》中注明的关税计税价格。"关税"栏,填写《海关关税专用缴款书》中注明的关税税额。

②"消费税"栏,填写《海关代征消费税专用缴款书》中注明的消费税税额。

(12)"申报计税价格"栏,分别按下列要求填写:

①境内购置车辆,按机动车销售统一发票注明的价费合计金额÷(1+17%)填写。

②进口自用车辆,填写计税价格。计税价格=关税完税价格+关税+消费税。

③自产、受赠、获奖或者以其他方式取得并自用的车辆,按机动车销售统一发票(或有效凭证)注明的价费合计金额÷(1+17%)填写。

(13)"计税价格"栏,经税务机关辅导后填写:

①填写最低计税价格。

②底盘发生更换的车辆,按主管税务机关提供的最低计税价格的70%填写。

③免税条件消失的车辆,自初次办理纳税申报之日起,使用年限未满10年的,按主管税务机关提供的最低计税价格每满1年扣减10%填写。未满1年的按主管税务机关提供的最低计税价格填写。使用年限10年(含)以上的,填写0。

(14)"应纳税额"栏,计算公式如下:

①计税依据为申报计税价格的,应纳税额=申报计税价格栏×税率;

②计税依据为计税价格的,应纳税额=计税价格栏×税率。

(15)本表一式二份(一车一表),一份由纳税人留存;一份由主管税务机关留存。

第七节 耕地占用税会计

耕地占用税法是指国家制定的调整耕地占用税征收与缴纳权利及义务关系的法律规范。现行耕地占用税法的基本规范,是2007年12月1日国务院重新颁布的《中华人民共和国耕地占用税暂行条例》（以下简称耕地占用税暂行条例）。

一、耕地占用税基本原理

（一）耕地占用税的概念

耕地占用税是对占用耕地建房或从事其他非农业建设的单位和个人，就其实际占用的耕地面积征收的一种税，它属于对特定土地资源占用课税。

耕地是土地资源中最重要的组成部分，是农业生产最基本的生产资料。我国人口众多，耕地资源相对较少，要用占世界总量7%的耕地，养活占世界总量22%的人口，人多地少的矛盾十分突出。因此，我们必须十分注意保护耕地。由于过去长期实行非农业用地无偿使用制度，助长了乱占耕地的行为，浪费了大量的耕地，加剧了地少人多的矛盾。为了遏制并逐步改变这种状况，国家决定开征耕地占用税，运用税收经济杠杆与法律、行政等手段相配合，以便有效地保护耕地。通过开征耕地占用税，使那些占用耕地建房及从事其他非农业建设的单位和个人承担必要的经济责任，有利于政府运用税收经济杠杆调节其经济利益，引导节约、合理地使用耕地资源。这对于保护国土资源，促进农业可持续发展，以及强化耕地管理，保护农民的切身利益等，都具有十分重要的意义。

（二）耕地占用税的特点

耕地占用税作为一个出于特定目的、对特定的土地资源课征的税种，与其他税种相比，具有比较鲜明的特点，主要表现在：

1. 兼具资源税与特定行为税的性质

耕地占用税以占用农用耕地建房或从事其他非农用建设的行为为征税对象，以约束纳税人占用耕地的行为、促进土地资源的合理运用为课征目的，除具有资源占用税的属性外，还具有明显的特定行为税的特点。

2. 采用地区差别税率

耕地占用税采用地区差别税率，根据不同地区的具体情况，分别制定差别税额，以适应我国地域辽阔、各地区之间耕地质量差别较大、人均占有耕地面积相悬殊的具体情况，具有因地制宜的特点。

3. 在占用耕地环节一次性课征

耕地占用税在纳税人获准占用耕地的环节征收，除对获准占用耕地后超过两年未使用者加征耕地占用税外，此后不再征收耕地占用税。因此，耕地占用税具有一次性征收的特点。

4. 税收收入专用于耕地开发与改良

耕地占用税收入按规定应用于建立发展农业专项基金主要用于开展宜耕土地开发和改良现有耕地之用，因此，具有"取之于地、用之于地"的补偿性特点。

二、纳税义务人与征税范围

（一）纳税义务人

耕地占用税的纳税义务人，是占用耕地建房或从事非农业建设的单位和个人。所称单位包括国有企业、集体企业、私营企业、股份制企业、外商投资企业、外国企业以及其他企业和事业单位、社会团体、国家机关、军队以及其他单位；所称个人，包括个体工商户以及其他个人。

（二）征税范围

耕地占用税的征税范包括纳税人为建房或从事其他非农业建设而占用的国家所有和集体所有的耕地。

所谓"耕地"是指种植农业作物的土地，包括菜地、园地。其中，园地包括花圃、苗圃、茶园、果园、桑园和其他种植经济林木的土地。

占用鱼塘及其他农用土地建房或从事其他非农业建设，也视同占用耕地，必须依法征收耕地占用税。占用已开发从事种植、养殖的滩涂、草场、水面和林地等从事非农业建设，由省、自治区、直辖市本着有利于保护土地资源和生态平衡的原则，结合具体情况确定是否征收耕地占用税。

此外，在占用之前三年内属于上述范围的耕地或农用土地，也视为耕地。

三、税率、计税依据和应纳税额的计算

（一）税率

由于不同地区耕地资源的分布极不均衡，有些地区人烟稠密，耕地资源相对匮乏；而有些地区则人烟稀少，耕地资源比较丰富。各地之间的经济发展水平也有很大差异。考虑到不地之间客观条件的差别以及与此相关的税收调节力度和纳税人负担能力方面的差别，耕地占用税在税率设计上采用差别定额税率。

税率规定如下：

(1) 人均耕地不超过1亩的地区（以县级行政区域为单位），每平方米10～50元；

(2) 人均耕地超过1亩但不超过2亩的地区，每平方米8～40元；

(3) 人均耕地超过2亩但不超过3亩的地区，每平方米6～30元；

(4) 人均耕地超过3亩以上的地区，每平方米5～25元；

经济特区、经济技术开发区和经济发达、人均耕地特别少的地区，税额可以适当提高，但最多不得超过上述规定税额的50％。

（二）计税依据

耕地占用税以纳税人占用耕地的面积为计税依据，以每平方米为计量单位。

（三）税额计算

耕地占用税以纳税人实际占用的耕地面积为计税依据，以每平方米土地为计税单位，按适用的定额税率计税。其计算公式为：

$$应纳税额=实际占用耕地面积(平方米)\times 适用定额税率$$

【例11-21】

假设某市一家企业新占20 000平方米耕地用于工业建设，所占耕地适用的定额税率为20元/平方米。计算该企业应纳的耕地占用税。

$$应纳税额=20\,000\times 20=400\,000(元)$$

四、税收优惠和征收管理

（一）免征耕地占用税

军事设施占用耕地，学校、幼儿园、养老院、医院占用耕地免征耕地占用税。

（二）减征耕地占用税

铁路线路、公路线路、飞机场跑道、停机坪、港口、航道占用耕地，减按每平方米2元的税额征收耕地占用税。

根据实际需要，国务院财政、税务主管部门商国务院有关部门并报国务院批准后，可以对前款规定的情形免征或者减征耕地占用税。

农村居民占用耕地新建住宅，按照当地适用税额减半征收耕地占用税。

农村烈士家属、残疾军人、鳏寡孤独以及革命老根据地、少数民族聚居区和边远贫困山区生活困难的农村居民，在规定用地标准以内新建住宅缴纳耕地占用税确有困难的，经所在地乡（镇）人民政府审核，报经县级人民政府批准后，可以免征或者减征耕地占用税。

免征或者减征耕地占用税后，纳税人改变原占地用途，不再属于免征或者减征耕地占用税情形的，应当按照当地适用税额补缴耕地用税。

耕地占用税由地方税务机关负责征收。土地管理部门在通知单位或者个人办理占用耕地手续时，应当同时通知耕地所在地同级地方税务机关。获准占用耕地的单位或者个人应当在收到土地管理部门的通知之日起30日内缴纳耕地占用税。土地管理部门凭耕地占用税完税凭证或者免税凭证和其他相关文件发放建设用地批准书。

纳税人临时占用耕地，应当依照耕地占用税暂行条例的规定缴纳耕地占用税。纳税人在批准临时占用耕地的期限内恢复所占用耕地原状的，全额退还已经缴纳的耕地占税。

占用林地、牧草地、农田水利州地、养殖水面以及渔业水域滩涂等其他农用地建房或者从事非农业建设的，比照耕地占用税暂行条例的规定征收耕地占用税。建设直接为农业生产服务的生产设施占用前款规定的农用地的，不征收耕地占用税。

五、耕地占用税的会计处理

由于耕地占用税是在实际占用耕地之前一次性缴纳的，不存在与征税机关清算和结算的问题，因此企业按规定缴纳的耕地占用税，可以不通过"应交税费"科目核算。

【例11-22】

某工厂经批准征用耕地3 000平方米用于建设厂房，当地政府规定的耕地占用税税额为5元/平方米，则实际向征收机关申报缴纳耕地占用税时：

借：在建工程　　　　　　　　　　　　　　　　　　　　　　　　　15 000
　　贷：银行存款　　　　　　　　　　　　　　　　　　　　　　　　15 000

【例11-23】

某房地产开发企业经土地管理部门批准征用耕地16 000平方米用于房地产开发。当地政府规定的耕地占用税税额为6元/平方米。则实际向征收机关申报缴纳耕地占用税时作如下会计分录：

借：开发成本　　　　　　　　　　　　　　　　　　　　　　　　96 000
　　贷：银行存款　　　　　　　　　　　　　　　　　　　　　　96 000

六、耕地占用税的纳税申报

耕地占用税纳税义务发生时间为：经批准占用耕地的，为纳税人收到土地管理部门办理占用农用地手续通知的当天；未经批准占用耕地的，为纳税人实际占用耕地的当天。

耕地占用税的纳税期限为30天，即纳税人应当在收到土地管理部门的通知之日起30日内缴纳耕地占用税。经批准前实际占用耕地的，纳税人应当自实际占用耕地之日起30日内，向耕地所在地的征收机关申报缴纳税款。铁路线路、公路线路、飞机场跑道、停机坪、港口、航道等享受减税的用地，军事设施、学校、幼儿园、养老院、医院享受免税的用地，凡改变用途，不再属于减免税范围的，应从改变用途起30日内补缴税款。

耕地占用税纳税申报表如表11-10所示。

表11-10　　　　　　　　　　耕地占用税纳税申报表

申报时间：　　年　月　日

单位：元（列至角、分）、平方米（保留到小数点后两位）

纳税人全称				税务计算机代码		
详细地址				联系电话		
开户银行				银行账号		
建设项目名称						
批准占地文号				批准占地日期		
占地位置				批准占地面积		
计税面积（M²）	适用税额		计征税额	减免面积（M²）	减免税额	应纳税额
纳税人签章：	法人代表签章：			税务机关同意受理盖章： 　　　　　年　月　日		

填表说明：

（1）本申报表适用耕地占用税纳税人填报。此表一式两份，一份报送税务机关，一份纳税人留存。

（2）计税面积：纳税人实际占用的耕地面积，包括经批准占用的耕地面积和未经批准占用的耕地面积。

（3）适用税额：按建设项目所在区县的适用税额。

（4）计征税额＝计税面积×适用税额。

(5) 减免面积：符合政策规定减免税范围的面积。
(6) 减免税额＝减免面积×适用税额。
(7) 应纳税额＝计征税额－减免税额。
(8) 纳税人须报送用地批文复印件、市发展和改革委员会的批准立项文书复印件、项目建设平面图的复印件，税务机关须留存复印件。

第八节　烟叶税会计

一、烟叶税制度的基本内容

（一）烟叶税的纳税人

烟叶税的纳税人是指依照《中华人民共和国烟草专卖法》（以下简称烟草专卖法）第十条的规定，有权收购烟叶的烟草公司或者受其委托收购烟叶的单位。

根据烟草专卖法规定，其他单位和个人违法收购烟叶的，由烟草专卖行政主管部门处以罚款，并按照规定的价格收购违法收购的烟叶；数量特别大的，没收违法收购的烟叶和违法所得。应注意，被查处的违法收购烟叶的单位和个人，不是烟叶税的纳税人，收购其违法收购烟叶或者购入其没收烟叶的单位是烟叶税的纳税人。

对其他单位和个人违法收购烟叶未被发现查处的，税务机关没有查处权，实际上无法征收到烟叶税，因此，没有将其规定为烟叶税的纳税人。

（二）烟叶税的征收范围

按照《中华人民共和国烟叶税暂行条例》（以下简称烟叶税暂行条例）第二条规定，烟叶税的征收范围为晾晒烟和烤烟。财税〔2006〕64号文件对晾晒烟作了进一步明确：晾晒烟叶包括列入名晾晒烟名录的晾晒烟叶和未列入名晾晒烟名录的其他晾晒烟叶。

根据烟草专卖法第七条规定，烟叶是指生产烟草制品所需的烤烟和名晾烟，名晾晒烟的名录由国务院烟草专卖行政主管部规定。未列入名晾晒烟名录的其他晾晒烟可以在集市贸易市场出售。晾晒烟分名晾晒烟和非名晾晒烟。烟叶税对只要是烟叶公司或者受其委托的单位收购的烟叶一律按规定征税，不论其收购的是烤烟还是晾晒烟，晾晒烟不管是名晾晒烟还是非名晾晒烟。但是对于烟草专卖法允许在集市贸易市场出售的非名晾晒烟，不论是出售还是购买均不征税。

二、烟叶税的计税依据、税率及应纳税额的计算

（一）计税依据

烟叶税的计税依据为烟叶的收购金额。收购金额，包括纳税人支付给烟叶销售者的烟叶收购价款和价外补贴。

（二）购进烟叶的增值税抵扣

对购进烟叶的增值税抵扣，按下列规定执行：

对烟叶税纳税人按规定缴纳的烟叶税，准予并入烟叶产品的买价计算增值税的进项税额，并在计算缴纳增值税时予以抵扣。即：购进烟叶准予抵扣的增值税进项税额，按照烟

叶税暂行条例及《财政部 国家税务总局印发〈关于烟叶税若干具体问题的规定〉的通知》规定的烟叶收购金额和烟叶税法定扣除率计算。

这里的烟叶收购金额，包括纳税人支付给烟叶销售者的烟叶收购价款和价外补贴。按照简化手续、方便征收的原则，对价外补贴统一暂按烟叶收购价款的10%计入收购金额征税。即：

$$烟叶收购金额 = 烟叶收购价款 \times (1+10\%)$$

（三）税率

烟叶税税率为20%。

三、应纳税额的计算

烟叶税的应纳税额按照纳税人收购烟叶的收购金额和规定的比例税率计算。应纳税额以人民币计算，计算公式为：

烟叶价外补贴 = 收购价款 × 10%

烟叶收购金额 = 收购价款 + 价外补贴 = 收购价款 × (1+10%)

应纳烟叶税额 = 烟叶收购金额 × 20% = 收购价款 × (1+10%) × 20%

准予抵扣的烟叶进项税 = （收购金额 + 烟叶税应纳税额） × 扣除率
　　　　　　　　　　 = 收购价款 × (1+10%) × (1+20%) × 13%

烟叶成本 = 烟叶收购价款 + 价外补贴 + 烟叶税 + 运输费 + 装卸费 − 准予抵扣的烟叶进项税

应纳税额 = 烟叶收购金额 × 税率

【例 11-24】

某纳税人收购烟叶支付给烟叶销售者收购价款和价外补贴，并缴纳了烟叶税。已知该收购人支付的收购价款为 10 000 元，其准予扣除的增值税进项税额计算如下：

烟叶收购金额 = 10 000 × (1+10%) = 11 000（元）

烟叶税应纳税额 = 11 000 × 20% = 2 200（元）

准予抵扣进项税 = （11 000 + 2 200） × 13% = 1 716（元）

对查处没收的违法收购的烟叶，由收购罚没烟叶的单位按照购买金额计算缴纳烟叶税。

四、烟叶税的会计处理

烟叶收购业务使用的会计科目主要有"材料采购"、"材料成本差异"、"在途物资"、"原材料"、"库存商品"、"银行存款"和"应交税费"等。由于烟草公司从烟农那里收购烟叶时无法取得增值税专用发票，因此烟草公司在进行会计处理时要注意进项税额是根据烟叶收购金额和烟叶税及法定扣除率（13%）加以确定的。

【例 11-25】

某烟草公司系增值税一般纳税人，7月末收购烟叶 20 000 斤，烟叶收购价格 3.5 元/斤（含支付价外补贴 10%），总计 70 000 元，货款已全部支付。8月初商品提回并验收入库，则相关账务处理如下：

烟叶准予抵扣的增值税进项税额＝[70 000＋70 000×20%]×13%＝10 920(元)

1. 7月末，烟叶尚未提回时，根据有关收购凭证等作账务处理：

借：在途物资　　　　　　　　　　　　　　　　　　　　　　　　73 080
　　应交税费——应交增值税（进项税额）　　　　　　　　　　　10 920
　　贷：银行存款　　　　　　　　　　　　　　　　　　　　　　70 000
　　　　应交税费——应交烟叶税　　　　　　　　　　　　　　　14 000

2. 8月初，烟叶提回入库时，根据收货单等凭证作账务处理：

借：库存商品　　　　　　　　　　　　　　　　　　　　　　　　73 080
　　贷：在途物资　　　　　　　　　　　　　　　　　　　　　　73 080

五、烟叶税的纳税申报

烟叶税由地方税务机关征收。烟叶税的纳税义务发生时间为纳税人收购烟叶的当天。纳税人应当自纳税义务发生之日起 30 日内申报纳税。具体纳税期限由主管税务机关核定。

烟叶税纳税申报表如表 11-11 所示。

表 11-11　　　　　　　　　　烟叶税纳税申报表

纳税人识别号：□□□□□□□□□□□□□□□□□□□
纳税人名称（公章）：　　　　　　　　　　　　　　　　金额单位：元（列至角分）
税款所属期：　年　月　日至　年　月　日　　　　　　　填表日期：　年　月　日

烟叶收购金额	税率	应纳税额	已纳税额	应入库税额
1	2	3＝1×2	4	5＝3－4
烟叶购买金额	税率	应纳税额	已纳税额	应入库税额
合计				

纳税人或代理人声明： 此纳税申报表是根据国家税收法律的规定填报的，我确定它是真实的、可靠的、完整的。	如纳税人填报，由纳税人填写以下各栏：	
	办税人员（签章）：	财务负责人（签章）：
	法定代表人（签章）：	联系电话：
	如委托代理人填报，由代理人填写以下各栏：	
	代理人名称：	经办人（签章）：
	代理人（公章）：	联系电话：

受理人（签章）：　　　　　　受理日期：　年　月　日　　　受理税务机关（章）：

填表说明：

(1) 本表根据《中华人民共和国烟叶税暂行条例》制定。
(2) 本表由在中华人民共和国境内收购烟叶的单位在办理烟叶税纳税申报时报送。
(3) 纳税人应当自纳税义务发生之日起30日内申报纳税。具体纳税期限由主管税务机关核定。
(4) 纳税人识别号填写税务机关为纳税人确定的识别号；纳税人名称栏填写纳税人单位名称全称并加盖公章，不得填写简称；税款所属期是指纳税人申报的烟叶税应纳税额的所属期间，应填写具体的起止年、月、日；填表日期是指纳税人填制本申报表的具体日期。
(5) 表内主要栏次填写说明：
① 烟叶收购金额＝烟叶收购价款×1.1。
② 烟叶购买金额为纳税人购买的查处罚没烟叶的金额。
(6) 本表为A4竖式。

思考和练习题

1. 通过管理费用核算的税金有哪些？通过营业税金及附加核算的税金有哪些？
2. 可以资本化的税金有哪些？
3. 车船税与车辆购置税有何联系？
4. 土地使用税与耕地占用税有何联系？
5. 哪些税金可以不通过应交税费核算？
6. 某企业与乙公司签订货物销售合同，销售额为300万元，运输费用4万元，其中包括保险费0.5万元、装卸费0.5万元；签订一年期流动资金周转性借款合同，合同规定一个年度内的最高借款限额为每次100万元；该企业本年记载资金的账户比期初多100万元。计算该企业应缴纳的印花税。
7. 某企业2008年3月份进口奔驰轿车一辆（自用），完税价格100万元人民币，关税税率为20%，消费税税率为9%。计算企业进口车辆的组成计税价格、应纳增值税、应纳消费税和应纳车辆购置税。
8. 某企业拥有A、B两栋房产，A栋自用，B栋出租。A、B两栋房产在2012年1月1日时的原值分别为1200万元和1000万元。企业出租B栋房产的月租金为10万元，地方政府确定按房产原值减除20%的余值计税。该企业有载客汽车2辆，载货汽车3辆，自重吨位分别为20吨、15.5吨、16吨，载客汽车年税额为150元/辆，载货汽车为40元/吨。该企业生产经营用地面积10 000平方米，其中厂区绿化占地2 000平方米；假设城镇土地使用税的单位税额为每平方米5元。计算该企业当年应缴纳的房产税、车船税和城镇土地使用税。

第十二章 税务筹划

第一节 税务筹划的概念

在税务筹划的发展史上，公认的税务筹划产生的标志事件是20世纪30年代英国上议院议员汤姆林爵士针对"税务局长诉温斯特大公"一案的发言，他说，"任何一个人都有权安排自己的事业。如果依据法律所做的某些安排可以少缴税，那就不能强迫他多缴税收"。这一观点得到了法律界的认同，税务筹划第一次得到了法律上的认可，这一案例成为奠定税务筹划史的基础判例。之后，该案例在英国、美国、澳大利亚等国家的涉及税务判例中成为经常引用的原则精神。另一重要判例，即1947年美国法官汉德在一税务案件中的判词更是成为美国税务筹划的法律基石，其原文如下："法院一直认为，人们安排自己的活动，以达到降低税负的目的是不可指责的。每个人都可以这样做，不论他是富人还是穷人，而且这样做是完全正当的，因为他无须超过法律的规定来承担国家的税收。税收是强制课征而不是无偿捐献，以道德的名义来要求税收纯粹是奢谈。"

随后几十年，税务筹划在许多国家都得以迅速发展，日益成为纳税人理财或经营管理决策中必不可少的一个重要部分。许多企业、公司都聘请专门的税务筹划高级人才或委托中介机构为其经济活动出谋划策。在我国，税务筹划自20世纪90年代初引入以后，其功能和作用不断被人们所认识、接受和重视，已经成为有关中介机构一项特别有前景的业务。

税务筹划，是指在税法规定的范围内，通过对经营、投资、理财等活动的事先筹划和安排，尽可能获得"节税"的税收利益。税务筹划是由"Tax Planning"翻译而来的，从字面理解也可以称之为"税收筹划"、"税收计划"，但是由于我国将税务部门对于税收征收任务的安排叫做"税收计划"，为避免与之混淆，在从国外文献中引进这一术语之初，将其译为"税收筹划"、"纳税筹划"、"税务筹划"等，以体现税收筹划所具有的实现策划安排的特点。

税务筹划包括避税筹划、节税筹划、转嫁筹划、实现涉税零风险等内容。

（1）避税筹划是指纳税人采用非违法手段（即表面上符合税法条文但实质上违背立法精神的手段），利用税法中的漏洞、空白获取税收利益的筹划。纳税筹划既不违法也不合法，与纳税人不尊重法律的偷逃税有着本质区别。政府只能采取反避税措施加以控制（即不断地完善税法，填补空白，堵塞漏洞）。

（2）节税筹划是指纳税人在不违背立法精神的前提下，充分利用税法中固有的起征点、减免税等一系列优惠政策，通过对筹资、投资和经营等活动的巧妙安排，达到少缴税甚至不缴税目的的行为。

（3）转嫁筹划是指纳税人为了达到减轻税负的目的，通过价格调整将税负转嫁给他人承担的经济行为。税负转嫁是纳税人将自己应缴纳的税款，通过各种途径和方式转由他人负担的过程。不论税负转嫁采取何种方式，都表现为纳税人和负税人的不一致。

（4）实现涉税零风险是指纳税人账目清楚，纳税申报正确，税款缴纳及时、足额，不会出现任何关于税收方面的处罚，即在税收方面没有任何风险，或风险极小可以忽略不计的一种状态。这种状态的实现，虽然不能使纳税人直接获取税收上的好处，但却能间接地获取一定的经济利益，而且这种状态的实现，更有利于企业的长远发展与规模扩大。

节税顾名思义，就是节减税收。是纳税人利用税法的政策导向性，采取合法手段减少应纳税款的行为，一般是指在多种营利的经济活动方式中选择税负最轻或税收优惠最多的而为之，以达到减少税收的目的。就实质而言，节税实际上就是税务筹划的另一种委婉表述。通常意义上讲，凡是符合税收立法精神的实现税收负担减轻的行为都属于节税，节税在一切国家都是合法的也是正当的现象。比如企业经营组织形式的选择，我国对公司和合伙企业实行不同的纳税规定，企业出于税务动机选择有利于自己的经营方式。在这种情况下，纳税人进入一个立法者所不希望去控制或不认为与财政有关的行为领域。节税具有合法性、政策导向性、策划性、倡导性的特征。

避税是纳税人利用税法的漏洞、特例或者其他不足之处，采取非违法的手段减少应纳税款的行为。这是纳税人使用一种在表面上遵守税收法律法规，但实质上与立法意图相悖的非违法手段来达到自己的目的。所以避税被称为"合法的逃税"。避税具有非违法性、策划性、权利性、规范性和非倡导性的特点。

逃税是纳税人故意违反税收法律法规，采取欺骗、隐瞒等方式，逃避纳税的行为。偷税是指"纳税人伪造（设立虚假的账簿、记账凭证）、变造（对账簿、记账凭证进行挖补、涂改等）、隐匿、擅自销毁账簿、记账凭证，或者在账簿上多列支出（以冲抵或减少实际收入）或者不列、少列收入，或者经税务机关通知申报仍然拒不申报或者进行虚假的纳税申报，不缴或者少缴应纳税款的"行为。对偷税行为，税务机关一经发现，应当追缴其不缴或者少缴的税款和滞纳金，并依照《税收征收管理法》的有关规定追究其相应的法律责任。构成偷税罪的，应当依法追究刑事责任。逃税与偷税的概念基本相同。《中华人民共和国刑法修正案》将偷税罪改为逃避缴纳税款罪（简称逃税罪）。

节税是顺应立法精神的，是税法允许甚至鼓励的，是税务筹划的主要内容。避税是违背立法精神的，是不倡导的，也会招致政府的反避税措施。在避税的情况下，纳税人进入的行为领域是立法者希望予以控制但不能成功办到的领域，这是法律措辞上的缺陷及类似问题产生的后果。避税可以被利用作为税务筹划的手段，但是随着税法的逐渐严密和完善，利用空间会越来越小。逃税、偷税是被禁止的，要受到法律的制裁，还会影响企业的声誉，使企业遭受更大损失。以上分析表明，节税属于合法行为，避税属于非违法行为，逃税、偷税属于违法行为。

第二节 税务筹划的理论基础

税收筹划属于企业理财的范畴,是企业根据国家税收法律的规定和政策导向,在法律规定许可的范围内,通过对经营、投资、理财活动的事先筹划和安排,尽可能地取得"节税"利益或税后利益最大化的一种企业财务筹划活动。

一、税收效应理论

经济学理论所说的收入效应是用来说明在货币收入一定的条件下,商品价格上升与实际收入变化之间的关系,即被迫购买价格已经上涨的商品等于减少实际收入,从而减少几乎所有商品的购买量。从税收角度而言,所谓收入效应是指由于课税或增税使纳税主体的收入发生变化,改变总体收入水平,使纳税主体境况变坏的效应。税收收入效应的大小由纳税主体的总收入与其缴纳的税金之比例,即平均税率所决定的。平均税率高,税收负担重,则对纳税主体的收入效应大;反之,则产生的收入效应小。一般来说,税收的收入效应不会对纳税主体"工作努力"产生妨碍,因为税收增加会使纳税主体收入减少,所以纳税主体为了取得更多的收入而不得不减少闲暇等其他方面的享受,能激励人们更加发奋工作。

经济学理论所说的替代效应是用来说明相对价格变化及其所造成的与私人支出模式变化之间的关系,即一种商品价格上升,而其他商品价格不变的情况下,用其他商品来替代价格上升了的商品。从税收角度来看,所谓替代效应是指由于政府实行差别税收待遇,使某种商品或劳务与另一种商品或劳务之间的相对价格发生变化,导致人们改变对各种商品或劳务的选择,用一种不征税或少征税的商品或劳务来代替征税的或税负重的商品或劳务。替代效应是由税收的边际税率或边际税负所决定的,边际税率越高,替代效应越大;反之则越小。一般地,替代效应不利于鼓励人们努力工作,而会导致人们增加闲暇。

收入效应和替代效应是税收对纳税主体产生的两大基本效应。收入效应反映了征纳双方在国民收入分配中的关系,也反映出税收对经济的激励作用。替代效应则表明,当课税超过一定限度时,人们通过逃避税收,会对经济产生抑制作用。著名的"拉弗曲线"揭示了税收负担程度的经济效应和财政效应,同时也是对税收收入效应和替代效应的最好证明,即,一定程度的税收负担既能保证税收收入,又对纳税主体产生收入效应,激励"工作努力";税负超过一定限度,不仅不能取得最佳税收收入,反而产生较大的替代效应,激励逃避税收。政府课税必须兼顾财政需要和纳税主体负担能力或负担心理,既保证税收收入的极大实现,又维护纳税主体相应的合法权益,促进纳税人"工作努力",力图淡化税收替代效应的负面影响。

税收收入效应和替代效应理论表明,政府课税应有一个合理的限度,必须兼顾财政需要和纳税主体的利益,税收制度的法律地位和法律权威才能真正得以确立,税收才能取得财政、经济的最佳效应,这是依法治税的前提。国家通过合理、完善的税收制度,依法治税,既保证国家的税收权益,也依法维护纳税主体依法纳税后的合法权益。纳税主体在依法纳税的前提下,对经营、投资、理财活动筹划和安排,取得的任何经济利益,包括节税收益，归根结底属于纳税人的合法权益，应当受到法律的承认和保护。依法治税是税收筹划合法性的前提。

二、税收调控理论

税收调控经济的职能及作用方式概括起来有两种：其一，税收自动稳定机制。税收自动稳定机制也称"内在稳定器"，是指政府税收规模随经济景气状况而自动进行增减调整，从而"熨平"经济波动的一种税收宏观调节机制。例如，政府对所得课税，在经济衰退时期，纳税主体收入下降，即使不改变个人所得税和企业所得税的税率，国家课征的所得税税额也会自动下降，并且在累进税率的作用下，税收减少的幅度大于纳税主体收入下降的幅度，从而增加社会总需求，起到反经济衰退的作用。相反，在经济高涨时，纳税主体的收入上升，国家征收的所得税相应自动增加，并且在累进税率的作用下，税收增加的幅度会大于个人和企业收入上升的幅度，从而抑制社会总需求，减缓经济活动的过度扩张。其二，相机抉择的税收政策。相机抉择的税收政策是指政府根据经济景气状况，有选择的交替采用减税和增税的措施，以"熨平"经济周期波动的调控政策。在经济发展的不同时期，政府根据社会总供给和总需求的对比状况，以及总供给与总需求内部结构的分配状况，通过增税或减税措施，以及税负差别待遇，调整人们的收入分配状况和消费水平，进而刺激或抑制消费和投资欲望，包括扩张性的税收政策和紧缩性的税收政策。比如，在经济衰退时期，实行减税措施，通过相对增加市场主体的可支配收入，刺激消费需求增加，推动生产规模扩大，刺激经济复苏，从而促进国民收入恢复到充分就业水平；在经济繁荣时期，通过增税措施，相应减少人们的可支配收入，抑制私人消费和投资需求，从而扼制社会总需求，防止经济过热。

在市场经济条件下，税收调控方式的选择要求遵循"黑箱原则"，即要求把受控的经济主体作为一个"黑箱"看待。调控方式一般只考虑四个基本问题：（1）税收政策的制定；（2）税收政策与实施结果之间的关系；（3）受控经济主体整体的行为反应；（4）适时调整税收政策。具体来说，就是税收政策的制定和实施，并不深入到企业内部，过问企业内部的具体经济情况和特性，而是针对经济主体的整体状况和国家的政策目标来制定税收政策和组织实施，对所有的经济主体产生同样的效力。

税收调控理论表明，只要税收存在，就必然对经济产生一定的影响，这种影响来源于纳税主体对课税的回应，包括正向回应和负向回应。政府利用税收调节经济实质上是通过税收利益差别来引导纳税主体行为使之产生正向的影响，实现一定的社会、经济目标，因而政府不仅注重如何制定税收政策。而且更关注纳税主体对税收政策的回应。就纳税主体而言，既然外在的税收环境存在利益差别，不从中作出筹划或抉择显然是不明智的。就课税主体而言，运用税收调节经济旨在通过纳税主体对税收利益的追逐来实现调控目标，而纳税主体追逐税收利益的途径有逃税、避税和税收筹划，其中，逃税和避税的主要后果是导致政府税收流失，是政府所反对的；税收筹划则对经济产生直接影响，这种影响是好是坏，取决于税收制度是否合理。税制合理，税收筹划对经济产生正向影响；税制不合理，税收筹划则产生负向影响。因此国家可以利用的只有税收筹划。也就是说，税收筹划不仅对纳税主体是必要的，对实现税收调节目标同样也是必要的。税收筹划本身与税收政策导向是一致的，它有利于税收政策目标的实现。

税收上的利益差别，使得税收负担具有弹性。从纵向看，在不同经济时期，国家选择实施扩张性或紧缩性税收政策，使不同时期的税收负担具有弹性；从横向看，国家在地区之间、产业之间、产品之间乃至行为之间，实施不同的税收政策，也使税收负担具有弹性。由于税收调控纳税主体行为是通过弹性税负来诱导纳税主体行为的，因此在税收负担有差异或有弹性的领域里，税收筹划是可行的，是有利可图并且是安全的，是国家所鼓励、所利用的。而在税负无弹性的领域，税收筹划则是无为的、无效的，纳税主体减轻税负的行为，只能是逃税或避税。这也表明，如何根据税收政策找出弹性税负，才是税收筹划的根本途径。

税收通过外在税收环境刺激或制约企业的行为选择，使企业适应税收的变化，形成对所有的经济主体总体上一视同仁的激励与制约机制。这表明税收调控并不针对具体的纳税主体，不同的纳税主体所面临的是同样的税收环境。在市场经济中，纳税主体要想获得合法的税收利益，只有通过税收筹划才能实现，而企望得到国家的个别优惠是不现实的。同时，国家税收政策也将根据调控目标与政策实施结果的状况作出新的调整，这就要求企业税收筹划应及时与税收政策变动作出相应的配合，与时俱进地更新税收筹划的内容与方法，而不是一成不变。由于税收政策的变动，某些今天看来行之有效的税收筹划方法，明天则可能是偷税行为。

三、影响税务筹划的税收因素

影响企业税务筹划的税收因素可概括为四个方面：

1. 税收负担水平

税收负担是指纳税人因向国家缴纳税款所承受的经济负担。它反映一定时期内国家与纳税人在社会产品分配上量的关系，亦即纳税人在一定时期应缴纳的税款，简称税负。从绝对额考察，它是指纳税人缴纳的税款额，即税收负担额；从相对额考察，它是指纳税人缴纳的税额占计税依据价值的比重，即税收负担率。税收负担具体体现国家的税收政策，是税收的核心和灵魂，直接关系到国家、企业和个人之间的利益分配关系，也是税收发挥经济杠杆作用的着力点。

税收负担水平包括宏观税收负担和微观税收负担。

(1) 宏观税收负担是一定时期内国家税收收入总额在整个国民经济体系中所占的比重。这实际上是从全社会的角度来考核税收负担，从而可以综合反映一个国家或地区的税收负担总体情况。宏观税收负担指标主要由两个具体指标组成：

① 税收占国民生产总值（GNP）的比重。

国民生产总值税收负担率＝一定时期的税收总额÷同期国民生产总值

② 税收占国内生产总值（GDP）的比重。

国内生产总值税收负担率＝一定时期的税收总额÷同期国内生产总值

(2) 微观税收负担是指纳税人实纳税额占其可支配产品的比重。且由于流转税存在税负转嫁问题，因此衡量微观税负比衡量宏观税负复杂。简单地把企业或个人缴纳的全部税收除以其毛收入总额，有时并不能真实地反映其税收负担水平。微观税收负担指标主要由三个具体指标组成：

企业税收总负担率＝纳税总额÷同期销售收入
企业流转税负担率＝流转税总额÷同期销售收入
企业所得税负担率＝所得税总额÷同期会计利润（同期销售收入）

税收负担水平对税务筹划的影响主要表现为：首先，税收负担水平决定税收筹划的广度和深度。如果宏观税负和微观税负较低，企业可以承受，纳税人就没有必要精心筹划节税策略。因为如果进行税收筹划还要花费一笔节税成本，而所取得的税收利益对资本回报率影响又不大，此时税收筹划的必要性就大打折扣。但是，如果宏观税负和微观税负水平高，税收则成为影响资本回报率的重要因素，是否实施节税策略结果是完全不同的。其次，国家间税收负担水平的差异，影响跨国纳税人的投资决策。由于国际市场上不同国家或地区同类商品税负轻重不同，不同国家或地区的所得税税负水平也有高低之差，相应的投资回报率也相当悬殊，所以跨国纳税人在实施经营和投资过程的税收筹划时，往往青睐于税负低的国家或地区。

2. 税负弹性

税负弹性是决定税收筹划潜力和节税利益的关键因素。税负弹性越大，税收筹划的余地和可能的节税利益就越大，税收筹划就越有利可图。在一次性总额人头税制下，由于不具有税负弹性，不产生替代效应，纳税人就没有税收筹划的余地。而在多种税、多次征的复合税制下，不同的税种有不同的弹性，为税收筹划提供了条件和空间。其中，主体税种由于覆盖范围广、税源大、税法规范相对比较复杂，其税负的伸缩性就较大，成为税收筹划所瞄准的主要税种。税负弹性取决于税种的构成要素，其中主要包括税基、扣除项目、税率和税收优惠。由于税基的宽窄、扣除额的大小、税率的高低以及税收优惠的多少，都有较大的弹性，因此各税种构成要素的弹性大小就决定了各税种的税负弹性。一般而言，所得税的税负弹性要高于其他税种，也就成为税收筹划的主要税种。

3. 税收优惠

税收优惠是国家税制的组成部分，是政府为了达到一定的政治、社会和经济目的，通过给予一定的税收利益而对纳税人实行的税收鼓励。税收优惠是政府行为，是通过政策导向影响人们生产与消费偏好来实现的，也是国家宏观调控经济的重要杠杆。无论是发达国家还是发展中国家无不把实施税收优惠政策作为引导投资方向、调整产业结构、扩大就业机会、刺激经济增长的重要手段加以运用。

税收优惠对于纳税人来说，是引导其投资方向的指示器。充分运用税收优惠政策是税收筹划的重要内容之一。它既方便又安全，而且税收利益非常可观。

4. 各国税制差异

税制差异是各国税制结构的差异、各国税制要素的差异、各地方税制的差异、各国相互间税收协定的差异。

各国税制上的差异决定了在各国不同税制下的税收筹划依据是完全不相同的。进行跨国税收筹划不仅要了解相关国家或地区的税收制度，还要了解相关国家之间是否签有双边或多边税收协定，并熟悉协定的内容。由于"避税港"的存在，也给跨国税收筹划提供了大有作为的"租税乐园"。各国地方税制的差异将影响纳税人的税收筹划，具体表现为对中央税和地方税的选择、对投资地区的选择等等。显然，各国税制差异和复杂性必然会增加跨国投资者税收筹划的难度和筹划成本，同时也为进行税收筹划提供了大量的机会。

2011年，我国全部税收收入中来自流转税的收入占比为70%以上，而来自所得税和其他税种的收入合计占比不足30%。来自各类企业缴纳的税收收入占比高达92.06%，而来自居民缴纳的税收收入占比只有7.94%。在美国，联邦政府收入超过40%来自个人所得税，如果加上薪酬税，占比达到80%左右，而我国个人所得税只占税收总收入的6.7%。在财产税方面，房产税刚刚开始试点，其他几乎没有。

中国商品含税高，并不意味着我国的总体税负就比发达国家重。衡量一个国家宏观税负水平，通常使用的指标是财政收入占GDP的比重。2011年，我国宏观税负水平在30%左右，发达国家平均水平在40%以上，总体税负水平仍处于合理区间。目前，我国的税制结构与发达国家有很大不同。我国主要征流转税，流转税属于间接税，可作为价格的构成因素之一直接含在商品售价之中。而一些发达国家则主要是向居民直接征税，流转环节征税很少，所以商品中含税也少。未来我国税制改革和调整的方向，应当是在适当降低宏观税负水平的前提下，减少间接税，增加直接税；减少来自企业缴纳的税，增加来自居民缴纳的税。

第三节 税务筹划的特点

税务筹划，不论对企业还是对国家，都是有积极意义的。一是有利于减少企业自身的"偷、欠、骗、抗"税等税收违法行为的发生，强化纳税意识，实现诚信纳税。纳税人都希望减轻税负。如果有不违法的方法可以选择，自然就不会做违法之事。税务筹划的存在和发展为纳税人节约税收开支提供了合法的渠道，这在客观上减少了企业税收违法的可能性。二是有助于优化企业产业结构和投资方向。企业根据税收的各项优惠政策进行投资决策、企业制度改造、产品结构调整等，尽管在主观上是为了减轻税收负担，但在客观上却是在国家税收经济拉杆的作用下，逐步走上优化产业结构和生产力合理布局的道路。三是有助于提高企业自身的经营管理水平，尤其是财务和会计的管理水平。四是有利于完善税制，增加国家税收。税务筹划有利于企业降低税务成本，也有利于贯彻国家的宏观经济政策，使经济效益和社会效益达到有机结合，从而增加国家税收。例如，税务筹划中的避税筹划，就是对现有税法缺陷作出的昭示，暴露了现有税收法规的不足；国家则可根据税法缺陷情况采取相应措施，对现有税法进行修正，以完善国家的税收法规。

税务筹划是纳税人的一项基本权利，纳税人在法律允许或不违反税法的前提下，所取得的收益属合法收益。税务筹划具有合法性、筹划性、目的性、风险性和专业性的特点。

一、合法性

合法性指的是税务筹划只能在税收法律许可的范围内进行。这里有两层含义：一是遵守税法；二是不违反税法。合法是税务筹划的前提，当存在多种可选择的纳税方案时，纳税人可以利用对税法的熟识、对实践技术的掌握，作出纳税最优化选择，从而降低税负。那些违反税收法律规定，逃避纳税责任，以降低税收负担的行为，属于偷逃税，要坚决加以反对和制止。

二、筹划性

筹划性，是指在纳税行为发生之前，对经济事项进行规划、设计、安排，达到减轻税收负担的目的。"凡事预则立，不预则废"。在经济活动中，纳税义务通常具有滞后性。企业交易行为发生后才缴纳流转税；收益实现或分配之后，才缴纳所得税；财产取得之后，才缴纳财产税。这在客观上提供了对纳税事先做出筹划的可能性。另外，经营、投资和理财活动是多方面的，税收规定也是有针对性的。纳税人和征税对象的性质不同，税收待遇也往往不同，这在另一个方面为纳税人提供了可选择较低税负决策的机会。如果在经营活动已经发生、应纳税额已经确定的情况下再去偷逃税或欠税，就不能认为是税务筹划。

三、目的性

税务筹划的直接目的就是降低税负，减轻纳税负担。这里有两层意思：一是选择低税负，低税负意味着较低的税收成本，较低的税收成本意味着高的资本回收率。二是滞延纳税时间，获取货币的时间价值。通过一定的技巧，在资金运用方面做到提前收款、延缓支付。这意味着企业可以得到一笔"无息贷款"，避免高边际税率或减少利息支出。

四、风险性

税务筹划的目的是为了获得税收收益，但是在实际操作中，往往不能达到预期效果，这与税务筹划的成本和税务筹划的风险有关。税务筹划的成本，是指由于采用税收筹划方案而增加的成本，包括显性成本和隐含成本，比如聘请专业人员支出的费用，采用一种税收筹划方案而放弃另一种税收筹划方案所导致的机会成本。此外，对税收政策理解不准确或操作不当，而在不知觉情况下采用了导致企业税负不减反增的方案，或者触犯法律而受到税务机关的处罚都可能使得税收筹划的结果背离预期的效果。

五、专业性

专业性不仅是指税务筹划需要由财务、会计专业人员进行，而且指面临社会化大生产、全球经济一体化、国际贸易业务日益频繁、经济规模越来越大、各国税制越来越复杂的情况下，仅靠纳税人自身进行税收筹划显得力不从心。因此，税务代理、税务咨询作为第三产业便应运而生，向专业化的方向发展。

第四节 税务筹划的风险

税务筹划风险指税务筹划活动受各种原因的影响而失败的可能性。"税务筹划"不仅不能给其带来任何税收上的利益。相反，还可能会因为其行为上的违法而导致税务机关对企业或者个人进行行政处罚或者刑事处罚，最终使纳税人付出更大的代价。所以纳税人选择和实施税务筹划时必须要有风险意识，注意防范税收筹划风险，否则将可能导致失败。

纳税人应避免落入偷税漏税的陷阱,从而实现税收筹划的目的。税务筹划风险产生的主要原因是税务筹划的预先筹划性与筹划方案执行中的不确定性和不可控制因素之间的矛盾。这种矛盾的产生与经济环境、国家政策和企业自身活动的不断变化密切相关。

一、税务筹划的性质

1. 政策依赖性

我们可以把税务筹划看作企业和政府在税收法律政策上的一种博弈行为。具体来说有两层含义:一是税收的征缴要以国家制定的相关法律政策为依据,那么税务筹划也要以这些相关法律政策为对象,研究如何利用它们提供的优惠措施和本身的不完善处来减少税负。二是税务筹划行为必须限定在法律政策的框框之内,如果超出,那就是偷税、漏税,是违法行为。

2. 事前筹划性

税务筹划属于计划范畴,是一种指导性、科学性、预见性极强的管理活动,其目的是减少税收支出,取得税收利益。纳税义务履行的滞后性决定了企业可以对自身应纳税经济行为进行事先的预见性安排,利用税收优惠的规定、纳税时点的掌握、申报方式的配合及收入和支出控制等途径,比较不同经济行为下的税负轻重,作出相应选择。

3. 被动判定性

税收征缴的权利掌握在税务机关手中。这样即使税务筹划的过程由企业主导,但最后筹划方案是否符合法律规定、是否会成功、是否能给纳税人带来税收上的利益,很大程度上取决于税务机关对纳税人税务筹划方案的判定。如果纳税人所选择的方法并不符合税法精神,诸如一些"打擦边球"的做法,税务机关可能会视其为避税,甚至当作偷税漏税,那么纳税人将遭受重大损失。

税务筹划的性质使其本身具有了很大的不确定性,是导致税务筹划风险的直接原因。

二、税务筹划风险

从税务筹划风险成因来看,税务筹划主要会产生以下风险:

1. 政策风险

政策风险是指税务筹划者利用国家政策进行税务筹划活动以达到减轻税负目的的过程中存在的不确定性。从总体看,政策风险可分为政策选择风险和政策变化风险。

(1) 政策选择风险。政策选择风险即错误选择政策的风险。企业自认为筹划决策符合一个地方或一个国家的政策或法规,但实际上会由于政策的差异或认识的偏差受到相关的限制或打击。由于税务筹划的合法性、合理性具有明显的时空特点,因此税务筹划人员首先必须了解和把握好尺度。为此,企业要准确把握税法,对税收政策的理解要严格按照税法条文的字面含义去理解,既不能扩大,也不能缩小,同时必须关注立法机关、行政机关作出的解释。税务筹划的合法性和合理性是相对而言的,不同的国家有不同的法律,且受文化、传统、宗教等因素的影响,在一国适用的筹划方法在另一个国家并不适用。此外,在一个国家内不同地区经济发展的不平衡会促使地方政府展开激烈的税收竞争,政策差异比较明显,如果纳税人把握不好尺度也会加大政策选择的风险。

(2) 政策变化风险。国家政策不仅具有时空性,且随着经济环境的变化,其时效性也日益显现出来。政策变化风险即政策变动所导致的风险。我国市场经济蓬勃发展，为了适应不同发展时期的需要，旧的政策必须不断地被改变乃至取消，因此一些政策具有不定期或相对较短的时效性。这会导致企业长期税务筹划风险的产生。但这并不是说政策变化就一定有风险，必然会使得税务筹划失败，如果政策变化没有超出预测的范围和程度，税务筹划还是完全可以达到预期目标的。

2. 执法风险

执法风险是由税务筹划的被动判定性所决定的。严格意义上的税务筹划应当是合法的，符合立法者的意图，但这种合法性还需要税务行政执法部门的确认。在这一确认过程中，客观上存在着税务行政执法偏差从而产生税务筹划风险。因为我国税法对具体的税收事项常留有一定的弹性空间，即在一定的范围内，税务机关拥有自由裁量权，再加上税务行政执法人员的素质参差不齐，这些都客观上为税收政策执行偏差提供了可能性。也就是说，即使是合法的税务筹划行为，结果也可能因税务行政执法偏差而导致税务筹划方案在实务中根本行不通，从而使方案成为一纸空文；或者被视为偷税或恶意避税而加以查处，不但得不到节税的收益，反而会加重税收成本，产生税务筹划风险。

3. 经营风险

税务筹划的超前性是导致其经营风险的主要原因。具体也可以分为以下几类：(1) 方案设计风险。科学的税务筹划方案是税务筹划成功的关键。在实践中，不科学的筹划方案大致有以下几种：一是税务筹划严重脱离企业实际，如要求企业在较短时间内大幅度进行组织结构调整或转型等；二是税务筹划方案不符合成本效益原则，即税务筹划获得的税收利益不足以弥补开展该项税收筹划所发生的全部实际成本费用和机会成本；三是税务筹划方案没有从企业整体发展战略角度设计，如有的企业资金本已较为紧张，但税务筹划方案要求其大量涉足新领域。这些方案的设计失误将给企业带来沉重的负担。(2) 经营变化风险。因为税务筹划的过程实际上就是对税收政策的差别进行选择的过程，但无论何种差别，均应建立在一定的前提和条件下，即企业日后的生产经营活动必须符合所选税收政策要求的特殊性。这些特殊性，在给企业的税务筹划提供可能性的同时，也对企业的某一方面的经营活动（经营范围、经营地点、经营期限等）带来了约束性，从而影响着企业经营活动本身的灵活性。如果项目投资后经济活动本身发生变化，或对项目预期经济活动的判断失误，就很可能失去享受税收优惠的必要特征或条件，不仅无法达到减轻税负的目的，还可能加重税负。(3) 方案实施风险。科学的税务筹划方案必须通过有效的实施来实现。即使有了科学的税务筹划方案，如果在实施过程中没有严格的实施措施，或者没有得力的实施人才，或者没有完善的实施手段，都有可能导致整个税务筹划的失败。

4. 投资扭曲风险

建立现代税制的一项主要原则应是税收的中立性，即中性原则，纳税人不应因国家征税而改变其既定的投资方向。但事实上却不是这样，纳税人往往因税收因素放弃最优的一种方案而改为次优的其他方案。这种因课税而使纳税人被迫改变投资行为而给企业带来机会损失的可能性，即为投资扭曲风险。这种风险源于税收的非中立性，可以说，税收非中立性越强，投资扭曲风险越大，相应的扭曲成本也就越高。

三、税务筹划风险的管理

1. 加强企业对税务筹划方案的执行力

一个没有执行力的企业,任何好的筹划方案都只能是空谈。而一个税务筹划方案的执行,往往需要公司多个部门的合作,需要财务部门之外的其他部门的配合与协作。

2. 密切关注财税政策的变化,建立税收信息资源库

税务筹划的关键是准确地把握税收政策,但是税收政策变化频繁,数量多,把握起来有一定的困难。所以企业应该力争建立税务管理数据库,收集企业在纳税申报、税款缴纳、税收政策等方面的涉税信息,并且通过对这些信息的收集、加工、整理存档,并跟踪税收政策的变化,建立税务风险预警机制和信息提示反馈机制,以便于企业今后实施有效的税务管理达到灵活应用税收政策的目的。

3. 强化纳税人自身的专业素质

企业应该采取各种行之有效的措施,利用多种渠道,帮助财务、业务等涉税人员加强税收法律、法规、各项税收业务政策的学习,了解、更新和掌握税务新知识,提高规避税务风险的能力,为降低和防范税务风险奠定良好的基础。

4. 加强与税务机关的沟通

公司在实现自我发展的同时,应该在依法诚信纳税的同时,主动加强与税务机关沟通,了解最新的税收政策和税收动态,通过制度建设保障公司内各级法人及时清缴税款。另外,企业应该在发生对外投资、涉足新行业、资产处置、重要会计政策等重大事项的时候,主动向税务机关咨询相关的税务法规,听取来自税务机关的意见和建议,避免税务犯规,保证企业依法诚信纳税,维护合法权益;税务部门也应该积极提供有关税收新政策、新动向。建立良好的税企关系,企业可以最大限度地利用税法提供的灵活性,开展税务筹划活动,并且得到税务机关和征管人员的认可。同时,由于税收稽核成本较高,税务机关人力有限,稽查工作往往是有重点地进行。如果企税关系处理不好,就会被税务机关作为反避税和稽查重点对象,或者在适用法律的选择上,用税法中规定的苛刻条款对其进行惩罚。

5. 引入战略管理的思想,构建税收筹划战略管理体系

战略管理是指管理人员为了企业长期的生存和发展,在充分分析企业内外部环境的基础上,确定和选择达到目标的有效战略,并将战略付诸实施、控制和评价的一个动态管理过程。将战略管理思想引入企业税务筹划活动中,可以将企业的筹划行为在一个可以控制的构架中构建,使执行力度得到保障,降低各种风险,提高筹划的效率。

6. 税务部门积极地指导企业进行税务筹划

一是要介绍国外税务筹划的研究成果,借鉴其先进经验;二是为企业提供更多的税收征管信息和税制变迁信息;三是适时出台规范税务筹划的法律文件。通过法律法规来规范税务筹划,在法律上明确规定税务筹划的权限范围,明确界定税务筹划的法律概念,同时要对税务筹划的游戏规则进行规范。所以,国家可以在条件成熟的时候给税务筹划一个正确的评价和法律上的地位,制定税务筹划法规,使其纳入一个规范化,法制化的轨道。国家应该借力税务代理不断规范税务筹划。因为税务代理机构一般都有一定数量的注册税务师及税务专家,他们具有良好的职业道德和规范的执业纪律,作为"中立"的第三方,能

够有效地协调征纳双方的矛盾，推动税务筹划在税务与企业之间的协展。

税务筹划是纳税人通过对投资决策、经营管理和会计核算方法的合理安排，达到合法享受税收优惠、降低公司税负、减少税收支出、增加自身利益、实现公司价值最大化的一种理财行为。税务筹划可以提高企业的经济效益，但同时它也具有很高的风险，如果控制不好，无疑会大大增加其成本。因此必须加强对税务筹划风险的管理才能保证其效用的最大化。

第五节 税务筹划的分类

一、按税务筹划的需求主体分类

所谓税务筹划需求主体是指需要进行税务筹划的主体，即谁需要进行税务筹划。税务筹划是应需求主体的需要而产生的，不同的需求主体有不同的税务筹划需求。依税务筹划需求主体的不同，税务筹划可分为法人税务筹划和自然人税务筹划两大类。

法人税务筹划主要是对法人的组建、分支机构设立、筹资、投资、运营、核算、分配等活动进行纳税务筹划。由于我国现阶段的税制模式是以商品劳务税和所得税为主，企业是商品劳务税和所得税的纳税主体，是税收的主要缴纳者，因此在法人税务筹划中，企业税务筹划是主体部分，其需求量最大。目前我国税务筹划方法的介绍多以企业税务筹划为主，而且有成效，所以企业税务筹划是税务筹划研究的重要内容。

自然人税务筹划主要是在个人投资理财领域进行。自然人数量众多，西方许多国家以个人所得税或财产税为主体税种，而且税制设计复杂，因而自然人税务筹划的需求量也有相当规模。目前我国税制模式决定了自然人不是税收的主要缴纳者，虽然涉及自然人的税种不少，但纳税总量并不大，因此自然人的税务筹划需求规模相对企业税收筹划要小一些。从目前所见到的著述来看，自然人税务筹划主要体现在个人所得税以及财产税的税务筹划方面。随着经济的发展、个人收入水平的提高和个人收入渠道的增多以及我国税制改革的完善，我国自然人税务筹划的需求会有一定的增长。

二、按税务筹划供给主体的不同进行分类

所谓税务筹划供给主体是指税务筹划方案的设计人和制定人，即税务筹划方案的提供者。税务筹划供给主体可以是需求主体本身，也可以是外部提供者。按税务筹划提供主体的不同进行分类，税务筹划可以分为自行税务筹划和委托税务筹划两大类。

自行税务筹划是指由税务筹划需求主体自身为实现税务筹划目标所进行的税务筹划。自行税务筹划要求需求主体拥有掌握税务筹划业务技能、具备税务筹划能力的专业人员，能够满足自行税务筹划的要求。对于企业而言，自行税务筹划的供给主体一般是以财务部门及财务人员为主。在我国目前由于税收法规和税收政策的复杂性，需求主体很难精通和准确把握税法规定，自行税务筹划的成本与风险是比较大的，而且成本与风险自担，因此自行税务筹划的效果不是很理想，一般采用得比较少，主要适用于较为简单和可以直接运用税收优惠的税务筹划项目。

委托税务筹划是指需求主体委托税务代理人或税务筹划专家进行的税务筹划。由于税务代理人或税务筹划专家具有丰富的税收专业知识和较强的税务筹划技能，制定纳税务筹划方案的成功率相对比较高，虽然委托税务筹划需要支付一定的费用，承担一定的风险，但成本与风险相对自行税务筹划要低，并且即使有风险，也能通过事前约定由委托方与受托方共同分担，因此委托税务筹划是效率比较高、效果比较好的一种税务筹划形式。这种形式主要适用于企业大型税务筹划项目和业务复杂、难度较大的税务筹划专门项目。目前我国受托提供税务筹划服务的主要是税务师事务所、会计师事务所以及其他中介机构。

三、按税务筹划范围的不同进行分类

所谓税务筹划范围是指税务筹划涉及筹划项目内容的多少。按税务筹划范围大小的不同进行分类，税务筹划可分为整体税务筹划和专项税务筹划。

整体税务筹划是指对纳税人生产经营、投资理财等涉税活动进行的全面整体的税务筹划。一般而言，大中型企业生产经营规模大，运营情况比较复杂，涉税事项也多，财务规划的任务重，整体税务筹划具有特殊、重要的意义。整体税务筹划具有"两大"、"两高"的特点，即难度大、风险大、成本高、收益高。整体税务筹划如果成功能给企业带来可观的税务利益。但是整体税务筹划是一项复杂的税务筹划系统工程，要求筹划人员具有较高的专业技能，精通各项法律法规以及生产经营、投资理财的相关知识。目前我国税务筹划尚处在初期阶段，整体税务筹划从业人员的业务素质水平不高，能胜任这项工作的人较少，还不能满足企业整体税务筹划的需要。

专项税务筹划是指针对纳税人某一项或几项生产经营或投资理财决策活动或某一税种或几个税种进行的专门项目的税务筹划。专项税务筹划的针对性强，目标具体，难度相对较小，成本也相对较低，效果比较明显，在实践中无论对于大型企业还是中小企业都是运用得比较多的一种税务筹划形式。

四、按税务筹划税种的不同类别进行分类

税种按征税对象的不同可分为商品劳务税、所得税、财产税、资源税、行为目的税等几大类。与之相对应，依税务筹划涉及税种的不同类别为分类标准，税务筹划可分为商品劳务税税务筹划、所得税税务筹划、财产税税务筹划、资源税税务筹划、行为目的税税务筹划等。由于商品劳务税和所得税是我国目前税制结构中最主要的两大税类，因而也是纳税人税务筹划需求最大的两个税类。

商品劳务税税务筹划主要是围绕纳税人身份、销售方式、货款结算方式、销售额、适用税率、税收优惠等纳税相关项目进行纳税筹划。虽然商品劳务税是企业缴纳最多的税，但由于其是可以转嫁的税，加之商品劳务税的税制弹性相对较小，因此税务筹划的空间相对于所得税也比较小。

所得税税务筹划主要是围绕收入实现、经营方式、成本核算、费用列支、折旧方法、捐赠、筹资方式、投资方向、设备购置、机构设置、税收政策等涉税项目的税务筹划。所得税的税制弹性相对较大，其税务筹划的空间也相对比较大，效果往往比较明显。目前这类税务筹划的需求较大。

五、以税务筹划环节的不同为标准进行分类

企业在生产经营、投资理财的每个环节都存在决策问题，同时也伴随着税务筹划。按筹划环节的不同，税务筹划分为企业设立阶段的税务筹划、企业筹资阶段的税务筹划、企业投资阶段的税务筹划、企业采购阶段的税务筹划、企业生产阶段的税务筹划、企业销售阶段的税务筹划、企业分配阶段的税务筹划、企业重组阶段的税务筹划等。

六、按不同的行业对税务筹划进行分类

按行业的不同，可将税务筹划分为农业企业的税务筹划、工业企业的税务筹划、商品流通企业的税务筹划、建筑安装企业的税务筹划、高新技术企业的税务筹划、邮电通信企业的税务筹划、酒店企业的税务筹划、金融保险企业的税务筹划、服务行业的税务筹划、娱乐行业的税务筹划、文化体育行业的税务筹划、交通运输企业的税务筹划、房地产开发企业的税务筹划等。

第六节　税务筹划的基本方法

按行业的不同，税务筹划的方法很多，而且实践中也是多种方法结合起来使用。为了便于理解，这里只简单介绍利用税收优惠政策法、延期纳税筹划法、转让定价筹划法、利用税法漏洞筹划法、利用会计处理方法筹划法等几种方法等。

一、利用税收优惠政策

利用优惠政策筹划法，是指纳税人凭借税法规定的优惠政策进行税务筹划的方法。

税收优惠政策是指税法对某些纳税人和征税对象给予鼓励和照顾的一种特殊规定。国家为了扶持某些特定产业、行业、地区、企业和产品的发展，或者对某些有实际困难的纳税人给予照顾，在税法中做出某些特殊规定，比如，免除其应缴的全部或部分税款，或者按照其缴纳税款的一定比例给予返还等，从而减轻其税收负担。

国家为了实现总体经济目标，从宏观上调控经济，引导资源流向，制定了许多的税收优惠政策。对于纳税人利用税收优惠政策进行筹划，国家是支持与鼓励的，因为纳税人对税收优惠政策利用的越多，越有利于国家特定政策目标的实现。因此，纳税人可以光明正大地利用优惠政策为自己企业的生产经营活动服务。现实经济生活中，在有些情况下，企业或个人的很多条件符合税收优惠规定，但却因为某一点或某几点条件不符合而不能享受优惠待遇；在另一些情况下，企业或个人可能根本就不符合税收优惠条件，无法享受优惠待遇。这时，纳税人就得想办法创造条件使自己符合税收优惠规定或者通过挂靠在某些能享受优惠待遇的企业或产业、行业，使自己符合优惠条件，从而享受优惠待遇。

从国际大环境来看，各国的税收政策各不相同，其差异主要有税率差异、税基差异、征税对象差异、纳税人差异、税收征管差异和税收优惠差异等，跨国纳税人可以巧妙地利用这些差异进行国际间的税务筹划；从国内税收环境来看，国家为了兼顾社会进步和区域

经济的协调发展，税收优惠适当向西部地区倾斜，纳税人可以根据需要，或者选择在优惠地区注册，或者将现时不太景气的生产转移到优惠地区，以充分享受税收优惠政策，减轻企业的税收负担，提高经济效益。

从税制构成要素的角度探讨，利用税收优惠进行税务筹划主要利用以下几个优惠要素：

1. 利用免税

利用免税筹划，是指在合法、合理的情况下，使纳税人成为免税人，或使纳税人从事免税活动，或使征税对象成为免税对象而免纳税收的税务筹划方法。免税人包括自然人免税、免税公司、免税机构等。各国一般有两类不同目的的免税：一类是属于税收照顾性质的免税，它们对纳税人来说只是一种财务利益的补偿；另一类是属于税收奖励性质的免税，它们对纳税人来说则是财务利益的取得。照顾性免税往往是在非常情况或非常条件下才取得的，而且一般也只是弥补损失，所以税务筹划不能利用其达到节税目的，只有取得国家奖励性质的免税才能达到节税目的。

利用免税的税务筹划方法能直接免除纳税人的应纳税额，技术简单，但适用范围狭窄，且具有一定的风险性。免税是对特定纳税人、征税对象及情况的减免，比如必须从事特定的行业，在特定的地区经营，要满足特定的条件等，而这些不是每个纳税人都能或都愿意做到的。因此，免税方法往往不能普遍运用，适用范围狭窄；在能够运用免税方法的企业投资、经营或个人活动中，往往有一些是被认为投资收益率低或风险高的地区、行业、项目和行为，比如，投资高科技企业可以获得免税待遇，还可能得到超过社会平均水平的投资收益，并且也可能具有高成长性，但风险也极高，因投资失误而导致投资失败的可能性很大，使免税变得毫无意义。

利用免税方法筹划以尽量争取更多的免税待遇和尽量延长免税期为要点。在合法、合理的情况下，尽量争取免税待遇，争取尽可能多的项目获得免税待遇。与缴纳税收相比，免征的税收就是节减的税收，免征的税收越多，节减的税收也越多；许多免税都有期限的规定，免税期越长，节减的税收越多。

2. 利用减税

利用减税筹划，是指在合法、合理的情况下，使纳税人减少应纳税款而直接节税的税务筹划方法。我国对国家重点扶持的公共基础设施项目、符合条件的环境保护、节能节水项目，对循环经济产业，对符合规定的高新技术企业、小型微利企业、从事农业项目的企业等给予减税待遇，这是国家为了实现科技、产业和环保等政策给予企业税收鼓励性质的减税。各国一般有两类不同目的的减税：一类是照顾性质的减税，如国家对遭受自然灾害地区的企业、残疾人企业等减税，是国家对纳税人由于各种不可抗拒原因造成的财务损失进行的财务补偿；另一类是奖励性质的减税，如高科技企业、公共基础设施投资企业等的减税，是对纳税人贯彻国家政策的财务奖励，对纳税人来说则是财务利益的取得。

利用减税进行税务筹划主要是合法、合理地利用国家奖励性减税政策而节减税收。这种方法也具有技术简单、适用范围狭窄、有一定风险性的特点。利用这种方法筹划就是在合法、合理的情况下，尽量争取减税待遇并使减税最大化、使减税期最长化。

3. 利用税率差异

利用税率差异筹划，是指在合法、合理的情况下，利用税率的差异而直接节税的税务筹划方法。应尽量利用税率的差异使节税最大化。

税率差异在各国都普遍存在。一个国家为了鼓励某种产业、某个行业，以及某种类型的企业、某类地区等的发展，就会规定形式各异、高低不同的税率，纳税人可以利用税率差异，通过选择企业组织形式、投资规模、投资方向等，实现少缴纳税款的目的。

利用税率差异进行税务筹划适用范围较广，具有复杂性、相对确定性的特点。采用税率差异节税不但受不同税率差异的影响，有时还受不同计税基数差异的影响。计税基数计算的复杂性，使税率差异筹划变得复杂。比如，计算出结果，要进行比较才能得出税负大小的结论；税率差异的普遍存在性，又给了每个纳税人一定的挑选空间。因此，税率差异筹划方法是一种能普遍运用，适用范围较广的税务筹划方法；税率差异的客观存在性，及在一定时期的相对稳定性，又使税率差异筹划方法具有相对确定性。

利用税率差异进行税务筹划的技术要点在于尽量寻求税率最低化，以及尽量寻求税率差异的稳定性和长期性。在合法、合理的情况下，寻求适用税率的最低化就意味着节税的最大化；寻求税率差异的稳定性和长期性，又会使纳税人获得更多的节税收益。另外，利用税率差异进行税务筹划，还应考虑外部环境的稳定性和长期性对企业的影响。比如，政局稳定国家的税率差异就比政局动荡国家的税率差异更具稳定性，政策制度稳健国家的税率差异就比政策制度多变国家的税率差异更具长期性。

4. 利用分劈技术

分劈技术，是指在合法、合理的情况下，使所得、财产在两个或更多个纳税人之间进行分劈而直接节税的税务筹划技术。出于调节收入等社会政策的考虑，许多国家的所得税和一般财产税通常都会采用累进税率，计税基数越大，适用的最高边际税率也越高。使所得、财产在两个或更多个纳税人之间进行分劈，可以使计税基数降至低税率级次，从而降低最高边际适用税率，节减税收。采用分劈技术节税的要点在于使分劈合理化、节税最大化。利用国家的相关政策对企业的所得或财产进行分劈，技术较为复杂，因此，除了要合法，还应特别注意其合理性。在合法和合理的情况下，尽量通过分劈技术使节税最大化。

5. 利用税收扣除

利用税收扣除筹划，是指在合法、合理的情况下，使扣除额增加而实现直接节税，或调整各个计税期的扣除额而实现相对节税的税务筹划方法。在收入相同的情况下，各项扣除额、宽免额、冲抵额等越大，计税基数就会越小，应纳税额也就越小，从而节税会越多。

利用税收扣除进行税务筹划，技术较为复杂、适用范围较大，具有相对确定性。各国税法中的各种扣除、宽免、冲抵规定是最为烦琐的，同时变化也最多、最大，因此，要精通所有有关的最新税法，计算出结果并加以比较；税收扣除适用于所有纳税人，说明扣除技术具有普遍性与适用范围广泛性的特点；税收扣除在规定时期的相对稳定性，又决定了采用扣除技术进行税务筹划具有相对稳定性。利用税收扣除进行税务筹划的要点在于使扣除项目最多化、扣除金额最大化和扣除最早化。在合法、合理的情况下，尽量使更多的项目能得到扣除。在其他条件相同的情况下，扣除的项目越多、金额越大，计税基数就越小，应纳税额就越小，因而节减的税收就越多；在其他条件相同的情况下，扣除越早，早期纳税越少，早期的现金流量就会越大，可用于扩大流动资本和进行投资的资金会越多，将来的收益也越多，因而相对节税就越多。扣除最早化，可以实现节税最大化。

6. 利用税收抵免

利用税收抵免筹划，是指在合法、合理的情况下，使税收抵免额增加而节税的税务筹划方法。税收抵免额越大，冲抵应纳税额的数额就越大，应纳税额就越小，从而节减的税额就越大。利用税收抵免筹划的要点在于使抵免项目最多化、抵免金额最大化。在合法、合理的情况下，尽量争取更多的抵免项目，并且使各抵免项目的抵免金额最大化。在其他条件相同的情况下，抵免的项目越多、金额越大，冲抵的应纳税项目与金额就越大，应纳税额就越小，因而节税就越多。

7. 利用退税

利用退税筹划，是指在合法、合理的情况下，使税务机关退还纳税人已纳税款而直接节税的税务筹划方法。在已缴纳税款的情况下，退税无疑是偿还了缴纳的税款，节减了税收，所退税额越大，节减的税收就越多。

税收优惠政策是国家的一项经济政策，纳税人对税收优惠政策的有效利用正是适应国家特定时期的经济政策，因此会得到国家的支持与鼓励，但是不同的纳税人利用优惠政策的方式和层次却不相同。有的纳税人只是被动接受并有限地利用国家的优惠政策，而有的纳税人则积极创造条件，想尽办法充分利用国家的优惠政策；有的纳税人采取合法手段利用优惠政策，而有的纳税人则采取非合法的手段。这种方法成功的关键在于得到税务当局的承认。

利用税收优惠政策进行税务筹划时应注意以下事项：一是尽量挖掘信息源，多渠道获取税收优惠政策。如果信息不灵通，就可能会失去本可以享受的税收优惠政策。一般来说，信息来源有税务机关、税务报纸杂志、税务网站、税务中介机构和税务专家等几个渠道。二是充分利用税收优惠政策。有条件的应尽量利用，没有条件或某些条件不符合的，要创造条件利用。利用优惠政策筹划应在税收法律、法规允许的范围之内，采用各种合法的或非违法的手段进行。三是尽量与税务机关保持良好的沟通。在税务筹划过程中，最核心的一环便是获得税务机关的承认，再好的方案，没有税务机关的承认，都是没有任何意义的，不会给企业带来任何经济利益。

二、利用延期纳税筹划

利用延期纳税筹划，是指在合法、合理的情况下，使纳税人延期缴纳税收而节税的税务筹划方法。《国际税收辞汇》中对延期纳税做了精辟的阐述："延期纳税的好处有：有利于资金周转，节省利息支出，以及由于通货膨胀的影响，延期以后缴纳的税款必定下降，从而降低了实际纳税额。"纳税人延期缴纳本期税收并不能减少纳税人纳税绝对总额，但相当于得到一笔无息贷款，可以增加纳税人本期的现金流量，使纳税人在本期有更多的资金扩大流动资本；由于货币的时间价值，即今天多投入的资金可以产生收益，使将来可以获得更多的税后所得，相对节减税收。

企业实现递延纳税的一个重要途径是采取有利的会计处理方法，对暂时性差异进行处理。通过处理使得当期的会计所得大于应纳税所得，出现递延所得税负债，即可实现纳税期的递延，获得税收利益。

延期纳税如果能够使纳税项目最多化、延长期最长化，则可以达到节税最大化。在合理和合法的情况下，尽量争取更多的项目延期纳税。在其他条件（包括一定时期纳税总额）相同的情况下，延期纳税的项目越多，本期缴纳的税收就越少，现金流量也越大，可用于扩大流动资本和进行投资的资金也越多，因而相对节减的税收就越多。在合理和合法的情况下，尽量争取纳税递延期的最长化。在其他条件（包括一定时期的纳税总额）相同的情况下，纳税递延期越长，由延期纳税增加的现金流量所产生的收益也将越多，因而相对节减的税收也越多。

三、利用转让定价筹划法

转让定价筹划法主要是通过关联企业不符合营业常规的交易形式进行的税务筹划。是税务筹划的基本方法之一，广泛应用于国际、国内的税务筹划实务当中。

转让定价，是指在经济活动中，有经济联系的企业各方为了转移收入、均摊利润或转移利润而在交换或买卖过程中，不是依照市场买卖规则和市场价格进行交易，而是根据它们之间的共同利益或为了最大限度地维护它们之间的收入进行的产品或非产品转让。在这种转让中，根据双方的意愿，产品的转让价格可高于或低于市场上由供求关系决定的价格，以达到少纳税甚至不纳税的目的。例如，在生产企业和商业企业承担的纳税负担不一致的情况下，若商业企业承担的税负高于生产企业，则有联系的商业企业和生产企业就可以通过某种契约的形式，增加生产企业利润，减少商业企业利润，使它们共同承担的税负和各自承担的税负达到最少。

企业之间转移收入或利润时定价的主要方式有：一是以内部成本为基础进行价格转让。这里又分为实际成本法和标准成本法。实际成本法是指以销售利润中心所购产品的实际成本定价；标准成本法是指以预先规定的假设成本定价。二是以市场价格为基础进行价格转让，包括使用外部交易的市场价格和成本加价。

关联企业利用转让定价筹划的方法主要有：

1. 利用商品交易进行筹划

即关联企业间商品交易采取压低定价或抬高定价的策略，转移收入或利润，以实现从整体上减轻税收负担。例如，有些实行高税率的企业，在向低税率的关联企业销售产品时，有意地压低产品的售价，将利润转移到关联企业。这是转让定价中应用最为广泛的做法。

2. 利用原材料及零部件购销进行筹划

通过控制零部件和原材料的购销价格进而影响产品成本来实现税务筹划。例如，由母公司向子公司低价供应零部件产品，或由子公司高价向母公司出售零部件，以此降低子公司的产品成本，使其获得较高的利润。又如，利用委托加工产品收回后直接出售不再缴纳消费税的政策进行定价转让筹划。

3. 利用关联企业之间相互提供劳务进行筹划

关联企业之间相互提供劳务时，通过高作价或低作价甚至不作价的方式收取劳务费用，从而使关联企业之间的利润根据需要进行转移，达到减轻税收负担的目的。

4. 利用无形资产价值评定困难进行筹划

因无形资产价值的评定没有统一的标准，关联企业可以通过转让定价的方式调节利润，达到税收负担最小化的目的。如某企业将本企业的生产配方、商标权等无偿或低价提供给关联企业，不计或少计转让收入，但是另外从对方的企业留利中获取好处。

利用转让定价的方式还有利用租赁机器设备、利用管理费用等进行税务筹划。

为了保证利用转让定价进行税务筹划的有效性，筹划时应注意：一是进行成本效益分析；二是考虑价格的波动应在一定的范围内，以防被税务机关调整而增加税负；三是纳税人可以运用多种方法进行全方位、系统的筹划安排。

四、利用税法漏洞筹划法

利用税法漏洞进行筹划就是利用税法文字上的忽略或税收实务中征管方大大小小的漏洞进行筹划的方法，属于避税筹划。纳税人可以利用税法漏洞争取自己并不违法的合理权益。漏洞主要指税法对某些内容的文字规定，因语法或字词有歧义而导致对税法理解的多样性以及税法应该具体规定但实际操作时有较大疏忽的部分。漏洞在一国的税法之中是必然存在的，而且星星点点地分布在立法、执法等环节之中，是由时间变化、地点差异、人员素质、技术手段以及经济状况的复杂、多样和多变的特点所决定的。

时间的变化常常使相对完善的税法漏洞百出，地点的差异又不可避免地衍生漏洞，人员素质不高同样会导致税收漏洞的出现，技术手段落后会限制税制的完善以及税收效率的提高，法律体系内部结构的不协调同样会造成税收漏洞。这些漏洞正是纳税人增收减支、降低税负可以利用的地方。

1. 利用税法中的矛盾进行筹划

我国税法中存在着许多矛盾之处，纳税人可以利用税法中的矛盾进行筹划。如在我国《税收征收管理法》中税收管辖的规定便存在诸多的矛盾，有机构设置与配合的问题，也有税法自身规定矛盾或不确定的问题。

2. 利用税务机构设置不科学进行筹划

目前，我国存在的机构臃肿、人员冗余、办事效率低下的问题还没有得到彻底解决。机构设置庞杂、人员众多并不表明税收方面应设的机构都设置了，相反，该设置的机构设置不全，许多不该设的机构却依然存在。这样会形成机构内部协调失衡的问题，如果和其他政府机构联系起来，其设置与配合的问题会更多。这正是纳税人可以利用的地方。

3. 利用税收管辖权进行筹划

在我国税收地域管辖的规定中，流转税、所得税两大主体税种都存在不足。例如，《增值税暂行条例》第二十二条，主要是界定固定业户与非固定业户的纳税地点，却缺少许多必要的补充与限制，如对固定业户与非固定业户的判定标准及判定权的归属问题。其实，像这类有漏洞的条文在消费税、营业税、关税、企业所得税及个人所得税法律、法规中也同样存在。

利用税法漏洞进行避税筹划应注意：一是需要精通财务与税务的专业化人才。只有专业化人才才可能根据实际情况，参照税法而利用其漏洞进行筹划。二是操作人员应具有一定的纳税操作经验。只依据税法而不考虑征管方面的具体措施，筹划成功的可能性就不会太高。三是要有严格的财会纪律和保密措施。没有严格财会纪律便没有严肃的财会秩序，混乱的财务状况是无法作为筹划的实际参考的。另外，筹划的隐蔽性保证了漏洞存在的相对稳定性。四是要进行风险—效益的分析。在获取较大收益的前提下，尽量降低风险。

五、利用会计处理方法筹划法

利用会计处理方法筹划法就是利用会计处理方法的可选择性进行筹划的方法。也是利用税务处理方法的可选择性进行筹划。在现实经济活动中，同一经济事项有时存在着不同的会计处理方法，而不同的会计处理方法又对企业的财务状况有着不同的影响，前提是这些不同的会计处理方法都得到税法的承认。所以，通过对有关会计处理方法筹划也可以达到获取税收收益的目的。

1. 收入的筹划

企业销售货物有不同的结算方式。结算方式不同，其收入确认的时间也不同，纳税月份也有差异。税法规定：直接收款销售以收到货款或取得索款凭证，并将提货单交给买方的当天为收入确认时间；以托收承付或以委托银行收款方式销售货物，在发出货物并办好托收手续当天确认收入时间；采用赊销和分期收款销售方式均以合同约定的收款日期为企业收入确定时间；而订货销售和预收款方式销售则以交付货物时确认收入。

因此一般销售收入的节税策略在于销售时点的认定，企业应特别注意临近年终所发生的销售业务收入确认时点的筹划，企业可通过选择适当的销货结算方式把收入确认时点延至次年，从而获得延迟纳税的税收利益。

2. 成本费用列支的筹划

成本费用的节税策略在于在税法允许的范围内，尽可能地列支当期费用，减少应交所得税和合法递延纳税时间获得税收利益。

通常做法是：（1）已发生的费用及时核销入账。如已发生的坏账、呆账应及时列入费用；存货盘亏及毁损应及时查明原因，属于正常损耗的合理部分都应及时列入费用。（2）尽可能地缩短成本费用的摊销期。低值易耗品、包装物、待摊费用等的摊销应选择最短年限，增大前几年的费用，递延纳税时间；对于限额列支的费用，如业务招待费、职工福利费及公益救济捐赠等，应准确把握其允许列支的限额，争取在限额以内的部分充分列支。

3. 存货计价方法的选择

发出存货的计价可以按照实际成本核算，也可以按照计划成本核算。根据会计准则的规定，按照实际成本核算的，应当采用先进先出法、加权平均法（包括移动平均法）、个别计价法确定其实际成本；按照计划成本核算的，应按期结转其应负担的成本差异，将计划成本调整为实际成本。按照现行税法的规定，纳税人存货的计算应当以实际成本为准。纳税人各项存货的发生和领用的成本计价方法，可以在先进先出法、加权平均法、个别计价法中选用种。计价方法一经选用，不得随意变更。纳税人采用计划成本法确定存货成本或销售成本，须在年终申报纳税时及时结转成本差异。

由于不同的存货计价方法可以通过改变销售成本，继而影响应税所得额。因此，从税务筹划的角度，纳税人可以通过采用不同的计价方法对发出存货的成本进行筹划，根据自己的实际情况选择使本期发出存货成本最有利于税务筹划的存货计价办法。在不同企业或企业处于不同的盈亏状态下，应选择不同的计价方法：

（1）盈利企业。由于盈利企业的存货成本可最大限度地在本期所得额中税前抵扣，因此，应选择能使本期成本最大化的计价方法。

（2）亏损企业。亏损企业选择计价方法应与亏损弥补情况相结合。选择的计价方法，应使不能得到或不能完全得到税前弥补的亏损年度的成本费用降低，使成本费用延迟到以后能够完全得到抵补的时期，保证成本费用的抵税效果得到最大限度地发挥。

（3）享受税收优惠的企业。如果企业正处于企业所得税的减税或免税期，就意味着企业获得的利润越多，得到的减免税额就越多。因此，应选择减免税优惠期间内存货成本最小化的计价方法，减少存货费用的当期摊入，扩大当期利润。相反，处于非税收优惠期间时，应选择使得存货成本最大化的计价方法，将当期的存货费用尽量扩大，以达到减少当期利润，推迟纳税期的目的。

4. 固定资产折旧的税务筹划

固定资产价值是通过折旧形式转移到成本费用之中的，折旧额的多少取决于固定资产的计价、折旧年限和折旧方法。

（1）固定资产计价的税务筹划。

按照会计准则的要求，外购固定资产成本主要包括购买价款、相关税费、使固定资产达到可使用状态前所发生的可归属于该项资产的运输费、装卸费、安装费和专业人员服务费等。按照税法的规定，购入的固定资产，按购入价加上发生的包装费、运杂费、安装费，以及缴纳的税金后的价值计价。由于折旧费用是在未来较长时间内陆续计提的，为降低本期税负，新增固定资产的入账价值要尽可能地低。例如，对于成套固定资产，其易损件、小配件可以单独开票作为低值易耗品入账，因低值易耗品领用时可以一次或分次直接计入当期费用，降低了当期的应税所得额；对于在建工程，则要尽可能早地转入固定资产，以便尽早提取折旧。如整体固定资产工期长，在完工部分已经投入使用时，对该部分最好分项决算，以便尽早转入固定资产账户。

（2）固定资产折旧年限的税务筹划。

固定资产折旧年限取决于固定资产能够使用的年限，固定资产使用年限是一个估计的经验值，包含了人为的成分，因而为税务筹划提供了可能性。采用缩短折旧年限的方法，有利于加速成本回收，可以使后期成本费用前移，从而使前期会计利润发生后移。在税率不变的情况下，可以使企业所得税递延缴纳。

需要注意的是，税法对固定资产折旧规定了最低的折旧年限，税务筹划不能突破关于折旧年限的最低要求。如果企业享受开办初期的减免税或者在开办初期享受低税率照顾，在税率预期上升的情况下购入的固定资产就不宜缩短折旧年限，以避免将折旧费用提前到免税期间或低税率期间实现，减少企业享受税收优惠待遇。只有在税率预期下降时缩短折旧年限，才能够在实现货币时间价值的同时达到少纳税的目的。

（3）固定资产折旧方法的税务筹划。

按照会计准则的规定，固定资产折旧的方法主要有平均年限法、工作量法等直线法（或称平速折旧法）和双倍余额递减法、年数总和法的加速折旧法。不同的折旧方法对应税所得额的影响不同。虽然从整体上看，固定资产的扣除不可能超过固定资产的价值本身，但是，由于对同一固定资产采用不同的折旧方法会使企业所得税税款提前或滞后缴纳，从而产生不同的货币时间价值。如果企业所得税的税率预期不会上升，采用加速折旧的方法，一方面可以在计提折旧期间少缴企业所得税，另一方面可以尽快收回资金，加速资金周转。但是，税法规定在一般情况下纳税人可扣除的固定资产折旧费用的计算，应该采取直线法。只有当企业的固定资产由于技术进步等原因，确需加速折旧的，才可以缩短折旧年限或者采取加速折旧的方法。这与会计准则的规定是有区别的。纳税人应尽可能创造条件达到符合实行加速折旧法的要求，以便选择对自己有利的折旧计算方法，获取货币的时间价值。

采用直线法计提折旧，在折旧期间折旧费用均衡地在企业收益中扣除，对利润的影响也是均衡的，企业所得税的缴纳同样比较均衡。采用双倍余额递减法和年数总和法计提折旧，在折旧期间折旧费用会随着时间的推移而逐年减少，对企业收益的抵减也是逐年递减的，企业所得税会随着时间的推移而逐年上升。从税务筹划的角度出发，为获得货币的时间价值，应尽量采用加速折旧法。但是需要注意的是，如果预期企业所得税的税率会上升，则应将在未来可能增加的税负与所获得的货币时间价值进行比较后决策。同样的道理，在享受减免税优惠期内添置的固定资产，采用加速折旧法一般来讲是不合算的。

推迟利润的实现获取货币的时间价值并不是固定资产税务筹划的唯一目的。在进行税务筹划时，还必须根据不同的企业或者企业处于不同的状态而采用不同的对策。

（1）盈利企业。盈利企业当期费用能够从当年的所得税前扣除，费用的增加有利于减少当年企业所得税，因此，购置固定资产时，购买费用中能够分解计入当期费用的项目，应尽可能计入当期费用而不宜通过扩大固定资产原值推迟到以后；折旧年限尽可能缩短，使折旧费用能够在尽可能短的时间内得到税前扣除；选择折旧方法，宜采用加速折旧法，因加速折旧法可以使折旧费用前移和应纳税所得额后移，以相对降低纳税人当期应缴纳的企业所得税。

（2）亏损企业。由于亏损企业费用的扩大不能在当期的企业所得税前得到扣除，即使延续扣除也有5年时间的限定。因此，企业在亏损期间购置固定资产，应尽可能多地将相关费用计入固定资产原值，使这些费用通过折旧的方式在以后年度实现；亏损企业的折旧年限可适当延长，以便将折旧费用在更长的周期中摊销；因税法对折旧年限只规定了下限没有规定上限，因此，企业可以做出安排；折旧方法选择应同企业的亏损弥补情况相结合。选择的折旧方法必须能使不能得到或不能完全得到税前弥补的亏损年度的折旧额降低，因此，企业亏损期间购买的固定资产不宜采用加速折旧法计提折旧。

（3）享受企业所得税优惠政策的企业。处于减免所得税优惠期内的企业，由于减免税期内的各种费用的增加都会导致应税所得额的减少，从而导致享受的税收优惠减少，因此，企业在享受所得税优惠政策期间购买的固定资产，应尽可能将相关费用计入固定资产原值，使其能够在优惠期结束以后的税前利润中扣除；折旧年限的选择应尽可能长一些，以便将折旧费用在更长的周期中摊销；折旧方法的选择，应考虑减免税期折旧少、非减免税期折旧多的折旧方法。把折旧费用尽可能安排在正常纳税年度实现，以减少正常纳税年度的应税所得额，降低企业所得税负担。

税务筹划可以节税，但不是万能的，其筹划弹性和空间是有限的，要谨慎利用税收法规的缺陷和漏洞，树立正确的筹划观念：改变固定资产折旧方法不一定能节税，税法对固定资产折旧方法有限制；改变存货发出计价方法不一定能节税，计价方法一经选用，不得随意变更；利润多不一定交税多，企业所得税的计税依据是应税所得；税务筹划是利用税法的差异进行，不是利用税法与会计的差异，税法与会计的差异要进行纳税调整；税务筹划的目标不是税负最小化，而是企业价值最大化。

第七节 税务筹划的运用

一、税务筹划在财务管理中的运用

1. 筹资的税务筹划

企业要进行生产、经营及投资活动，就需要筹集一定数量的资金。企业的筹资方式一般包括自我积累资金、向金融机构贷款、企业之间的相互拆借或融资，以及通过发行股票、债券等向社会集资等。目前企业融资渠道有两种：一是借入资金，二是权益资金。

不同的筹资方式给企业带来不同的税负水平，融资渠道的不同也会带来不同的影响。借入资金和权益资金在计算企业所得税时适用不同的列支方法。权益资金的成本是股息，税法规定股息在税后支付，从而其资金使用成本较高。借入资金的资金使用成本为利息，利息可列入财务费用，同时可在企业所得税前扣除，从而可降低资金使用成本，使每股收益最大化。当然，应该注意到，在筹资决策的税务筹划中，有时税收负担的减少并不一定等于所有者收益的增加，不一定是最佳资本结构，因此，不能只关注筹资中的所得税，而必须以企业是否能获得税后最大收益作为选择筹资方案的标准。

各国税法一般规定，企业的借款利息支出在一定范围内可以作为一项费用于所得税前扣除，而股息属于利润分配的范畴，不得税前扣除。如果仅从节税的角度考虑，向金融机构借款和企业之间的相互融资优于企业自我积累和向社会发行股票筹资。其中企业之间的相互拆借在利率和回收期的确定等方面，均有较大的弹性，利用得当时可发挥调节作用。但税法对利息扣除标准有限制性规定，如我国《企业所得税》规定，纳税人在生产、经营期间，向金融机构借款的利息支出，按实际发生数扣除；向非金融机构借款的利息支出，不高于按金融机构同类、同期贷款利率计算的数额以内的部分，准予扣除。所以，如果企业之间在资金拆借活动中人为地过分抬高利率，不能达到税负最低的目的，并不是有效的税务筹划。

因此企业在融资时要合理确定融资渠道，科学筹划融资比例和资本结构，这样才能确保税后利润最大化的实现。在息税前投资收益率大于负债成本率的前提下，负债比率越高，额度越大，其节税的效果越明显。当然，负债比率并非越高越好。随着负债比率的提高，企业的财务风险和融资成本会加大。当负债的成本率超过了息税前的投资收益率时，负债反而达不到节税目的。对于企业来讲，筹措资金时不能单纯地从资金成本高低来选择何种融资，还应考虑投资收益率、税收以及市场风险等因素，然后再决定合理的资金结构。企业可以在不违反国家经济政策和导向的前提下，利用企业财务杠杆的作用，通过财务会计的筹资决策实现企业节税的目的。

2. 投资的税务筹划

税收政策因国而异，即使在同一国家内部，对不同地区、不同行业等方面的规定也有所不同。正是这种差异的存在，使企业在投资时有了选择的余地。企业在进行投资时，应从投资地点、投资行业（项目）和企业的组织形式等多方面进行优化选择。

(1) 投资方式的选择。

从投资方式来看，企业投资可分为直接投资和间接投资。间接投资是指对股票或债券等金融资产的投资。税法规定，购买国库券取得的利息收入可免缴企业所得税，购买企业债券取得的收入需缴纳企业所得税，购买股票取得的股利为税后收入不缴所得税，但风险较大。这就需要企业进行权衡。直接投资包括对内投资和对外投资。直接投资涉及的税收问题更多，面临流转税、收益税、财产税和行为税等各种税收。当企业选择直接投资时，还要在货币资金和非货币资金等投资方式上进行比较。

(2) 投资地点的选择。

投资者在选择投资地点时，除了要考虑基础设施、原材料供应、金融环境、技术和劳动力等常规因素外，不同地区的税制差别或区域性税收倾斜政策也应作为考虑重点。无论是国内投资还是国外投资，企业都必须认真考虑和充分利用不同地区的税制差别及区域性税收优惠政策。如国家为了鼓励西部大开发相继出台了一些税收优惠政策。从全球范围看，有的国家或地区不征企业所得税，有的税率则高达50%以上。因此投资地点的选择，对企业投资净收益的影响是巨大的。企业投资地点选择得恰当，不仅可少交税，而且还完全符合政策导向和税法的立法意图，于己于国都有利。

(3) 投资行业的选择。

同投资地点的选择相类似，有关行业性税收优惠及不同行业的税制差别也不容忽视。税收作为一个国家的主要经济杠杆，体现着国家政策。为了配合国家经济政策的贯彻实施，对符合国民经济发展规划和产业发展的企业投资，往往给予一定的税收优惠待遇。我国现行税制关于所得税在不同行业之间税收负担的差别较大。如从事农、林、牧、渔业项目的所得，从事国家重点扶持的公共基础设施项目投资经营的所得，从事符合条件的环境保护、节能节水项目的所得，可以免征、减征企业所得税；开发新技术、新产品、新工艺发生的研究开发费用可在企业计算应纳税所得额时加计扣除；国家需要重点扶持的高新技术企业，减按15%的税率征收企业所得税；符合条件的小型微利企业，减按20%的税率征收企业所得税。

所以在投资决策前应充分了解和掌握国家关于投资方面的税收政策，合理确定企业经营范围，对达到节税目的事半功倍。

(4) 企业组织形式的选择。

现代企业的组织形式一般包括公司和合伙企业（包括个体经营企业）。许多国家对公司和合伙企业实行差别税制。以有限责任公司与合伙经营相比较，有限责任公司要双重纳税，即先交公司所得税，再交个人所得税；而合伙经营的业主，只交个人所得税。在组建时采取何种形式，当事人应根据自身特点和需要慎重筹划。目前通过合并或分立等方式，企业组织结构的变化非常多。这其中既要考虑适应经济的发展形势，也要考虑税收。企业扩张面临着组建子公司或分公司的选择。子公司和分公司各有利弊，不可一概而论。企业在选择分支机构的形式时，需要综合考虑分支机构的经营情况以及总机构与分支机构所享受的税收优惠的差异等各项因素。

3. 经营的税务筹划

企业财务政策是指依照国家所允许的成本核算方法、计算程序、费用分摊、利润分配等一系列规定进行企业内部核算活动。通过有效的税收筹划，使成本、费用和利润达到最佳值，实现减轻税负的目的。应当注意到，企业财务政策一旦确定，不得随意变更，故在选择财务政策上要有前瞻性。不同的折旧方法，虽然应计提的折旧总额相等，但各期计提的折旧费用却相差很大，从而影响各期的利润及应纳税所得额；不同的存货计价方法的选择，一般来说，在物价持续下降时，采用先进先出法计算的成本较高，利润相对减少，反之，如能采用加权平均法，则可相对降低企业的所得税负担；采购对象、销售方式的选择对税务筹划有很大的影响。

4. 利润分配的税务筹划

企业税后利润的分配涉及企业、投资者、债权人等各方的利益关系，企业在确定利润分配方案时，在分与不分、分多分少、采用何种方式进行分配等问题上，要统筹兼顾。企业的股利分配形式一般有现金股利和股票股利两种。因此企业要从发展前景和企业实际情况来筹划发放多少现金股利，以便对企业和股东都有利。

对个人投资者而言，一般情况下，资本利得免征个人所得税，如买卖股票所得、资本公积金转增资本所得等；经营所得则应按规定代扣代缴个人所得税。股份公司可以采取不直接分配股息，而使股票增值，从而避免投资者（股东）分回的利润（股息、红利）补缴所得税。股份制企业可以把税后利润的大部分作为公司的追加投资，使公司的资产总额增加，在不增发股票的前提下使公司的股票价值提高，为投资者带来更多的好处。

对于法人股东来讲，无论是否分配都无须缴纳企业所得税；对于个人股东来讲，没有从股份公司回股息，不需要缴纳股息部分的个人所得税，可以从股票价格的上涨得到补偿；对于股份公司本身，可以壮大自身的实力。

股利形式不同，税款计算也不同，投资者获得股票股利时，以派发红利的股票票面金额为收入额，按利息、股息、红利项目计征个人所得税，适用的所得税税率为20%。另外根据国务院有关部门的有关规定，上市公司目前对个人投资者从上市公司取得的股利红利，暂减按50%计入个人应纳税所得额。

资本溢价转增资本，实际上是投资者取得股权的成本的内部结构的划转，因此既不视同股息红利收入，也不增加股东的计税基础。这就意味着在被投资企业用资本公积转增资本时，股东无须缴税，但股东在转让和处置该股权投资时不能扣除转增增加的部分。

盈余公积和未分配利润都来源于企业的税后利润，税法将盈余公积和未分配利润转增资本分别视为利润分配和投资两项活动，而利润分配就会产生股东的所得税问题。且对于盈余公积和未分配利润转增资本来说，无论股东取得的收入是否实际纳税，转增资本后均增加股东持有股权的计税基础。这就意味着在被投资企业用盈余公积和未分配利润转增资本时股东需要缴纳相应的所得税，但股东在转让和处置该股权投资时可以扣除转增增加的部分。

亏损是指企业依照《企业所得税法》和《企业所得税法实施条例》的规定将每一纳税年度的收入总额减除不征税收入、免税收入和各项扣除后小于零的数额。企业纳税年度发生的亏损，准予向以后年度结转，用以后年度的所得弥补，但结转年限最长不得超过五年。企业在汇总计算缴纳企业所得税时，其境外营业机构的亏损不得抵减境内营业机构的盈利。可以利用亏损的弥补进行税务筹划。

作为一种管理活动，税务筹划贯穿于企业生产经营的全过程。总体而言，在进行税务筹划时，要以整体观念来看待不同的税务筹划方案，不能只注重某一纳税环节的个别税负高低，因而企业在进行税务筹划时，必须先对预期收入与成本进行对比，只有税务筹划所带来的收益大于其成本时，筹划方案才能付诸实施，否则得不偿失。税务筹划不是仅指表面意义上的节税行为，税务筹划作为企业经营管理的一个重要环节，必须服从于企业财务管理的目标。因此，企业税务筹划的最终目的应是企业利益最大化。

二、不同税种的税务筹划

由于不同税种的性质不同，税务筹划的途径、方法及其收益也不同。按不同的税种对税务筹划进行分类，可将税务筹划分为增值税的税务筹划、消费税的税务筹划、营业税的税务筹划、企业所得税的税务筹划、个人所得税的税务筹划、关税的税务筹划、资源税的税务筹划、城市维护建设税的税务筹划、土地增值税的税务筹划、城镇土地使用税的税务筹划、车船税的税务筹划、车辆购置税的税务筹划、房产税的税务筹划、印花税的税务筹划、耕地占用税的税务筹划、烟叶税的税务筹划、契税的税务筹划等。

1. 增值税的税务筹划

纳税人兼营非增值税应税项目的，应分别核算货物或者应税劳务的销售额和非增值税应税项目的营业额；未分别核算的，由主管税务机关核定货物或者应税劳务的销售额和应税行为的营业额。纳税人兼营不同税率的货物或者应税劳务，应当分别核算不同税率货物或者应税劳务的销售额；未分别核算销售额的，从高适用税率。纳税人兼营免税、减税项目的，应当分别核算免税、减税项目的销售额；未分别核算销售额的，不得免税、减税。纳税人兼营不同税目的应当缴纳营业税的劳务、转让无形资产或者销售不动产，应当分别核算不同税目的营业额、转让额、销售额；未分别核算营业额的，从高适用税率。纳税人兼营免税、减税项目的，应当分别核算免税、减税项目的营业额；未分别核算营业额的，不得免税、减税。

一项销售行为如果既涉及货物又涉及非增值税应税劳务，为混合销售行为。除销售自产货物并同时提供建筑业劳务的行为或财政部、国家税务总局规定的其他情形外，从事货物的生产、批发或者零售的企业、企业性单位和个体工商户的混合销售行为，视为销售货物，应当缴纳增值税；其他单位和个人的混合销售行为，视为销售非增值税应税劳务，不缴纳增值税。纳税人销售自产货物并同时提供建筑业劳务的，应当分别核算货物的销售额和非增值税应税劳务的营业额，并根据其销售货物的销售额计算缴纳增值税，非增值税应税劳务的营业额不缴纳增值税；未分别核算的，由主管税务机关核定其货物的销售额。

税法对混合销售行为，是按"经营主业"来确定征税的，只选择一个税种，增值税或营业税。在税收筹划时，如果企业选择缴纳增值税，要使应税货物的销售额占到总销售额的50%以上；如果企业选择缴纳营业税，要使应税劳务占到总销售额的50%以上。也就是企业完全可以通过控制应税货物和应税劳务的所占比例，来达到选择低税负税种的目的。

2. 消费税的税务筹划

消费税是单环节征税，即对生产环节计税，对流通环节和终极消费环节则不计税。因此，生产应税消费品的企业如果以较低的但又不违反公平交易的销售价格将应税消费品销售给独立核算部门则可以降低销售额，以较低的计税依据计算出来的应纳消费税税额也较低；而独立核算的销售部门由于处在销售环节，则不交消费税只交增值税。

3. 营业税的税务筹划

纳税人提供建筑业劳务（不含装饰劳务）的，其营业额应当包括工程所用原材料、设备及其他物资和动力价款在内，但不包括建设方提供的设备的价款。建设单位提供的设备价款不需要缴纳营业税，建筑安装企业在与建设方签订合同时，要重点考虑设备的"甲方供应"问题。

4. 土地增值税的税务筹划

按照税法有关优惠规定：纳税人建造普通标准住宅出售，增值额未超过扣除项目金额的 20% 的，免征土地增值税；增值额超过扣除项目金额 20% 的，应就其全部增值额按规定计税。这里的"20% 的增值额"就是临界点。根据临界点的税负效应，可以对此进行纳税筹划。改变增值率的方法有两种：一是合理定价，如在销售过程中增值率略高于两极税率档次交界的增值率，通过适当降低价格可以减少增值额，降低土地增值税的适用税率，从而减轻税负。二是增加扣除额，主要是通过加大投入来提高市场竞争力。纳税人可以通过改善住房环境，提高房产的质量来适当增加扣除项目，以高质低价来占领市场。

5. 所得税的税务筹划

企业所得税的税务筹划主要是利用税收优惠。企业发生的公益性捐赠支出，不超过年度利润总额 12% 的部分，准予扣除。符合条件的小型微利企业，减按 20% 的税率征收企业所得税。研究开发费用的加计扣除，是指企业为开发新技术、新产品、新工艺发生的研究开发费用，未形成无形资产计入当期损益的，在按照规定据实扣除的基础上，按照研究开发费用的 50% 加计扣除；形成无形资产的，按照无形资产成本的 150% 摊销。

6. 个人所得税筹划

许多公司给高级管理人员和技术人员每月支付较高的工资，到年终也有较高的年终奖金，针对这种情况，纳税筹划的技巧是把年收入分成两部分：月工资和年终奖，准确划分好月工资和年终奖的比例。要么削减每月的部分工资，加到年终奖；要么削减部分年终奖，分摊到每个月的工资中。这两种"削峰填谷"的操作要视工资和年终奖的多少进行权衡确定。实际上，个人所得税各个纳税区间的起点，均为税率变化的"临界点"。当年终奖数额超过某个临界点哪怕 1 元时，对应的纳税税率将提高一档，由此导致年终奖"多发少得"、实际收入不升反降的情况。"盲区"共有 6 个，分别是：18 001~19 283.33 元、54 001~60 187.50 元、108 001~114 600 元、420 001~447 500 元、660 001~706 538.46 元、960 001~1 120 000 元。在"盲区"中的年终奖税后所得，会少于"盲区"前"临界点"税后所得。

第八节 税务筹划的基本步骤

一、熟练掌握有关法律规定

1. 理解法律规定的精神

税务筹划的一项重要前期工作，就是熟练掌握有关法律法规，理解法律精神，掌握政策尺度。无论是为企业服务的外部税务筹划人，还是企业自身内部的税务筹划人，在着手进行税务筹划之前,首先都应当学习和掌握国家税法精神,争取税务机关的帮助与合作,尤其是对实施跨国税务筹划业务的筹划人来说,还必须熟悉有关国家的法律环境。对于承接业务的每一个具体的筹划委托,纳税人都应有针对性地了解所涉及的法律规定的细节。

2. 了解税务机关对纳税活动"合法和合理"的界定

税务筹划的另一项重要前期工作是了解税务机关对"合法和合理"纳税的法律解释和执法实践。不同的国家和地区对于"合法和合理"的法律解释是不同的。就我国的税法执法环境而言,因为欠缺可行的税法总原则,法律规定在操作性上也有某些欠缺,税务机关存在相当大的"自由裁量权"。所以,熟悉税法的执法环境非常重要。要了解税务机关对合法尺度的界定,可以从以下三个方面着手:从宪法和现行法律了解"合法和合理"的尺度;从行政和司法机关对"合法和合理"的法律解释中把握尺度;从税务机关组织和管理税收活动和裁决税法纠纷中来把握尺度。

二、了解纳税人的情况和要求

税务筹划真正开始的第一步,是了解纳税人的情况和纳税人的要求。纳税人有企业纳税人和个人纳税人之分,而不同企业和不同个人的情况及要求又有所不同。

三、签订委托合同

税务筹划的一般步骤是,受托方在收到委托单位申请之后,进行前期洽谈,然后明确税务筹划的目标,并进行现场调查、搜集资料,再综合考虑自身的业务能力,决定是否接受委托,如果接受,则需要签订委托合同。

四、制定税务筹划计划并实施

税务筹划的主要任务是根据纳税人的要求及其情况来制定税务计划。筹划人需要制定尽可能详细的、考虑各种因素的税务筹划草案,包括:税务筹划的具体步骤、方法、注意事项;税务筹划所依据的税收法律法规;在税务筹划过程中可能面临的风险等。对税务筹划方案进行评价是税务筹划计划阶段关键的一步,评价结果的好坏直接影响到税务筹划方案的成功与否。税务筹划方案的评价方法不仅要考虑净增效益,而且要考察方案的现金流量净额。

五、控制税务筹划计划的运行

税务筹划的时间可能比较长,在计划实施以后,筹划人需要经常、定期地通过一定的信息反馈渠道来了解纳税方案执行的情况,对偏离计划的情况予以纠正,以及根据新的情况修订税务筹划的计划,以最大限度的实现筹划的预期收益。

思考和练习题

1. 税务筹划的方法有哪些?
2. 如何防范税务筹划风险?
3. 简述筹资决策的税务筹划。

4. 简述企业所得税的税务筹划。
5. 如何评价企业税收负担？
6. 如何利用存货发出计价方法进行税务筹划？
7. 如何利用固定资产折旧方法进行税务筹划？
8. 税务筹划与盈余管理有何区别？

参考文献

1. 盖地. 税务会计研究 [M]. 北京：中国金融出版社，2005.
2. 艾华. 税务会计 [M]. 武汉：武汉大学出版社，2010.
3. 于长春. 税务会计研究 [M]. 大连：东北财经大学出版社，2001.
4. 涂龙力. 税务会计 [M]. 北京：中国税务出版社，2005.
5. 宁键. 税务会计 [M]. 大连：东北财经大学出版社，2008.
6. 王庆雯. 新编税收与会计操作实务 [M]. 北京：中国经济科学出版社，2008.
7. 王素容. 税务会计与税收筹划 [M]. 北京：中国机械工业出版社，2008.
8. 张炜. 纳税会计 [M]. 北京：中国财政经济出版社，2009.
9. 蔡昌. 税务会计 [M]. 上海：立信会计出版社，2009.
10. 盖地. 税务会计学 [M]. 北京：中国人民大学出版社，2011.
11. 盖地. 税务会计实务 [M]. 北京：经济科学出版社，2010.
12. 中国注册会计师协会. 税法. [M]. 北京：经济科学出版社，2012.
13. 中国注册会计师协会. 会计. [M]. 北京：中国财政经济出版社，2012.
14. 全国注册税务师考试教材编写组. 税法Ⅰ. [M]. 北京：中国税务出版社，2012.
15. 全国注册税务师考试教材编写组. 税法Ⅱ. [M]. 北京：中国税务出版社，2012.
16. 全国注册税务师考试教材编写组. 税务代理. [M]. 北京：中国税务出版社，2012.
17. 高金平. 新企业所得税与新会计准则差异分析 [M]. 北京：中国财政经济出版社，2008.
18. 李大明. 企业税收筹划原理与方法 [M]. 武汉：武汉大学出版社出版日期，2008.
19. 盖地. 税务筹划 [M]. 北京：首都经贸大学出版社，2011.
20. 成风艳，李岩. 税务会计与税务筹划 [M]. 北京：北京理工大学出版社，2011.